工业和信息化部“十二五”规划教材

航空发动机装配工艺技术

石　宏　编著

北京航空航天大学出版社

内 容 简 介

本书是航空发动机制造技术教材，以航空发动机现代制造技术为依托，将航空发动机装配技术与生产实际相结合，循序渐进地介绍了航空发动机装配过程涉及的装配工艺与可靠性技术、装配方法、检验工艺、典型装配工艺、组件与部件及整机装配工艺、装配工装设计及航空发动机装配技术发展概况。全书分 10 章。第 1～3、6、9、10 章以介绍装配工艺技术基础为主线，逐步深入，对航空发动机装配工艺过程中所涉及的相关技术分别进行介绍；第 4、5 章主要介绍与航空发动机装配质量保障相关的技术内容，如航空发动机装配过程质量控制、航空发动机转子平衡技术等；第 7、8 章介绍航空发动机组件、部件及整机装配工艺。1～9 章均附有习题。

本书可作为航空院校飞行器动力工程、航空发动机维修等相关专业的专业课教材，也可供航空宇航推进理论相关专业研究生及相关专业工程技术人员参考。

图书在版编目(CIP)数据

航空发动机装配工艺技术 / 石宏编著. -- 北京 ：北京航空航天大学出版社，2015.7

ISBN 978-7-5124-1852-3

Ⅰ. ①航… Ⅱ. ①石… Ⅲ. ①航空发动机—装配(机械)—教材 Ⅳ. ①V263.2

中国版本图书馆 CIP 数据核字(2015)第 168836 号

航空发动机装配工艺技术

石 宏 编著

责任编辑 王 实

*

北京航空航天大学出版社出版发行

北京市海淀区学院路 37 号(邮编 100191) http://www.buaapress.com.cn

发行部电话：(010)82317024 传真：(010)82328026

读者信箱：goodtextbook@126.com 邮购电话：(010)82316936

北京时代华都印刷有限公司印装 各地书店经销

*

开本：787×1 092 1/16 印张：20.25 字数：518 千字

2015 年 8 月第 1 版 2025 年 8 月第13次印刷

ISBN 978-7-5124-1852-3 定价：59.00 元

若本书有倒页、脱页、缺页等印装质量问题，请与本社发行部联系调换。联系电话：(010)82317024

前　言

随着航空业的发展，制约航空制造业的瓶颈突显，航空发动机装配制造技术成为航空制造业相关专家、学者和各航空院校的研究热点，并成为学科和专业发展建设的主攻方向。随着相关航空院校新专业、学科的建设和发展，课程体系和教材建设更成为重中之重。2008年，《航空发动机装配与维修》一书作为校内教材，供飞行器动力工程专业、尤其是该专业的航空发动机维修方向的学生使用，同时作为研究生的"航空宇航工程推进理论"课的参考书。该书已被7届学生使用。目前国内还未见相关内容的教材出版发行，为了满足更多学校和工程技术人员对此方面内容的需求，特在该书的基础上整理成本书出版。

航空发动机装配是整个发动机制造过程的龙头，占全机生产工作的50%以上。由于航空发动机装配一直沿用传统的纸质图纸、人工装配、刚性工装、人工检测与半自动化检测等装配工艺与方法，使装配精度受人为因素的诸多影响和限制，装配质量无法保证，装配效率低，从而使航空发动机装配成为航空发动机制造的瓶颈、中国飞机制造过程中最薄弱的环节。数字化制造技术作为新一代航空发动机研制生产的支撑手段，已逐渐成为提升航空科技工业水平的重大关键制造技术。数字化装配包含数字化装配设计和装配制造数字化两层含义。数字化装配设计是装配制造数字化的基础，装配制造数字化是数字化技术在装配制造生产现场的应用，是采用数字化的手段和工具来改善和提高装配执行现场的生产组织控制能力、质量控制能力和生产组织效率等，涉及了数字化、自动化、柔性化及计算机等技术。数字化装配技术改变了传统航空发动机装配工艺，是提高航空发动机制造效率和质量的主要途径，并将逐步成为发展航空发动机制造技术的旗舰。

本书立足于培养面向21世纪的人才，及时吸取航空装配制造业中的新知识、新技术、新工艺；在内容的选取上，适当扩宽知识面，加强针对性，注重理论联系实际，以培养学生分析问题和解决问题的能力。

本书是一本专业性很强的航空发动机制造技术教材，全书共分10章。其中第1～3、5、9、10章由石宏编写，第6章由石宏、刘明明编写，第4章由石宏、陈英涛编写，第7、8章由石宏、项松、刘明明、纪玮、于文翠编写。王军研究员，沙运东教授，郭建烨副教授，赵键、于雪、罗敏总工程师，宋宝玉工程师等审核。

在本书出版之际，特别感谢为本书的出版给予极大帮助的沈阳航空航天大学、沈阳航空发动机设计研究所、沈阳黎明航空发动机集团有限责任公司等单位的相关技术人员。

鉴于作者水平有限，书中缺点和错误在所难免，敬请各位读者批评指正。

作　者

2015年1月

目　　录

第1章 装配工艺技术基础

装配工艺技术是制造工艺技术的重要组成部分，是制造过程中的最后环节，也是最为重要的制造环节之一。航空发动机的结构特征在很大程度上决定着装配工艺过程特征，先进的装配工艺是解决复杂结构装配、满足复杂结构设计的技术要求和提高劳动生产率的重要保证。因此，在已有的航空发动机设计方案和加工技术水平条件下，装配的质量和工作效率对于发动机的质量、性能、可靠性、寿命和生产效率都具有重要影响。

航空发动机装配工艺技术是研究航空发动机各种零件的连接实施方法、装配工艺和工艺流程的一门技术。航空发动机装配的任务是把制造合格的零件、组件、部件、单元体及成件、附件按设计图及技术文件、工艺规程装配，组成发动机整机的过程。航空发动机结构复杂，其整机由数以千计的零件组合而成，因此，要想保证航空发动机的正常运转和工作性能，首先要保证其具有精密的配合和完好的连接性能，良好的机件表面完整性，高同心度和高同轴度，严格匹配的配合间隙，良好的转子平衡性和平稳性，各系统具有良好的工作特性及相互间的良好匹配特性，空气、燃油和滑油各系统具有良好的清洁性和密封性。其次还要保证对某些系统的可调整性、可选配性和可检查性，各种附件和管线都要求具有抗震、防震、防磨、绝缘等性能。航空发动机装配工艺是实现上述质量要求的重要技术手段、措施和程序之一。

1.1 概　述

任何产品(如发动机)都是由许多零件和部件装配而成的。装配是产品制造中的最后阶段，它包括装配、调整、检验和试验等。产品的质量最终是通过装配保证的，装配质量在很大程度上决定了产品的最终质量。因为通过装配过程，可以发现产品在设计上的问题及零件加工过程中的质量问题，并及时加以改进，以保证产品的质量要求。

为保证有效地进行装配工作，通常将产品划分为若干能进行独立装配的部分，称为装配单元。装配工艺是指发动机的零件组成装配单元的方法和过程。装配工艺既要保证各个零件有正确的配合，又要保证它们之间有正确的相对位置，保证各组件、部件、各系统的零件及整机都具有规定的配合精度和可靠的连接，最终实现产品设计所规定的使用功能。

航空发动机的装配过程是按规定的技术标准、技术要求和一系列不同复杂程度的工艺程序和质量控制程序来进行的。这些程序是具有理论和实际根据的方法，应用这些方法将若干零件连接、固定起来组成组件、部件、单元体，再由组件、部件、单元体、附件和成品件组合成整机。组件是在一个基准零件或组件、部件上，装上若干套件及零件构成的，而为此进行的装配工作称为组装。如某航空发动机双速减速机构中摩擦离合器轴，就是在基准轴件上装上齿轮、摩擦片、套、垫片、键及轴承的组合件。部件是在一个基准零件上装上若干组件、套件和零件构成的。部件在机器中能完成一定的、完整的功用，但不能独立完成某种功能，把零件装配成为部件的过程称为部装。如某航空发动机的高压压气机转子部件装配，就是部装，其中压气机轴为部装的基准零件。附件属于独立装配单元，它可以独立于主产品之外工作，其装配过程与产品的其他部分互不相关，且具有完全互换性，如启动系统、调节系统等。成品件通常是指外购件，即不属于本厂、而以成品形式购进的产品，如航空发动机上常用的轴承、发电机等。在一个基准零件或组件、部件上装上若干部件、组件、套件和零件使之成为最终产品（发动机）的过程称为总装，如轴流式双转子发动机以压气机后机匣与轴承机匣组件作为装配基准件，再装上高压压气机转子、高压压气机静子机匣、燃烧室联合单元体、高压涡轮、低压涡轮、低压压气机等部件及其他组件、套件、零件等的过程。

在整个装配工艺过程中，基准与零件担负着重要任务。从装配观点来看，零件按其作用可分为主要零件、传动零件、紧固件等，如表 1.1 所列。基准就其一般意义来看，是用来确定生产对象几何要素间的几何关系所依据的点、线、面，在装配工艺过程中，其装配基准主要是指装配基准零件上的某一基准面、基准线等，从装配观点来看，基准通常分为主基准和辅助基准等，如表 1.2 所列。

表 1.1　零件按作用分类

零件名称	定　义	举　例
主要零件	构成发动机最主要组成的基本单元	压气机、涡轮的叶片、盘、轴、机匣壳体等
传动零件	构成传动系统的基本单元	传动轴、杆、齿轮、联轴器等
紧固零件	固紧各种连接的基本件	螺栓、螺钉、螺母等
锁紧零件	锁紧各种连接件的基本件	弹簧垫、开口销、各型锁片、自锁螺母、锁丝等
封严零件	封严各种连接防止泄漏的基本件	石棉垫、胶圈、铜垫、铝垫、封严帽、封严环等
基准零件	指任意装配对象在其装配过程开始时所用的主要零件，它的主基准与装配夹具或装配架的安装基准重合	压气机转子装配时盘或盘组件是装配基准零件

表 1.2　装配过程基准的定义

基准名称	定　义	举　例
装配基准	装配时用来确定零件或部件在产品中的相对位置所采用的基准，称为装配基准	活塞装配时的活塞孔
主基准	基准零件上用以确定相对于其他零件位置的一种面，并在产品中与其他零件相接合	整机装配时作为基准零件的整体机匣的端面
辅助基准	零件上的这样一种面，其他零件能借助于它来同该零件相连接，并能确定其他零件相对于该零件主基准的位置	盘轴装配时，盘孔的中心线是主基准，盘上凹槽的端面为辅助基准
主基准轴	主基准属于轴线对称时，在装配过程中能预先确定整个产品各部分的位置，称为主基准轴	转子装配时，转子轴线

1.2　装配工艺过程设计

装配是产品机械制造中的最后一个阶段，是产品的最终检验环节，也是制造过程的最重要组成部分，装配工艺和装配质量对产品的工作性能、使用效果、可靠性、寿命等有很大的影响，而装配工艺过程设计是装配质量保证的初始环节，也是至关重要的一环。

1.2.1　装配工艺设计依据

航空发动机装配工艺过程设计是根据发动机结构、各系统、部件、组件的装配精度和技术要求来确定和设计的，其基本依据是发动机的相关设计资料(如表 1.3 所列)、相关技术说明书(如表 1.4 所列)、生产纲领和相关标准文件。生产纲领是指企业在计划期内应当生产的产品产量和进度计划。标准文件是指国家标准(GB)、军用标准(GJB)、行业标准(如航空业标准 HB)以及部门标准等。

表 1.3　航空发动机装配工艺过程设计依据——相关设计资料

类　别	范　围	标注及标识
设计图	零件、组件、部件图纸，标准件图册，单元体图纸，发动机总图图纸，系统图，原理图，安装图，修理图等	尺寸公差、形位公差、表面粗糙度、配合性质、连接方法、装配、试验等技术要求
目　录	零件、组件、部件目录，单元体目录，发动机总目录	零件、组件、部件及单元体的件号、名称、数量、装配关系、整机总数量
	关键件、重要件目录(包括关键、重要特性的单元件)	件号、名称、装配部位及数量
	试车后需要更换的零件目录(含胶圈、铝垫、钢垫、石棉垫、锁垫等)	件号、名称、数量、装配部位
专用技术文件	叶片测频，转子平衡，螺旋桨测扭，轴承、滑油、齿轮、导管等装配检验，各系统附件(燃油、滑油、调节、电气、操纵、液压)试验与调整	性能参数、技术要求、装配及试验程序、调整及检查方法
	试车后零件、部件的磨损标准、故障标准(针对二次装配工艺或试车后有故障的发动机)	件号、名称、磨损极限、标准样件项目、缺陷标准

表 1.4　航空发动机装配工艺过程设计依据——相关技术说明书

类　别	范　围	标注及标识
通　用技术文件	装配过程零件、部件防锈、洗涤，冲洗试验，配置清洗液等	工艺参数、设备、工艺装备、操作程序和方法
专　用技术文件	氧气系统装配过程的洗涤与冲洗，封严涨圈端面涂擦硫化钼，焊接工艺与检验标准等	工艺参数、设备、工艺装备、环境条件、操作程序和方法、检验方法和标准
无损检验文　件	超声、射线、磁粉、渗透(着色、荧光)、涡流检验等	工艺参数、设备、环境条件、检验程序方法和检验标准
相关标准	装配过程所需润滑油、润滑脂、封严剂等辅助材料标准	配制成分比例、配制方法、储存方法与周期

1.2.2　装配单元划分原则

航空发动机设计时，通常按照结构特点及各部件、组件在发动机工作中所起的作用和功能特性将其划分为压气机、燃烧室、涡轮、附件传动机匣、加力燃烧室等结构部、组件，但是从装配工艺观点来看，这些结构部、组件不一定都是装配部、组件(工艺部件)，因此，在设计航空发动机装配工艺时，是根据发动机的结构和装配工艺特点把航空发动机划分成若干装配单元(工艺部件)，划分原则如下：

① 每一个装配部、组件能够独立地进行装配，并形成一个独立装配单元，总装配时部、组件的连接互不干扰；

② 发动机总装配时是各部、组件的连接和各系统零件的装配工作，直接参加总装配的零件数量减至最少；

③ 零件选配、调整、修配等工作应尽可能在独立装配单元(工艺部、组件)中完成；

④ 每个独立装配单元装配完成的时间要尽可能一致，以便有节奏地组织装配工作；

⑤ 装配工艺设计时必须保证采用合理的装配程序和装配方法，达到技术要求规定的装配精度及相关技术要求；

⑥ 在可能的条件下，要提高劳动效率，缩短装配周期；

⑦ 每个独立装配单元在装配后要能够安排严格的检验和验收工序；

⑧ 独立装配单元要能按其技术要求做必要的试验。

从装配工艺的观点分析，航空发动机的工艺部、组件可以分为机械组件、焊接组件、胶接组件、装配组/部件和单元体几类，如表 1.5 所列。在设计装配工艺时，要根据各工艺部、组件的工艺特点来确定具体装配方案。

表 1.5　航空发动机装配工艺部、组件划分

名　称	定　义	装配工艺特点	举　例
机械组件	由若干零件组成，且这些零件必须一起进行加工	装配工序与机械加工工序配合进行，允许用手工或机械方法修配零件	转子、机匣、导向器等
焊接组件	由若干零件通过焊接方法结合而成	装配工序与焊接工序配合进行，装配时允许修配零件	火焰筒、稳定器、点火器等
胶接组件	由若干零件用特种胶结合而成	装配工序与胶接工序配合进行，装配时允许修配零件	整流罩
组件或部件	由两个或更多零件、机加组合件、焊接组合件、胶接组合件通过装配过程组成的具有独立性质的装配单元	全部工作包括配套工序、装配工序、检验工序、调整工序和试验工序，不允许修配零件	附件机匣、扩散器
单元体	不依赖其他部件、仅作为独立装配单元整体参加装配		压气机、涡轮等
总装	在一个基准零件上装上若干部、组、套件和零件使之成为最终产品——发动机的过程	组件、部件装配完毕后进行的总装配工序、调整工序、检查工序及最终检验工序，不允许修配零件	发动机整机

1.2.3　装配工艺过程

装配是指按照规定的技术要求，将若干零件组合成组件，并进一步结合成部件以至整台产品的过程，如图 1.1 所示是产品装配工艺过程图，图 1.2 和图 1.3 所示分别是某涡浆发动机总装配工艺过程和某航空发动机压气机转子部件装配工艺过程。

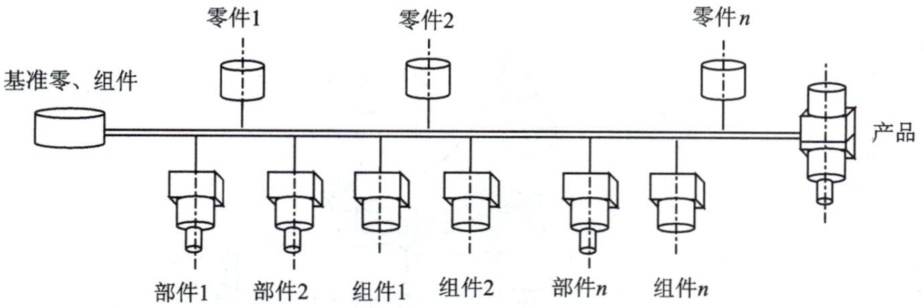

图 1.1　产品装配工艺过程图

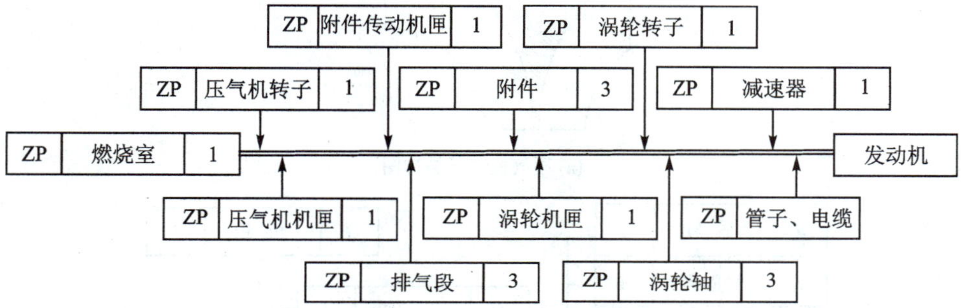

图 1.2　涡浆发动机总装配过程工艺过程图

在装配工艺过程中通常将整个工艺过程划分成若干装配工序，然后再将装配工序划分为若干工步，工序是工艺过程的基本单位。装配工序是指一个工人（或一组工人）在一个工作地点，且在不更换设备的情况下对一个（或一批）部件或产品连续进行的装配工作。用同一个工具或辅具，在不改变工作方法的条件下，在固定的连续位置上所完成的装配工作称为工步。

航空发动机装配是从零件配套开始至装配成整台发动机的全过程，主要内容包括装配工作、检验工作、辅助工作和准备工作。

装配工作是指实施发动机零件、组件、部件之间相互位置的连接和固定，实现各种配合的调整和试验等工作，如：机械组件、焊接组件、胶接组件的装配工序；组件、部件的调整与预装配；组件、部件的装配工序；发动机总装配工序（对于有二次装配的发动机应该是：组件、部件的装配工序；发动机第一次装配工序；组件、部件的第二次装配工序；发动机第二次总装配工序）；组件、部件、各系统的调整与实验工序等。

装配的检验工作包括检验组件、部件、整机装配过程中的技术特性，验收产品的符合性等，如：组件、部件装配前的检验工序；装配过程检验工序；装配完成的最终检验工序，发动机总装配完成后的最终检验工序；组件、部件、发动机各系统检验、试验工序；故障检验工序；无损检验工序等。

装配的准备工作内容是为保证组件、部件、整机装配工作的顺利进行所作的工作，包括按尺寸和质量选择零件；按目录配套零件、组件和小零件；清洗、冲洗零件；零件、组件的标印；转动件的盘、轴、转子的平衡；支点同轴度预检，叶片预先调整；零件、组件假装工序调整等。

辅助工作主要是指为保证装配工序正常进行所做的工作内容，如：零件、组件、部件的运输、装配环境的准备，工艺文件、工艺装备等的配备，去油污及除锈等工作。

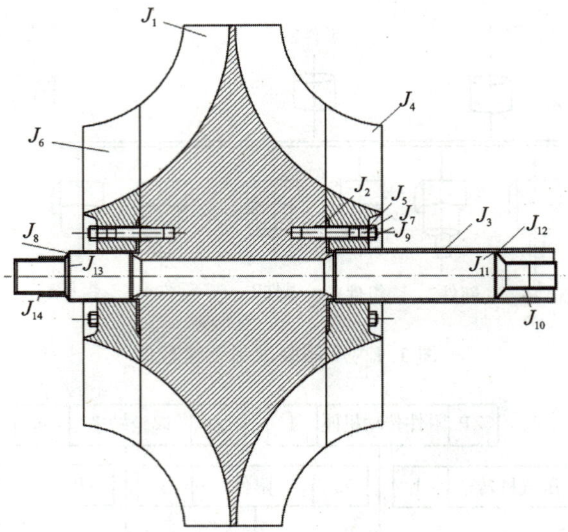

(a) 压气机转子结构图

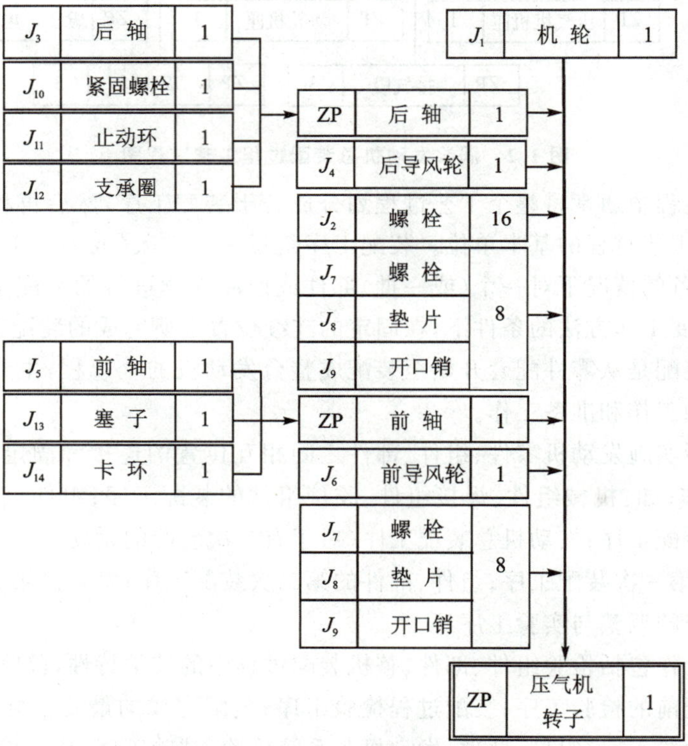

(b) 装配工艺流程图

J_1～J_{14}—零件；ZP—组、部件；数字—零、组件个数

图 1.3　某压气机转子装配工艺过程图

在发动机装配工艺过程中，根据不同装配工艺要求，有些发动机的装配分为一次装配和二次装配，如图 1.4(a)所示；有些发动机是一次装配、试车成功后交付使用，只有在发动机试车过程发现故障的发动机才有二次装配，如图 1.4(b)所示。

对于有二次装配的发动机，第一次装配是在各组件预装配之后进行的，第二次装配是在生产的最后阶段进行的，即在产品经过试车台试验、分解、故障检验之后进行第二次装配，如图1.5所示。

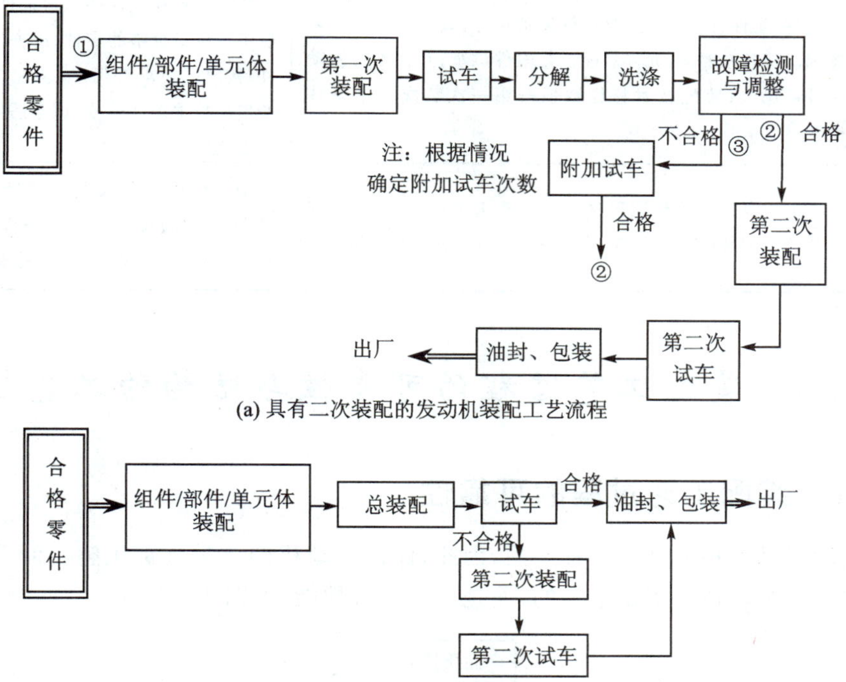

(a) 具有二次装配的发动机装配工艺流程

(b) 其他发动机装配工艺流程

图 1.4　发动机装配工艺过程

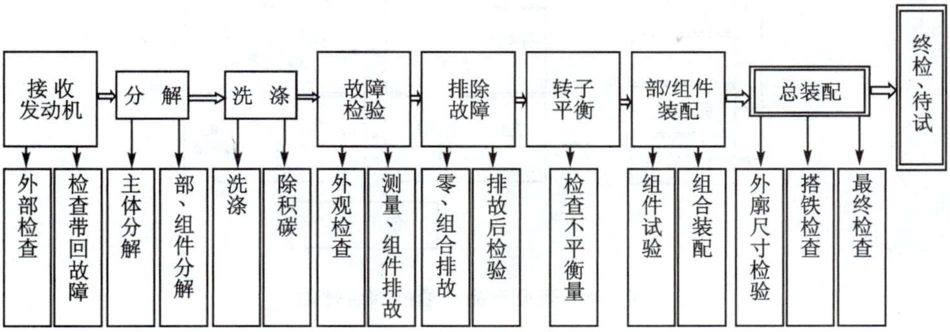

图 1.5　第二次装配工艺过程

发动机的第一次装配和第二次装配是有区别的，这种区别主要反映在装配工序、检验工序和准备工序中，如表 1.6 所列第一次装配与第二次装配的区别。

表 1.6　第一次装配与第二次装配的区别

工序名称	第一次装配	第二次装配
准备工序	配套新零件、部件(个别零件需选配)；装配前去油污、清洗、冲洗零件，去除加工和运输过程中附着的金属屑、灰尘、油污等	配套经工厂试车过的零件、部件；故障检验前清洗、冲洗零件去除试车过程附着油污、积碳；每个零件进行故障检验；排除故障

续表 1.6

工序名称	第一次装配	第二次装配
装配工序	零件、组件、部件标号，整机标发动机号，装配过程进行调整间隙等技术要求；允许装配工艺附件试车；允许不打发动机外部保险；装配技术特性数值按第一次装配技术条件验收	装配过程标记保持原台机件装配；允许串装工厂试车合格的零件；配齐安装发动机附件；按出厂要求打保险；装配技术特性数值按出厂技术条件验收（试车后零件磨合特性有变化）
检验工序	发动机最终检验按工厂试车技术要求进行；试车中出现的故障返回装配车间分解、检查、排除故障，发动机厂试车	按出厂技术要求做外廓尺寸、搭铁等检验；最终检验按出厂技术条件验收；试车中出现的故障，允许在试车台排除，继续试车

1.3 装配工艺过程的可靠性与结构的工艺性

1.3.1 装配工艺过程的可靠性

航空发动机是一种复杂的特种产品，因此，保证发动机的质量贯穿于整个制造过程，而表征发动机质量的工作特性不是单一的，而是一个综合性能，如图 1.6 所示。

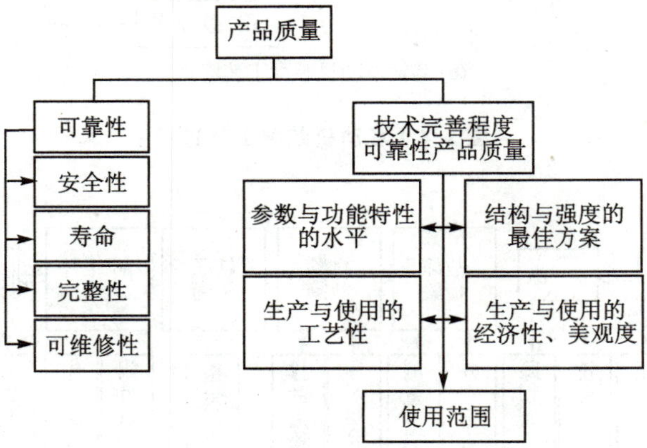

图 1.6 表征产品质量的综合性能

产品质量中的产品技术完善程度所包含的特性是在设计阶段确定下来的，在生产过程中应继续予以体现。可靠性是指产品在规定的条件下和规定的时间内，完成规定功能的能力。可靠性是质量的一个重要组成内容，是保证产品质量的一种重要手段。可靠性指标是在设计时确定的，生产阶段的生产工艺给予保证。可靠性除狭义地用做安全性，即在所要求的使用期或工作时间内保持参数的规定值外，从广义上来说，还包括寿命、可维修性和完整性等。

工艺过程可靠性是指保证工艺过程符合技术要求的可靠程度。产品在制造过程中，一般都需要多种工艺，如机械加工工艺、装配工艺、焊接工艺等，而每种工艺对产品质量的影响是不同的。在这个过程中所采用的工艺方法、工序安排、设备使用、工作规范、检验方法以及实现或控制工艺过程的人等均会影响到产品的物理机械特性，如耐磨性、耐蚀性、疲劳强度等，同时也影响这些性能的稳定性，最终影响到产品的可靠性。因此，工艺过程的可靠性是保证产品可靠性的一个重要途径，产品的所有故障都与工艺过程密不可分，而且有些不允许出现的故障是由于工艺过程不完善所造成的，即该工艺过程与可靠性提出的要求不相适应。

航空发动机装配工艺过程中影响装配单元可靠性的因素主要有以下几方面：

① 工艺过程本身的可靠性较差。如技术参数不合理、工艺文件不完善、可靠性试验方法有缺点等所造成的可靠性下降。如发动机最初采用刚性转子平衡方法对转子进行平衡，但这种方法却不能满足现代航空发动机挠性转子所要求的平衡精度。

② 装配的技术条件不充分，不能满足可靠性的要求。要制造高可靠的产品，装配工艺系统本身必须是高可靠的，但是工艺系统是一个复杂的动态系统，它的可靠性如何与工艺过程的完善程度、工艺装备的适用性、工艺系统的稳定性、检验方法等密切相关。如目前航空发动机装配采用人工装配、手工检验或半自动检验、刚性工装等，造成装配和检验精度不能满足装配工艺要求。

③ 装配中留下隐患。在整个装配工艺过程中包括很多工序，如装配工序、装配与机械加工组合工序、焊接工序、检验工序及平衡工序等，在这些工艺过程中的某些工序会出现一些易引起故障的隐患，这些缺陷在后续的工序中没有被排除掉，就会先天不足并以故障的形式表现出来。如压气机叶尖间隙过小引起碰磨甚至危及发动机安全等。

因可靠性问题而引起的工艺系统故障是逐渐发生的（如设备、工具、工装及检测工具的磨损、温度引起的变形等）或突然发生的（操作过失、配套的产品有缺陷而没有充分检查等）。工艺过程可靠性与实现各工序的可靠性有关，它受到设备、检验方法、工艺过程的发展水平、人员素质等方面的影响。产品的可靠性可以通过提高工艺过程的可靠性而得到保证，提高工艺过程的可靠性可以通过采取以下措施来保证：

① 提高发动机装配工艺过程的自动化水平，为装配工艺过程稳定地进行创造条件；

② 强化发动机装配工艺措施，大力推动新装配工艺的应用；

③ 提倡典型工艺的标准化；

④ 强化检查、检验工作；

⑤ 改变产品结构，使之适应装配工艺过程的要求。

1.3.2　结构的工艺性与装配工艺过程的关系

产品的结构工艺性是指结构方面的各种性能指标。它可以反映出在保证稳定的质量指标前提下，与同类型结构相比，能以劳动、设备、时间和材料的最少消耗，完成产品的工艺准备、制造、使用和维护。按照工艺性出现的场合，结构工艺性可分为生产工艺性和使用工艺性。生产工艺性体现在生产设计准备、生产工艺准备，以及零件制造、装配和试验过程中能缩减经费和时间的消耗；使用工艺性则体现在产品的技术服务和维护中能缩减经费和时间的消耗。结构工艺性可以定性评定和定量评定。

1. 评定结构工艺性的指标

（1）结构工艺性的定性指标

① 互换性。在保证质量而不增加选配或修配的条件下，产品的某一组成部分能被别的组成部分所代替的结构性能。

② 可调性。能保证在装配、技术服务和维修时，为达到或保持结构的功能而对其进行调节的性能。

③ 可检性。制造、试验、技术服务和维修时，能保证对结构进行可靠检验的性能。

④ 工具可接近性。表示产品在制造、试验、技术服务和维修时，工具能否接触其零件的性能。

(2) 结构工艺性的定量指标

① 制造劳动量。产品制造过程的总工作量，不包括外购件的工作量。

② 工艺成本。消耗于产品制造工艺过程中的总成本，不包括外购件的成本。

③ 按制造劳动量评定的结构工艺水平。实际劳动量与定额指标之比。

④ 按制造成本评定的结构工艺水平。实际工艺成本与定额指标之比。

(3) 工艺性与装配工艺过程之间的关系

① 装配系数 K_C

装配系数 K_C 为产品的装配单元数 N_E（包括外购件）与组成部分总数 N_H（包括不在诸装配单元之内的零件数 N_G，但不包括标准紧固件数 N_{GK}）之比。公式如下：

$$K_C = \frac{N_E}{N_E + N_G - N_{GK}} = \frac{N_E}{N_H - N_{GK}} \tag{1.1}$$

② 互换性有效系数 K_Z

互换性有效系数 K_Z，按完全互换性原则（不需修合、挑选和调节）所完成的产品装配劳动量 T_P 与产品装配的总劳动量 T_C 之比。公式如下：

$$K_Z = \frac{T_P}{T_C} \tag{1.2}$$

③ 产品通用性系数 K_Y

产品通用性系数 K_Y，产品中的通用性装配单元数 N_{EY} 及不属于装配单元的通用性零件数 N_{GY} 与产品组成部分总数 N_H（不包括标准紧固件数 N_{GK}）之比（可互换的、外购的和标准非外购的装配单元和零件，均为通用性组成部分）。公式如下：

$$K_Y = \frac{N_{EY} + N_{GY}}{N_H - N_{GK}} \tag{1.3}$$

④ 产品的标准化系数 K_B

产品的标准化系数 K_B，产品的标准化装配单元数 N_{EB} 及不属于装配单元的标准化零件数 N_{GB} 与产品组成部分总数 N_H（不包括标准紧固件数 N_{GK}）之比。公式如下：

$$K_B = \frac{N_{EB} + N_{GB}}{N_H - N_{GK}} \tag{1.4}$$

上述系数可用来评定装配单元的结构工艺性。在这些装配单元的组成中，除零件外一般还包含外购件和更小的装配单元——结构工艺组件。

2. 保证结构工艺性的原则

在产品的整个研制阶段，以及在生产工艺准备和制造时，都应对结构进行工艺分析。除产品种类外，还应了解产量和生产类型，它们将决定工艺装备的规模以及生产的专业化和工艺过程机械化、自动化的程度。

(1) 产品结构工艺分析

产品结构工艺分析包括以下几方面：

① 选择和分析用于评定工艺性的原始资料，包括劳动量和材料用量及定额指标等；

② 用先进经验和新的工艺方法，分析同类结构产品（包括别的企业的产品）的工艺性指标；

③ 根据其他质量指标（可靠性、经济性等），确定所研制产品的工艺性指标，并进行对比评定；

④ 提出改进工艺性指标的意见。

(2) 产品结构应当满足的基本要求

对一般装配，良好的装配工艺性应满足以下要求：

① 机械结构能划分为独立的装配单元。

按部件划分原则，分解成适当数量的装配单元和结构工艺部件，使其能单独装配和试验并随后进行总装，如航空发动机划分的涡轮部件、压气机部件等。如图 1.7(a)所示是同一零件同时装入两个部件，装配不方便，此时可将该零件分为两段，中间用联轴器连接，两边各自成为单独的装配单元，如图 1.7(b)所示。

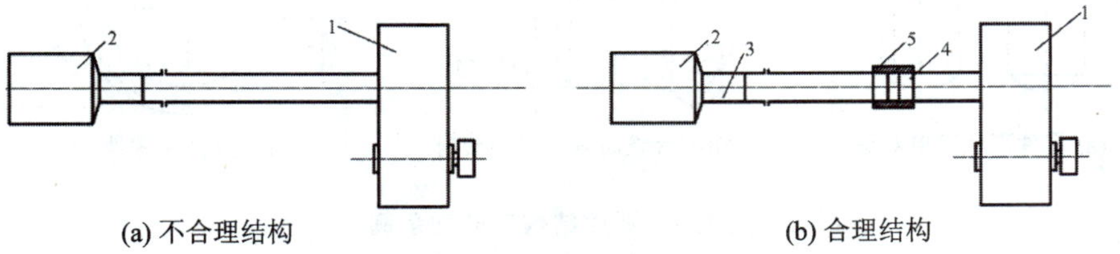

1—输出端；2—输入端；3—轴 1；4—轴 2；5—联轴器

图 1.7　划分装配单元

② 能用标准化和通用性的组成部分装配（以系数 K_{CT} 和 K_Y 定量估算）。

③ 连接结构、零件和其他组成部分能满足装配的机械化和检验的要求。

④ 保证总装配时不需局部拆卸各组成部分的装配单元。

⑤ 尽量减少装配单元中的零件数量，以便能遵循“捷径”原则和提高装配精度。

⑥ 在产品组成（装配单元）中，应有一个可作为装配初始件的基准组成部分，其特点是强度和刚性好，并有可靠的基准面，以供在装配架（装配夹具）上安装，并与其他组成部分连接。

⑦ 能应用定型的工艺过程和标准工装设备。

⑧ 采用较成熟的连接方法。

⑨ 在装配过程中避免机械加工工序。只有在小批量试制的装配开始阶段和产品精加工时，才允许有机械加工。

⑩ 能应用有效的和切实可行的检验方法，并能对装配单元进行工艺试验。

⑪ 能应用适当方法，根据尺寸链计算而达到规定的装配精度，只有在试制产品的特殊情况下，方可应用研磨的方法，能在计算的基础上广泛地应用完全互换法（尤其是环节少的尺寸链）。

⑫ 保证维护和修理的简便。

⑬ 超过一定重量的产品，装配时要用起吊设备，产品应有吊环类元件和运输时用的定位、固定元件。

(3) 零件结构工艺性的基本要求

在装配自动化和机械化情况下，零件的结构工艺性有着特别重要的意义，因此应当提出对零件结构工艺性的基本要求：

① 形状简单且对称，使零件从储料装置到工作位置的传送过程中易于定向，如图 1.8(a)所示；

② 包容件和被包容件相配合的地方应作出易于定心的结构(如倒角、凹槽)，如图 1.8(b)所示；

③ 基准面的位置显眼易找，并具有足够的精度，以保证在其他零件或自动装配机(工作位置)上可进行有效装夹；

④ 应避免弹簧垫圈、弹性挡圈之类零件在储料装置和传送设备中被挂联，如图 1.8(c)所示；

⑤ 最大限度地采用标准化、系列化和规格化的零件，以扩大设备和装配工夹具的通用性；

⑥ 零件应具有稳定的高精度，以保证自动装置的工作精度和稳定性。

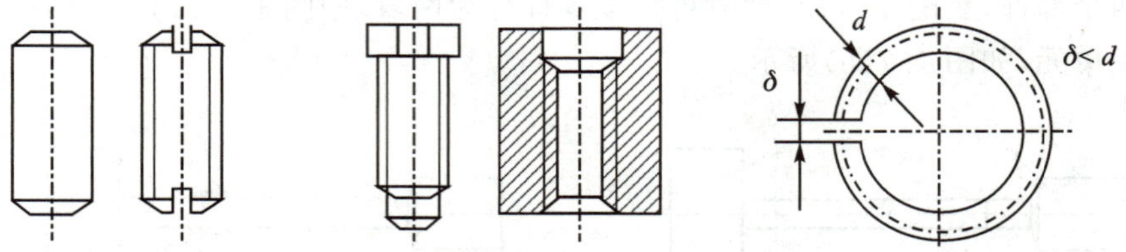

(a) 零件形状简单对称　(b) 相配合表面具有定心结构　(c) 易挂联零件

图 1.8　零件结构工艺性示例

1.4　装配的准备工作

航空发动机零件和部件在进入部件装配线以前需经很多准备，而保持有节奏的生产，并获得高质量的产品，取决于这些准备工作的正确组织。通常准备工作包括工艺技术准备和工序准备。准备工序通常在辅助装配线上完成，但有时某些工序必须在主装配线和工位上完成。在装配工艺过程中，准备工序的比重是很大的，因此有必要使其尽可能地合理化、程序化、机械化。

1.4.1　装配工艺的技术准备

发动机装配工艺技术准备是发动机装配生产的前期工作，是缩短生产周期、保证质量、提高经济效益的重要环节。

工艺技术准备包括确定装配工艺方案，设计工艺规程，调整车间工艺布置，确定质量计划，编制工艺文件，选用、设计制造工艺装备和辅助材料等内容。本节重点介绍工艺规程设计和装配工艺装备及设备配置。

1. 装配工艺规程设计

工艺规程主要用于生产现场，是直接指导工人操作的工艺文件。它规定了发动机装配全过程的程序、技术要求，装配调整和检验方法，选用的工艺装备、设备及辅助材料等。

(1) 工艺规程设计的主要依据

① 设计资料。全套设计图纸、图纸说明书，设计技术文件和说明书，零件、部件、组件、单元体目录、明细表，发动机总目录及明细表等。

② 工艺资料。冶金说明书、专用技术条件，装配方案及流程，工艺说明书，技术成果、装配经验，先进工艺方法等。

③ 有关标准。型号规范，国标(GB)、企标(Q/B)，工艺装备、设备及辅助材料等标准、手册等。

④ 生产大纲。发动机年产量，生产指令，工艺分工目录(装配车间装配的部、组件、单元体及发动机代号)，生产条件(新建、扩建、改建厂房或原厂房进行装配)。

⑤ 其他文件。仿制发动机的样机分析资料，实物样机，引进制造权的发动机原文工艺规程，买方订单或合同等。

(2) 设计的原则和要求

1) 原　则

① 遵循装配总方案，确保发动机符合型号设计；

② 坚持产品质量第一原则，确保发动机装配符合质量要求；

③ 提高生产效率，降低成本，经济合理。

根据装配组织形式、生产条件、工艺方案原则确定工序的详尽程序。批生产工序设置多，工步详细，大量选用专用工艺装备；小批和单机研制生产工序设置少，工步不细，选用万能、通用工艺装备。

2) 要　求

① 吸取国内外先进的技术成果和工艺方法。

② 选用安全无污染的国内已定型生产的辅助材料。

③ 贯彻工艺标准化规定，缩短工艺设计周期。

④ 贯彻法定计量单位。

⑤ 工艺规程中装配简图要标准、图形完整、线条清晰。文字叙述简明扼要、正确、全面、统一、无重复理解。

⑥ 技术名词和术语与图、技术条件一致，如没有规定的术语应符合标准化要求。

(3) 设计程序

① 收集、分析、消化资料。收集、编写依据资料，检查完整性、正确性。消化设计图、技术文件，了解发动机结构原理及各系统、部件、组件功能。复查设计图的装配工艺性、可拆卸性和可维修性。熟悉工艺方案规定的原则。

② 确定工艺部、组件。根据部、组件设计图，确定工艺部、组件，明确技术要求和达到技术要求应采用的装配方法。

③ 制定工艺装配系统图。按工艺部、组件的结构选择装配基础零件，总装配的基本部、组件，制定装配顺序，绘制装配工艺系统图。

④ 划分工序。按生产量大小和装配组织形式划分工序，确定关键工序(或工步)、重要工序(或工步)，安排检验工序。

⑤ 设计工步。编写详细操作程序。确定装配、调整、检验方法。按配合件结构和配合性质选择常温、加热、冷却方法。

⑥ 选择工艺装备、设备、仪器仪表。按工艺方案确定的原则，确定部、组件结构和装配方法，选择“0”批和“Ⅰ”批工艺装备、设备、仪器、仪表、非标准设备。

⑦ 选择辅助材料。根据设计图样、工艺过程的实际需要选择辅助材料，提出单台消耗

定额。

⑧ 描写打印工艺规程。按标准化形式，以工艺部、组件、总装配为装配单元，用图形和文字描述在规定的图表中。

（4）工艺规程包括的内容

工艺规程是生产管理和操作人员工作的依据，其详细程度由生产阶段和产量而定。研制阶段单件生产，编制装配工艺系统图和装配流程，注明装配技术条件和工艺装备号码，参照设计图进行装配工作。生产定型阶段批生产，设计详细的部、组件和总装配工艺规程，其内容包括下列工艺图表：

1）工序目录

该工艺部、组件和发动机总装配的装配流程。

2）部、组件目录或明细表

说明参与装配该工艺部、组件的零件、部件、组件的代号（或工艺给定的安装件号）、名称和数量。

3）工艺装备目录

汇总通用和专用工艺装备号码、名称、数量，通用量具注明测量精度及范围。

4）设备和非标准设备目录

汇总设备、仪器、仪表、非标准设备型号和名称。

5）辅助材料目录

汇总辅助材料的名称牌号或标准规格。

6）工艺总则

工艺总则是对装配过程的工艺控制和总的要求，其内容一般包括：

① 设计工艺规程依据的设计图和技术文件等名称和号码；

② 按零、部、组件目录清点零、部件数量；

③ 装配前，外观检查零、部、组件，清洁，无锈蚀，无机械损伤，管路畅通；

④ 检查零、部、组件标印正确、清晰、齐全；

⑤ 检查零、部、组件及成件所带质量证明文件、履历本、合格证等，应填写齐全正确；

⑥ 装配过程防锈措施；

⑦ 注明零、部、组件配合面涂航空滑油；

⑧ 注明结合面涂封严胶的名称、牌号；

⑨ 螺纹连接件的拧紧力矩依据文件名称和号码；

⑩ 注明一次装配，除特殊规定外，外部螺纹连接件不打保险，石棉垫、纸垫不涂封严胶，自锁螺母和橡胶件采用工艺件；

⑪ 规定钢制高温部件不允许使用铅笔或其他含碳材料做标记；

⑫ 指出石墨层、滑石层要避免浸油，防止电插头、插座沾染油类；

⑬ 注明管接头、孔和敞开处用堵盖堵好；

⑭ 指出装配完毕要整理、查对和填写合格证、履历本和装配检验表。

7）装配工艺卡（装配工序图表）

装配工艺卡是工艺规程的核心部分，按工序、工步顺序排列，对装配、试验和调整方法及技术要求作详细的规定，其内容包括：

① 标印即以图形表示类别、方法、位置和印记大小。

② 洗涤。写明洗涤介质（汽油、煤油、滑油、水溶液等），工艺参数（压力、温度、时间等），洗涤方法及技术要求。

③ 装配方法。基本零件及零、部、组件的安装次序、装配方法、工艺参数、技术要求。螺纹连接装配，写明拧紧力矩数值（或螺母转角、螺栓伸长量），加压后拧紧螺母指出压紧力表压值的大小，指出拧紧步骤和方法。

④ 选配和调整方法。有配合要求的零件，逐项检验、选配，采用分组选配的零件指明每组尺寸，相配件上标注组别印记位置，孔、轴尺寸分组示例见表 1.7。装配中需要修配的指明修配件代号、修配面和需达到的技术要求。轴向安装位置的调整要绘制工艺图，指明具体调整件及调整方法，列出计算公式及表格，调整件的选配实例如图 1.9 所示。

表 1.7　孔、轴尺寸分组示例

组　别	孔尺寸	轴尺寸	配合间隙	孔	轴
Ⅰ	$\phi 20^{+0.011}$	$\phi 19.943_{-0.011}$	0.057～0.079		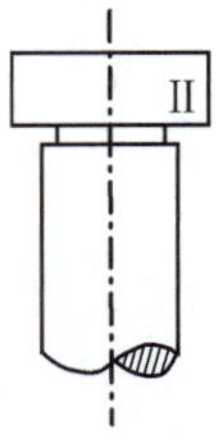
Ⅱ	$\phi 20.011^{+0.011}$	$\phi 19.954_{-0.011}$	0.057～0.079		
Ⅲ	$\phi 20.022^{+0.011}$	$\phi 19.965_{-0.011}$	0.057～0.079		

⑤ 试验方法。指明试验目的、技术条件（介质、温度、压力、时间、转速等）、操作程序和调整部位及验收标准。

⑥ 检验方法。指明检验项目的检验方法、测具、规定的数值，排除影响测量的因素。如发动机转子和静子间的轴向间隙，有锥形通道的叶片径向间隙，较长直径配合带要规定测量带位置、数量和方向，齿轮啮合间隙应指明在圆周均布的位置上测量的次数（一般 3～4 次）等。

⑦ 测量数据的取值方法。要写明是取平均值还是取最大或最小极限值。

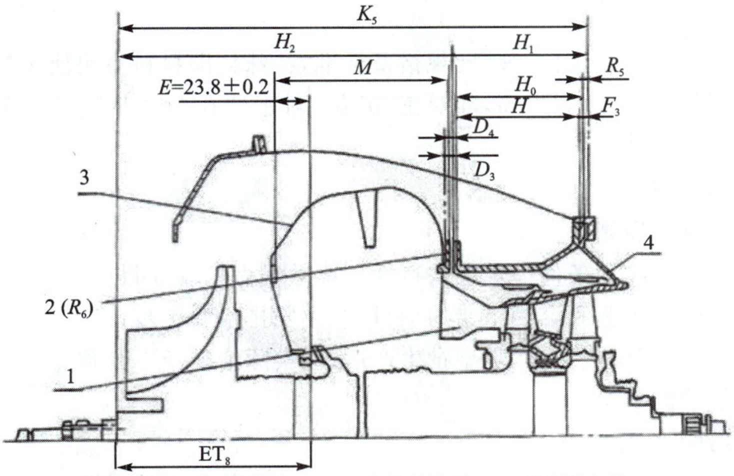

1—导向器；2—调整垫R_6；3—火焰筒外环；4—Ⅱ级导向器

(a) 与调整垫R_6相关的尺寸

图 1.9　调整垫 R_6 的选配

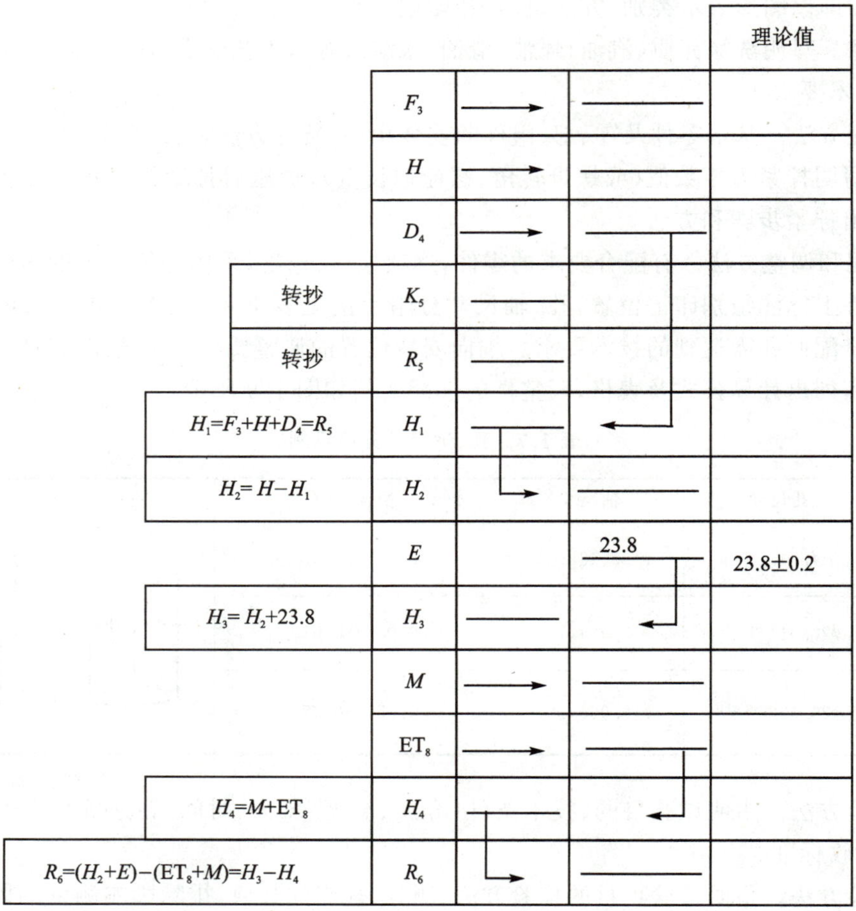

(b) R_6计算

图 1.9 调整垫 R_6 的选配(续)

⑧ 写明使用的工艺装备、设备、仪器、仪表、非标设备号码及名称。复杂工艺装备写明使用方法或以图形表示。

⑨ 写明使用的辅助材料名称、牌号、规格及标准，特殊辅助材料写明使用方法。

⑩ 防止装错，明确指出注意事项，如对正“0”位、对正油孔，有“字”或“标记”面朝前、左螺纹等。

(5) 检验工序的安排

1) 检验工序安排的原则

① 凡设计图及设计技术条件中规定的特性和参数均做检验项目；

② 装配过程中的新工艺和容易出错的项目，重点安排检验工步；

③ 试制期间，检验部位应从多，定型批生产后，按实际情况予以调整。

2) 加强监督检验的部位

① 选配件间的配合值；

② 装配零、部、组件的数量、标印、表面质量和清洁度，外购附件履历本；

③ 紧固件的拧紧力矩及保险；
④ 重要的易装错零件的安装位置；
⑤ 转子部件的动、静不平衡量；
⑥ 转、静子叶片的选配；
⑦ 发动机轴承支点的同心度；
⑧ 叶片的活动量及转子端面的跳动量；
⑨ 转子、静子级间封严件间隙、轴向间隙及叶片的径向间隙；
⑩ 轴承的径向、轴向游隙；
⑪ 齿轮间隙、锥齿轮安装距、着色印痕、调整垫尺寸；
⑫ 滑油系统喷嘴流量和喷射方向流量；
⑬ 各种调整垫的计算与实际厚度；
⑭ 零、部、组件冲洗质量；
⑮ 发动机的气密试验；
⑯ 单元体或整机的滑油系统冲洗和运转检查；
⑰ 发动机点火系统试验；
⑱ 可调喷口移动间隙，同步性试验；
⑲ 导向器面积试验；
⑳ 内部工艺堵头、多余物；
㉑ 发动机转动的灵活性，转动声音。

3）检验阶段

① 装配前检验：重点是零件数量、表面质量、各种标记、质量证明文件和履历本；
② 装配过程的工序或工步检验；
③ 最终检验：部、组件、整机装配完的集中检验；
④ 成品移交前的检验。

(6) 工艺规程的一般形式

装配工艺规程是以工艺部件、组件、单元体和整机为对象，用装配工艺卡形式描述的。工艺卡编写形式如下：

① 以文字叙述为主的装配工艺卡。该形式以文字叙述工艺过程、装配调整方法等，操作人员易于接受，适用于简单件的装配、分解及排除故障工艺规程。

② 以图形表述为主的装配工艺卡。该形式以图形（平面或立体）表示装配及有关事项，比较直观，适用于中、小型部件的装配、分解及发动机外部管路、附件的安装。装配顺序由图形上安装顺序号（数字）表示，零件代号、名称和数量、技术要求及工艺装备在顺序数字的后面。

③ 图文共表述的装配工艺卡。这种形式用图形表示装配关系，文字说明装配过程、方法和要求。此形式适用于大多数工艺部、组件、单元体、总装配工艺规程，图、文共表述的装配工艺图卡见附表1.1。复杂工艺规程中，小型图用装配工艺图卡，大型图用装配工艺图表或按规定放大的装配工艺图表，文字说明用装配工艺卡。

2. 装配工艺装备和设备的配置

工艺装备和设备是航空发动机装配工艺过程的重要组成部分，根据航空发动机的不同种类、型号、不同的设计与技术要求，同时按发动机生产的不同阶段要求，配备相应的装备和设备。这些工艺装备和设备包括通用工夹具、专用工夹具、通用量具、专用测具和量具、刀具和磨具等(本部分内容详见第6章)。

1.4.2 零件的工序准备

工序准备包括按尺寸、质量和机械物理参数选配零件、做标记、打印记、清洗与净化、去油封、修配及平衡等。

1. 零件的选配

零件的选配是为确保规定的装配精度要求。选配零件可按其尺寸、质量和机械物理参数来进行。

(1) 按尺寸参数挑选零件

如按尺寸挑选相配合的轴孔。

例:孔的直径按 $40.1^{+0.02}$ mm 加工,即最大直径为 40.12 mm,最小直径为 40.1 mm;轴的直径为 $40.00_{-0.035}$ mm,其最大直径为 40.00 mm,最小直径为 39.965 mm。因此,最大间隙为 0.155 mm,最小间隙为 0.100 mm,这一配合的间隙变化量为 55 μm。假设按照使用要求,间隙变化的范围应降低一半(不提高制造精度),那么配合零件应按两组选配。

(2) 按质量选择零件

为了保证部件有较高的平衡精度须按质量选择零件。

例:如果涡轮叶片是按 10～12 g 的质量公差制造的。涡轮盘装配时,叶片按质量公差 2～3 g 挑选。而且,安装在直径相对位置的叶片,公差选择更严,为 0.2～0.75 g。

(3) 按物理参数挑选零件

如按弹性选择封严垫圈或弹簧类零件就是按物理参数挑选的例子。弹性的标准是压缩零件达到工作切口间隙(垫圈)或规定高度(弹簧)时所需要的力。当一套中有几个相同的零件时,为了使它们的作用有相同的结果,在弹性上只允许有不大的差别。

这样选配零件,能保证部件必要的工作精度,而不提高零件的制造精度。

上述的各种选配工作都需要较长的工作时间,因此要尽可能地采用机械化和自动化的手段。

2. 零件的标印

在生产和装配的各个阶段,都需要给零件做标记和打印记。标记是指在产品上标以能表示产品某种识别标志(等级类别、发动机的生产厂、发动机重量、图号)的符号(标记);而打印记是用以表示产品合格的程度(印记标号),其目的是为发动机制造过程中的各种管理、使用及修理过程提供识别标志,使产品质量具有可追溯性。

对标记的基本要求是选取标记的部位和方法。在选择标记部位时应遵循以下几点原则:

① 易观察性。标记位置应选在易于标刻和装配部件中容易查看的表面。

② 无损性。标记位置不能破坏零件的正常工作,应避开高应力集中区,避开工作时受力过大或无支撑部位等。

③ 可区分性。标记应与其他一些标记符号有明显差别。

④ 永久性。零件磨损时也不致被磨掉或弄脏等。

标记的方法有很多，主要有机械法、电子法、化学法及电化学法。标记方法的选择需考虑材料、加工状况、零件类型等多种因素，尽量使其合理、经济、可靠、有效。

3. 零件的去封

(1) 轴承去封

轴承去封是指拆除包装与清洗(如在含有 5%～10%的 5 号防锈油的汽油中进行清洗)。

(2) 电器成件、附件去封

电器成件、附件去封是指去掉包装，并用清洁布块沾取少量汽油擦拭外表面等。

4. 零件的清洗

为了得到高质量的装配，零件需要有一定的清洁度。清洗作为一种有效的净化方法，对任何类型发动机和附件的零件都是适用的。用于清洗零件的洗涤剂应是有效、经济、无毒、防火的。洗涤剂的选择与零件材料、污物的种类(滑油、冷却液、金属屑、积碳、灰尘等)、洗涤过程的经济性及防火等要求有关。

清洗的方法很多，可以是手工的，也可以是机械化和自动化的。但通常选用易于机械和自动化的方法。最简单的方法是浸入一定温度(冷或温)的某种洗涤剂中清洗，而后再用热水清洗并烘干。这种方法主要用做预清洗。下面几种是半自动式或自动循环工作的清洗机。

图 1.10 所示是三室清洗机的示意图。第一室是主洗涤室，在这里，加热了的洗涤剂由喷雾器喷出，以清洗产品，喷雾器要设置得能使射流喷到每一个最难达到的角落。在下一个清洗室里，用洁净水洗掉洗涤剂的残留物和不溶解的污物微粒。因为洗涤剂的成分是否被洗净是至关重要的，所以有时要设置第二个清洗室。而后再将零件送到最后一室，在这里用冷或加热了的干燥压缩空气将零件吹干。零件在所有各室之间的传送，是靠一种传送装置来实现的，如果清洗机与流水线配套，则其速度应与装配的步调一致。与清洗机配套的有洗涤剂加热器、使洗涤液重复循环和净化的设备以及向喷雾器提供一定压力的气源。

超声波清洗装置如图 1.11 所示，由高频发生器、放大器、变换器和清洗槽组成。槽内盛有溶剂，并装有供放置被清洗零件用的网或篮。由于溶剂温度会影响清洗的速度，所以溶剂槽应备有可调节的加热设备。

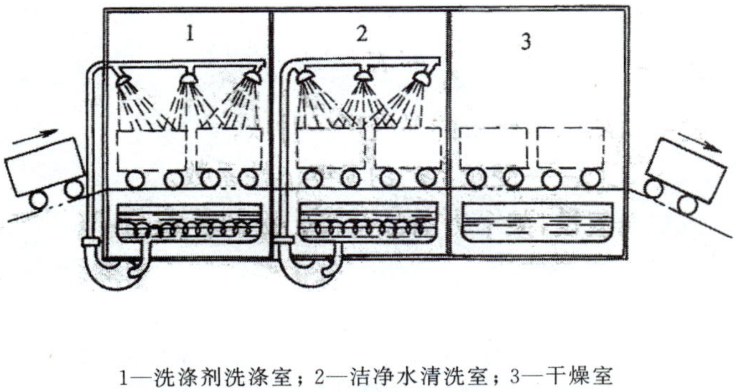

1—洗涤剂洗涤室；2—洁净水清洗室；3—干燥室

图 1.10　清洗机示意图

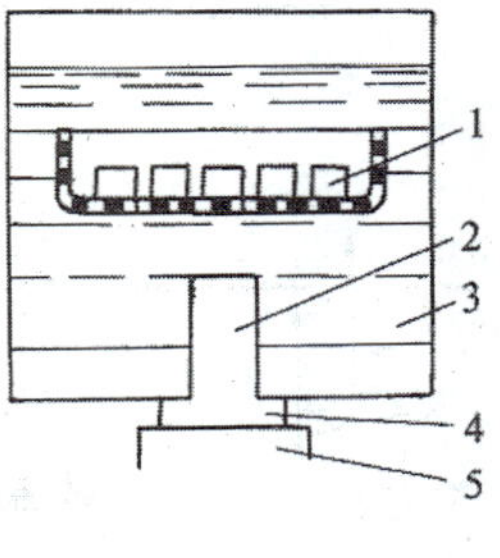

1—被清洗零件；2—变换器；
3—溶剂；4—放大器；5—高频发生器

图 1.11　超声波清洗装置示意图

思考题与习题

1. 简述以下概念：装配工艺；部件；单元体；附件；部件装配；单元体装配；总装配。

2. 如何划分装配单元？试举一例说明。

3. 影响装配单元可靠性的因素有哪些？为什么？

4. 结构的工艺性对装配工艺性有什么影响？为什么？结构的工艺性对装配单元可靠性有什么影响？

5. 装配的准备工作都包括哪些？

第 2 章　装配精度与装配精度保证方法

从第 1 章我们已经了解到，航空发动机的装配过程是按规定的技术标准、技术要求和一系列不同复杂程度的工艺程序和质量控制程序（见第 4 章）来进行的，这些质量控制程序是具有理论和实际依据的方法，即装配方法，这些装配方法的最终目的是保证航空发动机的装配精度。

2.1　装配精度

2.1.1　装配精度概念

装配精度是指发动机整机、单元体、部件和组件的设计技术条件和装配图中所规定的技术要求，表 2.1 所列为发动机装配精度及内容。为保证组件、部件和单元体的使用特性，以及调节系统的稳定性、整机的性能和寿命，正确地实施整机、单元体、部件、组件、附件和各系统的装配以满足精度要求，是装配过程中的重要环节。装配单元的实际装配精度是指该装配单元的设计技术条件与装配图所规定的技术要求相符合的程度，是由零件制造精度、装配和测量误差决定的。装配精度要求既影响整机的质量又影响整机零件制造的经济性，它是确定和制定装配工艺措施的一个重要依据。

表 2.1　装配精度及内容

装配精度	主要内容
相对运动精度	两个或两个以上零件装配后具有保证相对运动的技术要求。 如：齿轮的啮合间隙；着色检查齿的接触印痕；传动杆的摆动量；封严涨圈与涨圈座的端面间隙；可调节叶片摆动量（转动角度）；加力作动筒的同步性等
相对位置精度	零件组件装配后的相互位置技术要求（距离精度、平行度、垂直度及同轴度等）。 如：压气机、涡轮各级前后纵向间隙；叶片的径向间隙；发动机轴承支点的同心度（跳动量）；轴承装配后的轴向活动量；滚子轴承的滚子对内外钢套的偏移量等
形状精度（微观几何精度）	两个零件装配后的配合面、连接表面规定的接触面积大小、接触点分布的技术要求，它主要影响变形及泄漏。 如：轴承机匣与轴承支座结合面着色检查；滑动轴承轴瓦与轴承座接触面的着色检查；管接嘴相配零件接触面、活门座与活门配合面着色检查等
配合精度	两个零件装配后的配合面以及连接面之间规定的配合间隙和过盈技术要求，它影响配合性质和质量。 如：轴与轴承内套、轴承座与轴承外套，盘与盘、盘与轴、盘与轴颈，螺栓与机匣壳体，销子与壳体的配合等
参数精度	影响整机性能以及各系统正常工作的对某些零件、组件规定的流量、分布、转速、时间、面积、质量和尺寸等技术要求。 如：燃油及滑油系统喷嘴流量和分布；火焰筒涡流器流量；附件的协动转速和时间；导向器排气面积；零件质量以及整机或组件的外廓尺寸等
平衡精度	高转速、大质量的零件、组件以及部件规定的许用不平衡量和许用重心偏移量技术要求。 如：离心式压气机、轴流式压气机以及风扇转子、涡轮转子，盘、轴组件，泵的叶轮和离心通风转子等平衡时的许用不平衡量等

通常装配技术文件、装配图都给出装配的两个允许的极限值，其差值即为装配参数的允许误差，即公差，装配时所得到的实际参数应不超出公差范围。因此，装配精度是指装配时所得到的实际参数值与装配图纸及技术要求规定值的符合程度。

2.1.2 装配精度计算概述

对于每一个装配参数(装配时必须保证的)，不论它是几何参数(间隙、跳动量)、运动学参数(从动环节的运动规律)、物理-机械量(变形、弹性)还是其他参数，都应给出两个允许的极限值，其差值即是装配参数的允许误差(公差)。显然，装配时所得到的实际参数应不超出公差范围。

为了满足上述要求，应预先对装配精度进行计算(求出装配参数的期望精度值)，并根据计算结果，选择最适合该生产条件的装配方法。精度计算一般是在发动机的设计阶段完成的，但由于结构不可避免的变化和一系列工艺因素的影响，在生产过程中也要进行装配精度的计算。

在进行装配精度计算时，通常总是假设送往装配的零件和材料均为合格品，也就是说，各种参数均在规定的公差范围内(并假定装配过程也不会出现问题)，其产品的装配参数偏差只是由于零件累积误差、装配过程和工艺试验产生的误差综合影响所造成的结果。

如图 2.1 中叶片的径向间隙 A_Δ 的误差 ω_Δ 可以用函数的形式表示为

$$\omega_\Delta = \varphi(X_\Delta, Y_\Delta, Z_\Delta) \tag{2.1}$$

式中：X_Δ——部件中的零件误差，即尺寸、形状、位置、材料性能等的误差；

Y_Δ——装配误差，即相互定位误差，零件间由于变形和接触所造成的偏移误差，以及装配方法不同引起的误差；

Z_Δ——工艺试验引起的误差，包括在动载荷、应力松弛现象和其他因素作用下，由于零件的偏移和塑性变形所造成的误差。

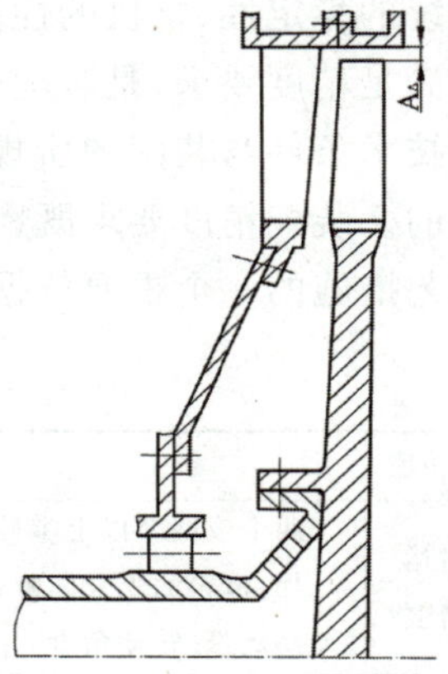

图 2.1 径向间隙误差的确定

相对于 X_Δ、Y_Δ 和 Z_Δ 值来说，尺寸、相互位置、材料性能和变形的误差及其他误差，都是一次误差，它们本身又可能是某些一次误差的函数(如，与某种装配测量系统有关的误差)，由于存在这种相互依存的关系，使它们之间的综合关系非常复杂。

发动机的整机、单元体、部件和组件都是由许多零件装配在一起的，各相关零件的误差累积起来，就反映到装配精度上。因此发动机的装配精度受零件特别是关键零件的加工精度影响很大，所以为了合理地确定零件的加工精度，必须对零件精度和装配精度的关系进行综合分析，而发动机装配精度计算大多都与几何参数有关，而几何参数(包括部分物理参数)的精度计算的基础是尺寸链理论。

2.1.3 装配尺寸链

1. 装配尺寸链的形式、特点与建立

在产品装配关系中，由相关零件的尺寸或相互位置关系所组成的尺寸链称为装配尺寸链，或者说尺寸链是指直接参与计算并形成封闭回路的尺寸(用坐标表示的零件表面与轴线的相

互位置)之总合。装配尺寸链的封闭环就是装配所要保证的装配精度或技术要求。装配精度(封闭环)是零件装配后最后形成的尺寸或位置关系,如图 2.2(a)中的 A_0、图 2.2(c)中的 A_6 等尺寸为封闭环。在装配关系中,对装配精度有直接影响的零、部件尺寸和位置关系,都是各种尺寸链的组成环,与工艺尺寸链一样,装配尺寸链的组成环也分为增环和减环。

常见的尺寸链形式和特点如表 2.2 和图 2.2 所示。图 2.2(a)、(c)、(f)为装配尺寸链,其余为工艺尺寸链。

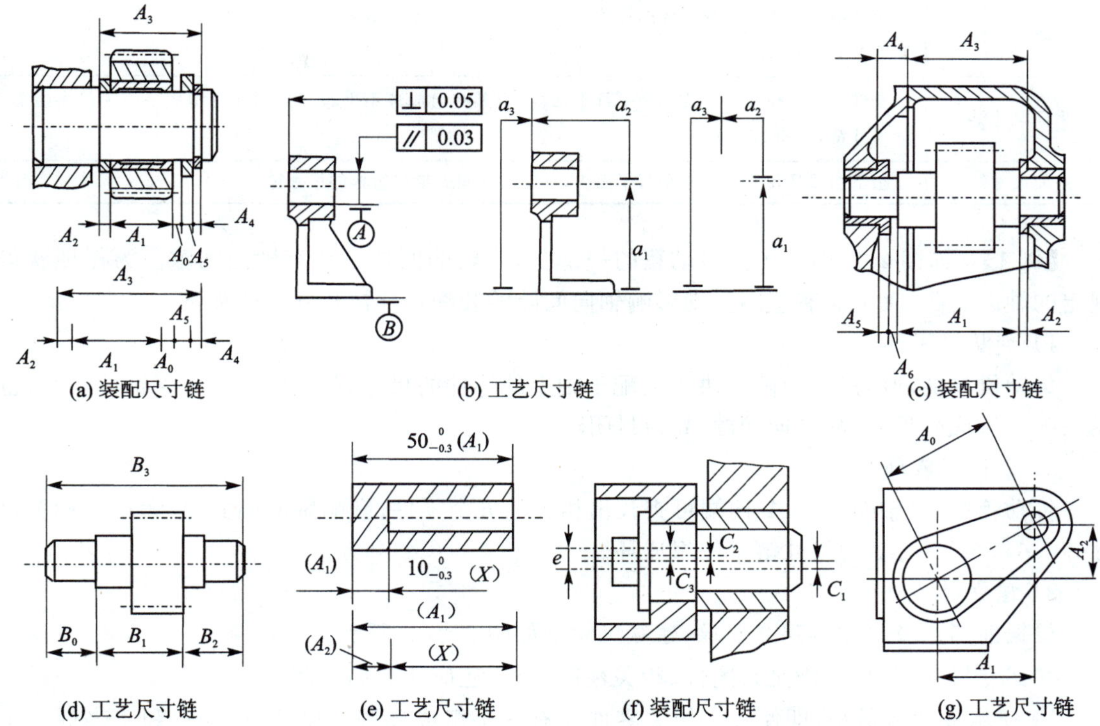

图 2.2　各种尺寸链形式

装配中利用这些尺寸链是要解决所谓反推问题,即根据组成环的已知值(给定的或实际的),确定封闭环(即任意装配参数——间隙、紧度等)的公称尺寸、公差带的值及其中心坐标。

装配尺寸链的建立应以装配精度要求为核心,即确定所要求的装配尺寸及其精度,分析产品装配图中的装配关系,查出与装配要求相关的尺寸,组成尺寸链,确定封闭环。具体方法是:

以封闭环两端的零件作起始点、装配基准面为联系,沿装配精度要求方向,查找对装配要求有影响的相关零件,直至找到同一基准零件或同一基准面上为止,相关零件上直接连接两个装配基准面间的位置尺寸关系,便是装配尺寸链中的组成环。

表 2.2　常用尺寸链形式及特点

尺寸链形式	特　点
长度尺寸链	全部环为长度尺寸的尺寸链,见图 2.2(a)
角度尺寸链	全部环为角度尺寸的尺寸链,由平行度、垂直度、角度构成,见图 2.2(b)
装配尺寸链	全部组成环为不同零件设计尺寸所构成的尺寸链,见图 2.2(c)

续表 2.2

尺寸链形式	特 点
零件尺寸链	全部组成环为同一零件设计尺寸所构成的尺寸链，见图 2.2(d)
工艺尺寸链	全部组成环为同一零件工艺尺寸所构成的尺寸链，见图 2.2(e)
标量尺寸链	全部组成环为标量尺寸所形成的尺寸链，见图 2.2(a)、图 2.2(c)和图 2.2(d)
矢量尺寸链	全部组成环为矢量尺寸所形成的尺寸链，见图 2.2(f)
直线尺寸链	全部组成环平行于封闭环的尺寸链(由长度尺寸组成，处在相互平行的平面内)，见图 2.2(a)、图 2.2(c)和图 2.2(d)
平面尺寸链	全部组成环位于一个或几个平行平面内，但某些组成环不平行于封闭环且构成平面矢量多边形的尺寸链，见图 2.2(g)
空间尺寸链	全部组成环位于几个不平行平面内，且构成空间矢量多边形的尺寸链

【例 1】 如图 2.2(a)所示为传动箱的一部分，齿轮端面处应留有轴向间隙。为保证获得规定的轴向间隙，轴上装有垫圈。则影响轴向间隙的装配尺寸链建立步骤如下：

1）判断封闭环

传动机构的轴向尺寸间隙取决于装配于轴上的零件的尺寸，是装配中要求保证的参数，也是装配后形成的尺寸，故轴向间隙 A_0 为封闭环。

2）查找组成环

传动箱中，沿轴向间隙 A_0 两端可查找出相关的五个零件，影响轴向间隙 A_0 大小的相关尺寸 A_1、A_2、A_3、A_4、A_5 为尺寸链中的组成环。

3）建立尺寸链

根据前两点及尺寸链建立要求，建立尺寸链如图 2.2(a)所示。

在建立尺寸链时，除满足封闭性、相关性原则外，还应注意如下两点：

① 使组成环数最小，即使每个相关零件仅有一个组成环进入尺寸链，这有利于降低加工难度和制造成本。

② 按封闭环的不同位置和方向分别建立装配尺寸链。如常见的涡轮蜗杆副结构，为确保正常啮合，对涡轮蜗杆副两轴线距离及涡轮蜗杆轴轮中间平面的对称度均有要求，它们处于不同的位置和方向，需要在不同方向分别建立尺寸链。

4）判断组成环的增减性

方法 1：

在尺寸链内沿环顺时针画一方向线，如图 2.3 中①所示，然后根据方向线的方向，画出封闭环与各组成环的方向，由图 2.3 可以看出，封闭环 A_0 的方向向左“←”，组成环 A_3 的方向向右“→”，而其他 A_1、A_2、A_4、A_5 的方向与封闭环的方向相同均向左“←”。由此可以判断，与封闭环方向相反的组成环为增环，与封闭环方向相同的组成环为减环，则 A_3 为增环，A_1、A_2、A_4、A_5 为减环。图 2.3 中的顺时针方向线也可以画成逆时针的线，但结果是相同的。

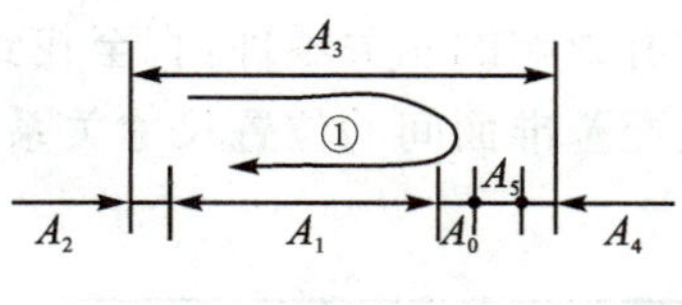

图 2.3 增减环判断

方法 2：

在不改变尺寸链总环长的条件下，如果封闭环尺寸增加，尺寸链中的某些组成环尺寸的变化与封闭环变化相反，即尺寸会减小，则这些组成环即为减环，其他则为增环，其判断结果与方法 1 相同。

2. 装配尺寸链的计算

精度计算，即封闭环的极限偏差和公差带（分布带）的值及其中心坐标的计算可采用两种方法，极值法和统计法（概率法）。

极值法与工艺尺寸链求解一致，其优点是简单可靠，缺点是当封闭环公差较小、组成环数目较多时，各组成环分配的公差小，使零件的加工难度增加，从而提高了制造成本。

概率法计算是基于零件加工尺寸及相互位置的概率。在大批量生产中，当装配精度要求较高且组成环数目又较多时，应用概率法计算装配尺寸链更为合理。

如在保证相同装配精度要求的前提下（即封闭环公差 T_0 一定时），采用极值法计算，各组成环的平均公差 $\overline{T}_i$ 为

$$\overline{T}_i = \frac{T_0}{n-1} \tag{2.2}$$

式中：n——尺寸链全环总数（含封闭环，以下同）。

采用概率法计算时，各组成环的平均公差为

$$\overline{T}_i = \frac{\sqrt{n-1}}{n-1} T_0 \tag{2.3}$$

从式(2.2)、式(2.3)可以看出，采用概率法计算时，平均公差扩大了 $\sqrt{n-1}$ 倍，且随组成环数的增加，平均公差 $\overline{T}_i$ 增加，更便于零件加工。

由表 2.2 可以知道，常用尺寸链有多种不同的形式，下面主要介绍航空发动机装配工艺中常用的几种装配尺寸链计算方法。

(1) 直线尺寸链的计算

1) 极值法

用极值法求解装配尺寸链，是以求最大误差代数和的方法为基础，即只考虑尺寸链各环尺寸的最大与最小极限值。计算时首先假定组成环是由两个最不利的极限偏差综合而成的。在一部分同名装配尺寸链中各增环取为最大极限尺寸，各减环取为最小极限尺寸；而另一部分尺寸链则相反，即各增环为最小极限尺寸，各减环为最大极限尺寸。这样，这些同名尺寸链的封闭环也能得到一组边界极值。通常情况下，一个由 n 个环组成的尺寸链，若其中有 m 个增环和 $m+1\sim n-1$ 个减环，则有以下计算式：

① 封闭环公称尺寸(A_0)计算

多环尺寸链（增环与减环均为多个时），各环公称尺寸间的关系式为

$$A_0 = \sum_{i=1}^{m} \overrightarrow{A}_i - \sum_{i=m+1}^{n-1} \overleftarrow{A}_i \tag{2.4}$$

式中：$\overrightarrow{A_i}$——组成环中增环的公称尺寸；

$\overleftarrow{A_i}$——组成环中减环的公称尺寸；

m——增环环数；

n——总环数。

或 $$A_0=\sum_{i=1}^{n-1}\xi_i A_i \tag{2.5}$$

系数 ξ_i 称作传递比或影响系数(按照机械精度理论),它代表组成环对封闭环的影响程度。对所研究的带有平行环的直线尺寸链来说,增环系数等于+1,减环系数等于-1。一般情况下,除直线尺寸链外,当计算其他尺寸链时,这个系数不等于1,需要用尺寸链的微分方程求得,计算过程如下:

设封闭环是独立自变量组成环的函数,则有

$$A_0=\varphi(A_1,A_2,\cdots,A_{n-1})$$

这个函数的全微分为

$$\mathrm{d}A_0=\frac{\partial A_0}{\partial A_1}\mathrm{d}A_1+\frac{\partial A_0}{\partial A_2}\mathrm{d}A_2+\cdots+\frac{\partial A_0}{\partial A_{n-1}}\mathrm{d}A_{n-1}$$

若用有限增量代替式中的微分量(此时有限增量总是分布带的正值),则可写成

$$\omega_0=\left|\frac{\partial A_0}{\partial A_1}\right|\omega_1+\left|\frac{\partial A_0}{\partial A_2}\right|\omega_2+\cdots+\left|\frac{\partial A_0}{\partial A_{n-1}}\right|\omega_{n-1}$$

或 $$\omega_0=\sum_{i=1}^{n-1}\left|\frac{\partial A_0}{\partial A_i}\right|\omega_i=\sum_{i=1}^{n-1}|\xi|\omega_i$$

② 封闭环公差(T_0)计算

当 $\omega_i=T_i$ 及 $\omega_0=T_0$ 时,则上式

$$T_0=\sum_{i=1}^{n-1}\left|\frac{\partial A_0}{\partial A_i}\right|T_i$$

或 $$T_0=\sum_{i=1}^{n-1}|\xi|T_i \tag{2.6}$$

即封闭环的公差值等于各组成环公差的总和,对于直线尺寸链,$|\xi_i|=1$,则此时

$$T_0=\sum_{i=1}^{n-1}T_i \tag{2.7}$$

在进行装配尺寸链反计算时,即已知封闭环(装配精度)的公差 T_0,分配各有关零件(组成环)公差 T_i 时,可按“等公差法”或“相同精度等级法”等多种方法进行,其中常用的是“等公差法”。

“等公差法”是按各组成环公差相等的原则分配封闭环公差,即假定各组成环公差相等,求出组成环的平均公差 $\overline{T}_i$

$$\overline{T}_i=\frac{T_0}{\sum_{i=1}^{n-1}|\xi_i|} \tag{2.8}$$

对于直线尺寸链组成环的平均公差如式(2.2)。

然后根据各组成环尺寸和各零件加工时的难易程度对公差进行适当调整,但调整后的各组成环的公差之和仍不得大于封闭环要求的公差。公差调整可参照下列原则:

◇ 当组成环为标准件的尺寸时(如轴承环或弹性挡圈的厚度等),其公差的大小和分布位置在相应标准中已有规定,故为定值。

◇ 当组成环是几个不同尺寸链的公共环时,其公差值和分布位置应由对其要求最严的那个尺寸链先行确定,确定后的该组成环对其余尺寸链为定值。

◇ 当分配待定的组成环公差时，一般可按经验视各环尺寸加工程度加以分配。如尺寸相近、加工方法相同的，取其公差值相等，难加工或难测量的组成环，其公差可取较大值。

显然，当各组成环都按上述原则确定其公差和位置时，往往不能恰好满足封闭环的要求，此时需要选择一个组成环，俗称协调环(见本章装配方法的修配环、补偿环)，该协调环的公差值和分布位置要经过计算来确定，以便与其他组成环相协调，来满足封闭环公差值和公差位置的要求。通常选用便于制造和可用通用量具测量的零件作为协调环。

③ 封闭环中间偏差(Δ_0)计算

封闭环的中间偏差等于各组成环的中间偏差与传递系数乘积的代数和。

$$\Delta_0 = \sum_{i=1}^{n-1} \xi_i \Delta_i \tag{2.9}$$

式中：Δ_i——组成环的中间偏差。

若用上下偏差来表示中间偏差，则有

$$\Delta = \frac{1}{2}(\mathrm{ES} + \mathrm{EI}) \tag{2.10}$$

式中：ES，EI——分别为上、下偏差。则封闭环的中间偏差可表示为

$$\Delta_0 = \frac{1}{2}(\mathrm{ES}_0 + \mathrm{EI}_0) = \sum_{i=1}^{m} \overrightarrow{\Delta}_i - \sum_{i=m+1}^{n-1} \overleftarrow{\Delta}_i \tag{2.11}$$

式中：$\overrightarrow{\Delta}_i$，$\overleftarrow{\Delta}_i$——分别为增环的中间偏差和减环的中间偏差。

组成环的中间偏差可表示为

$$\Delta_i = \frac{1}{2}(\mathrm{ES}_i + \mathrm{EI}_i) \tag{2.12}$$

④ 封闭环极限尺寸($A_{0\max}$，$A_{0\min}$)计算

多环尺寸链，各环极限尺寸间的关系式为

$$\begin{cases} A_{0\max} = \sum_{i=1}^{m} \overrightarrow{A}_{i\max} - \sum_{i=m+1}^{n-1} \overleftarrow{A}_{i\min} = A_0 + \mathrm{ES}_0 \\ A_{0\min} = \sum_{i=1}^{m} \overrightarrow{A}_{i\min} - \sum_{i=m+1}^{n-1} \overleftarrow{A}_{i\max} = A_0 + \mathrm{EI}_0 \end{cases} \tag{2.13}$$

式中：$\overrightarrow{A}_{i\max}$，$\overrightarrow{A}_{i\min}$——分别为增环最大极限尺寸和最小极限尺寸；

$\overleftarrow{A}_{i\max}$，$\overleftarrow{A}_{i\min}$——分别为减环最大极限尺寸和最小极限尺寸。

也就是说，封闭环的最大极限尺寸等于所有增环的最大极限尺寸减去所有减环的最小极限尺寸；封闭环的最小极限尺寸等于所有增环的最小极限尺寸减去所有减环的最大极限尺寸。

同理，各组成环的极限尺寸为

$$\begin{cases} A_{i\max} = A_i + \mathrm{ES}_i \\ A_{i\min} = A_i + \mathrm{EI}_i \end{cases} \tag{2.14}$$

⑤ 封闭环上偏差(ES_0)与下偏差(EI_0)计算

封闭环的上偏差等于所有增环上偏差$\overrightarrow{\mathrm{ES}}_i$之和减去所有减环下偏差$\overleftarrow{\mathrm{EI}}_i$之和。封闭环下偏差等于所有增环下偏差之和减去所有减环上偏差之和。

$$\begin{cases} ES_0 = \sum_{i=1}^{m} \overrightarrow{ES}_i - \sum_{i=m+1}^{n-1} \overleftarrow{EI}_i = \Delta_0 + \frac{1}{2}T_0 \\ EI_0 = \sum_{i=1}^{m} \overrightarrow{EI}_i - \sum_{i=m+1}^{n-1} \overleftarrow{ES}_i = \Delta_0 - \frac{1}{2}T_0 \end{cases} \tag{2.15}$$

同理,各组成环上下偏差可以写成

$$\begin{cases} ES_i = \Delta_i + \frac{1}{2}T_i \\ EI_i = \Delta_i - \frac{1}{2}T_i \end{cases} \tag{2.16}$$

⑥ 组成环与封闭环的平均尺寸(A_{iM}、A_{0M})计算

组成环的平均尺寸关系式为

$$A_{iM} = A_i + \frac{ES_i + EI_i}{2} \tag{2.17}$$

封闭环的平均尺寸等于所有增环平均尺寸之和减去所有减环的平均尺寸之和,即

$$A_{0M} = \sum_{i=1}^{m} \overrightarrow{A}_{iM} - \sum_{i=m+1}^{n-1} \overleftarrow{A}_{iM} \tag{2.18}$$

作为尺寸链的环,零件极限尺寸最不利组合出现的概率是很小的,因而计算结果要比产品装配时得到的实际值大得多。因此,在应建立完全互换性(具有100%的互换性)的尺寸链中,通常按极值解法计算公差。

利用式(2.13)可以计算出封闭环的期望精度,而式(2.7)可以用来检验计算结果。

2) 概率法

装配尺寸链的组成环是有关零件的加工尺寸或相对位置精度,显然,各零件加工尺寸或相对位置的数值是彼此独立的随机变量,所以应考虑到加工过程、零件配套和装配本质上都有各自的概率,所获得的几何尺寸或其他装配参数都是随机的,因此,作为组成环的合成量,封闭环的数值也是一个随机变量。在分析随机变量时,必须了解其误差分布曲线的性质和分散范围的大小,同时还应了解误差中心分布位置,即算术平均值。因此,概率法与极值法的区别在于概率法所用的不是尺寸和公差的公称值,而是尺寸的平均值和尺寸偏差的分布概率。

概率法是指在大批量生产中组成环尺寸按概率原理分布,而处于极端情况下的可能性很小,从而可用概率原理来确定封闭环和组成环关系的一种计算方法。当组成环数较多时,可以更合理地分配封闭环公差,便于零件制造。

根据概率理论,如果影响过程结果的多是同类因素,则过程结果的分布应服从正态分布,或与正态分布差别不大。同时还可以证明,当把几种分布相加时,不论它们是否服从正态分布,其总分布都是服从正态分布的。如果零件是按规定的尺寸在机床上加工出来的,则其尺寸分布的附加条件恰好符合正态分布。

在装配尺寸链中组成环和封闭环的尺寸分布非常接近正态分布,则有,封闭环公差 $T_0 = \pm 3\sigma_0$,即封闭环处在公差 T_0 范围内的装配单元的概率将不小于 $P=99.73\%$(P 置信水平),而风险率,或者说封闭环超出公差带 T_0 界限的概率不大于0.27%,这时相对分散系数 $K_0=1$。由此也可以看出,组成环的公差变化会带来风险率的变化。对那种经济合理的(根据生产条件)规定组成环及较宽公差的尺寸链,应当用概率法进行计算。但这时在装配技术要求中,应指明经论证的风险率和工艺方法,以免生产出封闭环偏离规定值的产品。P 与 K_0 的相应数值

如表2.3所列。

表 2.3　置信水平 P 与相对分散系数 K_0

$P/\%$	99.73	99.5	99	98	95	90
K_0	1	1.05	1.16	1.29	1.52	1.82

由概率论可知，在装配尺寸链中，各组成环的尺寸是一些彼此独立的随机变量，作为组成环的封闭环也是一个随机变量，各独立随机变量(装配尺寸链的组成环)的均方根偏差 σ_i 与这些随机变量之和(装配尺寸链的封闭环)的均方根偏差 σ_0 之间的关系为

$$\sigma_0 = \sqrt{\sum \sigma_i^2} \tag{2.19}$$

解算尺寸链时，是以误差或公差量之间的关系来计算的，上述公式需要转化成所需要的形式。在进行统计分析时，如果零件加工尺寸为正态分布曲线，则其尺寸误差分散范围 ω_i 与均方根偏差 σ_i 之间的关系式为

$$\omega_i = 6\sigma_i$$

即

$$\sigma_i = \frac{1}{6}\omega_i$$

当零件加工尺寸不为正态分布曲线时，需要引入一个系数 K_i，关系式变为

$$\sigma_i = \frac{1}{6}K_i\omega_i$$

式中：K_i——第 i 个组成环的相对分散系数。

系数 K_i 表明了尺寸分布曲线的不同分散性质，正态分布曲线的 K 值为1，见表2.4。

表 2.4　不同分布曲线的 α、K 值

分布特征	正态分布	三角分布	均匀分布	瑞利分布	偏态分布	
					外尺寸	内尺寸
分布曲线	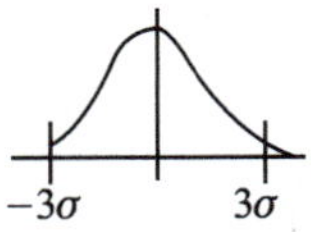	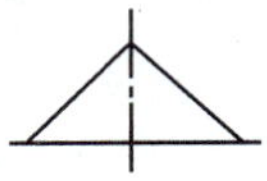	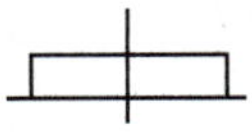	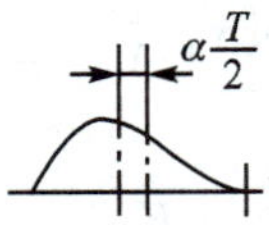	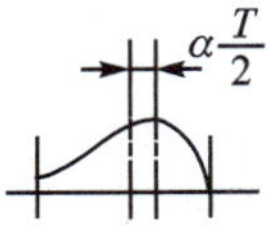	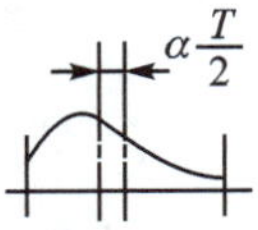
α	0	0	0	−0.28	0.26	−0.26
K	1	1.22	1.73	1.14	1.17	1.17

尺寸链中，如果不存在较其余各组成环大得多的数值，且其尺寸分布又不严重偏离正态分布的情况，则不论各组成环的尺寸为何种分布曲线，只要组成环的数目足够多，则封闭环的分布曲线总是趋近于正态分布的，即 $K\approx1$。

例如，当组成环皆为误差相等的等腰三角形分布($K=1.22$)，环数不少于3个时，或者当组成环皆为误差相等的概率分布($K=1.73$)，环数不少于6个时，封闭环的尺寸分布，都趋近于正态分布。

在误差 ω_i 恰好等于公差值 T_i 的条件下，可得到 T_i 与 T_0 的关系式为

$$T_0 = \sqrt{\sum_{i=1}^{n-1} \xi^2 T_i^2} \tag{2.20}$$

当各组成环的尺寸分布为非正态分布时，则式(2.20)变为

$$T_0 = \sqrt{\sum_{i=1}^{n-1} K_i^2 \xi^2 T_i^2} \tag{2.21}$$

若各组成环公差相等，即令 $T_i = T_{iM}$ 时，则可得各环平均公差 T_{iM} 为

$$T_{iM} = \frac{T_0}{\sqrt{\sum_{i=1}^{n-1} \xi^2 K_i^2}} = K_0 \frac{T_0}{\sqrt{(n-1)K_i^2}} \tag{2.22}$$

① 各环算术平均值计算

根据概率论，封闭环的算术平均值 $\overline{A}_0$ 等于各组成环算术平均值 $\overline{A}_i$ 的代数和。

$$\overline{A}_0 = \sum_{i=1}^{n-1} \xi_i \overline{A}_i = \sum_{i=1}^{m} \overrightarrow{A}_i - \sum_{i=m+1}^{n-1} \overleftarrow{A}_i \tag{2.23}$$

式中：$\overrightarrow{A}_i$，$\overleftarrow{A}_i$——分别为增环的算术平均值和减环的算术平均值。

当各组成环的尺寸分布曲线均属于对称分布，而且分布中心与公差带中心重合时，算术平均值 $\overline{A}_i$(或 $\overline{A}_0$)即等于平均尺寸 A_{iM}(或 A_{0M})。

当组成环的尺寸分布曲线属于非对称分布时，算术平均值 $\overline{A}$ 相对于公差带中心的尺寸即平均尺寸 A_M 有一偏移量 $\alpha \frac{T}{2}$，则有

$$\overline{A} = A_M + \frac{1}{2}\alpha T = A + E_M + \frac{1}{2}\alpha T \tag{2.24}$$

式中：E_M——平均偏差；

α——相对不对称系数(见表2.4)。

则封闭环的平均尺寸 A_{0M}、封闭环的平均偏差 E_{0M} 与组成环的平均尺寸 A_{iM} 及平均偏差 $E_{A_{iM}}$ 有以下关系式：

$$A_{0M} = \sum_{i=1}^{m}\left(\overrightarrow{A}_{iM} + \frac{1}{2}\alpha_i \overrightarrow{T}_i\right) - \sum_{i=m+1}^{n-1}\left(\overleftarrow{A}_{iM} + \frac{1}{2}\alpha_i \overleftarrow{T}_i\right) \tag{2.25}$$

$$E_{A_{0M}} = \sum_{i=1}^{m}\left(\overrightarrow{E}_{A_{iM}} + \frac{1}{2}\alpha_i \overrightarrow{T}_i\right) - \sum_{i=m+1}^{n-1}\left(\overleftarrow{E}_{A_{iM}} + \frac{1}{2}\alpha_i \overleftarrow{T}_i\right) \tag{2.26}$$

式中：$\overrightarrow{T}_i$，$\overleftarrow{T}_i$——分别为增环公差和减环公差。

【例2】 如图2.4所示，某涡轮喷气发动机的最后一级压气机，其中 $A_1 = 200^{+0.09}$ mm，$A_2 = (48 \pm 0.2)$ mm，$A_3 = (20.5 \pm 0.15)$ mm，$A_4 = 28_{-0.28}$ mm，$A_5 = (152 \pm 0.1)$ mm，$A_6 = 3.2_{-0.048}$ mm，$A_7 = 40^{+0.1}$ mm，$A_8 = 0.3_{-0.04}$ mm，若设计给定的间隙 $A_\Delta = 2.6 \sim 6$ mm，分别采用极值法和概率法计算实际间隙值。

解：依题 $T_1 = 0.09$，$T_2 = 0.4$，$T_3 = 0.3$，$T_4 = 0.28$，$T_5 = 0.2$，$T_6 = 0.048$，$T_7 = 0.1$，$T_8 = 0.04$。

图2.4(b)为装配尺寸链，由图2.4(b)，并根据增减环的判断方法，可以得到 A_1、A_2 为增环，A_3、A_4、A_5、A_6、A_7、A_8 为减环，A_Δ 为封闭环，则有

间隙的公称尺寸为

$$A_0 = A_1 + A_2 - (A_3 + A_4 + A_5 + A_6 + A_7 + A_8) = 4 \text{ mm}$$

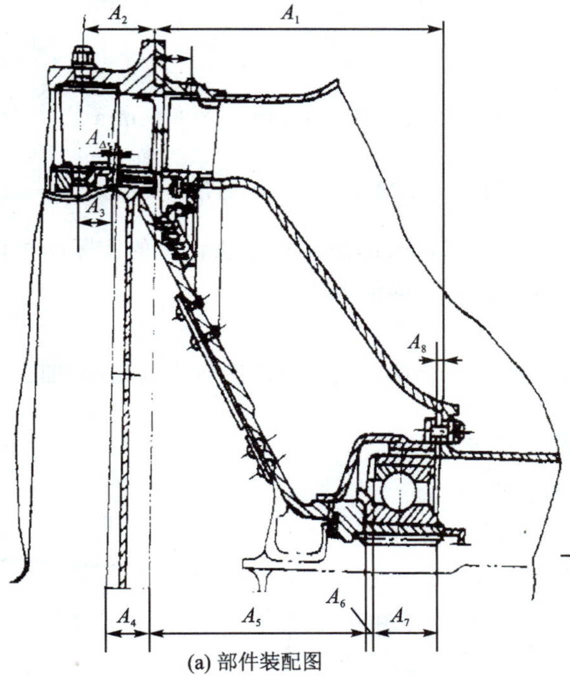

(a) 部件装配图

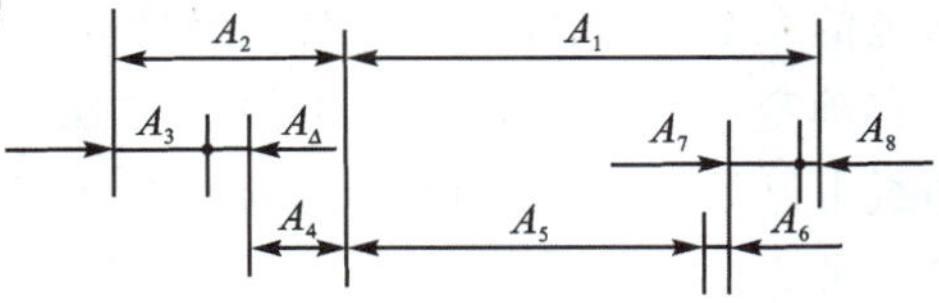

(b) 装配尺寸链

图 2.4　压气机部件装配图

解法 1：极值法

由式(2.13)得到以下结果：

$$A_{0\max} = \sum_{i=1}^{m} \overrightarrow{A}_{i\max} - \sum_{i=m+1}^{n-1} \overleftarrow{A}_{i\min} =$$

$$[200.09 + 48.2 - (20.35 + 27.72 + 151.9 + 3.152 + 40 + 0.26)]\ \text{mm} = 4.908\ \text{mm}$$

$$A_{0\min} = \sum_{i=1}^{m} \overrightarrow{A}_{i\min} - \sum_{i=m+1}^{n-1} \overleftarrow{A}_{i\max} =$$

$$[200 + 47.8 - (20.65 + 28 + 152.1 + 3.2 + 40.1 + 0.3)]\ \text{mm} = 3.45\ \text{mm}$$

又由式(2.7)有

$$T_0 = \sum_{i=1}^{m} \overrightarrow{A}_{i\max} - \sum_{i=1}^{m} \overrightarrow{A}_{i\min} + \sum_{i=m+1}^{n-1} \overleftarrow{A}_{i\max} - \sum_{i=m+1}^{n-1} \overleftarrow{A}_{i\min} = (4.908 - 3.45)\ \text{mm} = 1.458\ \text{mm}$$

解法 2：概率法

假设尺寸分布曲线为对称分布，则根据式(2.20)得到封闭环公差为

$$T_0 = \sqrt{\sum \xi^2 T_i^2} =$$

$$(0.09^2 + 0.4^2 + 0.3^2 + 0.28^2 + 0.2^2 + 0.048^2 + 0.1^2 + 0.04^2)^{\frac{1}{2}}\ \text{mm} = 0.458\ 2\ \text{mm}$$

由式(2.11)、式(2.12)得到封闭环的中间偏差

$$\Delta_0 = \frac{1}{2}(\text{ES}_0 + \text{EI}_0)$$

$$\sum_{i=1}^{m} \overrightarrow{\Delta}_i - \sum_{i=m+1}^{n-1} \overleftarrow{\Delta}_i = \left[\frac{0.09}{2} + 0 - 0 - \left(-\frac{0.28}{2}\right) - 0 -\right.$$

$$\left(-\frac{0.048}{2}\right)-\frac{0.1}{2}-\left(-\frac{0.04}{2}\right)-\frac{0.4}{2}\Big]\ \text{mm}=-0.021\ \text{mm}$$

由式(2.13)及式(2.15)有

$$A_{0\max}=A_0+\Delta_0+\frac{1}{2}T=(4-0.021+0.229\ 1)\ \text{mm}=4.208\ 1\ \text{mm}$$

$$A_{0\min}=A_0+\Delta_0-\frac{1}{2}T=(4-0.021-0.229\ 1)\ \text{mm}=3.749\ 9\ \text{mm}$$

即采用极值法计算的实际间隙值为 $A_0=3.45\sim4.908$ mm,采用概率法计算的实际间隙值为 $A_0=3.749\sim4.208$ mm,说明设计给定的间隙值没有足够的根据。

(2) 非平行环的直线尺寸链

对于非平行环的直线尺寸链,其公称尺寸的基本计算方法与前面所研究的相同,即

$$A_0=\sum_{i=1}^{n-1}\xi_i A_i \tag{2.27}$$

但这里的系数 ξ_i 却可能具有与前述情况不同的其他值。

在确定 ξ_i 时,通常可采用两种方法:余弦法和微分法。当图纸上已给出环的角位置,或能比较方便地计算出时,宜采用第一种方法。如图 2.5 所示,这时,可将尺寸链的所有组成环都投影在封闭环的方向上,而环的投影可通过相应角度的余弦来表示。这样,平面尺寸链就换算成直线尺寸链,可应用前面所讨论的计算方法进行计算。

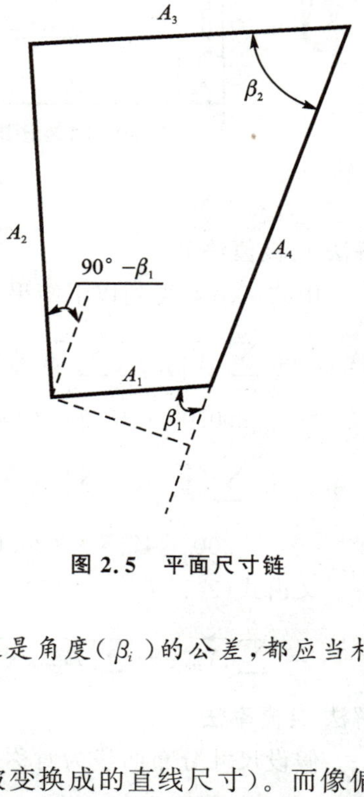

图 2.5　平面尺寸链

计算方程式为

$$A_0=\sum_{i=1}^{n-1}\cos\beta_i A_i$$

式中,由于系数 $\xi_i=\cos\beta_i$,所以其变化范围为 $+1\sim-1$。

对于平面尺寸链,方程式(2.27)的展开式将为

$$A_0=\xi_1A_1+\xi_2A_2+\xi_3A_3$$

式中:$\xi_1=-\cos\beta_1$(因 A_1 为减环);$\xi_2=\cos(90-\beta_1)$(因 A_2 为增环);$\xi_3=\cos\beta_2$。则

$$A_0=-A_1\cos\beta_1+A_2\cos(90-\beta_1)+A_3\cos\beta_2$$

在计算封闭环的精度时,无论是组成环的直线尺寸公差,还是角度(β_i)的公差,都应当相加求和。

(3) 具有矢量环的尺寸链

以上所研究的允许误差的计算,均属于标量(直线尺寸或被变换成的直线尺寸)。而像偏心率、端面跳动量、不同轴度等这样一些误差,则是矢量误差。其特点是,不仅量值(模)是随机的,而且方向也是随机的,它将在 2π 范围内变化。

如图 2.6(a)中,产品的偏心率是所有配合表面在同一方向上偏移的总和。图 2.6(b)所示的是图 2.6(a)的零件 1。如果在尺寸链中含有不同轴度 e_i,而要求知道尺寸链在 Ox 轴方向上的误差,则计算中应采用 Δx 量,它是前一个随机变量——模 e_i 和角 β_i 的函数。后者若用概率法计算,在计算技术上会带来很大困难。所以在工程算法中作了许多假设和简化。值得注意的是,偏心率、跳动量等本质上属于正值,其分布曲线非常接近于瑞利分布,而角 β_i 的分布

则符合等概率定律。

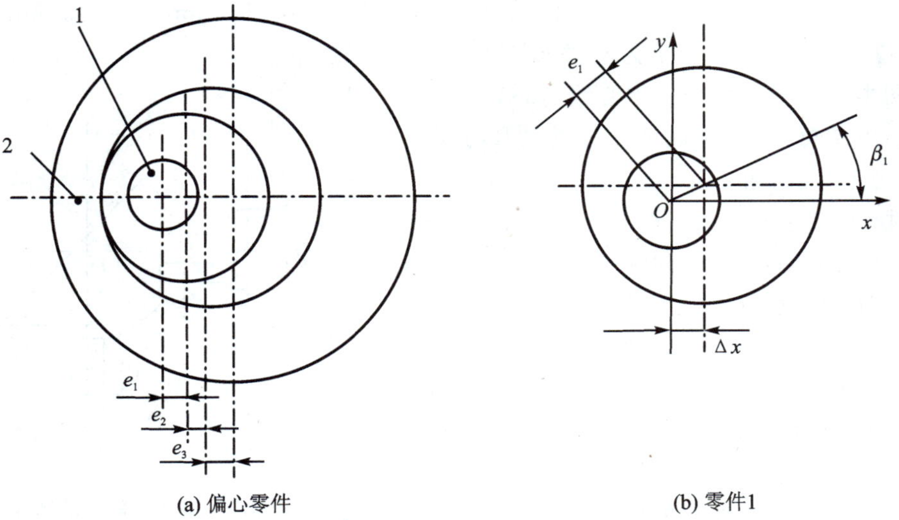

1—带法兰盘的轴；2—轮盘；e_1、e_2、e_3—偏心率

图 2.6　偏心零件的偏心率与误差

如在计算发动机的涡轮压气机径向间隙时，要考虑到矢量误差是分布在垂直于转子轴线的平行平面内的，而合成矢量的方向处于 $0\sim2\pi$ 的范围内，出现的概率相同。矢量链的封闭环公差 ρ'_Δ 可用下式计算：

$$\rho'_\Delta = t_B\sqrt{\sum_{i=1}^{n-1}\xi_{Bi}^2\lambda_{Bi}\rho_i^2} \tag{2.28}$$

式中：t_B——系数，代表计算值超出公差带范围的百分比（风险率），对于接近瑞利定律的分布，当风险率为 0.15％时，此系数等于 3.6；

ξ_{Bi}——影响系数，对于在一个平面内（或在相互平行的诸平面内）的各个分矢量，该系数等于 1；

λ_{Bi}——各个分矢量误差模的相对分布系数，对于接近瑞利定律的分布，取其值为$\frac{1}{13}$；

ρ_i——分矢量的误差。

因此，对于实际的计算，可以利用简化方程式：

$$\rho'_\Delta = 3.6\sqrt{\sum_{i=1}^{n-1}\frac{1}{13}\rho_i^2} = \sqrt{\sum_{i=1}^{n-1}\rho_i^2} \tag{2.29}$$

在计算转动机械的矢量误差时，应当考虑转子转动时，其合成矢量误差的模会与静子总矢量误差的模相吻合（每转一圈）。因此，转子和静子的矢量误差应分别确定（需根据各项分误差的分布规律），然后将它们算术相加，对它们的计算应当采用概率法。只有在组成误差有极限值且为同一方向的特殊情况下，用极值法计算才是正确的。

如图 2.7 所示，发动机锥形齿轮部件中成对锥齿轮两轴线焦点的位置公差的计算。由图可知，各自组成环位置公差取值均在尺寸段 63～100 范围内，其中 $T_1=0.05$ mm，$T_2=0.1$ mm，$T_3=0.05$ mm，如采用极值法计算，则由式（2.7）得

$$T_0 = (0.05+0.1+0.05)\ \text{mm} = 0.2\ \text{mm}$$

若采用概率法，由式(2.21)，同时考虑中等磨损，小批生产，取 $K_1=K_2=K_3=1.3$，则

$$T_0 = \sqrt{(1.3\times0.05)^2+(1.3\times0.1)^2+(1.3\times0.05)^2}\ \text{mm} = 0.16\ \text{mm}$$

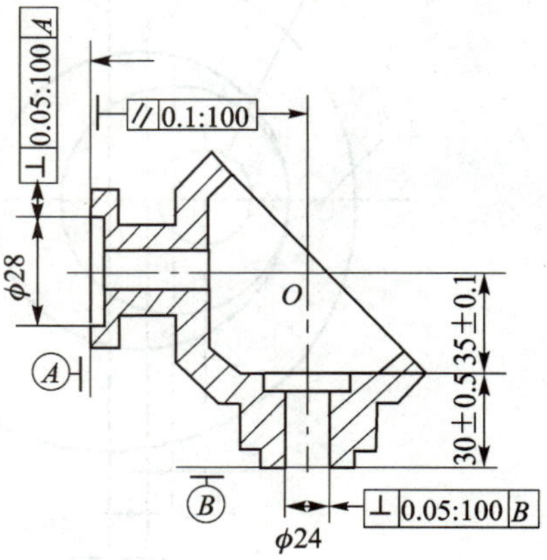

图 2.7　锥形齿轮传动部件结构图

【例 3】　如图 2.8(a)所示为发动机前、中、后轴承装配关系，图中标注了各直径的中心线，如 A—A 表示 ϕA 的中心线，由图可知，决定同轴度公差的尺寸链各组成环为位置公差，且已知：

ϕE 对 ϕA：跳动≤0.05，同轴度 $\Delta_E=0.025$ mm；

ϕB 对 ϕC：跳动≤0.05，同轴度 $\Delta_B=0.025$ mm；

ϕF 对 ϕD：跳动≤0.05，同轴度 $\Delta_F=0.025$ mm；

ϕM 对 ϕF：跳动≤0.03，同轴度 $\Delta_M=0.015$ mm；

ϕN 对 ϕD：跳动≤0.1，同轴度 $\Delta_N=0.05$ mm；

ϕL 对 ϕR：跳动≤0.03，同轴度 $\Delta_L=0.015$ mm；

ϕP 对 ϕF：跳动≤0.03，同轴度 $\Delta_P=0.015$ mm。

计算发动机前、中轴承的同轴度误差 δ_{1-2} 与中、后轴承的同轴度误差 δ_{2-3}。

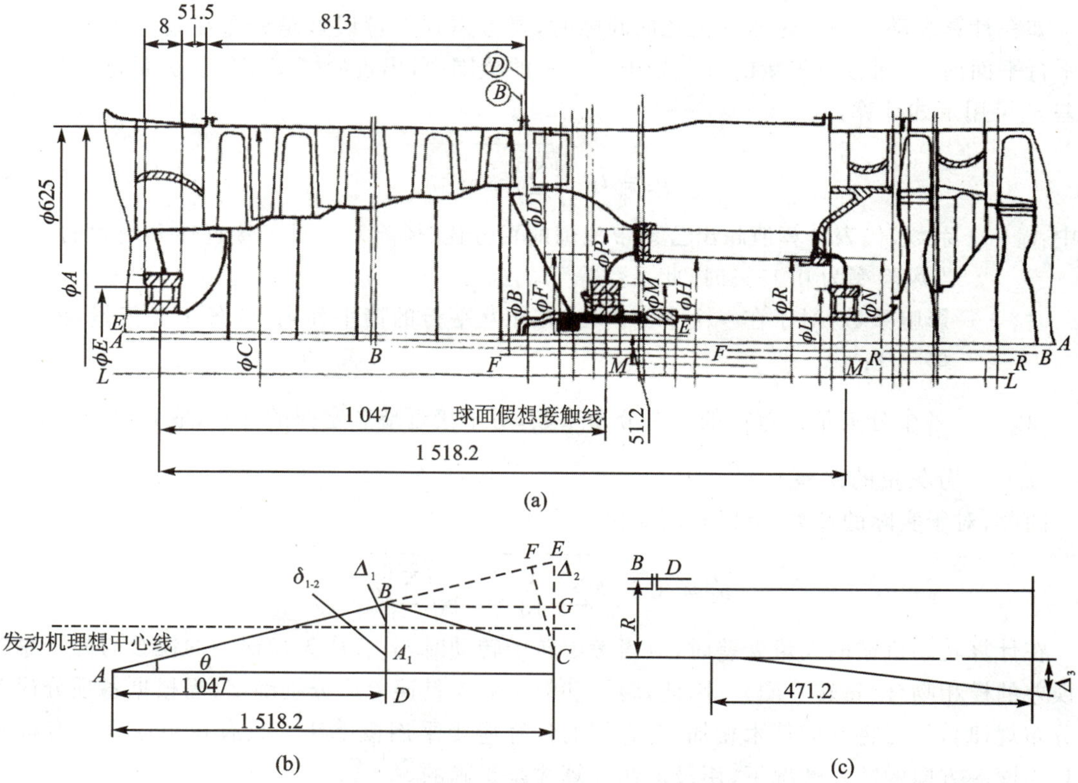

图 2.8　发动机前、中、后轴承装配关系

解：若不考虑 B、D 端面的垂直度和相关端面的平行度影响，则由式(2.7)，前、中轴承的同轴度误差 δ_{1-2} 与中、后轴承的同轴度误差 δ_{2-3} 分别为

$$\delta_{1-2}=\Delta_E+\Delta_B+\Delta_F+\Delta_P+\Delta_M=(0.025+0.025+0.025+0.015+0.015)\ \text{mm}=0.105\ \text{mm}$$

$$\delta_{2-3}=\Delta_N+\Delta_L+\Delta_M+\Delta_F+\Delta_P=(0.05+0.015+0.015+0.025+0.015)\ \text{mm}=0.12\ \text{mm}$$

若考虑中机匣前、后端面的平行度影响，则前、中轴承同轴度将产生偏差 Δ_1。已知平行度≤0.05，又由图中相关尺寸的几何关系得

$$\Delta_1=\frac{813+51.5+8}{625}\times 0.05\ \text{mm}=0.069\ \text{mm}$$

由于 Δ_1 的作用，造成前、中轴承连线相对于发动机的中心线有一倾角 θ，Δ_1 又造成后轴承对中轴承的同轴度附加了一个 Δ_2，如图 2.8(b)所示。由图得

$$\tan\theta=\frac{BD}{AD}=\frac{\delta_{1-2}+\Delta_1}{AD}=\frac{0.105+0.069}{1\ 047}=\frac{0.174}{1\ 047}$$

$$\Delta_2=EG=BG\tan\theta=(1\ 518.2-1\ 048)\ \text{mm}\times\frac{0.174}{1\ 047}=0.078\ \text{mm}$$

若考虑 B、D 端面存在的垂直度误差，后轴承对中轴承又会附加一个误差 Δ_3，如图 2.8(c)所示，则

$$\Delta_3=\frac{1\ 518.2-1\ 047}{625\div 2}\times 0.025\ \text{mm}=0.038\ \text{mm}$$

所以发动机后轴承对前、中轴承所造成的总的同轴度误差为

$$\delta_0=\delta_{2-3}+\Delta_2+\Delta_3=(0.12+0.078+0.038)\ \text{mm}=0.236\ \text{mm}$$

(4) 装配过程的非同类误差

以上所讨论的同类误差，属同类参数的偏差，着重阐明了装配参数的几何误差与零件尺寸一次误差的关系，并计算了装配参数的精度；当零件配合的定心表面有间隙时，计算中还包括了组成环的矢量误差。

但是，仅求出同类几何误差分量的和，对于装配精度的计算还不算最终结果。因为它与实际装配过程的本质不相符。

实际的机械装配过程是很复杂的，它伴随有各种物理现象，如实际结构的变形、接触引起的可压缩变形、应力松弛等，这些现象本身既复杂而又互相联系。由此而产生的误差也彼此相关联，并会转化为其他误差。或者说，当计算参数(如几何参数)的精度时，会出现其他一些非同类参数(如物理参数)对它的影响，这就要找出该参数可能出现的误差，并将与此相应的一部分几何参数误差同其他误差分量相加。因而，解决这种条件下的精度问题是相当困难的，难免要采用一些假设。

【例 4】 如图 2.9 所示是燃料供给系统的一个附件图，其轴向间隙 A_Δ 应保持在很窄的公差带内。如果仅仅根据直线尺寸链的计算来确定轴向间隙误差(或公差)，并不能得到预期的结果，因为在拧紧固定壳体的螺栓 3 时，过渡块 2 的变形将明显地改变(减小)间隙值。

鉴于壳体零件 1 和 4 是相对刚性的，故可采用平面截面假设，按如下方程式计算过渡块的压缩变形量(相当于间隙减少量)：

$$\lambda_\Delta=\frac{Rl}{E}\left(\frac{1}{F}+\frac{x_R}{I_Y}x+\frac{y_R}{I_X}y\right)\tag{2.30}$$

式中：x，y——间隙点的坐标；

R——拉紧螺栓的合力；

x_R，y_R——合力(按平行力的加法法则求得)作用点的坐标；

I_X，I_Y——相对于 X 和 Y 轴的主中心惯性矩；

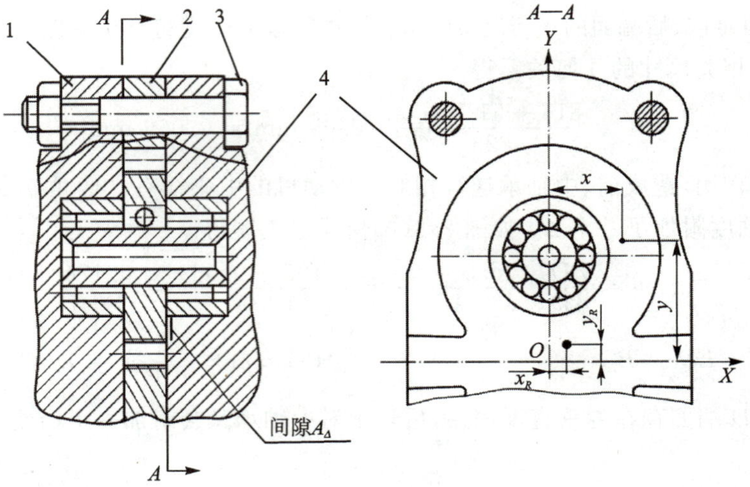

1—壳体；2—过渡块；3—螺栓；4—壳体

图 2.9 燃油泵

l——过渡块的厚度；

F——过渡块与壳体零件的接触面积；

E——过渡块材料的弹性模量。

本例计算时应从附件的名义间隙值中减去求得的压缩变形量 λ_Δ，因为此间隙是根据直线尺寸链基本方程计算而得的。

若受力元件(接触面上的螺栓)是对称分布的，则可假设：$x_R=0$，$y_R=0$，这时

$$\lambda_\Delta = \frac{Rl}{EF}$$

若把变形量当作独立变量 R、l 和 F 的函数(本例中弹性模量是常数)，则其分布带可表示为：

$$\omega\lambda_\Delta = \frac{\partial\lambda}{\partial R}\omega_R + \frac{\partial\lambda}{\partial l}\omega_l + \frac{\partial\lambda}{\partial F}\omega_F$$

采用与前面的计算中相同的办法，将偏微分值代入，并以相应参数的公差代替分布带，则得：

$$T'_{\lambda_\Delta} = \frac{1}{EF}T_R + \frac{R}{EF}T_l - \frac{Rl}{EF^2}T_F$$

当参数的公差带按高斯定律对称分布时，若用概率论法计算变形量的精度，则未知量的公差带将是

$$T'_{\lambda_\Delta} = 3\sqrt{\frac{1}{9}\left[\left(\frac{1}{EF}\right)^2 T_R^2 + \left(\frac{R}{EF}\right)^2 T_l^2 + \left(\frac{Rl}{EF}\right)^2 T_F^2\right]}$$

非同类装配误差的计算，对于航空发动机的转子和静子以及附件，具有重要意义。

相关研究结果表明：

当用螺栓固定的同类型产品为可拆卸的组合结构时，会有一个与装配时的物理现象有关的主要误差，这就是产品轴线在平面内的弯曲，产生这一误差的直接原因是法兰盘连接螺栓的预紧力不均匀。而由于弯矩作用使产品轴线出现偏斜的角度误差。

由相应的计算方法所求得的角度误差，应当与由预紧力（垫片变形等）所产生的其他角度误差，以及零件的几何误差（端面垂直度）加在一起。若已知零件基准轴的角偏差，则能求出其在垂直于产品旋转轴平面内的投影。这样便可求出全部径向误差的总和，为保证附件或发动机气流通道的径向间隙达到最佳值，全面考虑这些因素是十分重要的。

(5) 工艺试验的误差

基本装配单元和发动机整体通常要进行各种工艺试验，因此，装配参数会有明显的变化，在发动机设计和装配时，一开始便要考虑到这种变化。

在相关的发动机构造书中，已导出了诸如由离心力而产生的叶片拉伸应力的计算公式。利用这些公式可以计算出叶片的延伸量，以及压气机和涡轮的径向间隙等重要参数的变化（在发动机试验后）。通常径向间隙的增加将导致压气机效率降低，从而使燃料消耗增加。而涡轮中间隙的变化，也对使用特性有很大影响。然而，在某些情况下（例如发动机停车时），减小间隙将会增加叶片与机匣壳体相碰的危险，从而导致发动机报废。这样就存在一个保证径向间隙最小允许值的问题。

其实在结构设计计算中并未考虑各种工艺因素的影响，例如由于叶片的不同加工方法、焊接形式、表面硬化和应力松弛等所产生的残余应力的影响。预紧力沿装叶片的轮缘重新分布和叶片内部的应力松弛，会使叶片转过一个角度，而计算叶片在轮盘上的安装角时也未考虑到这方面的角度误差。与前述情况相同，这些误差会使装配参数值发生很大的变化。上述情况表明，有必要根据设计计算公式中的原始数据分布情况和工艺因素的影响，再作一些补充的精度计算。

最后应着重指出，装配和工艺试验过程中所产生的误差具有叠加性。阐明产品中的零件在其前后的性能对所确定的装配参数的影响及其相互关系，是一个重要的问题。沿着这个方向进一步完善和改进精度计算方法，将有助于提高发动机的使用特性、可靠性和质量。

3. 装配尺寸链的解题类型

在计算装配尺寸链时经常遇到以下三类问题：

① 已知组成环的尺寸和公差，求封闭环的尺寸及公差。在装配工作中，用来校验产品装配后精度是否达到规定要求，这类问题计算比较简单，称正计算。

② 已知封闭环的尺寸和公差，求组成环的尺寸和公差。用于产品设计工作中，已知装配精度要求，设计各相关零件的精度。因未知数较多，求解比较复杂。解这类问题称反计算。

③ 已知封闭环和部分组成环的尺寸和公差，求其余组成环的尺寸和公差。许多反计算问题最终都是转化为这类求解问题，所以称中间计算。具体计算过程中常设定某些组成环，只留一个组成环为未知数，利用尺寸链的计算公式求出最后结果。

2.2 保证装配精度的装配方法

装配方法是根据生产批量、生产条件和发动机的结构特征及单元体、部件和组件的装配精度，又考虑到零件制造经济精度等因素决定的。装配之后，装配参数的总误差 ω_Δ 有可能大于、等于或小于图纸中所规定的允许值 T_0。保证参数的规定精度，就意味着选择某种装配方法，使总误差小于或等于规定值，即满足条件 $\omega_\Delta \leqslant T_0$。

要减小封闭环装配参数的误差（公差），可以有三种方法：减小尺寸链组成环的公差带，减少组成环的数目和减小传动比。所有这些措施，在产品设计阶段，即在装配过程开始之前，就可以而且应该予以实施。

第一种方法最明显，但不是最佳的，因为减小公差，即提高零件的制造精度，常会受到设备的限制，技术上难以达到。此外，提高精度将使零件的加工费用急剧增加（精度与成本之间是双曲线关系）。

第二种方法可以用所谓“捷径原则”来表述，即要想解决精度问题（在结构设计、零件加工和装配时），必须采用最少环数的尺寸链。

第三种途径首先是要减小那些具有较大绝对值的影响系数。因为它们对封闭环的偏差影响很大。为此，首先应当减小具有这些系数的环的公差。

同时采用上述三种方法，对提高封闭环的精度将是最有效的。

根据具体的生产条件和上述三种方法能够实现的程度，要保证装配过程中的规定精度，可以采用以下五种方法之一。

2.2.1 完全互换装配法

在全部产品中，装配时各组成环零件不需经任何挑选或改变大小（修配）或位置（调整），装配后即能保证装配对象达到规定精度和技术要求的方法称为完全互换装配法。

完全互换法具有以下特点：

① 装配质量稳定，装配过程简单，生产效率高，易于实现装配工作机械化和自动化，便于组织装配流水作业和零、部件的协作与专业化生产。

② 当装配精度要求较高，尤其是组成环较多时，则零件难以按经济精度加工，因此，完全互换法常用于少环尺寸链或低精度的多环尺寸链的大批量生产装配场合。因为要提高零件的制造精度，就需要有较完善的设备和工夹具，而在大批量生产时，消耗于购置设备的经费会很快地补偿回来。因此，在大批量生产的条件下，采用这种方法更显得有效。

③ 采用完全互换法时，装配尺寸链采用极值法计算。

【例 5】 如图 2.10 所示，计算某发动机齿轮传动部件壳体端面与齿轮端面间隙 Δ，图 2.10（b）是齿轮传动部件装配尺寸链。

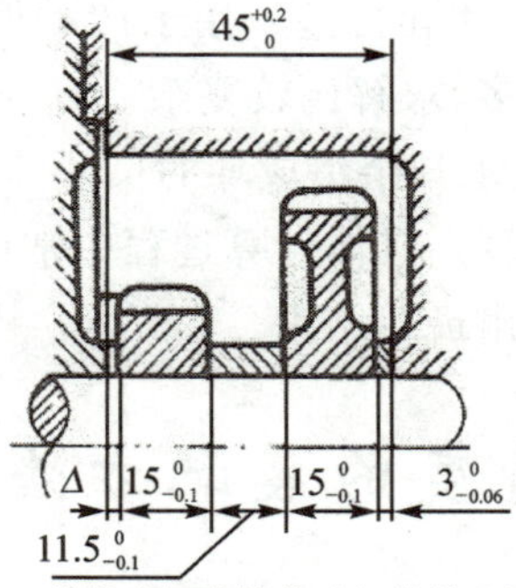

(a) 某发动机齿轮传动部件装配图

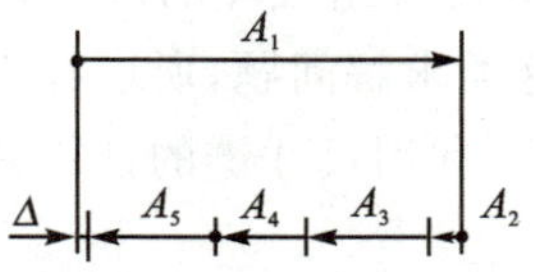

(b) 尺寸链

图 2.10 齿轮传动部件装配间隙与尺寸

解：根据题意，壳体端面与齿轮端面间隙为封闭环。

又由图 2.10，根据装配尺寸链增减环的判断方法，则 A_1 为增环，A_2，A_3，A_4，A_5 为减环，尺寸链各组成环公称尺寸分别为 $A_1=45\ \text{mm}$，$A_2=3\ \text{mm}$，$A_3=15\ \text{mm}$，$A_4=11.5\ \text{mm}$，$A_5=15\ \text{mm}$，则封闭环的公称尺寸 Δ 为

$$\Delta = A_1-(A_2+A_3+A_4+A_5)=0.5\ \text{mm}$$

封闭环的极限尺寸分别为

$$\Delta_{\max}=A_{1\max}-(A_{2\min}+A_{3\min}+A_{4\min}+A_{5\min})=$$
$$45.2-(2.94+14.9-11.4-14.9)\ \text{mm}=1.06\ \text{mm}$$
$$\Delta_{\min}=A_{1\min}-(A_{2\max}+A_{3\max}+A_{4\max}+A_{5\max})=$$
$$45-(3+15-11.5-15)\ \text{mm}=0.5\ \text{mm}$$

则间隙 $\Delta=0.5^{+0.56}_{0}\ \text{mm}$，或 $\Delta=0.5\sim1.06\ \text{mm}$。

2.2.2　不完全互换装配法

不完全互换装配法又称为大数互换装配法。这种装配方法是指，在绝大部分产品中，装配时各组成环零件不需经任何挑选或改变大小或位置，装配后即能保证装配对象达到规定精度和技术要求的方法。

当不具备完全互换性条件时，就应当采用不完全互换装配法或后面的几种装配方法。出现这种情况是由于为满足生产的经济性而把零件公差放大了的结果。因此，若不经挑选或改变零件尺寸就进行装配(像完全互换法那样)，就可能使一部分产品的封闭环尺寸不符合规定值。尽管如此，如果这些不合格产品的百分比(风险率)不大，而零件制造成本降低后所获得的经济效益又足以补偿对不合格产品可能需要的筛选及返修所产生的费用，那么这种装配方法实际上也是合理的。

在正常生产条件下，零件加工尺寸获得极限尺寸的可能性较小，而在装配时，零、部件的误差同时为极大、极小组合的可能性更小，因此，在尺寸链环数较多，封闭环精度又要求较高时，采用概率法计算。

不完全互换装配法以概率论为理论依据。如在多链环的机械中，要求保持封闭环的公差 $T_0=\pm0.03\ \text{mm}$，如图 2.11 所示中的曲线 1。假设在这种生产条件下，不可能加工出公差如此小的高精度零件来保证装配时不需再经挑选或改变零件尺寸，因此将零件的尺寸公差加大到经济上可接受的值，这时封闭环的极限偏差(在装配时不进行挑选或改变尺寸)增大到 $\pm0.05\ \text{mm}$，如图 2.11 中的曲线 2。因为这不符合原来的技术要求，所以应采用不完全互换法。

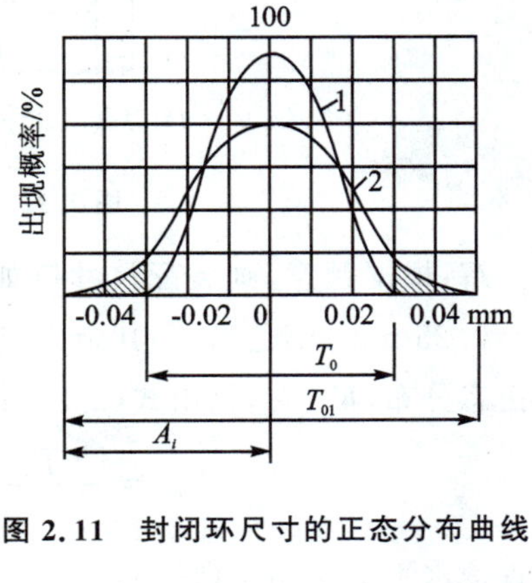

图 2.11　封闭环尺寸的正态分布曲线

位于公差限 T_0 之外的高斯曲线阴影面积代表风险率(不合格装配单元的百分比)，它可按概率论的公式求出。

为简化计算，可利用预先编制好的表格。可能的风险率与互换性系数 η 的关系列于表 2.5 中，而

$$\eta = T_0/T_{01} \tag{2.31}$$

式中：T_0——封闭环规定公差；

T_{01}——将组成环的公差加大到经济上可接受的值之后所得到的封闭环公差。

对于本例，$\eta=0.6$，风险率约为7%。

表 2.5　风险率与互换性系数 η 之间的关系

系　数	1	0.9	0.86	0.78	0.68	0.63	0.58	0.53	0.33
风险率	0.27	0.6	1.0	2.0	4.0	6.0	8.0	10.0	33.0

因此，由于经济和技术上的考虑而增大了零件公差，使封闭环的公差（分散带）比技术要求的规定值约增大40%，但装配结果，即封闭环的实际值超出公差限 T_{Δ} 之外的产品却不超过7%。而且如果产品能够分解而又不破坏零件的完整性，那么在以后装配新产品时，这些零件仍可利用。如果提出相反的问题，即要提高装配精度而不减小组成环的公差，那么这种方法就可以解决预先规定风险率的问题。按照经济观点选定的风险率，将用来检验组成环公差的规定和修正是否正确。

【例 6】　如图2.12所示装配关系，轴固定，齿轮在轴上回转，装配后齿轮与挡圈间的轴向间隙为0.10～0.35 mm。已知：$L_1=30$ mm，$L_2=5$ mm，$L_3=43$ mm，$L_4=3_{-0.05}^{\ 0}$ mm（标准件），$L_5=5$ mm，若采用不完全互换装配法进行装配，试确定各组成环公差及极限偏差。

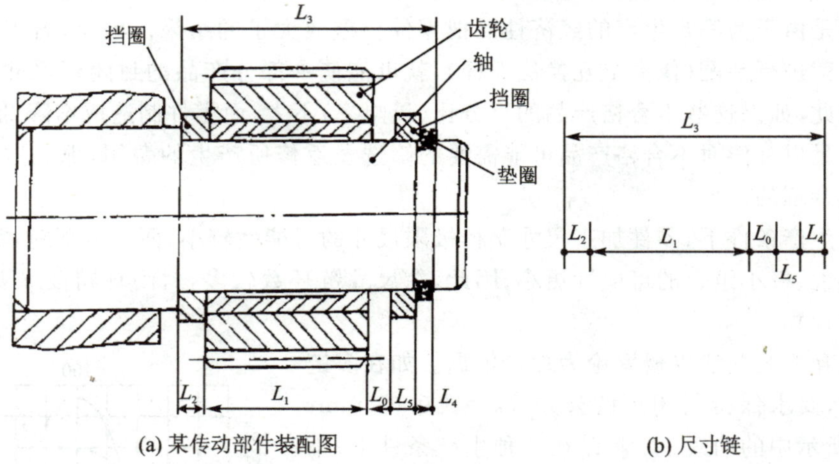

图 2.12　齿轮与轴装配关系图与装配尺寸链

解：根据题意，画装配尺寸链如图2.12(b)所示，轴向间隙为封闭环，即 $L_0=0_{+0.10}^{+0.35}$ mm，$T_0=0.25$ mm，L_3 是增环，其余为减环。由表2.3，当置信水平 $P=99.73\%$，$K_0=1$ 时，组成环为正态分布，$K_i=1$，则由式(2.22)得各组成环的平均公差

$$T_{iM}=\frac{T_0}{\sqrt{n-1}}=\frac{(0.35-0.10)\ \text{mm}}{\sqrt{5}}\approx 0.11\ \text{mm}$$

当置信水平 $P=95.44\%$，$K_0=1.5$ 时，组成环为正态分布，$K_i=1$，各组成环的平均公差

$$T_{iM}=\frac{K_0T_0}{\sqrt{n-1}}=\frac{1.5\times(0.35-0.10)\ \text{mm}}{\sqrt{5}}\approx 0.16\ \text{mm}$$

从以上计算可以看出，由于组成环公差增大（增大了0.05），降低了置信水平 P（从99.73%降至95.44%），从而增加了废品率，因此，应根据技术经济效果慎重确定置信水平。通常取废品率不大于0.27%，即取置信水平 $P=99.73\%$ 进行计算。

下面确定组成环公差与极限偏差。

L_5为挡圈，易于加工，且其尺寸可以采用通用量具测量，故选其为协调环；以组成环的平均公差为基础，并根据加工的难易程度选取其余各组成环公差，再按基轴制确定极限偏差。

L_1为齿轮，加工较难，取 $T_1=0.14$ mm，$L_1=30_{-0.14}^{0}$ mm；L_2 为挡圈，加工较易，取 $T_2=0.08$ mm，$L_2=5_{-0.08}^{0}$ mm；L_3 为轴，较难加工，取 $T_3=0.16$ mm，$L_3=43_{-0.16}^{0}$ mm；L_4 为标准件，其公差及极限偏差为定值，即 $L_4=3_{-0.05}^{0}$ mm，$T_4=0.05$ mm。

由式(2.12)得各环的中间偏差为

$$\Delta_1=-0.07\ \text{mm},\Delta_2=-0.04\ \text{mm},\Delta_3=-0.08\ \text{mm},\Delta_4=-0.025\ \text{mm},\Delta_0=0.225\ \text{mm}$$

计算协调环的公差，由式(2.20)得

$$T_5=\sqrt{T_0^2-(T_1^2+T_2^2+T_3^2+T_4^2)}=$$

$$\sqrt{0.25^2-(0.14^2+0.08^2+0.16^2+0.05^2)}\ \text{mm}=0.09\ \text{mm}$$

注：为了保证 $\sum T_i\leqslant T_0$，计算所得的 T_i 值只能舍不能进。

计算协调环的中间偏差，由式(2.9)得

$$\Delta_0=\sum_{i=1}^{ni1}\xi_i\Delta_i=\Delta_3-\Delta_1-\Delta_2-\Delta_4-\Delta_5$$

$$\Delta_5=\Delta_3-\Delta_0-(\Delta_1+\Delta_2+\Delta_4)=$$

$$[0.08-0.225-(-0.07-0.04-0.025)]\ \text{mm}=-0.01\ \text{mm}$$

计算协调环的上下偏差，由式(2.16)得

$$ES_5=\Delta_5+\frac{1}{2}T_5=-0.01\ \text{mm}+\frac{1}{2}\times0.09\ \text{mm}=0.035\ \text{mm}$$

$$EI_5=\Delta_5-\frac{1}{2}T_5=-0.01\ \text{mm}-\frac{1}{2}\times0.09\ \text{mm}=-0.055\ \text{mm}$$

按入体方向标注，各组成环分别为

$$L_1=30_{-0.14}^{0}\ \text{mm},L_2=5_{-0.08}^{0}\ \text{mm},L_3=43_{-0.16}^{0}\ \text{mm},L_4=3_{-0.05}^{0}\ \text{mm},L_5=5_{-0.055}^{+0.035}\ \text{mm}$$

此题若按完全互换装配法装配，则组成环的平均公差 $T_{iM}=\dfrac{T_0}{n-1}=\dfrac{0.25\ \text{mm}}{5}\approx0.05$ mm，由此可以看出，按不完全互换装配法进行装配时其组成环公差为 0.11 mm，扩大了$\sqrt{5}$倍，使各零件的加工精度下降，则加工成本也将有所下降，而装配后出现不合格率仅为 0.27%。

2.2.3　选配法

选配法是将尺寸链中组成环的公差范围放大到经济可行的程度，然后选择合适的零件进行装配，以保证达到规定的装配精度和技术要求。

按选择装配的形式不同又分为直接选择装配法、分组装配法和复合选择装配法。

1. 直接选择装配法

由装配工人直接在工作地从许多的待装配零件中凭计算式、经验挑选合适的零件进行装配的方法。其优点是能达到很高的装配精度。该方法适用于小批生产，零件不分组，工人选择零件需要时间较长，装配质量取决于工人的技术水平。

2. 分组装配法(分组互换法)

将组成环的公差按完全互换极值解法所求得的值加大倍数，使其能按经济公差加工，然后

将零件分组再按对应组分别进行装配，达到原定装配精度和技术要求。这种装配方法由于参加装配的不是任意零件，而是专门选配的零件，从而避免了出现一定数量不合格产品的风险。该方法适用于成批或大量生产，装配周期稍可缩短，可提高装配精度。

分组选配的组数 m 应使每组零件在配合时均能保证所需要的配合公差 T_Δ（间隙或过盈），即满足关系式

$$T_{Bm} + T_{Om} = T_\Delta \tag{2.32}$$

式中：T_{Bm}、T_{Om}——分别为同组内轴和孔的配合尺寸公差（即分组后同组内相互配合的轴和孔的尺寸公差）。

因

$$T_{Bm} = \frac{T_B}{m}, T_{Om} = \frac{T_O}{m}$$

式中：T_B、T_O——分别为轴和孔在制造时的经济允许公差（分组前轴和孔的经济精度允许的尺寸公差）。因此有以下关系：

$$\frac{T_B + T_O}{m} = T_\Delta$$

从而

$$m = \frac{T_B + T_O}{T_\Delta} \tag{2.33}$$

如果计算结果为小数，则应圆整成相近的整数。

用分组互换法时，好像是用更高精度的零件在装配，因为零件公差被减小到制造公差的 $1/m$。

【例 7】 如图 2.13 所示，按装配技术要求，活塞销 d 与活塞孔 D 的基本尺寸为 $\phi28$ mm，在冷态装配时活塞销与活塞孔之间需要有 0.002 5～0.007 5 mm 的过盈量（即过盈量 δ 的极限值：$\delta_{\min} = d_{\min} - D_{\max} = 0.002\,5$ mm，$\delta_{\max} = d_{\max} - D_{\min} = 0.007\,5$ mm），若采用完全互换法的极值法计算，以等公差规定的活塞销外径为 $\phi28^{-0.007\,5}_{-0.015\,0}$ mm，活塞销孔的孔径为 $\phi28^{-0.012\,5}_{-0.015\,0}$ mm，则销与销孔的平均公差为 0.002 5 mm，按此公差制造既困难又很不经济。如果采用分组装配法进行装配，且配合表面的制造公差放大到 0.01 mm，应如何分组？

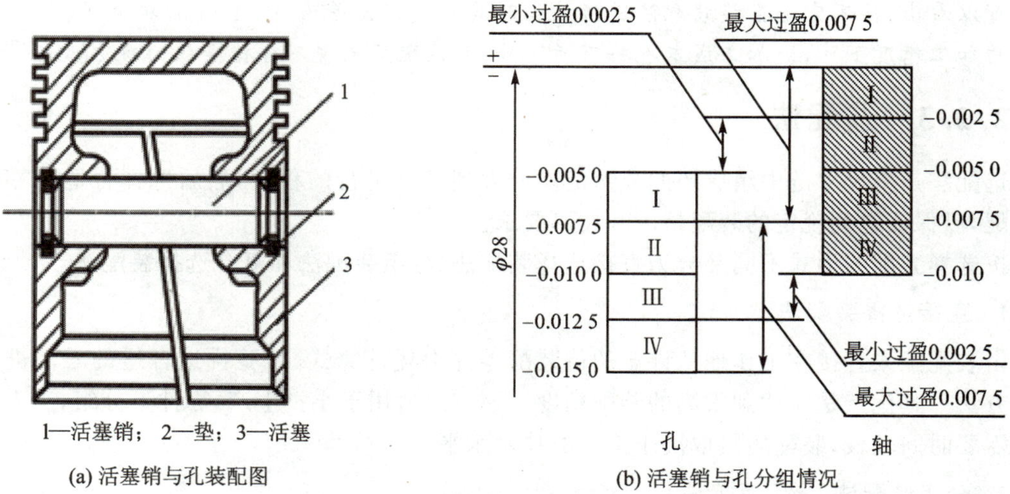

(a) 活塞销与孔装配图　　(b) 活塞销与孔分组情况

图 2.13　活塞与活塞销组件

解:根据题意,销和销孔的平均公差为 0.002 5 mm,如果配合表面的制造公差放大到 0.01 mm,则 $d=\phi 28_{-0.01}^{\ 0}$ mm,$D=\phi 28_{-0.015}^{-0.005}$ mm,按分组装配法进行装配,公差的放大倍数应等于分组数 m,则 $m=0.01/0.002\,5=4$。这样活塞销外圆可采用无心磨、活塞销孔可用金刚镗等高效率加工方法。加工后用精密量仪测量其实际尺寸,并按尺寸的大小分成四组,分别涂上不同的颜色加以区别,以便进行分组装配。具体分组见表 2.6。从该表可以看出,各组的公差和配合性质与原来要求相同。

表 2.6　活塞销与活塞销孔直径分组

组　别	标志颜色	活塞销直径 d/mm $d=\phi 28_{-0.01}^{\ 0}$ mm	活塞孔直径 D/mm $D=\phi 28_{-0.015}^{-0.005}$ mm	配合情况	
				最小过盈	最大过盈
Ⅰ	红	28.000 0～27.997 5	27.995 0～27.992 5	0.002 5 mm	0.007 5 mm
Ⅱ	白	27.997 5～27.995 0	27.992 5～27.990 0		
Ⅲ	黄	27.995 0～27.992 5	27.990 0～27.987 5		
Ⅳ	绿	27.992 5～27.990 0	27.987 5～27.985 0		

分组互换装配特点如下:

① 为了保证分组后各组的配合精度和配合性质符合原设计要求,配合件的公差应当相等,公差增大的方向要相同,增大的倍数要等于分组数。

如假设一相互配合的轴、孔,公差分别为 T_d、T_D,且 $T_d = T_D = T$,如果轴、孔之间为间隙配合,其最大间隙为 X_{max},最小间隙为 X_{min}。先采用分组装配,轴、孔的公差分别放大 n 倍,则轴孔的公差为 $T'_d=T'_D=nT=T'$。零件加工后,按轴、孔尺寸大小分为 n 组,则每组内轴、孔的公差为 $\frac{T'}{n}=\frac{nT}{n}=T$。

通常在确定配合零件的极限偏差时,要先确定基准件,然后根据基准件选基准制(如基孔制或基轴制),确定了基准件的公差带位置,再根据要求的极限间隙值和制造公差值,与基准件公差增大的相同方向,确定出相配零件的公差带位置。这样,任一相应组的一对零件配合时,其配合间隙值都满足装配精度要求。

如图 2.14 中第 k 组零件配合间隙值为

$$X_{k\min} = X_{1\min} + (k-1)T_D - (k-1)T_d$$

$$X_{k\max} = X_{1\max} + (k-1)T_D - (k-1)T_d$$

因 $T_d = T_D$,所以有

$$X_{k\min} = X_{1\min} = X_{\min}$$

$$X_{k\max} = X_{1\max} = X_{\max}$$

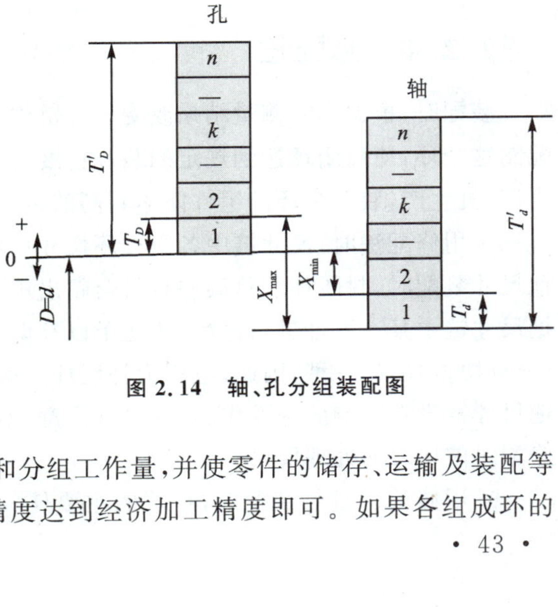

图 2.14　轴、孔分组装配图

由此可见,配合件公差相等、公差同向扩大倍数等于分组数时,可保证任意组内配合性质与精度不变。若配合件公差不相等,则配合性质就会改变,如 $T_D > T_d$ 则配合间隙随之增大。

② 分组数不宜多,否则会增加零件的测量和分组工作量,并使零件的储存、运输及装配等工作复杂化。因此,分组数只要使零件的制造精度达到经济加工精度即可。如果各组成环的

尺寸均呈正态分布，则相配合零件可以匹配，否则将使各对应组零件数量差别太大而不能配套。不匹配的零件有一定的数量后，可专门加工一批零件与之相匹配。

③ 分组后各组内相配合零件的数量要相符，形成配套。否则会出现某些尺寸零件的积压浪费现象。

分组互换装配适合于配合精度要求很高和相关零件一般只有两三个的大批量生产中。如：滚动轴承的装配等。

【例 8】 离心式压气机叶轮螺孔与螺栓的配合，如图 2.15 所示，要求配合过盈 0.02～0.06 mm，按完全互换法计算螺栓与螺栓孔径平均公差。

由式(2.8)得

$$\overline{T}_i=\frac{T_0}{\sum_{i=1}^{n-1}|\xi_i|}=\frac{T_0}{n-1}=\frac{0.04}{2}=0.02$$

按此公差制造螺纹困难又不经济，因此将公差扩大 3 倍制造，比较容易加工，将零件测量后分三组，同组的组合仍能达到过盈为 0.02～0.06 mm，测量尺寸分组如表 2.7 所列。

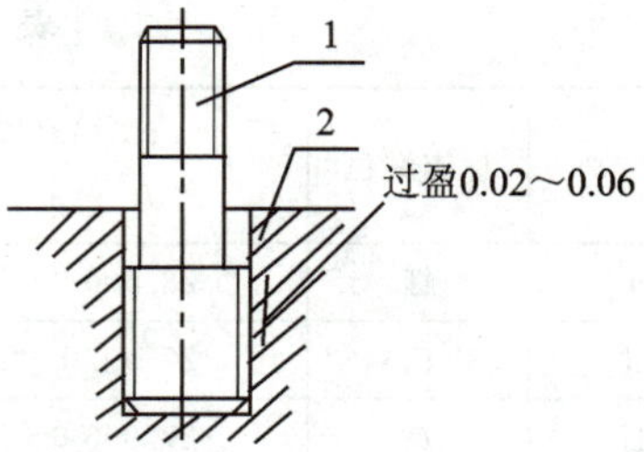

1—螺栓；2—叶轮体

图 2.15 压气机叶轮螺孔与螺栓配合

表 2.7 零件按尺寸分组

mm

组 别	螺栓节径		螺孔节径		配合过赢	
	max	min	max	min	max	min
Ⅰ	20.741	20.721	20.701	20.681	0.06	0.02
Ⅱ	20.721	20.701	20.681	20.661	0.06	0.02
Ⅲ	20.701	20.681	20.661	20.641	0.06	0.02

3. 复合选择装配法

零件预先度量分组，装配时再在各对应组中直接选配达到装配精度要求。因此，选配法可以是成对选配，也可以是分组选配。

2.2.4 修配法

装配时，根据实际测量结果改变尺寸链中某一预定环的尺寸或用刮、研磨及机械加工方法配制这个环，使封闭环达到规定的装配精度的方法称为修配法。该方法适用于试制单件、小批生产、批生产，装配多环的组件能达到高的装配精度。

采用修配法时，尺寸链中各组成环尺寸均按在该生产条件下经济可行的公差制造，且对其他尺寸装配时，封闭环的总误差有时会超出规定的允许范围。为了达到规定的装配精度，必须把尺寸链中某一零件进行修配，才能予以补偿。把用于修配的环称为修配环，它也属于补偿环（或称协调环）的一种，因此，也称为补偿环。通常应选择容易进行修配加工、容易拆卸、且对其他尺寸链没有影响的零件作为修配环（注意：不应选择已进行表面处理的零件作修配环，以免修配时破坏表面处理层）。

采用修配法进行装配时，计算的主要任务是确定修配环的实际尺寸和验算修配量（补偿量)是否合适,通常采用极值法计算。

补偿环修配的余量 Δ_δ 表达式为

$$\Delta_\delta = T_0' - T_0 \tag{2.34}$$

式中:T_0'——封闭环累积误差。

如图 2.16(a)、(b)所示,发动机前轴承座(与轴承配合面)对中轴承座(与轴承配合处)以测量跳动量表示同轴度,轴承座跳动量转换到前轴承盖工艺安装边上,测量规定其值不大于 0.3 mm,当超出规定时,根据测量的实际位置和数据,用车加工方法修配中机匣 4~5 级机匣安装边端面 A(改变端面垂直度),使前轴承座跳动量小于 0.3 mm。图 2.16(b)中,Z 是测量最大跳动量 O 点直径的对应点;Y 值(端面 A 的车削值)等于所测得的最大跳动量的一半。

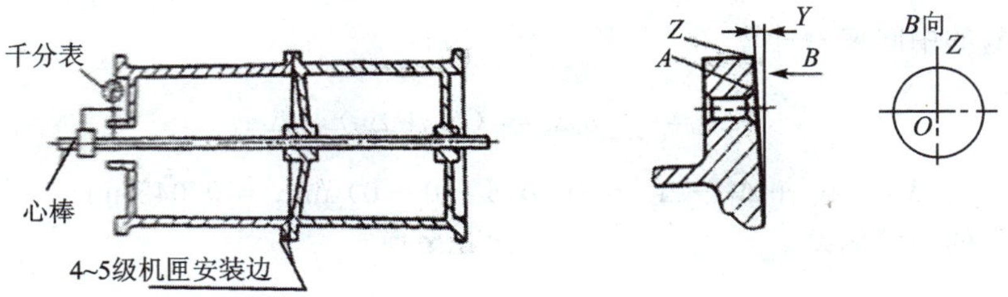

(a) 测量简图　　(b) 修配简图

图 2.16　测量与修配简图

在修配过程中,修配环可以是增环,也可以是减环,但是修配后对封闭环的影响可能出现两种情况:一种是"越修越大",即修配后,封闭环尺寸变大;另一种修配结果是使封闭环尺寸变小,简称"越修越小"。

【例 9】　如图 2.17(a)所示为某部件的装配尺寸链,O_1—O_1 为轴 1 的轴线,O_2—O_2 为轴 2 的轴线,O_2—O_2 与 O_1—O_1 同轴,根据装配精度要求,两轴心线在垂直方向上高度差为 $A_0 = 0.03 \sim 0.06$ mm,组成环 $A_1 = 160$ mm,$A_2 = 30$ mm,$A_3 = 130$ mm,采用修配法装配,假设选择组成环 A_2 为补偿环(修配环),试确定各组成环公差及其分布。

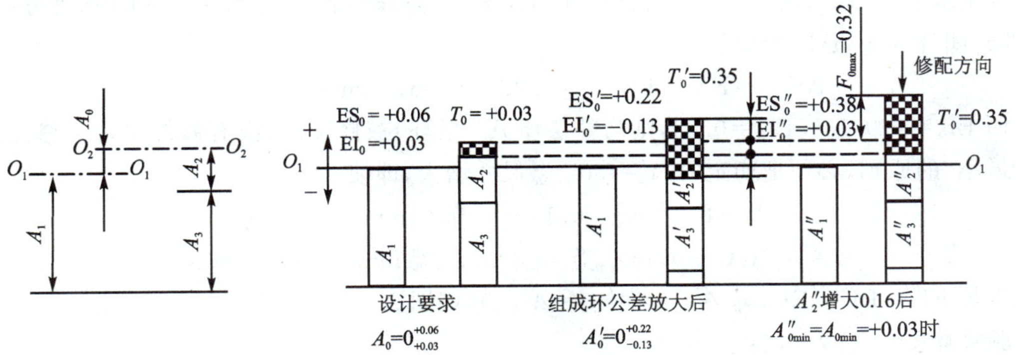

(a) 尺寸链　　(b) 不同情况下修配量的确定

图 2.17　某部件装配尺寸链与修配量确定

解:依题,$A_0 = 0^{+0.06}_{+0.03}$ mm,$T_0 = 0.03$ mm,$\Delta_0 = +0.045$ mm,$ES_0 = 0.06$ mm,$EI_0 = 0.03$ mm。由式(2.2),各组成环的平均公差 $\overline{T}_i = \dfrac{T_0}{n-1} = \dfrac{0.03}{3} = 0.01$ mm

显然，各组成环公差太小，零件加工困难，所以本例实际生产中按经济加工精度规定各组成环公差，且装配时采用修配法。

假设根据经济加工精度组成环 A_1、A_3 的公差相等，且根据加工方法取 $T_1 = T_3 = 0.10$ mm；因组成环 A_2 要修配，同时根据组成环 A_2 的加工方法，故取 $T_2 = 0.15$ mm；又因 A_1、A_3 均是表示孔位置的尺寸，故公差选为对称分布，即

$$A_1 = 160 \pm 0.05\ \text{mm}, \Delta_1 = 0\ \text{mm}; A_3 = 130 \pm 0.05\ \text{mm}, \Delta_3 = 0\ \text{mm}$$

根据以上结果，则封闭环的累积误差为

$$T'_0 = \sum_{i=1}^{n-1} |\xi| T_i = T_1 + T_2 + T_3 = (0.1 + 0.15 + 0.1)\ \text{mm} = 0.35\ \text{mm}$$

则补偿量 $\Delta\delta = T'_0 - T_0 = (0.35 - 0.03)\ \text{mm} = 0.32\ \text{mm}$

补偿环 A_2 的中间偏差计算

$$\Delta_0 = \sum_{i=1}^{n-1} \delta_i \Delta_i = (\Delta_2 + \Delta_3) - \Delta_1$$

$$\Delta_2 = \Delta_0 + \Delta_1 - \Delta_3 = (0.045 + 0 - 0)\ \text{mm} = 0.045\ \text{mm}$$

补偿环 A_2 的极限偏差

$$\text{ES}_2 = \Delta_2 + \frac{1}{2}T_2 = 0.045\ \text{mm} + \frac{1}{2} \times 0.15\ \text{mm} = 0.120\ \text{mm}$$

$$\text{EI}_2 = \Delta_2 - \frac{1}{2}T_2 = 0.045\ \text{mm} - \frac{1}{2} \times 0.15\ \text{mm} = -0.030\ \text{mm}$$

补偿环 A_2 尺寸初定为 $A'_2 = 30^{+0.12}_{-0.03}$ mm。

验算封闭环极限尺寸：

$$\text{ES}'_0 = \Delta_0 + \frac{1}{2}T'_0 = 0.045\ \text{mm} + \frac{1}{2} \times 0.35\ \text{mm} = +0.220\ \text{mm}$$

$$\text{EI}'_0 = \Delta_0 - \frac{1}{2}T'_0 = 0.045\ \text{mm} - \frac{1}{2} \times 0.35\ \text{mm} = -0.130\ \text{mm}$$

将装配要求的 ES_0、EI_0 与 ES'_0、EI'_0 进行比较：

因 $\text{ES}'_0 = 0.22 > \text{ES}_0 = 0.06$，当补偿环 A_2（增环）被修配后，中心线 O_2—O_2（垂直方向）降低，即封闭环变小，这时修配量

$$\Delta\text{ES} = \text{ES}'_0 - \text{ES}_0 = (0.22 - 0.06)\ \text{mm} = 0.16\ \text{mm}$$

而 $\text{EI}'_0 = -0.13 < \text{EI}_0 = 0.03$，则当补偿环 A_2（增环）被修配时，没有修配量，按"修配量足够且最小"的原则，必须把初定的 $A'_2 = 30^{+0.12}_{-0.03}$ 尺寸增大，即使

$$|\text{EI}'_0 - \text{EI}_0| = |-0.13 - 0.03|\ \text{mm} = 0.16\ \text{mm}$$

$$A''_2 = (A'_2 + 0.16)^{+0.12}_{-0.03} = 30.16^{+0.12}_{-0.03}\ \text{mm} = 30^{+0.28}_{-0.13}\ \text{mm}$$

才能满足 $\text{EI}''_0 = \text{EI}'_0 = \text{EI}_0$（即 $A''_{0\min} = A'_{0\min} = A_{0\min}$），如图 2.17(b)所示。

验算修配量是否合适：

$$\text{ES}''_0 = \text{ES}'_0 + 0.16\ \text{mm} = (0.22 + 0.16)\ \text{mm} = +0.38\ \text{mm}$$

$$\text{EI}''_0 = \text{EI}'_0 + 0.16\ \text{mm} = (-0.13 + 0.16)\ \text{mm} = +0.03\ \text{mm}$$

$$\delta_{\max} = \text{ES}''_0 - \text{ES}_0 = (0.38 - 0.06)\ \text{mm} = 0.32\ \text{mm}$$

$$\delta_{\min} = \text{EI}''_0 - \text{EI}_0 = (0.03 - 0.03)\ \text{mm} = 0\ \text{mm}$$

假设因补偿环 A_2 底面有平行度(或有较小的表面粗糙度)要求及表面有存油要求,需要保证有最小修配量 $\delta_{min}=0.05\sim0.15$ mm,若取 $\dot{\delta}_{min}=0.1$ mm,则必须再将 A''_2 的尺寸增大 0.1 mm,这时

$$A'''_2=(A''_2+0.1\ \mathrm{mm})^{+0.28}_{+0.13}=30^{+0.38}_{+0.23}\ \mathrm{mm}$$

$$\delta'_{max}=\delta_{max}+0.1\ \mathrm{mm}=(0.32+0.1)\ \mathrm{mm}=0.42\ \mathrm{mm}$$

由例 9 可以看出,当补偿环为增环时,为保证装配现场加工时所需的足够修配量,当 $ES'_0>ES_0$,$EI'_0>EI_0$,且能保证有 δ_{min} 时,则补偿环的基本尺寸不必变化,否则将按上例进行相关计算后确定补偿环的基本尺寸。

2.2.5 调整装配法

组、部件中的零件按适当的经济精度制造而调整一件尺寸(改变补偿环的实际尺寸和位置)使封闭环达到规定的装配精度的方法称为调整装配法或补偿法。该方法增加了零件制造品种,使封闭环获得较高的精度,并在装配中保持这一精度。该方法适用于批量生产。

这种方法的特点在于封闭环公差的规定值是用调节某个零件尺寸的办法达到的,仅为此目的而制造的零件通常称为调整件(补偿件),而其余零件则以合理的精度制造。这时,其余零件都可以按照完全互换时那样参加装配。根据调整件的调整特征,通常将调整法分为可动调整、固定调整和误差抵消调整三种装配方法。

1. 可动调整装配法

可动调整装配法是通过改变调整件的位置来达到装配精度的,采用这种方法调整时,不需要拆卸零件,因此比较方便。这种装配方法可以调整由于磨损、热变形、弹性变形等所引起的误差,所以它适用于高精度和组成环在工作中易于变化的尺寸链。如图 2.18 所示,图(a)通过调整螺钉来调节轴承的轴向间隙,图(b)通过调整套筒的轴向位置来保证齿轮的轴向间隙。

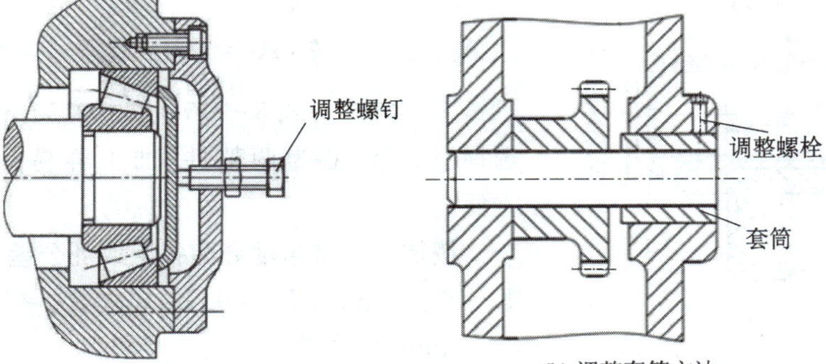

(a) 调整螺钉方法　　(b) 调整套筒方法

图 2.18　可动调整法

2. 固定调整装配法

固定调整是在装配尺寸链中,选择某一调整件,然后根据各组成环所形成的累积误差的大小来更换不同尺寸的调整件,以保证装配精度。如图 2.19 所示,当齿轮的轴向窜动量有严格要求时,在结构上专门加入一个固定调整件,即尺寸等于 A_3 的垫圈。装配时根据间隙的要求,选择不同厚度的垫圈。调整件预先按一定间隙尺寸加工好,比如分成:3.1 mm,3.2 mm,

3.3 mm，…，4.0 mm 等，以供选用。在固定调整装配法中，调整件的分级及各级尺寸的计算是很重要的问题，可应用极大极小法进行计算。

在各种类型的航空发动机中，都有用调整件来调节涡轮、压气机和轴承中最重要的轴向间隙，以及锥形齿轮传动的侧向间隙等。发动机中常应用固定的调整件，诸如校准环、垫片和衬垫等。

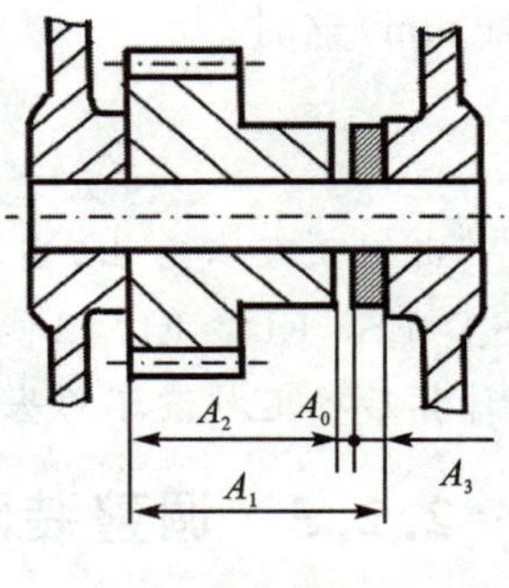

图 2.19 固定调整

补偿量 T_k 可由下面方程式确定：

$$T_k = \sum_{i=1}^{n-1} T'_0 - T_0 \tag{2.35}$$

补偿件的组数 N

$$N = \frac{T_k}{T_0 - T_{ib}} + 1 = \frac{T'_0 - T_0}{T_0 - T_{ib}} + 1 \tag{2.36}$$

式中：T_{ib}——补偿件公差；

$T_0 - T_{ib}$——级差（两相邻级别调整件基本尺寸之差）。

如果调整件尺寸能够做得绝对准确（即 $T_{ib}=0$），则其补偿能力显然就是封闭环所允许的变动范围，即 $A_{0\max}-A_{\min}=0$。实际上调整件本身有 T_{ib} 的公差，这一公差（即误差值）会降低补偿效果，故此时调整件的实际能力下降为 T_0-T_{ib}，因此，两相邻级别调整件基本尺寸之差（又称级差）T_0-T_{ib}，可以保证补偿作用的连续性。

【例 10】 如图 2.20 所示为齿轮与轴装配关系图，装配技术要求隔套、齿轮、垫圈及弹性垫圈装配到轴上后，双联齿轮的轴向间隙应为 0.05～0.20 mm。已知 $A_1=115$ mm，$A_2=8.5$ mm，$A_3=95$ mm，$A_4=9$ mm，$A_5=2.5_{-0.12}^{\ 0}$ mm，组成环 A_5 为标准件，现采用固定调整法装配，试确定各组成环的尺寸偏差，并求出调整件的分组数及尺寸系列。

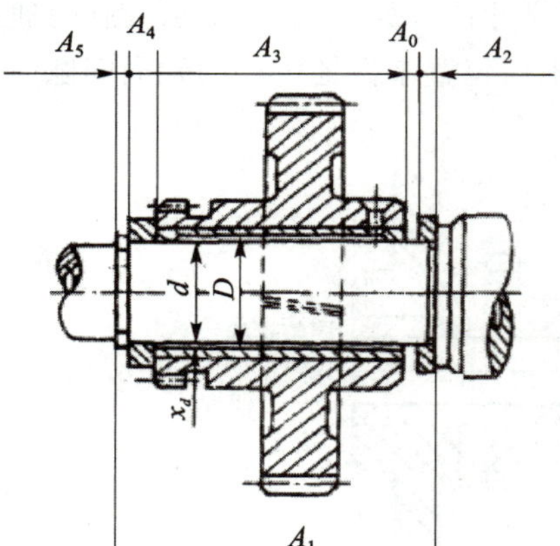

图 2.20 齿轮与轴装配关系

解：依题，封闭环（周向间隙）的相关尺寸为 $A_0=0_{+0.05}^{+0.20}$ mm，$T_0=0.15$ mm，$\Delta_0=+0.125$ mm。

校核封闭环基本尺寸为

$$A_0 = \sum_{i=1}^{n-1} |\xi| A_i = A_1 - A_2 - A_3 - A_4 - A_5 = (115-8.5-95-9-2.5)\ \text{mm} = 0\ \text{mm}$$

选择组成环 A_4 为调整件（加工容易、测量方便、装卸方便）。

按加工经济精度分配各组成环公差：$T_1=0.15$ mm，$T_2=0.10$ mm，$T_3=0.11$ mm，$T_4=0.03$ mm，$T_5=0.12$ mm（标准件）。

按入体原则确定各组成环极限偏差（除调整环 A_4）：$A_2=8.5_{-0.10}^{\ 0}$ mm，$A_3=95_{-0.11}^{\ 0}$ mm，$A_5=2.5_{-0.12}^{\ 0}$ mm，A_1 根据完全互换法计算，并考虑保证 $A_{0\min}=0.05$ mm 的要求确定为（未按入体原则）$A_1=115_{+0.05}^{+0.20}$ mm。则各组成环中间偏差为

$$\Delta_1=+0.125\ \text{mm},\Delta_2=-0.05\ \text{mm},\Delta_3=-0.05\ \text{mm},\Delta_5=-0.06\ \text{mm}$$

计算调整件 A_4 的中间偏差：

$$\Delta_0 = \sum_{i=1}^{n-1} \delta_i \Delta_i = \Delta_1 - (\Delta_2 + \Delta_3 + \Delta_4 + \Delta_5)$$

$$\Delta_4 = \Delta_1 - \Delta_0 - \Delta_2 - \Delta_3 - \Delta_5 = (0.125 - 0.125 + 0.05 + 0.05 + 0.06)\ \text{mm} = 0.16\ \text{mm}$$

计算调整件 A_4 的极限偏差：

$$ES_4 = \Delta_4 + \frac{1}{2}T_4 = \left(0.16 + \frac{1}{2} \times 0.03\right)\ \text{mm} = 0.175\ \text{mm}$$

$$EI_4 = \Delta_4 - \frac{1}{2}T_4 = \left(0.16 - \frac{1}{2} \times 0.03\right)\ \text{mm} = -0.145\ \text{mm}$$

则调整件 A_4 的尺寸为 $A_4 = 9^{+0.175}_{+0.145}$ mm。

计算调整件 A_4 的调整量：

$$T_k = \sum_{i=1}^{n-1} T'_0 - T_0 = (0.15 + 0.10 + 0.11 + 0.03 + 0.12 - 0.15)\ \text{mm} = 0.36\ \text{mm}$$

计算调整件组数 N：由式(2.36)，有

$$N = \frac{T_k}{T_0 - T_{ib}} + 1 = \frac{T'_0 - T_0}{T_0 - T_4} + 1 = \frac{0.36}{0.12} + 1 = 4$$

注意：

★ 实际计算时，很难使 N 值恰好为整数，当实际计算的 N 值与圆整数相差较大时，可通过改变各组成环公差或调整件公差的方法，使 N 值为整数(分组数不能为小数)。

★ 分组数不宜过多，因此，各组成环的公差不能取得太大，而调整件公差尽量取小些。

确定调整件各组调整尺寸：

确定各组调整尺寸时的原则是，当调整件的组数 N 为奇数时，预先确定的调整件尺寸是中间的一组尺寸，其余各组尺寸相应增加或减少各组之间的尺寸差 $S(S = T_0 - T_{ib})$；当调整件的组数 N 为偶数时，则以预先确定的调整件尺寸为对称中心，再根据尺寸差 S 安排各组尺寸。

根据以上计算，$N = 4$，N 为偶数，故 $A_4 = 9^{+0.175}_{+0.145}$ mm 为对称中心，各组尺寸差 $S = 0.12$ mm，其余各组尺寸为 $9^{\ 0}_{-0.030}$ mm、$9^{+0.12}_{+0.09}$ mm、$9^{+0.24}_{+0.21}$ mm、$9^{+0.36}_{+0.33}$ mm，最后各组尺寸及调整范围见表 2.8。

表 2.8　调整垫的尺寸系列及调整范围(级差 S=0.12 mm)

组　号	调整垫的尺寸/mm	调整范围 $A_{ib} + A_{0\min} \sim T_{ib} + A_{0\min} + S$	调整后实际间隙
1	$9^{\ 0}_{-0.030}$	9.05～9.17	0.05～0.20
2	$9.12^{\ 0}_{-0.030}$	9.17～9.29	0.05～0.20
对称中心	$9^{+0.175}_{+0.145}$		
3	$9.24^{\ 0}_{-0.030}$	9.29～9.41	0.05～0.20
4	$9.36^{\ 0}_{-0.030}$	9.41～9.51	0.05～0.18

固定调整法装配多用于大批量生产中，在生产量大、装配精度高的装配中，固定调整件可用不同厚度的薄金属片(如 0.01 mm、0.02 mm、0.05 mm 等)，并加上一定厚度的垫片(如 1 mm、2 mm、3 mm 等)。这就可以组合成所需要的各种不同尺寸，来达到装配精度的要求。

3. 误差抵消调整法

误差抵消调整法是在装配时，通过调整某些相关零件的相互位置，使其误差的方向互相抵消，这样各相关零件的公差可以扩大，同时又保证了装配精度。如图 2.21 所示，要求装配后孔的中心距满足一定的要求，为了降低加工难度，装配时采用误差抵消装配法进行装配。装配前先测量零件的尺寸误差及位置误差，并记上误差的方向，在装配时有意识地将其中的套件按误差方向转过 α_1、α_2 角。这种装配方法的优点是零件制造精度可以放宽，经济性好，还能得到较高的装配精度。但该方法需要测出每台设备的整体优势误差的大小和方向，并计算出数值，增加了辅助时间，影响生产效率，对工人技术水平要求也比较高。因此，除单件小批生产的工艺装备外，一般很少采用。

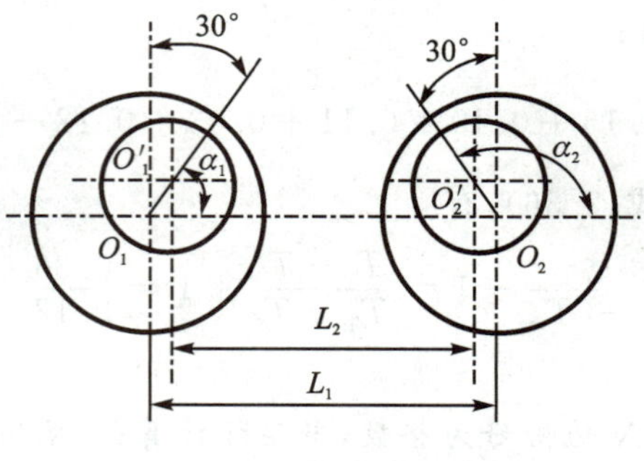

图 2.21　误差抵消装配法装配

在选择装配方法时，应考虑技术要求的装配精度、结构特点(组成环环数等)、生产类型及具体生产条件等因素。一般来说，当组成环的加工比较经济可行时，优先采用完全互换装配法；当成批生产、组成环又较多时，可考虑采用大数互换法；当封闭环公差要求较严，采用互换装配法会使组成环加工比较困难或不经济时，可采用其他方法。大量生产时，环数少的尺寸链通常采用选择装配法，环数多的尺寸链采用调整法；单件小批生产时，则常用修配法；成批生产时可灵活应用调整法、修配法和选配法。

思考题与习题

1. 什么叫装配精度？什么叫实际装配精度？装配精度都包括哪些内容？零件的加工精度是否影响装配精度？为什么？举例说明。

2. 什么叫尺寸链？什么叫装配尺寸链？如何确定装配尺寸链的封闭环？画出如图 2.22(a)、(b)两图的装配尺寸链，并指出封闭环。

3. 保证装配精度的方法都有哪些？各适用于什么装配情况？

4. 某轴、孔配合，配合间隙要求为 0.04～0.26 mm，已知轴的尺寸为 $\phi50_{-0.01}^{\ \ 0}$ mm，孔的尺寸为 $\phi50_{\ 0}^{+0.20}$ mm。若用完全互换装配法进行装配，能否保证装配精度要求？

5. 某组合件，1 为套筒，2 为螺母，3 为端盖，其中各组成零件的有关尺寸如图 2.23 所示，若分别按完全互换法和不完全互换法装配，分别计算装配后螺母在套筒内的端面圆跳动量。

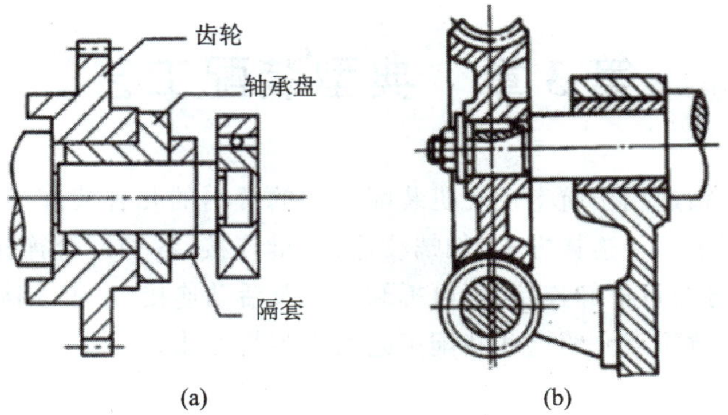

图 2.22　习题 2 图

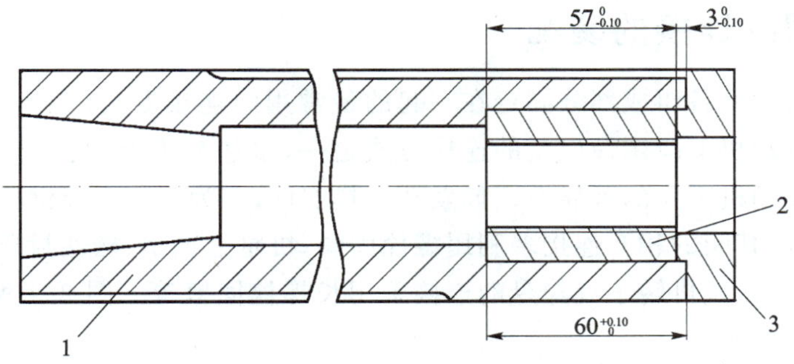

图 2.23　习题 5 图

第 3 章　典型装配工艺

典型装配工艺是指适用于航空发动机装配过程的常用的几种装配工艺与方法，航空发动机装配工艺过程采用了多种连接方式，如螺纹连接、键连接、各种配合连接、轴承连接、焊接及粘接等，总起来可以分为可拆卸连接、不可拆卸连接及活动连接，由于连接方式的不同，其装配工艺也截然不同。本章重点介绍这些装配工艺的内容与方法。

3.1　可拆卸连接的装配

3.1.1　螺纹连接的装配

螺纹连接是将产品各组成部分固定在一起的最常用的连接方式，是一种可拆卸连接。螺纹连接也是航空发动机上应用最广泛的连接方式之一，多达数千处，其中有些是重要的螺栓，它们决定着整个发动机工作的可靠性。如发动机热部件，多为耐热合金钢薄壁焊接构件，通常由数个薄壁件叠合，其间的相互连接多利用螺栓固紧；机匣上轴承、磁性封严圈、盖板等通过螺栓或螺钉固紧；高压压气机转子盘与盘的连接采用长螺栓固紧等。图 3.1 所示是发动机上采用螺纹连接的几个实例。

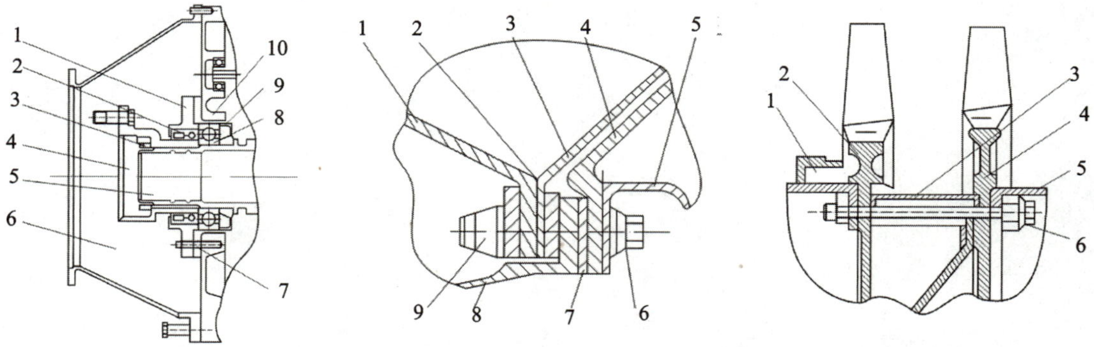

1—盖板；2—磁性密封圈；3—锁紧螺母；4—联轴器；5—功率轴；6—前支架；7—固定螺钉；8—球轴承；9—轴承座；10—机匣前部

(a) 机匣与轴承封严件连接

1—发生器屏蔽罩；2—调整垫圈；3—二级导向器；4—自由涡轮导向器；5—自由涡轮轴承座支架；6—固定螺钉；7—调整垫；8—涡轮机匣；9—半垫圈组合

(b) 钢制薄壁件连接

1—螺母；2—一级盘；3—支承环；4—二级盘；5—三级支承环；6—紧固螺栓

(c) 高压压气机盘与盘连接

图 3.1　发动机上采用螺栓连接的实例

不论配合的形式如何，采用螺纹连接时应满足以下要求：

① 利用螺纹连接的零件，其接合处在工作载荷的作用下应保持牢固；

② 在有交变载荷时，螺纹连接元件应有足够的持久强度；

③ 受液体或气体作用的接合处应是密封的；

④ 螺纹连接的零件不应有任何松动(或拧出)。

为了满足以上要求，就要在结构和工艺上采取一些措施。而最重要的措施就是在装配时使螺纹连接有最佳的预紧力，即在外载荷（工作载荷）之前，在螺栓中建立起一定的弹性拉应力，从而在相结合的零件中产生压应力。

1. 最佳预紧力的选择

首先分析最简单的螺纹连接在顺序加载诸阶段的情况，如图 3.2 所示。假设拧紧螺母以建立起预紧力为 P_L，这时螺栓的拉伸量为 λ_b，相接合零件的压缩量为 λ_q。

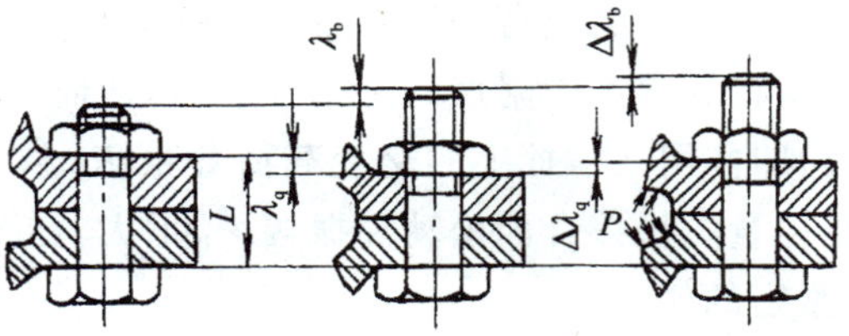

图 3.2　螺纹连接件顺序加载时的变形

预紧时的应力不能超过比例极限，所以应力-变形图可用直线表示，如图 3.3 所示。直线的倾角代表螺纹连接件的易变形性。

$$\cot\alpha = \frac{\lambda_b}{P_L} = K_b$$
$$\cot\beta = \frac{\lambda_q}{P_L} = K_q \qquad (3.1)$$

式中：K_b、K_q——螺栓和受拉零件的易变形系数。

假设，某个试图分开接合面的外载荷 P（如惯性力或气体压力）作用在处于弹性状态的连接件上，这时螺栓将有一附加拉伸量 $\Delta\lambda_b$，而结合处将松开同一量，且零件的变形将等于 λ'_q。在这种情况下，加在螺栓上的力会增加，且等于 P'；而挤压零件的力则减小，等于 P_0。力与变形的关系如图 3.4 所示，它是由图 3.3 将 A 和 B 重合在一起而得出的。

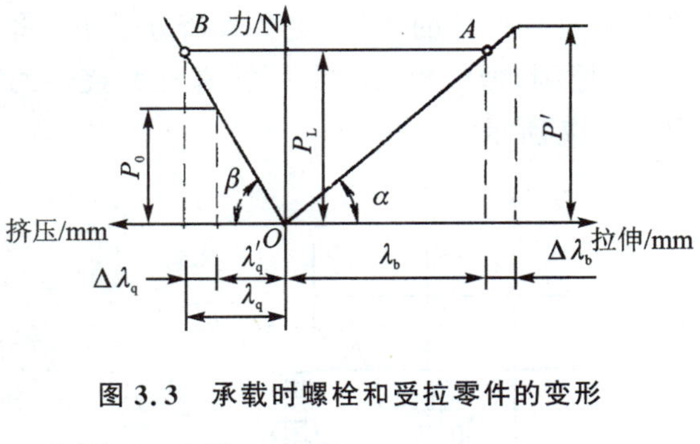

图 3.3　承载时螺栓和受拉零件的变形

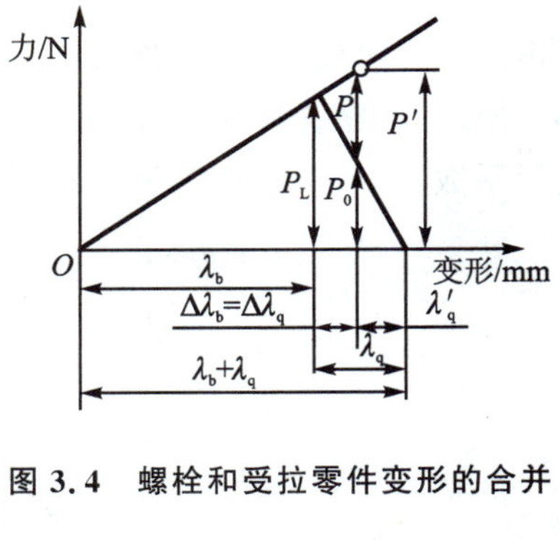

图 3.4　螺栓和受拉零件变形的合并

由图 3.4 可知，变形

$$\lambda_q = \lambda'_q + \Delta\lambda_b$$

或者，若注意到易变形性系数 K_b 和 K_q，则有

$$P_L K_q = P_0 K_q + (P' - P_L) K_b$$

但因 $P' = P + P_0$，因此，在外载荷作用下，能保证结合面不松开，并保持一定拉力的预紧力 P_L 计算如下：

$$P_L = P_0 + P\frac{K_b}{K_b + K_q} \tag{3.2}$$

对于各种不同结构的连接，接合面上的剩余内力 P_0 通常取值如下：

对恒定载荷，取(0.3～0.8)P；对交变载荷，取(1.2～1.4)P。为保证连接的密封性，可根据垫片的种类，取 P_0＝(0.3～2.4)P。

由产品的技术特性，P 值是已知的，确立所需要的预紧力则属于工艺问题。

在大交变载荷条件下，提高螺栓的疲劳强度有着决定性的意义。在这种条件下，由于预紧力不足而产生的接合面松动，将导致产生附加的冲击性应力，从而导致连接零件耐久性的急剧下降。而且，应力振幅越大，即作用在螺栓上的交变载荷分量 P_H 越大，螺栓的破坏就越快，如图 3.5 所示。因此，不仅要尽量防止接合面松动和振幅 P_H 增大，如图 3.6 所示，而且要采取措施降低 P_H 的值，以保持其紧密的接合。

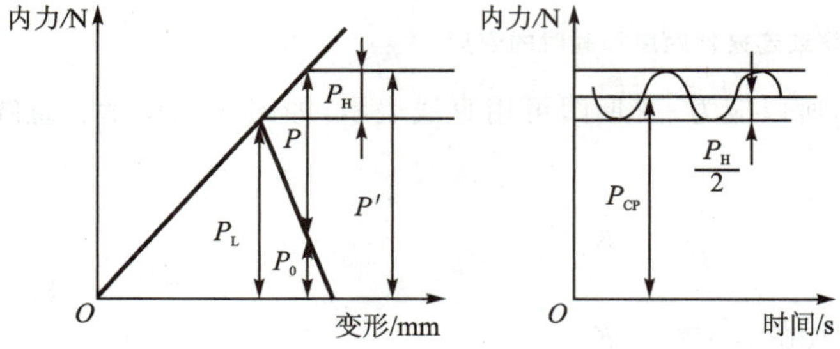

图 3.5　工作载荷作用下螺栓中的应力变化

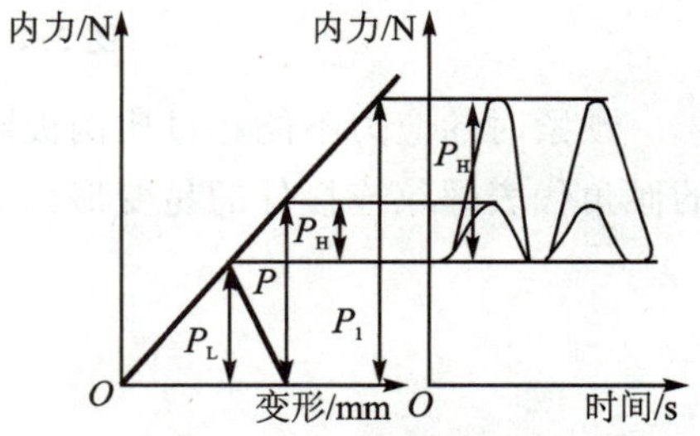

图 3.6　在微弱预紧和接合面松动时交变载荷分量的增大

由图 3.5 可知，$P_H=P+P_0-P_L$。将式(3.2)的 P_L 带入，则有

$$P_H = P\frac{K_q}{K_q + K_b} \tag{3.3}$$

或 $P_H=PX$，其中 $X=\frac{K_q}{K_q+K_b}$ 命名为主载荷系数。

由式 3.3 可知，随着零件易变形性的降低和螺栓易变形性的增加，交变载荷分量 P_H 将会减小。所以，在螺栓连接设计时，要求遵循这样一个原则，即“零件是刚性的，螺栓为挠性的”。易变形系数 K_b 对 P_H 值的影响用图解法表示如图 3.7 所示。

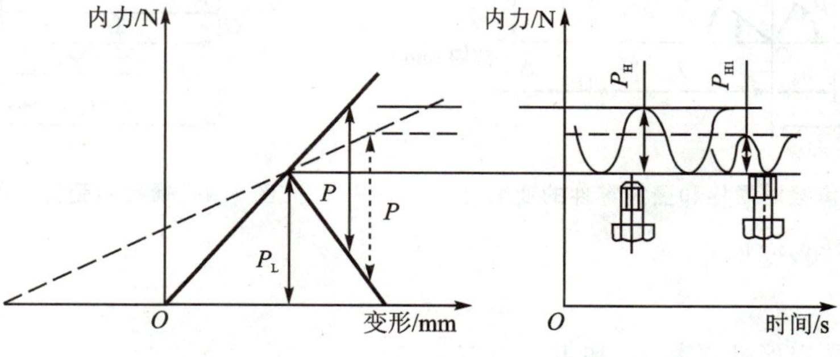

图 3.7　螺栓易变形性对交变载荷分量 P_H 的影响

在式(3.3)中没有预紧力 P_L 这个参数。但预紧力会间接地对紧密结合处的交变载荷分量 P_H 产生很大影响。对于成组的法兰盘(安装边)连接，这主要与法兰盘的弹性弯曲变形和结合

处的柔软度有关，而且，降低 P_L 同增加外载荷一样，都会引起交变载荷分量 P_H 的增加，如图3.8 所示。

因此，从提高连接的持久强度的观点来说，希望能最大限度地提高预紧力。但考虑到发动机有可能超过设计载荷而处于过载状态，以及预紧的方法尚不完善，所以不能以窄的公差范围保持最合适的应力，为避免出现塑性变形，螺栓的预紧力取为 $P_L=(0.5\sim0.7)\sigma_{0.2}$。

2. 预紧力的检验

在装配中为了检验规定的预紧力，主要采用检验扭矩、螺母的转角、螺栓（螺柱）的拉伸、相对于检验棒的伸长量、标准垫圈变形五种参数的方法。

(1) 扭矩检验法

这种检验方法是对螺母加合适扭矩，它能在螺栓（螺柱）中产生规定的预紧力，这时可采用限力扳手和测力扳手进行检验。

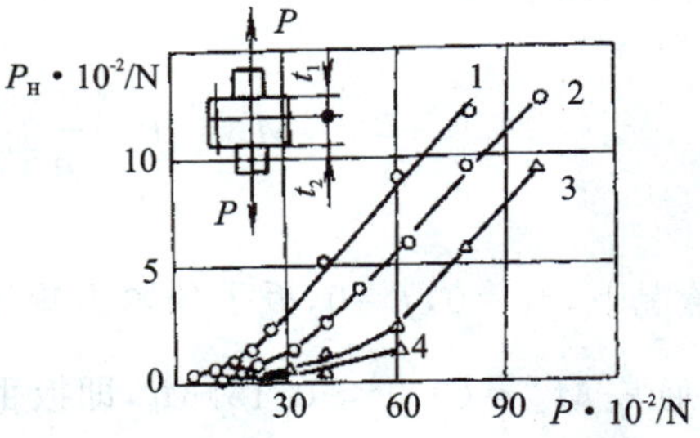

1—6 kN；2—12 kN；3—18 kN；4—46.5 kN

图 3.8　不同预紧力 P_L 下交变载荷分量 P_H 与外载荷 P 的关系

测力扳手如图 3.9 所示，可以直接读出力矩大小。限力扳手如图 3.10 所示，它可以限定力矩大小，用前调到所需力矩的数值，用时达到此值扳手自动脱开。限力扳手或测力扳手的力矩数值指示器必须在使用前检验和定期校验。

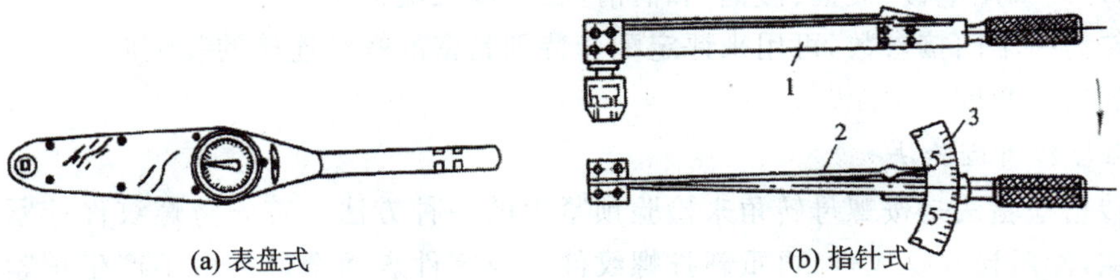

(a) 表盘式　　(b) 指针式

图 3.9　测力扳手

采用这种检验方法时，其对应于规定预紧力 P_L 的扳手力矩为 M_K，而 M_K 主要消耗于克服螺母端面的摩擦力矩 M_T 和螺纹力矩 M_P。

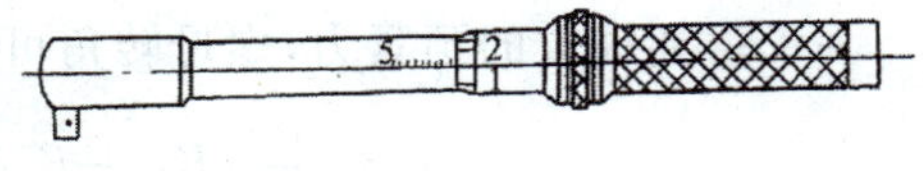

图 3.10　限力扳手

螺母端面的摩擦力矩为

$$M_T = fP_LR_T$$

式中：f——螺母端面的摩擦系数。

R_T——螺母（螺钉头）环形支承表面的摩擦半径，对于平端面 $R_T=\dfrac{1}{3}\dfrac{D^3-d_0^3}{D^2-d_0^2}$，其中 D 为支承表面外径，mm；d_0 为螺栓孔直径，mm。

螺纹力矩为

$$M_P = P_L\frac{d_c}{2}\tan(\alpha+\rho') \tag{3.4}$$

式中：d_c——螺纹平均尺寸，mm。

α——螺距为 S 的螺纹升角，$\tan\alpha=\dfrac{S}{\pi d_c}$。

ρ'——折算的摩擦角，$\tan\rho'=f_P$。其中 f_P 为诱导摩擦系数，它考虑了螺纹剖面角 γ（对公制螺纹 $\gamma=60°$），$f_P=\dfrac{f_n}{\cos\dfrac{\gamma}{2}}=1.15f_n$；$f_n$ 为矩形螺纹的摩擦系数，通常 $f_n=f$。

扳手预紧力矩

$$M_k=P_L\left[\frac{1}{3}f\frac{D^3-d_0^3}{D^2-d_0^2}+\frac{d_c}{2}\frac{\dfrac{S}{\pi d_c}+f_P}{1-\dfrac{S}{\pi d_c}f_P}\right] \tag{3.5}$$

理想情况下，$f_P=0$，$f=0$，扳手预紧力矩等于 $P_L\dfrac{S}{2\pi}$。这个力矩代表预紧力的有用功，用 M_{kn} 表示，通常 $M_{kn}=(0.05\sim0.15)M_k$，即扳手力矩的主要部分消耗于克服摩擦。

为了能预先估算出扭矩，可利用近似值 $M_k=0.2P_Ld$（式中，d 为螺纹外径，mm）。

按以上方法进行预紧操作简单，易于机械化，而且预紧效果比较好，因此得到了广泛的应用。但是，由于不同的材料种类、表面粗糙度、润滑、镀层种类、预紧力数量、拧进速度等的不同，引入计算公式中的摩擦系数的变动范围可能很大，对同名的螺纹配合，预紧力的实际值可能偏差达到±16%～±30%，因此，这种方法不能总保证预紧力的高度准确。为了提高 M_k 的计算精度，可利用摩擦系数的实验数据（这些数据是根据各种因素的影响而得出的）；若想减小摩擦系数，可以采用电镀（镀镉、镀铜）和润滑（石墨或二硫化钼）。

扭矩作为一个间接参数，可用来评定配合特别紧密的螺纹连接的装配质量，因为扭矩代表了连接中的实际紧度。

（2）螺母转角检验法

螺母转角检验法是按螺母转角来检验预紧力的一种方法。首先将螺纹件拧紧，消除结合面间的间隙，然后松开螺纹件，再重新拧螺纹件至与零件表面全部接触不产生预紧力，再拧一个规定的角度达到预紧力要求。此角度可根据给定的预紧力和螺栓及零件的易变形性系数计算得出。

为了得到规定的预紧力，螺母转角可按下式计算：

$$\alpha_P=\frac{P_L}{S}(K_b+K_q)360=\frac{P_L}{S}\left(\frac{l_b}{F_bE_b}+\frac{l_q}{F_qE_q}\right)360 \tag{3.6}$$

式中：S——螺距，mm；

l_b、l_q——分别为螺栓（螺柱）长度和被预紧零件法兰盘的厚度，mm；

F_b、F_q——分别为螺栓和被预紧零件的截面积，mm；

E_b、E_q——分别为螺栓和被预紧零件的材料弹性模量，MPa。

螺栓的计算长度通常取与零件的厚度相等，如图 3.11 所示。对于较短的螺栓（$l_b<5d$），考虑到拧合长度，取为 $l_b=l_q+(0.3\sim0.5)h$，h 为螺母高度（缺陷是，此时没有考虑螺纹的易变形系数）。

对于外径接近螺母端面直径 D 的套筒类零件，F_b 计算不困难；对于法兰盘的螺纹连接，当计算 F_b 时需做一些重要的假设。如图 3.11 所示，由于由预紧力引起的变形会形成一个"压力锥"，其母线与螺栓轴线的夹角为 θ（$\tan\theta=0.4\sim0.5$），小底直径 D 等于螺母支承面的直径，为简化计算，假定用一直径为 $D_u = D + l\tan\theta$ 的空心圆柱体代替锥体，并以该锥体的截面积作为计算面积，则有

$$F_q = \frac{\pi}{4}(D_u^2 - d_0^2) = \frac{\pi}{4}[(D + l\tan\theta)^2 + d_0^2] \tag{3.7}$$

式中：l——“压力锥”的高度，通常等于零件的厚度。

按转角预紧的方法与按扭矩预紧的方法相比，其优点：一是在计算公式中没有摩擦系数，相对第一种方法，其计算方法准确度较高；二是这种方法不需要较昂贵的特种扳手。但这种方法不够精确，主要原因：一是反映在“拧螺纹件至与零件表面全部接触不产生预紧力”的主观随意性；二是在以计算角预紧的初始阶段，存在着螺栓非线性变形引起的误差，如图 3.12 所示。这时会产生表面粗糙部分受压、螺扣部分弹性变形以及其他一些现象，结果是只有当螺母从“螺纹件至与零件表面全部接触”位置转过某一角度 α_0（初始角）后，螺栓才开始按线性规律伸长。该方法不够精确还由于计算易变形性系数 K_b 和 K_q 时所作的假设，因为与这些假设有关的误差会随着螺栓长度的减小而增大，所以这种方法不宜应用于 $1/d < 5$ 的短螺栓预紧。

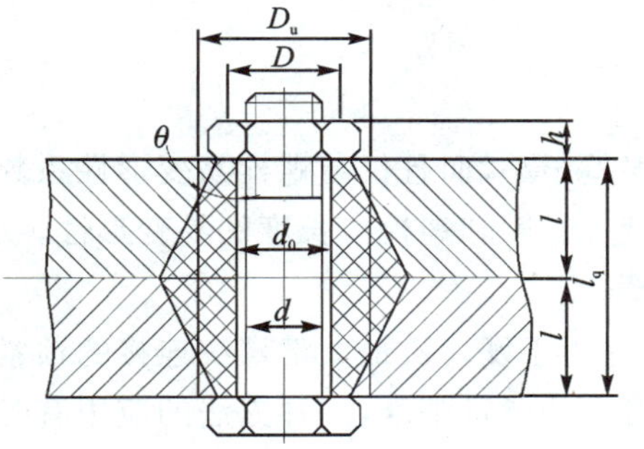

图 3.11　确定接合处的计算

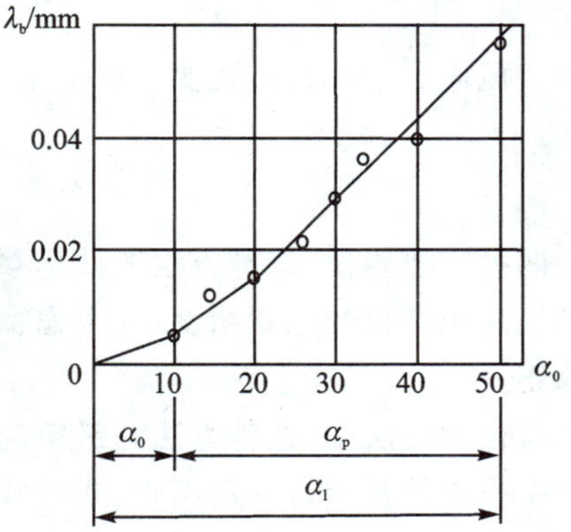

图 3.12　确定初始角

为了提高按转角预紧方法的准确度，可按下面的办法进行预紧：

① 提高“拧螺纹件至与零件表面全部接触”的稳定度。

② 通过核算螺纹和螺栓头的易变形性、弯曲柔软度、零件接合处的粗糙度，来提高 α_P 的计算精度（为了减少接合面弹性塑性变形对预紧力的影响，可在接近于计算载荷时对零件预先进行 2～3 次挤压）。

③ 加入初始角 α_0 的修正量，在许多连接中，α_0 应不小于 α_P 的 25%～30%。对于给定的连接类型，初始角 α_0 可根据实验关系 $\lambda b_q = \varphi(\alpha)$ 确定（见图 3.12）。假设，在试验时能保证螺母“至与零件表面全部接触”的位置是稳定的。将所得到图形的直线段延长到与横轴的交点，则得到一段不符合正比规律变化的直线，横坐标值代表所求的 α_0 角。这时考虑到修正量的预紧角将等于

$$\alpha_L = \alpha_P + \alpha_0 \tag{3.8}$$

以上方法可以用于重要螺纹的连接，而在一般生产条件下，可以用实验方法确定 α_0 角。

典型的转角拧紧工具如图 3.13 所示。

(3) 螺栓（螺柱）的拉伸检验法

螺栓（螺柱）的拉伸检验法即螺栓的拉伸法是测量螺栓在预紧力作用下的伸长量。伸长量

通常可用指示仪表或千分尺检测，如图 3.14 所示。

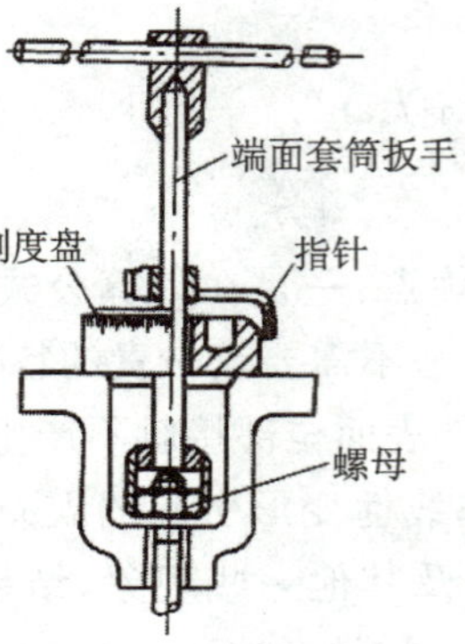

图 3.13　转角拧紧工具

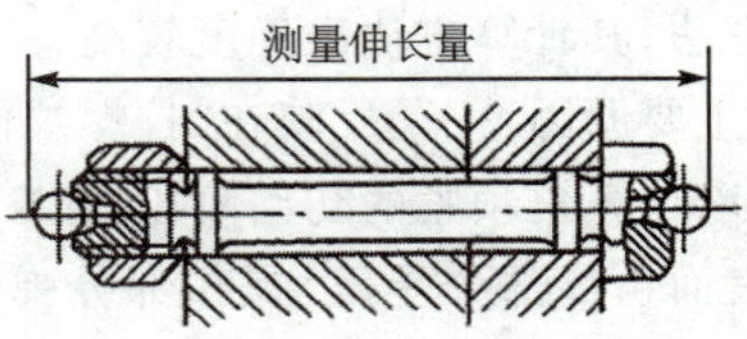

图 3.14　检验螺栓伸长量

同一截面内螺栓伸长与预紧力之间的关系可用 $\lambda_q = P_L \dfrac{l_b}{E_b F_b}$ 表示；

对于变截面 F_{bi} 的螺栓，还要考虑单个 i 段的易变形性 $\dfrac{l_{bi}}{E_b F_{bi}}$，对于 n 段的伸长，则有

$$\lambda_b = P_L \sum_{i=1}^{n} \frac{l_{bi}}{E_b F_{bi}} \tag{3.9}$$

与前两种方法相比，这种方法的计算参数误差很小，而且仅与螺栓易变形性系数的计算有关。为了提高短螺栓的预紧精度，要考虑螺栓旋进长度和螺栓头长度的易变形性，或加入螺栓长度的修正量。

在所有检测方法中，这种方法是最精确的，它用于发动机最关键螺纹连接的预紧。由于在装配对象中检验伸长量有一定困难，或者缺少可靠的测量基准，这种方法的应用有时会受到一定的限制。

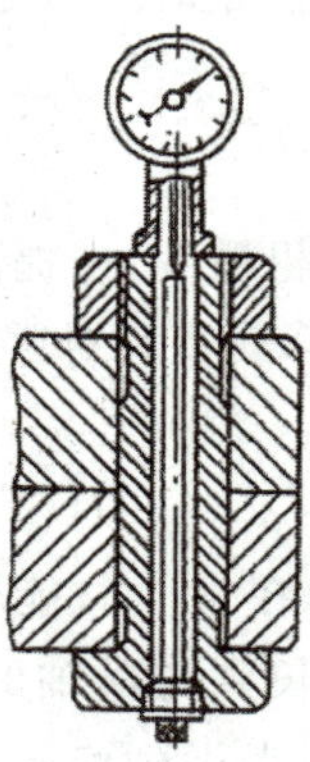

图 3.15　利用检验棒检验预紧力

(4) 相对于检验棒的伸长量检验法

按相对于检验棒的伸长量来检验预紧在本质上与检验螺栓伸长量方法没有区别，它规定要检验螺栓相对于基准的伸长量，而该基准则是固定在螺栓内的检验棒，检验棒的长度保持不变，如图 3.15 所示。在这种情况下，螺栓的结构变得复杂了，但却简化了测量手续，有时甚至能在机器工作时检验预紧力。这种方法适用于较大尺寸的重要螺栓。

(5) 标准垫圈的变形检验法

按校准垫圈变形的检验方法是靠一次性使用的标准垫圈的塑性变形来达到规定的预紧力。在连接中，如图 3.16 所示，除一个标准垫圈 1 和两个普通垫圈外，还有一个辅助垫圈 2，其厚度比校准垫圈小 λ_T 值，它相当于在力 P_L 作用下标准垫圈的塑性变形值。在预紧过程中，由于辅助垫圈被制止而不转动（借助于销钉 3），所以很容易记录下变形值 λ_T。

还有一种综合预紧方法，这种方法综合了第(1)种和第(2)种方法的优点，分两个阶段。第一阶段时按扭矩进行不完全预紧，然后按螺母转角作最后预紧。在进行初始预紧扭矩选择时，应考虑将 $M_k = \varphi(\alpha)$ 关系的非线性段完全包括进去，而最后预紧时的预紧角应选取在线性范围

内。综合预紧法的精度并不逊色于第(3)种方法,有时甚至超过第(3)种方法,但预紧时需要逐次检验两个不同的量,因而增加了预紧工序的劳动量。

从以上几种方法可以看出,在利用这些方法时,不可能得到相同的预紧力。因此,对于具体条件,必须对各种方法的预紧精度进行对比,根据实际情况合理地选择预紧方法。

为了了解不同方法的预紧程度,可以通过试验进行。如采用预紧实验装置,并分别采用不同方法预紧螺栓,可以得到预紧力与同一螺栓的刻度值(刻度值:轴向拉力 P_T($P_T = P_L$)相对于伸长量的关系 $PT_k = P_L = \varphi(\lambda_b)$,如图 3.17 所示。

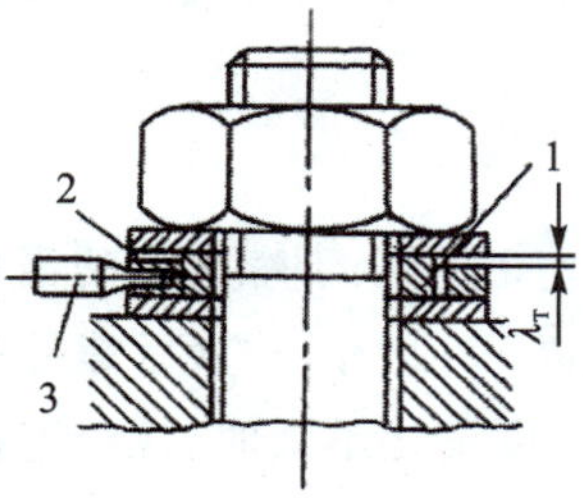

图 3.16 利用校准垫圈检验预紧力

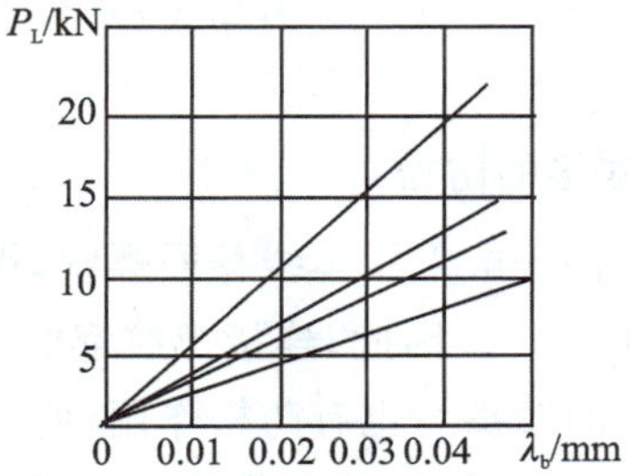

图 3.17 不同预紧方法时预紧力与螺栓伸长量的关系图

试验时可分成几个扭矩间隔(在螺栓工作载荷范围内)进行,取测量的平均值。得到每一种方法的预紧力 $P_{L1} = M_k A_1$,$P_{L2} = \alpha_L A_2$,$P_{L3} = \lambda_b A_3$ 等,则通过这些力可以得到如下关系:

$$P_{L1} = \varphi(\lambda_b);P_{L2} = \varphi(\lambda_b);P_{L3} = \varphi(\lambda_b)$$

各种方法的精度可以在规定的 λ_b 值下,根据预紧力误差的比较按以下方式进行评定:

$$\frac{P_{L1} - P_T}{P_T} \times 100\%,\frac{P_{L2} - P_T}{P_T} \times 100\%,\frac{P_{L3} - P_T}{P_T} \times 100\%,\cdots$$

3. 螺纹连接件的装配

(1) 稳定预紧力

在主动载荷作用下,由于预紧力的减小,经常会发生螺纹连接功能失灵的现象。而影响 P_L 下降的主要因素如下:

① 由于超出了设计要求(如在爆震、气蚀等条件下工作)的短时间过载,以及过度拉紧的影响,使螺栓和受拉零件产生的残余塑性变形;

② 沿对接表面(主要是在粗糙面受压时)及在螺纹中的接触变形;

③ 螺母(螺钉)的自动松动;

④ 在高温条件下工作时,螺栓和零件中的应力弛豫。

为了保证预紧应力的稳定性,可以采取以下措施:

① 在精密检验条件下,将预紧应力增加到最大允许值;

② 仔细地修合接合表面,并在对应于 P_L 规定值的载荷下对零件进行预压;

③ 遵循一定的螺纹连接预紧方式;

④ 在螺栓结构中采用弹性螺栓和弹性元件;

⑤ 在工作一段时间后再拧紧;

⑥ 减少接合面的数目;

⑦ 螺母和螺钉的锁紧要可靠(如采用开口销、花瓣垫圈及弹簧垫圈、锁紧螺母、金属丝等)。

(2) 螺栓的拧紧次序

发动机零、部件的结构不同,螺纹件位置排列不一,为保证螺纹连接件结合面最好的接触,在成组螺纹连接预紧时,除应遵守前述对单个连接的要求外,还须掌握一定的预紧方式(预紧顺序),即拧紧次序有一定的规律,见附表 3.1。

如在采用圆形法兰盘的螺栓(螺柱)时,应以十字交叉方式预紧,而且分两步进行。首先用约为规定预紧力 P_L 一半的力拉紧全部螺栓,然后再以同样顺序作最终预紧(见附表 3.1)。

在长方形法兰盘中,预紧也可分为两步,同时也要遵循十字交叉的方式。但开始先预紧中间一列的所有螺栓,然后(按示意图)是拧紧离中间列最近的螺栓,再按左右次序预紧所有螺栓(见附表 3.1)。

4. 螺纹连接的防松

螺纹连接件一般采用单线普通螺纹,螺纹升角($\Phi=1°42'\sim3°2'$)小于螺旋副的当量摩擦角($\Phi_v\approx6.5°\sim10.5°$)。因此,连接螺纹都能满足自锁条件($\Phi<\Phi_v$)。此外,拧紧后螺母和螺栓头部等支承面上的摩擦力也有防松作用,所以在静载荷和工作温度变化不大时,螺纹连接不会自动松脱。但在冲击、振动或变载荷的作用下,螺旋副间的摩擦力可能减小或瞬间消失。这种现象多次重复后,就会使连接松脱。在高温或温度变化较大的情况下,由于螺纹连接件和被连接件的材料发生蠕变和应力松弛,也会使连接中的预紧力和摩擦力逐渐减小,最终将导致连接失效。由于上述原因,发动机中的螺纹连接更需要采取有效的防松措施。

防松的根本问题在于防止螺旋副相对转动。防松的方法,按其工作原理可分为摩擦防松、机械防松及铆冲防松等。常用的防松方法见附表 3.2。

3.1.2 各种配合连接的装配

配合是指基本尺寸相同的、相互结合的孔和轴公差带之间的关系。根据孔、轴公差带之间的相互位置关系和配合性质分为间隙配合、过渡配合和过盈配合三大类,如图 3.18 所示。间隙配合是指具有间隙(包括最小间隙为零)的配合。公差带图中的特征是:孔的公差带完全位于轴的公差带的上方。过盈配合是指具有过盈(包括最小过盈为零)的配合。公差带图中的特征是:孔的公差带完全位于轴的公差带的下方。过渡配合是指可能具有间隙或过盈的配合。在公差带图中的特征是:孔、轴公差带相互交叠。

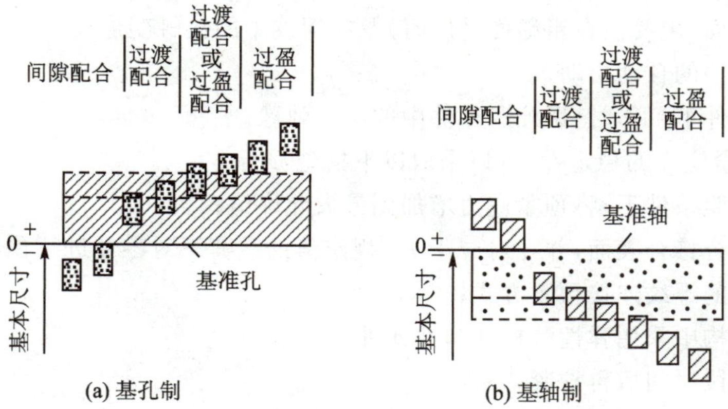

图 3.18 基孔制、基轴制与配合性质

1. 过盈连接的工作原理及装配方法

过盈配合连接是利用材料本身的弹性使被连接件在一定装配过盈量下套装起来的一种连接形式。这种连接也叫干涉配合连接或紧配合连接。在航空发动机中有不少这样的连接，在这种连接中，零件之间的接合是靠摩擦，即由零件之间的紧度过盈量来实现的。如，压气机轮盘之间、涡轮轴与轮盘以及滚动轴承内环与轴的连接等，就属于这一类。尽管在许多情况下发动机正常分解时，这种连接是不分解的，但从本质上说，它是可拆卸的。

过盈连接是将外径为 d_B 的被包容件压入内径为 d_A 的包容件中，如图 3.19(a)所示。由于配合直径间有 $\Delta A+\Delta B$ 的过盈量，在装配后的配合面上，便产生了一定的径向压力。当连接承受轴向力 F(如图 3.19(b)所示)，或转矩 T(如图 3.19(c)所示)时，配合面上便产生摩擦阻力或摩擦阻力矩以抵挡和传递外载荷。

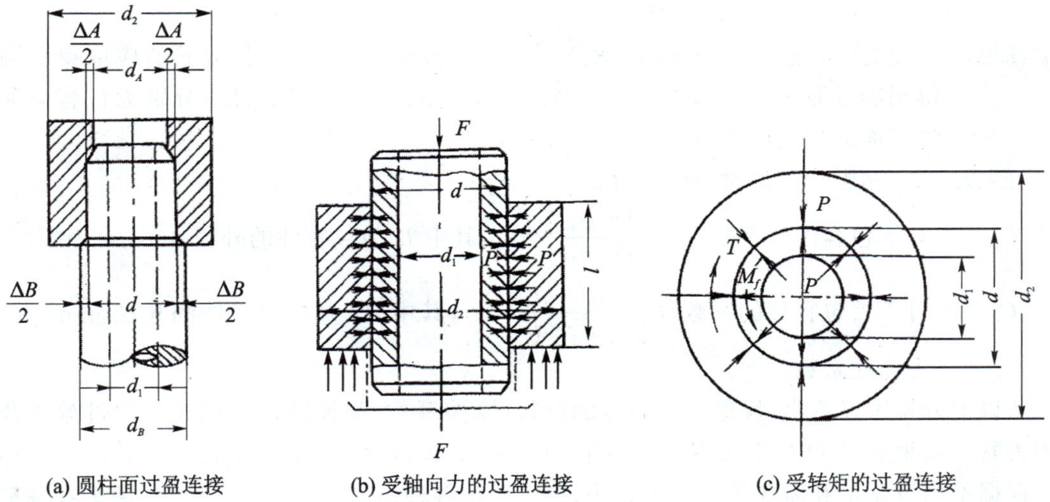

图 3.19　过盈连接配合情况

过盈连接的装配方法有压入法和胀缩法(温差法)。

压入法是利用压力机将被包容件直接压入包容件中。当采用这种方法进行连接时，连接要有一定的强度，以便能承受发动机工作时所产生的载荷(轴向载荷、扭矩、振动载荷)。

当对连接质量要求更高时，应采用胀缩法进行装配，即加热包容件或(和)冷却被包容件，使之既便于装配，又可减少或避免损伤配合表面，但在常温下可达到牢固的连接。胀缩法一般是利用电加热，冷却则多采用液态空气或固态二氧化碳(又名干冰，沸点为－79℃)。加热法常用于配合直径较大时，冷却法则常用于配合直径较小时(加热时应防止配合面上产生氧化皮)。

根据压进(装配)、压出(拆卸)所需力以及由接合面所传送的极限扭矩的计算来预先估计出连接时的强度。这样得出的量间接地反映强度特性(同时也是选取压装设备的初始数据)，其值应当比实际轴向工作载荷及力矩的值大一些(如果根据实验数据，可得到更精确的强度估算结果)。图 3.20 所示为压进时的状态。

$$\left.\begin{aligned} P &= \pi dlf_A P_y \\ P_B &= \pi dlf_B P_y \\ M &= \frac{\pi d^2 lfP_y}{2} \end{aligned}\right\} \tag{3.10}$$

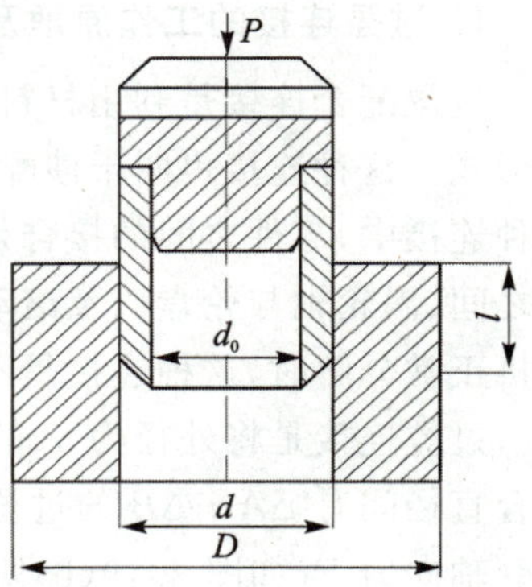

图 3.20　压进时的状态

式中：P——压进力，N；

P_B——压出力，N；

M——扭矩，mN·m；

d——配合直径，mm；

l——配合长度，mm；

f_A——压进时的摩擦系数；

f_B——压出时的摩擦系数；

f——两个相配合零件相对旋转时的摩擦系数；

P_y——相配合零件接触面上的比压力，MPa。

$$P_y = \frac{i_e}{d\left(\frac{C_1}{E_1} + \frac{C_2}{E_2}\right)}$$

式中：i_e——有效的直径过盈量，mm（因为压进时粗糙度被挤压和切削，故其值应取得比测量得到的过盈量 i_h 小些），$i_e = i_h - 1.2(R_{Z_1} + R_{Z_2})$，其中 R_{Z_1}、R_{Z_2} 分别为包容面和被包容面的粗糙度系数；

E_1、E_2——相配合零件材料的弹性模量，MPa；

C_1——对于包容件的系数，$C_1 = \frac{D^2 + d^2}{D^2 - d^2} + \mu_1$，其中 D 为包容件的外径，mm；

C_2——对于被包容件的系数，$C_2 = \frac{d^2 + d_0^2}{d^2 - d_0^2} - \mu_2$，其中 d_0 为被包容件的孔径，mm，μ_1、μ_2 为泊松系数。

从以上分析可以看出，压进力与零件的材料（摩擦系数、弹性特性）、配合面的过盈量及尺寸相关联。如果外径 D 趋于无穷大，则 $C_1 = 1 + \mu_1$；若被包容件无孔，即 $d_0 = 0$，则 $C_2 = 1 - \mu_2$。

根据不同过盈量和需要的压进力大小，可以采用各种不同的压合方法。如，两个零件都在常温（室温）下，包容件加热，被包容件冷却，包容件加热同时被包容件冷却等。但是影响压合方法选择的主要因素是过盈量的大小，增加过盈量会使装配困难，因此目前还尽量使之减小。其他一些影响因素，包括零件的结构（壁厚、外廓尺寸等），以及零件材料的物理机械性能等。选择不适当的方法可能导致零件的破坏，以及产品在工作或重复装配时的过盈量减小。

当过盈量不太大时，相配合的零件可以在常温下压合，而不会引起危险的比压力。在任何过盈量值下，用加热包容件或冷却被包容件的方法均能较顺利地进行装配。但这只有在过盈量很大的情况下，要求高精度连接时，才会取得最好的效果。

包容件可在空气中或液体介质（矿物油）中加热。对于第一种情况，用电加热、气体加热或蒸汽加热，零件能保持干燥和洁净状态，因而在装配时极为方便，同时加热温度也较容易调节。在油中加热时，尽管残留在零件上的油层能便于装配，但可能会引起一些不良现象。如，改变了由计算确定的过盈量，改变了相配合零件之间的导热条件等。

当只需要在零件的局部（如孔区）加热时，可利用高频电流加热。

当大量的小零件在较大壳体零件中进行压合时，加热壳体零件需要使用大功率且昂贵的加热设备；而这时用冷却被包容件的方法就显得特别方便。

由于过盈量的存在，在压入过程中，配合表面微观不平度的峰尖不可避免地要受到擦伤或压平，因而降低了连接的紧固性。而在被包容件和包容件上分别制出如图 3.21 所示的导锥，并对配合表面进行润滑，可以克服上述缺点。

有过盈量的锥形零件连接也是一种很常见的连接方式，如图 3.22 所示，过盈量与其在轴向的相对位置有关。为保持所需的过盈量，必须满足这一相对位置的条件。锥形零件的预装配，用所谓定位撞击法实施。在这种情况下，可用一定质量的锤，从某一高度下落撞击零件一次或两次。这样下沉的零件在孔中占有一定的位置。这个位置代表了一个零件相对于另一个零件的突出量和下沉量，也是装配时的检验量。

图中的 s 可由下式得出：

$$s=\frac{i_0}{2\tan\alpha} \tag{3.11}$$

不论采用哪种方法装配过盈连接件，都必须保证被装配件的精确定心和清洁。

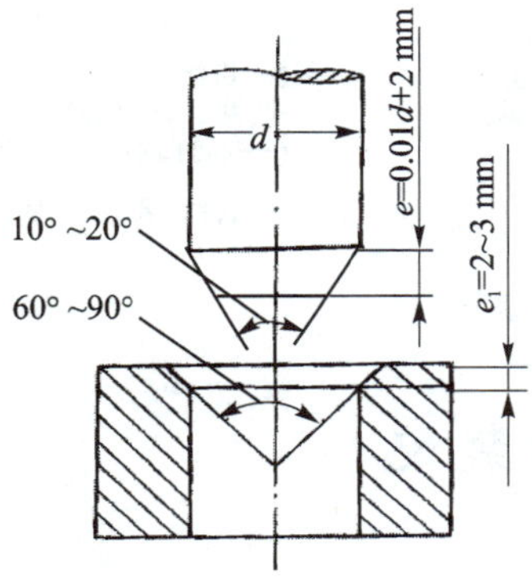

图 3.21　过盈构件的结构

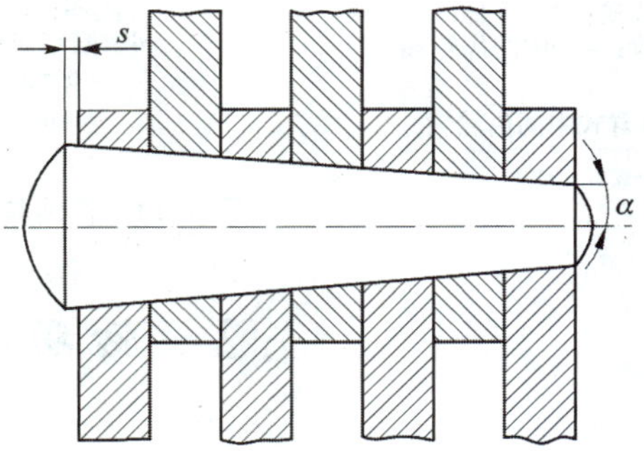

图 3.22　锥形销连接结构

2. 过渡配合与间隙配合的结构特点与装配

过渡配合与间隙配合属于可拆卸的配合部位。对于间隙配合，由于两配合件之间存在间隙，装配时比较容易，可以自由拆装，而不需要特殊工具。而过渡配合是一种介于间隙配合与过盈配合之间的配合，有些配合件之间稍有间隙，这种配合件之间可以直接装配；另外一些配合件之间是有一定过盈量的配合，一般用于为消除振动的影响、比较紧密配合的地方。如滚动轴承的精密定位，传递力比较大时常采用这种配合方式，或大功率有冲击、振动的传动零件的配合（如齿轮等），这种过渡配合装配需要一定的外力，如用木锤进行敲击装配，或是静压力装配。当进行过盈量较大的过渡配合，且精度要求又较高，无法通过挤压达到装配目的，或为达到特定的使用需求时，可采用加热方法。枢轴和销轴的装配是比较典型的间隙配合与过渡配合的实例。

枢轴不传递扭矩，不转动，只支承转动件在其上转动。如中间齿轮轴就是一种枢轴结构，如图 3.23(a)所示为悬臂式中间齿轮轴，这种中间齿轮轴装配时，通常先在枢轴 4（中间齿轮轴）圆柱面的槽上装上胶圈并涂以滑油，使枢轴 4 法兰盘上螺栓孔与螺栓对正，压入机匣 2 内，然后装上止动垫圈拧上螺母固紧；装上齿轮和轴承，拧上两端螺母再保险。

图 3.23(b)为两端支承式的中间齿轮轴，装配时，首先将中间弹性隔圈 1 装到齿轮 7 内，再分别装上两个轴承 2，然后将齿轮组合和隔圈装到机匣 6 内，再压入中间齿轮轴 5，用心棒打到底，并把固定盖板 4 装到轴端，以端齿与轴上槽定位，固紧三个螺母。

销轴结构是利用轴销，将零件连接在一起的一种机构，如图 3.23(c)所示，装配时，首先将油缸与活塞组合起来，再按先后装入两端的销轴，与机匣体和支承组件连接起来。

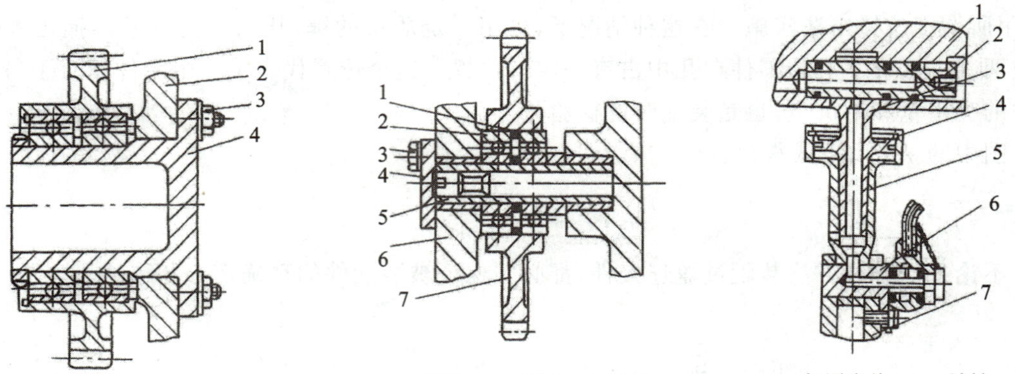

1—齿轮；2—壳体；
3—螺母；4—中间齿轮轴

(a) 悬臂式中间齿轮轴

1—隔圈；2—轴承；3—螺钉；
4—固定盖板；5—中间轴；
6—壳体；7—齿轮

(b) 中间齿轮轴

1—机匣壳体；2—销轴；
3—活塞；4—挡圈；5—油缸；
6—油缸轴销；7—连接盘

(c) 销轴连接形式

图 3.23　枢轴和销轴结构及装配

3.2　活动连接的装配

3.2.1　滚动轴承的装配

滚动轴承是现代机器中广泛应用的部件之一，是依靠主要元件间的滚动接触来支承转动零件的。与滑动轴承相比，滚动轴承具有摩擦阻力小，功率消耗少，起动容易等优点。

按承受载荷方向或公称接触角度不同，滚动轴承分为向心轴承和推力轴承。滚动轴承主要用于承受径向载荷，其公称接触角从 0°～45°。按公称接触角不同，滚动轴承又分为：径向接触轴承，公称接触角为 0°的向心轴承；向心角接触轴承，公称接触角大于 0°～45°的向心轴承。推力轴承主要用于承受轴向载荷的滚动轴承，其公称角为 45°～90°。按公称接触角不同，推力轴承又分为：轴向接触轴承，公称接触角为 90°的推力轴承；推力角接触轴承，公称接触角大于 45°但小于 90°的推力轴承。按滚动体的种类不同，滚动轴承分为球轴承和滚子轴承。球轴承的滚动体为球；滚子轴承的滚动体为滚子。滚子轴承按滚子种类又分为：圆柱滚子轴承，滚动体是圆柱滚子的轴承，圆柱滚子长度与直径之比小于或等于 3；滚针轴承，滚动体是滚针的轴承，滚针的长度与直径之比大于 3，但直径小于或等于 5 mm；圆锥滚子轴承，滚动体是圆锥的滚子轴承；调心滚子轴承，滚动体是球面滚子的轴承。按滚动体的排列数不同，滚动轴承又分为单列轴承、双列轴承和多列轴承。单列轴承是具有一列滚动体的轴承；双列轴承是具有两列滚动体的轴承；多列轴承是具有多于两列滚动体的轴承，如三列、四列轴承。图 3.24 所示为各类型轴承。

滚动轴承的基本结构如图 3.25 所示。它由内圈、外圈、滚动体和保持架四部分组成。内圈用来与轴颈装配，外圈用来与轴承座装配。滚动体的作用是把内、外圈间的滑动借滚动体而转变为滚动。通过滚动体把旋转圈上的载荷传递到固定圈上，然后传到机匣壳体上。保持架

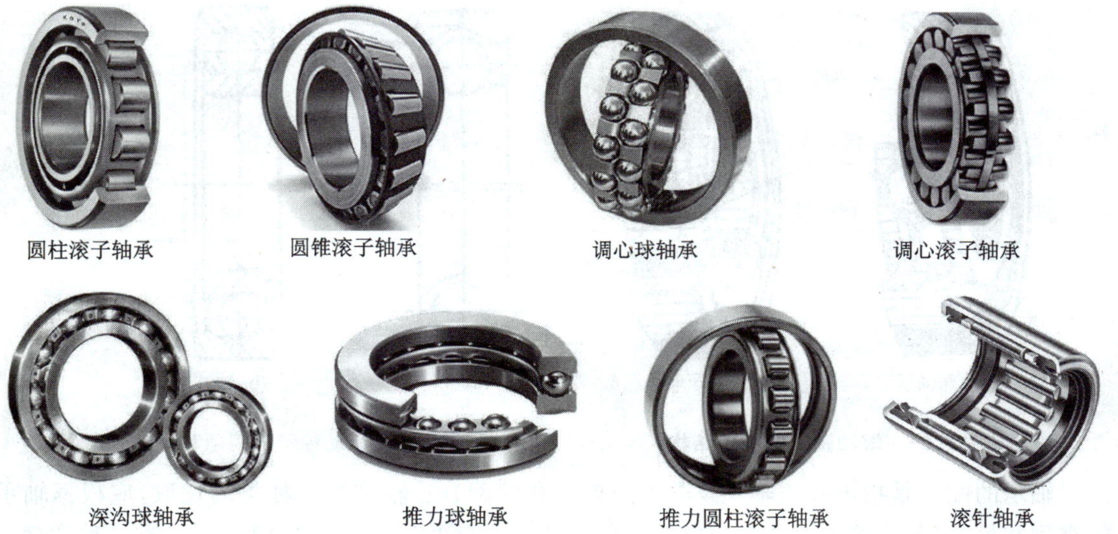

图 3.24　各种类型轴承

的作用是把滚动体分开，减少滚动体的磨损，保持架需要用软材料制造。

在航空发动机的转子系统及附件中，主要使用的是单列径向止推滚珠轴承，对只传递径向载荷的情况，还应用了滚子轴承。在小载荷的传动装置中，有时采用滚针轴承。在轴向载荷很大的情况下，广泛应用两套或三套单列径向止推滚珠轴承组。

常用的滚动轴承绝大多数已经标准化，并由专业工厂大量制造及供应各种常用规格的轴承，其本身的装配问题这里不做论述，而只介绍有关轴承的选择及其在轴承安装孔和转动轴上的配合问题，即转子支承部件的装配问题。

轴承部件装配时应满足下列基本要求：

① 在装配及使用条件下，要保证滚珠与轴承环之间有最佳径向间隙。

有些滚动轴承的内、外圈与滚动体之间存在一定的间隙，即轴承内圈、外圈、滚动体之间应有一定的间隙量，因而内圈相对于外圈有一定的移动量。移动量的最大值称为轴承的游隙。内圈相对于外圈沿径向的最大移动量称为径向游隙；内圈相对于外圈沿轴向的最大移动量称为轴向游隙，如图 3.26 所示。轴承在安装到机器上之前处于自由状态下的游隙，称为原始游隙。轴承在安装后和受载运转时，由于座圈的弹性变形和各元件的热变形，实际游隙将不同于原始游隙。

滚动轴承所需游隙的大小，是由安装内、外圈时所用配合的紧度、轴承与轴或轴承座的温度差、轴的挠曲变形大小及轴承的润滑冷却等情况决定的。配合愈紧，温差愈大，轴的挠曲变形量愈大，润滑冷却的条件愈差，则所选游隙也应愈大。

② 保证在一组滚珠轴承中各轴承所受的轴向载荷是均匀的。

③ 滚子轴承的内外环之间（或滚子相对于环）无相互偏移。

这个要求可用正确选取和计算轴承的配合性质来实现（另外就是要保证轴承安装工序的工作质量，避免轴承环的偏斜和配合面的污染）。

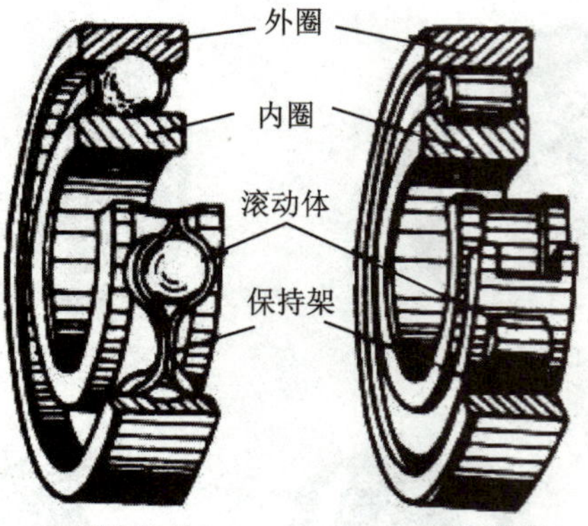

图 3.25　滚动轴承的基本结构

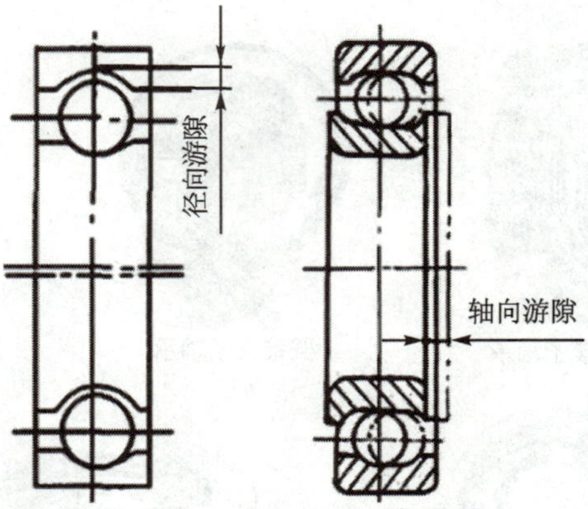

图 3.26　滚动轴承的间隙和游隙

轴承的配合是指内圈与轴颈及外圈与外壳孔的配合。轴承配合种类的选取，应根据轴承的类型和尺寸、载荷的大小和方向以及载荷的性质等来决定。轴承工作时，受载有三种类型：

◇ 局部受载。作用于轴承内圈和外圈上合成径向负荷，由内、外圈滚道固定的局部区域承受，并传至轴或外壳配合表面相应的局部区域，如图 3.27 所示。这种配合面规定有游隙。

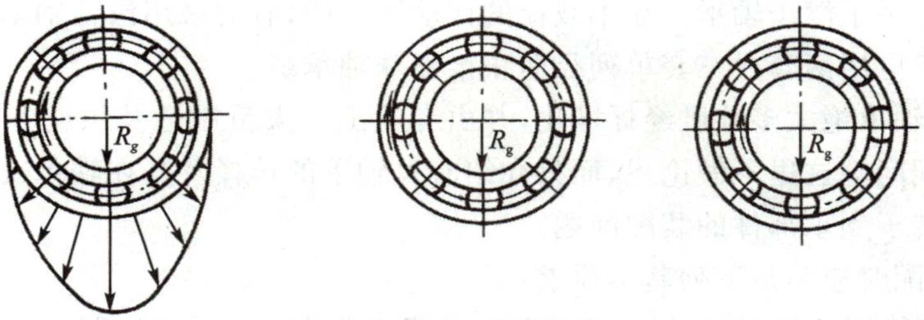

图 3.27　承受局部载荷

◇ 循环载荷。作用于轴承内、外圈上的合成径向载荷，沿圆周方向顺次地由内、外圈滚道的各个部分所承受，如图 3.28 所示。这种配合面规定有必要的过盈量。

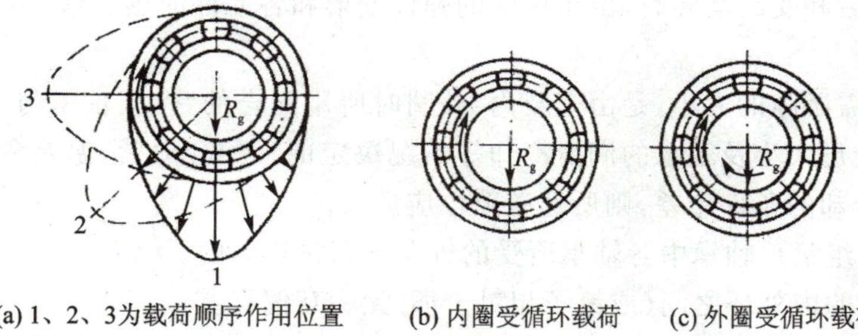

图 3.28　承受循环载荷

◇ 摆动载荷。作用于轴承内、外圈上的方向固定的径向载荷 R_g（固定载荷）与随内、外圈一起旋转的径向载荷 R_x（旋转载荷）合成载荷 R，在内、外圈的一定区域内摆动，为内、外圈滚道的限定区域所承受，并传到轴或外壳孔的配合表面的限定区域内。如图 3.29所示，这种配合需要在过渡配合中选取。

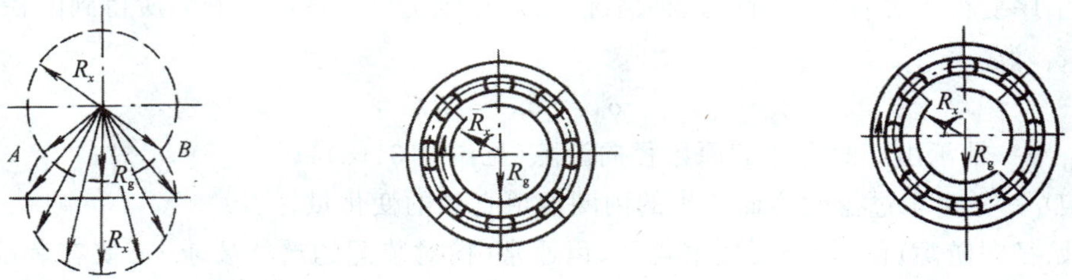

(a) 套圈旋转时R_g与R_x的合成载荷R在A、B点间摆动 (b) 外圈受摆动载荷，内圈受循环载荷 (c) 外圈受循环载荷，内圈受摆动载荷

图 3.29 承受摆动载荷

滚动轴承配合和它的基准面（内圈内径、外圈外径）偏差与轴颈或座孔尺寸偏差的相对关系如图 3.30 所示。

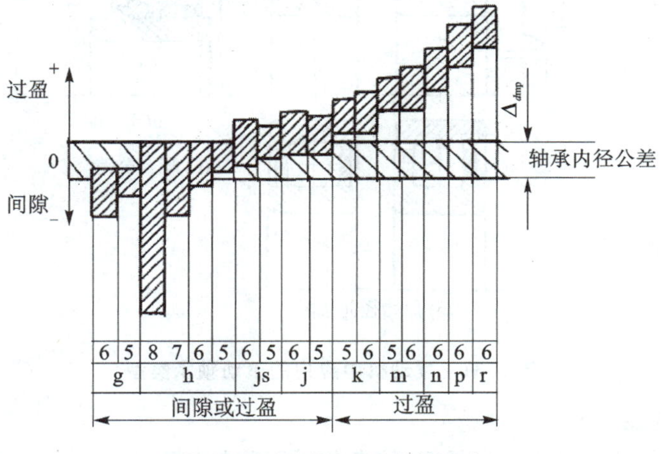

(a) 轴承与轴配合的常用公差带关系

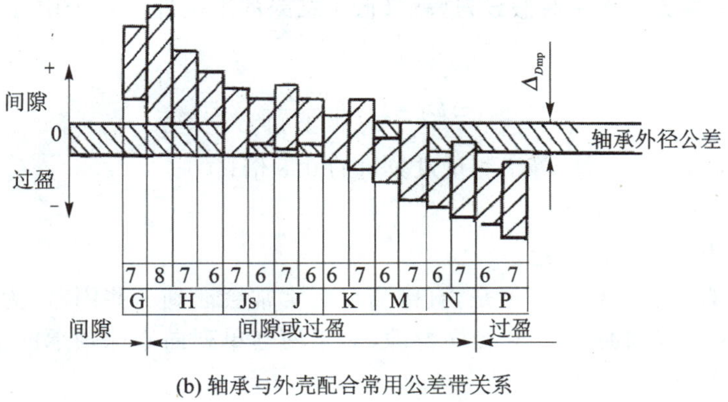

(b) 轴承与外壳配合常用公差带关系

Δ_{dmp}—轴承内圈单一平面平均内孔直径的偏差；Δ_{Dmp}—轴承外圈单一平面平均外径的偏差

图 3.30 滚动轴承与轴和外壳的配合

对于常见的轴承内圈(与轴一起)旋转的情况,轴承的配合公差带如图 3.30(b)所示。为避免滑动并引起轴颈的强烈磨损,轴承圈在轴上的安装要有过盈量。外圈要按间隙配合较自如地压入壳体内。这样便能保证外圈滚道的转动和均匀磨损,并使装配误差得到补偿,使装配和拆卸工序变得十分容易。对于这种情况,轴承在轴上以过盈配合安装所得到的径向游隙,其期望值 δ_{II} 为

$$\delta_{\text{II}} = \delta_{\text{H}} - \Delta D_1 \tag{3.12}$$

式中:δ_{H}——轴承出厂时存在的原始径向游隙(见图 3.31(a));

ΔD_1——由于过盈配合而产生的内圈滚道直径的变化量。

原始径向游隙可由轴承说明书得知,但通常(指对装配的严格要求)需要在装配前初步检验时直接测定,或者根据轴承圈与滚动体的测量计算出来:

$$\delta_{\text{H}} = D_2 - (2d_{\text{m}} + D_1) \tag{3.13}$$

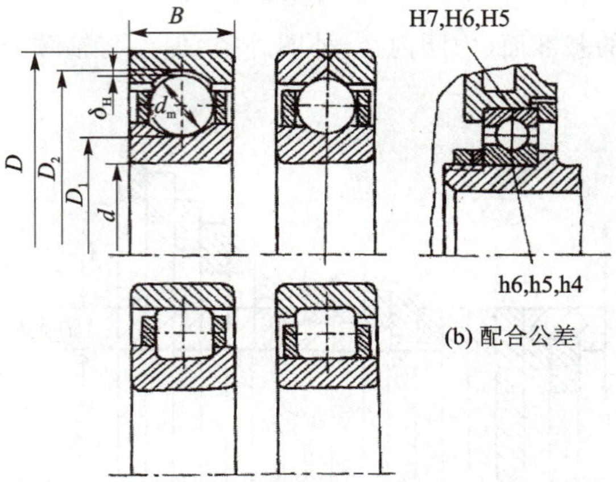

(a) 原始径向游隙

(b) 配合公差

图 3.31　发动机中应用的滚动轴承类型

式中:d_{m}——滚珠直径,mm。

由于过盈配合而引起的内环直径 D_1 的变化,可通过计算轴和内圈的实际刚度加以确定。然而在工程计算中难免要作一些假设,这就降低了结果的准确性。对于中等轴承,ΔD_1 的近似值可按下式计算:

$$\Delta D_1 = \frac{0.64di}{d + 2.11} \tag{3.14}$$

式中:i——实际(有效)过盈量,等于测量过盈量的 0.8 倍;

d——内圈的配合面直径。

ΔD_1 值也可用实验方法确定。

径向游隙 δ_{II} 必须经过检验。但是,直接测定它常常会遇到一些困难,为此需要利用间接指标——轴向游隙。轴向游隙 δ_0 和径向游隙(对于两套单列向心球轴承的情况)由下列关系式联系起来:

$$\delta_0 = 2\sqrt{(2r - d_{\text{m}})\delta_{\text{II}}} \tag{3.15}$$

式中:r——滚道半径,mm;

除轴承圈在配合时有过盈量外,发动机工作时各轴承加热不均也对径向游隙有影响。这

一点在装配时必须考虑到。在所研究的载荷条件下，内圈大量受热所引起的直径间隙减小量为

$$\Delta D_1^0 = \alpha D_1 \Delta T \tag{3.16}$$

式中：α——轴承材料的线膨胀系数；

ΔT——内外圈受热的温度差。

这时，轴承工作时的径向游隙计算值 δ'_P 为

$$\delta'_P = \delta_{II} - \Delta D_1^0 \tag{3.17}$$

随着游隙的减小（到零），振动以及滚动体打滑这样一些有害现象出现的概率也会下降（由于打滑而造成的非容许磨损及发动机报废等现象）。然而，由于热状态及其振动（起动和停车时）的存在，设计时必须留有一定的游隙，为此发动机的轴承常有增大了的游隙。这样，径向游隙的最佳值 δ_P 就可按照计算结果确定，计算时必须考虑到典型发动机的使用经验及该产品的特点。

当装配是承受大轴向力的轴承组时，如图 3.32 所示，主要要求就是轴承 A 与 B 之间的轴向力应均匀分布。要达到这一要求，必须将轴向游隙选取在轴向载荷作用方向上的一边。为此采用以下方法实现：

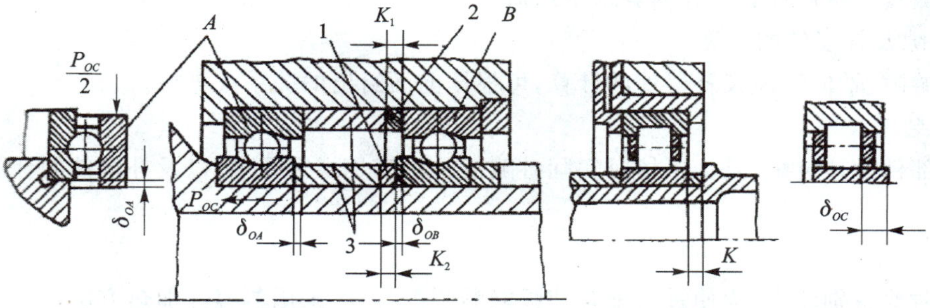

(a) 轴承组内的轴向力补偿　　(b) 滚柱轴承圈的偏移补偿

1—轴上的补偿件；2—壳体内的补偿件；3—间隔套

图 3.32　轴承部件中的轴向补偿

选配轴向游隙之差很小（不大于 0.01 mm）的一组轴承，修配补偿件——调节环 1 和 2，或者选配装在轴承内外环中间的间隔套 3。还可以采用其他方法，如预先对轴承加轴向工作载荷，使轴承产生一定的预紧力，并在该载荷作用下将轴承固定（用定位销或特种胶）。

为保证轴承之间轴向载荷均匀分布在补偿件上，其尺寸可根据下列关系式计算：

$$K_1 + \delta_{OA} = K_2 + \delta_{OB} \tag{3.18}$$

式中：K_1 和 K_2——分别为外圈和内圈的补偿件尺寸；

δ_{OA} 和 δ_{OB}——轴承 A 和 B 的轴向游隙。

δ_{OA} 和 δ_{OB} 可在轴向工作载荷作用下用专用夹具预先测定，如图 3.32(a)所示。

在轴承组图 3.32(a)中 $\delta_{OA} < \delta_{OB}$，补偿件 K_2 尺寸可由如下等式得出（利用该补偿件可调节内力的分布）：

$$K_2 = K_1 + \delta_{OA} - \delta_{OB}$$

安装在轴承组中的补偿件 1 要从许多件中选配（做少量修合），以便其实际尺寸与设计值相符。

转子轴承部件的装配工艺过程主要包括准备工序、轴承的初步检验、轴承配合面的检验、游隙及补偿件的计算、预装配、最后装配。

1）准备工序

外购轴承的启封和清洗，它是轴承高质量装配的重要条件。

2）初步检验

装配前检验轴承参数，这种检验可验证轴承参数与说明书上的数据是否符合，以及在运输和存储中是否产生了缺陷。检验方法和内容如下：

① 用目视法并配合物理方法（荧光法、磁性法等），检验有无压痕、锈蚀、裂纹等现象；

② 仔细检验轴承圈及滚珠的几何参数，并测量游隙。将观察和测量的结果记入相应的装配卡片（证明书）中，并与轴承配合面的检验结果一起，作为精度计算和下一步装配的原始数据。

3）配合面检验

轴承的配合面加工精度高，因此，对轴和壳体（以及转子与壳体系统中的其他零件，其尺寸可作为计算的初始数据）的轴承配合面，要利用精密测量工具仔细进行测量。如检查圆锥度：可在三处测量直径，即配合面的两个边缘和中间段；检查配合面的椭圆度：需在每个区段的几个方向上测量。然后计算尺寸的算术平均值。

4）游隙及补偿件的计算

径向游隙、轴向游隙及补偿件的计算，可根据前面给出的关系式进行。

5）预装配

轴承部件的预装配，是为了核对实际游隙值是否满足规定要求，以及补偿件的计算和选配是否正确。

6）装　配

装配时要特别注意，为使过盈配合装配能顺利进行，可采用包容件加热方法。

轴承安装时不允许有偏斜，因此需采用各种夹具，以保证其正确的装配。轴承安装所需的轴向力应加到参与配合的圈的端面，而如果轴承同时沿两个配合面安装，则可利用夹具将力传递到内、外圈上。

装配滚珠轴承所需的基本条件和对径向游隙的要求，亦适用于滚子轴承。需要特别指出的是，常见的一种误差即轴承内外圈的轴线相互偏移，会加速轴承的磨损。对零件进行测量并按实际尺寸计算尺寸链之后，便可找出这个偏移量。预装配时利用“涂色”法检验，并量出检验尺寸 δ_{oc}，也可检查出这个偏移量，如图 3.32(b)所示。而要消除这个偏移量，可利用壳体或转子中的补偿件，如图 3.32(b)上的补偿件 K。

3.2.2　滑动轴承的装配

滑动轴承是应用历史最长的轴承。目前在许多不宜采用滚动轴承的地方，还离不开滑动轴承，因为滑动轴承有其独特效用。滑动轴承的主要特点是具有滑动摩擦。滑动轴承在发动机上的应用包括齿轮式滑油泵轴、滑油泵齿轮轴颈、减速器上部输出轴及涡轮部件等。滑动轴承的种类、特点和装配见附表 3.3。

为了保证轴径和轴承表面之间为液体摩擦，使滑动轴承正常工作，轴承与轴径之间必须要有一定的间隙。根据润滑流体力学理论，轴在轴承中转动时所处的位置如图 3.33(a)所示，即轴的中心将略微离开轴承孔的中心，偏离方向与轴的转向一致，这时便形成一个油模，它的最小厚度也就是轴承间的最小间隙 s，s 与直径间隙、旋转速度、润滑油粘度等有关。为了保证液体摩擦，必须使最小间隙处的油层厚度不小于某个临界值。然而过分地增大直径间隙将会导致油层厚度的减小，因为尽管在轴承其他地方油层厚度是足够的，但在最小间隙处可能是临界值，并形成半干摩擦(或干摩擦)。

影响间隙选择的另一个因素是寿命。最佳间隙可从下式求出：

$$s = C\sqrt{d} \tag{3.19}$$

式中：d——轴的直径；

C——对于给定的轴承为常数，它表征轴承的工作状态，并与润滑油粘度、平均比压和角速度有关。

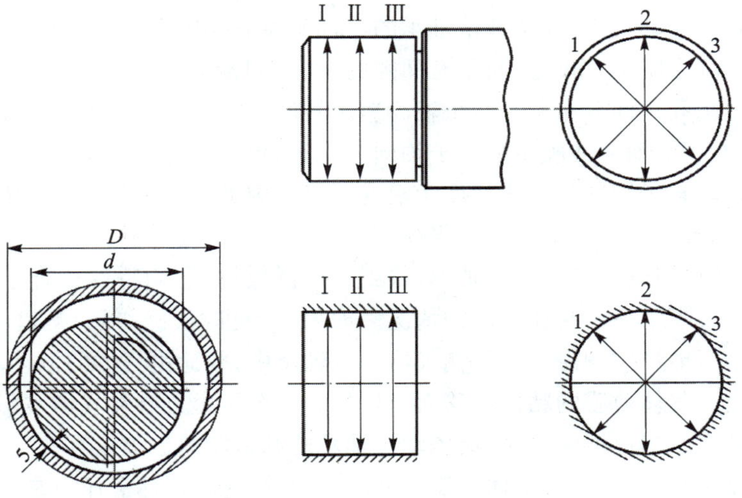

(a) 选择间隙　(b) 间隙测量

图 3.33 滑动轴承

除直径间隙外，其他一些因素也对滑动轴承的正常工作有影响。轴瓦装入轴承座内，应当有一定的过盈量(如 0.03～0.05 mm)，这样的配合能减少轴瓦的变形，并能延长其寿命。这个过盈量应均匀分布在轴瓦的整个接触面积上，可根据涂敷在瓦座表面上的一薄层颜料的痕迹进行检验(贴合面积不小于总面积的 80%)。这种检验方法只能用在剖分式轴瓦的情况。

(1) 整体式滑动轴承的装配

整体式滑动轴承又叫轴套，其装配步骤是压入轴套、轴套定位及修整轴套孔。

压入轴套时，当轴套尺寸和过盈量都较小时，可在轴套上垫上衬垫，用锤子直接敲入。为防止轴套歪斜，可采用导向套，控制轴套压入方向；压紧薄壁轴套时，可采用心轴导向；当尺寸或过盈量较大时，则须用压力机压入或用拉紧工具把轴套压入；压入轴承时必须去除毛刺，擦洗干净后在配合面上涂好润滑油；不带凸肩的轴套，当压入后要与孔端面平齐；有油孔的轴套要对准油孔；固定式滑动轴承装配时，间隙可用选配衬套的方法调整，或者用绞孔的办法保证。

压入轴套后，对载荷较大的轴套，需要用紧定螺钉或定位销来固定，称为轴套定位。

修整轴套孔是指轴承压入后，其内孔往往发生变化，需要用内径百分表或千分表检测，然后根据变形量多少，采用铰孔或刮削的方法进行修整，使轴套与轴颈之间的间隙及接触点达到规定要求。

(2) 剖分式滑动轴承的装配

通常剖分式轴承的结构由轴承座、上轴瓦、下轴瓦、轴承盖、双头螺栓、螺母和调整垫片组成。改变调整垫片的厚度即可调整轴瓦与轴之间的间隙。当轴瓦磨损后,可按磨损程度来减薄调整垫片的厚度,使轴瓦与轴保持合适的间隙。

装配时,要求轴瓦背部与轴承接触紧密。对于厚壁轴瓦,可以用涂色法检验贴合情况,并进行刮研,刮研时应以座孔为基准,修刮轴瓦背部。对于薄壁轴瓦不能进行修刮,需要进行选配,要求轴瓦在自由状态下外径稍大于座孔直径,使其有一定的扩张量。轴瓦装入孔后,其剖分面应比轴承平面高出一些(根据要求),以便配合得紧密。

轴瓦装配时注意轴瓦与轴承座两侧要对称,轴瓦在座孔中,无论在圆周方向或轴方向都不允许有位移,故常用定位销和轴瓦上的凸台来定位。

在某些高转速发动机中,为了补偿轴承的不同轴度,采用了浮动轴承。它被做成衬套形,并在安装到轴承孔中时不是过盈,而是有间隙的,这样润滑油层既可在轴颈与轴承之间分布,也能在轴承与轴承孔之间分布。当转子轴高速旋转时,具有一定压力的润滑油充满这两个间隙,使浮动轴承在内外两层油膜中随转子轴同向旋转,但其转速却比转子轴低得多,从而使轴承相对于轴承孔和转子轴的相对线速度大幅度下降。因此,浮动轴承具有高速轻载下工作可靠等优点,但浮动轴承对润滑油的要求很高。

近年来,气体或空气润滑的滑动轴承,得到了广泛应用,它们特别适合于那种在高温或有侵蚀性介质的条件下不适于液体润滑的情况。如果某种机器(例如泵)是以气体进行工作的,这种气体本身就可能用做润滑介质。在气体动压轴承中,载荷由气体的流体动压力承受,这种流体动压力是由于气体薄膜的粘性滑移而产生的。这个压力只有在气体被引入其大小可变的间隙中时才能产生。当速度为零时,流体动压轴承的升举能力也等于零。

在流体静压轴承中,载荷由气体的流体静压力承受,这种流体静压力是由外部气源传送到轴与轴承的间隙中去的。用气体润滑的轴承,其工作能力主要取决于轴颈和壳体之间的径向间隙。因此,在装配时必须应用选配法,以尽可能高的精度保证所需要的间隙值。为了减少端面的气体泄漏,须细心地装配端面密封件,并检验其密封性。装配时还必须保持洁净。

3.2.3 齿轮传动的装配

齿轮传动是各种机械中最常用的传动方式之一。齿轮传动可用来传递运动和转矩,改变转速的大小和方向,还可把转动变为移动。在发动机传动装置中,有大量的圆柱和圆锥齿轮传动。

齿轮传动过程中,需要保证运动精度、工作平稳性、接触精度和齿侧间隙。运动精度是指齿轮在转动一周中的最大转角误差,即要求齿轮在一转内,最大转角误差限制在一定的范围内,而规定齿轮的运动精度是为了保证齿轮传动时有正确的传动比;工作平稳性是指瞬时的传动变化,它决定齿轮在转动一周内转角误差值中多次重复的数值,这种转角误差周期性地出现,会引起冲击、振动和噪声,使齿轮传动不平稳;接触精度决定齿轮传动中啮合齿面接触斑点的比例大小,它直接影响齿轮的承载能力和齿轮工作的寿命;在齿轮传动中,相互啮合的一对齿轮在非工作齿面留出的一定间隙称为齿侧间隙,齿侧间隙不是一项精度指标,而是需要按齿轮工作条件的不同,确定不同的齿侧间隙。齿侧间隙的作用是使润滑油流通、补偿齿轮制造和装配误差、防止因受热膨胀或受力变形而使齿轮运转时咬住。假定齿轮的制造在几何尺寸上是正确的(在公差范围内),则从装配观点上可对齿轮啮合提出下列要求:

① 齿侧间隙符合图纸要求;

② 啮合要正确,可根据轮齿接触面上的颜料印痕来检查;

③ 传动齿轮的径向和轴向(端面)跳动量不得超过技术条件的允许值。

1. 齿侧间隙的测定

齿侧间隙 C_n,如图 3.34 所示,是传动装置中两个啮合齿轮的相邻齿型面间的最短距离,它能保证一个齿轮相对于另一个不动齿轮自由地转动某一个角度。一对圆柱齿轮轮齿之间的侧向间隙 C_n取决于中心距 A_1A_2。中心距变化 ΔA 会使间隙变化 ΔC_n,其关系式为

$$\Delta C_n = 2\Delta A\sin\alpha = \Delta A \times 0.684 \tag{3.20}$$

式中:α——啮合角,一般等于 20°。

由于装配时除去个别情况外,不能改变中心距,所以齿轮副的间隙也不能改变。因此只能用选配齿轮副的方法,亦即靠轮齿的厚度变化(在其几何参数公差范围内)来改变侧隙。

侧隙的测量,必须在节圆处,用塞尺或千分表进行。为此,应将所需厚度的塞尺插入两个啮合轮齿的节圆区域内,如图 3.35(a)所示。这种测量方法不是很准确,因为齿面的曲度使塞尺不能置于所需要的位置上。测量间隙较准确的方法是用千分表,如图 3.35(b)所示。

如果轮齿部位可以外露,则可将千分表的测杆顶到其中一个齿轮轮齿的一点上,这个点大致位于节圆的半径上,如图 3.35(b)所示。另一个齿轮固定不动,晃动自由轮,记录下千分表的读数,此读数便相当于齿轮的侧隙值。

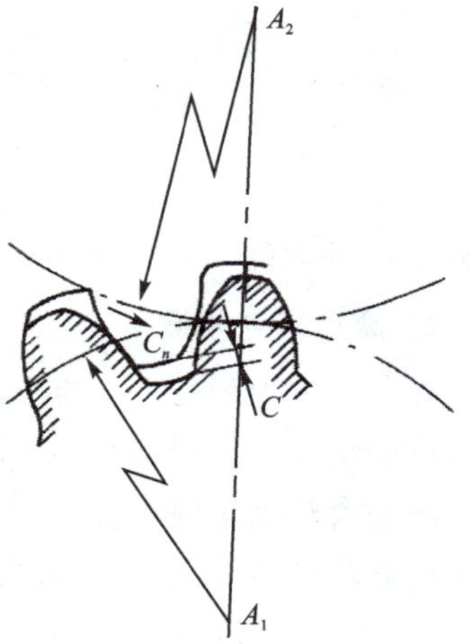

图 3.34　啮合齿轮的齿侧间隙

如果用千分表不能直接在齿轮上测出间隙,则可利用一带拨杆的专用小轴,如图 3.36 所示。先将小轴插入齿轮的中心孔内,并用夹簧夹紧装置固定。也可利用桃形夹固定在齿轮小轴(尾轴)上。然后在拨杆上标上与齿轮节圆半径相对应的标记,然后紧对着标记放置千分表的测杆并测出间隙,与上面介绍的相同。

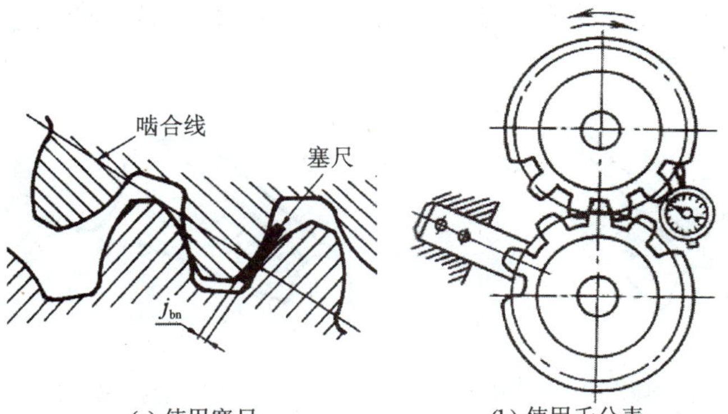

(a) 使用塞尺　　(b) 使用千分表

图 3.35　用千分表测量侧向间隙

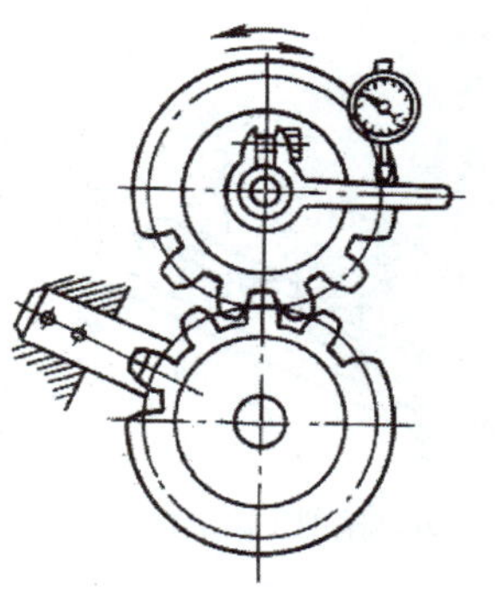

图 3.36　齿轮侧隙测量

在某些高速、有载荷的传动中，齿轮副要按周节选配，因为这时齿轮的工作平稳性特别重要。在这种情况下，要考虑到载荷作用下的轮齿变形，以及由此而引起的周节畸变。因此，选配主动轮时周节误差要取正值，而从动轮则取负值。

当调整圆锥齿轮传动装置中的齿侧间隙时，利用齿轮沿其轴线移动来改变侧隙。但是移动齿轮会破坏啮合，众所周知，只有两齿轮的节锥顶点相重合，才能认为啮合是正确的。所以实际上有时不是移动一个齿轮，而是同时移动一对齿轮。

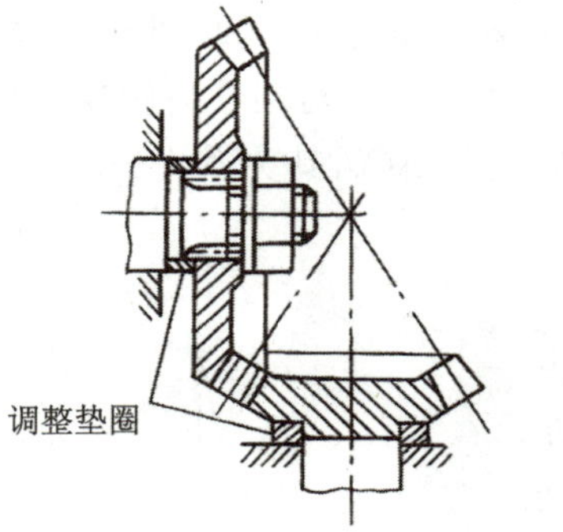

图 3.37　用调整垫圈确定齿轮的位置

侧隙 C_n 和一个齿轮的位移量 B 的关系式如下：

$$C_n = B2\sin\alpha\sin\delta \tag{3.21}$$

式中：α——啮合角；

δ——节锥的半角。

齿轮位置用所需要厚度的调整环或垫片来确定，安装如图 3.37 所示。垫片的厚度按推导的公式计算或选择。

圆锥齿轮副的侧向间隙用千分表测量，方法与圆柱齿轮的相同。不允许用塞尺测量间隙。选配间隙不正确时将引起轮齿的过度磨损、噪声、振动，以及由这一对齿轮所传动的机构的调整误差，并且会引起轮齿的断裂。

2. 涂色啮合检测

在一个齿轮的轮齿上涂上颜色，当啮合时，将使颜色转印在另一个齿轮的轮齿上。根据着色印痕的情况，可以判明相啮合轮齿齿面接触的正确性。

圆柱齿轮副正确啮合时，着色印痕呈现出有圆角的长方形，如图 3.38(a)所示，印痕上部离齿顶的距离为 C，称为脱离接触段，其值等于 0.1～0.15 倍齿高。印痕离齿间底部的距离为 a，等于 0.2～0.25 倍齿高，印痕长度等于 0.6～0.7 倍齿长。

检验时，可根据为该型齿轮规定的专用着色印痕卡片来确定着色印痕的形状和位置的容许偏差。

出现不正确接触点如图 3.38(b)所示，可能是由于齿轮旋转轴的偏斜或对其平面不垂直，齿轮在轴上安装的偏心所致。在这种情况下印痕将向某一方向偏移，可能沿长度方向有不同的宽度。

圆锥齿轮，正确的着色印痕呈图 3.38(c)所示的形状。在齿的小端，印痕展宽是因为它是在没有载荷的情况下检查的，当有载荷时，由于齿在长度方向上变形不同，印痕的宽度就趋向一致。

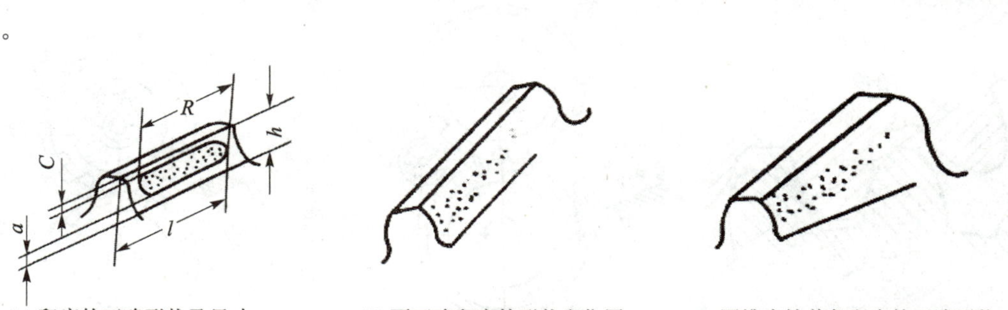

(a) 印痕的正确形状及尺寸　　(b) 不正确印痕的形状和位置　　(c) 圆锥齿轮着色印痕的正确形状

图 3.38　印痕的形状与位置

实际上齿轮副啮合用颜料按下列方法检验。在主动齿轮的齿面上，涂上一层颜料，当大齿轮转一整圈时，颜料便涂到它的全部齿上，在其上形成印痕。其中的一个齿轮也可用标准齿轮代替，此时颜料应涂在标准齿轮上。

为了消除颜料印痕所反映出的误差(主要是沿齿高的偏移)，可用选择齿轮副来消除，使它们各自的误差能够互相补偿(不允许用钳工修整的方法来消除误差)。

3. 跳动量检测

安装齿轮时，会发生径向及轴向跳动，其大小可用千分表确定。在检验圆柱齿轮的径向跳动时，可用齿轮的节圆作为基准。为此，可利用直径为 1.7 倍模数的滚棒，放在齿槽间，将千分表触头抵在滚棒外表面上，如图 3.39 所示，在相互垂直的四点上进行测量。检测轴向跳动时，千分表触头抵在齿轮的端面上。

因为装配时要检查齿轮安装的总误差，所以应该将齿轮安装在相应的壳体上以后，再测定径向及轴向跳动量。为了消除安装误差，可以更换整套部件或其中的个别元件。

所有上述的齿轮装配与检验特点，可适用于发动机各种部件内的任何齿轮，如传动机匣、减速器、齿轮泵的辅助传动等机构中的齿轮。

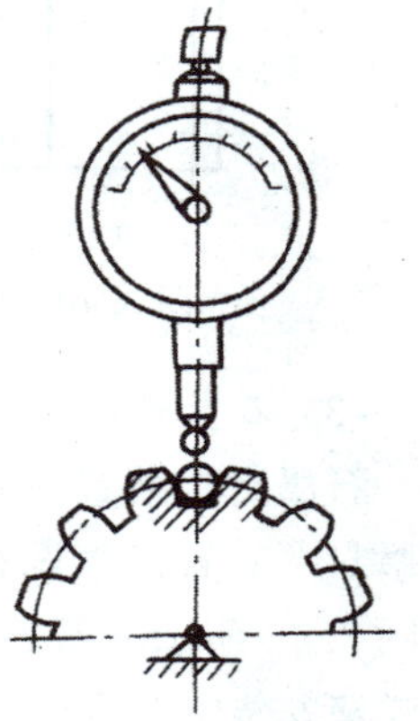

图 3.39　径向跳动检测

3.2.4　封严装置的装配

封严装置是一种用来防止(或减少)气体或液体通过活动零件和固定零件的界面接合处，由一个空腔进入另一个空腔或外界的装置。

在发动机中，封严装置广泛地应用于涡轮和压气机部件，以及燃油和滑油系统的附件中。通常为了便于研究各种类型封严装置的装配特点，可将封严装置分成接触式和非接触式两种。

1. 接触式封严装置

接触式封严装置包括皮碗封严、填料封严、石墨封严、波纹管封严和涨圈式封严等。

(1) *皮碗封严*

在皮碗封严中，如图 3.40 所示，封严件(皮碗)是由合成材料制成的，这些材料的特点是能抵抗活动液体的作用(即它在流动液体中是稳定的)，并且在低温条件下也不失其本身的性能。皮碗可在压模中制成各种所需形状，并与之同时或以后进行硫化。皮碗可用金属元件或弹簧加强。若两个皮碗相对放置，则在一定压力下渗出的液体的作用下，皮碗的弯曲部分就会被伸直，压向安放皮碗的壳体表面，这样便增强了密封性。这些封严件的装配较简单，轴向和径向的连接误差对封严装置的工作效果没有太大影响。

(2) *填料封严*

填料封严(如图 3.41 所示)是封严的一种最简单形式，用衬套压紧，其压紧力是根据轴上的比压力计算的。但由于存在许多可变因素(材料种类、表面粗糙度等)，使得计算很困难，并且计算时还要参照试验数据。

皮碗封严和填料封严的工作可靠性可按泄漏量确定(轴旋转时必定有泄漏)。当轴旋转很自如时应没有泄漏或泄漏量在技术条件允许的范围内。

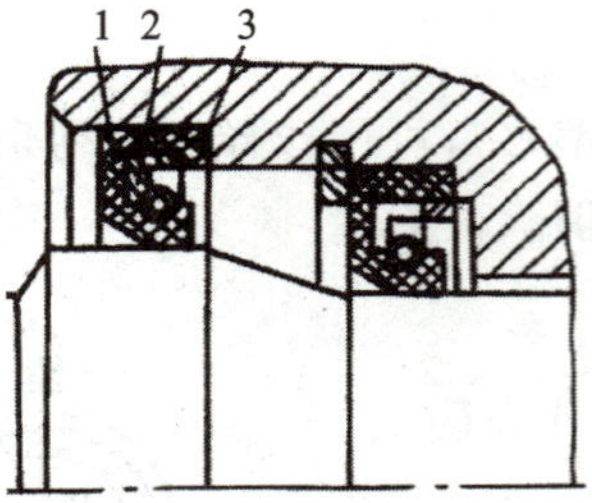

1—皮碗；2—骨架；3—弹簧

图 3.40 皮碗密封装置

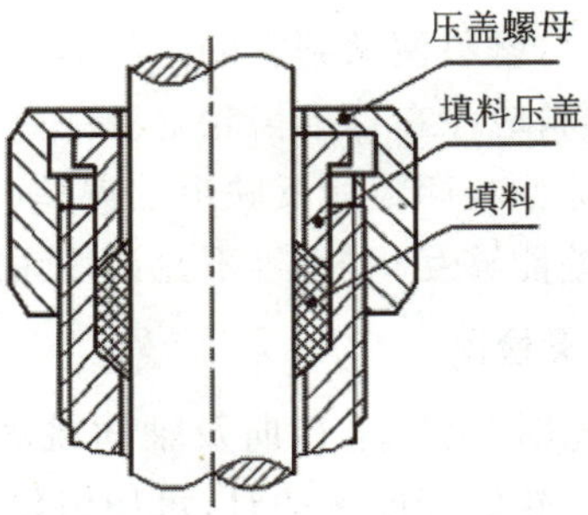

图 3.41 填料密封装置

(3) 石墨封严

石墨封严装置含有一个静止的石墨环构件，工作时石墨环不断地与旋转轴的套环相摩擦，石墨封严装置通常设有几个弹簧，通过弹簧力使石墨与套环保持接触，限制滑油或空气流过，如图 3.42 所示。石墨封严装置装配时首先在环形夹圈的环槽内安装数块石墨，然后在环形夹圈的弹簧安装座上放置弹簧，最后将环形夹圈用螺栓固定在某装置上(如固定在静子叶片内端)。

(4) 波纹管封严

图 3.43 所示是波纹管封严，它常用做轴向封严，主要用于具有相对的往返移动和角向移动的活动连接处。根据不同的需求，波纹管封严装置可与石墨端面密封件配合使用，另外波纹管本身也可当作弹簧加以利用，因就其性质来说，波纹管封严装置本身就是弹性的，所以在轴向和径向上的连接误差不会影响其工作性能。

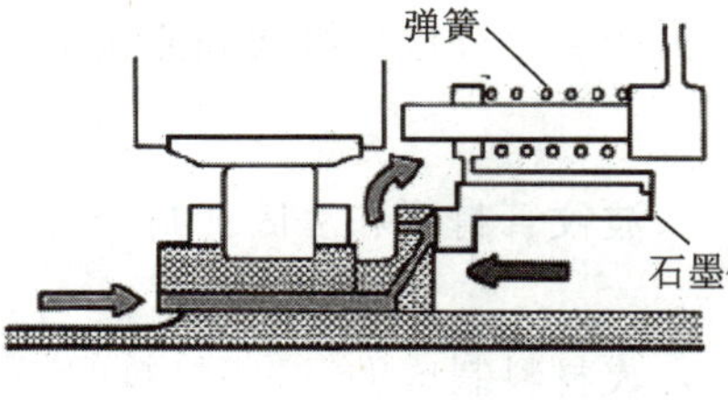

图 3.42 石墨封严装置

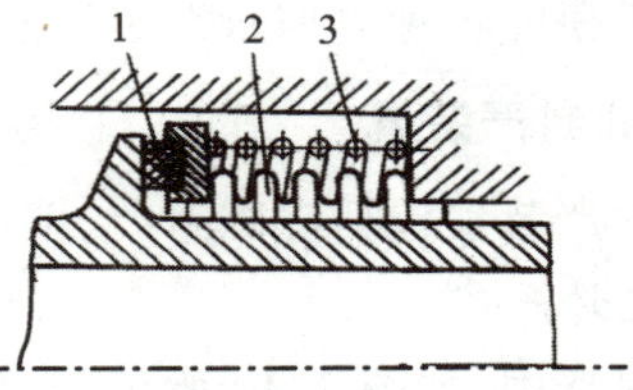

1—石墨密封件；2—波纹管；3—弹簧

图 3.43 波纹管封严装置

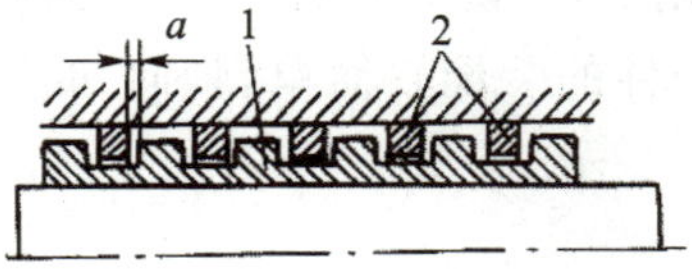

1—衬套；2—涨圈

图 3.44 涨圈式封严装置

(5) 涨圈式封严装置

图 3.44 所示是涨圈式封严装置，它由衬套构成，在衬套的环形槽内放置了弹性密封涨圈。这种涨圈与活塞环的区别在于它们不做往返运动，而可能有旋转运动，或处于静止状态。涨圈的封严功能与作用在相配合表面上的径向压力有关，也与涨圈槽内的侧向间隙有关。涨圈的弹性可用仪器测定，这种仪器能测出将涨圈压缩到所需限度时所能施加的力的值。侧向间隙可用塞尺测量，并可用调换厚度不同的涨圈的办法来加以调整。

上述涨圈式封严装置在发动机中主要用于防止润滑油的泄漏。装配这种封严装置时，必须十分谨慎，以使涨圈与衬套一起装入相应的孔内时，不致将涨圈折断。

2. 非接触式封严装置

非接触式封严(如篦齿式封严)是利用空气流经狭缝和间隙时产生很大流动阻力的特性来达到封严功效的。这种封严装置就是在转动零件和静止零件上设有许多细齿或凸起,并使它们之间相互交错地排列,这种封严装置一方面用来挡住轴承腔中的滑油,另一方面还起到控制内部空气流的限流作用。

篦齿式封严装置的凸起设在径向表面上,便形成径向封严,如图 3.45(a)所示;凸起设在端面上,便形成端面封严,如图 3.45(b)所示。决定这两种封严形式工作可靠性的主要因素是凸起与凹陷之间的径向或端面间隙值,以及凸起(凹陷)的数目。当确定了封严装置的压降后,便可利用现有的篦齿封严理论,足够精确地计算出间隙值和凸起的数目。由装配误差或其他原因引起的径向间隙或端面间隙的变化,会破坏封严装置的正常工作。

转动零件与静止零件的不同轴度误差是径向篦齿封严装置的关键。径向篦齿封严中的间隙是不可能调整的。这类封严装置只有在包容件可分解的情况下才可实现装配。

转动零件和静止零件的相互位置误差是端面篦齿式封严装置的关键。故在装配时要求配合零件的轴向位移最小。如果在结构上规定了零件的相对轴向位移不大,且零件是在所要求的位置上固定,那么端面间隙便可以调整。此类封严装置只有在零件能够做径向位移,即包容件是在可分解的情况下才可实现装配。

如图 3.45(c)所示是端面篦齿式封严和径向篦齿式封严的复合结构。在此种结构中,相互配合零件互相衔接的端面有许多细齿和凹槽。对这种封严装置,关键是零件的轴向误差和径向误差。挡圈各元件的轴向位置及它们之间的间隙,可用调节环来调整。

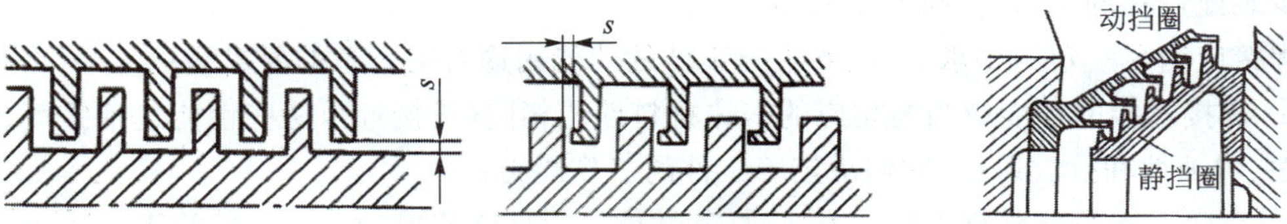

(a) 径向排列　(b) 端面排列　(c) 径向-端面封严

图 3.45 篦齿式封严

在有些类型的篦齿式封严装置中,细齿仅设在一个零件上,而另一个零件的相配合表面则做成光滑的。在这种情况下,齿顶与相配合表面间的间隙便是主要的。这类封严装置既可以是径向封严,也可以是端面(轴向)封严,而具有双重性的篦齿式封严装置的装配误差显得特别重要。

在发动机中,应用在整个圆周上的篦齿式封严装置,采用自动调节间隙的方法。为此,须将光滑配合面用某种材料涂敷一层(全涂或涂成鱼鳞状),这种材料在高温下应足够稳定,但到一定高温程度也会软化(例如石墨),并能在旋转轴的接触处脱掉,以便起到调节作用,涂层要涂到使封严中的间隙值尽可能为最小。如果在实际工作中间隙小于所需值,那么旋转零件(如叶片)就会在其接触处磨掉一部分,这样就建立起所需的间隙。

篦齿式封严中的间隙可用塞尺检查,而对一些不易达到的地方,则可利用黏土蜡混合料检查。间隙值也可以根据相配合零件的测量结果计算出来。

图 3.46 所示为几种篦齿式封严在发动机上的应用。

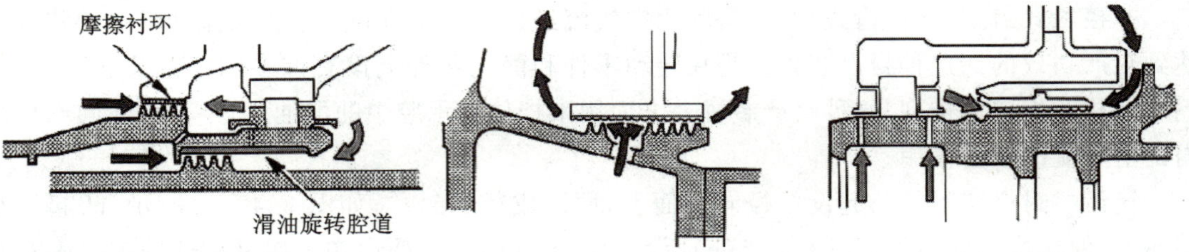

(a) 液体和摩擦衬环篦齿式封严　(b) 级间篦齿式空气封严　(c) 篦齿式滑油封严

图 3.46　各种篦齿式封严装置

3.3　不可拆卸连接的装配

3.3.1　焊　接

1. 焊接形成的特点和方法

焊接连接是将两个以上的金属元件在连接处局部加热(有时要加压)到半熔化或熔化状态,使之形成分子间结合的一种连接方法。在各种类型的航空发动机中,焊接是不可拆连接的主要形式。焊接具有下列优点:密封性好;零件材料工作截面得到合理利用,从而使产品的结构简化,质量变轻;焊接的应用能减少产品制造的劳动量,并且由于其较易于实现机械化,因而可减少装配过程的费用,提高产品的经济性。

焊接应满足一定的要求,这些要求与工件的功能用途有关。总的要求是:

① 焊接连接的性能应当与相应的本体材料性能相同(或接近),这些性能包括强度、塑性、密封性、耐蚀性和抗放射性,它们决定着工件的工作能力;

② 在由不同类型材料来形成连接时,其性能不应低于连接的较弱元件的相应性能。

要满足这些要求,必须在技术上合理地选择焊接方法,从零件的准备工序开始,一直到成品焊接件的检验,须高质量地进行有关连接形成的全套工序。

2. 焊接形成过程的主要工序

形成焊接连接的工艺过程包括下列主要工序:

焊接前的零件准备→焊接前的装配→焊接→热处理及清理焊缝→焊接质量检查。

(1) 焊接前的零件准备

焊接前的零件准备包括矫正、待焊表面的清洗和修坡口。清洗的目的是清除掉外表的污物和难熔的氧化物薄膜等,可用机械的方法、碱或酸的腐蚀以及用汽油洗涤等方法进行。最后阶段要用丙酮和酒精除油。修坡口可根据不同的焊接方法和材料厚度,按照有关标准进行。

(2) 焊接前的装配

焊接前的装配就是要确保被焊接零件在规定的相互位置。同时还要设法使边缘的错位及对接间隙不超过允许值(随着间隙的增大,残余变形便会增大)。为了保证零件的相互位置,可采用装配焊接夹具和型架的方法。夹具备有能紧靠零件边缘的支撑和机械化的夹紧装置,夹紧装置应能保证被焊接零件沿焊缝长度承受均匀而稳定的固紧力。更万能的焊接夹具(操纵装置)还备有供旋转和倾斜用的装置,它可以赋予工件以各种位置,以便于操作者能达到焊接的部位。在试生产中,有时采用按划线和按样板的装配。

(3) 焊　接

焊接是连接形成的主要工序,而且在很大程度上决定着焊缝的质量。进行焊接时应当用合理的工艺方法,并要考虑到材料的可焊性。此外,要获得高质量的焊接,必须具备下列工艺条件:

① 采用最佳的焊接状态及技术上完善的设备;

② 所用的工艺方法在焊接区域内不允许产生残余变形,如焊缝或焊层要有最佳的顺序,焊接前对零件加热等;

③ 正确地选择此后的热处理部位和种类,以消除残余应力;

④ 尽可能使焊接完全机械化和自动化,以保证有较稳定和优质的焊缝,因此,要尽量应用随动系统和操纵装置等。

(4) 焊接检验

焊接检验是用各种方法在焊接件制造的各个阶段上进行,可采用非破坏性和破坏性的检验方法。

① 非破坏性检验。用检验焊缝的几何参数来查明外部和内部缺陷。外部缺陷(弧坑、基体材料的咬边、溅出物等)及尺寸偏差,可利用放大镜目视检查及用其他简易方法检查,而内部缺陷(细微裂纹、材料结构变化、夹杂物)却需要用更巧妙的物理方法。细微裂纹的检验广泛地采用荧光法、充气法等。

② 破坏性检验。(一批中取 1～2 个工件)其目的是研究焊接的强度、塑性、材料内部结构(及缺陷)。它是按特殊方法对从焊接件某一段上截取的试样进行检验。在某些情况下,整个工件要作破坏性试验。

3. 典型焊接工艺

(1) 钎　焊

钎焊是采用比母材熔点低的填充材料作为钎料,将焊件和钎料加热到高于钎料熔点而低于母材熔点的温度,借助毛细作业将钎料熔化填满母材之间的间隙,并与母材相互熔解与扩散而实现连接的方法。每种钎料应具有与母材相关的两个特性:钎料的熔点应低于母材的熔点;钎料在母材上必须浸润(液相取代固相表面的气相过程),即钎料和母材之间的分界面间隙通过扩散实现合金化。钎焊过程包括熔态钎料的填充过程和钎料与母材的相互作用。实现钎料填充过程的必要条件是钎料的润湿和毛细作业,而影响钎料润湿作业的主要因素包括钎料和母材的组成、钎焊湿度、母材表面氧化物、母材表面粗糙度和钎剂等。钎料与母材的相互作用分为固态母材向液态钎料的熔解和液态钎料向母材扩散两种,这些相互作用对钎焊接头的性能影响较大。

钎焊变形小,接头光滑美观,适合于焊接精密、复杂和由不同材料组成的构件。钎焊前对工件必须进行细致加工和严格清洗,除去油污和过厚的氧化膜,保证接口装配间隙。

由于航空、航天等新技术的发展,新材料、新结构形式的采用,对连接技术提出了更高的要求,钎焊技术因此受到了更多的重视,迅速地发展起来,从而出现了许多新的钎焊方法,如图 3.47 所示。根据焊接温度的不同,钎焊分为软钎焊(焊接温度低于 450 ℃)和硬钎焊(焊接温度高于 450 ℃)两大类。

采用钎焊连接时,由于钎料及钎缝的强度一般比母材低,若采用对接的钎焊接头,由于接头

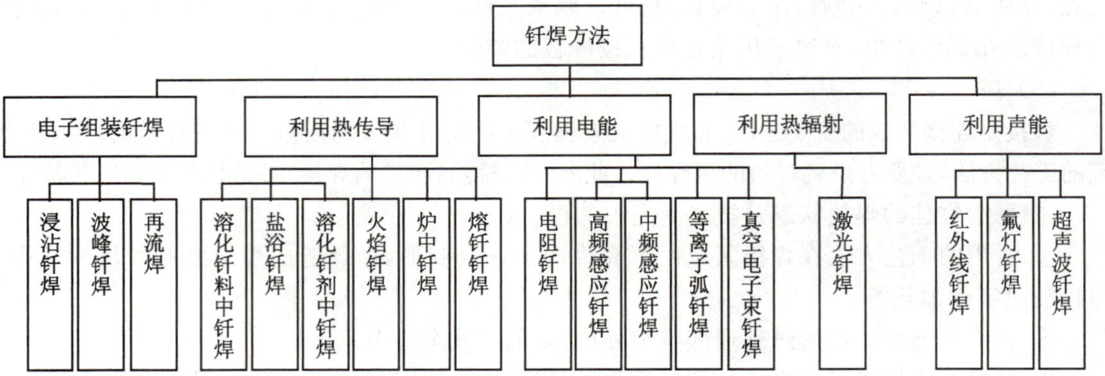

图 3.47　钎焊方法

强度比母材差，对接接头不能保证接头具有与母材相等的承载能力，因此，钎焊接头大多采用搭接形式，搭接接头的装配相比对接接头简单，并可以通过改变搭接长度达到钎焊接头与母材等强度，搭接长度是保证接头与母材具有相等承载能力的关键，搭接长度 L 采用以下公式计算：

$$L = a\frac{\sigma_b}{\sigma_\tau}\delta \tag{3.22}$$

式中：σ_b——母材的抗拉强度，MPa；

σ_τ——钎焊接头的抗剪强度，MPa；

δ——母材厚度，mm；

a——安全系数。

由于工件的形状不同，搭接接头的具体形式各不相同，不同工件形状的搭接接头形式见附表 3.4，钎焊面积越大，接头承载能力越高。

航空发动机导管接头、燃烧室外套、火焰筒及加力燃烧室壳体常采用这种焊接方法。

(2) 氩弧焊

氩弧焊即钨极氩气保护焊。它是在惰性气体氩气的保护下，利用钨电极与工件间产生的电弧热熔化母材和填充焊丝的一种焊接方法。焊接时保护气体从焊枪的喷嘴中连续喷出，在电弧周围形成气体保护层隔绝空气，以防止其对钨极、熔池及邻近材质的有害影响，从而获得优质的焊缝，如图 3.48 所示。钨极氩弧焊按其操作方式不同可分为手工氩弧焊、半自动氩弧焊和自动氩弧焊三种。氩弧焊按照电极的不同又分为熔化极氩弧焊和非熔化极(钨极)氩弧焊两种，如图 3.49 所示。

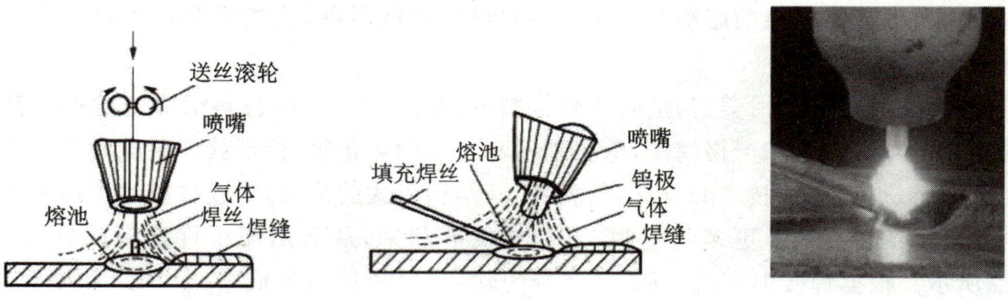

(a) 熔化极氩弧焊　　(b) 非熔化极氩弧焊　　(c) 氩弧焊接实例

图 3.48　氩弧焊示意图

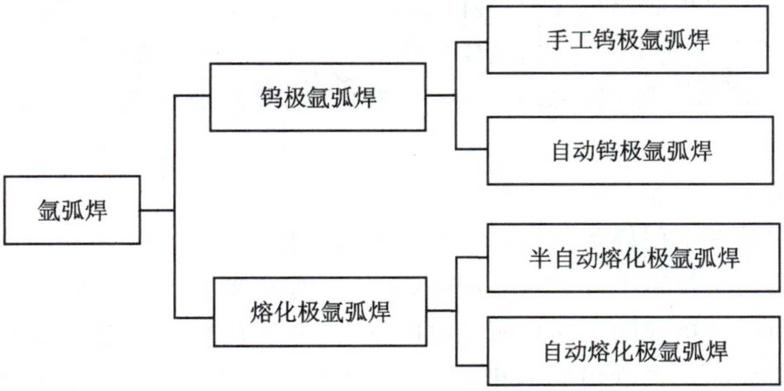

图 3.49　氩弧焊分类

钨极氩弧焊是采用高熔点的钨棒作为电极，在氩气层流保护下利用钨极与焊件之间的电弧热量来熔化加入的填充焊丝和基本金属，形成焊缝。而钨极本身是不熔化的，只起发射电子产生电弧的作用。

熔化极氩弧焊是焊丝通过丝轮送进，导电嘴导电，在母材与焊丝之间产生电弧，使焊丝和母材熔化，并用惰性气体氩气保护电弧和熔融金属来进行焊接。

焊接机匣常采用氩弧焊、电阻焊和电子束焊等焊接方法。

(3) 电阻焊

电阻焊是将被焊工件压紧于两电极之间，并通以电流，利用电流流经工件接触面及邻近区域产生的电阻热将其加热到熔化或塑性状态，使之形成金属结合的一种方法。电阻焊的种类很多，常用的有点焊、缝焊、对焊和凸焊，如图 3.50 所示，而机匣焊接主要是点焊和缝焊，图 3.51 所示为叶片与机匣壳体点焊。

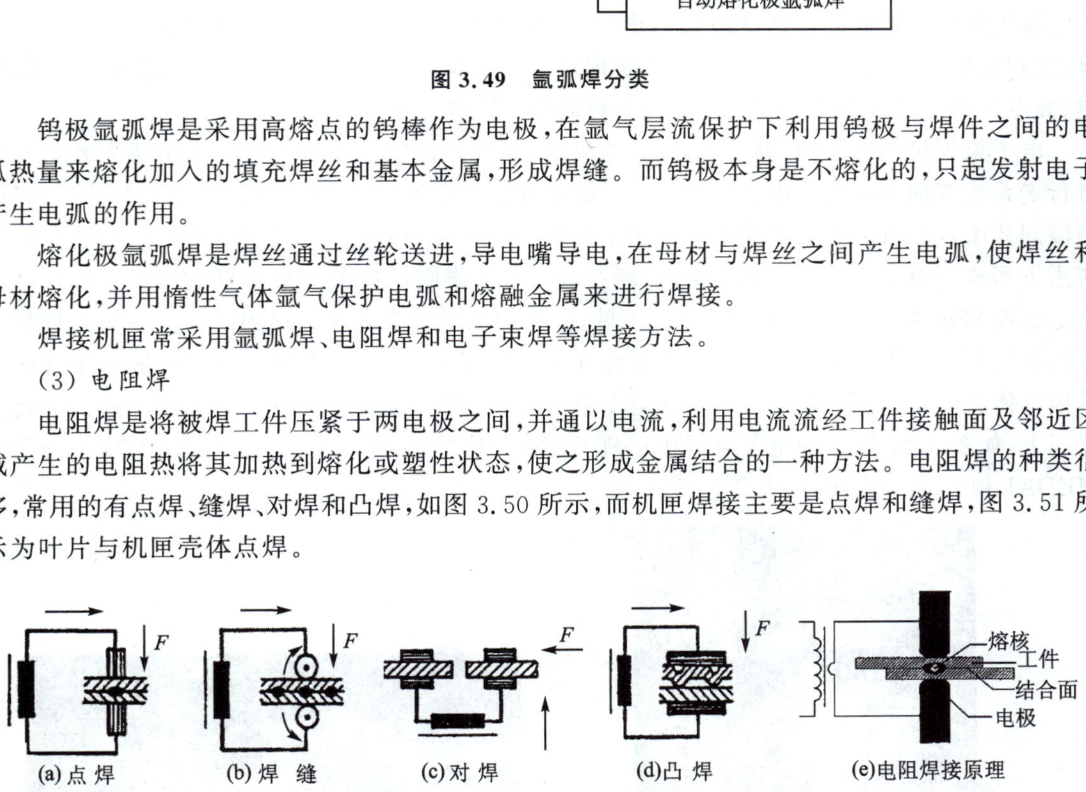

图 3.50　电阻焊接方法

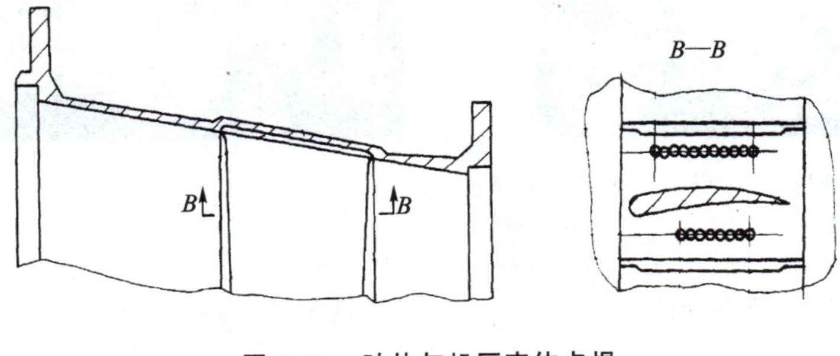

图 3.51　叶片与机匣壳体点焊

点焊是将焊件装配成搭接接头，并压紧在两柱状电极之间，利用电阻热熔化母材金属，形成焊点的电阻焊方法。

缝焊的过程与点焊相似，只是以旋转的圆盘状滚轮电极代替柱状电极，将焊件装配成搭接或对接接头，并置于两滚轮电极之间，滚轮加压焊件并转动，连续或断续送电，形成一条连续焊缝的电阻焊方法。缝焊主要用于焊接焊缝较为规则、要求密封的结构，板厚一般在 3 mm 以下。

(4) 电子束焊

电子束焊接因具有不用焊条、不易氧化、工艺重复性好及热变形量小的优点而广泛应用于航空航天、原子能、国防及军工、汽车和电气电工仪表等众多行业。电子束焊接的基本原理是电子枪中的阴极由于直接或间接加热而发射电子，该电子在高压静电场的加速下再通过电磁场的聚焦就可以形成能量密度极高的电子束，用此电子束去轰击工件，巨大的动能转化为热能，使焊接处工件熔化，形成熔池，从而实现对工件的焊接。因此，电子束焊接包含了机械、真空、高电压和电磁场理论、电子光学、自动控制和计算机等多学科技术。

电子束焊机由电子枪、高压电源、真空机组、真空焊接室、电气控制系统、工装夹具与工作台行走系统等部分组成。电子束焊机的关键部件是电子枪，电子枪中阴极经电流加热后，在阴阳极间几十至上百千伏的加速电压作用下发射出电子流，该电子流在偏压栅极的控制和聚束作用下形成一束电子从阳极孔中穿过，经过电子枪隔离阀后在聚焦磁透镜的作用下以极高的能量密度和光速 70%的速度注入焊接工件，强大的电子动能迅速转化为热能将焊接工件局部熔化而达到焊接的目的。因为电子枪工作在高压状况下，同时为了减少电子在射入工件前与其他气体分子碰撞而引起能量损失和电子束发散，电子枪与焊接室都必须工作在一定的真空状态下，如图 3.52 所示为电子束焊机原理示意图，图 3.53 所示为法国 TECHMETA 公司的 MEDAR43 型电子束焊机。

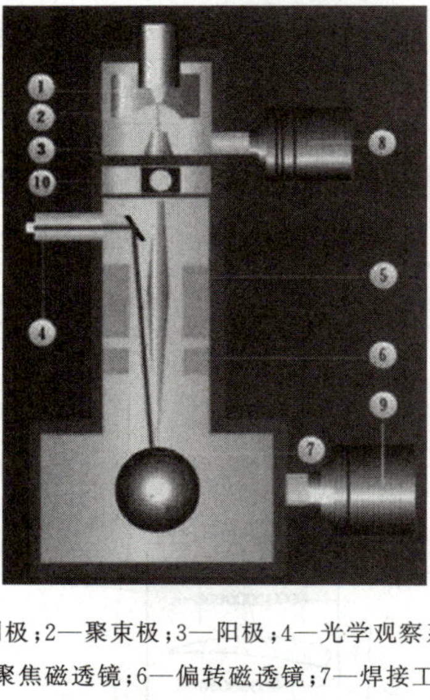

1—阴极；2—聚束极；3—阳极；4—光学观察系统；
5—聚焦磁透镜；6—偏转磁透镜；7—焊接工件；
8—枪室真空系统；9—焊室真空系统；10—隔离阀

图 3.52　电子束焊机原理图

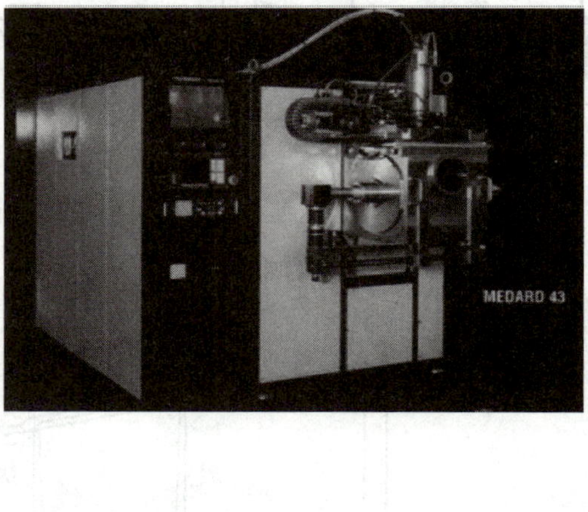

图 3.53　法国 MEDAR43 型电子束焊机

常用的电子束焊有：高真空电子束焊、低真空电子束焊和非真空电子束焊。前两种方法都是在真空室内进行的。电子束焊具有能量密度大，电子穿透力强；焊接速度快，焊接变形小；真空保护好，焊缝质量高等特点。所有用其他焊接方法能进行熔化焊的金属及合金都可以用电子束焊接。因此，电子束焊可以用于焊接低合金钢、有色金属、难熔金属、复合材料、异种材料，薄板、厚板等，特别适用于焊接厚件及要求变形很小的焊件、真空中使用的器件、精密微型器件及焊接质量要求较高产品的焊接，这种焊接方法还可以解决异种金属、易氧化金属及难熔金属的焊接。

航空发动机的进气机匣、中介机匣、鼓筒组件等就采用了真空电子束焊。如图 3.54 所示为某进气机匣，该机匣由内环、外环及支撑内外环的多个叶片组成，内环为 ZTC4 材料铸造件，外环是由 TC4 锻件车加工的环形件。叶片是由 TC4 薄板扩散连接成形的空心叶片。铸件叶片安装座与叶片及内环与叶片之间采用氩弧焊连接，而外环与叶冠则采用电子束焊连接。图 3.55 所示为航空发动机上某电子束焊接鼓筒组件。

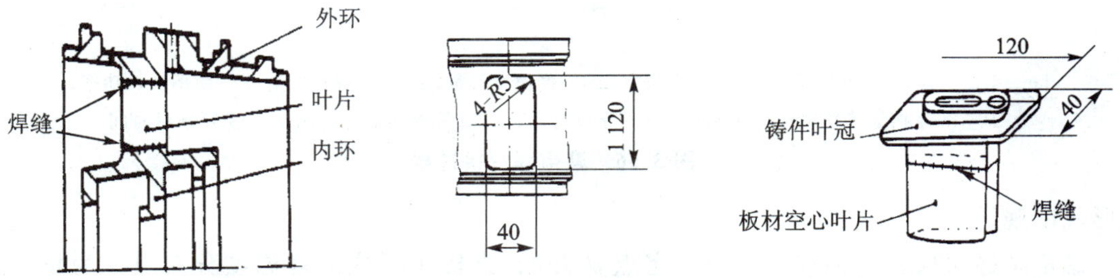

(a) 进气机匣　(b) 外环曲面上的长方孔　(c) 带铸件叶冠的空心叶片

图 3.54　进气机匣结构图

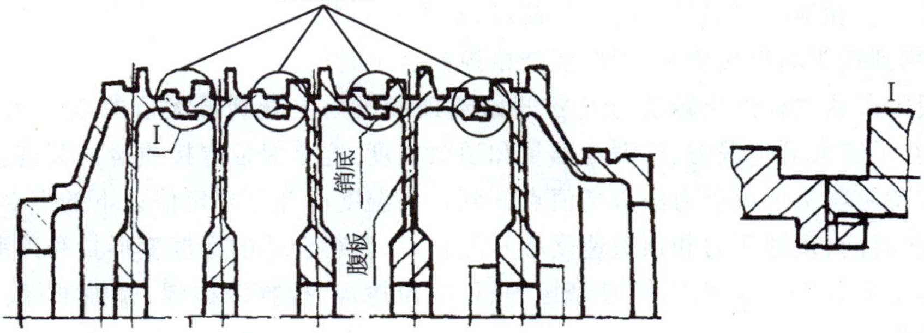

图 3.55　电子束焊接鼓筒组件

(5) 摩擦焊

摩擦焊是利用工件端面相互运动、相互摩擦所产生的热，使端部达到热塑性状态，然后迅速顶锻，完成焊接的一种方法。摩擦焊可以方便地连接同种或异种材料，包括金属、部分金属基复合材料、陶瓷及塑料。摩擦焊过程大致经历 6 个阶段，即初始阶段、不稳定摩擦阶段、稳定摩擦阶段、停车阶段、纯顶锻阶段和顶锻维持阶段，如图 3.56 所示为摩擦焊的焊接过程。

初始阶段是从两个工件开始接触的 a 点开始，一直到摩擦加热功率显著增大的 b 点为止。摩擦开始时，由于摩擦焊接表面存在氧化膜、油、灰尘和吸附着一些气体，使得摩擦系数小，随着摩擦压力逐渐增大，摩擦加热功率慢慢增加，使焊接件表面温度上升。

不稳定摩擦阶段是从热功率显著增大的点 b 起，通过功率极值点 c，到功率稳定点 d。不稳定摩擦阶段是摩擦加热过程的主要阶段，在这个阶段中，接头的变形量开始增大，并以飞边

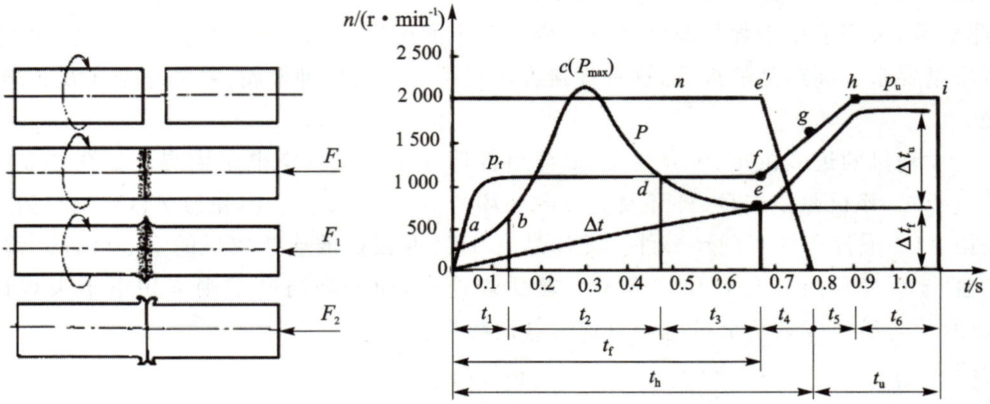

n—工作转速；p_f—摩擦压力；p_u—顶锻压力；Δt_f—摩擦变形量；Δt_u—顶锻变形量；P—摩擦加热功率；P_{max}—摩擦加热功率峰值；t—时间；t_f—摩擦时间；t_h—实际摩擦加热时间；t_u—实际顶锻时间

图 3.56　摩擦焊焊接过程

的形式出现。

稳定摩擦阶段从摩擦加热功率稳定点 d 开始，到接头形成最佳温度分布点 e 为止。点 e 与工件开始停止旋转的点 e'、顶锻压力开始上升的点 f 以及顶锻变形的开始点，它们在时间上是重合的。在这个阶段中，各焊接工艺参数的变化趋于稳定，只有摩擦变形量不断增大，飞边增大，接头的热影响区增宽。

停车阶段从主轴和工件一起开始停车减速的点 e' 开始，到主轴停止转动的点 g 为止。它是摩擦加热过程和顶锻焊接过程的过渡阶段，具有双重特点。这个阶段是焊接过程的重要阶段，直接影响到接头的焊接质量，因此要严格控制这个时间。

纯顶锻阶段从主轴停止转动的点 g 开始到顶锻压力上升到最大值的点 h 为止。在这个阶段中，应有足够大的顶锻力、顶锻变形量和顶锻速度，这是保证焊接质量的关键。

顶锻维持阶段从顶锻压力的最高值点 h 到接头温度冷却至规定值以下的点 i 为止。在这个阶段，顶锻时间、顶锻压力和顶锻速度相互配合，以获得合适的摩擦变形量和顶锻变形量。

摩擦焊主要有连续摩擦焊、惯性摩擦焊、径向摩擦焊、搅拌摩擦焊、摩擦堆焊、线性摩擦焊和轨道摩擦焊等，如图 3.57 所示。

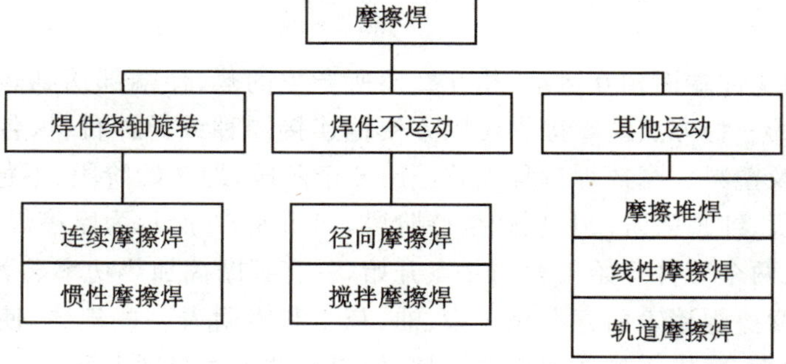

图 3.57　摩擦焊种类

航空发动机上鼓筒组件的焊接多采用摩擦焊接方法。如图 3.58 所示为摩擦焊鼓筒组件结构图，该鼓筒组件采用的是每焊接一级盘就车一级盘的焊接接头，以保证两个盘焊后的同轴度，然后再焊下一级盘，同时要求 5 个盘焊后总的同轴度及两盘间的焊缝缩短量不超过规定值。

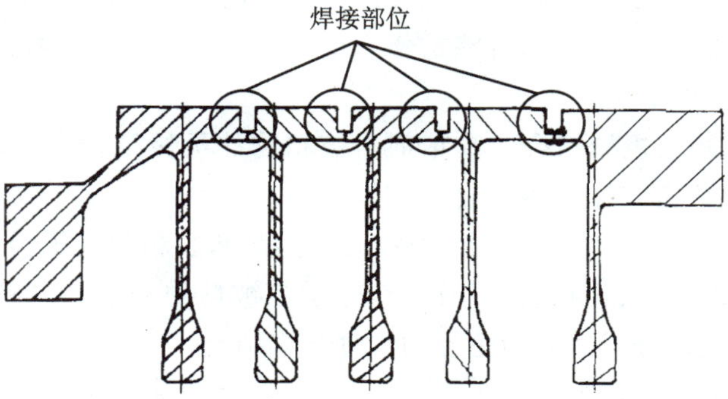

图 3.58　摩擦焊鼓筒组件

(6) 熔　焊

熔焊是在焊接过程中将工件接口加热至熔化状态，不加压力完成焊接的方法。熔焊时，热源将待焊两工件接口处迅速加热熔化，形成熔池。熔池随热源向前移动，冷却后形成连续焊缝而将两工件连接成为一体。

在熔焊过程中，如果大气与高温的熔池直接接触，大气中的氧就会氧化金属和各种合金元素。大气中的氮气、水蒸气等进入熔池，还会在随后冷却过程中在焊缝中形成气孔、夹渣、裂纹等缺陷，恶化焊缝的质量和性能。

3.3.2　粘　接

粘接亦称胶接、胶粘、粘合等，是指同质或异质物体表面用胶粘剂连接在一起的一种技术。粘接具有如下特点：

① 可以将性质截然不同的几种材料或形状特异、壁厚特薄的零件粘接在一起；

② 接头处应力分布比较均匀，有缓冲和吸振作用；

③ 质量轻、外表光整、耐腐蚀应力分布连续、工艺温度低及可密封等。

粘接特别适用于不同材质、不同厚度、超薄规格和复杂构型构件的连接，因此胶接技术作为三大连接技术(机械连接、焊接和胶接)之一，被广泛应用，特别在航空、航天技术中发挥着重要作用。

零件间相互粘接的条件是：

① 胶粘剂对被胶件的润湿，即液态或粘稠态的物质在固态物质表面分子间力作用下均匀分布的现象。

② 表面张力，即液体表面收缩到最小面积的力。实验证明，表面张力小的物质能够很好地润湿张力大的物质，反之则不然。一般金属和其他无机物的表面张力远远大于胶粘剂的表面张力，如果它们表面是干净的，则很容易被胶粘剂润湿，从而为形成良好的粘合力创造条件。但正因为如此，它们也易被张力小的物质如油等所污染，因此这些材料在胶粘前应进行仔细的表面处理。

③ 胶粘剂分子的移动与扩散。润湿仅为物体间产生粘合力创造必要的条件，要使胶粘剂与被粘材料产生机械和物理化学结合，胶粘剂分子与被粘材料分子之间的距离必须小到一定程度，这就需要借助胶粘剂分子的移动与扩散。

④ 胶粘剂的渗透。微观上任何被粘物表面都是有缺陷的(孔穴、裂缝、凹凸不平等)，而胶粘剂大都是流动性的液体或粘稠体，因此在接触良好的前提下，胶粘剂就有可能向被粘物表面的孔、穴、裂缝或凹凸部位渗透，而这种渗透作用增大了胶粘剂与被粘物的接触面积，使胶粘剂与被粘物之间产生机械结合力。

⑤ 胶粘剂与被粘物的机械结合。胶粘剂与被粘物的机械结合力是胶粘剂渗入被粘物空隙内部固化后，在空隙内部产生机械结合的结果。

⑥ 胶粘剂与被粘物的物理化学结合。在粘接过程中，胶粘剂分子经过润湿、移动、扩散和渗透等作用，逐渐向被粘物表面贴近，当胶粘剂分子与被粘物分子间的距离小到一定距离时，胶粘剂与被粘物就产生以分子间力为主导的物理化学结合。

粘接技术在航空发动机装配中的应用主要有密封、制动和胶接等，即为了保证零件、部件相互结合之间不泄漏水剂、油类和气体，而在两相互结合面缝隙填充密封胶；为防止相互结合的零、部件之间相互位移，保证其工作可靠性而在两相互配合之间涂制动胶，如在螺纹件之间、轴承与轴配合之间等涂抹制动胶；将两物体的接头或零件用胶接剂胶接在一起称为胶接。

航空发动机箱体机匣上的轴承孔通常采用在机匣壳体的孔中压装衬套，衬套与壳体的固定方法一般有两种，即机械固定法和粘接固定法，如图 3.59 所示，图中 1～9 为安装衬套处。粘接衬套是一种新的衬套固定方法。采用这种方法由于不需要安装止动销，因此可以节省大量的工装、材料和加工工时，是一种质量可靠、工艺简单、经济性好的工艺方法。由于衬套固定的可靠性完全由胶液和粘接工艺决定，因此在选择衬套的固定方法时，还应根据发动机的工作条件来确定。

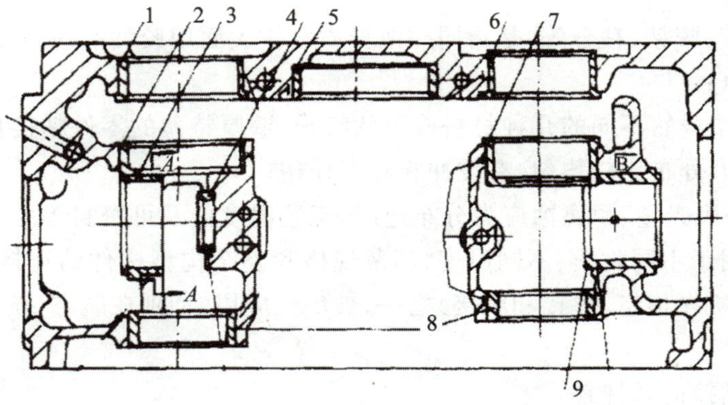

图 3.59　箱体机匣壳体

3.4　其他连接件的装配

3.4.1　键连接件的装配

键连接用于传递转速不高、结构精度较低或小扭矩辅助装置上，发动机上常用的有平键和花键。平键和花键的连接类型与装配方法见附表 3.5 和附表 3.6。

发动机上常用的花键有矩形花键、渐开线花健和三角形花键，为保证其具有良好的配合性能，一般在花键的配合表面上均镀有耐磨和防粘结的铅锡合金或紫铜。

3.4.2　圆锥体连接的装配

圆锥体连接是度数相同的内外锥体相配合的连接。根据整体结构的要求，也可选用各种度数不同的锥体配合。圆锥体连接形式见附表 3.7。

(1) 装配前锥体压入深度 h 的计算和检查

图 3.60(a)所示锥体结合过盈，由图可知

$$h = \frac{\delta}{2\tan\alpha} \tag{3.23}$$

式中：δ——锥体配合公差(直径上过盈)；

α——锥角；

h——内锥压入外锥的深度。

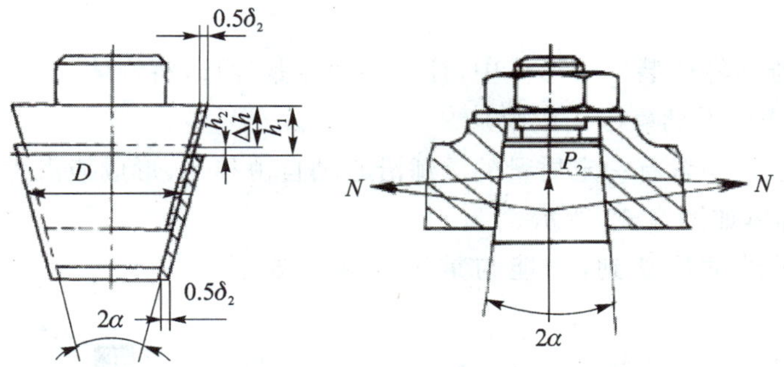

图 3.60　锥体装配时的过盈与作用力

h 随锥体制造公差的变化而变化。通过测量 h 值的变化来保证过盈，内锥体压入外锥体，拧紧螺母拉伸锥体产生过盈，在壳体内部产生压力 N，如图 3.60(b)所示，图中 P_2 为螺母拧紧时的拉力。力 N 的变化与锥角 α 有关，力 N 的大小应该适中，过大锥面会产生凹陷，挤裂包容件。则锥体结合时的压合力 P_y 可以由下式表示

$$P_y = q\cos\alpha + \frac{N}{2}\sin\alpha \tag{3.24}$$

式中：P_y——压合力；

q——两锥体零件结合面上产生的摩擦力；

N——作用于垂直锥面的力。

压合力与径向过盈的关系如图 3.61(a)所示，压合力与压开力的关系如图 3.61(b)所示。按图 3.61 所示关系准确地选择拧紧螺母力矩的大小，以控制压合力扩大。

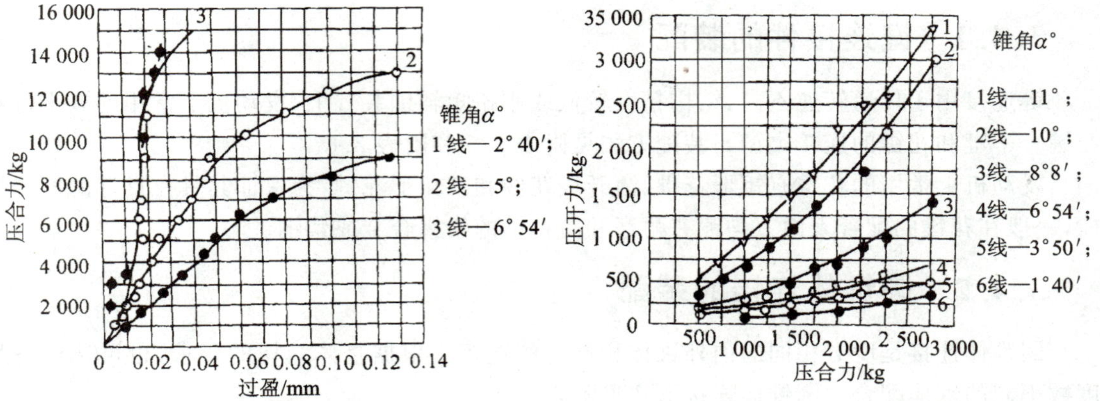

(a) 压合力与径向过盈的关系　　(b) 压合力与压开力的关系

图 3.61　压合力、径向过盈及压开力的关系

(2) 圆锥体装配

圆锥体装配前需要做如下准备工作：

① 着色检查内、外锥体相配合面，着色面不小于 80%；

② 检查内、外锥体配合面有无尖边、毛刺，锥面擦洗干净；

③ 锥面上涂以二硫化钼或其他润滑剂。

装配方法：

① 静压法。锥体零件装入锥形体中，拧紧端面压紧螺母，将锥体拉紧，保证锥面过盈达到规定(也可采用液压或手动静压床压紧)。

② 冲击压紧法。用含有一定质量的重锤沿心轴自由移动，形成撞击力撞击内锥体至外锥体内。重锤压装锥体如图 3.62 所示。

撞击力靠重锤的动能达到，动能与重锤高度有如下关系：

$$J = MgH \tag{3.25}$$

式中：J——动能；

M——重锤的质量；

H——重锤的高度；

g——重力加速度，$g=981\ \text{cm/s}^2$。

撞击过程消耗的动能为 J_x

$$J_x = \frac{(1-\varepsilon^2)m}{M+m}MgH \tag{3.26}$$

式中：m——心轴和被压合的锥体质量；

ε——撞击时系统还原系数。

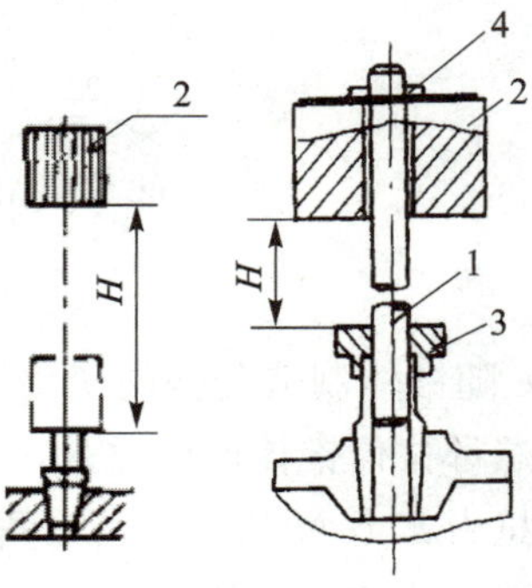

1—心轴；2—重锤；3—压块；4—限动销

图 3.62　重锤压装

重锤撞击一次，压合用的有效功为 $J-J_x$，即 $MgH-J_x$ 或

$$MgH - MgH\left[1-\frac{(1+\varepsilon^2)m}{M+m}\right] \tag{3.27}$$

式(3.27)所确定的动能等于锥体压合力在压合长度上所做的功；当撞击多次时，应考虑冲击次数的冲击动能之和。

思考题与习题

1. 什么叫可拆卸连接？什么叫不可拆卸连接？举例说明可拆卸连接的特点。
2. 螺栓预紧力的检验方法都有哪些？各自都有什么特点？适用情况如何？
3. 过盈配合装配时都有哪些装配方法？各适用什么情况？试举一例。
4. 滚动轴承装配时应满足什么条件？工作时都受到哪些载荷的作用？试画图说明。

第 4 章　装配过程质量控制

4.1　装配过程质量控制概述

装配过程质量控制是航空发动机装配过程质量保证的重要组成部分，其目的是使装于发动机上的零、组件及单元体符合技术条件，确保发动机性能及使用的可靠性和耐久性。

4.1.1　装配质量控制的依据与控制文件

装配质量控制的依据是发动机设计图纸、技术说明书、检验标准样件、工艺规程和质量体系程序文件等，并依据装配工艺过程实施控制。

发动机设计图纸是指发动机成套设计图，包括零件、部件和组件图，标准件图册，单元体图，发动机总图，发动机系统图，发动机原理图，发动机安装图及发动机修理图等。

技术说明书是指与产品的质量特性、技术状态及质量保证相关的一些技术要求。如，通用技术文件，包括装配过程零、部件的防锈、洗涤、冲洗试验及清洗液配制等；专用技术文件，包括氧气系统装配过程洗涤与冲洗，封严涨圈端面涂擦二硫化钼，焊接工艺与检验标准；无损检验文件，包括超声、射线、磁粉、渗透（着色、荧光）、涡流检验等；相关标准，包括装配过程所需润滑剂、润滑脂、封严剂等辅助材料标准。这些技术说明书上标明了工艺参数、设备、工艺装备、操作程序和方法、检验方法和标准，以及润滑剂、润滑脂、封严剂的储存方法与周期等。

检验标准样件是指通过计量器具难以检验测定的产品复杂几何形状、表面粗糙度、倒圆、倒角、导管弯曲、轴承外观质量、金属材料缺陷等质量特性，而选定作为产品质量特性是否合格的标准实样，见附表 4.1 所列标准样件分类。

工艺规程是规定产品或零部件制造工艺过程和操作方法等的工艺文件。一个同样要求的零件，可以采用几种不同的工艺过程来实现，但其中总有一种工艺过程在给定的条件下是最合理的，人们把工艺过程的有关内容用文件的形式固定下来，用于指导生产，这个文件称为“工艺规程”。工艺规程是组成技术文件的主要部分，是工艺装备、材料定额、工时定额设计与计算的主要依据，是直接指导工人操作的重要质量控制文件，是生产法规，它与产品成本、劳动生产率、原材料消耗有直接关系，它规定了具体装配、检验、测量和试验的方法及控制参数。工艺规程编制的质量高低，对保证产品质量起着重要作用。航空发动机的装配工艺规程包括部件、组件、单元体、整机装配工艺规程、试验规程、检验规范及检验计划等（见第 1 章）。

质量体系程序是指为保证产品、过程或服务质量，满足规定（或潜在）的要求，由组织机构、职责、程序、活动、能力和资源等构成的有机整体。也就是说，它是为实现质量目标的需要而建立的综合体。为了履行合同，贯彻法规和进行评价，可能要求提供实施各体系要素的证明。企业为了实施质量管理，生产出满足规定和潜在要求的产品和提供满意的服务，实现企业的质量目标，必须通过建立和健全质量体系来实现。质量体系按体系目的可分为质量管理体系和质量保证体系两类，企业在非合同环境下，只建立质量管理体系；在合同环境下，企业应建立质量管理体系和质量保证体系。

装配质量控制文件是指从装配的配套开始，经装配、试车(如果有二次装配还包括分解、清洗、故障检验、排除故障、第二次装配等)全过程的具体质量控制文件，包括装配质量控制程序、检验计划或检验程序、工艺规程、操作程序及装配大纲等。

装配质量控制程序是对影响产品质量的有关因素实施管理和调节活动的质量控制文件，如关键特性、重要特性、多余物控制、批次管理控制、可跟踪性管理控制、技术状态控制、串件装配控制、环境控制、工艺装备控制及操作人员控制等。

检验计划是指每一部件、组件、单元体、整机装配过程中实施质量验证(质量检验)的技术文件。其中规定了检验内容(特性)和程序、检验方法和工装、检验记录和要求等。而检验程序是指在工艺规程中规定的检验工序或检测工步，是检验计划以检验程序的方式在实际装配工作时的具体实施程序。

装配大纲是把设计、制造、生产、质量、经营融合在一起，发到生产单位使用的一种综合性、多功能的工程文件。发动机的装配组织形式、生产管理要贯彻和执行该类文件。

4.1.2　装配过程质量控制环节

装配过程质量控制是对发动机装配过程中各种因素的管理和各个环节活动的控制。航空发动机装配过程质量控制包括技术状态控制、可追溯性管理、关键工序与重要工序的质量控制、成品件与附件的质量控制及生产现场的质量控制等。

1. 技术状态控制

技术状态是指技术文件中规定的在产品中应达到的硬件和软件的功能特性和(或)物理特性。航空发动机装配过程中技术状态控制包括了工程更改控制、不合格品控制及偏离的管理控制。

(1) 工程更改控制

工程更改是指设计图纸、技术文件、工艺文件和质量控制程序等的更改，工程更改控制的目的是保持图纸、文件、程序的最新版本协调一致，使产品始终如一地符合型号设计。工程更改分为设计更改、工艺更改。设计更改是指设计图、技术文件的更改，涉及装配工艺文件的更改；工艺更改是指在不改变发动机技术状态的前提下，改变工艺方法和工艺装备，改善工艺性，降低成本，提高装配质量。

以上内容发生更改时，首先要对更改要求进行适当的评审、验证和确认，并在实施前得到批准。一旦更改的内容被批准，就需要及时将变更的内容或有关文件的修改以适当的形式通知与变更内容相关的所有相关人员。发动机技术状态(材料、设备、工艺装备、工艺方法等)发生更改前需要经过试验和验证，有结论后方可批准实施；工艺发生更改时要保证及时性、成套工艺文件更改的一致性、装配生产现场工艺文件更改的正确性和有效性及与设计更改的符合性。

(2) 不合格品控制

不合格品是指某产品的特性未满足产品要求，这些要求包括明示的、通常隐含的或必须履行的需求或期望。为防止不合格品的非预期使用或交付，应对不合格品进行识别、控制和处置。

发动机装配过程中原则上不允许出现不合格品，如确因某种原因出现不合格品，根据不合格品超出特性后对产品质量影响的大小做出报废、返修或让步等处理。报废是指为避免不合格产品原有的预期用途而对其所采取的措施，如回收、销毁；返修是指为使不合格产品满足预期用途而对其采取的措施，返修可影响或改变不合格品的某些部分，不合格产品经返修后仍然是不合格品，但可以使用；让步使用是指对使用或放行不符合规定要求的产品的许可，让步通常仅限于在商定的时间或数量内对含有不合格特性的产品的交付。

（3）偏离的管理控制

偏离是指在产品制造之前，经使用单位批准的特定书面文件，允许在一定数量的组件上或在某一限定的时间内生产的项目可以偏离有关规范、图纸或其他文件的特定性能或设计要求，属于事前经过批准的临时性更改文件。如航空发动机在装配前，当生产单位认为某些项目必须偏离原技术状态标识文件所规定的技术要求时可申请偏离。

偏离分为一般偏离、重要偏离和关键偏离。一般偏离是指背离文件中某一特性的缺陷，按分类属于一般性的；重要偏离是指背离文件中某一特性的一种缺陷，按分类属于重要性的，如背离人员健康、性能、零部件的互换性、维修性、耐久性等因素；关键偏离是指文件中某一特性的一种缺陷，按分类属于关键性的，如违背安全性因素。

在进行偏离管理时，除非特殊情况一般不受理关键偏离；航空发动机装配前提交的所有偏离需经相关机构进行技术评审确认后再作出决定。如果由于控制文件要求太严或纠正措施无效等而引发重复的偏离，则应对消除再现偏离的方法作出决定，然后再对再现偏离申请进行批准。

2. 可追溯性管理

可追溯性是指追溯所考虑对象的历史、应用情况或所处场所的能力。如最终产品的可追溯性包括原材料、零部件的来源、产品的生产历史、产品出厂后的分布及位置等；对校准而言其可追溯性是指测量设备、国家或国际标准、基本物理常数或特性参考物质的关系等。航空发动机的可追溯性管理包括批次管理控制，零、部、组件串装控制，装配记录的管理等。

（1）批次管理控制

批次管理是为了保持同批产品质量的可追溯性，一旦产品出现质量问题，可迅速查清所涉及的范围，以便有针对性地采取纠正措施。批次管理有零件、部件和组件的装配批次控制和小零件的批次控制。

零件、部件和组件的装配批次控制要求：零件、部件和组件用配套批次卡或配套单管理，按批次配套装配；无批次号的零件、部件和组件不允许装配；对于装配中的串件，要将配套批次中串下机件的批次号，更改为串上机件的批次号；具有保证单或履历本的零件、部件、组件和附件要填写批次卡号。

小零件的批次控制要求：小零件的批次管理要落实到发动机型号上，做到批次清、数量清、账目清；第一次装配按批次配台，做到从库房先领的先发，控制配台阶段，注明配台起始和结尾机号及日期。当配套尾数不足一台时，允许两个批次的小零件同配一台，同时要在该发动机零件卡片上记录新配批次；装配中损失的小零件，要按原批次补发；发动机分解一台清点一台，要保证小零件不丢失、不串台。

（2）零件、部件和组件串装控制

航空发动机在装配试车过程中，为了排除某种故障或减少附加试车，允许发动机之间串装零件、部件、组件，为确保已装机的零、部、组件的可追溯性，必须对串装的零件、部件、组件实施控制。但串装时要在不影响互换性的原则下在以下范围内串件：

① 带有质量证明卡的压气机转子、涡轮转子、机匣、导向器、扩散器和加力燃烧室、滑油附件等可办理串件手续；

② 不带质量证明卡的零件如齿轮、轴承、传动轴、叶片等可办理串件手续；

③ 带履历本的外购附件串件时不办理串件手续；

④ 凡有工作时间和循环数寿命控制要求的零件、部件、组件在串装单上填注已工作时间和循环数；

⑤ 第二次装配好的部件、组件或整机原则上不串件，遇有特殊情况也允许串件，但须办理串件手续。

当有串件发生时，要按以下方法进行管理：

① 填写相应的“机件更换串台单”，并将其订入同台发动机的卷宗，随机件周转保证其可追溯性；

② 不需要办理串件单的零件、部件、组件串件时，生产单位要做好记录备查；

③ 带证明单的机件串下时，要在保证单上注明工作时间和串下的原因，并消掉证明单和机件上的发动机号；

④ 待处理的机件做好标记，注明工作时间和串下原因，证明单和机件实物上消掉发动机号后隔离存放；

⑤ 串件时，审查机件上的批次号，不同批次号的机件互串时，要更改发动机卷宗上的批次号、配套单上的批次号；

⑥ 串下的废品件要及时送废品库隔离；

⑦ 机件有时间和循环数寿命要求时，在机件更换台单上要注明已工作时间和循环数。

(3) 装配记录的管理

装配记录是航空发动机装配、试车过程中形成的质量原始记录，是阐明所取得的结果或提供所完成活动的证据的文件。记录是文件的一种形式，是过程结果的记载，是对过程的证实，是具有可追溯性的永久性凭证。

记录的作用，一是为产品符合要求和过程有效提供证据，二是在有需要时实现可追溯性，三是记录中承载的大量以往事实的信息和数据是对产品进行持续改进的依据。在填写这些质量原始记录时，应注意以下事项：

① 各种原始记录应保持清晰、易于识别和检索，记录具有不可更改性，如确需更改时应由检验员同意并签字。

② 各种记录是在过程开始实施以后逐渐形成的，因此要逐项填写，发动机号要填写全号；有数据要求的应填写实测数据；零件、部件、组件、附件的代号、批次号、炉批号、组合号和顺序号等填写正确，文实相符。

③ 零件、部件、组件制造质量证明单和随卷宗的装配质量原始记录，由检验人员按页序号装订成册，随发动机周转，发动机试车合格后，试车车间最终整理归档。

④ 各种记录要有专人保管。

3. 关键工序与重要工序的质量控制

关键工序(或工步)是指工序的装配质量不易或不能通过其后的检验和试验得到验证的工序，这种工序通常要根据装配产品的结构性质和装配工艺而定。重要工序(或工步)是指对装配质量、性能、功能、寿命、可靠性及成本等有直接影响的工序，或装配质量特性形成的工序，或工艺复杂，质量容易波动，对工人技术要求高或发生问题较多的工序。

关键装配工序和重要装配工序（或工步）控制时，除按照一般工序（或工步）的控制方法进行管理外，还要编制关键装配工序和重要装配工序（或工步）目录，以便实现重点控制；在工艺文件的规定位置标注关键特性和重要特性符号；按工艺要求对关键装配工序和重要装配工序（或工步）进行多层次检查和复查，并要求进行100%的检验；按质量管理办法，对关键装配工序和重要装配工序（或工步）设置控制点，并用控制图及PDCA循环方法实时控制；对于关键装配工序和重要装配工序（或工步）的关键性、重要性超差不能做让步处理；关键装配工序和重要装配工序的关键性、重要性要100%地记录实测；必要时编制该工序（或工步）的质量控制程序。

4. 成品件、附件的质量控制

成品件（外购成品件）与附件在质量控制上要求质量证明文件齐全，填写内容符合技术文件和相关协议等规定的要求，证明文件上的名称、型号、数量相符；包装、配套、封印、备件要完整齐全，外观质量符合技术文件要求，油封期、保管期、使用寿命期应符合技术标准。对于有故障的外购成品件与附件在发动机上分解下来后，应立即按规定拴上机号（或任务号）的标签；附件的管接头、安装座等开口部位应装上堵头、堵盖，或用塑料薄膜包好捆牢，并填写附件拆下原因、日期、本次工作时间和总工作时间。装配时，要严格按任务号、原台集件装配，如需串件，要符合串件的技术要求，并办理相关串件手续。

4.1.3 装配过程质量控制条件

1. 人员（装配、检测人员）

装配人员及检测人员要熟悉发动机、部件、组件的结构及工作原理；了解相关设计图、技术文件；掌握本岗位的工艺文件。装配人员要具备装配钳工知识和技能；能正确使用工夹量具及设备。装配人员及检测人员要经过培训取得岗位证书方可上岗；调换装配岗位或增加新机装配岗位时，要重新培训和考核。

2. 工艺装备

航空发动机装配用工艺装备包括装配夹具、装配工具、检测工具及装配用设备等。这些工艺装备对航空发动机装配质量影响很大，因此，工艺装备的控制管理也就至关重要。首先对于试验设备要具有使用维护说明书及维护记录，并处于良好的状态；新制造完成的专用工装要经过试用、鉴定、合格并满足工艺要求后允许使用；工作台、装配车架等工位器具要清洁、无损坏，经检查合格；工夹量具、仪器、仪表要有合格标志，且在有效期内；使用中如发现工装有故障，要及时返修，对于计量器具返修后要经计量部门认定返修合格后方可允许使用，包括更改后的工装也要按此要求执行。

3. 零、组件及材料

在装配现场，进入装配场地的零、组件要有合格证明单；附件有履历表，小零件有合格标志。辅助材料及所投入使用的各种油料、蜡料混合物、石棉绳等，符合国标、地方标准，并具有合格证。各种油料符合国家标准，经化验在有效期内。

4. 文件管理方法

操作现场必须有经授权人批准现行、有效的最新版本工艺文件；工艺文件规定的方法正确、协调、统一；工艺文件的更改，要正确、及时。

5. 环　境

在生产现场，厂房、装配场地的湿度、温度要符合标准；特殊的测量、检验要有单独的操作间；生产场所按装配工艺过程布局，定置管理；地面要清洁无油。

4.1.4 装配质量控制程序和内容

1. 准备工作控制

① 按小零件目录领取小零件，点清品种、数量、检查质量。

② 按零、组件目录接收零、组件和附件，按证明单核对型号、组件号、附件号，检查附件的油封期、库存期、使用期，应符合技术文件，定置摆放。

③ 点清备件、工艺件、工夹量具的数量，检查其完整性并记录。

④ 外观检查零、组件：

◇ 检查表面，控制有碰伤、划伤、卡伤、锈蚀及其他机械损件的零件装机；

◇ 检查零件、管子等内腔、孔穴是否有多余物，零、组件开口部位及导管开口端要有堵盖。

⑤ 标刻发动机号和成套件号，控制标印的正确性、清晰、无误。

2. 装配过程控制

(1) 人　员

现场操作及检测人员具有本岗位操作证。

(2) 技术状态

技术状态是指技术文件中规定在产品中达到的硬件和软件功能及物理特性。

装配过程控制中的工艺文件更改贯彻、不合格品和技术状态偏离。操作要执行工艺文件，更改及时；不合格品不允许装配；技术状态偏离要办理审批手续。

(3) 产品批次管理

批次管理是保持同批产品质量的可追溯性。

① 零、组件按批次配套装配、无批次号禁止装机。

② 小零件按批次配套发送；装配中小零件损坏以旧换新，办理更换手续。

③ 发动机分解后小零件按台清点不丢失、不串台。

(4) 多余物的控制

多余物的控制是指遗留在零件、组件、单元体、附件整机表面上及其结构内腔的一切与产品图样、工艺文件等无关的物件。

① 装配对接部、组件时，封闭前检查内腔、各系统接嘴和管接头内腔，旋转部位重点检查，确保无多余物，可继续装配；

② 装配过程和装配结束有多件或少件问题要查明原因做出处理；

③ 保险丝头及各种消耗件严禁乱扔，放入专用盒内统一处理，装配结束清理现场，清点工艺件、工夹具数，检查工夹具的完整性。

(5) 串件控制

串件装配原则如下：

① 不影响互换性；

② 办理审批手续后装机并记录。

(6) 辅助材料的使用与控制

辅助材料是装配工艺过程消耗的但不构成产品实体、不改变零件的物理特性的材料，如密封、润滑、防锈、试验介质和防粘结等材料。辅助材料的管理与控制要保证：

① 配置的辅助材料成分、比例符合工艺文件，并在有效期内；

② 领取的辅助材料，牌号、规格符合标准；

③ 将润滑脂、封严胶、涂料等放在带盖的容器内保管。

(7) 不合格品控制

不合格品是指具有一个或一个以上特性超出图纸、技术条件的产品，分为废品、返修品、超差品。

① 废品。做废品标记，送废品库隔离，不允许装机。

② 返修品。经批准、办理手续返修合格装机。

③ 超差品。让步处理经审批办理手续装机。装配过程形成的关键特性、主要特性不做让步处理。

(8) 试验设备状态控制

定期维护处于良好的状态。

(9) 操作的控制

按工艺过程操作：

① 检查装配对象在车架上固定正确可靠；

② 测量配合尺寸、间隙、轴承游隙等，记录实测值；

③ 密封试验、流量试验、转子平衡、着色检查等特种检查，记录实测数据；

④ 安装一步检查一步，防止错装、漏装、装反、错位、装配不到位；

⑤ 装配中有异常尺寸干涉或某种原因造成机件损坏，查找原因，做出处理后可继续装配；

⑥ 装配对象装配完毕，检查备件、工艺件、工夹量具、堵头的完整性，遇有缺少，查明原因做出处理，转下一个工位。

4.1.5 装配检验控制

装配过程检验是根据型号规范和检验计划或装配工艺规程设置的检验工序进行检验。检验计划按装配对象的装配程序安排检验程序，并规定检验内容、方法和所用工装。

1. 检验工序分类及内容

检验工序(程序)是装配过程不可缺少的工序。发动机装配过程的检验项目通常是全数检验。装配过程检验按其目的和作用可分为以下步骤。

(1) 装配前检验

为了确保配套的零、部、组件不带故障和隐患进入装配，通常在装配前要进行检验，其检验内容一般包括：

① 检查零、部、组件标记，以及质量证明单、批次号、铸件熔炉号等，并要文实相符；

② 检查配套的零、部、组件的号码和数量是否符合工艺文件；

③ 检查零、部、组件表面质量控制状况，如机械损伤、裂纹、掉涂层、缺陷等；

④ 检查零、部、组件的清洁度，无多余物；

⑤ 上道工序应符合工艺过程要求。

(2) 工步(或工序)检验

工步(或工序)检验是装配过程中每完成一工步就进行一个工步检查,其目的是防止错装、漏装。其中还包括检查连接的可靠性以及最终检验所查不到的特性等的检验。工步(或工序)检验是检验项目中的重要项目。

工步(或工序)检验,按检验计划或工艺规程检验工步(或工序)规定的方法检验技术特性,其检验内容通常有:

① 导管、机匣壳体油路的冲洗;

② 齿轮啮合间隙及圆锥齿轮着色接触印痕;

③ 相配零、组件的配合尺寸检查,导管的插入量及间隙,螺纹连接件的拧紧及保险的可靠性等;

④ 可分式轴承珠差、棒差及轴向、径向活动量;

⑤ 燃、滑油喷嘴流量,滑油喷嘴喷射方向流量,燃油总管流量及分布试验;

⑥ 滑油系统增压泵和回油泵的流量试验、调压活门试验等;

⑦ 结合面密封性试验(液压试验)、活门密封性试验的检查;

⑧ 电气系统点火性能,通电搭铁电阻、绝缘电阻等的检查;

⑨ 压气机、涡轮、叶片径向、轴向间隙等;

⑩ 压气机、涡轮、离心通风器转子、齿轮组件、螺旋桨的动不平衡量的检查。

(3) 复核检验(质量审核检验)

复核检验是对检验人员检验结论正确性的检查,是质量审核的重要内容。

(4) 最终检验

最终检验是部、组件装配完工后,发动机总装配完工后的外观检查。最终检验的内容包括:

① 审查完工的部、组件及单元体装配质量证明单或整机卷宗的完整性,包括部、组件装配质量证明单、排故工艺卡片、附件安装卡片及附件履历本、故障检验表等;

② 检查部、组件及整机的外表面质量状况,包括有无机械损伤、锈蚀,以及表面防护层的质量状况;

③ 检查螺纹连接件拧紧和锁紧的可靠性,卡箍、支架固定,锁紧的可靠性,附件上的铅封、保险的完好性;

④ 检查各导管之间和导管与相邻零件之间的装配间隙,管接头连接的正确性,拧紧与保险的可靠性;

⑤ 检查油门拉杆角度;

⑥ 检查机件上应无多余物;

⑦ 检查机件上识别标志(发动机号、组合件号)的完整、正确性;

⑧ 装配技术状态符合试车种类要求;

⑨ 通电搭铁检查;

⑩ 整机外廓尺寸检查。

(5) 用户(买方或订货方)验收检验

用户(买方或订货方)检验是指工厂最终检验合格的发动机向其提交验收,具体项目按合同规定的技术状态和质量条款或协议检验验收。

2. 检验工序确定原则与检验形式

(1) 确定原则

按工艺过程安排检验工序(程序),设置检验点,以监督保证装配质量;检验工位和检验次数,取决于该生产阶段产品特性的重要性和检验内容的复杂程度,检验工序通常安排在靠近形成特性或特性的生产工位。

(2) 检验形式

① 全数检验。对配套的每件机件装配前要100%地进行外观目视检查,保证装机件质量完全符合设计、工艺文件规定的要求;对关键特性、重要特性进行100%检验;根据机件使用出现的问题和使用经验,而必须重点控制的特性及项目的检验;工厂试车、持久试车后机件要100%地进行故障检验。

② 抽样检验。以数理统计作为理论基础的一种抽样检查(装配工作作为最终质量检查一般不允许抽检)。

③复核检验。对检验人员检验结论正确性的检查,是质量审核的重要内容。

4.2 装配参数的检验

第2章所论述的装配参数精度计算,总是以某种假设来完成的。同时,在任何一种工艺过程中,为保证规定精度而运用某种方法时,总有一些影响因素带有随机的性质不可能都预先考虑到。另一方面,作为生产过程的最后完成阶段,要求装配工作无条件地保证所有参数都在规定的公差范围内,即要保证装配质量满足规定的技术要求。所以,在装配过程中要对装配参数的实际数据进行检验。必要时,还要根据检验的结果校正装配过程和改进装配方法,然后重新进行检验。本节主要介绍几何参数的检验方法。

4.2.1 刚性结构装配单元几何参数的检验

零件几何参数的精度特性,即尺寸和形状的精度以及表面相互位置的精度,应当在零件制造时就予以保证,通常在制造车间已经检验。因此,实际上在装配过程中无须再对它们进行检验。然而,检验零件配合表面的相互位置精度,对任何发动机和附件都是装配工艺过程中的一个重要工序,如径向和轴向间隙、端面和径向的跳动量、轴承支承的同轴度、重心等的检验。本部分主要介绍具有圆柱形孔的刚性结构装配单元的间隙、跳动和同轴度的检验方法。

1. 间隙检验

(1) 直接检验

轴向和径向间隙的检验,可以利用普通的万能测量工具或极限量规——塞尺、千分表、量规等。

图4.1(a)所示是利用专用量规(Γ形塞规)检验涡轮转子某一级轴向前间隙。当安装了下一级导向器之后,再以同样的方法测量后间隙。

图4.1(b)所示是用铅丝检验转子(或其他装配单元)的密封圈间隙的方法。铅丝的直径要略大于最大允许间隙,并放入密封圈上,而转子(其轴线是垂直的)要安装到位。在转子的重

力作用下，铅丝被压扁。取下转子，测量铅丝变形部分的厚度，它应等于间隙的实际值。如果转子的刚度不够或质量很小，则可用细塑料杆或混合蜡条（棒）代替铅丝。这是一种间接测量方法。

图 4.1(c)所示是涡轮和压气机径向间隙的一种检验方法。靠近壳体分解面的地方，检验并不困难，通常用塞尺即可测量。然而沿静子内腔的间隙，却无法用塞尺测量。因此，采用校准过的专用卡规，并将它套在较长叶片的端头上。然后小心转动转子，如果与具有标准尺寸（它等于间隙的最小允许值）的壳件相碰，就表明间隙不符合规定值。与此类似，也可以按最大允许间隙进行检验。利用固定在最长叶片端头上的塑料，也能测量出间隙的实际值。

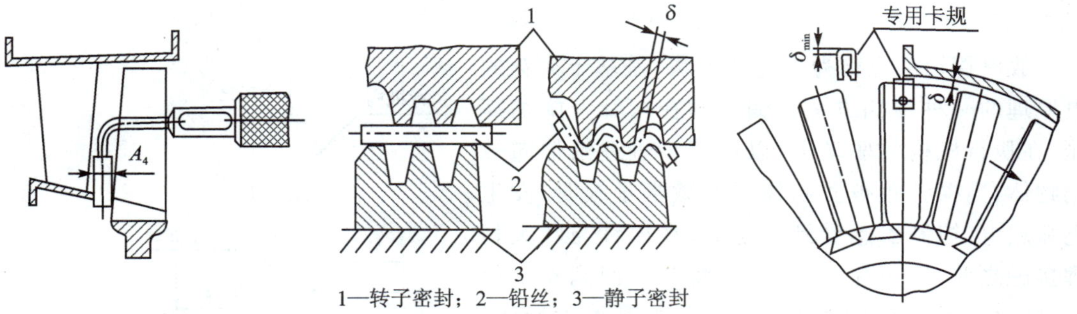

(a) 涡轮转子轴向间隙检验　(b) 密封圈间隙检验　(c) 径向间隙检验

图 4.1　各种间隙的检验

(2) 间接检验

在对发动机难以接近的地方进行检验时，要利用专用工具，并采用间接测量方法。如图 4.2 所示，A_4 尺寸不能通过直接测量得到，这时可以通过装配工艺尺寸链计算得到。其中，A_1、A_3 可以在装配前测量得到，相互位置尺寸 A_2 可以在装配时直接测量得到，而 A_4 尺寸由式(2.4)计算得到。其中，A_1、A_2、A_3 是组成环，A_4 是封闭环。

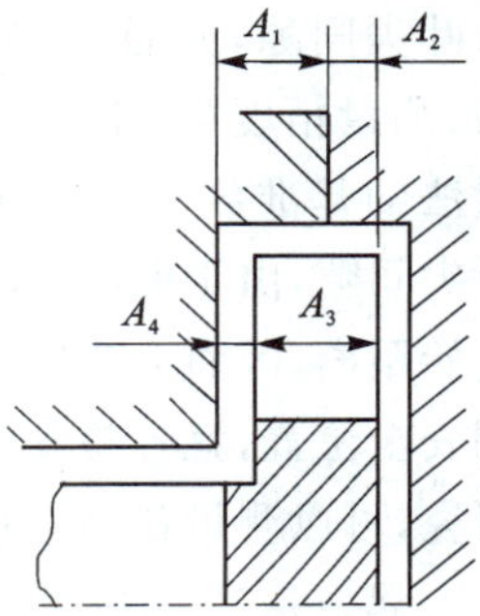

图 4.2　间接法检验

(3) 非接触检验

如果各种参数的接触检验不能满足技术要求，则可以采用非接触法和物理方法，如利用电容传感器、光导原理等。它们能在试验和使用的条件下，对已装配产品的参数进行测量。

如检验已装配好的发动机中通道部分的几何参数，以及试验后或工作一定时间后检查焊缝、叶片和喷嘴的状态等，可利用光导纤维内窥镜检查，如图 4.3 所示是采用内窥镜检查燃烧室的几种情况。

(4) 航空发动机叶尖间隙测量技术

在现代航空发动机中，叶尖间隙对压气机与涡轮效率的影响很大，尤其对高压压气机后几级和高压涡轮的影响更为显著。研究表明，叶尖间隙增加，效率降低，而效率的降低将使耗油率升高。因此，在设计中应尽量减小叶尖间隙。但叶尖间隙也不能过小，因为过小的间隙，有可能危及发动机的安全。因此，必须严格而精确地控制叶尖间隙，使发动机处于最佳运行状态。

目前，航空发动机叶尖间隙测量技术主要有放电探针（火花放电）法、涡电流法、激光光学法、电容法、X 射线法、微波法以及超声波等检测方法。

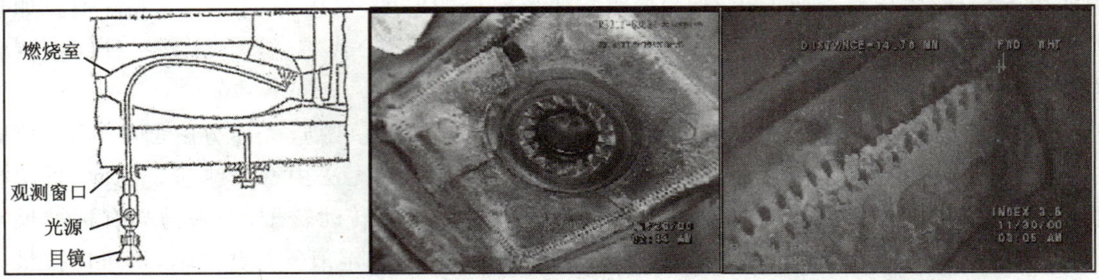

(a) 内窥镜检查燃烧室　　(b) 燃烧室前壁损伤　　(c) 燃烧室前壁损伤尺寸测量

图 4.3　内窥镜检查燃烧室

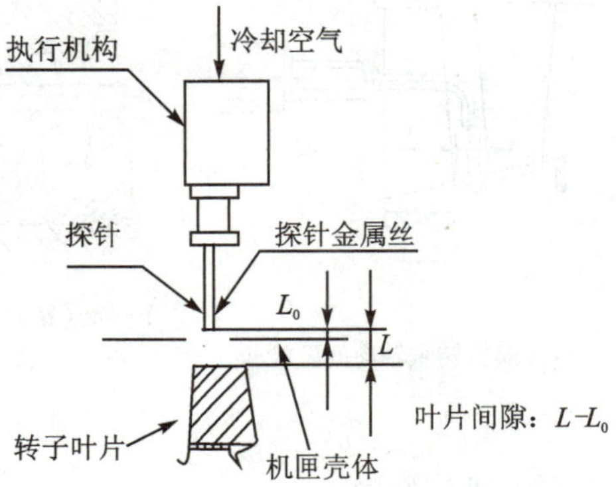

图 4.4　放电探针与叶尖间隙测量

放电探针法也称为火花放电法，是基于火花放电原理的一种检测方法。测量时在探针上施加高压，在执行机构的驱动下，以连续步进逐渐伸向被测物体，当探针距被测物体只有微米量级时，发生电弧放电，控制器感受到放电后，在探针与叶尖物理接触之前，停止探针步进，并将其缩回到安全位置，同时显示叶尖间隙测量结果，如图 4.4 所示。放电探针法的特点是原理比较简单，只要叶片是导电材料，无论叶尖端面形状如何都可以用探针法测量叶尖间隙，并且在高温高压环境下测量稳定、可靠，测量精度高，不须重复校正，可用于校准其他测量法的基准数据，是目前国外测量叶尖间隙最成熟的方法之一。但该方法只能测量转子的最小叶尖间隙，由于电压波动，工作流体的温度和压力变化，探针和叶尖端面的污损，都会改变放电的起始距离，因而会产生测量误差。该检测方法属接触式测量，一旦发动机紧急停车，探针缩回不到安全位置，就容易发生故障。探针法不适于作为固定设备装在定型的发动机上，而适用于试验研究，可以测量各稳态状态下最长叶片与机匣的间隙值，也可用做校准其他测量方法的基准。

涡电流法是利用金属切割磁力线产生磁场变化的原理，在测量装置上的金属板(相当于转子叶片叶尖)上隔一定距离设置线圈，接通交流电时，线圈产生磁束，金属板受此磁束感应产生环形电流。此电流在线圈上产生反方向磁束，最后使线圈的电抗变化。此变化量由电桥电路检出，经放大和整流后输出，如图 4.5 所示。此方法受叶片材料的影响较大，叶尖端面还需要有一定的厚度。由于传感器输出是随着叶尖形状、安装状态和环境温度等变化而变化的，因此事先需要校准，以使其适合使用环境。此外，该传感器的耐热性能较差(400 ℃左右)，目前用于涡轮高温部件的检测还有困难；还由于探头直径大于 25 mm，需要机匣开孔尺寸过大，因此在安装上尚有不妥之处。

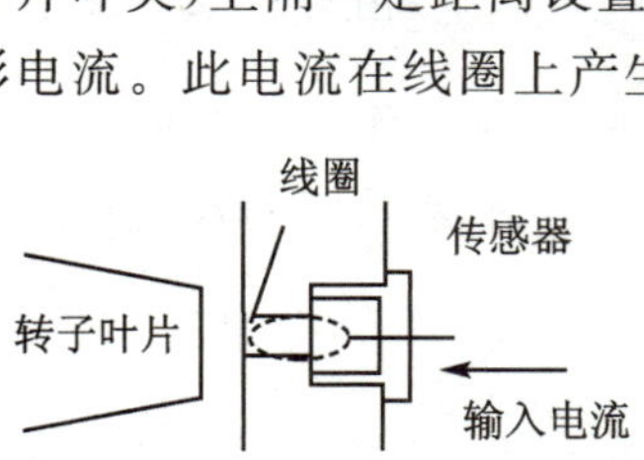

图 4.5　涡电流法测量叶尖间隙

X 射线叶尖间隙测量系统主要包括：高能量、高密度的 X 射线源，与 X 射线源相连接的高速、高分辨率的检测器，精确确定 X 射线源、检测器相对于发动机的周向和纵向位置的定位装置等。X 射线叶尖间隙测量法可用于测量篦齿封严的轴向和径向间隙，无叶冠叶片径向间隙，转子和静子间轴向间隙以及由机械和热应力引起的部件变形量。X 射线叶尖间隙测量系统中校准 X 射线源与检测器的相对位置较难、系统较昂贵，以及 X 射线需要处理等问题还没得到很好的解决，因此影响了其在发动机测试中的应用。

超声波叶尖间隙测量原理是：被传感器激励的超声波通过叶尖间隙并在叶尖被反射回来，传回的声波被传感器接收到，经过处理，传感器输出数据，得到激励和接收信号之间的时间间隔，再依据一定的关系式便可得出叶尖间隙，如图 4.6 所示。超声波叶尖间隙测量系统可以直接测量叶尖间隙，适用于金属和非金属叶片的非接触式叶尖间隙测量。

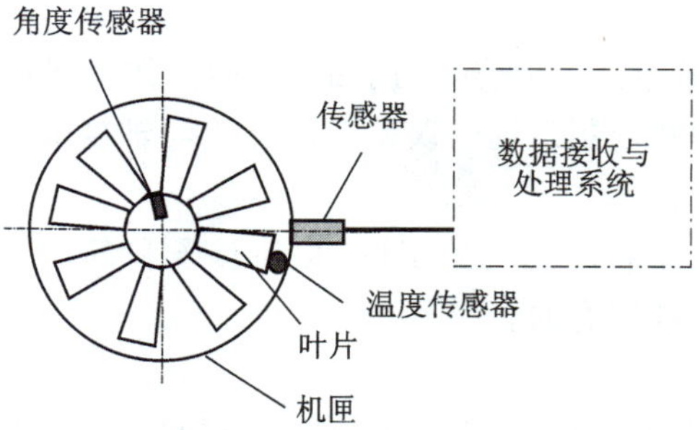

图 4.6　超声波叶尖间隙测量

微波叶尖间隙测量系统由信号调节、支持电路、微波电子线路和微波探针组成，其中微波探针是其重要组成部件，它由微波谐振器（实际的间隙传感器）、一截双脊波导管（一端装有一对膜片耦合器贴在空腔谐振器上）和一对共轴波导转换管（在空腔谐振器对应端面上）组成。微波叶尖间隙测量技术的关键是一个以 TE011 方式下激励的装满介质的圆柱形微波空腔谐振器为基础的探针。叶尖感应信号是通过叶尖离开空腔谐振器环路开口一端，且空腔谐振器在传输工作时获得的，即只有在谐振时，信号可以从输入传向输出。接近空腔谐振器暴露端的涡轮叶片，在出现或离开时影响的正是这个谐振频率。在空腔谐振器前面没有叶尖时，产生最低的谐振频率；当叶尖正中对着空腔谐振器前面时，将产生最高的谐振频率。根据最高谐振频率和最低谐振频率的差值，就可得到叶尖与机匣间的间隙。

电容叶尖间隙测量是一项实用且较成熟的叶尖间隙测量技术，现已广泛用于发动机叶尖间隙的测量。这种检测方法基于探头与叶尖之间电容频率的测量原理。检测时将探头插入发动机机匣，如图 4.7 所示，探头相对叶尖形成了电容的一个极板，叶尖则为另一极板，其电容的大小则为两极板的几何尺寸、距离、介质（材料）的函数。如果极板尺寸和材料保持不变，则电容仅为两极板间距离（叶尖间隙）的函数，则电容与叶尖间隙的关系可表示为

$$C = \varepsilon\varepsilon_0 A/d \tag{4.1}$$

式中：ε——电极间介质的相对介电常数；

ε_0——真空中介电常数；

A——电极面积；

d——两电极间隔。

激光光学叶尖间隙测量又称为激光近程探针测量，是一种光纤测量方法。其工作原理是通过光导纤维将一激光束投射到转子叶片的叶尖上，当叶尖间隙发生变化时，由于反射光返回路径不同，在光电接收器上的光点位置发生变化，通过其变化量的计算可以得出转子叶尖的间隙。这种检测可用于旋转部件试车或整机上测量转子与密封件之间单个叶片叶尖间隙及平均间隙。

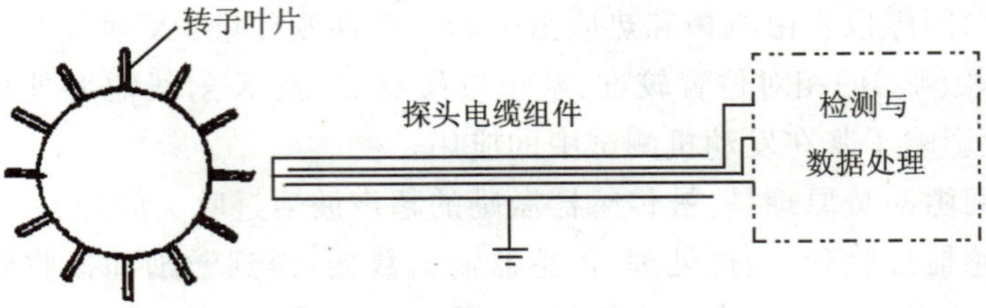

图 4.7　电容法叶尖间隙检测原理

2. 同轴度检验

发动机和附件的转子轴承座，都要进行同轴度检验。如果同轴度超出公差范围，则将会引起轴承的不均匀磨损、振动和控制系统的误差等。检验同轴度的方法有刚性量规、千分尺、光学法和气动法等。

通常，同轴度检验是产品装配的初始工序，是在转子和其他组成部分装入壳体之前进行的，此时测量工具尚能接近被测表面。

(1) 刚性量规检验法

如图 4.8(a)所示，将光滑的或台阶形的量规放入受检的轴承座内，当轴承有不同直径时，要预先装上过渡工艺衬套，它们在量规检验处具有相同直径的孔。制造时要保证量规在衬套内的最小间隙(一般不大于 0.01 mm)，而衬套在轴承座内的最小间隙，则是在一组衬套中用选配的办法来保证。由间隙和其他因素所引起的测量误差之总和，不应大于被测参数公差的 15%～20%。如果用不大的力或靠量规自身的重力就能通过孔(孔的轴线应是垂直的)，则认为同轴度是合格的，否则就是不合格的。

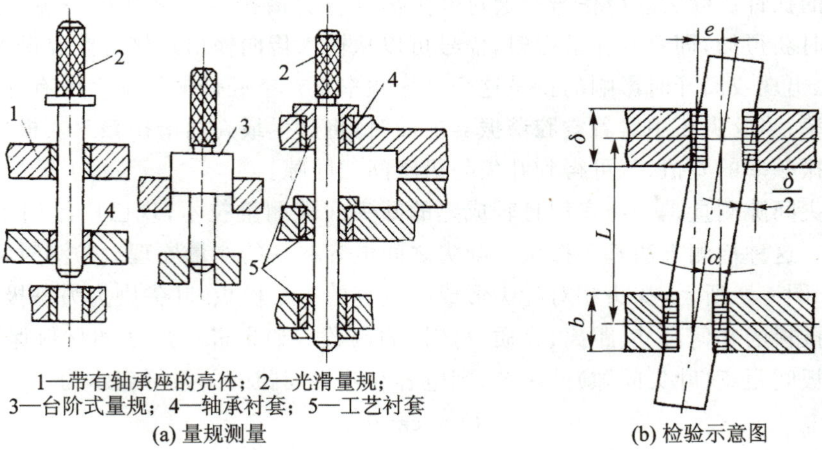

图 4.8　刚性量规检查同轴度

这种方法在应用上有一定局限性。如对于大尺寸的产品，量规就须做得很大。此外，它常常不能给出可靠的测量结果。图 4.8(b)中给出了检验示意图。根据检验示意图，同轴度 e 可计算如下：

因为

$$\tan\alpha = \frac{e}{L} = \frac{\delta}{2b}$$

则
$$e = \frac{L\delta}{2b} \tag{4.2}$$

式中：L——支承之间的距离，mm；

δ——孔径公差，mm；

b——支承的宽度（孔的长度），mm。

e 值与孔和量规的制造精度有关，也与产品的几何参数有关。设计时根据这些参数设计量规，使制造的量规具有高精度，否则就会漏检。例如，如果量规直径做得较小（在公差范围内），在同轴度 e 为极限值的情况下也能自由通过，则产品就没有被当做废品剔除。

（2）千分尺检验法

千分尺检验方法原理如图 4.9 所示。这种方法能给出比前述方法更可靠的测量结果，因此，在发动机和附件装配中获得广泛应用。

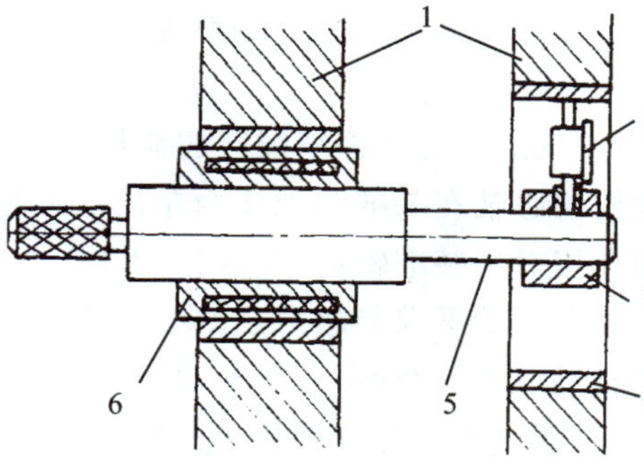

1—带有轴承座的壳体；2—千分表；3—千分表衬套；4—轴承衬套；5—心轴；6—自动定心衬套

图 4.9　用千分表检查同轴度

（3）光学法检验

图 4.10 所示为光学法检验同轴度。图 4.10(a)常用于检验有几个孔的同轴度，检验时首先在取作基准的某一个轴承座内（通常取最边上的那一个）放入测标 2，它是一个刻有十字线的两面平行板，检查时必须满足的条件是十字线的交会中心与孔的几何轴线相重合，可以用弹簧夹头或液体塑料型自动定心衬套以及刚性过渡环来保证。过渡环是按其在基准孔中配合间隙为零或接近于零的条件，从一套中挑选出来的。测量时，将已安装好的光学观测镜管 1 调整到测标的交会中心（在基准孔足够长的情况下，可用移动边缘位置上测标的办法，使观测镜管的光轴与孔的轴线重合，再把观测镜管聚焦到交会中心上，并校准其位置）。然后，将测标 2 重新装到与基准孔的同轴度尚须检验的轴承座内。如果测标 2 的中心与观测镜管 1 的十字线交会中心不重合，则意味着该孔的轴线与基准孔的轴线不重合。利用观察镜管的测微螺钉使它们的交会中心重合，便可确定同轴度的值。最后，对位于公共轴线上的所有剩下的轴承座，重复执行这一工序。这种方法能以很高的精度测量轴线的线性位移，但在孔的深度很小时，却不能测出其角度误差（这时不可能在孔的各个截面内安放测标）。

图 4.10(b)所示的光学法检验的特点在于无论是轴线的线性位移还是角位移，都能测量。检验时，要利用两种光学管——观测镜管 1 和准直仪 3，它们都安装在须检验其同轴度的轴承座孔内，观测镜管的光轴应与轴承座孔的几何轴线精确重合，这可用特制的衬套来保证。观测镜管先聚焦到无穷远处，这时可得到准直仪网格 4 的映像，测量这个网格相对于观测镜管目镜交会中心的位移，便能求得孔的偏斜角。然后将观测镜管聚焦到辅助网格 5 上（相当于第一种

情况所用的测标),可测量其轴线相对于观测镜管目镜交会中心的线性位移(可以在两个互相垂直的平面内进行测量)。基于这一原理的仪器能测量出在 1 m 长度上±0.015 mm 范围内的同轴度误差。

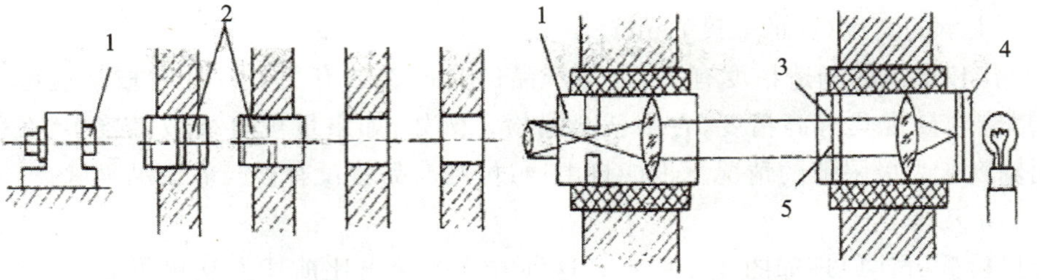

1—光学观测镜管;2—测标;3—准直仪;4—准直仪网格;5—辅助网格

图 4.10 光学法检查同轴度

(4) 气动检验法

气动检验法的原理是测量空气通过变截面缝隙时的流量。通常是利用一个壁上带有气嘴的空心心轴,并用一锥形衬套使该心轴在基准轴承座内定心。根据心轴转动一圈时通过气嘴的空气流量变化,来评定被测孔相对于基准轴承座的同轴度误差。

不论采用哪种方法,如果出现同轴度误差超出公差极限的情况,就需要有修正的工序。工序的选择取决于生产的类型和产品的结构特点。有时将轴承座装入壳体内一起加工,或者对壳体零件相对于轴承座的对接表面单独进行辅助加工。在有些发动机中,允许对某一壳体以不均匀的切削量(呈"楔形")车端面。如果壳体零件被其结构所限定,也可利用特种设备和元件来选配或调整它们的位置。在任何情况下,组合壳体螺纹连接的预紧力都应保证壳体对接处的应力是均布的。

4.2.2 非刚性结构的装配单元几何参数的检验

前面所讨论的检验方法及保证轴线与表面相互位置的方法,主要针对有圆柱形孔的刚性结构装配单元。在发动机中,还有一些由板材制成的非刚性组成部分,如燃烧室、扩散器等,它们具有变截面的内腔。在装配这一类部件时,常常要求保证轴线相对于装配基准面具有规定的相互位置,这与保证产品的主要气动力特性直接有关。为解决这个问题而安排的全套工序(包括装配、检验、机械作业)称为定心。

在产品为小尺寸和相对刚性的特殊情况下,可以忽略其孔形误差(圆度误差),并按下述方法定心。将部件安装到专用夹具(台架)上,利用其装夹自动定心元件,使部件的内表面对称轴线"具体化",并使其与夹具的轴线重合。而后检验产品装配基准对其轴线的相互位置,这时便可利用前述检验方法和检验手段。若相互位置与规定的不相符,则可在该夹具中保持产品的安装原位进行基准面的加工(通常不要求调整)。

一般情况下,产品内腔的形状误差(圆度误差)较大,其作为对称轴的轴线概念便失去意义,也不能利用自动定心装置使它"具体化"。因此,在这种情况下,便选取作基准的两个截面质心的连线作为轴线。所以在定心时,应首先确定基准截面的质心。

根据形状误差来进行装配单元定心的方法有综合法(计算-机械法)、自动法和光学机械法。

1. 综合法定心

综合法定心就是开始用计算的方法确定基准截面质心的坐标，而后利用计算结果，使质心与专用夹具的轴线相重合。此后，便可按照保证基准面与上述轴线相互位置精度的要求完成装配工序。

实际零件如果有形状误差，如图 4.11 所示，其截面质心坐标 X_C、Y_C 可按下式求得：

$$X_C = \frac{\int_0^{2\pi} x\mathrm{d}F}{\int_0^{2\pi} \mathrm{d}F},\quad Y_C = \frac{\int_0^{2\pi} y\mathrm{d}F}{\int_0^{2\pi} \mathrm{d}F} \tag{4.3}$$

式中：$x\mathrm{d}F$、$y\mathrm{d}F$——微分面积 OAB 对坐标轴的静惯性矩，其中：

$$x = \frac{2}{3}(R+\Delta)\sin\varphi$$

$$y = \frac{2}{3}(R+\Delta)\cos\varphi$$

$$\mathrm{d}F = \frac{1}{2}(R+\Delta)^2\mathrm{d}\varphi$$

式中：Δ——微分面积范围内的圆度误差。

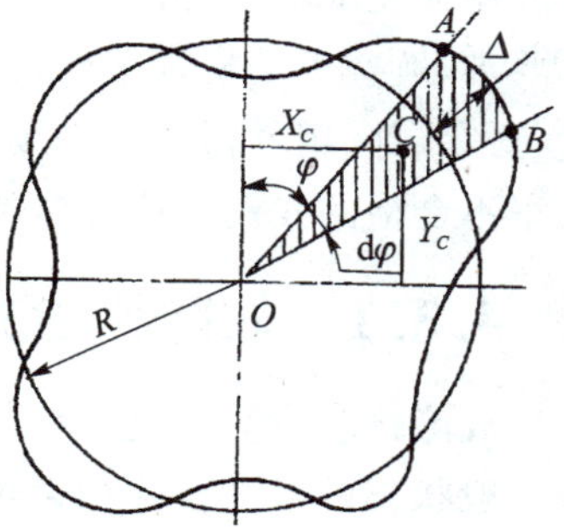

图 4.11　确定截面质心

将这些值带入方程式(4.3)中，并略去微量，得

$$X_C = \frac{1}{\pi}\int_0^{2\pi}\Delta\sin\varphi\mathrm{d}\varphi,\quad Y_C = \frac{1}{\pi}\int_0^{2\pi}\Delta\cos\varphi\mathrm{d}\varphi \tag{4.4}$$

若将截面 m 等分，并测出 m 个点中每个点的 Δ_i 值，则

$$X_C = \frac{2}{m}\sum_{i=1}^{m}\Delta_i\sin\frac{2\pi}{m}i,\quad Y_C = \frac{2}{m}\sum_{i=1}^{m}\Delta_i\cos\frac{2\pi}{m}i \tag{4.5}$$

式中：$i=1,2,3,\cdots,m$。

所求得的坐标值可用来调整可调节的安装卡爪(根据圆度误差)，借以使零件的轴线与夹具的轴线相重合，这样便可完成保证相互位置精度的工序。这种方法需要大量的测量和相当繁重的计算。为寻求更有效的定心方法，便提出了自动法和光学机械法。

2. 自动定心

非刚性产品定心的自动法，可借助于计算装置确定基准截面的质心坐标。为对表达式(4.4)进行积分，应用了感应式计数器。

通过计数器的电能 A 正比于沿截面轮廓滚动的计数器圆盘的转数。截面质心坐标的解析表达式与电能 A 的解析关系式之间，只是常系数有差别：

$$A = \int_0^t UI\cos\varphi\mathrm{d}\varphi \tag{4.6}$$

式中：U、I——分别为计数器线圈组中的电压和电流；

φ——电流与电源间的相位差。

若取 $I=\alpha_1\Delta$，$U=$常数，$\varphi=\alpha_2 t$，则 $A=\alpha_3 n$，因此，质心坐标也将正比于计数器的转速 n。

采用这种方法时，将带有感应式传感器的测量头围绕安装夹具的轴线均匀旋转时，便同时沿零件的外廓滚动。将这时在传感器中所产生的电流放大，并送入计数器的线圈绕组。

3. 光学机械法

光学机械法是根据配置于非圆形轮廓内的径向弹性系统具有自动定心的功能。弹性系统中心的偏移，代表着零件非圆形基准截面质心的位置，可用准直仪测定。这种方法也与自动定心法一样，比综合法更有效，但自动系统和光学机械系统的调节和使用的复杂性限制了它的应用。

4.3 故障检验

故障检验是装配工艺要求中有二次装配的发动机、试车不合格的发动机(需要故障检验)或大修的发动机所必需的一项工序。有二次装配的发动机，按设计、装配工艺及检测规程等技术要求，航空发动机试车合格后，须分解进行故障检验，检查零、部、组件的磨损变形及装配质量，对零、部、组件做出可继续装配、排除故障、报废等结论，并提供零、部、组件制造质量信息；试车不合格的发动机或大修的发动机，根据故障情况制定相应故障检验计划。

4.3.1 故障检验方法及适用范围标准

故障检验分为非尺寸检验和尺寸检验，或分为一般检验和无损检验。非尺寸检验可分为对一般状态的目视检验和裂纹检验两种。

1. 故障检验的一般方法

故障检验的一般方法包括目视法、测量法和试验法，如表 4.1 所列。

表 4.1 故障检验的一般方法与适用范围

检测方法	适用范围	标 准
目视法 (用肉眼或借助适当倍数放大镜)	各种标印、标号(机号、组合件号、炉号等)	清晰、正确、完整
	机件外表机械损伤、翘曲、变形、裂纹、烧蚀	按检验规程或工艺规程要求
	涂层、镀层、漆层及表面处理质量	按检验规程或工艺规程要求
	铸件气孔、砂眼，表面疏松，锻件表面缺陷	按锻、铸件专用技术条件
	部、组件上紧固件连接，锁紧及附件上铅封、保险	连接、锁紧可靠，铅封完整
	齿轮磨损和金属印痕	按工艺规程或检验规程
	滤网、防波套管断丝及损伤	不允许
	零、部、组件上的多余物	不允许有多余物
测量法 (通用和专用量具)	各种转子叶片与其静子机匣外环的径向间隙 各级转子叶片的切向活动量 涡轮盘及涡轮转子叶片的伸长量	采用通用或专用量具按工艺规程或检验规程要求检验
	支点轴承的轴向和径向活动量及内、外套的椭圆度，滚球和滚棒的外径差	
	封严件间的配合间隙	
试验法	各种喷嘴、油泵流量的检查，密封性检查	在专用试验器上按工艺规程或检验规程要求检验
	高空膜盒的行程检查	
	机匣密封性检查	按工艺说明书要求

通常对部件清理完成后，要对它们进行目视检查，必要时进行尺寸检查，以确定一般状况，然后是裂纹检验。这种检验可以用双目显微镜、磁力探伤或渗入探伤技术，或是单独使用，或是依次使用，视待检验部件和所需的检验程度而定。

非尺寸检验可分为对一般状态的目视检查和裂纹检测两种。目视检查取决于检验人员的判断。判断是基于经验并有制造厂商的指导资料支持。虽然发动机的许多零件的目视检查符合一般工程实践的要求，但某些零件的验收标准还是有专门规定的，例如对于在工作中经受非常高的温度和高速气流的燃烧室。

尺寸检查包括测量待定的组件，以确保它们处于“配合与间隙”所规定的极限和公差范围之内。

2. 无损检测

当零件的冶金特性不能用目视直观检验时，借助某些专用设备和方法不破坏零件而对零件进行冶金特性检查的技术方法称为无损检测。

无损检验是一门新兴的综合性应用科学，它以不改变被测对象的状态和使用性能为前提，应用物理和化学理论，对各种工程材料、零部件和产品进行有效的检验和测试，借以评价它们的完整性、连续性、安全可靠性及力学、物理性能等，因此，无损检验不会对构件造成任何损伤，并且能够对产品质量实现监控，防止因产品失效引起的灾难性后果。目前，无损检验技术在航空航天、机械制造、核能电力等行业获得广泛应用。

航空发动机制造及维修最常用的无损检验方法主要有磁粉检验、渗透检验、涡流检验、超声检验和射线检验等。前三种方法主要针对被检物的表面及近表面的缺陷，后两种主要是针对被检物内部的缺陷。图4.12所示分别为超声探伤、涡流检测仪和磁粉探伤仪。

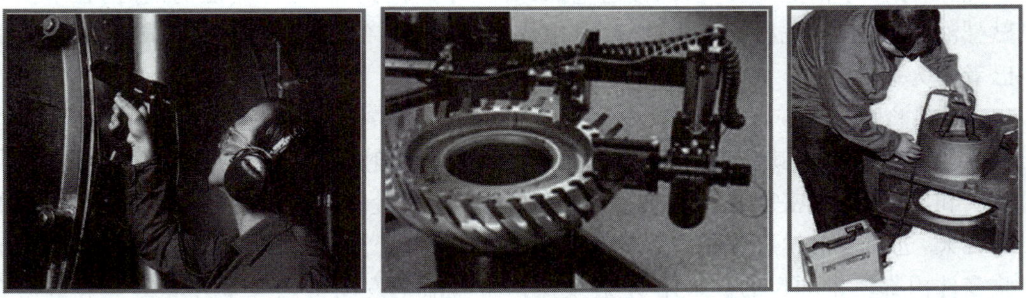

(a) 超声探伤仪检验焊缝　　(b) 涡流检测榫槽　　(c) 磁粉探伤仪

图4.12 无损检测仪

(1) 超声检验

声波在物理介质（如被检测材料或结构）中传播，当通过被检验材料或结构内部的缺陷处时，声波会改变原来的传播规律，如产生折射、反射、散射或剧烈衰减等，通过分析这些规律的变化，就可以建立缺陷同被检验物理量与声波的幅度、相位、频率特性、声速、传播时间、衰减特性等之间的关系。超声检验是目前复合材料和焊接结构中应用最广泛也最重要的无损检验方法，可检验出复合材料结构中的分层、脱粘、气孔、裂缝、冲击损伤和焊接结构中的未焊透、夹杂、裂纹、气孔等缺陷，缺陷定性定量准确。超声检验在航空发动机维修中应用得较多，如叶片裂纹、放气带裂纹、燃烧室外套裂纹等的检查。

(2) 涡流检验

涡流检验是以电磁感应为基础的无损检验技术,只适用于导电材料,因此主要应用于金属材料和少数非金属材料(石墨、碳纤维复合材料)的无损检验。根据电磁感应原理,当把一块导体置于交变磁场中时,导体中就有感应电流存在,即产生涡流,由于导体自身各种因素(如电导率、磁导率、形状、尺寸和缺陷等)的变化会导致感应电流的大小和分布发生变化,利用这种现象就可判知导体性质和状态。

目前,涡流检验技术已广泛用于航天、航空领域中金属构件的检验。为了确保飞机的飞行安全,必须对相关部件进行定期在役检验,如航空发动机叶片裂纹、螺栓、螺孔内裂纹、飞机的多层结构、起落架、轮毂和铝蒙皮下等表面和近表面缺陷,同时用于检验机翼连接焊缝的缺陷等。

(3) 磁粉检验

磁粉检验是利用磁现象来检验铁磁材料工件表面及近表面缺陷的一种无损检验方法。其基本原理是,先将工件磁化,然后喷上或浸入一种低粘度的液体,此种液体中含有叫作涂料的铁粉。当工件被磁化时,若工件表面及近表面存在裂纹等缺陷,就会在缺陷部位形成泄漏磁场(漏磁场),泄漏磁场将吸附、聚集检验过程中施加的磁粉,形成磁痕,从而提供缺陷显示,如图 4.13 所示。磁粉检验主要用于检验焊接和热处理部件。如某型航空发动机涡轮叶片的磁粉探伤时,首先用煤油将叶片清洗干净,将探伤仪两个卡头分别放在裂纹两侧,让磁力线垂直穿过裂纹;然后按压手柄上的开关,以接通电源,对叶片进行充磁,叶片充磁的同时,在卡头中间浇注磁悬液;仔细观察被检测部位(必要时用放大镜),如有线状磁粉聚集,形成峰状,并有尖锐的尾巴者则为裂纹。

图 4.13 经磁力探伤显露出的裂纹

(4) 射线检验

射线检验原理是当其穿过物质时,因被物质吸收和散射,强度会发生衰减。衰减程度与物质的性质和厚度有关,密度或厚度愈大,衰减愈大。若被检件有孔洞等缺陷,透过缺陷处的射线强度就大,进而使射线胶片相应处的曝光量增多,暗室处理后呈现较黑的缺陷影像,从而达到检验零件内部质量的目的。采用 X 射线探伤检验航空发动机燃烧室外套滚焊焊缝熔合质量,排除各类焊缝内部缺陷;国外大型飞机制造厂家都有大型多坐标的射线检验成像设备用于产品的检验。美国和其他一些国家还开发了便携式射线检验设备,用于外场检验。

(5) 渗透检验

渗透检验习惯上又叫渗透探伤,就是把被检验的构件表面处理干净后,使渗透液与受检件表面接触,由于毛细作用,渗透液将渗透到表面开口的细小缺陷中去。然后去除零件表面残存的渗透液,再用显像剂吸出已渗透到缺陷中的渗透液,从而在零件表面显出损伤或缺陷的图像。渗透检验分为着色法和荧光法,其原理是相同的。着色法是在可见光下观察缺陷,而荧光法是在紫外线灯的照射下观察缺陷。

(6) 荧光检验

荧光检验法是利用紫外射线照到荧光涂料中的化合物上时被吸收,其能量以可见光的形式再次放射的原理,使适当的荧光涂料渗入工件表面的沟槽中,吸入荧光涂料的地方在紫外线灯的照射下就会因发出亮光而显露出来，从而检查出构件的缺陷。

(7) 内窥镜检查

内窥镜检查是指借助于专用的光电仪器(工业内窥镜)对肉眼无法直接接近的区域进行检查，属于无损检验中的目视检查方法。

内窥镜的工作原理是利用光在特殊结构玻璃纤维内部的全反射现象进行工作的。玻璃纤维由不同折射率($n=1.62$，$n=1.55$)的两种材料制成，如图 4.14 所示。光在两种玻璃的界面反射，并以所需要的方向传输。纤维(直径 10～30 μm，数量达数千根)汇集成束，并应使纤维的两个端头与发送端和接收端相对应。内窥镜的发送端(端头或侧边)上装有物镜和照明窗口。内窥镜连有软线，可以弯曲(达 120°)，并能绕轴线转动 360°。如果需要记录所捕捉到的影像，内窥镜还可与专用的照相设备、电影设备或磁带录像机连接使用。

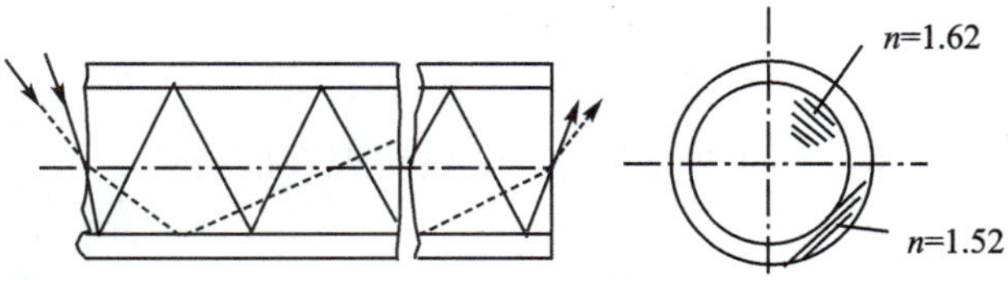

(a) 光在玻璃纤维中的反射与传输

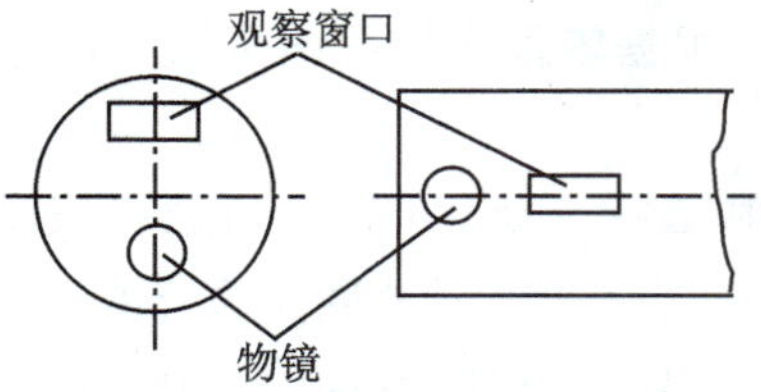

(b) 内窥镜的发送端

图 4.14　内窥镜工作原理

内窥镜主要分为直杆内窥镜、光纤内窥镜和视频内窥镜。直杆内窥镜限用于观察者和观察区之间是直通道的场合，观察时将光源和内窥镜相连，直杆插入发动机内部，观察者通过目镜观察发动机内部情况；光纤内窥镜限用于观察者和观察区之间并无直通道的场合，观察时将光源和内窥镜相连，光纤插入发动机内部，光纤是柔性的，可以通过一个手柄控制其旋转，观察者通过目镜观察发动机内部情况；视频内窥镜形式上取代了直杆镜和光纤镜，其本身为柔性插入管，但如果加上刚性套管则可以当成直杆镜使用。随着计算机技术和光电技术的发展，目前内窥镜检验技术发展得较快，有些视频内窥镜，可以对观察到的图像进行储存，可以在储存的图像上添加文字注释，可以测量裂纹的长度；机械手可以取出落在发动机内部的小螺钉等物品，带有柔性杆的内窥镜可以对不同的方位进行观察记录。

4.3.2　机件磨损变形测量

发动机试车合格后，须检查零、部、组件的磨损变形，这种检测常选用卡尺、百分尺、百分表等线值计量工具和专用测具，测量机件的磨损变形情况并做出合格和排故结论。

1. 测量要素的确定

(1) 测量方向

① 测量部件没有特别规定测量方向的，在最大值方向测量；

② 轮盘外径通过盘中心两个相互垂直的方向测量。

(2) 测量部位

① 配合部位中径；

② 测量叶片径向间隙应取最长叶片，沿圆周测量，测取最大和最小间隙值；

③ 轴与孔配合间隙的测量，分别测出最大和最小数值。

(3) 测量力

测量力是测具测量面与被测件表面接触时产生的力,此力不易过大或过小。过大时引起被测件变形造成测量误差,过小时油层等影响测量结果。

(4) 测量方式

根据零件结构和测量内容测量方式分为:

① 分别测量。用相关件各自测得的最大、最小尺寸进行计算。

② 相对测量。可直接用测尺和内径表测出孔与轴的配合尺寸。

③ 对比测量。以工艺装备标准件为基准,与实测尺寸进行比较。

④ 直接测量。用塞尺或专用卡规、塞规、测具直接测得零件尺寸或伸长量。

2. 量具精度的选择

根据零件允许的测量误差选择量具,量具的选择有如下关系式:

$$\Delta = AT \tag{4.7}$$

式中:Δ——量具的测量方法极限误差(由通用量具的测量方法极限误差表查出);

T——被测量零件的公差;

A——精度系数,A 一般取值在 1/10~1/3 之间,精度较高的零件取 1/3,精度较低的零件取 1/10,一般精度的零件取 1/5 左右,精度特别高的零件可取 1/2。

4.4 密封性检验

密封性是指外壳(壳体)及其连接零件具有阻止壳体内外气体(或液体)进行交换的能力。密封性的破坏与材料组织或连接件中的穿透性缺陷(裂纹、裂缝)有关,这种穿透性缺陷叫作渗漏。如果产品处于余压的作用下,则会或多或少地使工质通过这些缺陷而不断地泄漏;或者,若产品保持在低压下,某些物质就会由外部流进来。从这个意义上说,完全密封(绝对密封)的提法是不妥当的,而应该说产品的密封程度如何。泄漏检验或称"检漏"是专门检测各种产品密封性能的无损检验技术。

本节除介绍发动机密封性检验常用的一些方法外,还介绍了一些较为先进和其他行业常用的检漏方法,以作为发动机密封性检验技术的借鉴。

4.4.1 泄漏检验概述

1. 泄漏检验任务

泄漏检验的任务是检验产品漏不漏、漏多少和漏在哪里。漏不漏是指在所使用的泄漏检验方法灵敏度范围之内,能否检验出工件漏气的能力而言,这就要求检漏方法和仪器设备满足被检工件要求的灵敏度。漏多少,是检验漏率的大小,这是最为重要的检漏任务,根据漏率的大小可以判定密封性是否满足要求。对于需要返工修补泄漏缺陷的产品而言,漏在哪里是很必要的。漏点定得越准确,修复产品的成功率就越高。

一般来讲,只有当产品上存在的所有漏孔的总漏率超出允许漏率值时才进行漏孔定位工作。产品上虽有漏孔,但其总漏率并没有超出设计的允许值,便不必再进行漏孔定位。然而在有些情况下,除了规定产品总漏率的允许值外,还规定了产品上单个漏孔漏率的允许值。因此，既使总漏率符合要求，仍然要求找出每个漏孔的位置，并测定出每个漏孔的漏率来，以便确定每个漏孔的漏率是否在允许范围内。

2. 泄漏部位

产品出现泄漏的位置随机性较大，产生泄漏的原因也是多种多样的。通常容易出现泄漏的部位如下：

① 法兰及其他接头的密封面；

② 动密封部位；

③ 焊缝特别是起弧、收弧和搭接部位；

④ 焊缝经多次补焊的部位；

⑤ 焊接后又经机械加工的部位；

⑥ 不匹配封接处；

⑦ 受高低温冲击的部位；

⑧ 出现应力集中的部位；

⑨ 长期遭受某些气、液腐蚀的部位。

3. 泄漏率及影响因素

表示漏孔大小的最直观的量有两个：一个是漏孔的几何尺寸，另一个是单位时间内流过漏孔的气体的质量或分子数。而实际漏孔是极其微小的，截面形状极不规则，漏气路径也各式各样。因此，漏孔的大小既难以用它的几何尺寸来度量，也难以直接测量气体的质量和分子个数。

由理想气体状态方程

$$pV = \frac{m}{M}RT$$

可知

$$m = pV\left(\frac{M}{RT}\right) \tag{4.8}$$

式中：R——气体常数；

M——气体的摩尔质量，常数。

当温度 T 一定时，$\frac{M}{RT}$ 项为常数。因此，对应某一质量 m 就有确定的 pV 值，即气体的质量 m 可以用气体的压力 p 与体积 V 的乘积 pV 值来表示，pV 值又称为气体量。而 p、V 的测量却是非常方便的。这样，漏孔的大小就可以用单位时间内流过漏孔的气体量来表示。换句话说，密封度就是能保证产品在确定时间内无故障工作的物质允许泄漏（或漏入）的量 Q，Q 的计算如下：

$$Q = \frac{\Delta p V_p}{\Delta t} \tag{4.9}$$

式中：Δp——工作容积的允许压降（泄漏时）或升压（漏入时），Pa；

V_p——工作容积，L；

Δt——工作时间或储存时间，s。

对于 Q 值，在生产准备阶段就应对其进行估算。产品中的泄漏量（或漏入量）的实际值，

不应超过允许值 Q，为检查这一要求是否得以满足，就须进行密封度检测。但在大多数情况下，用来进行检测的不是工质，而是检测气体（如空气、氦、氮、氩、气体混合物等），其物理性能——粘度、摩尔质量等均不同于工质。因此，有必要将工作气体的值 Q 换算成检测气体的密封度 Q_R。

微小渗漏通道的形状和长度是不确定的，要对它们进行测量并计算出渗漏气体的总流量，而这实际上是不可能的。因此，不能根据计算所得的渗透量定量地评价渗漏。但不管渗漏量的大小如何，渗透的气体量总是与产品周围外部介质的压力（及气体成分）有关，这就要求外界条件标准化。

标准气体是外界压力约为 101 kPa（1 个大气压）条件下的空气。因此，可假定用渗漏通道入口处压力为 101 kPa、出口处压力实际上等于零的条件下的渗透空气量来估算渗漏。

影响泄漏率的因素很多，当漏孔几何尺寸一定时，漏孔的漏率主要与下列因素有关：

① 漏孔两端的压力差。在分子流状态下，漏孔的漏率与漏孔两端的压差成正比；在粘滞流状态下，漏孔的漏率与漏孔两端的压力的平方差成正比。

② 通过漏孔的气体种类。气体种类不同，它的分子量和粘滞系数不同，通过漏孔的难易程度不一样。在分子流状态下，漏孔的漏率与气体分子量的平方根成反比；在粘滞流状态下，漏孔的漏率与气体的粘滞系数成反比。

③ 环境温度。环境温度不同，气体分子热运动的平均速度不同，漏率也不同。

因此，在涉及漏率时，必须指出该漏率是在什么压力、压差和环境温度下对什么气体的漏率。

4.4.2 泄漏检验方法

1. 泄漏检验方法分类

按检漏时被检产品内部所处的压力状态可以分为加压捡漏法和真空捡漏法。

（1）加压检漏法

将被检产品内部充以比外部压力更高的示漏气体，当被检产品内部壁上存在漏孔时，示漏气体通过漏孔漏出，在被检产品外面用适当的方法判断有无示漏气体漏出、从哪里漏出、漏出量多少等，由此判断被检产品有无漏孔，漏孔的位置和大小。属于这类检测方法的有：气泡检漏法、静态压降检漏法、卤素检漏法、氨检漏法、着色检漏法、超声波检漏法、声发射检漏法和氦质谱吸枪检漏法等。

当外部压力为大气压时的加压检漏法又叫正压检漏法。

（2）真空检漏法

将被检产品内部抽成真空，将示漏气体施于被检产品外部，如果被检产品器壁上有漏孔，示漏气体通过漏孔进入被检产品内部，利用某种方法将漏进的示漏气体检测出来，从而判断出是否有漏孔的存在、漏孔的位置和大小。属于这类检测方法的有：静态压升检漏法、气泡检漏法、放电管检漏法、卤素检漏法、各类真空计检漏法、离子泵检漏法和氦质谱喷吹检漏法等。

以上诸多捡漏方法中气泡检漏、压力变化检漏和氦质谱检漏应用较多，本小节重点介绍这几种检漏方法。

2. 气泡捡漏

(1) 气泡检漏原理

当产品上漏孔两侧存在压差时，检验用示漏气体就会通过漏孔从高压一侧向低压一侧流动，如果在低压一侧有显示液体（如水、氟油、酒精等），漏孔处将会吹起一个个气泡，从而显示出漏率大小及漏孔的位置。

被检产品在大气环境下作气泡检漏，气体通过漏孔泄漏时，要受到三种压力的作用，即当地大气压力 p_0、被检产品漏孔出口至实验液面之间液柱高度产生的压力 p_g 及液体表面张力产生的压力 p_s。

$$p_g = \rho g h \tag{4.10}$$

$$p_s = \frac{2\pi\gamma_0\alpha_T}{\pi{\gamma_0}^2} = \frac{2\alpha_T}{\gamma_0}\text{（假定漏孔为长圆柱形）} \tag{4.11}$$

式中：ρ——试验液体的密度；

g——重力加速度；

h——漏孔在液体中的深度；

γ_0——漏孔截面为圆时的半径；

α_T——液体表面张力系数。

那么被检产品在显示液中冒泡的临界压力 p_r 为

$$p_r = p_0 + \rho g h + \frac{2\alpha_T}{\gamma_0} \tag{4.12}$$

在三种压力中，大气压力 p_0 基本上是一个常数，通常为 1 atm(1 atm=0.1 MPa)；液柱高度产生的压力 p_g是很小的，如果显示液是水，10 cm 液柱的压力只有 0.01 atm；液体表面张力产生的压力 p_s 是个变量，漏孔越小其数值越大。

只有那些内腔压力 $p \geqslant p_r$ 的被检产品才有可能在显示液中冒泡。

为了对被检产品做气泡检漏，就要使其产生内外压力差。通常可以采用三种方法来产生压力差：

① 打气法。直接对被检容器充入干燥而清洁的高压气体来产生压力差。常用的气体为空气和氮气。

② 热槽法。将示漏气体封入被检件，然后将其浸入热油槽。被检产品中气体受热后压力升高，从而产生内外压力差。

③ 抽真空法。将示漏气体封入被检产品中，然后将被检产品浸入密封容器的显示液中，将显示液上部的空间抽成真空，从而使被检件产生内外压差。

在一般的气泡检漏中，打气法和抽真空法应用较多。热槽法常应用于电子元器件的粗检漏。

(2) 气泡检漏方法

1) 浸泡法

浸泡法适用于在试验前经过密封，并且最大外形尺寸能允许它浸没在试验容器中的被检件。

① 充气加压气泡检漏法　将被检件装好堵盖、堵帽、接头等工艺装备，连接充气管路，向被检件充气，使其压力上升到规定的数值。缓缓地将被检件放入水槽中，须检验的部位向上，

使其处于便于观察的位置。仔细观察须检验的部位，是否有单个或成串气泡冒出，观察时间不可太短。如果出泡的位置比较固定、均匀而稳定，这是真漏。通常假漏产生的气泡刚好相反，假漏是由于存在于某些缝隙中的气体或由一些沾附在被检件上的有机物放气造成的。如果是密闭的小型被检件，则一般没有可以充气的管口。这时首先将被检件放在压力罐中用高压气体加压，被检件若有漏孔，高压气体压入漏孔，内腔压力升高，从压力罐取出被检件后，迅速放入试验液中，便会从漏孔处冒出气泡。

② 抽真空气泡检漏法　将被检件开口封严，放入真空检漏容器，并在容器中倒入酒精，使其液面淹过被检件约 5 cm，用真空泵对检漏容器抽真空，使被检件内外产生压差，被检件内的气体就会通过漏孔向外泄漏，在酒精中形成气泡（见图 4.15）。检漏时，解决酒精本身溶解气体的问题可采取两项措施：如果在检漏前对酒精预先抽真空一段时间，则使其中溶解的气体基本释放出来；检漏时真空度不要太高，可以有效地减少酒精中溶解的气体在真空条件下向外释放，干扰对被检件漏气气泡的观察。

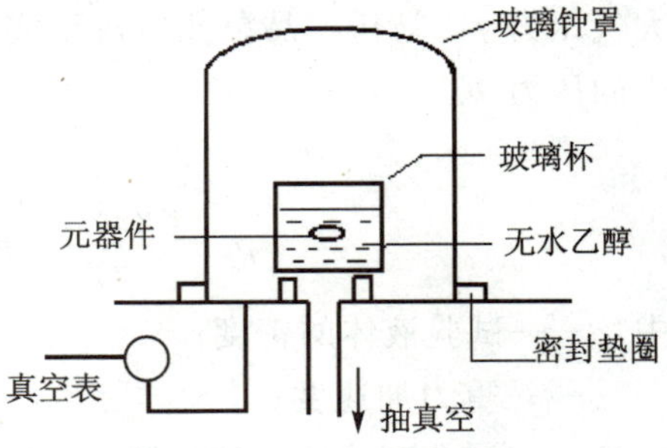

图 4.15　抽真空气泡检漏法示意图

2）涂刷液体法（皂泡法）

涂刷液体法对于任何能在漏孔两侧产生压力差的被检件都是适用的，如不宜采用浸泡法进行气泡检漏的管路系统、压力容器、大容器、球及泵或大型设备等。目前这种检漏方法不一定使用肥皂水作显示液，所以称为涂刷液体法。

① 充气加压法　对被检件（或系统）充气加压后，在被检件低压端一侧需要检测的部位涂刷显示液体（肥皂水或其他的显示液），观察有无气泡产生。在涂刷显示液时，让液体慢慢流到被检部位，以防止液体本身产生气泡。对法兰盘连接处，必须将法兰间的所有缝隙涂满显示液，才能准确判断该法兰盘密封面是否漏气。如果只涂半圈，则气体有可能从没有涂显示液的位置漏出，造成漏检。被检件（或系统）充气加压前，不要对被检件涂刷显示液体，以防阻塞小漏孔。

② 抽真空法　如果某些被检件不能或不允许充气加压，但是又需要使用涂刷液体法作气泡检漏，就可以使用抽真空法。首先在需检测部位涂刷显示液体并在其上放置真空罩盒，真空罩盒与被检件结合部位用橡胶垫或真空封泥密封，对真空罩盒抽真空后，仔细观察检测部位是否有气泡冒出。真空罩盒应是透明或局部透明的，其上有抽真空的管口。采用这种检测方法时，同样检漏时真空度不要太高。

3. 压力变化捡漏

压力变化检漏法有静态压升检漏法和静态压降检漏法两种。

(1) 静态压升检漏法

将被检容器抽真空到一定压力后，关闭阀门；如果容器漏气，则它的压力将随时间而上升。用相应的真空计测出时间 Δt 内压力的变化值 Δp，根据容器的体积 V 可计算出容器的总漏率 Q，即

$$Q = \frac{\Delta p}{\Delta t}V \qquad (4.13)$$

真空容器与泵隔开后，容器中的压力上升除了漏气因素之外，还有材料放气的因素。如果用真空计每隔一定时间测量一次容器的压力，就可以绘出四条压力与时间曲线，如图 4.16 所示。

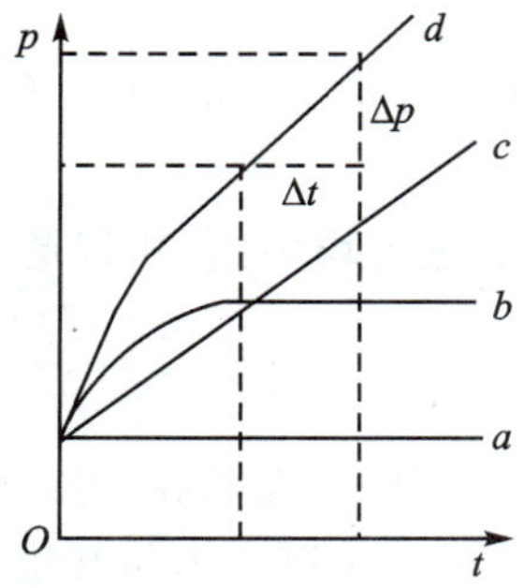

图 4.16　压力-时间曲线

直线 a：一条平行于时间坐标轴的直线，压力不变。表示容器没有漏气和放气(最理想的状况)。

曲线 b：容器中的压力上升速度开始较快，而后逐渐减慢，最后趋于平衡。表示容器存在放气，没有漏气。

直线 c：一条斜率为 $\Delta p/\Delta t$ 的斜线。表示只有漏气没有放气(一种理想的状况)。

曲线 d：开始压力上升较快，而后逐渐减慢，最后变成斜率为 $\Delta p/\Delta t$ 的一条斜线。说明容器既有漏气又有放气，曲线是由漏气和放气共同形成的，斜线部分是由漏气决定的。

如果出现斜线 c 和曲线 d 的情况，都说明容器有漏。利用直线部分的斜率，便可以计算出容器的总漏率。这种方法的检漏灵敏度除了与容器本身压力、真空计的灵敏度有关外，还与测量时间、容器容积大小有关。

在压升法中，放气将对漏率测量带来较大影响。为了减少放气的影响，在试验前应该对容器进行很好的清洁和干燥处理，如用干燥氮气冲洗，真空下高温烘烤等。计算漏率时，应在压力随时间变化的线性段取数据。如果被检容器比较小，也可以利用辅助真空室(或真空罩)来消除吸气的影响。

(2) 静态压降检漏法

静态压降检漏法通常用于测试被检件的总漏率。用干燥气体对被检件充压后，观察被检件内压力随时间的下降情况。这种方法的检漏灵敏度与温度、环境大气压力、检漏气体的湿度、测量时间长短、容器容积大小、检测压力计灵敏度等有关。采用这种方法测试时，须注意以下问题：

① 因为测试的压力为相对大气压的压力，测试时的大气压力在不同的测试时间、测试地点都有较大的不同，因此还需要对测试时的大气压及被检件中的压力进行测试。

② 容积的准确性对被检件测试至关重要，被检件的有效容积可以采用压力膨胀法测得，即通过将标准容积 V_b 中的压力膨胀，测定平衡压力而得到。也可以采用直接称重法确定被检件的有效容积，即在大气本底的基础上用一精密天平，准确地测出充入被检件相对应的压力、温度下的被检件气体质量，通过计算得到被检件的有效容积。

③ 在压力降检漏中，被检件中的检漏气体一般都包含有水蒸气。在检漏过程中，如果温度低于露点温度，水蒸气将凝结在固体表面，这样水蒸气的压力将要从检漏气体的总压力中剔除，减小被检件中的总压力。当温度高于露点温度，被检件中的水份将蒸发而增加被检件中的总压力。水蒸气的分压力加上气体的真实压力构成了压力降检漏过程中的总压力。如果水蒸气的分压力在检漏过程中保持不变，由于被检件中的总压力满足理想气体方程，水蒸气的分压值可以剔除。然而，当温度发生变化，水蒸气的凝结和蒸发对恒定体积被检件中空气的总压力将发生较大的变化。如果不对水蒸气产生的影响进行修正，压降检漏法将产生一定的偏差。

④ 压降法检漏的灵敏度和测压设备的最小可检压力紧紧相关。静态测试一般是在初始时间，某个间隔时间或检漏的终止时间。这种静态测量的灵敏度主要与测试的间隔时间、测压

仪器的最小可检压力有关。目前采用的较高灵敏度压力计的最小可检压力约为 50 Pa,如果不考虑温度和放气效应,从检漏初始到终止时测量时间如果加长,就可以提高测试灵敏度。但是,延长检漏时间,就会增加检漏周期,一般在单件产品的试验生产中,可容忍的检漏时间一般是 24～48 h。

⑤ 压降法检漏中,温度和压力测试的精度越高,灵敏度就越高,因此,要尽可能地选择分辨率和精度较高的测温计和压力计。

⑥ 压降法检漏中,对于体积较大的被检件,各处的温度、压力可能是不均匀的,所以测量温度、压力的测量点不能太少,测量点的分布应该合理。

(3) 差压式压力变化检漏

一般的压力变化检漏,使用各种压力测试仪表直接测量被检件的压力,直观性好,可靠性高,测试系统的构成简单,根据压力变化而判定泄漏。由于测试仪表的最小可测压力与其量程有关,如果测试仪表的量程加大,最小可检压力也要加大,直接影响检测灵敏度。为了克服这一影响,可以采用差压式压力变化检漏方法。这种检漏方法比直接测量压力降方法的精度高,还具有受环境干扰小、测试效率高、检漏范围宽、使用简便等特点。

图 4.17 所示为差压式检漏仪基本回路。在差压传感器一端连接基准件(确认是不漏的),另一端连接被测件。首先在基准件与被测件两边同时充入相同压力的气体,使差压传感器两端平衡。如果被测件有泄漏,则其压力会降低,差压传感器两端失去平衡并输出信号,同时给出被测件的具体漏气量。如果基准件与被测件的形状、大小都相同,内部回路又对称,则这种方式可以消除测试环境、温度、工件内应力等因素的影响,进而提高测试的精度、速度和可靠性。

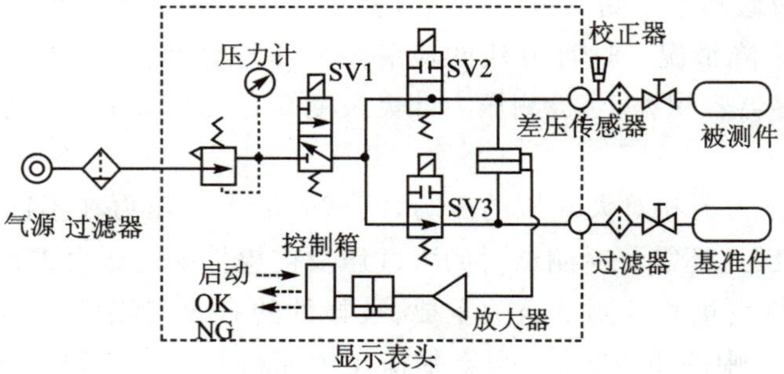

图 4.17　差压式检漏仪基本回路

4. 氦质谱检漏

(1) 氦质谱检漏的原理

氦质谱检漏是以氦气为示踪气体,使用质谱分析仪器进行密封检验的一种检漏方法。其基本原理是将不同质量的气体电离,离子在磁场中按质量电荷比的不同,形成若干束离子流,在不同的轨道上做圆周运动如图 4.18 所示。一个带电质点(离子)以速度 v 进入均匀磁场后,如果它的运动速度 v 的方向与磁场的方向垂直,则其运动轨迹为圆,有

$$R = \frac{1.44 \times 10^{-4}}{B}\sqrt{\frac{MU}{Z}} \tag{4.14}$$

式中:R——圆轨道半径,cm;

B——磁感应强度，T；

U——气体电离后加在质点（离子）上的加速电压，V；

M——气体的分子量，g；

Z——带电质点的电荷数。

由公式（4.14）可知，当 B、U 一定时，不同荷质比 M/Z 的离子将以不同的半径 R 偏转而彼此分开，质量小的半径小，质量大的半径大。

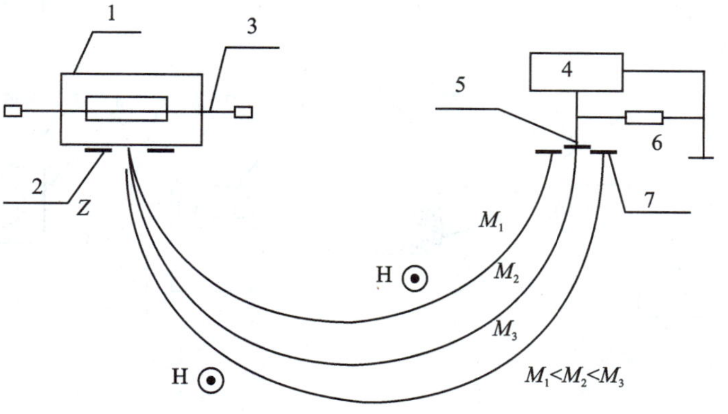

1—离化室；2—加速极；3—灯丝；4—电源放大器；5—收集极；6—高阻；7—分析器出口电极

图 4.18　氦质谱检漏原理

将用于气体电离的离化室、离子流做圆周运动的空间、收集离子流的收集极和加速极等集中放在一个密闭的盒子中，叫做质谱室（产生磁场的磁铁元件装在质谱室外面）。质谱室是氦质谱检漏仪的核心部件，它必须在高真空条件下工作，所以将它连接在检漏仪的真空泵上。

氦质谱检漏仪制成后，磁感应强度 B 就是一个定值，在检漏仪工作时 U 也是一个定值，在检漏过程中通过被检件的漏孔，示踪气体氦同周围的空气一起被吸入到检漏仪中，各种气体被电离后，在磁场中做圆周运动，只有氦离子形成的离子流所运动的轨迹通过收集极的位置，其他气体（如 H_2、H_2O、O_2、N_2 等）的离子流在磁场中运动的轨迹都不通过收集极。因此，在检漏时，对被检件施加氦气后，如果工件有漏孔，进入被检件内腔的氦气就会漏入检漏仪，电离后在磁场中做圆周运动的离子流，被检漏仪的收集极收集，经放大后，在检漏仪的输出表上显示出来，漏入检漏仪的氦气越多，显示的值就越大。这就是通过氦质谱检漏仪确定被检件是否有漏以及漏率大小的基本过程。

氦质谱检漏是具有较高灵敏度的一种检漏方法，它不但能够检测工件的微小泄漏、漏点位置，还能应用已知漏率的标准漏孔，给出被检件的漏率大小，因此被广泛应用于各种密封件的检测。

（2）氦质谱检漏技术

1）抽真空喷吹法检漏

抽真空喷吹法检漏系统如图 4.19 所示。检漏时，先用辅助泵将被检件抽真空，然后与调试好的检漏仪连通，用氦气喷枪在被检件需要检验的部位喷吹氦气，如果有漏，则氦气通过漏孔进入被检件内部，并迅速进入检漏仪，由输出仪表指示出来。输出仪表读数变化的大小可以确定检出漏孔的漏率大小。喷枪喷吹的位置可以确定检出漏孔的位置。这是目前使用最普遍、最方便的一种氦质谱检漏方法。当被检容器存在大漏时，可打开辅助阀，用辅助泵帮助抽真空，以维持氦质谱检漏仪的正常工作真空度。由于辅助泵的分流作用，检漏灵敏度要降低。因此辅助阀的打开程度应尽量小，以能维持检漏仪的工作真空度为限。它的优点是可以准确找到漏孔位置。

2）充压抽真空检漏

将被检件放入真空室中，将真空室与质谱仪相连，如图 4.20 所示。检漏时，先用辅助泵将真空室抽真空，然后与调试好的检漏仪连通，对被检件充入氦气（为提高氦气浓度，可以先将被检件抽真空后再充氦气）。当仪器输出指示数值增大时，证明被检容器有漏，由输出指示变化的大小可以确定被检容器总漏率的大小。

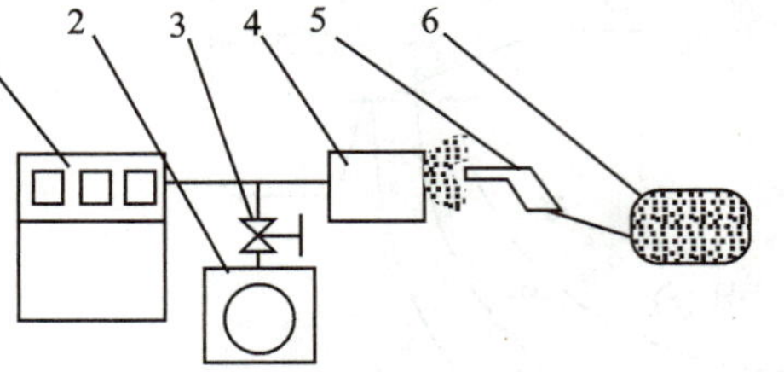

1—检漏仪；2—辅助泵；3—辅助阀；4—被检件；5—喷枪；6—氦气袋

图 4.19　抽真空喷吹法检漏

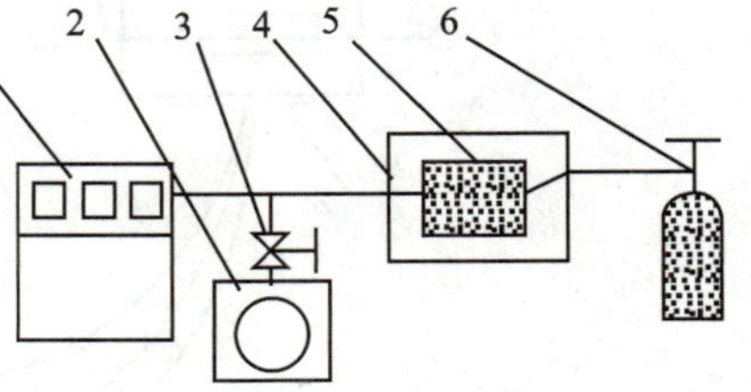

1—检漏仪；2—辅助泵；3—辅助阀；4—真空容器；5—被检件；6—氦气瓶

图 4.20　充压抽真空检漏

3）充压吸枪法检漏

将被检件内部充入高于大气压的氦气，然后用与检漏仪相连的检漏吸枪在被检件外面进行检漏，如图 4.21 所示。当被检件上存在漏孔时，氦气通过漏孔向外逸出。当吸枪正对漏孔位置时，氦气被吸入检漏仪而产生漏气反应，达到检漏目的。所用连接吸枪的软管越短越粗越好，连接管内要清洁，要吸气、放气率小，最好选用金属软管，不宜采用橡皮软管。检漏场地的空气不应该有太大的流动，吸枪在被检件表面移动的速度不能太快，且与被检件表面的距离不应太大，以免灵敏度降低。为了提高检漏灵敏度，可在吸枪端头加一个罩子，使吸枪口氦浓度增加。这种方法的优点是可以准确地找到漏孔位置，缺点是与抽真空喷吹法检漏相比，灵敏度较低。其有效最小可检漏率比抽真空喷吹法要大 4～5 个数量级。

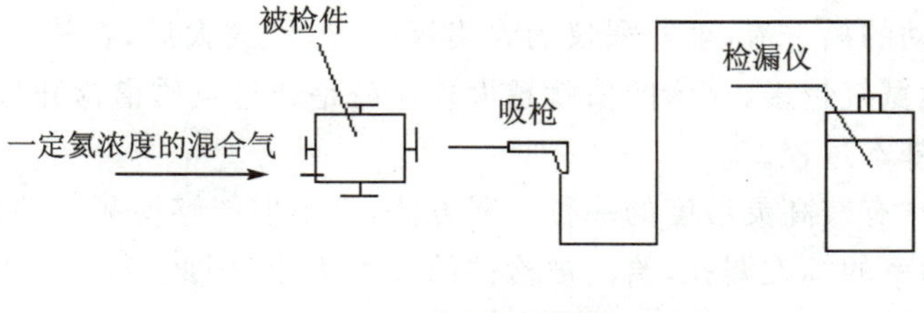

图 4.21　充压吸枪法检漏

5. 其他检漏方法

（1）卤素检漏

当铂加热到 850～950 ℃时将产生正离子发射，而在卤素气体的催化作用下，这种正离子发射将急剧增长。利用这种“卤素效应”而设计的检漏仪器称为卤素检漏仪。这种仪器可分为内探头式和外探头式两种。图 4.22 所示为外探头式检漏仪。

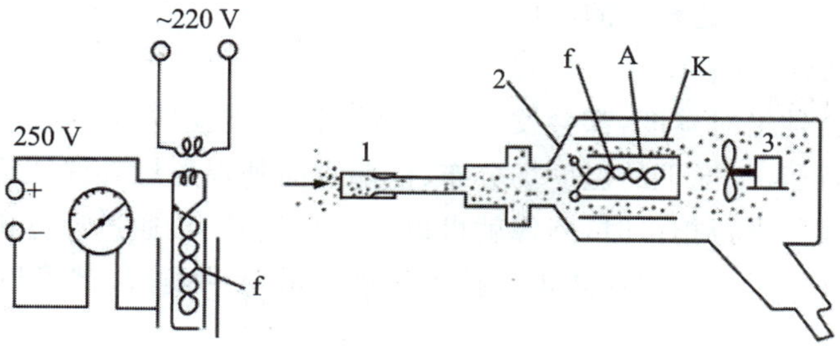

1—吸嘴;2—外壳;3—风扇;f—铂加热器;A—铂阳极;K—不锈钢阴极

图 4.22　外探头式卤素检漏仪原理

(2) 渗透检漏

渗透检漏是将含有染料或其他化学物质的渗透剂涂覆在被检件一侧的表面上,若被检件存在穿透性缺陷,则渗透剂将在毛细(或压力差)作用下进入缺陷内部并从被检件的另一侧表面渗出,从而发现泄漏源。渗透检测是发动机上常用检测方法。

1) 着色渗透检漏

着色渗透检漏是常规无损检测的着色渗透检测技术,一般应用于表面缺陷的检测,而着色渗透检漏用于穿透性缺陷的检测。采用这种方法检漏时需要掌握渗透时间,渗透时间不够,就有可能造成漏检。渗透时间的选择可以用工艺试验进行确定。一般地说,漏孔越小,被检件的厚度越厚,需要的渗透时间越长。渗透时间越长,则检测灵敏度越高,发现的漏孔越小。

2) 荧光渗透检漏

荧光渗透检漏是常规无损检测的荧光渗透检测技术,用于穿透性缺陷的检测。检漏用的荧光渗透剂的荧光颜色多种多样,检测时需要根据被检件表面的颜色来选择不同荧光渗透剂的荧光颜色。如,被检件的油污在黑光灯下会发出蓝色荧光,有的电真空器件电极上本身就涂有发兰色或绿色的荧光粉,这时可以采用红色荧光渗透剂,这样在黑光灯下蓝背景上的红色荧光十分醒目。

3) 变色渗透检漏

变色渗透检漏的原理与其他渗透检漏基本一致,只不过渗透剂为一种化学示踪物(气体渗透剂)。化学示踪物从漏孔中渗出时遇到显色剂发生化学反应,于是在漏孔附近产生明显的颜色变化,从而指示漏孔的位置。

(3) 声波检漏

声波是机械振动在弹性介质中的传播。在超声波检漏中,最常使用的频率范围是 30～40 kHz。超声波检漏仪采用一种定向的超声波探头,可以在离漏孔较远的地方(30 m)进行扫查,探测漏孔发出的超声波信号。由于超声波的方向性很强,因此调整探头的方向便可以找到输出最大值,此时探头所指的被检件位置便为漏孔的位置。为了提高定向能力,探头上可以安装一个抛物面反射器,并且利用外差法将这种超声波转换成人耳能听到的声音。常用的声波检漏方法有超声波定向探头检漏法、超声波接触探头检漏法、超声波人造声源检漏法、声发射检漏等。

(4) 红外线热成像检漏

红外线热成像检漏技术是近 20 年间发展起来的新检漏技术,由于它具有非接触、无损坏,经济、准确、效率高,既适用于局部区域,又适用于大区域,对周围环境无影响等优点,所以在某些特定的检漏领域，得到了比较多的推广和应用。

1）红外线辐射成像检漏技术

任何物体都不会是绝对零度，都会发出红外辐射。当被检件存在泄漏时，泄漏点周围的温度会发生变化，破坏正常工况下的温度场分布，泄漏点向外辐射红外线能量与其他部位存在差异。使用红外检测仪器进行拍摄时，图像就可以显示出热异常，通过计算机处理拍摄到的热异常图形，提取故障特征量，再利用模式识别技术来确定故障的类型，就可以判定被检测工件是否存在泄漏和漏率的大小。

2）红外线吸收法检漏技术

由红外线发射器发出的特定频率的红外线照射到被检区域，并用红外照相机进行照相，由于泄漏物质吸收了可产生显像的红外线能量，查找图像中有异常的地方即为有泄漏的部位。

3）红外线光声检漏技术

红外线光声检漏技术是利用可调谐激光去激励泄漏出来的测试气体，使其发射出来的特殊声信号，被旁边安置的麦克风接收，分析被接收的信号即可确定泄漏的准确位置。

思考题与习题

1. 解释以下术语：可追溯性；串装；关键工序；重要工序；无损检测；抽样检测；密封度。
2. 试述航空发动机装配质量控制的依据是什么？
3. 装配质量控制的内容是什么？
4. 如何进行装配过程的检测控制？
5. 工序（工步）的检测内容是什么？
6. 为什么要进行装配参数检验？
7. 举例说明间隙、跳动的检测方法（刚性结构）。
8. 试述内窥检测原理，并举一例说明。
9. 试述三种泄漏检测方法、原理和特点。

第5章　转子平衡技术

在平衡技术中，任何待平衡的回转零件、构件或机器统称为转子。或者说，绕定轴旋转的零件或部件称为转动件，简称转子。当转子的材料分布均匀，安装良好时，转动平稳。在理想情况下，支承只受转子重力，转子转动与不转动一样只有静载荷。当转子的材料分布不均匀，安装不正确，使转子的中心惯性主轴与旋转轴不重合，就会产生主惯性离心力和离心力偶，在支承上造成额外的转动载荷称为动载荷。研究转子平衡技术是为了消除或减小惯性力的不良影响，使转子在动平衡状态下正常工作。

压气机转子、涡轮转子等转动件的平衡在发动机制造中占有很重要的地位。实践证明，转动件的不平衡是影响发动机试车时振动超限的主要原因。不平衡的出现，与产品制造阶段的初始生产误差有关，也与产品在使用中的状态变化有关。如：在以模锻或铸造制取毛坯时，特别是轮盘和叶轮，与材料的不均匀密度有关；在机械加工时，与形状误差和表面相互位置误差（跳动量，壁厚不均匀性等）有关；在装配过程中，与轮盘和轴颈相互位置的累积误差、配合间隙范围内的偏移、叶片重量和榫头间隙的挑选误差等有关；在工艺试验时，与由动载荷及热载荷所产生的弹塑性变形（叶片的拉伸、弛豫）有关。除此之外，还应加上使用的不平衡量，如由于不均匀磨损、空穴、烧蚀、锈蚀、试验时开始的变形及弛豫的扩展等因素所引起的不平衡。

5.1　转子的振动与不平衡量

5.1.1　转子不平衡概述

转子旋转时，转动体内无数个微小质点都会产生离心惯性力，并组成一个惯性力系作用在转子上，如图5.1所示，使其产生挠性变形，挠性变形改变质点与旋转轴线的距离，使离心惯性力产生变化，进而使转子产生新的变形，无限反复至抵抗变形的弹性恢复力与离心惯性力平衡为止。或者说，不平衡是由于转子质量分布不均，转子旋转产生离心力所引起的振动力或运动作用于支承时转子所处的状态。

图5.2所示是一任意形状的刚性转子，以等角速度 ω 绕一固定轴 z 旋转，z 轴上任意一点 O 为坐标原点。刚性转子上无数个质点产生的惯性力向 O 点简化，得主矢 $\boldsymbol{R}_0$ 和主矩 $\boldsymbol{M}_0$。

由动力学可知：

$$|\boldsymbol{R}_0| = M\omega^2 |\boldsymbol{r}_C| \tag{5.1}$$

$$|\boldsymbol{M}_0| = \omega^2 \sqrt{J_{yz}^2 + J_{zx}^2} \tag{5.2}$$

式中：M——刚性转子的总质量，kg；

$\boldsymbol{r}_C$——刚性转子质心 C 到 z 轴的距离矢量，mm；

ω——角速度，r/s；

J_{yz}——刚性转子对 x 轴的离心惯性积，kg·m²；

J_{zx}——刚性转子对 y 轴的离心惯性积，kg·m²。

转子旋转，主矢和主矩方向都在变化，其矢量随同转子一起旋转成为引起轴承振动的激励源。转子动平衡的条件是惯性力系向任一点简化后，$\boldsymbol{R}_0$ 和 $\boldsymbol{M}_0$ 均为零。

$|\boldsymbol{R}_0|=0$，则 $r_C=0$，旋转轴通过质心。

$|\boldsymbol{M}_0|=0$，则 $J_{yz}=J_{zx}=0$。满足此条件的转轴 z 称为惯性主轴，通过质心的惯性主轴称为中心惯性主轴。

平衡的目的就是通过转子质量分布的调整，使转子的中心惯性主轴与旋转轴重合一致，则惯性力系满足 $|\boldsymbol{R}_0|=0$ 和 $|\boldsymbol{M}_0|=0$ 的要求。

图 5.1　转子上惯性力系

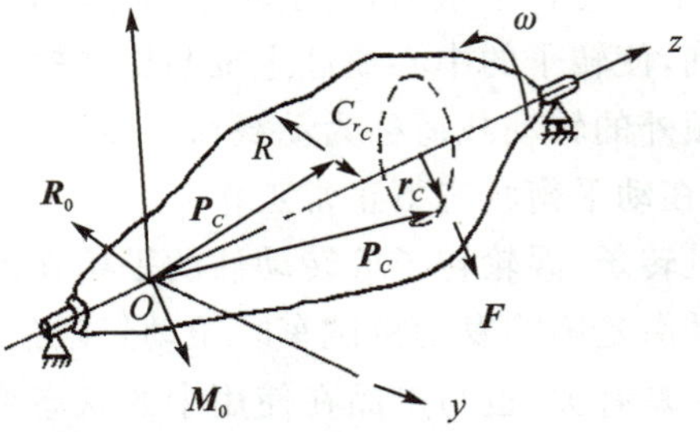

图 5.2　刚性转子的惯性力系简化示意图

5.1.2　转子不平衡分布与不平衡状态

1. 转子不平衡分布情况

在实际工作中，转子一般是由一个主轴和装配在主轴上的各种零部件组成，这样在转子轴向的每个微小的横截面上都可能存在不平衡质量 m_i，由前述可知，实际转子的不平衡是由于这无限个沿轴向分布的不平衡质量产生的，这些不平衡质量的大小和方向各不相同，而且沿转子轴向随机分布，所以转子轴向不平衡质量分布也是非常复杂的。因此，不平衡性是转子的一种状态，在这种状态下转子的质量分布会在旋转时产生对支承的交变载荷，有时还会使转子挠曲。转子的这种不平衡性用不平衡量 $\boldsymbol{D}_i$ 来表示，它等于不平衡质量 m_i 与该质量中心（质心）到旋转轴的距离 $\boldsymbol{r}$ 的乘积

$$\boldsymbol{D}_i = m_i\boldsymbol{r}$$

矢量 $\boldsymbol{D}_i$ 的方向总是与矢径 $\boldsymbol{r}_i$ 的方向相吻合。转子在垂直于旋转轴平面内，有一个不平衡量的集合

$$\sum \boldsymbol{D}_i = \sum m_i\boldsymbol{r}_i \tag{5.3}$$

为了使转子达到理想的平衡状态，必须对转子每个微小轴段上的不平衡量都进行校正，使转子每个轴段的质心都位于旋转轴线上。但是转子的不平衡量分布是随机的，不可能也没必要求出转子上的每个不平衡量，因此，实际上转子动平衡是根据转子不平衡激发的转子轴、轴承的振动（频率、振幅和相位），人为地在转子的有限几个校正平面上加一组配重（或减重），尽可能地消除或减少不平衡。因此，转子平衡只能在有限个校正平面上加重或去重，使不平衡减小到允许的程度，平衡后总会有某些分布的残余不平衡量，这些残余不平衡量称为剩余不平衡。

2. 刚性转子不平衡状态的表示

转子的转速达到自身产生弯曲共振时的转速，称为临界转速。转子经过临界转速时产生

的弯曲振型数，取决于转子转速与转子自振频率相一致的数量。一般来说，当转子的转速低于其自振频率的 70%时，认为它是一个刚性转子，而高于其自振频率的 70%时，认为它是一个挠性转子。

转子的实际不平衡是无限个沿转子轴线连续分布的不平衡质量产生的，它可以用有限个不同大小和不同方向的惯性力（不平衡矢量）表示，而刚性转子的不平衡状态可以用主矢 $\boldsymbol{R}_0$ 和主矩 $\boldsymbol{M}_0$ 来表示，如式(5.1)、式(5.2)。

主矢 $\boldsymbol{R}_0$ 和主矩 $\boldsymbol{M}_0$ 一起完整地描述了刚性转子的不平衡。主矢与特定的径向平面无关，但主矩的量值和相位角方向取决于主矢所在平面的轴向位置。主矢是动不平衡的等效合力，而主矩通常表示为在任意两个不同径向平面内的一对大小相等、方向相反的力。主矢与主矩都是人为的量，主要用于对转子不平衡状态的评价。

根据主矢 $\boldsymbol{R}_0$ 和主矩 $\boldsymbol{M}_0$ 的情况，刚性转子的不平衡状态有以下几种情况：

(1) 静不平衡

$|\boldsymbol{R}_0| \neq 0, |\boldsymbol{M}_0| = 0$ 时，中心惯性主轴相对于旋转轴平移一个距离，离心惯性力 F_m 只作用在中心 C 所在的平面，是静不平衡的状况。此时，旋转轴与其惯性轴呈平行状态，如图 5.3(a)所示，它们之间的距离等于质心的偏心率 e，轴承支承反力有如下关系：

$$F_A = F_B = F_m/2$$

如果转子相对两个支承轴承不是对称的，则有

$$F_A = \frac{l}{L}F_m,\quad F_B = \frac{L-l}{L}F_m$$

式中：l——F_m 距离支承 A 的距离；

L——两支承 A、B 之间的距离。

静不平衡可以用静平衡法检查和排除。

(2) 准静不平衡

$|\boldsymbol{R}_0| \neq 0, |\boldsymbol{M}_0| \neq 0$ 时，主矢 $\boldsymbol{R}_0$ 和主矩 $\boldsymbol{M}_0$ 相垂直时，中心惯性主轴与旋转轴相交，交点不在质心处，是转子的准静不平衡状态。如图 5.3(b)所示，不平衡矢量 $\boldsymbol{D}_m$（大小等于 F_m）不位于转子重心平面内，如果在中心平面内增加一对大小相等、方向相反的对称矢量 $\boldsymbol{D}_a$ 和 $-\boldsymbol{D}_a$（大小等于 F_a）时，对转子的起始不平衡状态没有影响，若 $F_a = F_m$，这时 $\boldsymbol{D}_m$ 与 $-\boldsymbol{D}_a$ 便组成力偶不平衡 $\boldsymbol{M}_{am}$，而 $\boldsymbol{D}_a$ 就成了转子的静不平衡。

(3) 力偶（力矩）不平衡

$|\boldsymbol{R}_0| = 0, |\boldsymbol{M}_0| \neq 0$ 时，中心惯性主轴与旋转轴相交于质心，是力偶不平衡的状况。如图 5.3(c)所示，若在一半径为 r、质量均匀分布的圆柱形转子上距离重心 C 两侧各为 $a/2$、并互为 180°的外圆周上分别附加质量 m，两支承的轴承支反力分别为

$$F_A = \frac{a}{L}F_{m_1},\quad F_B = \frac{a}{L}F_{m_2}$$

则当转子转动时，不平衡量 $\boldsymbol{D}_{m_1}$ 与 $\boldsymbol{D}_{m_2}$（左右两侧附加质量 m 处）大小相等，方向相反，离心惯性合力为零，但惯性力偶不等于零，即

$$\boldsymbol{D}_{m_1} - \boldsymbol{D}_{m_2} = 0$$

$$\boldsymbol{D}_{m_1}\frac{a}{2} - \boldsymbol{D}_{m_2}\frac{a}{2} \neq 0$$

不平衡惯性力偶使转子的中心主惯性轴 $A-B$ 相对回转轴线产生角位移 θ，并与回转轴线

相交于重心 C。

力偶不平衡在静止状态下无法观察到，只有在转子转动时才能观察。由于力偶不平衡是由两个大小相等、方向相反的不平衡惯性力所引起的，所以需要在垂直回转轴线的两个校正平面内进行校正。此时力偶不平衡的大小可以表示为

$$M = mra \tag{5.4}$$

式中：m——不平衡力偶中质点的质量，kg；

r——质点到旋转轴的距离（校正面半径），mm；

a——两校正面间距离。

（4）动不平衡

$|\boldsymbol{R}_0| \neq 0$，$|\boldsymbol{M}_0| \neq 0$，但 $\boldsymbol{R}_0$ 与 $\boldsymbol{M}_0$ 不垂直时，中心惯性主轴与旋转轴既不平行，也不相交。如图 5.3(d)所示，转子以角速度 ω 匀速转动，中心惯性主轴与旋转轴既不平行，也不相交，这是动不平衡的最普遍的形式。此时，不平衡离心惯性力 $\boldsymbol{D}_m$ 不等于零，不平衡离心力偶 $\boldsymbol{M}_m$ 也不等于零。或者说，当转子以速度 ω 旋转时，这些不平衡量的静态分量将对支承引起惯性离心力 $\boldsymbol{D}_{m_1}$ 和 $\boldsymbol{D}_{m_2}$，也会像力矩分量那样沿转子轴产生弯曲力矩 $\boldsymbol{M}_{m_1}$ 和 $\boldsymbol{M}_{m_2}$。

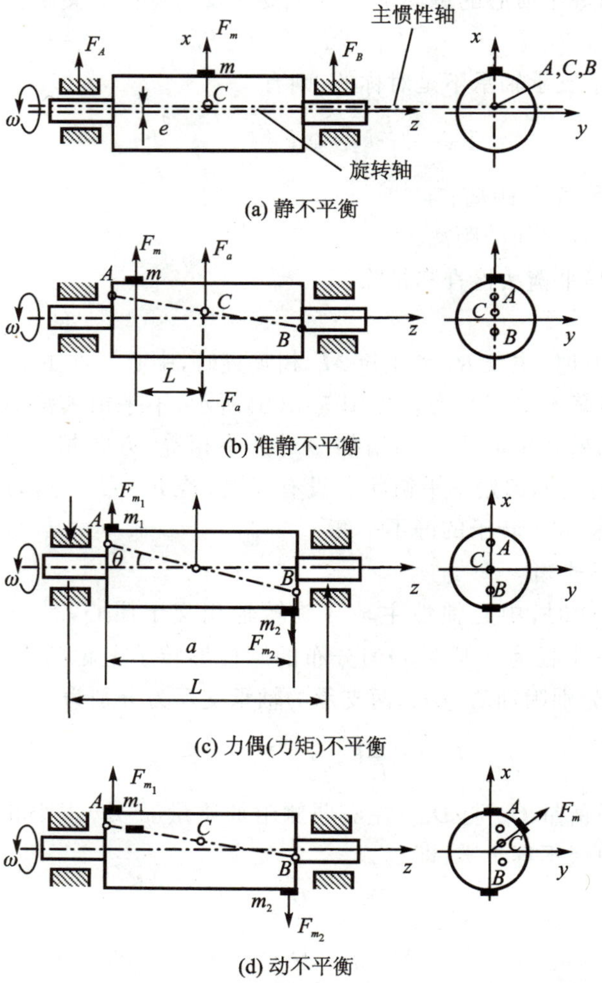

图 5.3 刚性转子不平衡状态

$|\boldsymbol{R}_0|\neq 0$，在重力场中转子旋转或不旋转的条件下可以检测出并予以纠正，而 $|\boldsymbol{M}_0|\neq 0$ 必须在转子旋转的条件下，检测它的存在，故动平衡的转子必定是静平衡的（$R_0\equiv 0$），静平衡的转子不一定是动平衡的（$\boldsymbol{M}_0$ 可能不等于零）。

动不平衡通常可用在两个任意平面上的等效不平衡矢量表示，所以动不平衡需要在垂直于轴线的两个平面内校正。

对于刚性转子，任何类型的不平衡问题都可以通过任选的两个平面得以平衡。

3. 挠性转子不平衡状态的表示

具有挠性特征的转子不平衡状态用模态不平衡表示，模态不平衡也称为振型不平衡，它基于各阶振型的弯曲曲线，如果各个不平衡矢量 $\boldsymbol{D}_k$ 按各自的纵坐标值度量，如图 5.4 所示，则单个振型不平衡可以表示为

$$\boldsymbol{D}_{n,k}=\boldsymbol{D}_k\Phi_n(Z_k) \tag{5.5}$$

式中：$\boldsymbol{D}_k$——单个不平衡矢量，$k=1,2,3,\cdots$；

$\boldsymbol{D}_{n,k}$——单个振型不平衡（模态不平衡）；

$\Phi_n(Z_k)$——n 阶振型函数，$n=1,2,3,\cdots$。

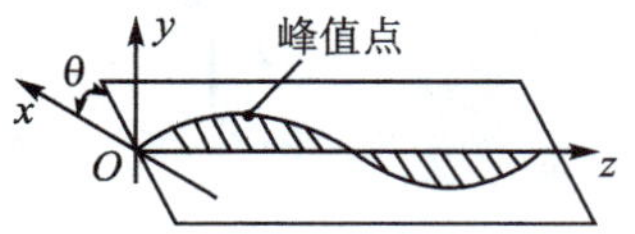

图 5.4　二阶振型

某一阶振型的所有不平衡描述了振型的不平衡分布，而这些不平衡相加就得到合成模态不平衡

$$\boldsymbol{D}_{n,r}=\sum_{k=1}^{k}\boldsymbol{D}_k\Phi_n(Z_k) \tag{5.6}$$

式中：$\boldsymbol{D}_{n,r}$——n 阶合成模态不平衡（合成振型不平衡），它不是单一的不平衡量值，而是表示在 n 阶振型中不平衡的分布。

沿转子上任一点的不平衡效应取决于转子振型。

5.1.3　转子的结构形式与不平衡的分布

转子通常指轴颈由轴承支承的旋转体，转子的结构形式不同，不平衡的轴向分布就不相同。如图 5.5 所示为几种不同形式的转子结构，它们的不平衡分布特点如下：

设：$F_1=F_2=F$ 为不平衡离心力；R_1、R_2 为轴承支反力。

1）跨内同相不平衡与反相不平衡特点（图 5.5(a)）

同相不平衡（静不平衡）激振力对轴承的作用比反相不平衡（偶不平衡）大（如图 5.5(a_1)、(a_2)所示）；同相不平衡产生的振动相位是同相的，反向不平衡产生的振动相位是反相的。

2）跨外（外伸端）同相不平衡与反相不平衡特点（图 5.5(b)）

同相不平衡（静不平衡）激振力对轴承的作用比反相不平衡（偶不平衡）小（如图 5.5(b_1)、(b_2)所示）；同相不平衡产生的振动相位是同相的，反向不平衡产生的振动相位是反相的。

3）单外伸端同相不平衡与反相不平衡特点（图 5.5(c)）

同相不平衡（静不平衡）激振力对轴承的作用比反相不平衡（偶不平衡）大（如图 5.5(c_1)、(c_2)）；反相不平衡产生的振动相位是反相的，同向不平衡产生的振动相位也是反相的，并且与反相不平衡产生的反相振动的方向相反；靠近外伸端的轴承负荷大于另一端轴承，即 $R_1>R_2$。

4）跨内和一个外伸端同相不平衡与反相不平衡特点（图 5.5(d)）

如果 $l_1=l_2=l_3$，同相不平衡激振力都作用在靠近外伸端的轴承上，另一个轴承无负荷，即 $R_1=2F$，$R_2=0$；反相不平衡两轴承负荷大小相等，相位相反。

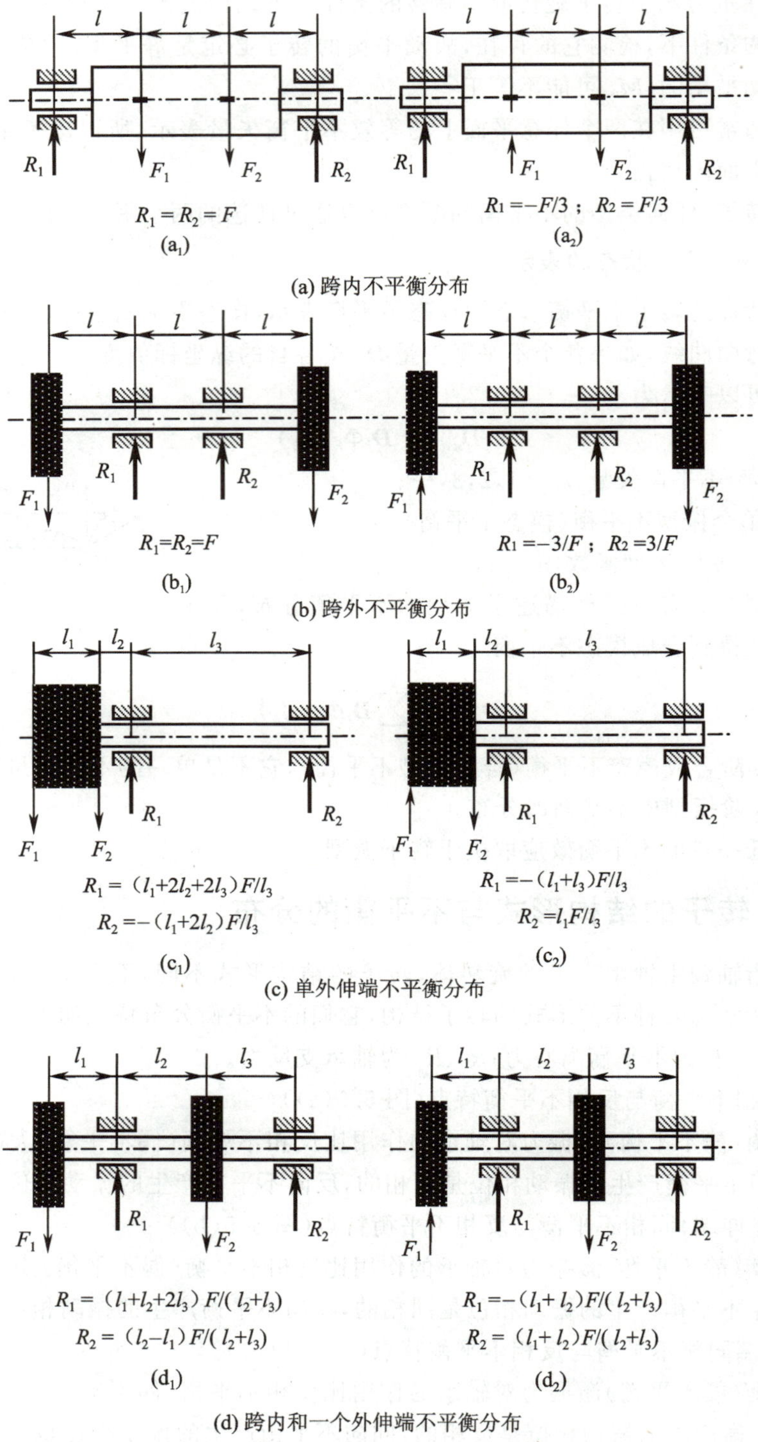

图 5.5　不同结构转子的不平衡分布

当 $l_2 > l_1$ 时，$R_2 = (l_2 - l_1)F/(l_2 + l_3)$，即同相不平衡激振力在两轴承上产生大小不等的同相位振动；当 $l_1 > l_2$ 时，$R_2 = -(l_2 - l_1)F/(l_2 + l_3)$，即同相不平衡激振力在两轴承上产生

大小不等的反相位振动。

为了降低产品的振动强度，希望能完全消除转子的不平衡，但实际上是办不到的。所以要用平衡法力求使其减小到由产品的技术标准、经济标准和环境标准确定的允许值。这样，转子的平衡就是一个确定不平衡量大小和角度的过程（在垂直于轴的平面内），并用质量调整的办法来减小它（在理论上意味着旋转轴与主中心惯性轴接近）。在航空发动机生产中，对转子及其组成部分应用了两种平衡方法——静平衡与动平衡。

5.2　静平衡

静平衡是指对转子的静不平衡进行测量和校正（加重或去重）。静平衡属于单面平衡，主要用于盘状转子，如压气机和涡轮盘件。

静平衡在发动机生产中主要用在装配好的转子做最后的动平衡之前，对转子的轮盘及其组成部分做预平衡，其目的是确定并减小静态的不平衡性，即不平衡量的主矢量。静平衡通常是在一个称为校正平面的平面内进行，属于单面平衡，实施的主要方法如下：

如图 5.6(a)所示，转子 1 以轴颈安放在经淬火的钢制 V 形铁 2 上，V 形铁上面有一窄棱，叫做刀口（也可利用柱形细轴和成对的滑轮）。不平衡的转子将滚转一个角度，直到其重心处于最下面，这个位置对应着最小位能。若在相反的位置，即轻区上加一平衡配重 ΔG（通常是用粘土蜡混合料挂上的），能使转子达到平衡，如图 5.6(b)所示，则有

$$\Delta GR = Ge$$

式中：ΔG、G——分别为平衡配重的重量和转子的重量；

R——转子轴线到配重重心的距离。

或者 $\Delta mR = me = D_e$，即不平衡量的值将等于平衡配重的质量 Δm 与它到转子轴线的距离之乘积。

然后取下配重，称其质量，并作最后的质量修正，再用等质量的平衡螺钉、销钉或垫片代替它。有时可应用铣削、钻孔或激光去重等方法，能较方便地将重区的金属切削掉一部分。为不削弱零件，不造成应力集中，一般只削去一薄层金属，但要从重区的大面积上或几段上切除。

作为质量调整的校正平面，是在产品设计时根据结构工艺上的需要设定的。可选取轮盘、轮毂等容易达到且不太重要的侧面。因此，一般情况下校正平面与质心作用位置的平面不重合。

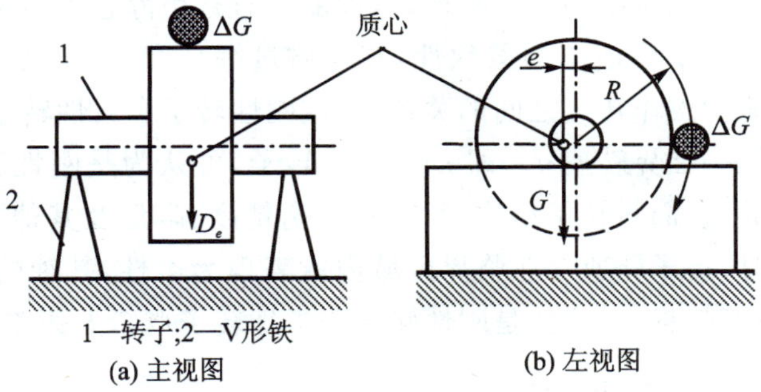

图 5.6　静平衡

静平衡虽然简单，但它有一些性能上的缺点，使其应用受到限制。首先，它不能保证足够

的精度。这是因为转子的轴颈(或轴)及刀口(滑轮)不是绝对刚性的,其接触也不是直线(或点),而是某个面,如图5.7所示。因而在它们之间会产生摩擦,这就妨碍了转子取单一的稳定平衡位置。其次,它不能暴露和消除力矩不平衡性(对这类不平衡,一个校正平面是不够的),有时甚至会使之增大。

假设需要平衡质心处在转子平面Ⅰ内,如图5.8所示。这时可在反面,例如在校正平面Ⅱ内,设置一平衡配重ΔG,使转子达到静平衡,然而,当转子以工作转速旋转时,会产生力矩的不平衡,好像有一个力臂为L的力偶作用的结果,L等于平面Ⅰ和Ⅱ之间的距离。显然,转子的质量和力臂L越大,弯曲力矩就将越大。如果将校正配重沿转子轴线配置在两个平面内,配重分成与两平面到质心平面距离L_{I}和L_{II}成反比,则力矩就会减小。

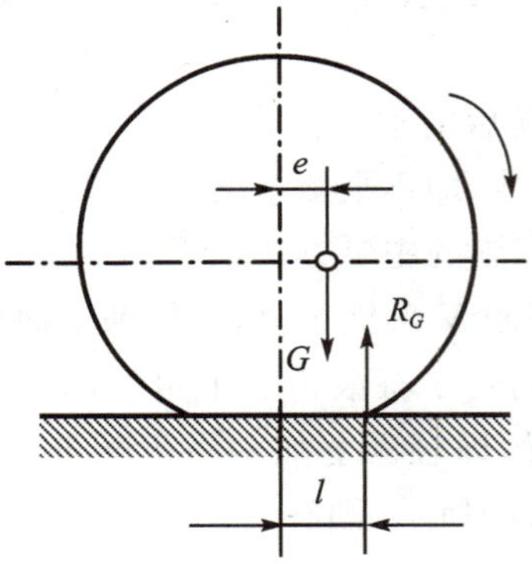

图5.7　静平衡时产生阻力

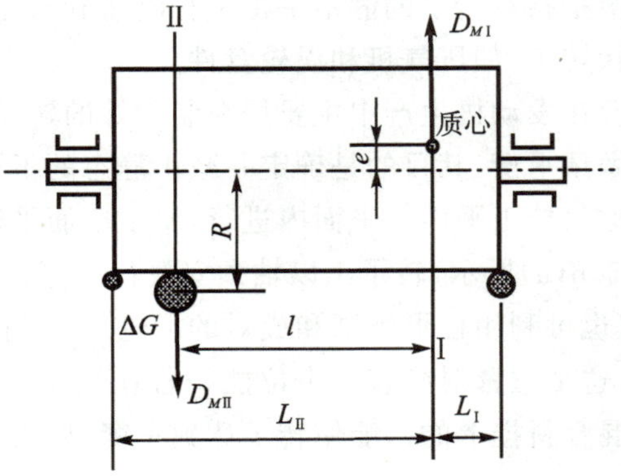

图5.8　静平衡时产生力矩不平衡

5.3　动平衡

对于旋转轴线有约束的转子,动不平衡在支承上造成动载荷,引起发动机的振动,随着转子不平衡量的增大,振动将急剧增大,若达到危险值,便会引起轴承组件的破坏,并将对发动机的维护及乘务人员的身体产生有害的生理影响,所以,必须根据转子的动态特性进行动平衡的工作。

动平衡与静平衡的区别在于,它的平衡工作是在某一恒定转速下,并在两个(或几个)校正平面内进行的。它能确定和减小动态不平衡性,即能同时减小静态和力矩的不平衡。

任何一个转子都具有某些横向的柔软性,其与质量综合在一起,便确定了旋转的临界转速。根据转子临界转速与工作转速之间的关系,分成刚性转子和柔性转子。

工作转速n低于第一临界转速n_p,即$n<n_p$的转子,可认为是刚性转子。而其转速之间的关系却是各自独立的,它们与转子结构、所需的平衡精度、阻尼及其他可变因素有关。当将这些因素做一定组合时,转子转速在亚临界区域内就表现为柔性,其轴的弹性线便有一挠曲,转子的不平衡越大,挠度就越大,这就是刚性转子与柔性转子概念上的差别。

5.3.1　刚性转子动平衡

根据理论力学定理可知,如果把转子当作刚体,那么刚性转子的动平衡在两个校正平面内进行就可以了。

假设所选取的校正平面Ⅰ和Ⅱ与支承 A 和 B 的中点重合，这时刚性转子平衡的全部问题就归结为在平面Ⅰ和Ⅱ内分别施加一个矢量，使其大小等于 $\boldsymbol{D}_{\mathrm{I}}$ 与 $\boldsymbol{D}_{\mathrm{II}}$ 的矢量和，而方向相反。

如图 5.9 所示转子，在 3 个垂直于回转轴线 $O—O$ 的平面上有 3 个不平衡量 $\boldsymbol{D}_1$、$\boldsymbol{D}_2$ 和 $\boldsymbol{D}_3$，选取 L 和 R 两个平面为校正面，按静力学原理将 $\boldsymbol{D}_1$ 分解到 L 和 R 平面上，得到两个分矢量 $\boldsymbol{D}'_1$、$\boldsymbol{D}''_1$，其中

$$\boldsymbol{D}'_1 = \left(1 - \frac{a_1}{l}\right)\boldsymbol{D}_1 \tag{5.7}$$

$$\boldsymbol{D}''_1 = \frac{a_1}{l}\boldsymbol{D}_1 \tag{5.8}$$

同理，可将 $\boldsymbol{D}_2$ 和 $\boldsymbol{D}_3$ 分解到 L 和 R 两个校正平面上，也分别得到两个分矢量 $\boldsymbol{D}'_2$、$\boldsymbol{D}''_2$，$\boldsymbol{D}'_3$、$\boldsymbol{D}''_3$，在 L 校正平面上得到的三汇交矢量的合成矢量 $\boldsymbol{D}_L$ 为

$$\boldsymbol{D}_L = \boldsymbol{D}'_1 + \boldsymbol{D}'_2 + \boldsymbol{D}'_3$$

同理，R 校正平面上得到的三汇交矢量的合成矢量 $\boldsymbol{D}_R$ 为

$$\boldsymbol{D}_R = \boldsymbol{D}''_1 + \boldsymbol{D}''_2 + \boldsymbol{D}''_3$$

在原 3 个不平衡平面上的 3 个不平衡量 $\boldsymbol{D}_1$、$\boldsymbol{D}_2$ 和 $\boldsymbol{D}_3$ 的转子，经力系简化后可用 L 和 R 平面上的两个不平衡量 $\boldsymbol{D}_L$ 和 $\boldsymbol{D}_R$ 等效代替。

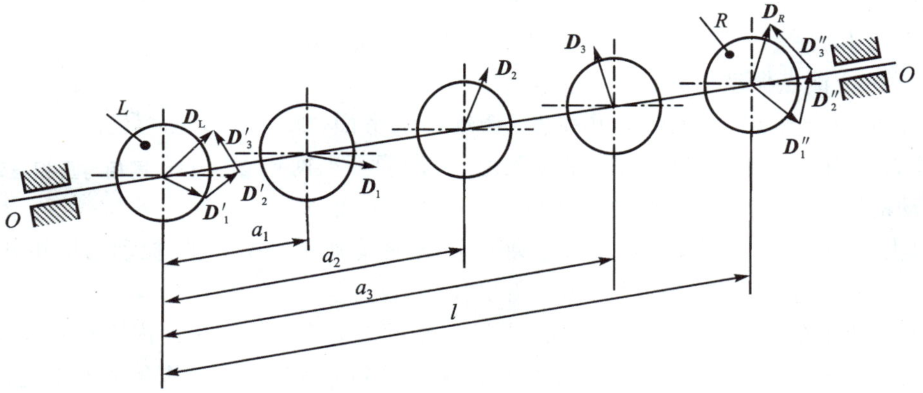

图 5.9　刚性转子双面校正

同理，若转子在几个平面上有 n 个大小和方向不同的不平衡量 $\boldsymbol{D}_1$，$\boldsymbol{D}_2$，$\boldsymbol{D}_3$，…，$\boldsymbol{D}_n$，仍可视为仅在 L 和 R 两个平面上有两个不平衡量 $\boldsymbol{D}_L$ 和 $\boldsymbol{D}_R$，则 $\boldsymbol{D}_L$、$\boldsymbol{D}_R$ 分别为

$$\boldsymbol{D}_L = \boldsymbol{D}'_1 + \boldsymbol{D}'_2 + \boldsymbol{D}'_3 + \cdots + \boldsymbol{D}'_n \tag{5.9}$$

$$\boldsymbol{D}_R = \boldsymbol{D}''_1 + \boldsymbol{D}''_2 + \boldsymbol{D}''_3 + \cdots + \boldsymbol{D}''_n \tag{5.10}$$

由上述分析可知，若要转子平衡，只需分别在 L 和 R 两个校正平面上加一个与 $\boldsymbol{D}_L$ 和 $\boldsymbol{D}_R$ 大小相等、方向相反的平衡量，转子就能得到平衡。

由式(5.7)～式(5.10)可知，校正面位置改变，L 和 a_i 随之改变，$\boldsymbol{D}_L$ 和 $\boldsymbol{D}_R$ 也随之改变。选择校正平面时，应尽量选择结构上允许去重或加重的平面。此外，两校正平面间的距离应尽可能大些，以使力矩偶平衡效果更好。

多年的平衡实践证明，刚性转子在临界转速以下运转时，转子是作为一个刚体在弹性支承下旋转，在一定的转速范围内会存在两个共振转速，较低的共振转速是由静不平衡引起的，较高的共振转速是由力偶不平衡引起的，一般称它们为刚性转子的一阶、二阶振型。如图 5.10

所示为转子的振型(振动的形态),它表明了转子轴线上各点振动的相对比例关系。因此,现场动平衡时,根据测量的不平衡振动相位就可以确定转子不平衡的类型。如果支承两侧点的振动相位同相,则是静不平衡造成的一阶振型;反之,如果相位相反,则是力偶不平衡造成的二阶振型。

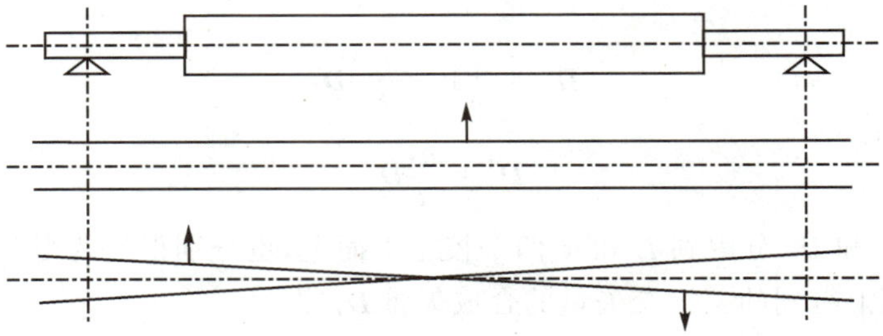

图 5.10 刚性转子一阶、二阶振动振型

转子动平衡振动测量中,两支承点的振动相位往往是不完全同相也不完全反相,可以通过矢量运算分解出同相分量和反相分量,如图 5.11 所示。

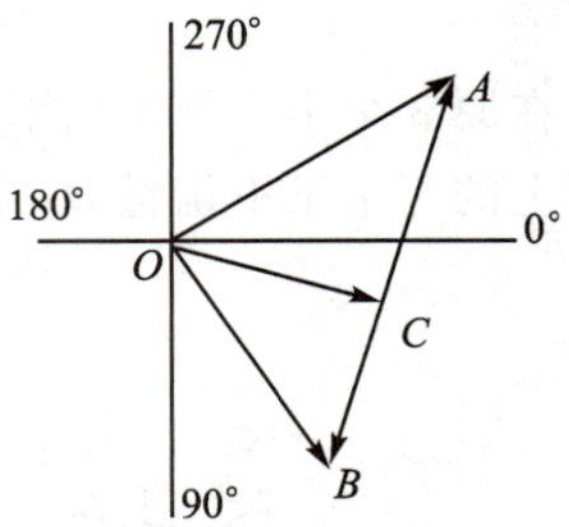

图 5.11 同相与反相振动分量

图中,$\overrightarrow{OA}$为测点 A 的振动矢量;$\overrightarrow{OB}$为测点 B 的振动矢量;C 为 A 与 B 连线的中点;$\overrightarrow{OC}$为两个测点振动的同相分量;$\overrightarrow{CA}=\overrightarrow{CB}$为两个测点振动的反相分量。

对于刚性转子来说,用同相平衡配重(任选两个平面,加上或去掉大小相等、方向相同的对称平衡配重)平衡静不平衡分量(振动的同相分量);用反相平衡配重(任选两个平面,加上或去掉大小相等、方向相反的反对称平衡配重)平衡力偶不平衡分量(振动的反相分量)。

综上所述,对于刚性转子的动平衡可得出如下结论:

① 不论转子初始不平衡量如何分布,总可以在预选的两个校正平面内进行平衡校正。

② 刚性转子的平衡与转速无关,即在某转速下获得平衡的转子,其剩余不平衡量的值在转子转速发生改变时,甚至达最高转速时也不会显著超过允许剩余不平衡量。

③ 转子的不平衡由静不平衡和动不平衡组成,两者可分别校正。但对刚性转子而言,可直接作动平衡校正,而无需先对转子做静平衡,因为动平衡的转子一定是静平衡的。

实际平衡时,平衡工作由两个工序组成:测量不平衡量,而后用质量校正法以规定的精度将它消除,亦即对转子(在两个平面内)附加以材料,或切削掉一部分材料。

对支承中间的转子,校正平面与其支承实际上不重合,而属于转子体上的一部分结构。相应地,在这些平面内校正质量也是另加的。校正经常是用附加一平衡螺钉质量的办法进行。因此,在机械车间中就应预先在两个校正平面内准备好螺钉孔。

发动机转子的平衡,主要是在超谐振试验机上以高于系统最大固有振动频率的旋转速度进行的,该振动系统由转子和附加质量(动框架、工艺轴承等)组成。图 5.12 所示为试验机的简单原理图。

转子 1 安装在在水平平面内振动的活动支承 A 和 B 上,并用皮带传动装置 2 带动它旋转。用电磁变换器 3(图中假定转到下方)将不平衡质量作用下所产生的支承振动转换成电信

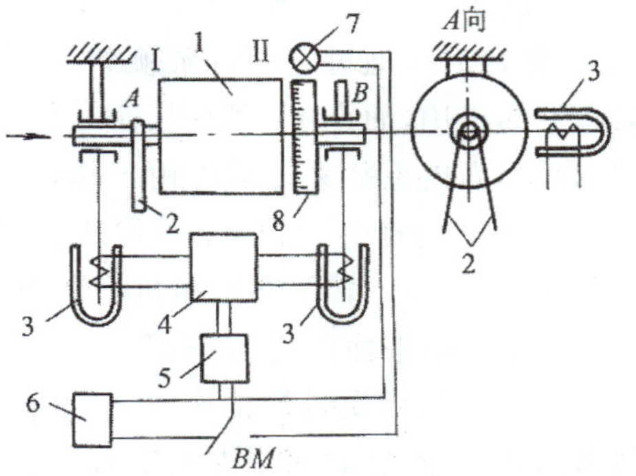

1—转子；2—皮带传动装置；3—电磁变换器；4—调谐装置；5—选频放大器；
6—不平衡量指示器；7—氖灯；8—有刻度和数字的圆盘

图 5.12　动平衡机原理

号，然后送到调谐装置 4 的输入端。在调谐装置中消除平面间的相互影响，并建立不平衡量的比例尺。不平衡量的信号从调谐装置的输出端进入以转子旋转速度调谐的选频放大器 5 经滤波和放大的信号，再送到不平衡量指示器 6（有指针的仪表）。仪器能以电量单位（例如毫安）指示出不平衡量的大小，或直接将它校准成克·毫米。

在垂直于转子轴线的平面内确定重区，或者说确定不平衡矢量的角向位置，可利用频闪观测仪以自测进行。通常用氖灯 7 作为频闪观测器，每当重区与装有变换器的水平面相交时，转换成电信号的正是最大振幅，这一瞬间氖灯便闪光一次。在闪光时，灯泡便照亮转子的一定部位，以及固定在转子上的有刻度和数字的圆盘 8（或直接刻在转子上的记号）。由于闪光的同步性和旋转的高频，便产生频闪观测效应，即观测者觉得转子和圆盘是停留着的，而数字（记号）也像是停在一个地方不动（这个位置可以用自视确定）。我们知道闪光时刻与重区通过变换器安装平面的时刻是一致的，那么不平衡量的角向位置便容易确定了。为此，让试验机停转，将转子转到使数字（记号）处于试验时所观测到的位置上。这时，重区将处在变换器的安装平面内。

为了在质量校正时能创造比较方便的条件去接近重区（或轻区），有时用电子系统调谐的方法，人为地使重区与变换器平面有一相对偏移。

平衡过程通常是先在左支承 *A*、后在右支承 *B* 分开进行，包括以下几个阶段：

先根据指示器确定不平衡量的大小，然后确定不平衡量的角度，最后进行质量校正和检验运转情况，看残余不平衡量是否符合允许值。

除上述结构的试验机外，刚性固定支承试验机也获得应用。在这种试验机上，转子动态不平衡量的大小和相位，不是按照支承振动的振幅测定，而是根据装在试验机固定支承内的压电石英变换器的动压力测出。对于这类试验机，被平衡转子的质量范围可以很宽，因为它们具有调整简单的特点。刚性支承在结构上比较简单，工艺性也比活动支承好。但这种试验机生产率低，并且尽管轴承内的摩擦最小且稳定，但其损耗仍对测量结果有影响。

5.3.2　挠性转子动平衡

1. 挠性转子动平衡原理

对于挠性转子，首先在低于第一临界转速下，在它的两端平面内加配重平衡好后，这两个加好的配重将补偿掉分布在整个转子上的不平衡质量。如果再把这个转子的转速提高到它的第一临界转速以上，由于转子的转速升高通过它的自振频率，会使这个转子由于位于转子中心处的不平衡质量所产生的离心力的作用，而产生变形，从而产生新的不平衡问题，此时在新的转速下又有必要在转子两端的平衡面内重新进行动平衡工作，而以后当转子转速降下来后转子又会进入不平衡状态。这种不平衡的产生，可以用对称质量支承间的转子(假定为无重量轴)作为简单例子来说明，如图 5.13 所示。转子在平衡机上以角速度 ω 作平衡试验，在半径为 R 的转子结构部分(如轮盘)的两个校正平面内进行平衡，该结构部分靠近支承。只要保证惯性力等式 $p=p_1+p_2, m_p e\omega^2=2\Delta GR\omega^2$，用质量校正法便可以消除其不平衡性，见图 5.13(a)。因此，经平衡校正后，转子基本达到平衡，这时两侧支承反力为零。

当发动机转速升高，以使用转速工作时(接近临界转速)，挠性转子会产生挠曲，质心会有一挠曲量 y，而在校正平面内(支承附近)挠度却不大，甚至可以忽略不计，前面所得到的惯性力等式就被破坏，即 $m_p(e+y)\omega^2\neq 2\Delta GR\omega^2$，使两侧支承产生附加反力 F_1、F_2，见图 5.13(b)。这时就会使在低速下已经平衡好的转子，在高速运转时平衡状态遭到破坏，出现新的不平衡。而所产生的不平衡(或叫感应不平衡量，是各种残余不平衡的总合)可能会远远超过允许值。为了能在一定的转速范围内，确保转子都能处在平衡的工作状态下，唯一的解决办法是采用多平面平衡法。

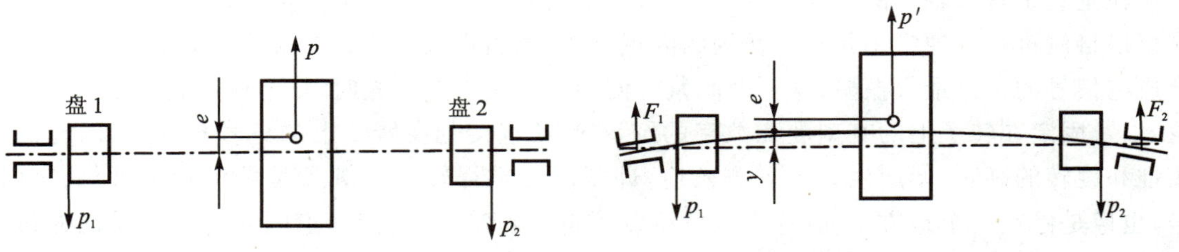

(a) 恒定转速ω下的平衡试验　　(b) 高转速下转子产生的挠曲变形

图 5.13　非刚性系统对不平衡量的影响

从以上分析可知，挠性转子与刚性转子的动平衡目的是相同的，都是改善转子质量分布，消除或限制支承处的附加反力，但二者之间的动平衡方法不同，要查明并消除挠性转子所产生的不平衡，必须以高旋转速度(包括达到使用转速)作平衡试验，并需在靠近实际不平衡质量所在位置，做为校正平面。

2. 挠性转子的振型分析

由转子动力学分析可知，挠性转子的动挠度由各阶振型叠加而成，它是一条空间曲线。当这条空间曲线以角速度 ω 绕转子轴线旋转时，可以展开成各阶振型分量。这里主要讨论前三阶临界转速范围下工作时的振型变化情况。如图 5.14 所示，Φ_1、Φ_2、Φ_3 分别表示前三阶振型(转子轴线上各点相对比例关系)。

由图 5.14 可以看出，其挠曲变形一般不会发生在同一径向平面内，Φ_1 曲线表示转子一阶挠曲变形，Φ_2 曲线表示转子二阶挠曲变形，Φ_3 曲线表示转子三阶挠曲变形。一阶、二阶、三阶挠曲线所在平面Ⅰ、Ⅱ、Ⅲ与 xz 平面的夹角分别为 θ_1、θ_2、θ_3 ($\theta_1\neq\theta_2\neq\theta_3$)。利用这一特征并根据挠性转子振型的正交性，平衡挠性转子一阶、二阶、三阶振型的不平衡时，只要分别在Ⅰ、Ⅱ、Ⅲ三个纵向平面内不同的轴向位置调整平衡配重，即可消除转子的一阶、二阶、三阶挠曲变形。

振型正交性是指不平衡振动按振型函数展开，振型函数表示在转子轴向位置 s 处的 i 阶振型值 $\Phi(s)$。振型的正交性可以表示为

$$\int_0^L m(s)\Phi_i(s)\Phi_j(s)\mathrm{d}s\begin{cases}=0 & i\neq j\\ \neq 0 & i=j\end{cases} \tag{5.11}$$

式中：$m(s)$——转子质量密度；

$\Phi_i(s)$、$\Phi_j(s)$——转子振型函数，i、$j=1,2,3\cdots$。

i 阶振型分布的不平衡量，不会激发第 j 阶振型的振动($i\neq j$)，只会激发 i 阶振型振动($i=j$)，也就是说，转子 i 阶主振型(对无阻尼的转子——轴承系统，转子在某一挠曲临界转速出现的振型)仅是由不平衡量的 i 阶分量激起，其他各阶不平衡量不激起 i 阶主振型。

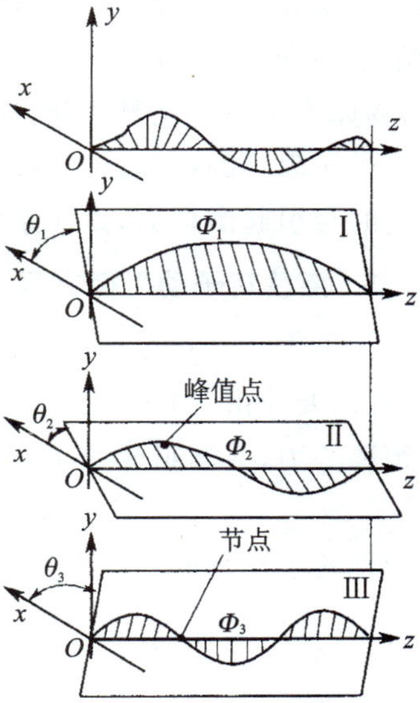

图 5.14　挠性转子不平衡

根据转子动力学理论，挠性转子的振型与临界转速、转子不平衡分布、支承刚度和系统阻尼等因素有关。

(1) 临界转速

当转子的固有频率与不平衡激振力的频率重合时(临界转速)，产生共振，转子挠曲增至最大。转子挠曲临界转速是转子出现最大挠曲时的转速，转子的这种挠曲变形远比轴颈振动显著；刚性转子振型临界转速是轴颈出现最大振动时的转速，轴颈的这种振动远比转子挠曲变形显著。

动挠度曲线的形状和弯曲程度随转速而变化，当转速接近某阶临界转速时，该阶振型分量最大。所以，在某阶临界转速下运行时，转子的挠曲变形主要是该阶挠曲主振型，其他振型分量是次要的(振型分离原理)。

(2) 转子不平衡分布

由前述可知，转子不平衡分布用振型(模态)不平衡表示，每个振型的挠度由相应振型不平衡引起。振型位于转子的轴向平面上，挠曲弹性变形的幅度不仅与不平衡的大小有关，还与不平衡所处的轴向平面有关。在节点(弹性变形曲线与轴线的交点)平面的不平衡不会激发该阶振动，如果在节点以外，不平衡量越大振动就越大，越靠近变形峰点(反节点)，不平衡量的影响就越大，见图 5.14。

(3) 支承刚度

实际工作中的支承是具有一定弹性的，会随着转子的振动而振动，因此，可以通过支承检测到不平衡振动，并由此判断转子的振型。不平衡量奇数阶谐量引起两个支承动反力大小相等、方向相同，呈对称形式；不平衡量偶数阶谐量引起两个支承动反力大小相等、方向相反，呈反对称形式。

如果支承在径向的刚度不同，那么两个主刚度方向(垂直方向和水平方向)的临界转速就不同。在两个主刚度方向上顺次发生谐振。

(4) 系统阻尼

在临界转速范围内，系统阻尼对振动影响很大。

由于阻尼的存在，使振动过程中机械能不守恒，而阻尼力消耗的功不断转化为热能，使自由振动衰减，以致消失。阻尼力与振动速度成正比时，称为线性阻尼或黏性阻尼，很多振动问

题中的实际阻尼可简化为线性阻尼。线性阻尼较小时，运动仍具有等时性，可以认为在平衡位置附近的衰减振动周期 T_1 比不考虑阻尼的振动周期大些，也可以视为近似相等；阻尼相当大时，物体不再发生往复运动，逐渐趋近平衡位置停下来。

由于阻尼的存在自由振动会衰减，但当转子的中心对转子轴线有偏离、质量不平衡及负载不均时会引起激振力，致使系统产生持续振动。

3. 挠性转子动平衡方程

如果想在 i 个校正平面上分别加 i 个集中校正质量 $m_1, m_2, m_3, \cdots, m_i$，使挠性转子达到平衡，就需要使由 i 个校正质量所产生的惯性力 $Q(x)$、不平衡 $e(x)$ 和动挠度 $S(x)$ 所产生的不平衡离心力，共同组成的离心惯性力系成为一个自相平衡的力系，即

$$Q(x) = M\omega^2 S(x) + M\omega^2 e(x) \tag{5.12}$$

从而使转子支承的动反力为零，即要同时满足以下三个方程

$$\sum_{i=1}^{j} D(i) = 0 \text{（合成不平衡矢量等于零）} \tag{5.13}$$

$$\sum_{i=1}^{j} D(i)X(i) = 0 \text{（合成不平衡力矩等于零）} \tag{5.14}$$

$$S(X) = 0 \text{（动挠度等于零）} \tag{5.15}$$

对于刚性转子要满足其中的式(5.13)、式(5.14)，而挠性转子要同时满足式(5.13)、式(5.14)和式(5.15)。

通过以上分析可知：

① 不平衡的挠性转子的动挠度受转速变化的影响，因此，挠性转子不仅应在工作转速下平衡，还要在整个转速范围进行动平衡校正。原因就是挠性转子的附加离心力 P 与转子的动挠度 y 有关，而动挠度与转子转速有关。

② 挠性转子加平衡配重时，不仅应使支承处的动反力为零，而且还要使转子承受的挠矩为零（或最小），即使转子产生的挠曲变形为零（或最小）。因此，挠性转子应按转子振型规律选择三个或三个以上的校正平面进行动平衡。

③ 由于不平衡离心力所引起的转子振动必然引起支承振动。为简化测试，实际测量时可通过检测支承处振动来估算转子的不平衡状况。

为了限制挠性转子在接近临界转速平衡时所产生的动挠度，通常平衡时设置多个加重的平衡校正面，然后根据振型的特点放置平衡重块，但由于转子轴向平衡质量的分布不易准确找到，所以平衡校正只能首先保证使支承处的动反力为零（或最小）的前提下，同时尽可能使转子的挠矩和挠度均为最小。

4. 挠性转子的平衡

挠性转子有许多种平衡方法，如固有振型法、影响系数法、测量转子变形法、在自身壳体内平衡及用多个校正面平衡等，其中常用的是固有振型法和影响系数法。

(1) 固有振型平衡法

固有振型平衡的原理是：不平衡度分布函数的每个 i 次谐波均能独立地进行平衡。这种方法是在以相对应的临界转速旋转的条件下实现的。如涡轮机起动 $i+1$ 次，此后便沿着转子配置上 i 块平衡配重。

振型平衡法的理论基础是：

$$r(z)=\sum_{j=1}^{\infty}\frac{\lambda_j^2}{1-\lambda_j^2}B_j e^{i\alpha_j}\varphi_j(z)$$

转子的挠曲变形 $r(z)$ 由各阶变形 $r_j(z)$ 叠加组成。第 j 阶变形 $r_j(z)$ 为

$$r_j(z)=\frac{\lambda_j^2}{1-\lambda_j^2}B_j e^{i\alpha_j}\varphi_j(z) \tag{5.16}$$

第 j 阶变形是由于第 j 阶不平衡量引起的。第 j 阶不平衡量可表示为

$$U_j(z)=B_j e^{i\alpha_j}\rho A(z)\varphi_j(z) \tag{5.17}$$

对每一阶不平衡量加重或去重，挠性转子都可得到完全的平衡。

工程上采用有限的校正面，只能对低于工作转速的前几阶不平衡量进行平衡，其结果是挠曲变形函数将由工作转速以上的高阶叠加而成，但变形量能控制在允许的范围内。在转子许可的位置中尽量选取接近被校正振型的幅值最大的位置为校正面位置。

(2) 影响系数法

影响系数法即具有挠性特征（轴弹性）的转子动平衡影响系数法，又称为多平面、多测点多转速影响系数法。其一般意义是指：在转子振动系统线性化假设下，在 j 平面 0°加单位质量后，对转子的测点 i，在某一转速引起振动幅值和相位的变化量，称为在该转速下，校正平面 j 的不平衡对测点 i 的幅相影响系数。用公式表示为

$$f_{ij}=(S_{ij}-S_{i0})/W_j \tag{5.18}$$

式中：j——幅相影响系数（更深的含义是转子不平衡对不平衡振动的响应的比例系数，它可以通过各种不同的试验方法经过计算得到量化数值）；

S_{i0}——所选定测振点上测取的原始不平衡振动，$i=1,2,\cdots,n$；

S_{ij}——在 j 方案试加试验配重组后在相应测点 i 测量获得的不平衡振动；

i——测点（其含义包括测量的位置和方向，进一步可以扩展到同一测点不同转速的振动）；

W_j——安装在转子上的试验不平衡质量，$j=1,2,\cdots,m$；

j——试验方案，即可以在单个校正平面任意角度相位上加试验不平衡质量，也可以在两个校正平面上同时试加同相或反相试验不平衡质量，还可以同时在 3 个校正平面上试加组合试验不平衡质量，或更多平面组合的试验方案。

如果把影响系数当作转子系统的传递函数，试验不平衡质量（包括大小和相位）作为系统的输入，试验质量所引起的不平衡振动变化作为系统的输出。如果试验方案数为 m，总测振点数为 n，则在转子动平衡的线性化假设下，影响系数平衡法把转子系统简化为具有 m 个输入和 n 个输出的线性系统，即假定在转速不变（在某一转速下）的情况下，不平衡振动的大小与不平衡质量成正比，并且不平衡振动与干扰力（不平衡离心力）之间的相位差保持不变。大量的试验研究和现场实践证明，这种线性假定在工程应用上具有足够的准确性。根据这一假定，若能求得在各试验方案（各校正平面上）的“单位质量”，在各测振点上所引起的振动幅值和相位的变化（幅相影响系数），即传递函数，便能够确定消除各测振点振动所必需的各校正平面上加平衡质量的大小和相位。

影响系数法的平衡目标是，各试验方案的校正配重 $W_{qj}(j=1,2,\cdots,m)$ 对同一测振点 i 产生的振动叠加在一起，来消除该测振点的原始振动，即

$$f_{i1}W_{q1}+f_{i2}W_{q2}+\cdots+f_{im}W_{qm}=-S_{i0}$$

对所有的测点得到具有 m 个未知数、n 个方程的复系数线性方程组，即

$$\begin{cases} f_{11}W_{q1}+f_{12}W_{q2}+\cdots+f_{1m}W_{qm}=-S_{10} \\ f_{21}W_{q1}+f_{22}W_{q2}+\cdots+f_{2m}W_{qm}=-S_{20} \\ \quad\vdots \\ f_{n1}W_{q1}+f_{n2}W_{q2}+\cdots+f_{nm}W_{qm}=-S_{n0} \end{cases} \tag{5.19}$$

求解上述方程可得到各方案（各校正平面）的平衡质量。当测振点数 n 和试验方案数（校正面数）m 相等（$n=m$）时，则可根据剩余振动为零的条件求解一组联立方程。但在实际中经常出现测点数大于平衡方案数（$n>m$），这样方程组就成为矛盾方程组（方程数多于未知数），不可能得到唯一解，亦即此时不可能求出一组校正质量使 m 个测点的振动同时为零。为此，目前广泛使用最小二乘法解矛盾方程，其物理意义是寻求一组校正质量使各测振点的残余振动值的平方和为最小。

为了使最大剩余振动有所降低，常采用加权迭代法使最大剩余振幅下降，但原来振动较小者有所上升。

5. 转子不平衡的响应

目前，转子不平衡还不能通过直接测量得到，而是通过测量不平衡响应，即通过不平衡激振力产生的振动或支承力来确定。一般硬支承平衡机是通过力传感器来测量支承处的受力情况，然后进行动平衡；软支承平衡机是通过振动传感器测量不平衡产生的振动进行动平衡。

不平衡振动响应是指，在旋转机械工作中，转子通常支承在刚性支承上，由不平衡质量引起的离心力和离心力矩由转子、支承零件、支承座和基础承担，从而激起转子系统或整个设备及周围环境的振动，其振动的频率与转子的旋转频率（转速）相同，即为不平衡的振动响应。

如果把转子系统或一台具有转子的设备作为一个振动系统，不平衡离心力作为输入，不平衡振动作为输出，则不平衡是激振力，而不平衡响应就是转子系统的振动。振动大小是由不平衡激振力和转子系统固有特性决定的，同一转子系统，不同的激振力会产生不同的振动响应。同理，相同的激振力作用在不同转子系统上也会产生不同的振动响应。转子不平衡振动不单取决于激振力，还取决于转子系统本身。

如果从静力学分析角度考虑，由于转子质量分布不均，就会在转子的各个轴段上产生不平衡质量。这些不平衡质量使转子质量偏心，即转子的质量中心偏离转子的旋转中心，使转子旋转时产生不平衡力和不平衡力矩。不平衡离心力和力矩作用在转子支承上产生支承反力 F_A、F_B（见图 5.3），从而引起支承零件和转子旋转轴的不平衡振动。由于轴径与支承零件之间留有一定的间隙以供形成油膜产生阻尼，因此在多数场合，轴径处的轴振动通常比支承座的振动大，有时甚至大几倍至十几倍。所以说，旋转轴的振动对不平衡的响应比支承座的振动更敏感更直接，而支承座的振动反应了整个系统的振动，也是一个不可忽视的振动参数。

但是，转子不平衡的大小不仅取决于支承力（离心力），还取决于转子系统或设备本身的动态特性，或者说支承的动力学特性在一定程度上影响转子的振动。激振力、振动响应和系统固有特征（动刚度）三者之间的关系是：转子不平衡振动响应与激振力成正比，激振力大振动也大，而动平衡是解决激振力问题的途径；转子不平衡振动响应与系统固有特征（动刚度）成反比，特征值大振动就小。所以调整系统特征是解决振动问题的另一个途径。

5.4　平衡的实施

转动件(如转子)平衡的实施是按设计图、平衡技术条件来制定工艺路线的,包括选用平衡机型号、转动件驱动方式、工艺装备(通用或专用平衡夹具)、工艺参数(如平衡转速)、平衡精度(每个校正面的允许不平衡量或允许的左右支承动载荷)以及检验方法等。

5.4.1　平衡工艺规程的制定

平衡工艺规程的制定是指根据转动系统的组成形式制定相应的平衡工艺。如,组合转动件为减少内弯矩进而减小挠曲变形,采用分步平衡,即先平衡单个转子的单面或双面,而后逐步组合,以组合转动件的形式再次平衡。组合平衡时校正面应重新安排并以不破坏已平衡好的转动件为原则。分步平衡适用于不平衡量沿轴向的位置为已知的准刚性转子(组合转动件)的平衡。带叶片的转子,先按叶片的静力矩分组选配,而后装配进行动平衡。为有效地控制发动机的振动采用微调平衡或台架整机平衡。

由于实验设备(平衡机设备)、加减配重及取值等都会有误差,所以回转构件经过平衡实验后,尚会有残余不平衡量,根据工作要求和可能性,对不同回转构件规定出允许的最大残余不平衡量,称为许用不平衡量,在设计图上标注为每校正平面有多少 g · mm,用 e_{per} 表示单位转子的许用不平衡量 g · mm/kg。在 ISO—1940 中以 $e\omega$ 值划分平衡精度等级,ω 为转子的最高工作转速。

总之,工艺规程的制定要做到技术上先进和经济上合理。

5.4.2　动平衡机选择

现代动平衡机可由以下 6 个部分组成:

① 机械振动系统(含测振传感器和相位基准信号发生器);

② 通用和专用平衡夹具;

③ 驱动系统;

④ 电子测量系统(含显示和打印);

⑤ 校正装置;

⑥ 安全防护系统。

一般动平衡机都有前四个部分,后两个部分视需要而设。

按转子支承系统刚度、谐振频率高低,动平衡机分为硬支承机和软支承机。其中,软支承机有较高的平衡精度,适合于单品种大批量生产。现代硬支承平衡机调整、使用方便,精度可满足要求,不用标定(永久性标定),设备坚固不怕过载。

按转子的旋转轴方向,动平衡机分为卧式和立式两种。立式动平衡机配置一套通用的自动定心夹紧装置,适用于无轴径的盘状转动件的平衡,平衡精度一般稍低。通用的中小型卧式动平衡机常配备有联轴节驱动和圈带驱动。联轴节驱动可传递较大的转矩,并可克制转子在旋转时产生的轴向力,也不苛求转子的形状,通用性较好。

根据转动件结构、外廓尺寸(外径、支点距离)、质量、平衡精度等级,选择动平衡机。平衡机的许用不平衡量 e_{mar} 小于待平衡转子的 e_{per},并有一定的裕度以补偿用户转子的分离面较多、装夹重复性比刚性整体的校验转子差的影响。

5.4.3 平衡转速的选择

为精确地测量各阶振型不平衡，挠性转子平衡转速应选在各阶临界转速附近。刚性转子平衡转速的选择，首先是保证转子有足够的平衡精度。

平衡转速选得过高将增大驱动功率、加长转子启停时间、使有静挠度的轴类转子在高速下增大其挠度（动挠度）从而造成虚假平衡、增加操作危险性。

国际标准 ISO 2953 和国家标准 GB 4201—84 都规定在校验平衡机的 e_{mar} 时，平衡转速应取平衡机生产厂对校验转子按其质量规定的最低转速。

对于带叶片的转子，平衡转速显然还应保证叶片能可靠地“就位”。适当提高平衡转速可有助于减小多次开车测量时转子不平衡读数的散布界。

5.4.4 转子剩余不平衡量的确认

在确认平衡机读数为有效的情况下，可以根据平衡机的读数来确定转子的剩余不平衡量。比较普遍的做法是在不重新装卸转子的情况下做两点复测，以确认转子的剩余不平衡量。具体做法如下：

首先重新开车测定转子每个校正面上的不平衡量，然后在轻区位置上加上一个相当于转子每面允许不平衡量 2 倍的试重，静候测量结果。如果平衡机读数的相位反了 180°，并且幅值比原先的大，说明转子的剩余不平衡量符合要求。

5.5 典型平衡实例

5.5.1 校正面外悬的涡轮转子的平衡

1. 外悬转子的平面分离

校正面外悬转子，在软支承动平衡机上平衡时平衡分离差，工厂采用多次加试重的平衡方法，由于左、右两校正面间相互影响，平衡到一定程度后就很难继续平衡，限制了平衡精度和平衡效率。

动不平衡允差按传统的左、右两校正面进行分配是不理想的。最好的方法是动不平衡允差按准静-偶不平衡量分配或直接检验支承动载荷。

2. 外悬涡轮转子动平衡检验方法

按工艺文件规定：左、右两通道剩余不平衡量由在指定平面上的指定半径贴指定大小（相当于允许剩余量的 2 倍）的蜡料来确认。

如双转子发动机低压涡轮转子，如图 5.15(a)所示。检验左通道的检验蜡加在校正面Ⅰ上（$m_1=0.8$ g，$r_1=178$ mm），检验右通道的检验蜡加在距离右支承 434.4 mm 处（$m_2=4.5$ g，$r_2=35$ mm）。如 m_1r_1 检验试重检验通过，$|U_1|$ 可确认小于 $\frac{0.8\times178}{2}=71.2$ g · mm。

从力学分析看，$m_2\bar{r}_2$ 在距距离右支承 H 处的作用相当于在校正面Ⅰ处作用一个反方向

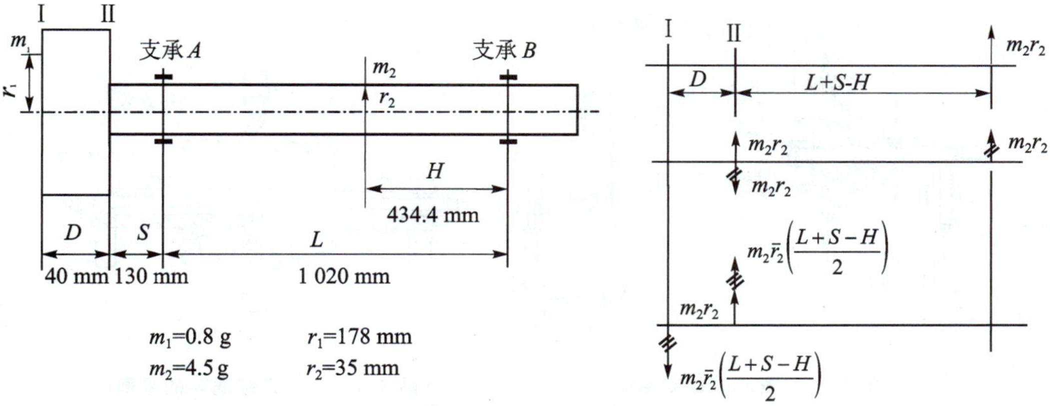

(a) 双转子发动机低压涡轮转子检验图　　(b) m_2r_2的等效作用

图 5.15　双转子发动机低压涡轮转子检验图与 m_2r_2 的等效作用

的 $m_2r\left(-_2\frac{L+S-H}{D}\right)$量和在校正面Ⅱ处作用一个 $m_2\bar{r}_2\left(1+\frac{L+S-H}{D}\right)$的量，如图 5.15(b)所示。

外旋转子-软支承系统的运动，左传感器的输出主要反映外悬转子的准静不平衡量，右传感器的输出则主要反映外旋转子的偶不平衡量。所以检验规范中指的左通道的读数是指转子的准静不平衡量(准静平面选在Ⅰ面上)，右通道的读数是指转子的偶不平衡量。通过 m_2r_2 就是转子的剩余偶不平衡量小于 $m_2\bar{r}_2\left(\frac{L+S-H}{2}\right)$，分配到左、右两支承上的动载荷小于 $m_2\bar{r}_2\left(1+\frac{L+S-H}{2}\right)$。通过对转子准静-偶不平衡量的直接检验，间接地检验了支承动载荷。

5.5.2　小型高速挠性转子的平衡

以涡轴型发动机的联合转子的平衡过程为例。该转子的最大工作转速为 51 800 r/min(其一阶挠曲临界转速为 28 977 r/min，二阶挠曲临界转速为 57 557 r/min)，是一个挠性转子。

联合转子包括一级轴流加一级离心叶轮的组合式压气机转子、离心甩油盘、鼓筒、一级涡轮和二级涡轮。轴流叶轮的允许不平衡量为每校正面 0.2 g・cm。高压转子(离心叶轮、甩油盘二级燃气涡轮)的允许不平衡量均为每校正面 0.5 g・cm。联合转子的允许不平衡量也是每校正面 0.5 g・cm。

联合转子虽属挠性转子，但其不平衡量的轴向分布均为已知，通过控制单个转子的动不平衡量并辅以组合平衡方法实现平衡。

平衡过程如下：

① 单独平衡离心叶轮。离心叶轮装在工艺轴上进行动平衡如图 5.16 所示。通过转动叶轮找出最佳位置后做标记，再进行动平衡。从叶轮端面 Z 修正不平衡量。

② 平衡一级涡轮和二级涡轮。涡轮转子的单盘可在单面立式平衡机上平衡或配上专用夹具在卧式平衡机上平衡，如图 5.17 所示。平衡校正靠倒换叶片位置，改变质量矩完成。

③ 组合联合转子。如图 5.18 所示，转子组装后按图 5.19 调整各检验点的跳动量，通过旋转各连接件的相对位置达到要求，做各转子间的相对位置标记。

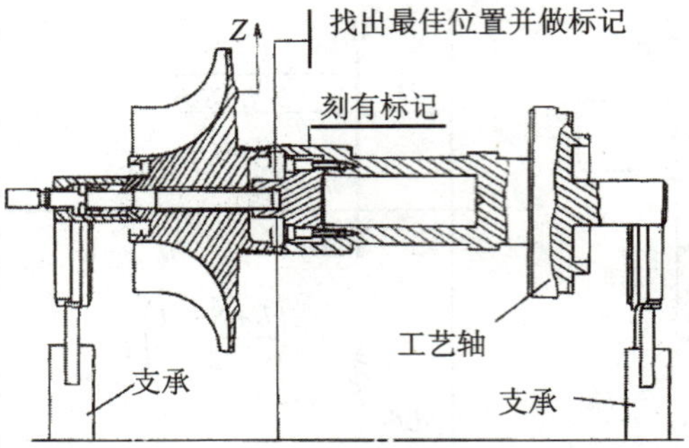

图 5.16　离心叶轮动平衡

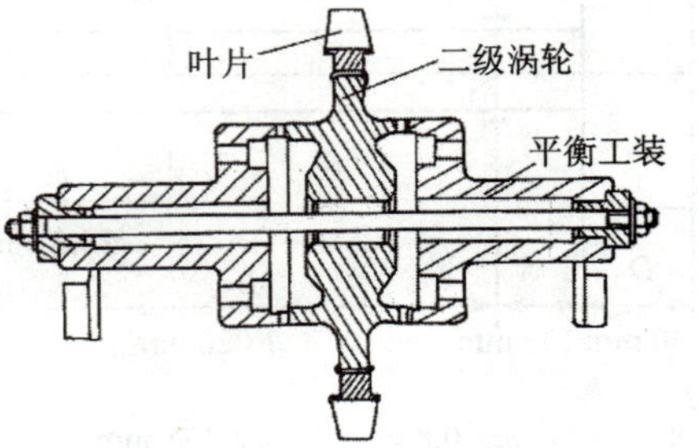

图 5.17　一、二级涡轮的平衡

④ 平衡联合转子。如图 5.19 所示，按技术条件在指定的两个修正面去材料，使转子剩余不平衡量达到图样要求。

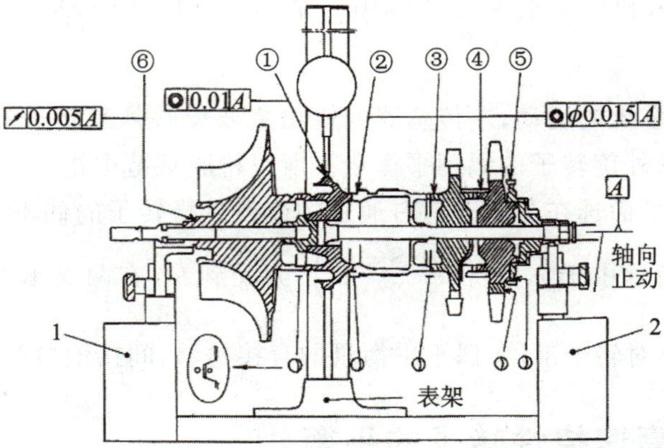

1、2—支承；①～⑥—跳动量检验点

图 5.18　组合联合转子

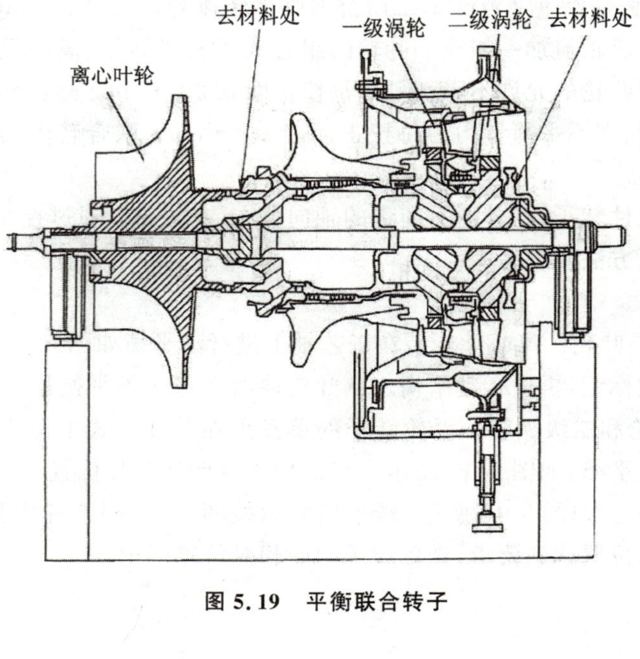

图 5.19　平衡联合转子

5.5.3 有松动零件的转子的平衡

1. 有松动零件的转子对平衡的影响

发动机风扇转子、压气机转子、涡轮转子等装有单级或多级叶片，而叶片榫头与轮盘榫槽相连接，在静态下，具有轴向和切向活动量，转子在低速下平衡叶片成为松动零件。带松动零件的转子开车测量(当转速在 500～2 000 r/min)时虽能获得稳定的读数，但多次开车测量读数都不相同，其变化范围能达到平衡允差的几倍。显然，仅用一次开车测量所获读数来平衡很难使转子达到合格范围，因此对于有松动零件的转子需要多次测量取平均值。

2. 多次测量的矢量平均法

转子的松动零件所带给平衡测量的随机误差可通过多次测量进行矢量平均来减小，以求得与转子实际剩余不平衡量比较接近的值，一般开车 8 次。

作矢量平均可用图解法或计算法，如图 5.20 所示。重复测量 8 次，其测量结果以 A、B、C、D、E、F、G、H 点标在极坐标图上。由几何关系可知，图 5.20 中的 MN 线中点 O 的位置，表示 8 次测量读出的矢量平均值。

用计算法是将 8 点的 x 分量和 y 的分量分别累加后除以 8 求得矢量和的坐标。

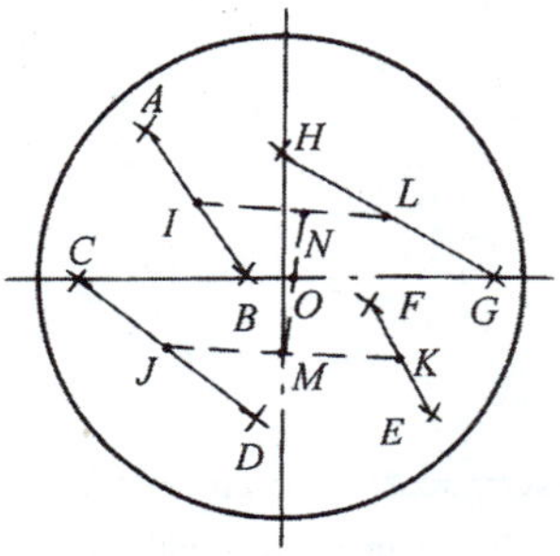

图 5.20　矢量平均图

现代化微机电测系统一般都有“多次开车读数平均”功能。

5.6 台架上整机平衡

台架上整机平衡是指整台发动机于试车台架上在工作状下进行的平衡。台架上整机平衡作为排除发动机振动故障重要的补充手段，其效用受发动机结构限制。双转子发动机，高压压气机和高压涡轮转子位于发动机中段，无法接近，其台架上整机平衡是对低压压气机和低压涡轮转子进行补充平衡。

提高台架上整机平衡精度和效率，为发动机振动超差故障分析和研究提供有价值的信息，获取与待平衡转子(高压转子和低压转子)严格同步的相位参考脉冲是极重要一步。严格同步的相位参考脉冲可充分利用现代信息处理技术提高台架上整机平衡的精度和效率。

台架上整机平衡还要考虑平衡转速，转子支承系统是一个质量连续分布的弹性体，理论上有无限多个谐振点。有的发动机的台架上整机平衡在一个平衡转速下进行，有的发动机整机平衡则用高、中、低三个转速。

台架上整机平衡的原理和方法如下：

原理是采用窄带自动跟踪滤波器提取与待平衡转子(双转子发动机指高压转子或低压转子)同频的振动分量，通过试加重和分析振动幅值变化估算校正配重的大小和应加方位。其方法是，发动机开车到某转速，测量发动机振动中与转子旋转同频的振动分量初始值 A。继而在涡轮盘凸边的某方位上加试重 q 克，重新开车到同一转速，测同频分量 B。将试重 q 克移动 180°，再次开车到同一转速，测同频分量 A、B、C 三个数据，对应加校正试重的大小和方法做出估算，其矢量如图 5.21 所示。

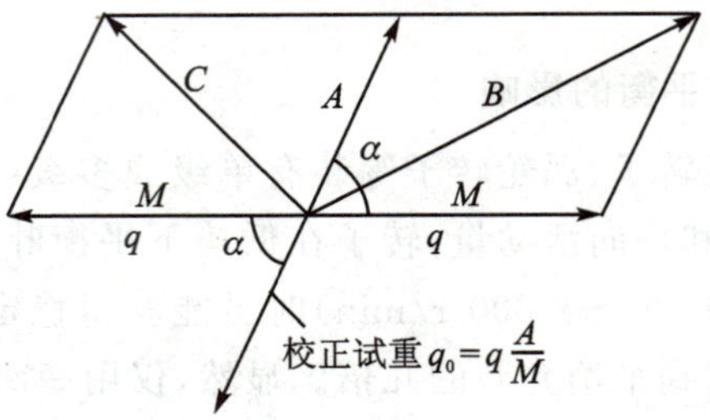

图 5.21　矢量关系图

设 M 为试重 q 克所产生的响应：

$$B^2 = A^2 + M^2 - 2AM\cos(180° - \alpha)$$

$$C^2 = A^2 + M^2 - 2AM\cos\alpha$$

$$M = \sqrt{\frac{B^2 + C^2 - 2A^2}{2}} \tag{5.20}$$

$$\cos\alpha = \frac{B^2 - C^2}{4AM}$$

$\cos(-\alpha)=\cos\alpha$，故式(5.20)的解有 $+\alpha$ 和 $-\alpha$ 两个，通过试验辨认。

应加的校正试重为

$$q_0 = q\frac{A}{M} \tag{5.21}$$

从矢量图可见：

当 $B>C$ 时，$|\pm\alpha|<90°$；当 $B=C$ 时，$|\pm\alpha|=90°$；当 $B<C$ 时，$|\pm\alpha|>90°$。

如双转子发动机振动大(振动过负荷系数 $K=5.95$)在台架上整机平衡，确定了配重大小和位置，加上配重后 K 值减小其数值如表 5.1 所列。

表 5.1　不同转速下的 K 值

开车状态	水平 1①		水平 2②	
	μA	K	μA	K
87.9%	7	1.12	11	1.76
99.7%	12	2.47	17	3.50

① 高压转子的振动；② 低压转子的振动。

上述方法用图表示有两圆法，其工作原理如图 5.22 所示。两圆相交有两个交点(一个真解、一个伪解)，测量误差大时，两个圆可能不相交。

三圆法工作原理如图 5.23 所示，发动机与转子旋转向频振动分量的初始值为$\overrightarrow{OA_x}$，在涡轮转子盘凸边的 0°、120°和 240°方位上分别加试重 q 克，所测得的振动分量为$\overrightarrow{Ox_1}$、$\overrightarrow{Ox_2}$ 和$\overrightarrow{Ox_3}$。在半径$\overrightarrow{OA_x}$ 的圆上的 0°、120°和 240°方位上定出 a、b、c 三个点，分别以 a、b、c 三点为圆心，以$\overrightarrow{Ox_1}$、$\overrightarrow{Ox_2}$ 和$\overrightarrow{Ox_3}$ 为半径画三个圆交于一点 x，则 Ox 的大小代表试重 q 克所产生的同频振动分量，Ox 的方向代表校正试重应加的方向。应加试重值按下式计算：

$$q_0 = q\frac{\overrightarrow{OA_x}}{\overrightarrow{Ox}}$$

实际上由于测量误差的存在，三个圆可能不交于一点，则可根据相交情况估算出理论相交点。

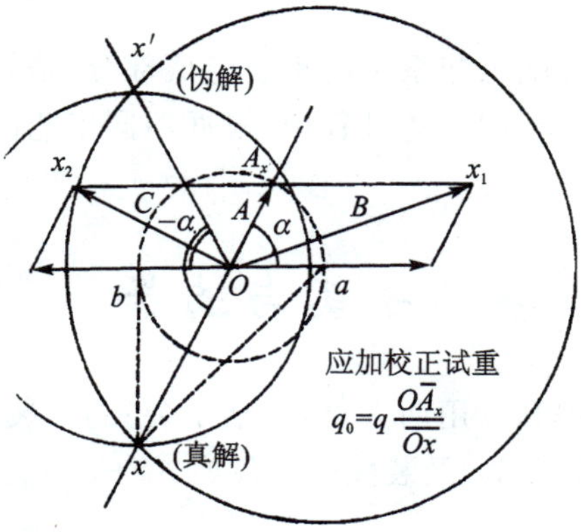

图 5.22　两圆法工作原理图

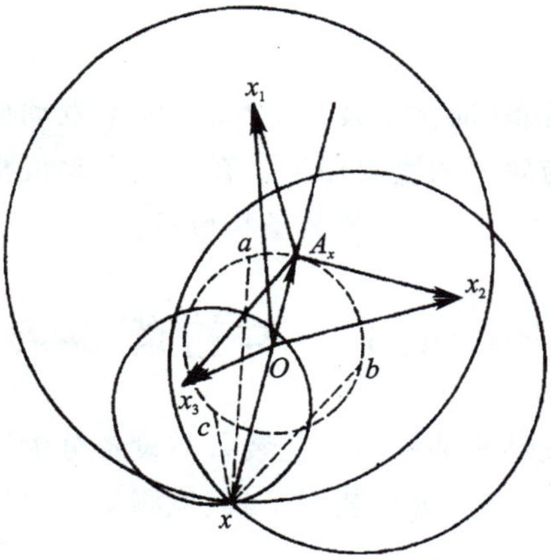

图 5.23　三圆法工作原理图

思考题与习题

1. 转子在什么情况下作静平衡？什么情况下作动平衡？

2. 如图 5.24 中(a)、(b)、(c)三个图是由于转子质量中心线不重合而造成的不平衡，试请指出各属于什么不平衡？

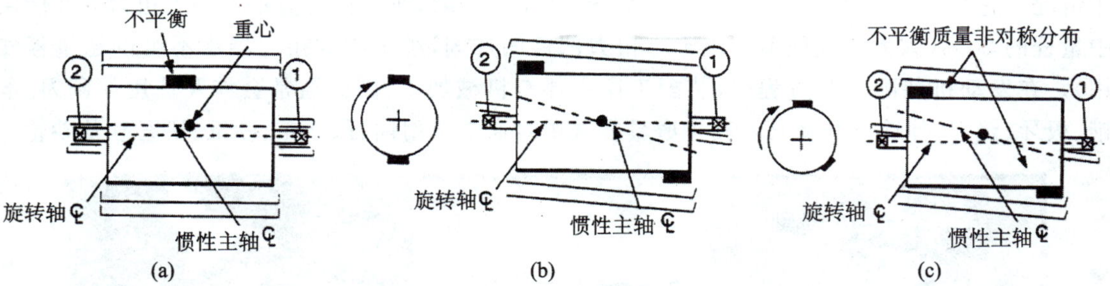

①、②—支承

图 5.24　习题 2 图

3. 动不平衡都有哪些特征，为什么？

4. 不平衡是哪些原因造成的，为什么？

5. 简述现场动平衡的方法与要求。

第 6 章　装配工艺装备与设备

工艺装备(简称工装)与设备是航空发动机装配工艺系统的重要组成部分,是航空发动机装配质量与效率的重要保证。在航空发动机整个装配工艺过程中,根据不同工艺的不同工序要求,使用了大量的工艺装备与设备。

6.1　工艺装备与设备的分类与选择

航空发动机装配用工艺装备与设备分为通用和专用两大类,包括工装夹具(装配夹具、检验夹具、拆卸夹具等)、装配工具、检测工具(量具、测具)及装配用设备等。

6.1.1　通用工艺装备

航空发动机装配用通用工艺装备与设备是指可按国标、国军标、部标选择外购或按企业标准生产的工装夹具、量具和仪器等。

1. 通用工装夹具

通用工装夹具主要有扳手、手锤、手钳、解锥、冲子、镊子、夹子、通用气动工夹具、通用液动工夹具、通用电动工夹具及其他通用工夹具。常用的通用工装夹具的种类及应用见附表 6.1。

各种工具在选用中要根据通用工具的具体要求选择。如图 6.1 所示是几种扭矩扳手的使用情况。它的选用主要根据测量工件的要求,按量程选取,所测扭力值不可小于扭力器在使用中量程的 20%(太大的量程不宜用于小扭力部件的加固,小量程的扭力器更不可以超量程使用)。在发动机装配工艺过程中,装配工序中伴有机械加工,因此通常会涉及选用如刮刀、丝锥、板牙、锉刀、什锦锉和磨具。其中磨具在选用时通常选用油石、纱布、砂纸、研磨砂及砂轮。

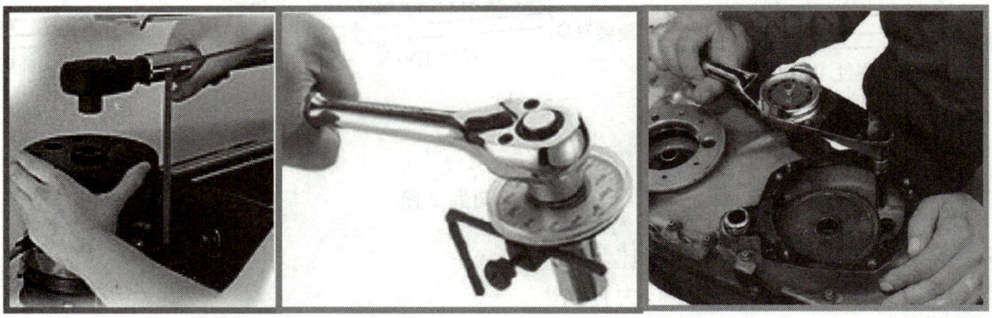

图 6.1　扭矩扳手使用情况

2. 通用量具

发动机装配用的通用量具通常是指不需要自行制造、可按技术条件要求进行选用的外购标准量具或仪器。

量具的选用是根据被检零件的检测特性、精度要求、量具的量程、示值误差、检测能力指数

M_{cp}值的级别等来选用，其中M_{cp}的计算如式(6.1)，M_{cp}值的级别见表 6.1，表 6.2 列出的是常用量具——各类卡尺的示值误差。

$$M_{cp} = \frac{\Delta y}{U} \approx \frac{2\Delta y}{3U_1} \tag{6.1}$$

式中：U——检测极限偏差；

U_1——量具的准确度(说明书给定)；

Δy——测量的允许误差。

表 6.1　检测能力指数 M_{cp} 级别

级　别	A	B	C
测量范围	≥1.3～1.5	≥1.1～1.3	≥0.9～1.1

表 6.2　各类卡尺的示值误差

mm

示值误差 / 测量范围 \ 量程 / 名称 / 分度值	JJG31—87 高度游标卡尺 0.02	JJG32—87 深度游标卡尺 0.02	JJG526—88 数显卡尺 0.01	JJG30—84 游标卡尺 0.02	JJG30—84 游标卡尺 0.05
0～150	±0.02	±0.02	±0.03	±0.02	±0.05
>150～200	±0.03	±0.03			
>200～300	±0.04	±0.04	±0.04		
>300～500	±0.05	±0.05	±0.05	±0.04	
>500～700	±0.07			±0.05	±0.075
>700～900				±0.06	±0.10
>900～1 000				±0.07	±0.125

【例 6.1】 某部件装配后，测量间距 $L=30$ mm，允许测量误差±0.045，M_{cp}值达到 B 级，选用 0.01 的数显卡尺能否达到要求？

查表 6.2，0.01 数显卡尺示值误差 0.03(测量范围为 0～150)，则

$$M_{cp} = \frac{2\Delta y}{3U_1} = \frac{2 \times 0.045}{3 \times 0.03} = 1$$

因 $M_{cp}=1<1.1$，达不到 B 级要求，所以需要重新选择量具。

6.1.2　专用工艺装备

1. 专用工装夹具

专用工装夹具是指为某一装配工作需要专门设计制造的工夹具。发动机装配用专用工装夹具主要有：

(1) 专用吊具

专用吊具用于吊装零件。吊具的结构形式要根据所吊装零件的结构、尺寸和吊装部位而定，使用前要做负荷试验，如图 6.2 所示为各种专用吊具。

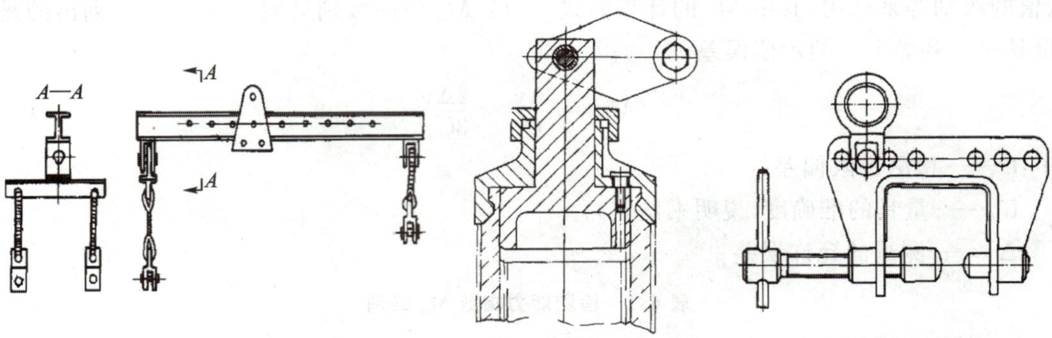

(a) 发动机吊具　　(b) 转子吊具（固定形）　　(c) 盘类吊具

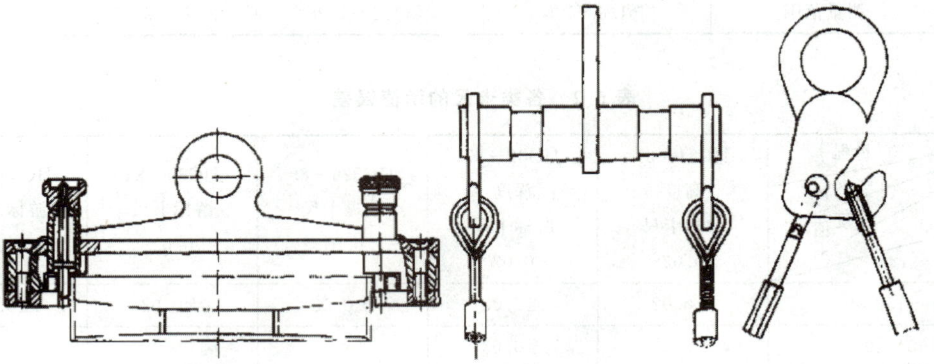

(d) 机匣吊具

图 6.2　专用吊具

（2）专用卸具

专用卸具用于拆卸零件、组件或部件，其结构形式要根据所拆卸零件的结构、尺寸和配合性质选用。其中，冲击式用于过盈较小和过渡配合；螺旋式用于中等过盈配合。卸具要有足够的强度和刚度，如图 6.3 所示。

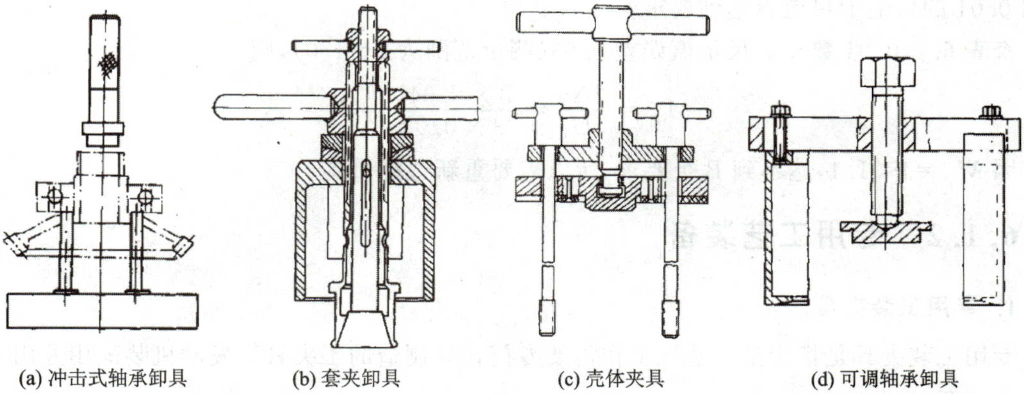

(a) 冲击式轴承卸具　　(b) 套夹卸具　　(c) 壳体夹具　　(d) 可调轴承卸具

图 6.3　专用卸具

（3）专用限动夹具

装配或拆卸零件时，用于防止某零件、组件或部件的串动的夹具称为限动夹具，其结构形式根据被限动零件的结构、限动部位而定,如图 6.4 所示。

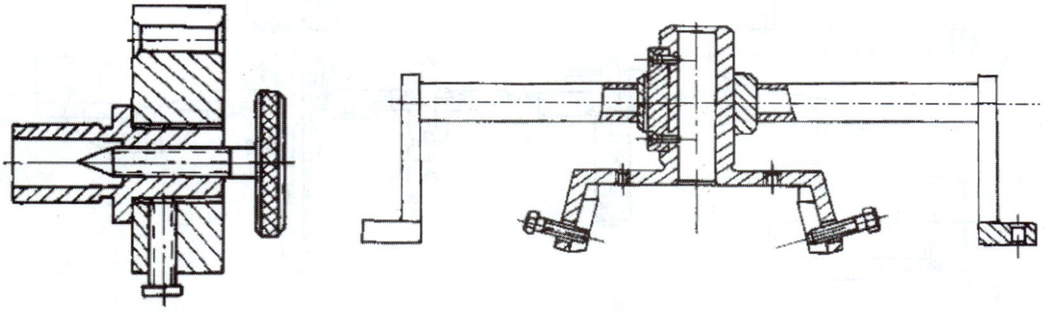

(a) 齿轮限动夹具　　(b) 盘、轴限动夹具

图 6.4　限动夹具

(4) 安装夹具

安装夹具是发动机装配时用于安装各种典型零件、组件和部件时所使用的专用夹具,如图 6.5 和图 6.6 所示。安装夹具结构要求夹紧可靠、不能使零件变形,不妨碍装配工作。

图 6.5　发动机分解装配专用夹具

(5) 导向、定位夹具

装配时起导向或定位作用的夹具称为导向、定位夹具。导向或定位夹具要求定位可靠,工作面要有足够的精度和硬度,如图 6.7 所示。

(6) 试验夹具

试验时用于安装试件的夹具称为试验夹具。试验夹具根据被测试零件结构、技术条件而定,如图 6.8 所示。

(7) 检验夹具

检验夹具用于检验时装夹零件。检验夹具种类较多,根据被检验零件的具体要求而定,如图 6.9 所示。

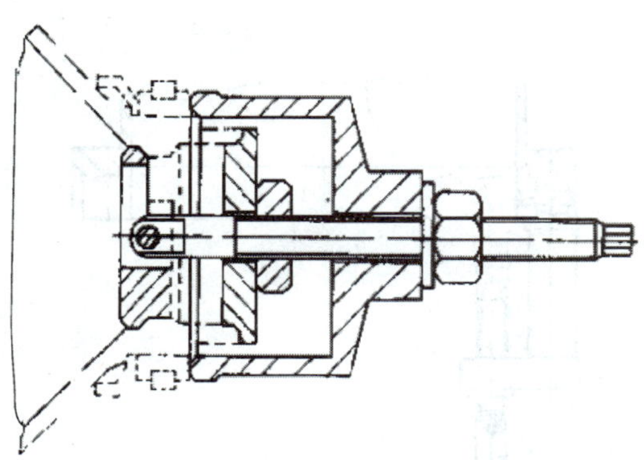

(a) 轴承压装夹具

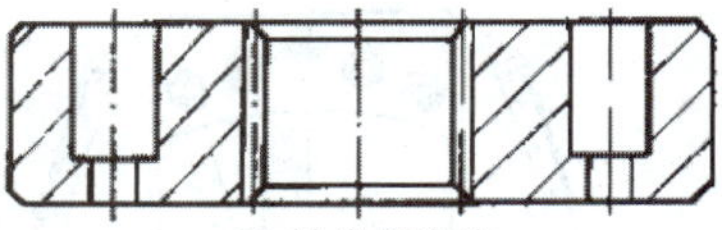

(b) 轴类固定座

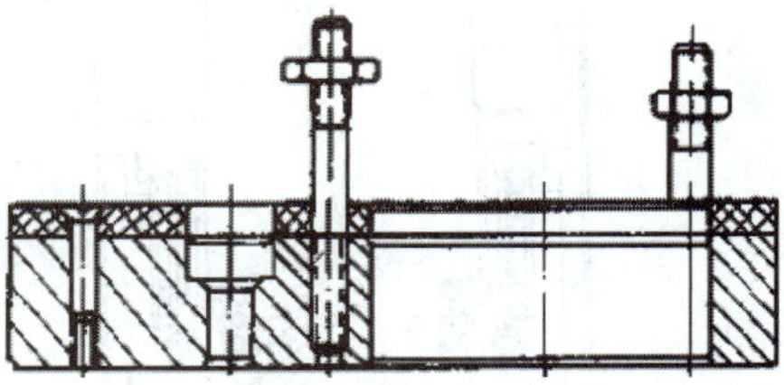

(c) 壳体固定座

图 6.6　安装夹具

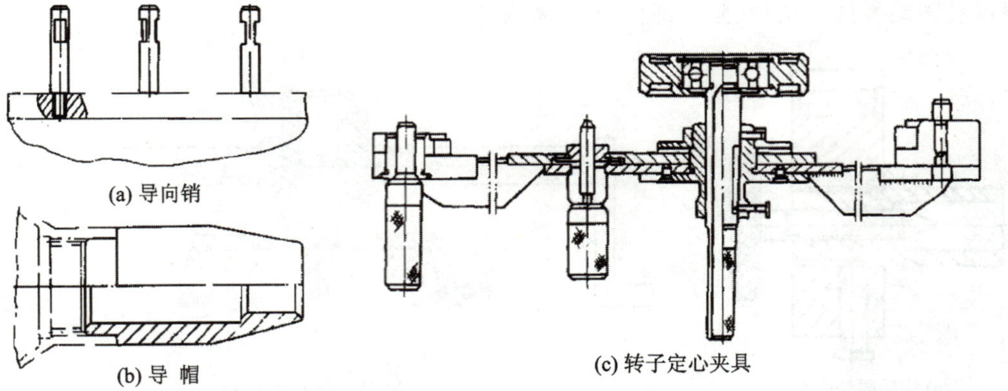

(a) 导向销

(b) 导 帽

(c) 转子定心夹具

图 6.7　导向、定位夹具

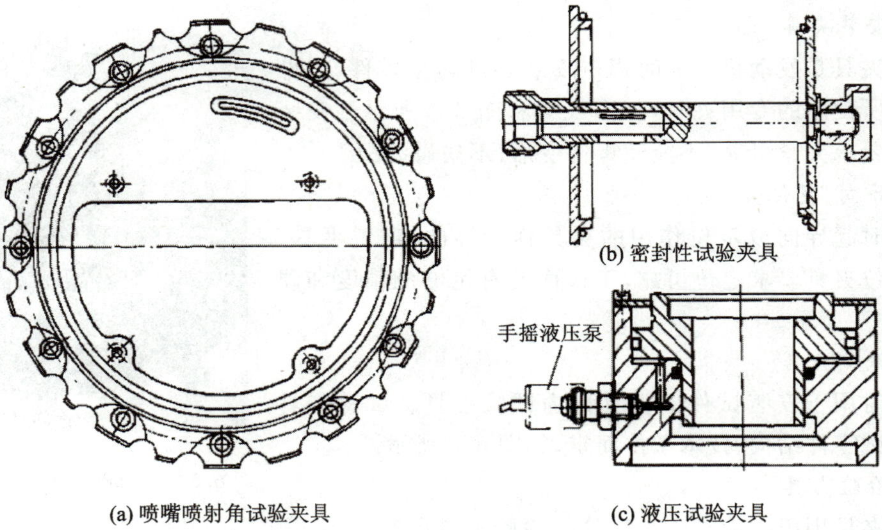

(a) 喷嘴喷射角试验夹具

(b) 密封性试验夹具

(c) 液压试验夹具

图 6.8　试验夹具

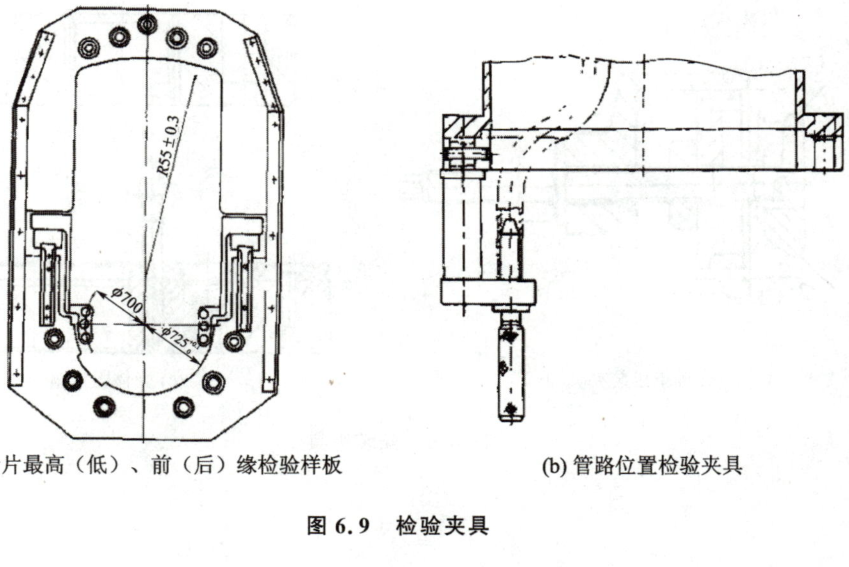

(a) 叶片最高（低）、前（后）缘检验样板

(b) 管路位置检验夹具

图 6.9　检验夹具

(8) 专用扳手

在零件结构或空间位置无法通过通用扳手进行装配工作的地方,或大扭矩和重要部位螺纹紧固件需要配备专用扳手,如图 6.10 所示。

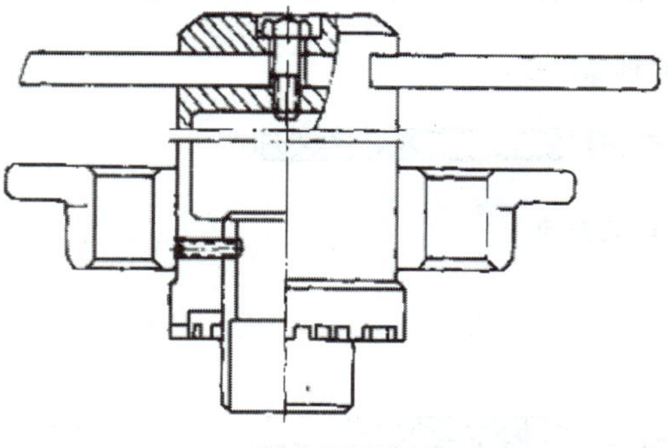

(a) 涡轮螺母固定扳手

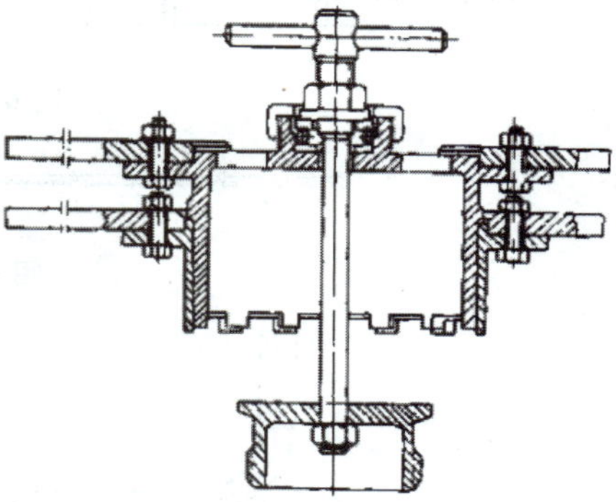

(b) 转子螺母固定扳手

图 6.10　专用扳手

2. 专用测具和量具

通用量具、量仪不能检查的项目,或为了提高检测精度、提高工作效率而专门制造的测具和量具称为专用测具和量具,专用测具和量具见图 6.11～6.17。

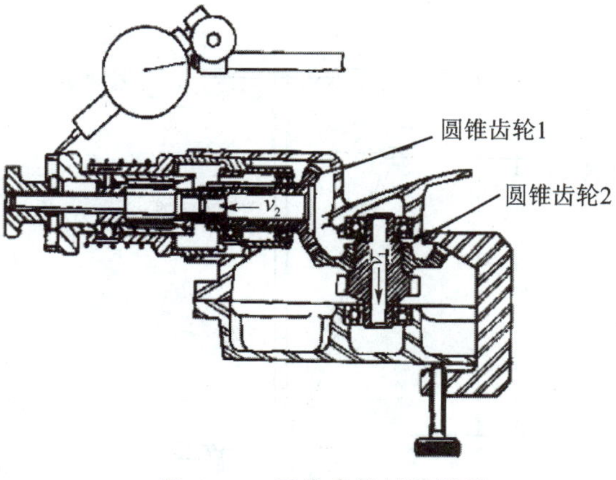

图 6.11　圆锥齿轮侧隙测具

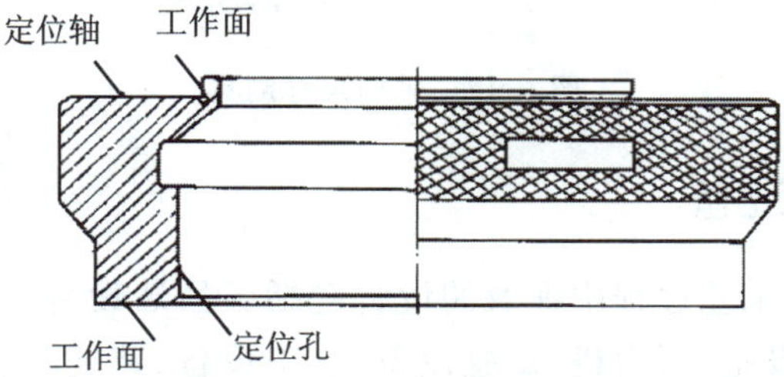

图 6.12　安装边着色检验环规

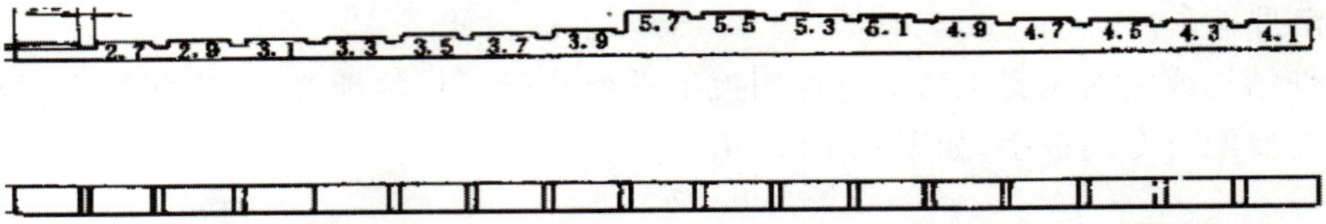

图 6.13　阶梯厚度规

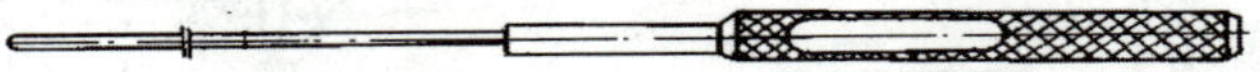

图 6.14　细长塞尺

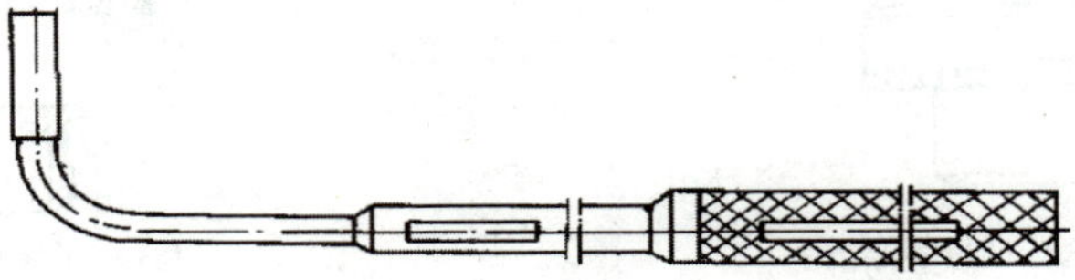

图 6.15　间隙量具

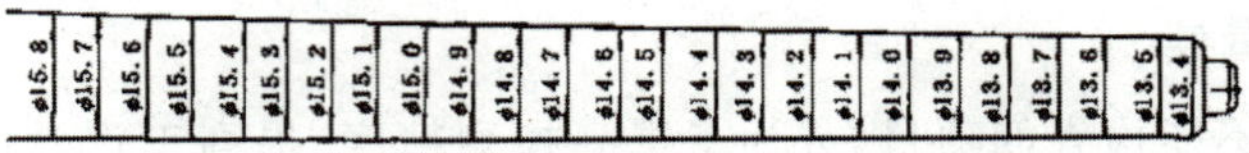

图 6.16　封严帽工作边缘直径量具

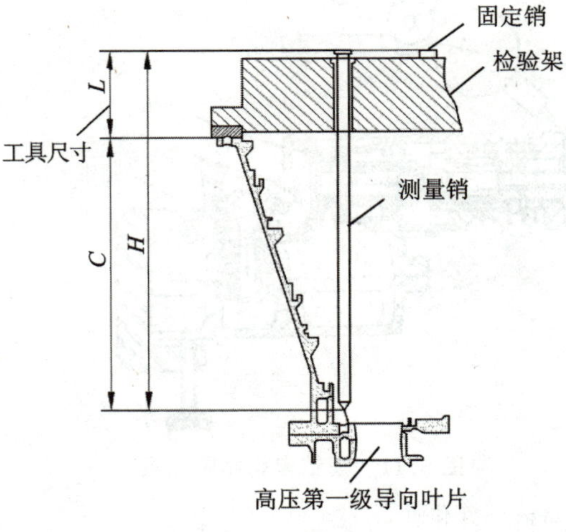

图 6.17　轴向尺寸测具

6.1.3　装配用设备

航空发动机整个装配工艺过程中涉及的设备囊括了吊装设备、平衡设备、运输设备、冲洗与洗涤设备、加温与冷却设备、压力机、试验设备、加工设备、装配车、装配架、工作台以及放零件用的架、柜和装零件用的盒、箱等。

(1) 吊装设备

吊装设备按所吊装零件或设备的载重量、工作性质和技术要求等进行选用，有环链手拉葫芦和钢丝绳电动葫芦，如图 6.18 所示。

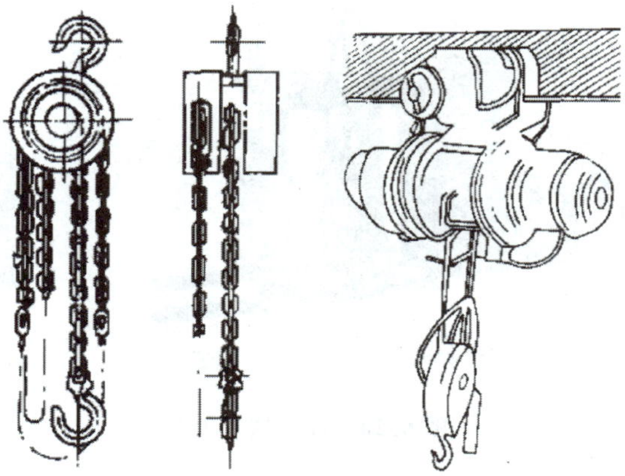

(a) 环链手拉葫芦　　(b) 钢丝绳电动葫芦

图 6.18　吊装设备

(2) 平衡设备

重力式平衡机和离心力式平衡机是两类典型的平衡机。重力式平衡机一般称为静平衡机，它是依赖于转子自身的重力作用来测量静不平衡的，如刀口式(图 6.19(a))、圆盘式(图 6.19(b))、滚轮式(图 6.19(c))平衡设备。

(a) 刀口式平衡设备　　(b) 圆盘式平衡设备　　(c) 滚轮式平衡设备

图 6.19　重力式静平衡机

重力式平衡机仅适用于某些平衡要求不高的盘状零件，对于平衡要求高的转子，一般采用离心式单面或双面平衡机。离心式平衡机是在转子旋转的状态下，根据转子不平衡引起的支承振动，或作用于支承的振动力来测量不平衡。其按校正平面数量的不同，可分为单面平衡机和双面平衡机。单面平衡机只能测量一个平面上的不平衡(静不平衡)，它虽然是在转子旋转时进行测量，但仍属于静平衡机。双面平衡机能测量动不平衡，也能分别测量静不平衡和偶不平衡，一般称为动平衡机。离心式平衡机按支承特性不同，又可分为软支承平衡机和硬支承平衡机。平衡转速高于转子-支承系统固有频率的称为软支承平衡机。这种平衡机的支承刚度小，传感器检测出的信号与支承的振动位移成正比。平衡转速低于转子-支承系统固有频率的称为硬支承平衡机。这种平衡机的支承刚度大，传感器检测出的信号与支承的振动力成正比。图 6.20 是离心式平衡机，其中图(a)是卧式平衡机，图(b)是立式平衡机。

(3) 运输设备

根据厂房内和外的使用条件，运输设备分为手推式和机动式两种。图 6.21(a)为单层手

(a) 卧式平衡机　　(b) 立式平衡机

图 6.20　离心式平衡机

推车，图 6.21(b)为多层手推车，图 6.21(c)为大型手推车。由于航空发动机结构复杂，通常在装配工艺过程中需要配备许多专为某一部、组件设计制造的专用运输车，如图 6.22 所示，其中图(a)为压气机转子运输车，图(b)为大型发动机运输车，图(c)为小型发动机运输车。

(a) 单层推车　　(b) 多层推车　　(c) 大型手推车

图 6.21　厂房内常用手推车

(a) 压气机转子运输车　　(b) 大型发动机运输车　　(c) 小型发动机运输车

图 6.22　航空发动机专用运输车

(4)冲洗与洗涤设备

为提高装配精度，零件需要一定的清洁度。清洗作为一种有效的净化方法，对任何类型发动机和附件都是适应的。冲洗与洗涤设备要根据零、部件结构、技术要求、生产量大小等来选用，同时冲洗与洗涤设备要安装于具有良好通风的环境中，避免操作者被油气污染。常用的冲洗与洗涤设备有洗涤槽、洗涤机、清洗槽、超声波清洗装置等。洗涤槽适用于汽油、煤油及化学溶剂，用于对小零件及大机件的局部清洗或喷嘴压力冲洗；闭式槽用于滑油对零件内腔进行压力冲洗；洗涤机用于煤油、碱性溶液和化学清洗液对零件进行压力喷洗。如图 1.10 所示是自动循环工作的清洗机示意图，具体清洗方法见第 1 章。清洗槽适用于碱性溶液去除复杂零件的油污，具有加热装置。超声波清洗装置是根据清洗工艺要求组合形成洗涤流水线的一种洗涤装置，见第 1 章。

(5) 加温与冷却设备

加温与冷却设备主要用于装配工艺中对包容件与被包容件的加热和冷却，使过盈装配顺利进行。加温设备主要有滑油加温槽、电阻加热炉和电感应加热器，图 6.23 为加温设备。滑油加温槽用于加温过盈较小的连接件，如轴承、齿轮、衬套等中小零件，加温范围为 90～320 ℃。电阻加热炉、远红外辐射加热炉用于加温过盈较大的大、中型连接件，可加温到 400 ℃以上，并且温度场易于调节和控制。电感应加热器也用于加温过盈较大的大、中型连接件，这种加热装置具有加热时间短、热效率高及温度调节方便等优点。冷却设备主要有干冰冷却箱、液氮冷却箱和低温箱等，其中低温箱适于冷却配合面精度较高的连接件，图 6.24 所示为几种冷却箱。

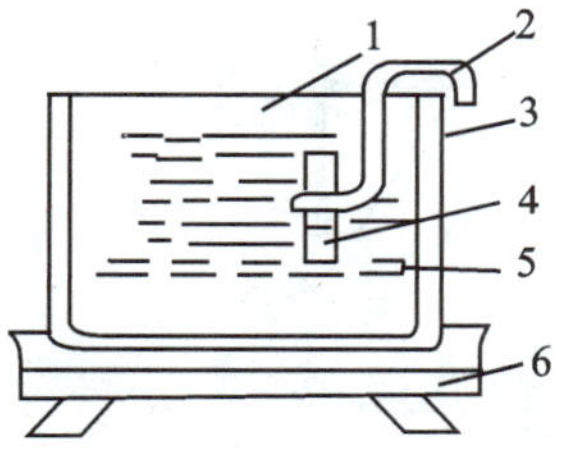

1—加温介质；2—支撑工具；3—加温箱；
4—被加温零件；5—隔离板；6—加热器

图 6.23　加温设备

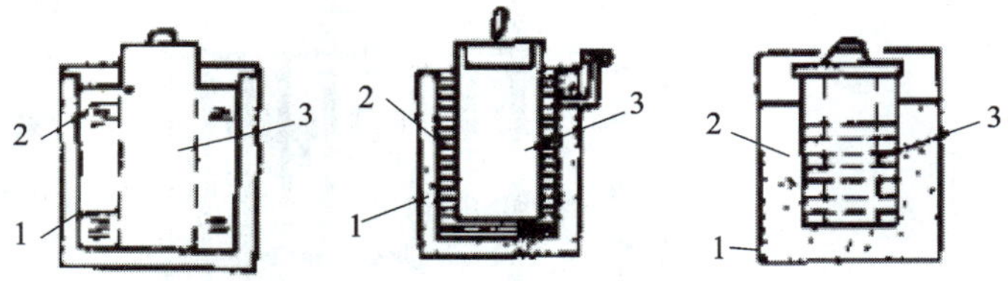

(a) 干冰冷却箱　(b) 液态或气态冷却箱

1—箱体；2—冷却介质；3—冷却零件容器

图 6.24　冷却设备

(6) 压力机

压力机用于压装和分解过盈配合的连接件，装配中常用的压力机有齿条式压力机、螺旋式压力机、液压式压力机和气压机，其中齿条式压力机适用于压装和分解轻、中型过盈配合的连接件，冲击力较大，操作方便；液压式压力机和气压机适用于轻、中型过盈配合的连接件，压装和分解工作稳定，例如需要在一定压力下测取某种参数时(如伸长量、下沉量等)，压力可以保持平稳。图 6.25 所示为几种典型压力机。

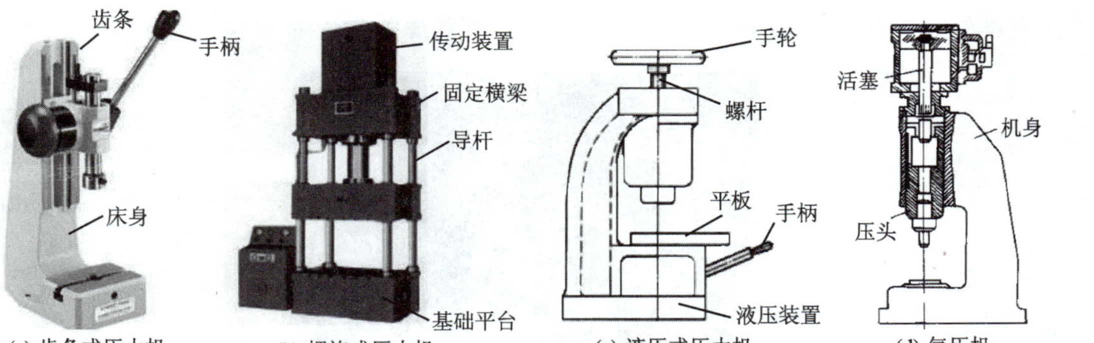

(a) 齿条式压力机　(b) 螺旋式压力机　(c) 液压式压力机　(d) 气压机

图 6.25　典型压力机

(7) 试验设备

为保证发动机安全、正常工作，在发动机整个装配工艺过程中，涉及多项试验和测试，如燃油喷嘴测试、压力测试、泄漏测试等，因此就需要有试验设备。试验设备的配置依据的是装配工艺的技术要求。批生产时配备专用试验设备，单件、小批量生产时采用多用途试验器。试验设备要满足设计图和相关技术要求，如规定的技术参数(流量、压力、温度、转速、电流、电压、真空度、工作介质等)要求，还有便于维护和操作。常用的试验设备如发动机注滑油试验器、燃油喷嘴通用试验器等。图 6.26 所示为燃油总管试验器系统图。

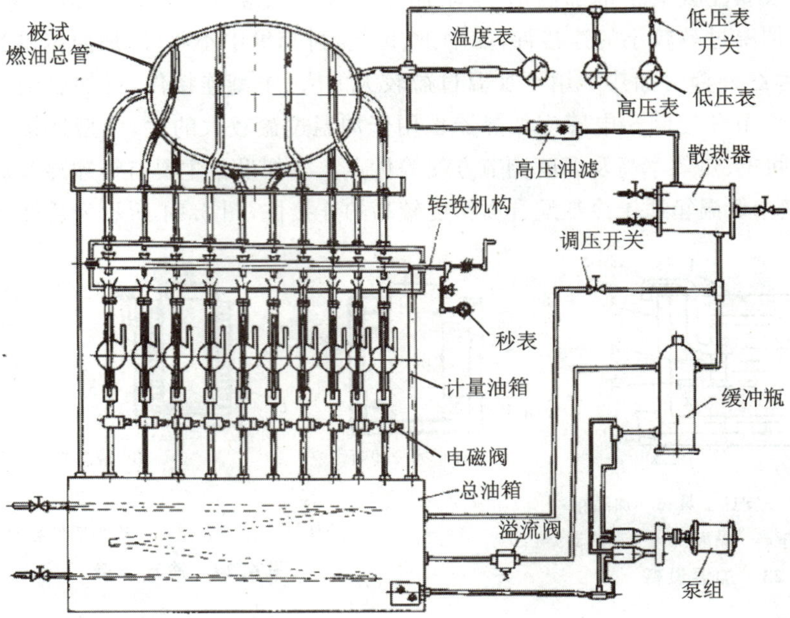

图 6.26　燃油总管试验器系统图

(8) 加工设备

加工设备多用于装配工艺中的组合加工和补充加工。加工设备(机床)的选择要根据装配工序性质和零件的结构尺寸等，机床的经济性要满足零件工艺要求，机床的功率、刚度与机床范围要满足工艺部、组件的补充加工或组合加工需要，除特殊需要选用专用机床外，优先选用现有标准机床。图 6.27 所示为发动机转子叶片叶尖高速磨床。

图 6.27　转子叶片叶尖高速磨床

(9) 装配车、架

为了保证进入装配的零件、组件、部件等的精确定位,限制装配过程中的连接变形,保证装配质量,提高装配效率和减轻劳动强度,在发动机部件装配、组件装配、单元体装配及发动机总装配过程中配置了必要的装配车、架。如图 6.28 所示为发动机各种装配车、架。

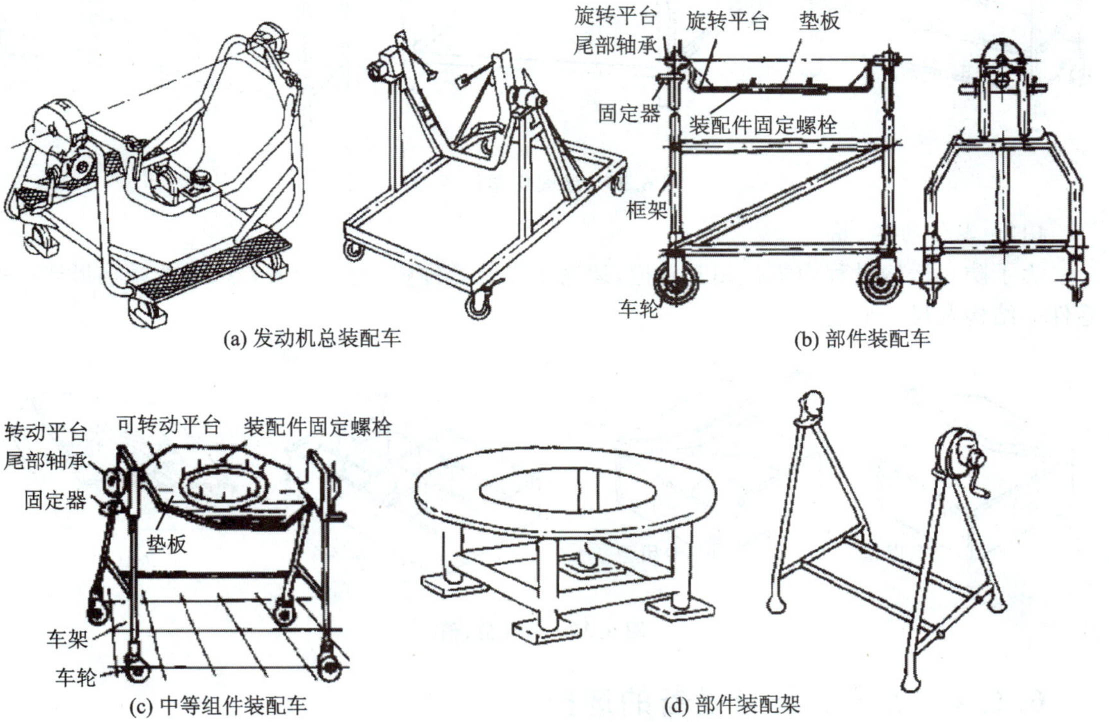

图 6.28　装配车、架

(10) 工作台

工作台是根据发动机装配工艺和工作地点进行配置,它是装配工作的主要场所,其结构尺寸按人体学要求设计,要便于操作,如图 6.29 所示。

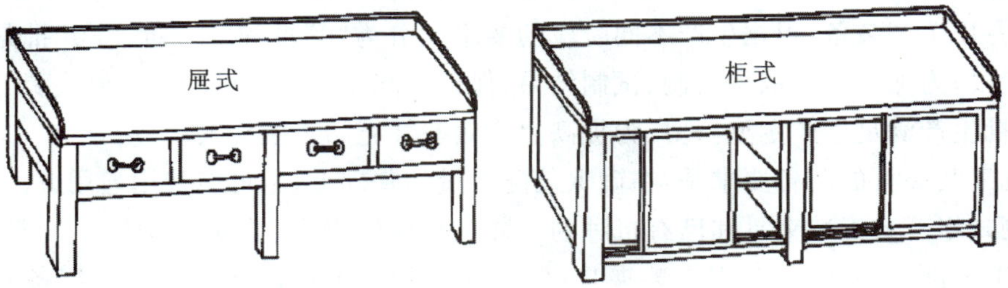

图 6.29　装配工作台

(11) 零件存放柜、架

零件的柜、架用于存放待装配零件,其配置数量是根据工艺、工作地数量及生产量进行配置,其结构、尺寸要保证易于取、放零件,同时还要保证不污染零件,如图 6.30 所示。

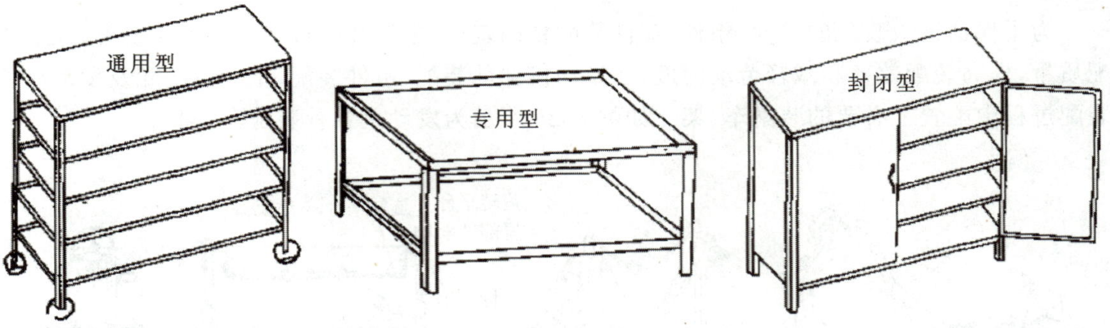

图 6.30 装配用零件柜、架

(12) 零件的盒、箱

为了防止运输过程中零件相互碰撞,运输中常将零件置于盒、箱中,盒、箱的结构形式根据零件的结构及尺寸而定,如图 6.31 所示。

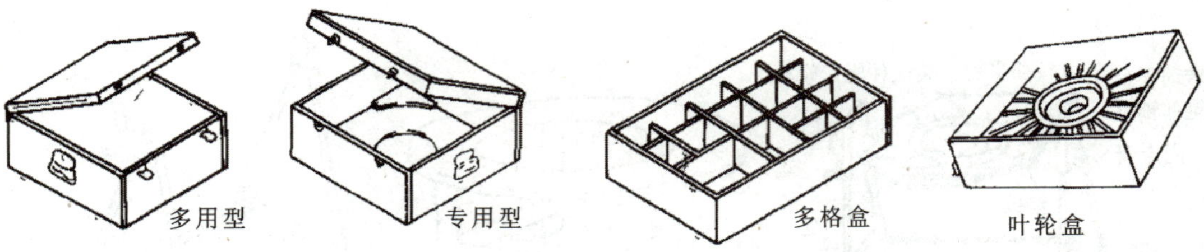

图 6.31 零件盒、箱

6.1.4 工艺装备与设备的选择依据

发动机装配用工艺装备与设备的选择根据是设计图纸、技术条件、工艺、年产量以及装配、调整、检验的方法和技术要求等。首先是根据装配工艺的需要、生产批量及工艺方案确定的原则进行选配;设备的规格、精度及性能要满足装配工艺要求,并按必须、经济、先进、可靠和实用的原则综合考虑;在单件和小批量生产时,选用标准设备,批量生产和特殊需要,选用专用非标设备;在试制阶段,充分利用现有设备、工位器或改装代用,或采用通用手段装配与试验。

对于专用工艺装备,根据生产不同阶段的要求又分为“0”批和“Ⅰ”批。“0”批是指新机研制、试制阶段,为保证尽快取得研制、试制结果,保证装配质量所不可少的工装夹具。“Ⅰ”批是指转入小批生产满足生产定型需要、为提高生产效率补充的工装夹具。

“0”批工装夹具的配备要求是:在确保装配质量的基础上,尽可能采用通用方法、通用工装夹具、可调式组合式工装夹具和已有机种的工装夹具代用或改制;装配结构复杂、精度高、工艺难度大的工艺部、组件配备专用工装夹具;保证和检验关键特性和重要特性配备专用工装夹具;密封试验、流量检查、轴承同心度检查工具,装配吊具、分解卸具、专用扳手按“0”批工装夹具配备。

“Ⅰ”批工装夹具的配备要求是:试制代用工装夹具,改为重新设计专用工装夹具;通用工装夹具使用不方便或测量比较困难的测量工具改为专用工装夹具;根据产量要求,为提高劳动生产率,改善劳动条件,降低生产成本而增加专用工装夹具。

在选择和设计装配用工艺装备时应满足以下基本要求：结构简单，安全可靠，使用方便，不损伤零件；承力的工装夹具应与零件刚性好的部位连接，且传力路线尽可能短。

6.2　装配工装设计

6.2.1　概　述

工艺装备与设备是发动机装配工艺系统的重要组成部分，是发动机装配质量与效率的重要保证。由于航空发动机结构复杂，零件、组件、部件数以千计，这些都给装配工作带来了极大的困难，特别是发动机类型和型号不同，其装配用工装差别很大，每一种类型的发动机都配有各自的装配工装。如涡扇、涡喷、涡桨、涡轴、活塞等发动机结构截然不同，如图 6.32 所示，装配用工装各不相同，差别极大，完全不具有通用性。即使是同一类型的发动机，如果型号不同，则外形和内部结构迥异，如图 6.33 所示 RB21－535 与 CF6－50 涡扇发动机。因此，由于航空发动机的结构、装配部位及工具接近的难易程度不同，所以在发动机装配制造工艺过程中，为保证装配精度及装配工作的顺利进行，除了使用大量的通用装配工具外，专用装配工艺装备成为航空发动机装配工艺中重要的组成部分。本节重点介绍航空发动机装配工艺过程所涉及到的专用夹具的设计方法。

GEnx 涡扇发动机　　PW100 涡桨发动机　　阿赫耶 2B1A 涡轴发动机　　活塞发动机

图 6.32　各种类型发动机

图 6.33　不同型号涡扇发动机

在航空发动机装配工艺过程中，为了保证部件、组件及零件之间的相互正确位置，使用了大量的专用夹具，如限动夹具、安装夹具、导向夹具、定位夹具、实验夹具、检验夹具及平衡夹具等，这些夹具的特点是种类繁多、结构繁简不一、设计制造精度要求高。这些专用夹具的功能主要是用来保证装配精度、缩短辅助时间以提高效率、减轻劳动强度和扩大装配工艺范围。

尽管发动机装配工艺过程中使用的夹具结构类型、品种繁多，但其夹具的结构主要由定位元件、夹紧元件、夹具体组成，根据夹具的功用，有些夹具还有其他组成部分，如分度机构、传动机构等。其中定位元件用来保证部件、组件或零件相对位置；夹紧装置用来夹紧部件、组件或零件，以保证部件、组件或零件在装配过程中保持正确的相对位置；夹具体用来连接夹具上各元件使之成为一个整体基础件。夹具设计时主要是解决结构设计问题和误差控制问题，如图 6.34 所示为滑油喷嘴试验夹具。

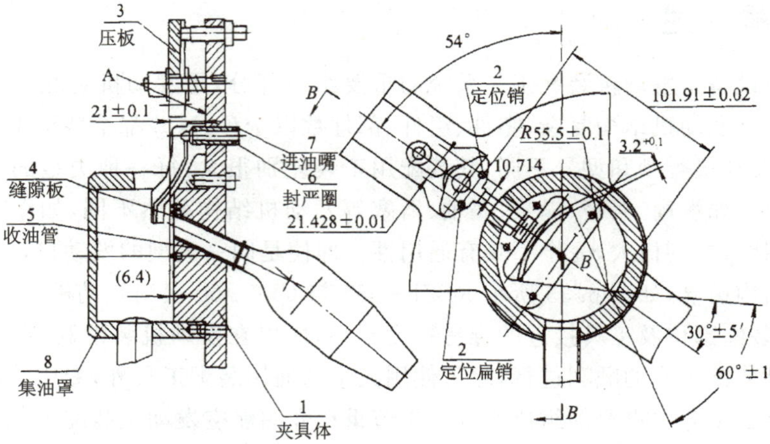

图 6.34　滑油喷嘴试验夹具

6.2.2　装配件的定位

1. 定位原理

任何一个物体在三维空间相对三个互相垂直的坐标轴来说，都有六个运动的可能性，即可以沿着 X 轴、Y 轴、Z 轴移动，也可以绕着 X 轴、Y 轴、Z 轴转动，这种移动和转动的可能性叫做自由度，分别用 $\overleftrightarrow{x}$、$\overleftrightarrow{y}$、$\overleftrightarrow{z}$ 表示沿 X 轴、Y 轴、Z 轴的移动自由度，用 $\widehat{x}$、$\widehat{y}$、$\widehat{z}$ 表示绕 X 轴、Y 轴、Z 轴的转动自由度，如图 6.35 所示。如果物体的某个自由度被限制，就说明物体在某个方向的位置已确定了，如果六个自由度均被限制，说明物体在空间仅仅占有一个位置。

我们用图 6.36 来说明怎样正确地限制这六个自由度。空中坐标系中的一个六方体，若在 XOY 坐标平面内放置如图的三个固定点 1、2、3，则六方体沿 Z 轴的移动自由度和绕 X 轴、Y 轴的转动自由度将被限制；在 YOZ 坐标平面内，沿 Y 轴方向放置两个固定点 4、5，则当六方体的侧面与该两个固定点接触时，六方体沿 X 轴的移动自由度和绕 Z 轴的转动自由度也被限制；最后再在 XOZ 坐标平面内放置一个固定点 6，则六方体沿 Y 轴的移动自由度也被限制。用分别限制物体的六个自由度来确定它在空间位置的方法，称为六点定位原理。

实际装配工作中，通常根据装配工序、装配基准件及被装配的部件、组件及零件的结构及相互之间的位置要求来限制相应方向的不定度。最多只能限定六个不定度，一般不少于三个不定度。如不可拆卸的涡轮转子的盘与盘装配中，作为装配基准件的某级盘置于夹具上时，因为盘与盘在装配过程中，需要调整沿圆周各盘的厚度，以保证转子的平衡精度要求，所以其绕 Z 轴的旋转自由度理论上不必限制，但是 $\overleftrightarrow{x}$、$\overleftrightarrow{y}$、$\overleftrightarrow{z}$ 三个移动不定度和 $\widehat{x}$、$\widehat{y}$ 的 2 个转动不定度必须被限定。

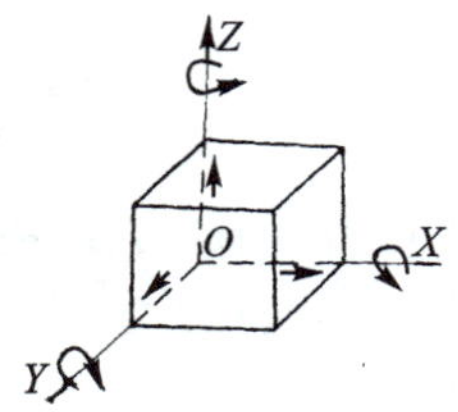

图 6.35　六个自由度

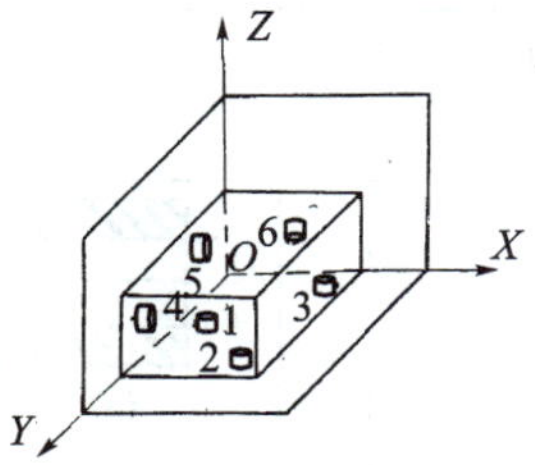

图 6.36　六点定位原理

2. 定位方式与定位元件

当装配基准件在夹具上定位时，只要定位基准与定位元件的定位表面接触，就可使装配基准件相对夹具和被装配的其他部件、组件或零件占有所需的正确位置。发动机装配工艺中的每一道装配工序都有确定的装配基准件(部件、组件或零件)，而装配基准件上用来确定该基准件与夹具相对位置时所采用的基准称为定位基准。不论装配基准件是部件、组件或零件，都有其确定的定位基准，而夹具上的定位机构正是根据装配基准件上的定位基准的形状、数量和精度而进行设计。图 6.36 中的固定点即支承点在实际夹具中就是定位元件。不同形状的定位元件所相当的支承点必须根据它实际所限定的自由度数来判断，表 6.3 列出了常见定位元件及限定的自由度。

(1) 平面定位

装配基准件以平面为定位基准面是航空发动机上常见的定位方式之一，如以盘端面、机匣端面等平面或平面与其他表面组合为定位基准的定位方式。当采用平面作为定位表面时的定位形式是支承定位，装配基准件的定位基准面支承在夹具的定位元件(平面定位元件)上，常用的平面定位元件为支承板和支承钉，如表 6.3 所列。

表 6.3　常见定位元件及限定的自由度

装配基准件的定位基准	定位元件			限制的自由度
平　面 (盘、机匣端面) 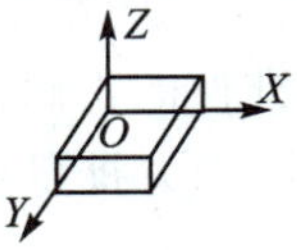	固定支承	平面	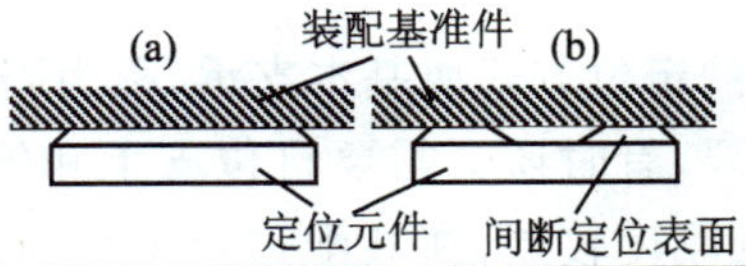	大表面限制 3 个 $\overleftrightarrow{z}$、x、y 细长表面限制 2 个 $\overleftrightarrow{z}$、x 小表面限制 1 个 $\overleftrightarrow{z}$
		支承钉	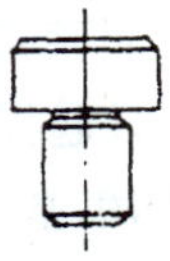	3 个支承钉限制 $\overleftrightarrow{z}$、x、y 2 个支承钉限制 $\overleftrightarrow{z}$、x 1 个支承钉限制 $\overleftrightarrow{z}$
	辅助支承		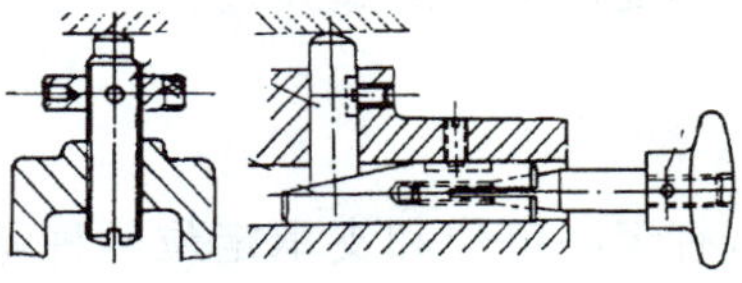 (a)　(b)	只起提高装配基准件刚性和稳定性的作用，不限制工件自由度

续表 6.3

装配基准件的定位基准	定位元件			限制的自由度
外圆柱面（轴、机匣、盘外圆） 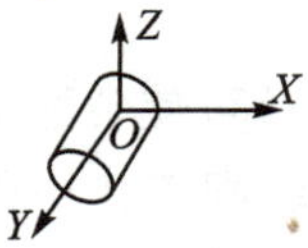 	定心定位	套筒	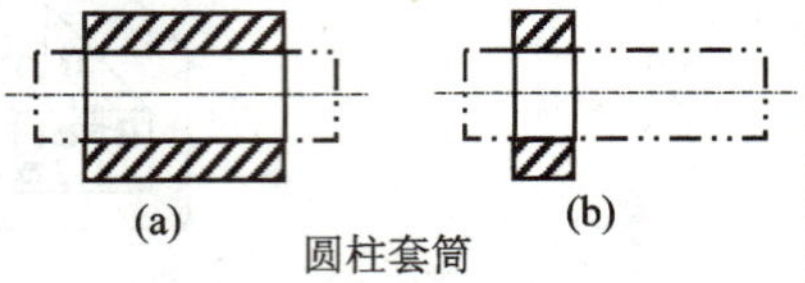 (a) (b) 圆柱套筒	长套筒限制 $\overleftrightarrow{x}$、$\overleftrightarrow{z}$、$\widehat{x}$、$\widehat{z}$ 短套筒限制 $\overleftrightarrow{x}$、$\overleftrightarrow{z}$
			 锥形套筒	长锥形套筒限制 $\overleftrightarrow{x}$、$\overleftrightarrow{y}$、$\overleftrightarrow{z}$、$\widehat{x}$、$\widehat{z}$、 短锥形套筒限制 $\overleftrightarrow{x}$、$\overleftrightarrow{y}$、$\overleftrightarrow{z}$
	支承定位	V形块	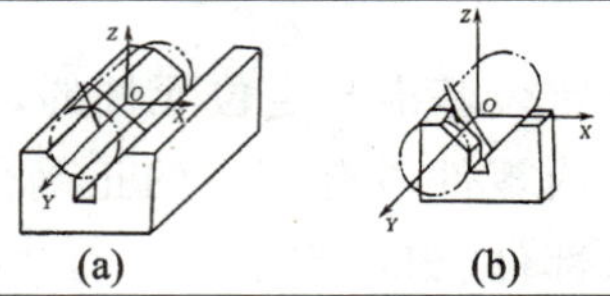 (a) (b)	长 V 形块限制 $\overleftrightarrow{x}$、$\overleftrightarrow{z}$、$\widehat{x}$、$\widehat{z}$ 短 V 形块限制 $\overleftrightarrow{x}$、$\overleftrightarrow{z}$
		支承板	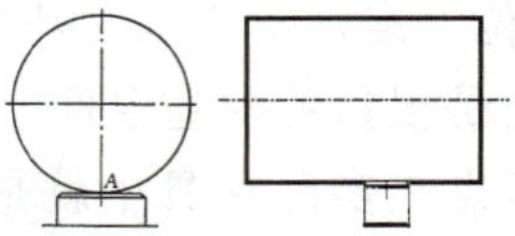	长支承板限制 $\overleftrightarrow{z}$、$\widehat{x}$ 短支承板限制 $\overleftrightarrow{z}$
内孔表面（盘、机匣内孔） 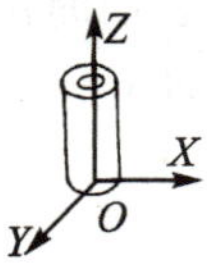 	圆柱销（心轴）		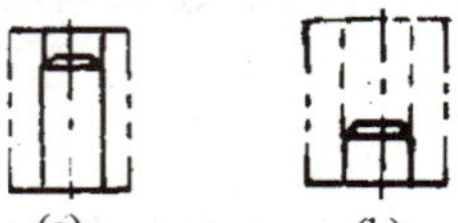 (a) (b)	长销（心轴）限制 $\overleftrightarrow{x}$、$\overleftrightarrow{y}$、$\widehat{x}$、$\widehat{y}$ 短销（心轴）限制 $\overleftrightarrow{x}$、$\overleftrightarrow{y}$
	圆锥销			限制 $\overleftrightarrow{x}$、$\overleftrightarrow{y}$、$\overleftrightarrow{z}$
	锥度心轴		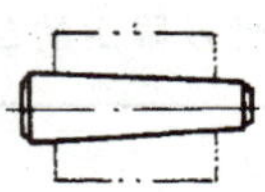	限制 $\overleftrightarrow{x}$、$\overleftrightarrow{y}$、$\overleftrightarrow{z}$、$\widehat{y}$、$\widehat{x}$

注：表中最后一列所表示的限制的自由度是以表中最左一列中的坐标系为准的。

用支承板和支承钉作为定位元件的定位方式属基本支承，称为固定支承，即定位元件是固定不动的。但是根据定位基准面的需要，有时还会需要自位支承和辅助支承。辅助支承用于装配基准件因尺寸、形状特征或因局部刚度较差，在装配过程中会因安装受力、夹紧力或自身重力作用下，只由基本支承定位可能定位不稳或引起某部位变形时可增设辅助支承。辅助支承只在基本支承对装配基准件定位后才参与支承，只起提高装配基准件刚性和稳定性的作用，不限制工件自由度。因此辅助支承的使用不应破坏由基本支承所确定的装配基准件的正确位置。表 6.3 辅助支承中的图(a)为用于小批量生产的螺旋式辅助支承，图(b)为用于大批量生产的推引式辅助支承。

(2) 外圆柱表面定位

装配基准件以外圆柱表面定位时，有定心定位和支承定位两种基本形式。定心定位以外圆柱面的轴心线为定位基准，而定位元件与之实际接触的是装配基准件上的点、线或面，夹具上常见的定心定位夹具如自动定心三爪卡盘、弹簧夹头、套筒（圆柱套筒、圆锥套筒）及其他自动定心机构(表 6.3 以套筒为例进行定位分析),装配中为了限制轴向自由度,常与端面联合定位。装配基准件以外圆柱面支承定位时,装配基准件与定位元件接触的是外圆柱面上的母线,其定位方式有 V 形块和支承板定位,如表 6.3 所列。航空发动机装配工序中采用外圆表面作为定位基准面的例子很多,如转子轴外圆表面、盘外圆表面、机匣外圆表面等作定位基准。

(3) 内孔定位

当发动机机匣、盘类作为装配基准件时,常以其主要孔及平面组合为定位基准,其中通常以孔为第一定位基准,起主要定位作用,以端面定位限制轴向位置,而绕自身轴线回转的自由度一般不必限制。这种定位方式的特点是定位孔与定位元件之间处于配合状态,能够保证孔轴线处于正确位置,是定心定位。内孔定位常用的定位元件有定位销、圆柱心轴和圆锥心轴,见表 6.3。

(4) 组合表面定位

平面定位、外圆柱表面定位及内孔定位均是指以单一表面定位的情况,但是在实际装配工序中,装配基准件常常是以组合表面来定位,如采用两孔一面、两外圆柱表面和一平面及一孔加一外圆柱表面和一平面等,见表 6.3。图 6.37 所示为盘、轴类零件做装配基准件时常采用内孔、外圆和端面组合定位的例子。组合定位时最多可以选择 3 个表面组合,分为第一定位基准、第二定位基准和第三定位基准,第一定位基准应是装配基准件上所选定位基准中支承面积最大相对装配精度要求较高的表面,第二定位基准次之。

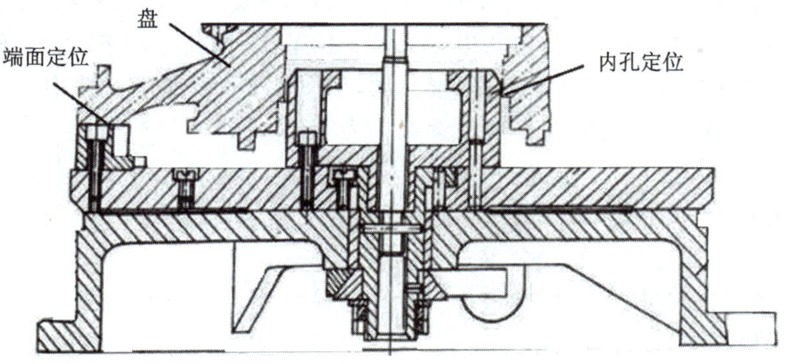

(a) 盘类定位方式

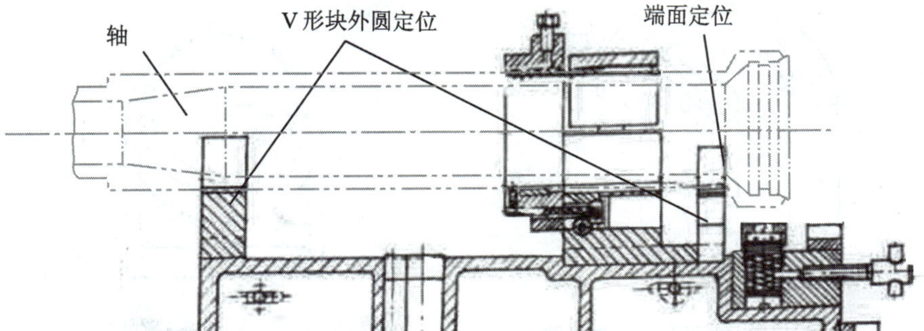

(b) 轴类定位方式

图 6.37　盘、轴类定位方式

3. 定位误差

六点定位原理很好地解决了装配基准件定位时应该限制的自由度问题，即解决了装配基准件的位置“定与不定”的矛盾，但却不能保证精度问题，即装配基准件的位置“准与不准”。在六点定位原理中，将物体作为一个整体来考虑，而分析定位精度时，则需要针对装配基准件的具体表面进行分析。因为在每一个装配工序中，定位基准与定位表面均有制造误差，同时二者之间还有配合间隙，因此会造成定位表面相对定位基准的位置误差，简称定位误差 δ_{DW}。定位误差包括两部分，即基准位置误差 δ_{JW} 和基准不重合误差 δ_{JB}。基准位置误差是指由于装配基准件存在制造误差（公差范围内），从而造成定位基准本身的误差，即基准位置误差；而基准不重合误差是指工序基准相对定位基准的误差，则有

$$\delta_{DW} = \delta_{JW} \pm \delta_{JB} \tag{6.1}$$

式中的“±”表示考虑 δ_{JW} 与 δ_{JB} 的方向。

当装配基准件以平面定位时，其定位基准是平面，若采用内孔或外圆定位则定位基准分别是孔的中心线和轴（外圆柱）中心线。

（1）*基准位置误差*

基准位置误差是由装配基准件本身的制造误差造成的，因装配基准件上定位表面形状的差异，所造成的基准位置误差也不尽相同。

采用平面作为定位基准时，可能造成的基准位置误差主要是由定位表面的形状误差和定位表面与定位基准之间相互位置误差所造成，即与表面粗糙度、平行度和垂直度有关。

采用内孔表面作为定位表面时，内孔中心线是定位基准，则孔相对于定位心轴或定位销可以在间隙范围内作任意方向、任意大小的位置变动，如图 6.38(a)所示。孔中心线位置的最大变动量即为基准位置误差，则此时的基准位置误差为

$$\delta_{JW} = T_D + T_d + \Delta_{min} \tag{6.2}$$

式中：T_D——装配基准件内孔直径公差；

T_d——定位心轴或定位销直径公差；

Δ_{min}——间隙配合的最小间隙（即最小直径孔与最大直径定位心轴或定位销相配合时的间隙）。

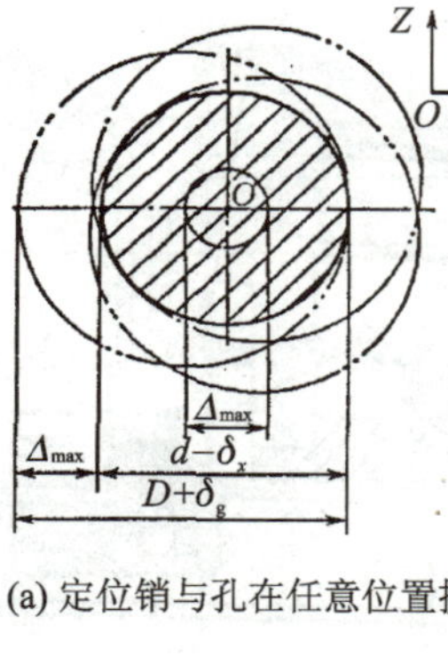

(a) 定位销与孔在任意位置接触

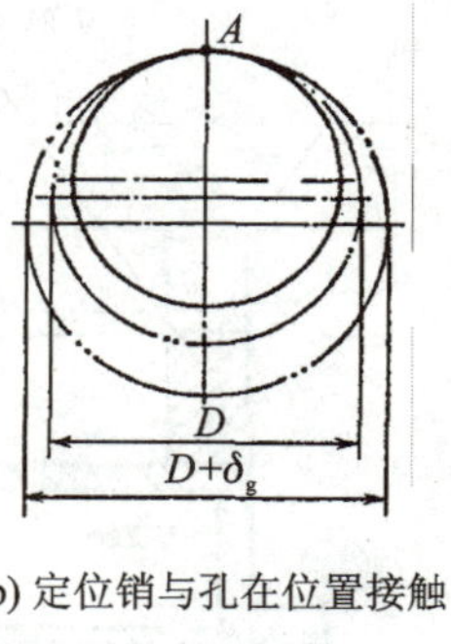

(b) 定位销与孔在位置接触

图 6.38 内孔表面定位时的基准位

此时基准位置误差的方向是任意的。

如果采取某些措施，例如对装配基准件施加一个作用力，使装配基准件内孔与定位心轴或

定位销始终在一个固定处接触，如图 6.38(b)所示，则此时既可认为定位基准是孔中心线，也可认为定位基准是内孔上母线 A。如果以内孔上母线为定位基准，则可以看成支承定位，此时基准位置误差无论在水平方向还是垂直方向均等于零(忽略心轴直径的变化)。如果装配基准件以内孔中心线作为定位基准，因为定位基准只在垂直方向变动，所以在水平方向上基准位置误差等于零；而在垂直方向，其基准位置误差为

$$\delta_{JW} = \frac{1}{2}(T_D + T_d) \tag{6.3}$$

当装配基准件以内孔与定位心轴或定位销过盈配合定位，或是采用其他自动定心装置定位时，即使定位孔的直径尺寸有误差，定位时孔的表面位置也将有变动，但孔中心线的位置却是固定不变的。因此在这种情况下，无论在哪个方向上基准位置误差都等于零。

当装配基准件以外圆柱面定位时，外圆柱表面的定位有定心定位和支承定位两种基本形式。定心定位以圆柱面的轴心线为定位基准，如自动定心三爪夹盘、弹簧夹头以及其他一些自动定心机构。采用这类定位装置定位时，装配基准件的轴心线在径向方向是固定不动的，因此基准位置误差等于零。装配基准件以外圆柱定位时最常见的支承定位是采用 V 形块定位，如图 6.39 所示。此时，装配基准件的定位基准可以认为是装配基准件的轴心线。当装配基准件的外圆柱直径有变化时，与 V 形块相接触的母线 A、B 的位置都会发生变化，但装配基准件轴心线只在垂直方向有位置变化，而在水平方向轴心线的变动量等于零，此即 V 形块的对中性。在垂直方向上，基准位置误差为

$$\delta_{JW} = \frac{T_d}{2\sin\frac{\alpha}{2}} \tag{6.4}$$

式中：T_d——装配基准件外圆直径公差；

α——V 形块夹角。

其他形式的支承定位，装配基准件的定位基准是与定位元件相接触的母线。此时在接触面的法线方向工件的基准位置误差等于零。

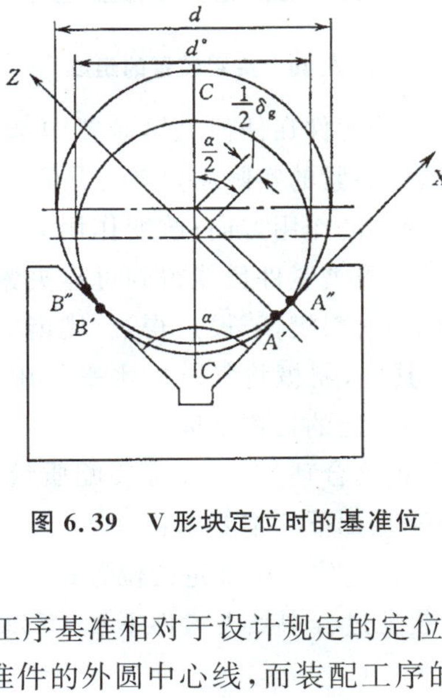

图 6.39　V 形块定位时的基准位

(2) 基准不重合误差

基准不重合误差是指装配工序基准相对于设计规定的定位基准的最大变动量。以图 6.39 为例，如果定位基准为装配基准件的外圆中心线，而装配工序的基准是 C(外圆下母线)，则定

位基准与工序基准不重合，故基准不重合误差 $\delta_{JB}=T_d/2$。则此时定位误差为

$$\delta_{DW}=\delta_{JW}+\delta_{JB}=\frac{T_d}{2\sin\frac{\alpha}{2}}\pm\frac{T_d}{2}$$

式中的"±"表示基准不重合误差变化的方向。

6.2.3 装配件的夹紧

在装配工艺过程中，置于夹具中的装配基准件会因外力的作用，而产生移动或振动，从而破坏装配精度，夹紧的目的就是使被夹紧件在整个装配工序中，保持原有定位时的位置。

1. 夹紧装置的组成与要求

夹紧装置主要由力源和夹紧两部分组成。力源部分用于产生原始作用力，力源分为手动和机动两种。手动夹紧的力源来自人的体力，机动夹紧的力源来自气动、液压、气液联合、电动等动力装置。如图 6.40 中的气缸就是一种力源装置。夹紧部分接受和传递力源部分产生的原始作用力，并使之转变为夹紧力直接作用在被夹紧件上完成夹紧作用。夹紧部分一般由受力元件、中间传力机构、夹紧元件等组成。受力元件是直接接受原始作用力的元件。如手柄、螺母、连接气缸活塞杆的元件等，如图 6.40 中的活塞杆；中间传力机构是介于力源和夹紧元件之间的传力机构，如图 6.40 中的斜楔；夹紧元件是直接与工件接触产生夹紧力的元件，如各种螺钉、压板（图 6.40 中的压板）等。

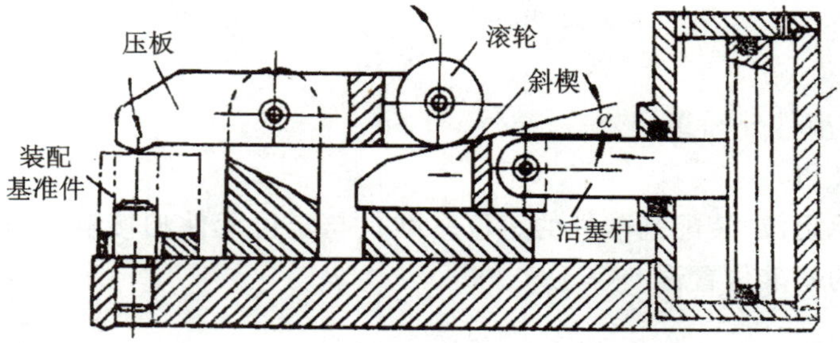

图 6.40　夹紧装置的组成

在夹紧装置中，受力元件和夹紧元件在任何夹紧装置中都是必不可少的。而中间传力机构是根据夹具总体布局和被夹紧件夹紧的实际需要考虑是否设置。中间传力机构应起到以下作用：在传递作用力的过程中改变力的作用方向；改变作用力的大小（一般应起增力作用）；具有自锁作用，以保证力源消失以后，被夹紧件仍能得到可靠夹紧（这一点对于手动夹紧尤为重要）。图 6.40 所示的中间传力机构为斜楔，若设计得当，则能兼有上述三种作用，即改变力的作用方向、增力和自锁等作用。其中，斜楔将气缸的水平作用力改变成垂直向上的力传到滚轮，同时斜楔本身具有增力作用和一定的自锁功能。

夹紧装置的设计或选用是否正确合理，对于保证装配质量，提高生产率，减轻劳动强度都有很大影响。因此，夹紧装置应满足如下基本要求：

① 夹紧时不应破坏被夹紧件经定位后所确定的位置；

② 夹紧力的大小应能保证装配过程中被夹紧件不发生移动和不允许的振动；

③ 被夹紧件夹紧后的变形小；

④ 夹紧作用可靠、动作迅速、操作方便省力；

⑤ 结构紧凑、制造容易，其自动化程度及复杂程度应与发动机的生产纲领相适应。

2. 夹紧力的确定

在设计夹紧装置时，要根据有关已知条件确定夹紧力大小，然后选择合适的力源和传力的方式，最后设计合理的夹紧机构。夹紧力的确定是根据力的三要素来确定的，包括确定夹紧力的作用点、作用方向和大小。

(1) 夹紧力方向的选择

夹紧力作用方向的选择应考虑以下几个方面：夹紧力应有助于保证定位准确可靠，而不应破坏原定位。因此，夹紧力应朝向主要定位基准面，使被夹紧件在夹紧力作用下与定位元件可靠接触。同时，被夹紧件的主要定位基准面的面积较大、精度也相对较高，夹紧力作用于其上有助于减小压强、减小变形，有利于保证加工质量。

(2) 夹紧力的方向

夹紧力的方向应有利于减小夹紧力。在装配过程中，被夹紧件会受到各种外力和自身重力的作用。这些外力的方向与夹紧力的作用方向，对所需夹紧力的大小有很大的影响。在确定夹紧力方向时，要综合考虑装配方法、装配基准件的形状、定位基准、定位方式、夹紧机构形式等因素。

(3) 夹紧力作用点的选择

夹紧力作用点是指夹紧元件与装配基准件相接触的一小块面积，选择夹紧力作用点应有利于装配基准件定位可靠，防止夹紧变形，确保装配精度。首先，夹紧力的作用点应能保持装配基准件定位稳定、不发生位移或偏转。因此，夹紧力作用点应靠近支承表面的几何中心或由几个支承点所组成的稳定受力区内，而使装配基准件在夹紧力作用下不发生位移或偏转。其次，夹紧力的作用点应使装配基准件的夹紧变形尽可能小。夹紧力的作用点应位于装配基准件上刚度较大的部位，以防止装配基准件受压变形。如果夹紧力如图6.41(a)所示，则装配基准件就会产生较大的变形，若夹紧力改为图6.41(b)的作用方式，则夹紧变形就很小。

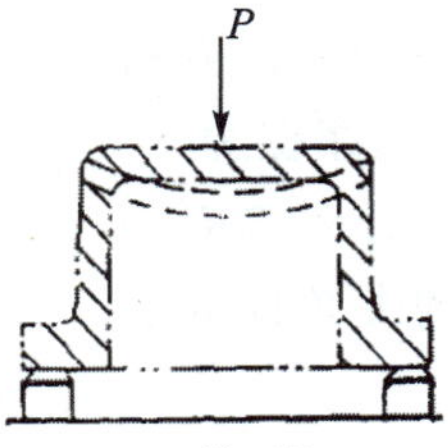

(a) 错 误

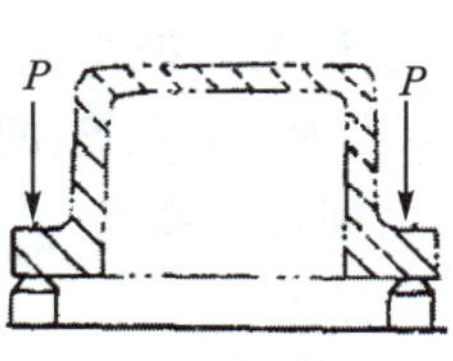

(b) 正 确

图6.41 夹紧力作用点的选择

另外，可以通过增大夹紧力作用点的面积，使夹紧力由集中载荷变为分布载荷或分散载荷作用在被夹紧件上，从而减小被夹紧件的变形。例如图6.42(a)所示是具有较大弧面的特殊夹爪，常用于安装薄壁套筒类工件(如机匣等)，以减小夹紧变形。图6.42(b)所示为常见的压脚，可增加螺旋夹紧的作用面积，以减小局部夹紧变形。因6.42(c)所示是在夹紧压板上增加球面垫圈，使夹紧力通过垫圈均匀地作用在夹紧表面，避免装配基准件被局部压陷变形。

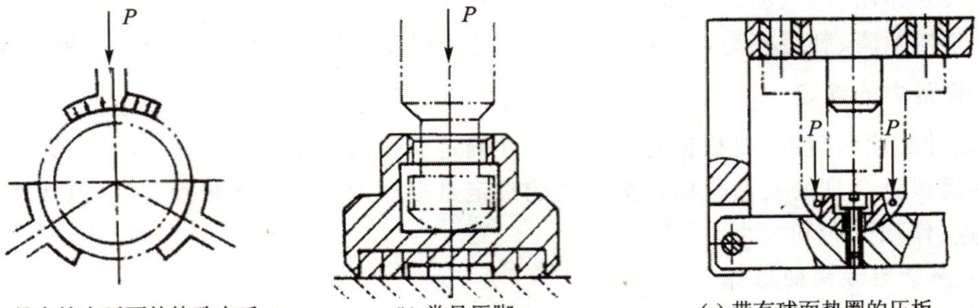

(a) 具有较大弧面的特殊夹爪　　(b) 常见压脚　　(c) 带有球面垫圈的压板

图 6.42　减小夹紧变形的措施

3. 典型夹紧机构

(1) 斜楔夹紧机构

斜楔夹紧机构是利用斜面楔紧作用的原理夹紧工件，这种夹紧机构最基本的结构形式是带有斜面的模块，如图 6.43 所示是两种典型斜楔夹紧机构。

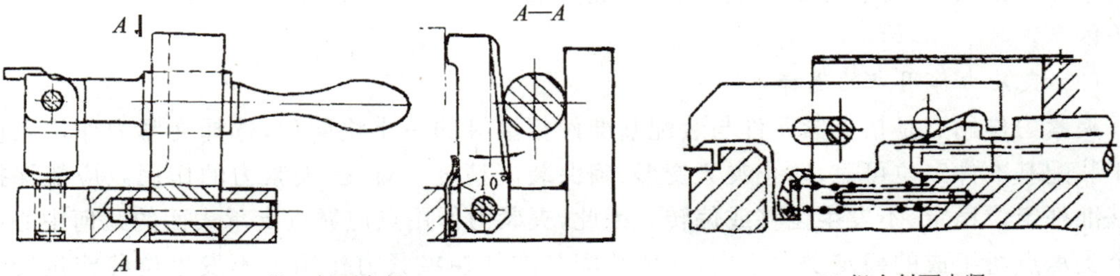

(a) 单一斜面夹紧　　(b) 组合斜面夹紧

图 6.43　斜楔夹紧机构

斜楔在原始作用力 Q 作用下产生的夹紧力为 W，则根据斜楔受力平衡条件可以求出 W，如图 6.44 所示，取斜楔为受力平衡体，原始作用力 Q，装配基准件的反作用力 W（大小等于夹紧力，方向相反），夹具体的反作用力 R 及斜楔楔入运动中产生的摩擦力 F_1 与 F_2。设 R 与 F_1 的合力为 R'，W 与 F_2 的合力为 W'，则 R 与 R' 的夹角即为夹具体与楔块之间的摩擦角 φ'，W 与 W' 的夹角即为装配基准件与楔块之间的摩擦角。

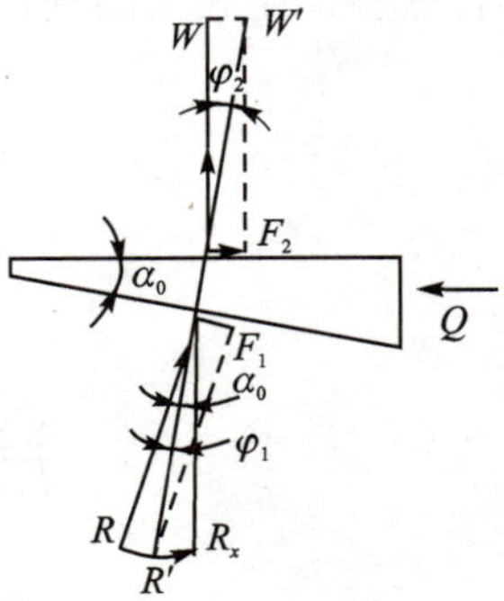

图 6.44　斜楔受力分析

夹紧时 Q、W'、R' 三力平衡，则有

$$Q = W\tan\varphi_2 + W\tan(\alpha + \varphi_1)$$

故

$$W = \frac{Q}{\tan\varphi_2 + \tan(\alpha + \varphi_1)} \tag{6.5}$$

式中：α——斜楔的楔角。

当 α、φ_1、φ_2 都很小，且 $\varphi_1 = \varphi_2 = \varphi$ 时，式(6.5)可以近似地简化为

$$W \approx \frac{Q}{\tan(\alpha + 2\varphi)}$$

由前述可知，夹具的夹紧机构一般要具有自锁性能，特别是手动夹具尤为重要。斜楔夹紧

机构的自锁条件是斜楔的楔角 α 不能超过某个数值 α_0。由图 6.44，当斜楔处于自锁的极限状态时，具有退出的趋势，此时作用在斜楔上的摩擦力 F_1 与 F_2 的方向相反，原始作用力 Q 等于零。根据力的平衡条件，合力 W' 与 R' 应大小相等，方向相反，并位于同一直线上，则 $\varphi_2=\alpha_0-\varphi_1$，即 $\alpha_0=\varphi_1+\varphi_2$。

斜楔的自锁条件为

$$\alpha \leqslant \alpha_0 = \varphi_1 + \varphi_2 = 2\varphi(\text{假设 } \varphi_1 = \varphi_2 = \varphi) \tag{6.6}$$

即斜楔的楔角应小于摩擦角的 2 倍。在设计夹具时斜楔的楔角一般可取 $\alpha=10°\sim15°$。但考虑斜楔的实际工作条件（如有振动，接触面不一定良好等），为保证自锁更加安全可靠，通常取 $\alpha=6°\sim8°$。

如用动力装置推动斜楔或与其他能保证自锁的机构联合使用时，斜楔的 α 角不受此限制。

根据以上分析可知，斜楔机构具有如下特点：

1）斜楔能改变作用力的作用方向

当外加一原始作用力 Q 时，则斜楔产生一个与 Q 力方向相垂直的夹紧力 W。

2）斜楔机构具有增力作用

由斜楔的夹紧力计算公式可知，当外加一较小的原始作用力 Q 时，就可获得一个比 Q 大几倍的夹紧力 W，即斜楔机构具有增力作用。α 角愈小、增力作用愈大。因此，在以气动或液压作为力源的高效率机动夹紧装置中，常采用斜楔作为增力机构。

斜楔的夹紧行程 $S=S_1\tan\alpha$，即

$$\frac{S_1}{S}=\frac{1}{\tan\alpha}$$

式中：S_1——斜楔的工作行程，mm；

S——斜楔的夹紧行程，mm。

由上式知，斜楔的夹紧行程与楔角 α 有关。楔角愈小，夹紧行程愈小，而自锁性愈好，增力作用愈大；反之，则行程大，自锁性差，增力作用小。因此，在选择斜楔楔角时，应综合考虑自锁、增力和行程三方面问题。

在手动夹紧机构中，通常是斜楔与其他机构联合使用；机动夹紧装置中，斜楔机构通常在中间传力机构中起增力作用。

(2) 螺旋夹紧机构

螺旋夹紧机构是利用螺旋直接夹紧或与其他元件（机构）组合夹紧的一种机构，也是应用最为广泛的一种夹紧机构。螺旋夹紧是斜楔夹紧的变形，其作用原理与斜楔夹紧原理相同，如图 6.45 所示几种典型螺旋夹紧机构，其中图(a)为简单螺旋夹紧，图(b)为快速螺旋夹紧机构，图(c)为螺旋-压板夹紧机构。

螺旋夹紧机构结构简单，制造容易，自锁性好，增力比大，夹紧行程不受限制，在手动夹紧机构中应用极广泛。但螺旋夹紧机构的夹紧动作慢、辅助时间长，因此在需要快速夹紧的机构中应用较少。

为了克服螺旋夹紧机构的缺点，在有些情况下可以采用各种快速夹紧的螺旋夹紧机构，如图 6.45(b)所示的快速螺旋夹紧机构，稍微转动手柄 2 带动螺母旋转，螺杆 3 左移夹紧工件；转动手柄 2 扳开后，将手柄 1 扳开，拉动手柄 2 即可使螺杆 3 快速撤出，松开被夹紧件。

在图 6.45(c)所示的螺旋-压板夹紧机构中，螺旋压紧位于压板中间，螺母下用球面垫圈，

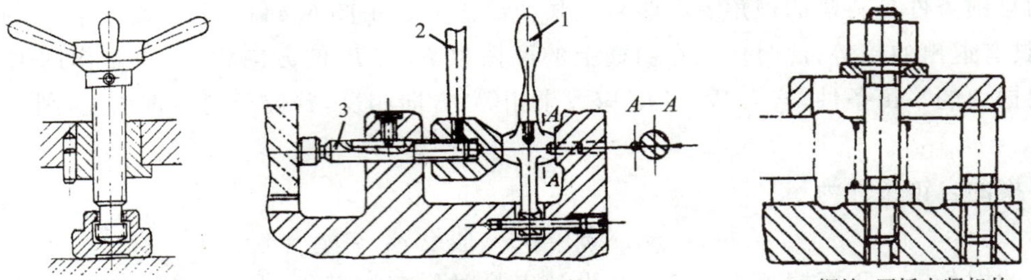

(a) 简单螺旋夹紧机构　(b) 快速螺旋夹紧机构　(c) 螺旋-压板夹紧机构

图 6.45　典型螺旋夹紧机构

压板尾部的支柱也做成球面，以便在夹紧过程中，压板可根据被夹紧件表面位置作少量偏转。这种结构可增大夹紧行程，但夹紧力小于作用力。

螺旋夹紧机构可以看成是绕在圆柱体上的斜楔，如图 6.46 所示。当以原始作用力 Q 转动手柄时，施于螺杆的力矩 $M=QL$ 。螺杆沿螺母旋转下压被夹紧件。取螺杆为受力平衡体，被夹紧件对螺杆的反作用力为垂直于螺杆端部的反作用力 W（夹紧力）及螺杆与被夹紧件作用面间的摩擦力 F_2。W 与 F_2分布在螺杆端部整个接触面上，计算时可视为集中于半径为 r' 的圆环上，r'称为当量摩擦半径。螺母对螺杆的作用力为垂直于螺纹面的力 R 及螺纹面上的摩擦力 F_1，这两个力的合力为 R'，分布于整个螺纹面上，计算时可视为集中在螺纹中径处。螺杆在夹紧状态时，根据平衡条件，各力对螺杆中心线的力矩为零，即

$$M_Q - M_{R'} - M_{F_2} = 0$$

式中：M_Q——原始力矩，$M_Q=QL$；

$M_{R'}$——螺母对螺杆的作用力矩，

$$M_{R'}=\frac{R'\sin(\alpha+\varphi_1)d_0}{2}=\frac{W\tan(\alpha+\varphi_1)d_0}{2}$$

M_{F_2}——被夹紧件对螺杆的作用力矩（摩擦力矩），

$$M_{F_2}=F_2r'=Wr'\tan\varphi_2$$

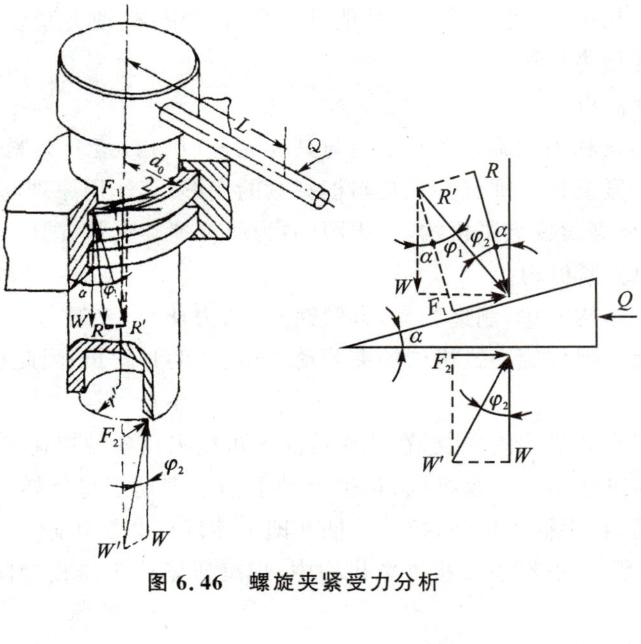

图 6.46　螺旋夹紧受力分析

即

$$QL - W\tan(\alpha + \varphi_1)\frac{d_0}{2} - Wr'\tan\varphi_2 = 0$$

由上式可得到螺旋夹紧时的夹紧力为

$$W = \frac{QL}{\frac{d_0}{2}\tan(\alpha + \varphi_1) + r'\tan\varphi_2} \tag{6.6}$$

式中：W——夹紧力，N；

Q——原始作用力，N；

L——原始作用力的力臂，mm；

d_0——螺纹中径，mm；

α——螺纹升角，(°)；

φ_1——螺纹处摩擦角，(°)；

φ_2——螺杆端部与被夹紧件（或压块）间的摩擦角，(°)；

r'——螺杆端部与被夹紧件（或压块）的当量摩擦半径，mm（与螺杆端部或压块形状有关）。

一般 $L \gg r'$，$d_0/2 < r'$，α、φ_1、φ_2 一般都在 6°内，故从式(6.6)可以看出螺旋夹紧的增力比较大，因此可以产生很大的夹紧力。

(3) 偏心夹紧机构

偏心夹紧机构是一种快速动作的夹紧机构。偏心件（偏心轮或偏心轴，简称偏心轮）有圆偏心和曲线偏心两种形式。曲线偏心因其制造困难，使用较少，而圆偏心由于结构简单、制造容易，在夹具中应用广泛。

图 6.47(a)所示是一种常见的偏心压板夹紧机构，原始作用力 Q 作用手柄 1 上，带动偏心轮 2 绕轴 3 转动，偏心轮的圆柱面压在垫板 4 上，在垫板的反作用力的作用下，轴 3 向上移动，推动压板 5 压紧被夹紧件。偏心轮直接作用于被夹紧件上的情况较少，通常偏心轮都是与其他元件组合成夹紧机构，见图 6.47(a)。

偏心夹紧的作用原理如图 6.47(b)所示，O_1 为圆偏心的几何中心，R 为圆半径；O_2 为圆偏心的回转中心，R_0 为圆偏心回转基圆。O_1 与 O_2 的距离 e 称为偏心距，由图可知 $e=R-R_0$。当圆偏心绕 O_2 点回转时，其回转半径是变化的，即圆上各点距 O_2 点的距离是变量，因此可以将以 R 为半径、O_1 为圆心的圆与以 R_0 为半径、O_2 为圆心的基圆之间所夹的部分，看作是一个绕在基圆上的曲线楔，因此，偏心轮夹紧机构是斜楔夹紧的另一种变形。当圆偏心顺时针方向回转时，相当于曲线楔向前楔紧在基圆与垫板之间，使 O_2 到垫板之间的距离不断地变化，从而对被夹紧件产生夹紧作用。

若设圆偏心的回转中心 O_2 到垫板之间的距离为 h，h 值的变化规律从如图 6.47(b)所示的几何关系得到

$$h = O_1X - O_1M = R - e\cos\gamma$$

式中：R——圆偏心的圆半径，mm；

e——偏心距，mm；

γ——O_1O_2 和 O_1 与夹紧点 X 的联线之间的夹角。

圆偏心机构具有如下特点：

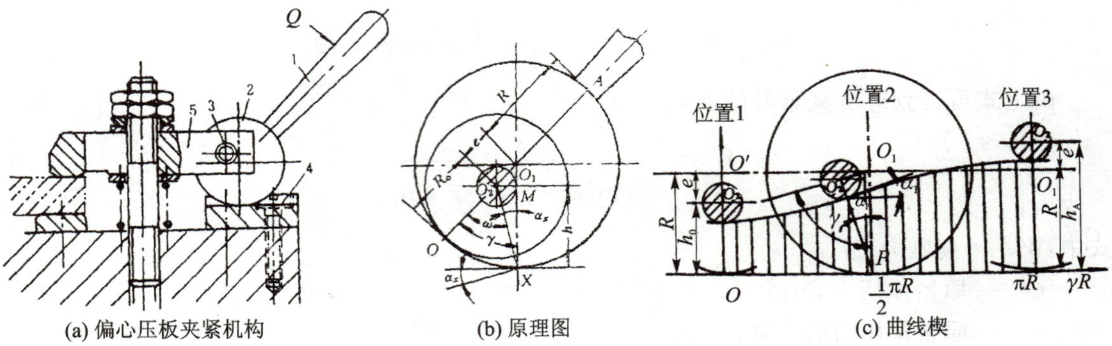

图 6.47　偏心夹紧机构与夹紧原理

1）圆偏心上各点的升角是变化的

距离 h 的变化与角度 γ 有关，当 γ 角由 $0\to\pi$，h 值则从 $(R-e)\to(R+e)$。如果把图 6.47(b)所示的圆偏心按圆弧 OA 展开，就成了图 6.47(c)所示的曲线楔。圆偏心的升角 α（相当于斜楔的楔角）等于圆偏心在夹紧点 X 处的回转半径 O_2X 与 O_1X 间的夹角。由于曲线楔的斜边是曲线，所以升角 α 不是一个常数，其数值与夹紧点 X 的位置（即与 γ 角）有关。任一点 X 处的升角 α 可从图中求得

$$\alpha_X = \arctan\frac{O_2M}{MX} = \arctan\frac{e\sin\gamma}{R-e\cos\gamma}$$

位置 1 是以圆偏心圆周上 O 点夹紧，此时 $\gamma=0$，升角 $\alpha=0$，相当于斜楔的楔角为零。转动圆偏心，随着 γ 角的增大，α 角也逐渐增大。对上式求导，可得当 $\gamma=\arccos\dfrac{e}{R}$时，$\alpha$ 有最大值。此时圆偏心转至 P 点夹紧（图中位置 2），O_1O_2 与 O_2P 垂直，γ 与 α_P 互为余角，则最大升角 $\alpha_{\max}$为

$$\alpha_{\max}=\alpha_P=\arcsin\frac{e}{R}=90^\circ-\gamma$$

即 P 点不在 OA 的中点$\dfrac{1}{2}\pi R$ 处，而在中点稍前一点。此后，随着 γ 角继续增大，α 角又逐渐减小，直至转到 A 点夹紧（位置 3），$\gamma=\pi$，α 又等于零。

圆偏心的这一特性很重要，它与圆偏心轮工作段的选择，自锁条件、夹紧力计算以及主要结构尺寸的确定有着密切的关系。

2）圆偏心的自锁条件

圆偏心夹紧必须保证自锁，这是圆偏心件设计必须解决的主要问题之一。如果能确切知道圆偏心工作时夹紧点的位置，就可以使圆偏心在该点的升角小于摩擦角来保证其自锁。但一般圆偏心的工作点并不确定，尤其是标准圆偏心，其工作点可以在取定的区域内变化。圆偏心在 P 点的升角 α_p 最大，因此要保证圆偏心夹紧时的自锁性能，应满足 $\alpha_{\max}\leqslant\varphi_2$（摩擦角），则圆偏心其他各点的升角就都小于摩擦角。

圆偏心的夹紧力比较小，自锁性能较差，因此一般只适用于所需夹紧力不大，且无很大振动的场合；又因为圆偏心结构尺寸不能太大，为满足自锁条件，其夹紧行程也受到限制，因此，圆偏心夹紧装置只能用于被夹紧件受压面的位置变化较小的情况。

以上介绍的是夹紧设计中几种典型夹紧机构，它们可以单独使用，也可以组合起来使用，如图 6.48 所示。图(a)为偏心轮-压板组合夹紧机构，图(b)为偏心轮-斜楔组合夹紧机构，图(c)为螺旋-斜楔-杠杆组合夹紧机构。

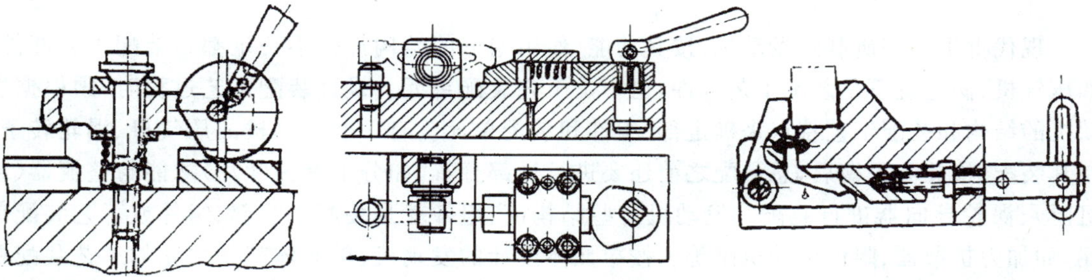

(a) 偏心转-压板组合　(b) 偏心转-斜楔组合　(c) 螺旋-斜楔-杠杆组合

图 6.48　组合夹紧机构

思考题与习题

1．航空发动机装配常用工艺装备都有哪些？

2．航空发动机装配夹具主要有哪些？

3．通用工艺装备与专用工艺装备有什么区别？试举几例。

4．某级盘（装配基准件）采用外圆柱面（或内孔）定位时，定位方式如何？试举一例并画图表示。

5．试分析图 6.8(c)液压试验夹具的工作原理。

6．试举两例装配用夹具，并画简图。

第7章　组件、部件装配

现代批生产和研制的发动机，按其功能、作用划分的结构部件不一定都是装配工艺部件，如压气机、涡轮既不是装配工艺部件，也不是工艺装配单元。设计装配工艺过程时，须根据发动机的结构和装配工艺特点来确定部、组件和装配单元。有一些发动机的压气机、涡轮转子，在其装配、检验和平衡后，总装配之前还要进行局部分解（如分下有关叶片）才能与整流器（或机匣）、涡轮导向器进行装配。发动机有些结构部、组件就是装配工艺部、组件或工艺装配单元，如加力扩散器、附件传动机匣等。按单元体设计的发动机，单元体就是独立的工艺装配单元，直接参与发动机总装配，它们有正确的相对位置，规定的配合与精度和可靠的联接。航空发动机的组件、部件或单元体是指压气机、涡轮、燃烧室、附件传动机匣、排气装置及燃油和滑油系统等部分。

7.1　压气机装配

压气机的功用是用来提高进入发动机的空气压力，供给发动机工作时所需要的压缩空气。在航空燃气涡轮发动机中，采用了轴流式和离心式两种基本类型压气机，还有的采用轴流式和离心式的组合——混合式压气机。本章主要研究轴流式压气机装配。

轴流式压气机又分为单转子和双转子压气机。双转子压气机又分为低压压气机和高压压气机。在双转子风扇发动机中，低压压气机就是风扇，低压压气机转子就是风扇转子或是风扇转子与低压压气机转子的组合。轴流式压气机由转子和静子（包括机匣、整流器等静子组件）组成。如图7.1所示为双转子压气机。压气机装配过程是转子装配、静子装配、转子与静子等构件的联接和装配。

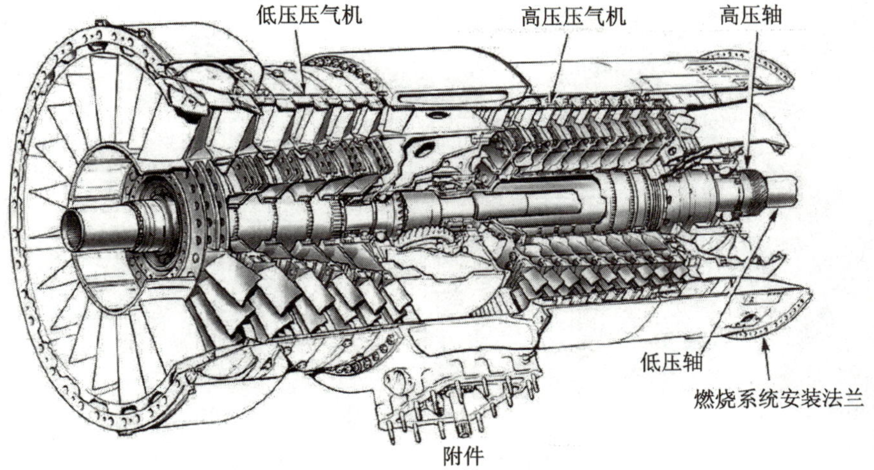

图7.1　双转子压气机

7.1.1　压气机转子的装配

转子是指旋转部分，它由轮盘、轴和叶片组成，如图 7.2 所示。转子是高速旋转的部件，因而它必须有足够的强度和刚度，以保证机组能长期安全地工作。压气机转子有盘式、鼓筒式、盘鼓(混合)式三种结构形式，如图 7.3 所示。

图 7.2　压气机转子组成

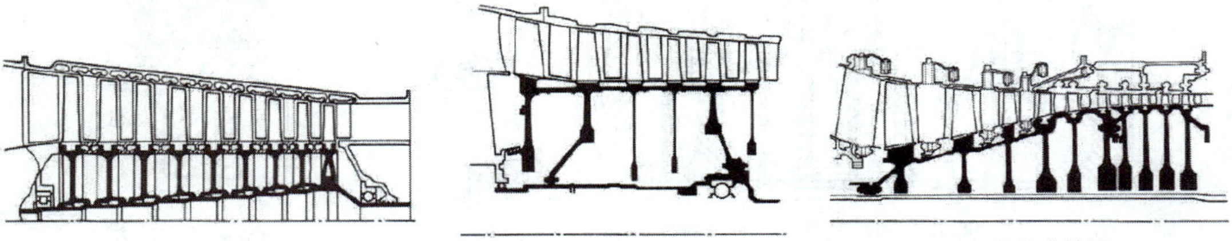

(a) 盘式转子　(b) 鼓筒式转子　(c) 盘鼓式转子

图 7.3　压气机转子结构

盘式转子是把各级轮盘以一定的过盈量套在轴上，无键，靠套的预紧力传扭。它要求转子在最大转速时，轮盘与轴之间仍有必须的过盈量，使有足够的压紧力保证可靠地传扭。

鼓筒式转子由鼓筒和半轴组成，鼓筒和半轴以一定的过盈量相配合，用径向销钉或者轴向销钉传扭，或鼓筒和半轴用螺栓相连接，或鼓筒的一端与半轴是整体件。

盘鼓式转子是把各级轮盘在轮缘或接近轮缘处的鼓环压紧、连接或焊接而成，因此，它在轮缘或接近轮缘处是一转鼓，使转子刚性好，而离心力靠轮盘来承受，使转子强度好，因此，盘鼓式转子兼有鼓筒式和盘式的优点。

尽管转子结构形式不同，但都由盘、鼓筒、轴、轴颈和叶片等基本构件组成。转子装配的主要过程是盘与盘、盘与鼓筒、盘与轴的连接、安装叶片和动平衡，装配工序与机械加工工序交叉进行，如盘与盘、盘与鼓筒、盘与轴连接销钉孔的加工，叶片安装后的叶片外径磨削工序等。因此，压气机转子是机械装配组件，通常在机械加工车间的装配工段或部件装配车间进行装配。压气机转子有可拆卸式转子和不可拆卸式转子两种连接形式，两种连接形式的特点如表 7.1 所列。

表 7.1　压气机转子连接形式与特点

转子连接形式	可拆卸式转子	不可拆卸式转子
特　点	1. 各级间的连接用锥度螺栓固定； 2. 各级用长螺栓和短螺栓连接，拧紧均匀（一般用限力和限角度方法保证）； 3. 各级间用中心螺杆，有足够的拧紧力并保证连接可靠	1. 各级间零件（盘与鼓、盘与轴）均用过盈配合，圆柱面定心，并用过盈配合的径向销连接； 2. 焊接式，要求保证定心准确； 3. 整体式

1. 可拆卸式压气机转子的装配

(1) 盘端面具有端齿和轴向拉杆的盘式转子装配

盘端面具有端齿和轴向拉杆的盘式转子装配（如图 7.4(a)所示）的主要阶段有：安装叶片，前、后盘与轴颈的装配及转子的装配。

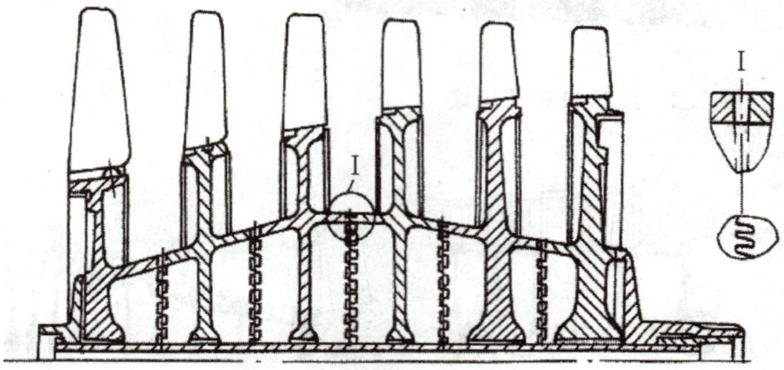

(a) 盘端面具有端齿和轴向拉杆

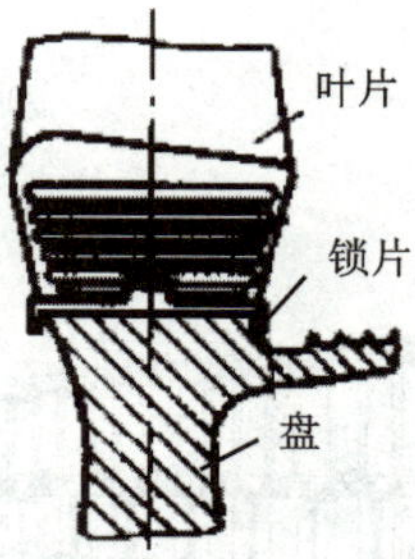

(b) 叶片安装方式

图 7.4　盘端面具有端齿和轴向拉杆的转子

1) 安装叶片

① 选配叶片　为提高转子的平衡性，叶片安装前要按配合尺寸（叶片根部尺寸）、质量、固有频率和静力矩进行选配，图 7.5(a)所示为叶片称重。

② 叶片编号与安装　各级叶片按质量递减的次序编号，如最重的叶片为 1 号，装在轮盘最轻点方向的槽中（根据第一次平衡标明），除特殊情况外，一般在轮盘上相对直径上叶片的质量差最小，其余按质量差依次排列的相邻两叶片（质量差很小）在相对直径位置上安装，即最重叶片与次重叶片相对安装，最重叶片与最轻叶片相邻安装，次重叶片与次轻叶片相邻安装，依此类推。叶片按质量递减次序在盘上的分布如图 7.5(b)所示。安装叶片前先将锁片装入榫槽内，然后装叶片，如图 7.4(b)所示，再检查叶片的切向活动量及其他技术要求。

③ 带叶片的各级盘静（或动）平衡。

2) 前、后盘与轴颈的装配

在专用夹具上支撑前、后盘，前、后轴颈沿端面齿分别与前、后盘连接。

3) 转子的装配

① 安装各级盘　在专用夹具上固定拉杆并调整垂直，前轴颈与前盘套装在拉杆上，依次套装各级盘、后盘与后轴颈，沿其端面齿啮合联接；在拉杆螺纹端，拧上拧紧螺母用拉杆预紧（预紧力可按拉杆伸长量检验）。

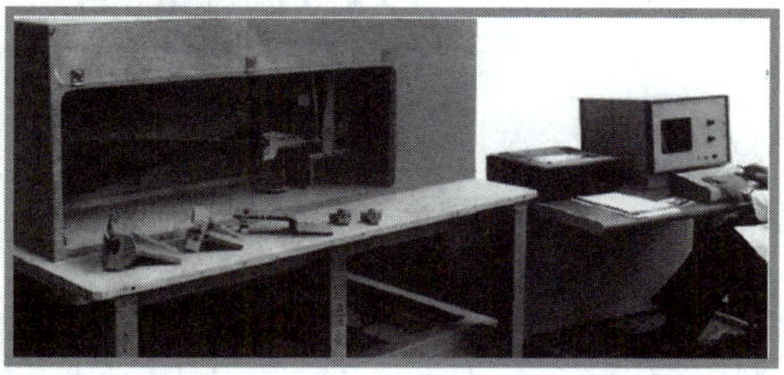

(a) 叶片称重

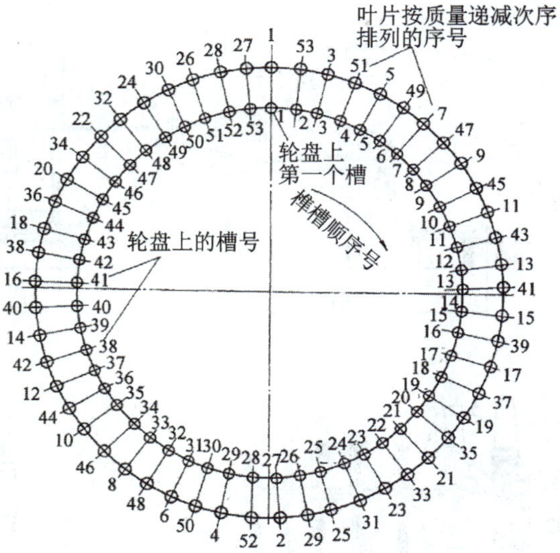

(b) 叶片按质量递减次序在盘上的分布

图 7.5　叶片称重及按质量递减次序在盘上的分布

② 跳动检查并最后固定　将转子安放在专用 V 形支架上检验盘表面跳动量。如果跳动量超过规定，则将拉杆上的螺母松开，同时将被检验的盘转过某一角度沿端面齿重新放置，使盘在这个位置上的跳动量在合格范围内；用螺母、拉杆将盘最后固定。

注意：在装配这一类转子时，预紧力通常很大（如有的发动机此力为 50～100 kN），在用螺母预紧时，会在沿螺纹与端面的接触处产生塑性变形。所以预紧工步应在被预紧中预先建立弹性挤压应力之后进行，这个挤压应力与规定的预紧应力相对应。为此，须用各种压床或专用液压夹具，在转子中保持应力状态的条件下，将螺母拧到不动为止，而后卸掉载荷。

(2) 一组长螺杆轴向连接的盘鼓式压气机转子装配

如图 7.6 所示分别为采用长螺杆轴向连接的低压转子（图 7.6(a)）和高压转子（图 7.6(b)）。其中低压转子装配的主要阶段分为前段装配、后段最终装配和动平衡。

1) 前段装配

① 盘与鼓筒的安装　以Ⅱ级风扇盘作为基础件安装在专用支座上（在专用夹具上先放上锥形鼓筒），在盘上安装鼓筒、衬套，装上工艺导销（工艺螺栓），在鼓筒上安装与轴制成一体的Ⅰ级风扇盘，装上一组长螺杆，在螺杆上拧上螺母，拧紧螺母并用长螺杆拉紧两盘。

② 检查螺杆伸长量拧至预紧力。

③ 安装叶片　在盘上安装风扇叶片、Ⅰ级风扇叶片用挡销锁片固定锁紧（见图 7.6(c)）；Ⅱ级风扇叶片安装在轮缘槽中用双凸耳销钉固定锁紧（见图 7.6(d)）；在Ⅲ级盘、与后轴颈做成一体的Ⅳ级盘、Ⅴ级和Ⅵ级盘上安装各级工作叶片，用挡销锁片固定。

④ 各级盘进行静（或动）平衡。

2) 后段最终装配

以Ⅰ级风扇盘和Ⅱ级风扇盘装配组件作为基础件固定在专用夹具上；在锥形鼓筒上安装Ⅲ级盘、鼓筒、衬套，依次安装各级盘、鼓筒、衬套，用一组长螺杆将每个鼓筒和各级盘拉紧；检查一组螺杆的预紧力。

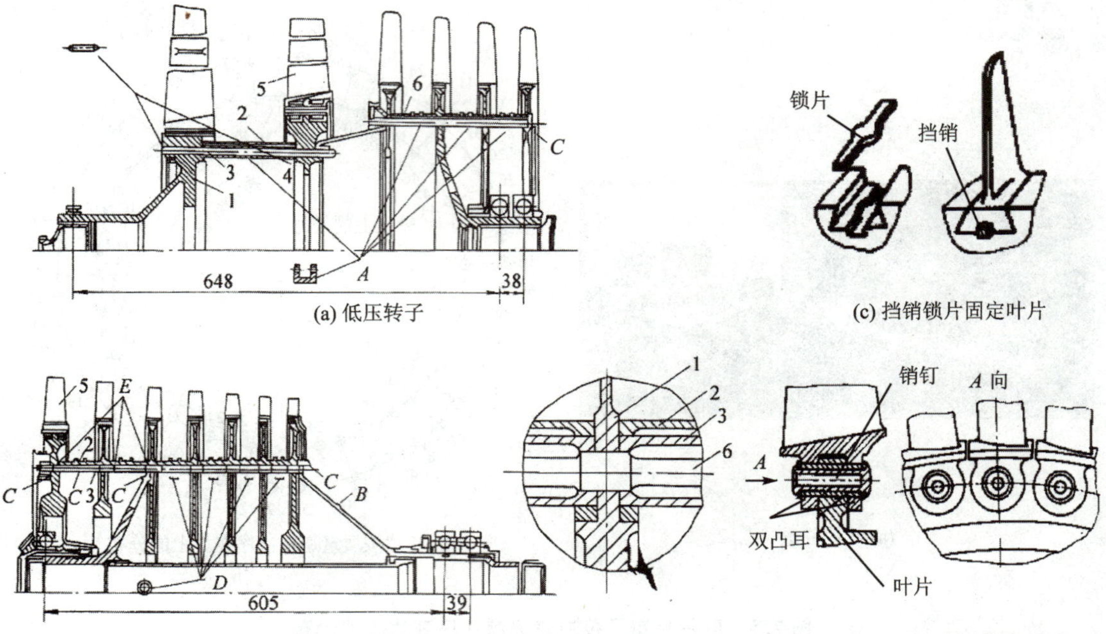

(a) 低压转子　(b) 高压转子　(c) 挡销锁片固定叶片　(d) 双凸耳销钉固定锁紧叶片

1—盘；2—鼓筒；3—衬套；4—销钉；5—叶片；6—长螺杆；*A*、*D*—配重块；*C*—加配重处；*B*、*E*—去材料处

图 7.6　长螺杆连接的鼓盘式压气机转子

3）动平衡

在转子轴上安装轴承后，进行动平衡（加重、减重位置及去材料处见图 7.6 中的 *A*、*B*、*C*、*D*、*E*）。

（3）短螺栓连接的盘鼓式转子装配

如图 7.7 所示，转子由Ⅰ～Ⅸ级盘、篦齿盘、前轴颈和轴组成，其中Ⅰ、Ⅱ、Ⅲ级盘和Ⅳ、Ⅴ、Ⅵ级盘采用惯性摩擦焊或电子束焊焊成两组盘组件，篦齿盘、前轴颈和轴采用两组短螺栓连接成盘鼓。转子装配的主要阶段如下：

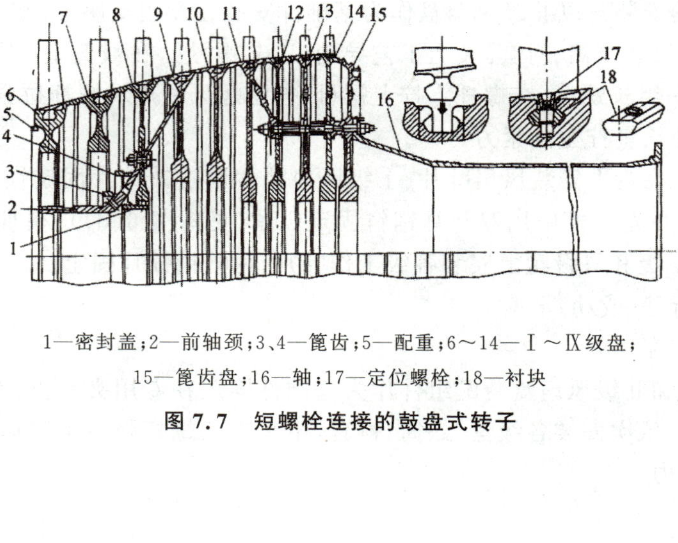

1—密封盖；2—前轴颈；3、4—篦齿；5—配重；6～14—Ⅰ～Ⅸ级盘；
15—篦齿盘；16—轴；17—定位螺栓；18—衬块

图 7.7　短螺栓连接的鼓盘式转子

1) Ⅰ～Ⅲ与Ⅳ～Ⅵ级盘鼓组件的连接(Ⅰ～Ⅲ级盘与Ⅳ～Ⅵ级盘已焊成两组盘组件)

Ⅳ～Ⅵ级盘鼓组件装到可旋转的专用支座上并固定,在Ⅳ～Ⅵ级盘鼓组件上安装Ⅰ～Ⅲ级盘鼓组件;安装前轴颈,用一组螺栓、螺母连接,按力矩要求用限力扳手拧紧螺母,拉紧两组件及前轴颈,达到螺栓连接的预紧力要求。

2) Ⅶ、Ⅷ、Ⅸ级盘装配与平衡

在Ⅶ～Ⅸ级各盘上安装衬块、定位螺栓和叶片、动平衡各级带叶片的盘。

各盘上叶片按静力矩递减的次序排列安装,叶片按静力矩分布如图 7.8 所示(叶片的静力矩在叶片称量仪上测量,称量仪如图 7.9 所示)。

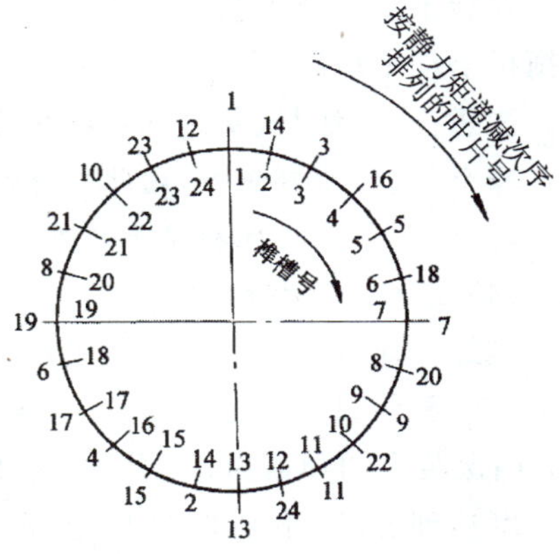

图 7.8　叶片按静力矩分布图

图 7.9(a)所示为机械测量法,叶片静力矩称量程序如下:

将要称量的叶片装到专用夹具上;借助小砝码确定平衡配重的质量(g);用彩色铅笔将平衡配重的质量写在叶片上;确定每个叶片的静力矩 M_L 为

$$M_L \leqslant (\text{载重质量总数} + \text{平衡配重}) \times \text{夹具臂长}$$

图 7.9(b)所示为电子测量法,由称量部分和称量软件组成。其称量程序如下:

叶片装在夹具上,选择配重质量(g),将显示器示数调整到"0",通过计算机系统测量,显示器显示出测量值。

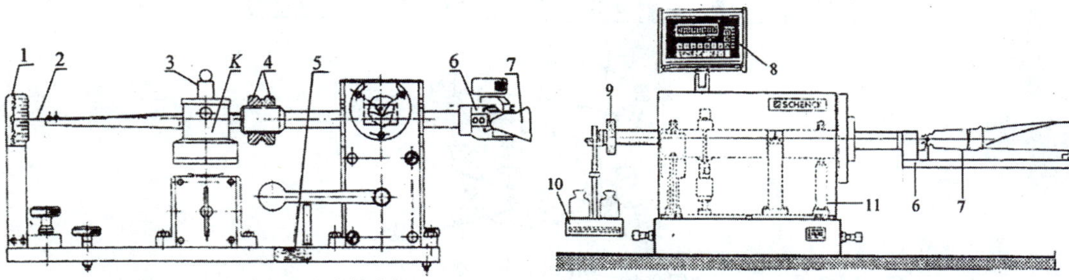

(a) 机械测量法测量叶片静力矩　　(b) 电子测量法测量叶片静力矩

1—刻度盘;2—指针;3—平衡配重;4—载重;5—水平仪;6—专用夹具;7—叶片;
8—显示器;9—调整螺母;10—盘;11—测力仪;K—静载重力矩

图 7.9　叶片静力矩称量仪

3) 转子的装配

以安装在专用支座上的Ⅰ～Ⅲ与Ⅳ～Ⅵ级盘鼓组件为装配基础件,一组双头螺栓安装到Ⅵ级盘孔中并拧上螺母;Ⅶ级盘压装到鼓筒止动处,Ⅶ级支撑环压装到Ⅶ级盘上,装上专用工艺环,拧上工艺螺母,按规定力矩和顺序拧紧螺母压紧Ⅶ级盘,取下工艺环和工艺螺母。重复上述内容安装Ⅷ级和Ⅸ级盘,安装篦齿盘,转子轴压装在篦齿盘上,按规定力矩要求,拧紧一组螺母,检查螺栓的伸长量。

4) 在Ⅰ～Ⅵ级盘上按静力矩递减顺序安装各级叶片

先在各级盘的环槽内安装各级衬块和定位螺栓,再安装各级叶片。

5）转子的动平衡

在转子上安装工艺轴和工艺轴承（或转子本身轴承），在转子内腔安装支承轴和支承座，在平衡机上动平衡。

注意：一组螺杆（或拉杆）、螺栓连接的转子，除要保证螺杆（拉杆）、螺栓的预紧力外，还要保证每个杆、栓均匀受力，因此拧螺母时要对角拧紧，并多次逐渐拧紧，均匀加载，以防止转子工作时变形，影响刚性和转子的平衡性。

（4）锥螺栓连接的转子

锥螺栓连接的转子在进行装配时，对锥螺栓与相配件要进行着色检查，着色面积不小于85%。装配前，检查锥螺栓端面与被连接件间要有一定的间隙，并保证同一侧间隙差符合规定，确保装配的预紧力，装配后连接件间紧密贴合。为此锥螺孔要组合加工，并保证孔的表面粗糙度达到要求，不划伤锥形塞规。每个锥螺栓用着色剂检查其密接度。密接度不小于75%，并且均匀分布在螺栓的锥形部分。

2. 不可拆卸式压气机转子的装配

径向销连接的盘鼓式转子装配，如图7.10所示，转子装配的主要阶段如下：

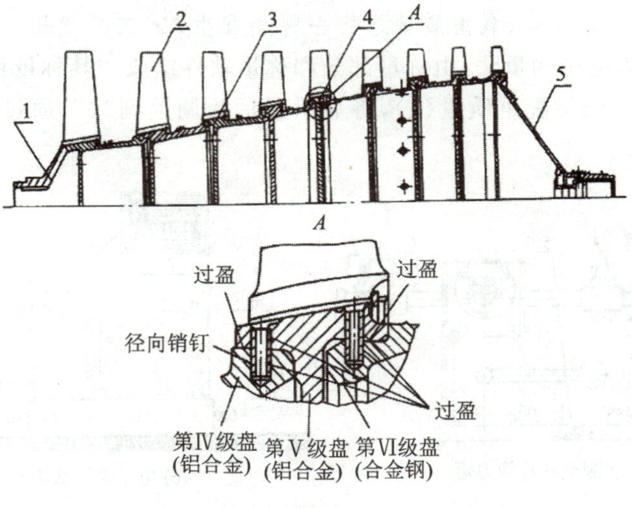

1—前轴颈；2—叶片；3—带鼓筒的盘；4—单盘；5—后轴颈

图7.10 径向销连接的盘鼓式转子

（1）各级盘的装配

前部各级盘和后部各级盘在专用夹具上按顺序安装：以中间单盘为装配基础件，两部分盘组件分别安装在中间盘前、后端面上，随后用专用夹具夹紧，其夹紧螺栓用限力扳手拧紧，并保证相邻盘间的配合间隙。

（2）装配径向销钉

各级盘组成的鼓筒在盘与盘连接部位钻、铰孔，并按销孔的大小选配径向销（以便保证规定的过盈），安装径向销。

（3）安装前、后轴颈

为达到定心的目的，需对盘与盘用径向销钉连接后的鼓筒与前、后轴颈配合的表面进行加工，然后安装前、后轴颈，钻、铰孔，选配径向销，安装径向销。

注意：安装盘前，沿圆周测量各盘的厚度，在最厚的位置做标记。安装时，按厚度标记错开180°安装，以提高转子的平衡性，或进行单盘预先平衡。

设计规定，盘与盘、盘与轴颈间的配合为过盈，用选配盘或轴颈的方法保证。过盈量根据盘、轴颈的直径尺寸和材料（铝或钛合金、钢）性质进行选择。安装前，用加热包容件或冷却被包容件的方法进行装配。加热可选在电炉中或油槽的滑油中进行，冷却可采用固体二氧化碳（干冰）或其与酒精、丙酮的混合液、氨冷却器、液态空气、氧气或氮气在冷却装置中进行。

加热或冷却温度按下式计算：

$$t = \frac{\delta + \Delta}{\alpha\, 10^{-6} d} + t_0 \tag{7.1}$$

式中：t——加热和冷却温度，℃；

δ——实际配合过盈量，mm；

Δ——最小装配间隙，一般取 $\Delta=(0.002 \sim 0.01)d$，mm；

d——配合直径，mm；

t_0——装配环境温度，℃；

α——温度系数，$\alpha\, 10^{-6}$ 为材料线膨胀系数，1/℃。

为补偿压合时温度的变化，通常实际采用的温度比计算温度高或低 15%～30%。轴颈与盘装配时，根据盘与轴颈的配合性质，通常在盘加热的同时轴颈还需要冷却。

(4) 鼓筒动平衡

在各级盘上安装叶片（各级叶片按质量、榫头配合尺寸进行选配后安装）；叶片安装后，Ⅰ～Ⅶ级叶片安装卡环轴向固定，用止动销扩口锁紧；Ⅷ、Ⅸ级叶片安装单独的锁片固定锁紧。

某双转子涡扇发动机高压压气机转子、低压压气机转子的装配工艺规程见附表 7.1。

7.1.2 压气机机匣的装配

压气机机匣是发动机主要承力件之一，是气流通道的外壁，并与其他机匣相连，支承压气机转子，如图 7.11 所示。

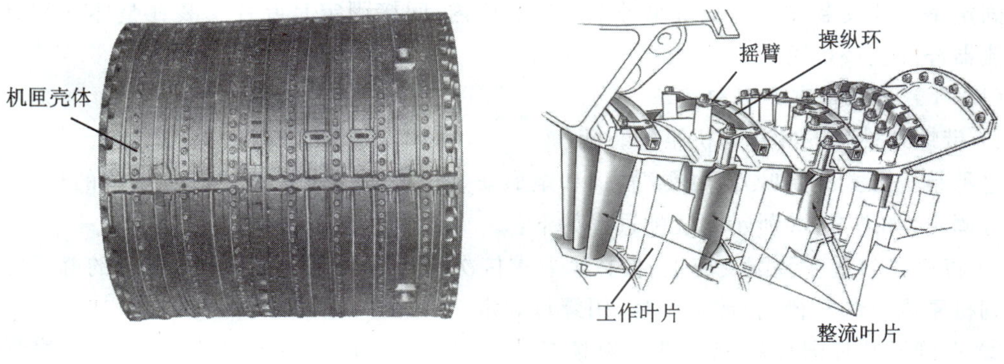

图 7.11　压气机机匣

压气机机匣的结构形式有整体式和分开式两种，如图 7.12 所示。机匣的结构形式与转子结构形式相对应，当压气机转子为整体不可拆卸结构时，机匣采用纵向分半式机匣，这种机匣沿其纵向安装边用小间距多螺栓连接，其中约 1/3 是精密定位螺栓定位，见图 7.12(e)；当压气机转子为可拆卸结构时，机匣多采用分段整体式结构，见图 7.12(d)。分段式机匣之间用安装边和螺栓连接，由机匣圆柱面和精密螺栓定心，整个机匣组合后再进行组合加工。

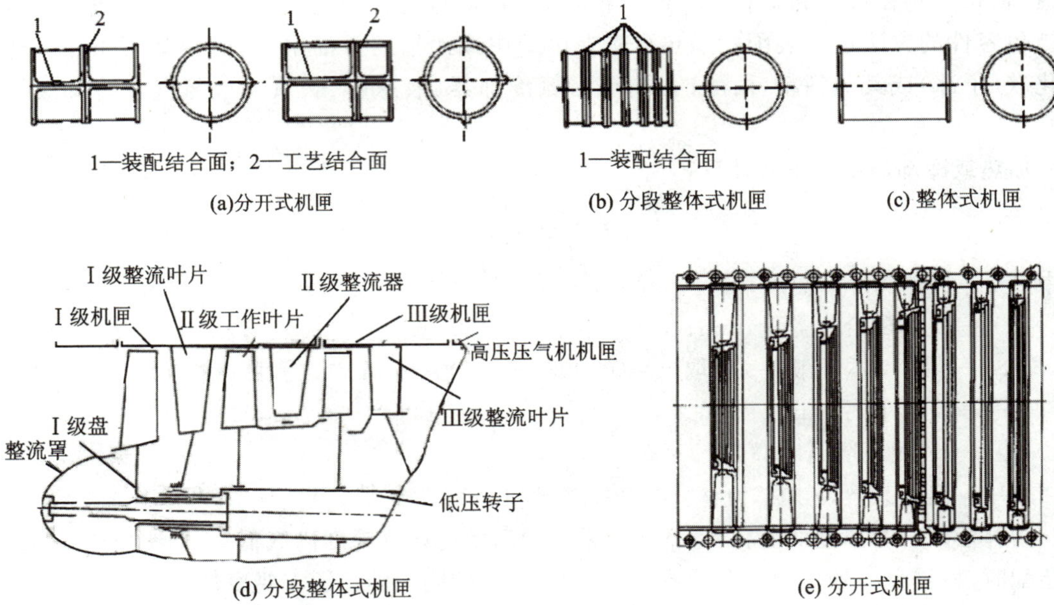

图 7.12　机匣结构形式

机匣装配是指在机匣上安装整流器或在机匣上直接焊整流叶片和安装整流叶片；在机匣上安装可调整流叶片及其构件；组合加工机匣壳体内表面涂层(滑石、涂料等)。因此，压气机机匣是焊接、机械加工和装配组件，焊接、机械加工工序与装配工序交叉进行，通常在机械加工车间的装配工段或部件装配车间进行装配。

1. 静子叶片的装配

叶片与机匣的连接方式按叶片和机匣的结构形式不同，有直接固定和间接固定两种形式。直接固定是叶片安装在分开式机匣外壁的特形槽内；间接固定是叶片安装在整体式和分段式的整流器外环上或机匣上。

(1) 叶片直接固定式装配方法

1) 带螺纹轴颈的叶片与机匣的装配

这种结构形式是将叶片用螺纹轴颈和矩形安装板按顺序直接装在机匣内壁的环槽内，并用螺母固定，如图 7.13 所示。装配过程如下：

① 将机匣放置在装配支座上，按技术要求依次将带螺纹轴颈和矩形安装板的静子叶片直接装到机匣内壁的环槽内，放上锁片，用螺母固定。

② 在静子叶片圆柱轴颈一端成对装配内环的前、后半环，按要求的拧紧力矩拧紧螺母固定。

③ 检查叶片安装板之间的间隙与相邻表面的凸度。不满足技术要求时允许松开螺母调整或更换叶片，也允许在技术条件范围内修磨。

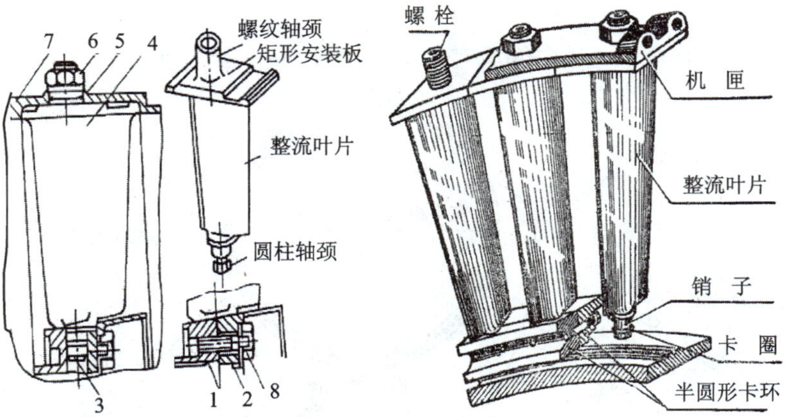

1—前内半环；2—后内半环；3—卡圈；4—叶片；5—胶圈；6—螺母；7—机匣；8—螺钉

图 7.13　带螺纹轴颈叶片的固定

2）带各类榫头的叶片安装

● 带 T 形榫头的叶片或叶片组安装

① 检查机匣通道尺寸。装配两半机匣，中间放入两块叶片止动板，在位置 A 临时用工艺定位螺栓，在位置 B 临时用工艺非定位螺栓和数个工艺螺母固定，如图 7.14 所示。将检验夹具放置在装配好的机匣上，并穿过前安装边安装定位销，再用另外的定位销将支承环安装到机匣组件的后安装边上，如图 7.15 所示。将分度盘和心轴安装到调整夹具上，将分度盘上标注“12”的“机匣检查调整标准块孔”与调整夹具的“转子标准块槽对准，再插入 12 级转子标准块，如图 7.16 所示。将千分表表架（长）安装到分度套筒和盘上；安装夹子和蝶形螺母，并轻轻拧紧固定；将装好的千分表表架和套筒安装到调整夹具的插口处，调整千分表表架，使它接触到标准块，拧紧蝶形螺母，再调千分表至 0 位，保证表架上的千分表处于 0 位，然后从调整夹具上拆下，提起千分表表架上的柱销，并将测头转到非测量位置，如图 7.16 所示。将装配好的千分表表架和套筒安装到检验夹具的第 12 级转子通道位置，将测头转回到读数位置，相对于调整仪表旋转检验夹具以检查第 12 级转子通道径向尺寸，并记录；将测头返回到非测量位置，并从检验夹具上拆下（见图 7.15）。从分度盘上拆下第 12 级转子标准块，将 11 级转子标准块安装到标注 11 的孔内（“机匣检查调整标准块孔”）（见图 7.15），重复上述相关内容，然后将装好的千分表表架和套筒安装到检验夹具的第 11 级转子通道位置；将测头转回到读数位置，相对于调整仪表旋转检验夹具，检查第 11 级转子通道径向尺寸，并记录；将测头返回到非测量位置，并从检验夹具上拆下（见图 7.15）。按相同方法继续检查和记录其余各级转子通道的径向尺寸。从机匣后安装边上拆下支承环，从检验夹具上取下机匣，然后将两个半部机匣分开（见图 7.14）。

② 带 T 形榫头的叶片与机匣组合装配。按照技术要求和顺序，分别将带 T 形榫头的叶片组或叶片直接插入分开式两半部机匣内壁的 T 形槽内。

③ 检查和调整外缘板和内缘板的间隙，如图 7.17(a)所示。从图 7.17(b)可以看到，内缘板间隙 A_p 是通过从该端面切除金属获得的。

● 带燕尾形或 W 形榫头的叶片安装

这种叶片安装时直接固定在机匣内壁上，如图 7.18 所示。这种连接形式结构简单，拆装方便，连接可靠。

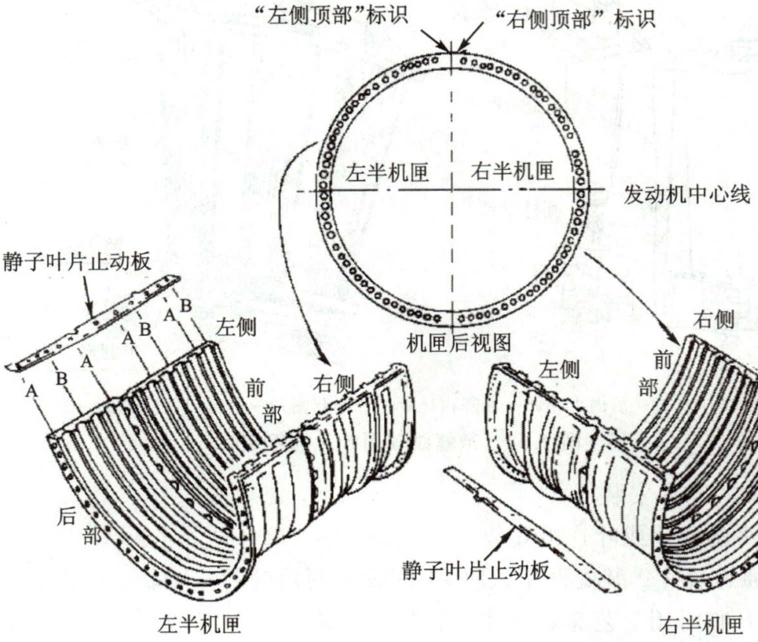

A—定位螺栓；B—非定位螺栓

图 7.14　机匣装配(机匣转子通道径向尺寸检查)

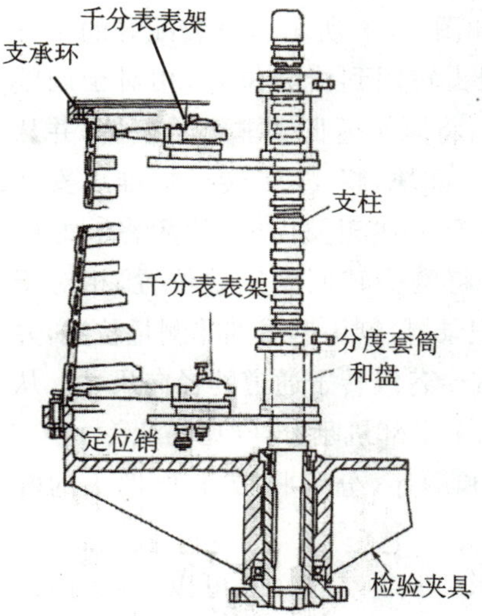

图 7.15　机匣通道尺寸检查

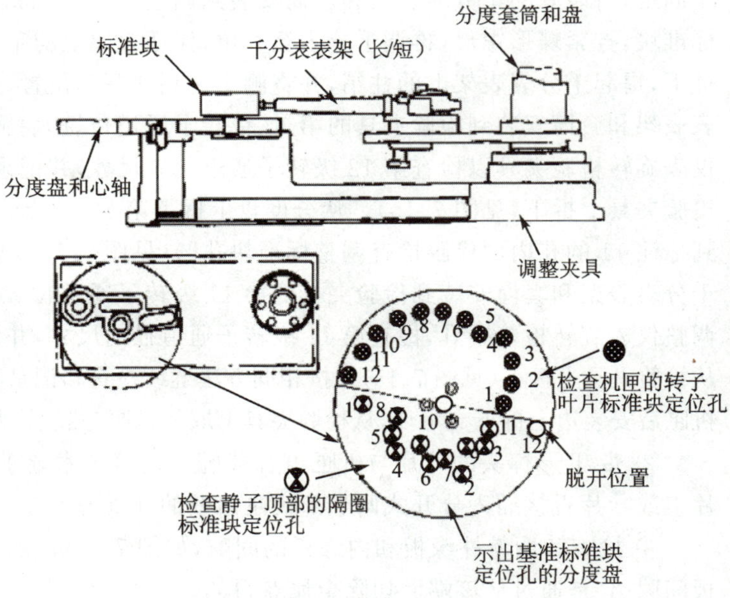

图 7.16　测具的调整

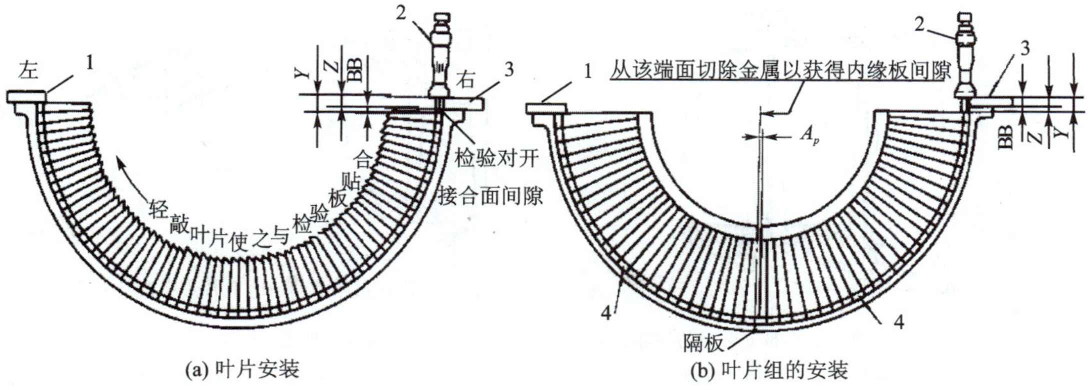

1—叶片止动检验板；2—深度千分尺；3—已知厚度的检验板；4—叶片组

图 7.17　缘板间隙检查

3）叶片直接点焊在机匣上

如图 7.19 所示，叶片内安装板焊接在内环上，叶片借其外端安装板用夹具固定在机匣上，随后用专用样板在机匣表面上划出焊点位置，并放置在焊接设备上，将每个叶片点焊一点或几点，卸去夹具，补齐其余焊点，使叶片直接固定在机匣上。

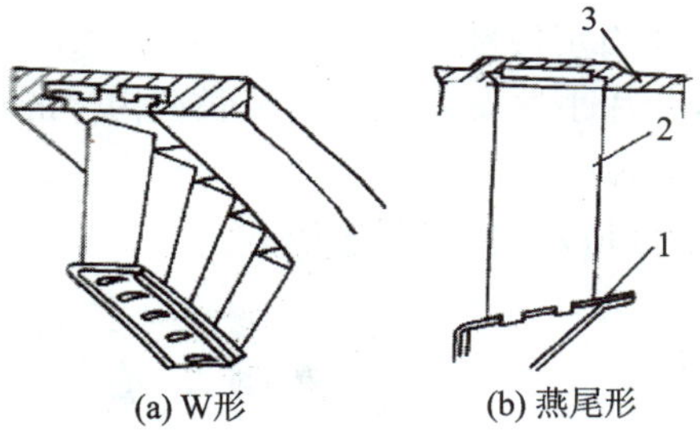

1—内环；2—叶片；3—机匣

图 7.18　叶片榫头直接固定在机匣上

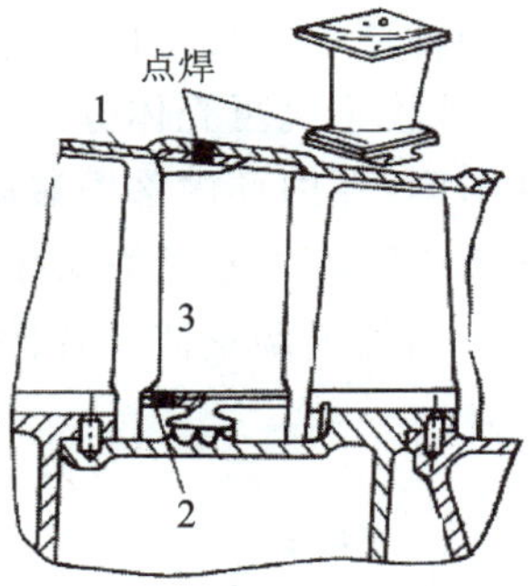

1—机匣；2—内环；3—叶片

图 7.19　叶片直接点焊在机匣上

（2）叶片与机匣间接固定

这种形式的叶片安装在整环和半环内，组成整流器或整流器半环，然后固定在机匣内。这种固定形式不仅要考虑到叶片在外环上的固定，还要考虑到整流器与机匣的连接。

1）叶片与内环和外环组成整流器

如图 7.20 所示，安装时，叶片点焊在内环与带安装边的外环上，组成整流器，以外环圆柱面定心，借安装边与机匣 1 和机匣 5 用螺栓连接一起。

2）叶片与内半环和外半环组成整流器半环

如图 7.21 所示，叶片焊接（高温钎焊）在分半内、外半环上，组成分半式整流器，如图 7.21(b)所示，分半整流器用螺钉固定在分半机匣上，并与机匣固定。

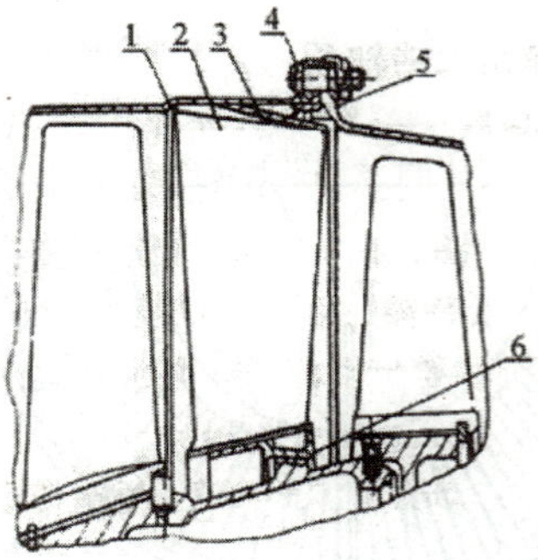

1—机匣；2—叶片；3—带安装边的外环；

4—螺栓；5—机匣；6—内环

图 7.20　叶片与内环和外环组成整流器

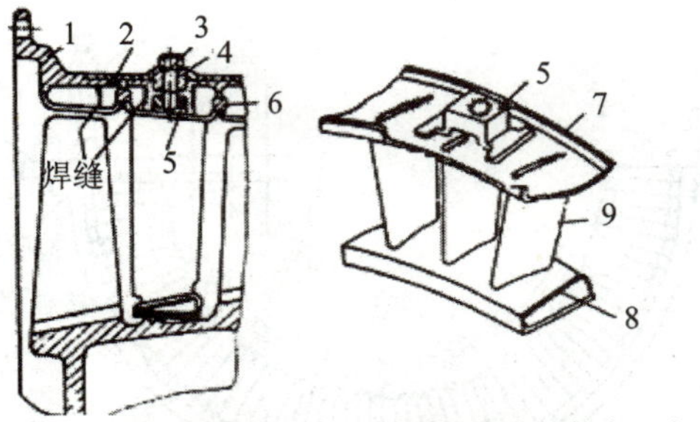

1—安装边；2—机匣；3—螺钉；4—衬套；

5—凸块；6—定位环；7—外环；8—内环；9—叶片

图 7.21　分半式整流器与机匣固定

2. 可调整流叶片及其可调构件的装配

为改变压气机进口气流方向，扩大其稳定工作范围并保持较高的效率，在压气机机匣内结构上采用安装一级和多级可调整流叶片。可调整流叶片的传动机构有内部传动、外部传动和齿轮传动等方案。

（1）随动环传动的进口可调整流叶片的结构与装配

随动环传动的进口可调整流叶片结构如图 7.22 所示。装配顺序如下：

在叶片小端轴颈端安装定位衬套和内衬套，并用螺母固定；将大端轴颈插入机匣壳体叶片安装孔中；将小端放于机匣壳体分开式内半环上，并固定内环；在安装孔与叶片大端轴颈间安装衬套和弹性卡圈；在内环内部安装随动支撑环，叶片小端安装摇臂以及联动构件的连接。

（2）用圆柱销传动的可调整流叶片的结构与安装

用圆柱销传动的可调整流叶片的结构如图 7.23 所示，装配顺序如下：

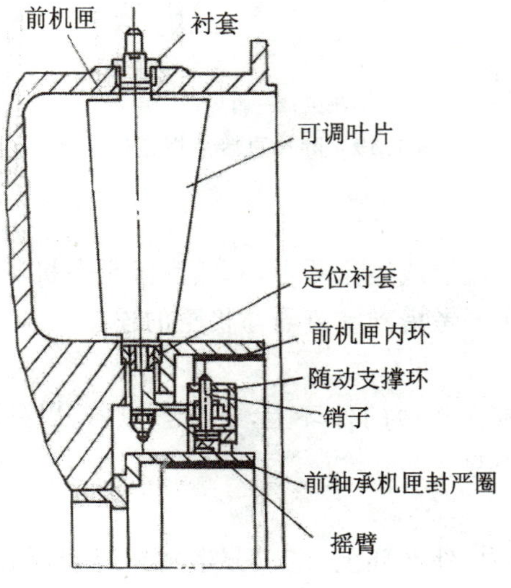

图 7.22　随动环传动的进口可调整流叶片结构

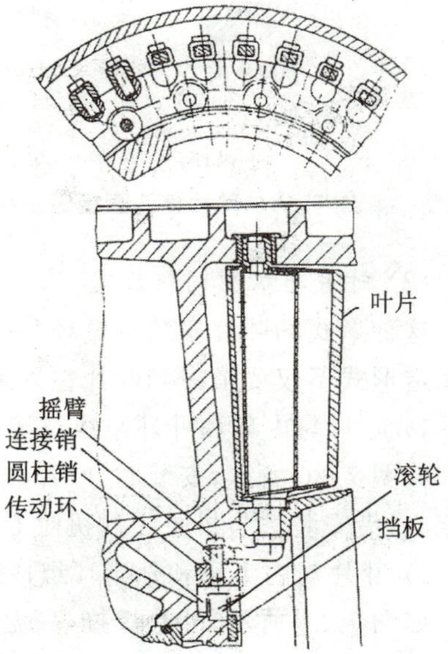

图 7.23　圆柱销传动的可调整流叶片

两端带圆柱轴颈的整流叶片安装在机匣上；在叶片内端的轴颈上安装摇臂；安装带圆柱销和滚轮的传动环于机匣内环上；安装挡板，并用螺钉固定；圆柱销和摇臂用连接销连接并固定；在叶片外轴颈与操纵结构连接，叶片的内凸肩通过摇臂等与传动环连接。

（3）外传动的可调整流叶片的结构与安装

外传动的可调整流叶片的结构如图 7.24 所示，可转动叶片上端圆柱轴颈安装在机匣轴径孔中，如图 7.24(b)所示，可转动下端轴颈套上衬套再装入内封严环轴颈孔中。每一片叶片上部轴颈顶端安装摇臂并固定，摇臂另一端与操纵环相连，叶片可绕轴颈自由转动。

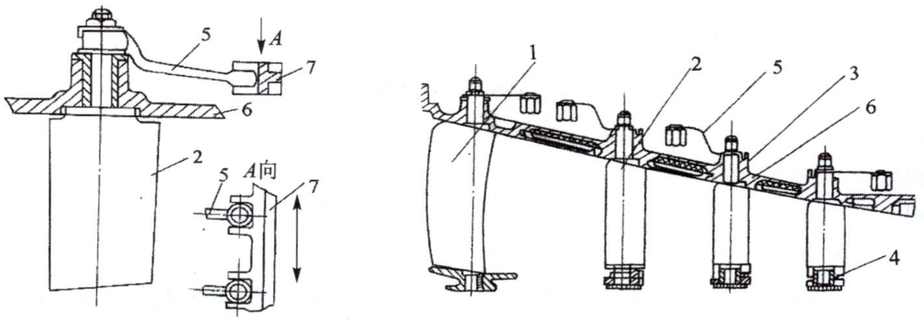

(a) 一端带轴径的叶片　　(b) 两端带轴径的叶片

1—进口导流叶片；2—叶片；3—衬套；4—耐磨衬套；5—摇臂；6—机匣；7—操纵环

图 7.24　外传动的可调整流叶片

7.1.3　压气机部件的装配

从装配工艺观点分析，根据压气机是单转子、双转子等不同结构形式大致分为两类，即一类为压气机结构构成一个独立的工艺装配单元，可以独立进行装配；另一类为压气机不是一个独立的装配单元，压气机装配是在发动机总装配的传动装配过程中按顺序装配的。

压气机装配，先要确定装配基准，并选好装配基础部、组件。装配基准通常是由发动机部、组件的设计结构决定的。

1. 工艺装配单元的压气机装配

这一类压气机多是单转子压气机，其机匣带有纵向结合面(分解面)结构或是按单元体设计的双转子压气机的低压压气机和风扇等。

（1）具有可分解机匣的压气机

具有可分解机匣的压气机由三部分组成(机匣、转子和支承轴承)，中机匣具有纵向结合面(分解面)的轴流式单转子压气机如图 7.25 所示，装配过程按三个主要工序垂直方式进行。

1）配套准备工序

①配套零、组件。

② 选配轴承。前轴承的外套及带滚子的内套分别装配在轴承座和前轴颈上，中轴承安装在轴承机匣中，并将其安装在后轴颈上。

③ 零、组件标配套标记。

④ 安装基础组件。前机匣的专用支座(或小车)调整水平。

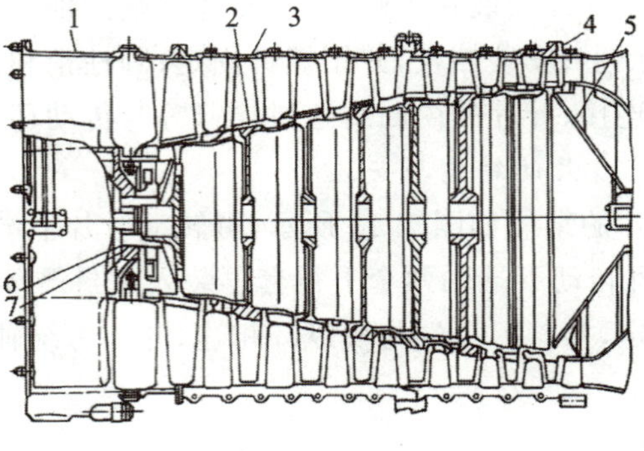

1—前机匣；2—转子；3—中机匣；4—后机匣；5—后轴颈；6—前滚子轴承；7—前轴颈

图 7.25 轴流式单转子压气机

2）预装工序

① 前机匣安装在专用支座上。

② 用专用夹具、起吊设备垂直吊起压气机转子，并安装在前机匣上。

③ 安装中机匣的一个半匣。

④ 在转子最长叶片外端上和后轴颈封严篦齿上贴上黏土蜡混合料或者软铅丝棒。

⑤ 安装后机匣（此时要保证各机匣的各结合面的相互正确位置，并要用精密定位紧固螺栓和一般螺栓固定）。

⑥ 转动压气机转子数圈，检查轴承的轴向活动量。

⑦ 径向及轴向间隙检查。轴流式压气机的轴向及径向间隙如图 7.26 所示。轴向间隙用专用塞尺检查。径向间隙是转子最长的叶片顶端与机匣壁的间隙，用专用塞尺或贴黏土蜡混合料印痕测量，也可按照套装在最长叶片上，有一定厚度且经校准过的小量规是否与机匣相碰的办法进行检查。检验方法如图 7.27(a)所示，封严篦齿间隙检查如图 7.27(b)所示。实际间隙不符合技术要求时，更换转子或机匣并重新预装配。

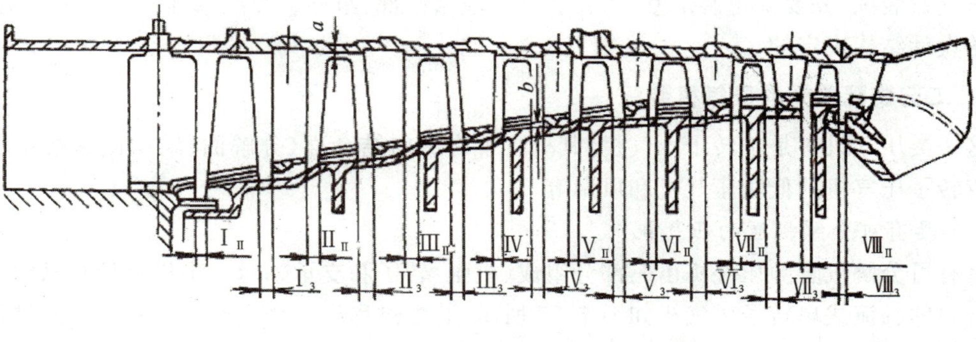

图 7.26 轴流式压气机间隙示意图

3）最终装配工序

最终装配工序所完成的工作与预装配工序内容基本相同，但要增加中机匣另一半机匣的安装工步，各结合面螺栓连接固紧工步等。

(2) 低压压气机转子单元体装配

单元体结构如图 7.28 所示，低压压气机转子组装后，以工艺装配单元送往发动机装配。

低压压气机单元体的装配主要有以下工序：

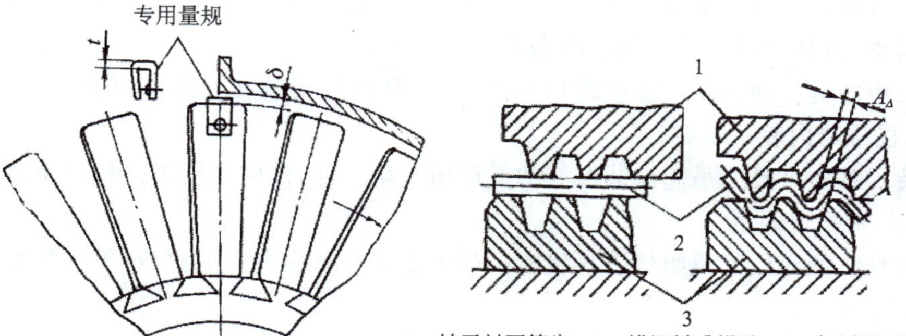

1—转子封严篦齿；2—蜡混料或铅丝；3—机匣封严篦齿

(a) 径向间隙检查　　(b) 封严篦齿间隙检查

图 7.27　压气机径向、篦齿间隙检查

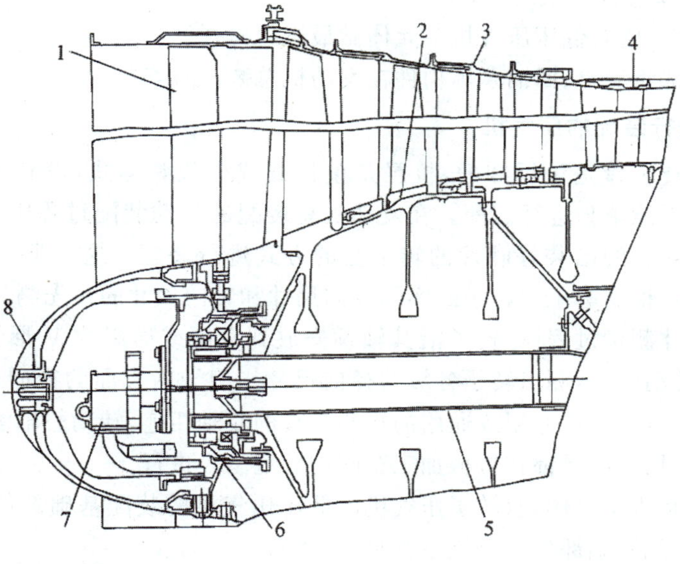

1—进口整流器；2—低压转子；3—低压静子；4—低压压气机进口整流器；
5—管子；6—前支承；7—滑油回油泵；8—整流罩

图 7.28　低压压气机单元体结构

1）测量压气机轴向、径向间隙

① 吊装进气整流器使其前端安放在检验平台上，工艺衬套安装到进气整流器内腔中；

② 垂直吊起转子，缓慢的将转子前轴颈装于工艺衬套上；

③ 顺次安装Ⅰ级机匣、Ⅰ级整流器、Ⅱ级机匣、Ⅱ级整流器、Ⅲ级机匣、Ⅲ级整流器和Ⅳ级机匣；

④ 将专用夹具的 4 个板条固定在Ⅳ级机匣上顺次检查各间隙，检查后分解下各级机匣及整流器。

2）转子与静子的装配

① 压气机转子前轴颈朝下安装在基座夹具上，Ⅰ级机匣前安装边朝下，安装在已装上转子的基座夹具上；

② 两半组成的Ⅰ级整流器安装在Ⅰ级机匣上，依次安装Ⅱ级、Ⅲ级、Ⅳ级机匣，各两半组成的Ⅱ级、Ⅲ级、Ⅳ级整流器分别安装在各自的机匣上；

③ 用专用的提升调转夹具装在进口整流器上，从前端安装在专用基座夹具上，工艺衬套安装在进口整流器内腔；

④ 从转子基座夹具上吊起已装配好的低压压气机组件，借助夹具工艺衬套将其安装在进气整流器上并用螺栓固定；

⑤ 用吊具将低压压气机组件以Ⅳ级机匣朝下安装在基座夹具上，分解下进气整流器及工艺衬套。

3）整流器安装在低压压气机组件上

进气整流器组装后装在低压压气机组件上。

4）控制机构的装配

装配控制机构，并将其安装在低压压气机静子机匣上。

5）低压压气机单元体的最终检查

完成以上工序后，要对低压压气机单元体做最终的检查。

低压压气机前部整流罩、回油泵等构件在发动机总装配时安装。

2. 不能单独进行装配的压气机

这一类压气机转子盘是可拆卸的，机匣是整体式或分段整体式，没有纵向结合面（分解面），转子与整流器不能单独进行装配。在发动机总装配的传动装配过程中，须在机匣中交替地安装整流器和相应级的已装好叶片的转子盘的方式进行装配。这一类压气机各级径向间隙、级间的轴向间隙，根据静子和转子的实际径向尺寸和轴向尺寸的预先测量结果计算出来。

转子的径向尺寸测量过程：将转子沿其轴颈安放到专用或通用的V形铁架上，按标准样件调整好千分表，转动转子，测出转子各级的径向尺寸。静子内表面的径向尺寸，也用调整好的千分表测量，千分表要与在专用或通用的检验夹具的心轴相连，转动心轴测出静子各级径向尺寸。转子、静子的尺寸测量都在机械加工车间的装配工段进行。

装配基准通常是机匣壳体，双转子压气机的低压压气机的装配基础部件是高压压气机机匣，高压压气机的装配基础部件是燃烧室机匣（壳体）。

如图7.29所示为某高压压气机装配示意图，具有混合型结构转子和可分解静子，由机匣、整流器及工作级静子环（简称工作环）组成。其装配是以燃烧室机匣（壳体）为基准按垂直方式进行，且燃烧室机匣已预先安装在模拟一级导向器的专用夹具上，并在台式托架上与夹具定心。装配的主要阶段如下：

1）装配的第一阶段

①按装配卡片（质量保证单）的测量数据计算确定压气机的间隙（即确定工作环3涂层与叶片顶端的径向间隙B）；

② 确定整流器内环涂层与转子鼓筒封严齿顶之间的径向间隙D；

③ 确定后轴篦齿封严中的径向间隙。

2）装配的第二阶段

在燃烧室机匣上安装隔板5和第Ⅷ级工作环，并暂时固定。

① 利用电动起重机和固定在压气机机匣前轴上的起吊夹具，将转子从运输车上吊起使转子呈垂直状态，并在其上小心地（以防损伤涂层）将前7级工作环3放置在盘与盘之间。

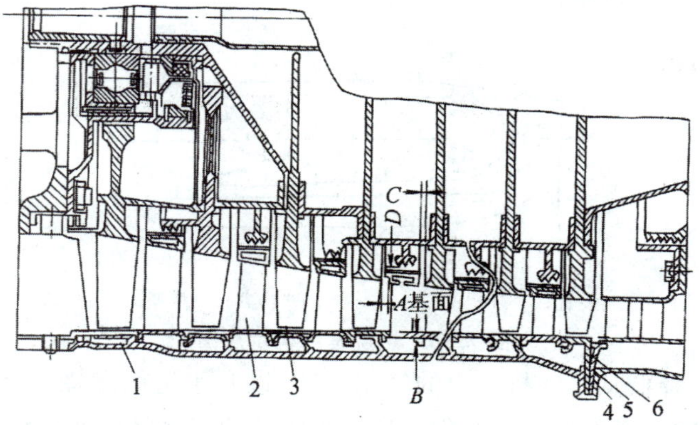

1—机匣；2—整流器；3、6—工作环；4—燃烧室壳体；5—隔板

图 7.29　高压压气机装配示意图

② 吊装转子到燃烧室机匣和托架座上，逐渐下降转子，直到抵住托架调整螺钉的限挡为止。此时，转子的Ⅷ级盘将大致与Ⅷ级工作环在同一水平位置上。然后顺次将Ⅶ级、Ⅵ级和Ⅴ级整流器，Ⅶ级、Ⅵ级和Ⅴ级工作环 3 以及Ⅳ级整流器安装到Ⅷ级工作环 6 上。

工作环与整流器的结合应当是沿销钉的完全结合，而整流器的结合面应按打上的标记移动。

3）压气机轴向间隙的检验

利用托架上的调整螺钉来建立转子Ⅳ级叶根端面与整流器凸肩端面之间的轴向间隙 A。这个间隙对于高压压气机转子在静子中的安装是基准间隙，同时也是检验其他级间轴向间隙的基准。然后安装前面Ⅲ级、Ⅱ级和Ⅰ级的整流器和工作环 3。利用托架上的调整螺钉周期地(一级一级地)将转子抬高，以便顺利地进行整流器与工作环的安装。

当需要直接检验压气机各级的轴向间隙 A、C 时，在装配开始时，往Ⅷ级工作环上安装Ⅶ级整流器的一半，检查Ⅶ级与Ⅷ级间的轴向间隙，然后再安装整流器的另一半。重复这一工步对其余各级轴向间隙进行检查。为能利用Ⅶ级整流器作为测量基准，应预先测定出相对于以前所采用的Ⅳ级基准的坐标值。

7.2　燃烧室部件装配

7.2.1　燃烧室的装配

燃烧室是用来将燃油中的化学能转变为热能，将压气机增压后的高压空气加热到涡轮前允许温度，以便进入涡轮和排气装置内膨胀做功。因此，燃烧时能保证在一定区域内的均匀燃烧，而不应局部过热。它是发动机的重要部件之一，发动机的可靠性、经济性和寿命在很大程度上取决于燃烧室的可靠性和有效程度。由于燃烧室是直接靠近高温火焰的部件，控制冷、热气层和燃油的分配和混气，并承受复杂热应力的部件，所以对外形、间隙有严格的装配要求。因此，对燃烧室的装配所提出的要求主要是应保持喷嘴、火焰筒、套罩及其他构件彼此之间的间隙和具有正确的相对位置。

燃烧室一般由进气装置(扩压气)、外机匣(壳体)、火焰筒、内套(内壳体)、喷嘴和点火器等基本构件组成，如图 7.30 所示。

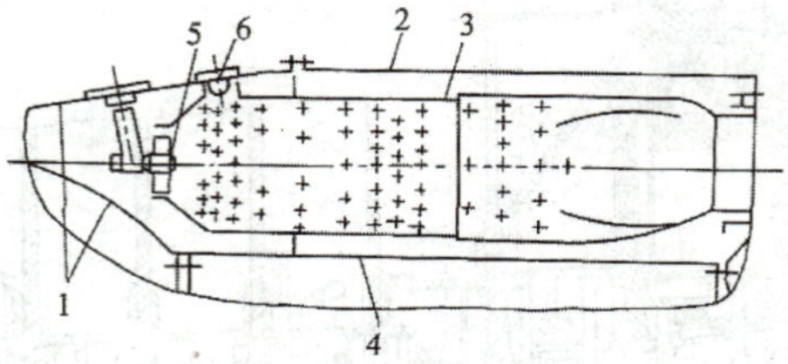

1—进气装置；2—外机匣；3—火焰筒；4—内套；5—喷嘴；6—点火器

图 7.30 燃烧室结构示意图

扩压器的功能是降低从压气机流出的气流速度，以利于组织燃烧。燃烧室壳体用来构成两股气流的通道，是发动机的主要承力件。燃油喷嘴的功能是将燃油雾化，以保证稳定燃烧和提高燃烧效率。发动机采用的燃油喷嘴要与燃烧室相匹配，其结构形式有离心式、气动式、蒸发管式和甩油式等。火焰筒是燃烧室的主要构件，由涡流器和火焰筒筒体组成。

燃烧室按结构形式可分为分管或单管、环管和环型燃烧室三种，如图 7.31 所示。从装配工艺观点分析，单管、环管和环型燃烧室之间有许多共同点，但它们之间也有很大差别。

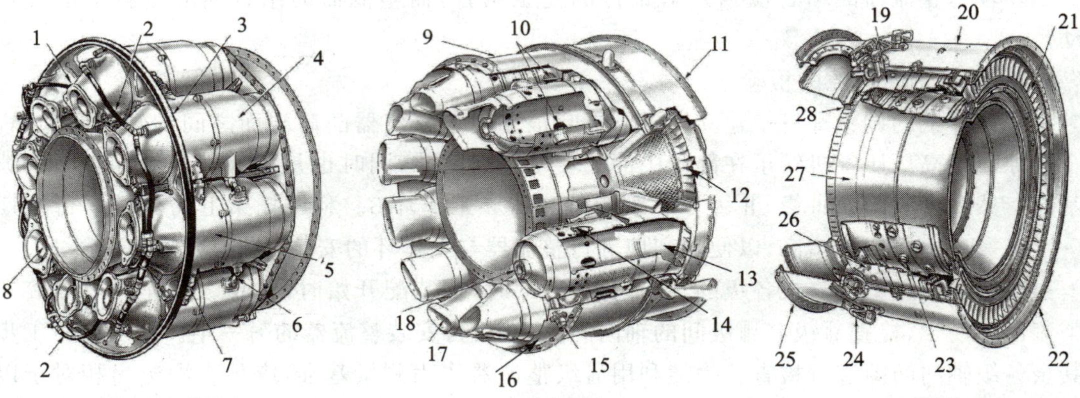

(a)多个单管燃烧室　(b)环管燃烧室　(c)环型燃烧室

1—压气机出口连接法兰；2—副燃油总管；3—发动机防火密封；4—燃烧室；5—空气机匣；6—排放管；7—联焰管；8—主气流进口；9—燃烧室外机匣；10—掺混空气孔；11—涡轮安装法兰；12—涡轮导向叶片；13—火焰筒；14—联焰管；15—点火器；16—扩散器机匣；17—主气流进口；18—旋流器；19—火焰筒；20—燃烧室外机匣；21—涡轮导向叶片；22—涡轮机匣安装法兰；23—掺混空气孔；24—燃油总管；25—压气机机匣安装法兰；26—燃油喷嘴；27—燃烧室内机匣；28—高压压气机出口整流叶片

图 7.31 不同结构燃烧室

1. 单管燃烧室装配

单管燃烧室是指将若干个单管燃烧室装在离心式发动机上(见图 7.31(a))，它是一个工艺装配单元，可以在部件装配线上进行装配和检验，而在发动机总装配线上，直接装配在发动机上。以图 7.32 所示单管燃烧室为例，其装配次序是：以燃烧室外套为装配基准件，固定在专用夹具内，火焰筒安装在外套内，用空心固定销固定，检查有关间隙，头部安装在外套上，用螺栓、螺母固定，总装配时安装喷嘴。

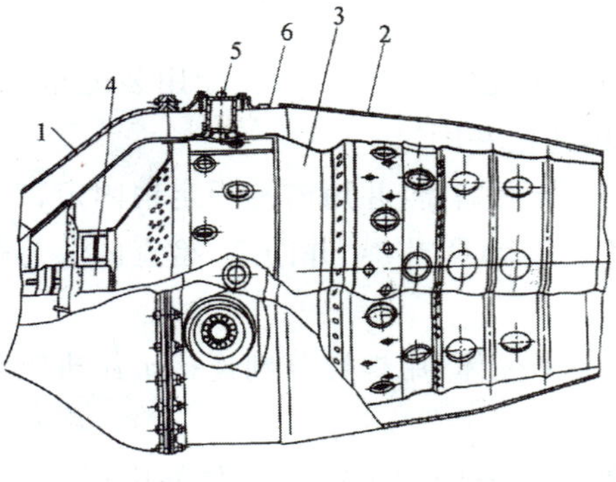

1—燃烧室头部；2—燃烧室外套；3—火焰筒；4—喷嘴；5—空心固定销；6—联焰管

图 7.32　单管燃烧室

2．环管燃烧室装配

环管型燃烧室的结构特点是若干个管式火焰筒，沿圆周均匀的安装在内、外壳(套)的环腔内，相邻火焰筒燃烧区之间用联焰管连通如图 7.31(b)所示。典型的环管型燃烧室如图 7.33 所示，其中图(a)所示为整体式外套的管型燃烧室，图(b)所示为分半式外套壳体的管型燃烧室。

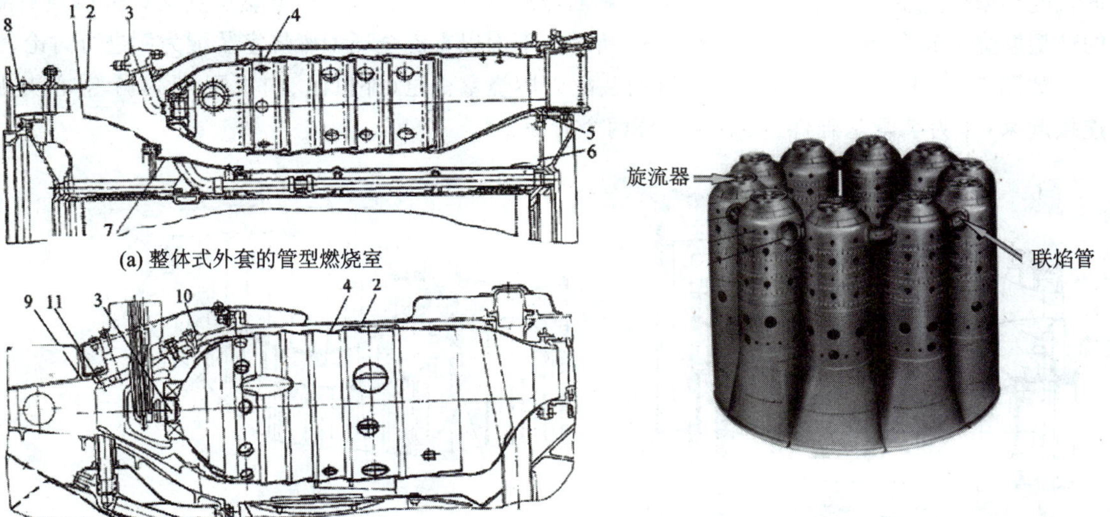

(a) 整体式外套的管型燃烧室

(b)分半式外套壳体的管型燃烧室

(c) 燃烧室实体图

1—前内套；2—燃烧室外套；3—喷嘴；4—火焰筒；5—固定环；6—隔热罩(内套)；7—中套；8—承力机匣；9—扩压机匣；10—火焰筒固定销；11—鱼嘴形进气口

图 7.33　典型环管型燃烧室

分半式外套壳体的管型燃烧室由燃烧室外套、内套、10 个火焰筒、燃油喷嘴等构件组成。燃烧室外套是具有带纵向结合面(分合面)的分半式壳体，并用螺栓连接。装配是在发动机总装的传动装配过程中按顺序安装火焰筒结构件的。装配过程分三个阶段：

1) 装配的第一阶段

在扩压机匣上，安装燃油喷嘴及其部分总管，以及火焰筒固定销等构件。

2）装配的第二阶段

① 以已装配好的扩压机匣作装配基础部件，在专用装配车（架）上垂直地进行装配，将燃烧室外套半壳体与扩压机匣相连接并固定；

② 以燃油喷嘴周向定位安装火焰筒，并用前端固定销固定；

③ 连接传焰管安装燃烧室内套（隔热屏）并固定，检查内套与扩压机匣等间隙。

3）装配的第三阶段

① 安装燃烧室外套的另一半壳体，用螺栓分别连接扩压机匣和燃烧室外套的另一半壳体并固定；

② 安装导向器，在火焰筒燃气导管安装边上边与外扇形板相连接，外扇形板插入到导向器外环中，燃气导管安装边下边与内扇形板相连接，导向器内定位件插在内扇形板与燃气导管之间；

③ 燃烧室外套与导向器外环用螺栓连接并固定。

3. 环型燃烧室装配

环型燃烧室的结构是在燃烧室内、外壳体之间的环腔内，安装一个由共同的内、外壁构成的具有环型燃烧区和掺混区的环型火焰筒（见图 7.31(c)）。不同形式的环型火焰筒组成不同形式的环型燃烧室，如直流环型、折流环型和回流环型燃烧室。直流环型燃烧室又有带单独头部的环型燃烧室和全环型燃烧室，如图 7.34 所示。下面以直流全环型燃烧室装配为例进行讨论。

如图 7.34(b)所示，全环型燃烧室的装配以燃烧室机匣（外机匣、内机匣与 14 个空心支板连接起来）作为装配基础件，装配过程分两个阶段：

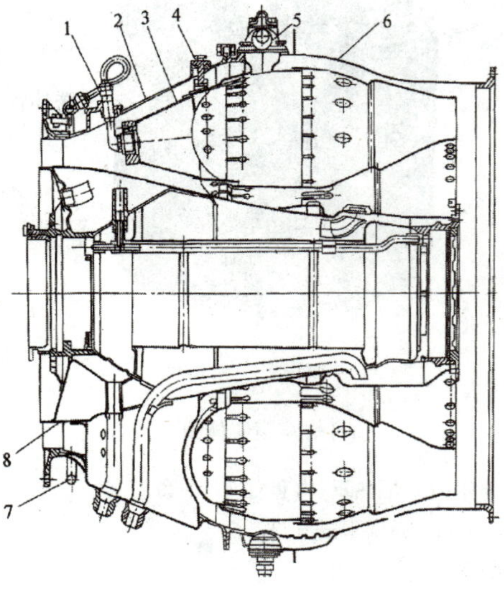

1—燃油喷嘴；2—扩压气机匣；3—火焰筒；4—火焰筒固定销；5—点火器；6—燃烧室外套；7—燃油输油管；8—扩压气锥形内壳体

(a) 带单独头部的环型燃烧室

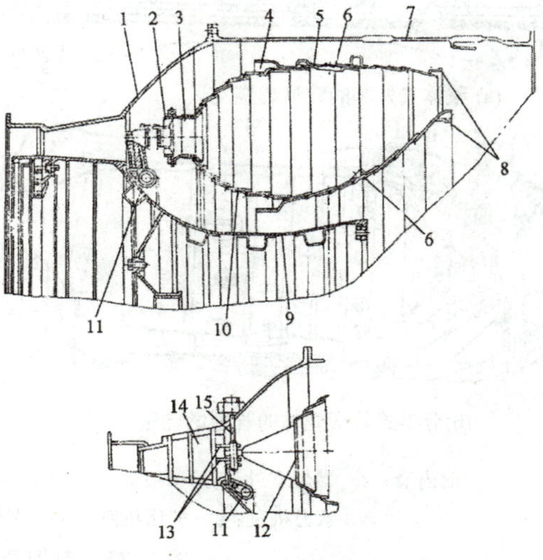

1—外机匣；2—叶片式涡流器；3—掺混室；4—进气口；5—火焰筒；6—掺混孔；7—换热器机匣；8—安装边；9—内机匣；10—环槽；11—燃油总管；12—环；13—支架；14—支板；15—销钉

(b) 典型全环型燃烧室

图 7.34 环型燃烧室

1）预装配

环型火焰筒以涡流器向上安装在专用支架（座）上，检查带喷嘴的燃油总管与涡流器的可装配性，使用工艺固定销将总管与火焰筒相连接，喷嘴用手能自由地装入火焰筒涡流器衬套内，分解下燃油总管。

2）最终装配

① 燃油总管安装在燃烧室机匣内腔，总管的两个进油管插入机匣外壳体的孔中，用工艺固定销固定在全部支架（座）上；

② 检查燃油总管与燃烧室机匣沿圆周的间隙；

③ 把带燃油总管的燃烧室机匣翻转 180°，前安装边朝上，检查测量Ⅰ级、Ⅱ级油路进油管安装边凸边的尺寸；

④ 翻转带燃油总管的燃烧室机匣前安装边朝下，卸下喷嘴上的堵头，每隔一个工艺固定销分解下 1 个固定销；

⑤ 在燃烧室机匣上安装火焰筒拆下工艺固定销，装上销固定；

⑥ 检查火焰筒头部涡流器的活动性；

⑦ 堵头拧入机匣壳体内，并锁紧；

⑧ 测量机匣与火焰筒之间的间隙；

⑨ 测量火焰筒外壁对机匣直径的跳动；

⑩ 检查左、右点火装置能否自由地安装到火焰筒内，依次装入机匣、火焰筒内。

4. 燃烧室装配工艺要求与流程

（1）燃烧室的装配工艺要求

燃烧室装配的工艺要求如下：

① 避免高温烧结，所有螺纹部位涂白垩膏，燃烧室壳体与轴承座等有关结合面进行着色检查。着色密接度不允许小于面积的 80%，色带应连续无间断，用专用研磨具研磨表面来保证。

② 结合面仔细除油后，按要求涂封严胶或高温漆，以保证结合处的密封。

③ 所有的密封垫等密封件第二次装配时，更换新品。

④ 环管型火焰筒及燃油喷嘴位置和流量组别按设计图样装配。火焰筒的装配顺序根据连通结构而定，选取便于装配的顺序。

⑤ 火焰筒与喷嘴头部或联焰管连接时应小心，装配困难时允许用胶锤轻轻震击，或用心棒调整头部浮动环的位置。

⑥ 后端采用浮动环连接的火焰筒，按顺序组装后，用吊具装入燃烧室环腔。

⑦ 环型火焰筒安装时，要注意对正定位销孔，定位销安装要到位。

⑧ 火焰筒装好后，要测量有关要求间隙尺寸，以保证其正确位置。

⑨ 对于采用直接点火的点火器，装配时需按要求选配合适的调整垫，以保证电嘴的伸入量。

⑩ 燃烧室装配前应对机匣内腔及滑油管路用热滑油仔细冲洗并用绢布检查清洁状况。滑油喷油嘴或滑油环应进行流量及方向流量检查。

（2）燃烧室装配的典型工艺流程

燃烧室装配的典型工艺流程如图 7.35 所示。

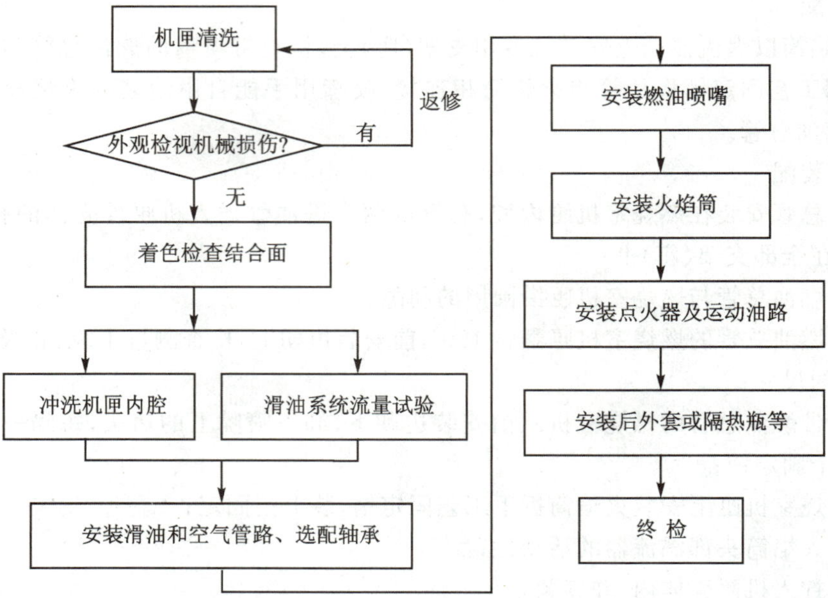

图 7.35　燃烧室装配的典型工艺流程

7.2.2　尾喷管的装配

发动机依据其使用状态和条件,尾喷管有收敛形或收敛扩散形,喷口面积有可调式或不可调式。

不可调节式尾喷管由壳体、内锥体及之间的支板焊接而成。可调节式尾喷管的结构形式,按调节片数量可分双调节片式和多调节片式,按调节片形式可分为机械调节式和气动调节式。可调节收敛形、收敛扩散形尾喷管如图 7.36 所示。

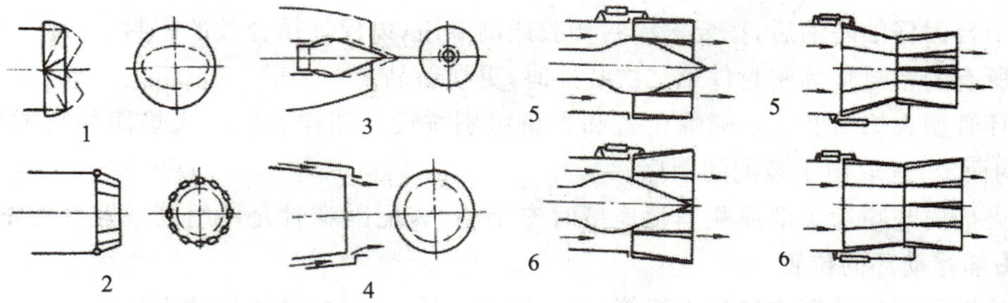

(a) 收敛形尾喷管　　(b) 收敛扩散形尾喷管

1—双调节片式;2—多调节片式;3—机械移动尾锥体式;4—气动调节式;5—不加力状态;6—加力状态

图 7.36　可调节尾喷管示意图

1. 可调喷口装配

可调喷口装配前所有导管需要用汽油进行压力冲洗,所有带螺纹部位应涂白垩膏或高温润滑脂,以防烧结。装配时注意以下要求:

① 调节片和密封片应成套并按指定位置和顺序装配,装好的调节片和密封片开闭应灵活。

② 所有管路与周围零件的间隙不小于工艺要求值(根据具体工艺与结构要求),刚性连接处及管子绕金属丝处不小于工艺要求值(根据具体工艺与结构要求)。允许校正导管以保证间隙。

③ 采用承力环及可调支杆调整的尾喷口装配时要注意保证以下间隙:

◇ 可调支杆与固定支杆间偏差不大于工艺要求值(根据具体工艺与结构要求);

◇ 支杆与罩子之间不小于工艺要求值(根据具体工艺与结构要求);

◇ 配好长度的长杆不得混淆;

◇ 间隙不足时,允许调整支杆,但支杆必须同时调整相同的长度。

2. 可调喷口的调整试验

各种可调喷口都在各自的专用试验器上试验,有的发动机可调喷口要与发动机状态操纵器协调试验,配套调整,配套装机。喷口直径在密封片上用专用卡尺测量。通常的调整方法如下:

1) 用限动件调整喷口直径

通过作动筒上的限动件,改变活塞杆的行程,调整最大、全加力状态喷口直径并保证每个作动筒的调整尺寸在规定范围内。

2) 调整喷口转换时间和液压作动筒活塞行程同步性

在规定的液压下,喷口由中间状态至最大、加力状态的打开和收闭时间不应超出规定的范围。可更换不同组别的同步活门截流嘴来保证活塞处于任何位置。各作动筒的不同步性不应超出规定。通过调整系统内定压活门弹簧的调整螺钉或更换不同组别的同步活门节流器来保证。

3) 可调喷口与状态操纵器协调试验

调整状态操纵器上的可变电阻器的可调电阻,使喷口处于全加力状态时操纵杆的旋转角度。调整可变电阻器上相关的可调电阻以及可变电阻传感器来保证最小加力状态喷口直径。

4) 密封性检查

在规定的压力和时间内,进行液压系统的密封性试验,所有的导管接头处不允许漏油。

7.3 涡轮装配

涡轮的功用是将高温燃气中的部分热能和压力能转换成机械功,带动压气机和附件工作。在涡桨或涡轴发动机中还用来带动螺旋桨或直升机的旋翼。

涡轮按气流流动方向可分为轴向式和径向式,现代涡轮燃气发动机基本都用轴向式的。轴向式涡轮按转子数目可分为单转子、双转子和三转子涡轮,按转子结构又可分为不可拆卸和可拆卸的两种基本形式。

双转子和三转子涡轮又分低压涡轮、中压涡轮和高压涡轮。轴向式涡轮和压气机一样也是由转子和静子(涡轮机匣、导向器等)及其辅助系统构件组成。涡轮的装配是指涡轮转子装配、涡轮静子装配和转子与静子等构件的联接与装配。如图 7.37 所示为典型的涡轮部件。

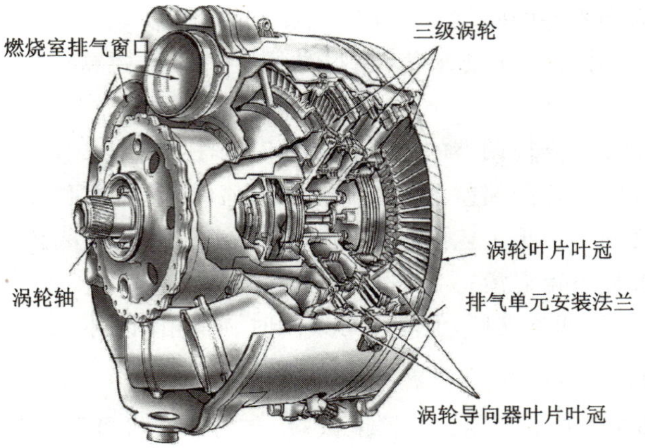

图 7.37　涡轮部件

7.3.1　涡轮转子的装配

涡轮转子是由燃气推动工作叶片高速旋转的部件，并通过涡轮轴带动压气机转子及发动机附件工作。涡轮按燃气流动方向分为径向方式与轴向方式，后者又有不可拆卸式和可拆卸式之分。

在多级涡轮转子中采用盘鼓混合式结构，单级和双级涡轮转子通常都是盘式结构，转子的装配是盘与轴及盘与盘的联接、安装叶片和动平衡等主要过程，装配工序和机械加工工序交叉进行。因此，涡轮转子是机械装配组件，通常在机械加工车间的装配工段或部件装配车间进行装配。

1. 不可拆卸涡轮转子的装配

如图 7.38 所示，不可拆卸的双级涡轮转子，高、低压涡轮转子的盘与轴都是过盈配合，用径向销连接，且高、低涡轮都是单级转子；转子的盘轴利用特制的凸缘上圆柱面定心，过盈配合，径向销钉连接固定。转子装配分 5 个主要工序：

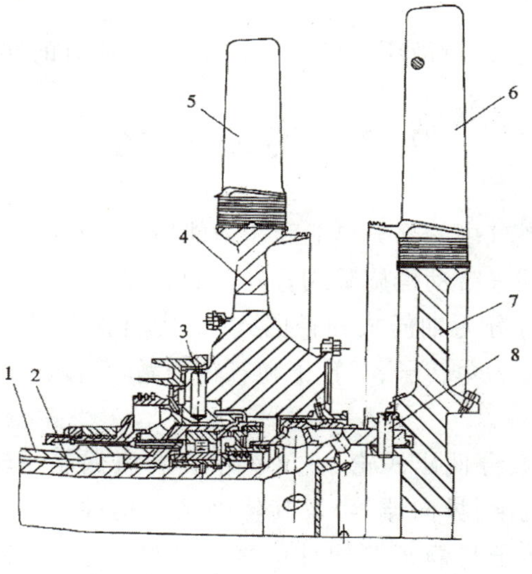

1—高压涡轮轴；2—低压涡轮轴；3—径向销钉；4—Ⅰ级盘；5—Ⅰ级叶片；6—Ⅱ级叶片；7—Ⅱ级盘；8—径向销钉

图 7.38　用径向销连接的高、低压涡轮转子

1）盘轴装配

利用专用设备支撑定位涡轮轴，将已静平衡好的盘加热后，借助专用夹具、吊具平稳地套压在涡轮轴上，或者轴冷却、盘加热，借助专用夹具支撑盘，轴压入盘上。

2）安装径向销钉

在组合好的盘轴的凸缘上钻孔、绞孔，根据盘轴径向销过盈的要求，按销孔选配径向销钉，借助专用压具（心轴）、压入径向销钉，在孔边冲压坑锁紧径向销钉。

3）安装结构件及动平衡

在转子上安装篦齿封严环、轴承衬套等结构件，按需要进行动平衡。

4）安装叶片并锁紧

叶片按质量递减次序在盘上均匀分布，见图 7.5(b)。先将锁片装入榫槽内再装叶片，检查叶片的切向活动量及其他技术要求，弯曲锁片使叶片轴向固定。各种结构形式锁片固定方式如图 7.39 所示。如果叶片带冠，采用锁板轴向固定结构，如图 7.40 所示，装配时要严格控制锁板周向间隙，如果锁板周向间隙 A 太小，则发动机工作时锁板易鼓包；A 太大，则锁板易串动，影响转子平衡性，致使发动机工作时振动，如图 7.40(a)所示。

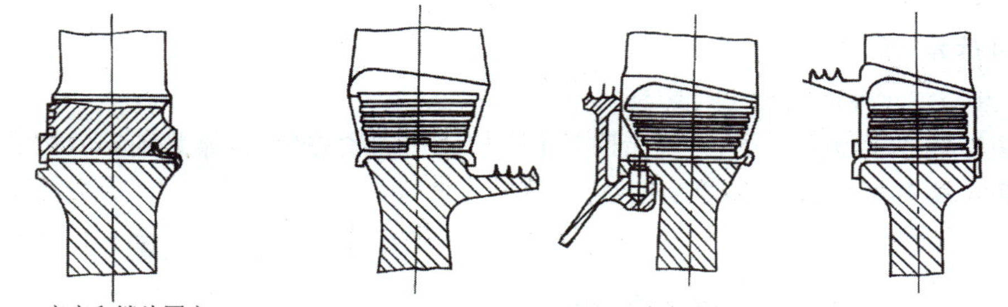

(a) 底座和锁片固定　　(b) 锁片固定

图 7.39　用锁片固定涡轮叶片

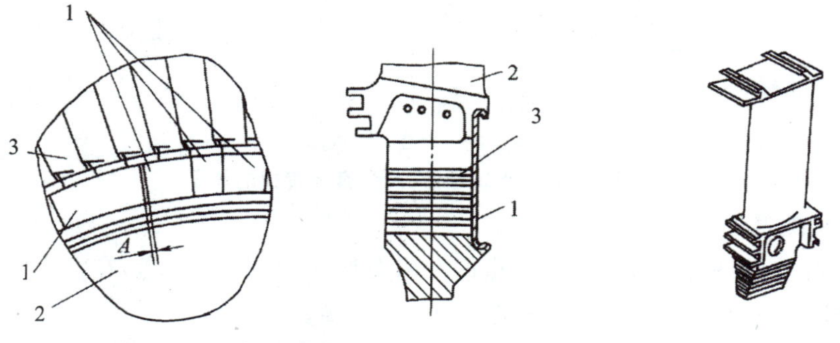

1—锁板；2—盘；3—带冠叶片

(a) 锁板固定　　(b) 带冠叶片

图 7.40　用锁板固定及检查周向间隙

当低压涡轮转子叶片的结构是带减振环的结构时，在安装叶片和减振环过程中，要严格控制叶片与叶片、叶片与盘的相互位置，图 7.41 所示是安装叶片与减振环的情况。先装 1 号叶片（图中未示出），再装减振环 1，然后依次安装 2 号叶片、减振环 2、3 号叶片，以此顺序安装全部叶片和减振环。安装时要使叶片均匀地进入盘槽中，借助专用心棒（夹布胶木）轻轻敲叶片榫头端面，使每次进入量不大于 1 mm，保持各叶片在盘中的深度在一定范围内。使全部叶片进入盘的榫槽中，直至轴向固定。

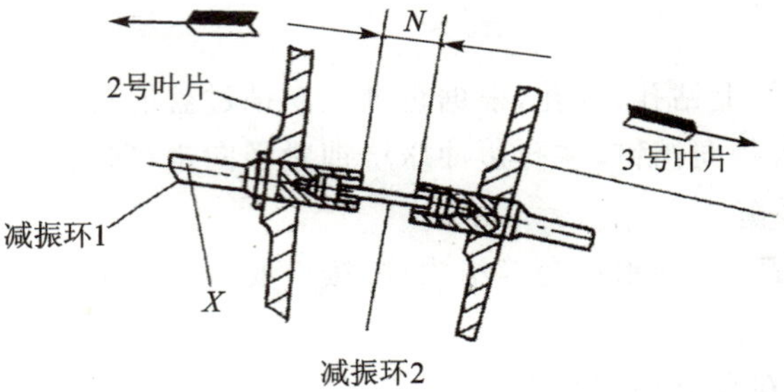

装锁片前零件 X 在箭头方向拉开时测量

图 7.41 叶片与减振环安装

5）转子的动平衡

安装轴承或工艺轴承，借助专用工艺衬套在动平衡机床上平衡，用加、减配重、去材料或串换叶片的方法达到平衡。

2. 可拆卸涡轮转子的装配

(1) 盘轴可拆卸涡轮转子的装配

如图 7.42 所示涡轮转子，盘轴借助 8 个螺栓轴向固紧并传力，靠盘轴安装边上渐开线套齿传递扭矩，采用圆柱面 A 使盘轴定心。

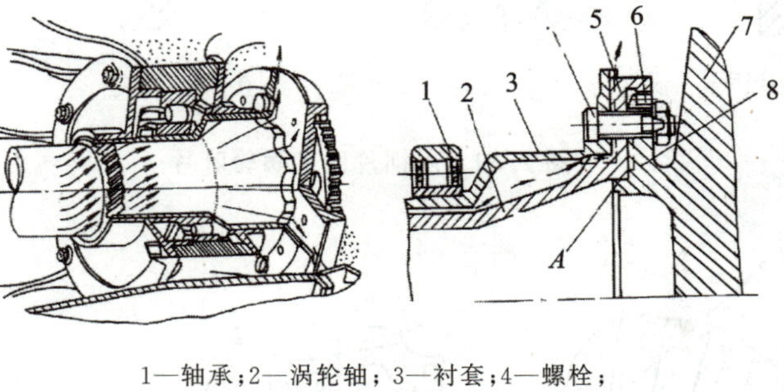

1—轴承；2—涡轮轴；3—衬套；4—螺栓；
5—轴的安装边；6—套齿；7—盘；8—盘的安装边

图 7.42 盘轴螺栓固定、套齿传扭的转子

转子的装配过程：

① 安装叶片并进行静(动)平衡　借助专用夹具(或支座)支撑盘，在盘上安装按质量或静力矩、榫槽间隙选配叶片，带叶片的盘进行静(动)平衡。

② 检查接触间隙　以盘作基础件，在轴(或)盘的套齿涂上色料，轴预装在盘上，用螺栓固定，分解下螺栓，取下轴检查套齿的着色印痕。

③ 盘轴安装　清洗色料，往盘上安装轴、安装衬套、装上螺栓拧上螺母，按次序、对称地拧紧螺母，最终用限力扳手拧紧或测量螺栓的伸长量。

④ 转子动平衡。

(2) 盘与盘可拆卸的涡轮转子的装配

通常发动机 3 级以上的涡轮转子，盘与盘连接均采用可拆卸式结构。

如图 7.43(a)所示，这是一种长短螺栓混合使用的挑担式结构，第Ⅰ、Ⅳ级盘与鼓、轴分别利用圆柱面在第Ⅱ、Ⅲ级盘上定心，通过长螺栓压紧，短螺栓将各级盘与定距环连接起来。为了装配，短螺栓连接采用了带冲铆固定的自锁螺母，如图 7.43(b)所示。

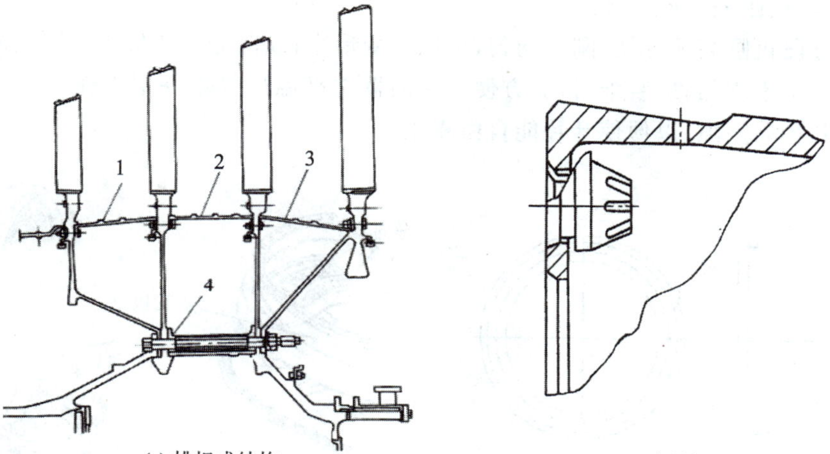

(a) 挑担式结构　　(b) 自锁螺母

图 7.43　可拆卸式 4 级低压涡轮转子

转子的装配过程：

① 安装定距环 1　在Ⅰ级盘上安装定距环 1，并用螺栓固紧。

② 安装Ⅰ级盘　借助专用夹具的支撑轴，夹具定位导销穿过轴的螺栓孔，安装带定距环 1 的Ⅰ级盘。

③ 安装Ⅱ级盘　以Ⅱ级盘螺栓孔穿过导销定位，将Ⅱ级盘平稳的压套在Ⅰ级盘及轴上。

④ 安装定距环 2　安装定距环 2，并用螺栓连接定距环 1、Ⅱ级盘和定距环 2，并最终固定。

⑤ 安装压紧定距环 3、4 及Ⅲ、Ⅳ级盘　安装压紧定距环 4，依次安装Ⅲ级盘、轴，安装定距环 3，并用螺栓固定定距环 2、Ⅲ级盘和定距环 3，平稳的安装Ⅳ级盘，用螺栓固定Ⅳ级盘与定距环 3。

⑥ 连接各级盘和轴　依次退出定位导销装上长螺栓拧上并拧紧螺母，依次对称地用扭力扳手拧紧或测量螺栓的伸长量。

⑦ 安装叶片并检查叶片的摆动量和间隙　按质量或静力矩选配各级叶片，按质量递减次序安装叶片，检查叶片的切向摆动量和轴向间隙。

⑧ 安装轴承及其他构件。

⑨ 转子动平衡。

7.3.2　涡轮静子的装配

涡轮静子由涡轮机匣(涡轮外环或涡轮壳体)导向器及涡轮支承等组成，如图 7.45 所示。

涡轮机匣结构形式分为整体式和分开式(见图 7.44)，并与涡轮转子相匹配。涡轮机匣采用沿轴向分段整体式时，结构上是圆柱形或锥形壳体，除固定导向器外，还借前后安装边分别与燃烧室及喷管(加力燃烧室)连接。导向器由导向器内、外环和一组导向叶片组成。涡轮机匣的装配是指在机匣上安装导向器或在机匣上安装导向叶片及其他构件。导向器叶片的连接有可拆卸和不可拆卸两种结构形式，并与涡轮转子结构相匹配，如单转子、双转子涡轮喷气发动机，涡轮轴、涡轮螺旋桨发动机，风扇发动机多是整体式机匣，多极涡轮转子是整体式不可拆卸结构，则涡轮机匣是纵向分开式。

整体式分段机匣装配方便，刚性均匀，工作时变形小；纵向分开式机匣沿圆周刚性不均，受热和受力变形也不均匀，但装配、检验方便。导向器在高温燃气条件下工作、任何结构形式都要规定轴向和径向间隙，以便使叶片能自由膨胀。

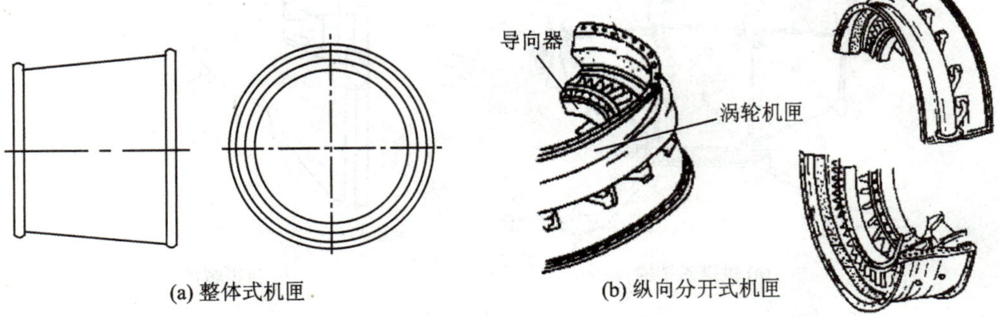

(a) 整体式机匣　　(b) 纵向分开式机匣

图 7.44　涡轮机匣

1. 涡轮静子叶片的装配

涡轮静子叶片的装配是指涡轮外环、静子叶片和内支承组合成导向器的装配。导向器的装配分为预装配和最终装配。预装配的目的是调整叶片活动量、缘板间隙、排气面积及组合加工。导向器的结构形式分为可拆卸式和不可拆卸式，不可拆卸式导向器叶片和内、外环之间采用焊接或铆接连接。可拆卸式导向器静子叶片与内、外环之间采用多种连接形式，见图 7.45～图 7.50。

各种结构形式的静子叶片装配过程如下：

(1) 叶片焊接在内、外环之间(见图 7.45)

装配过程如下：

① 叶片装配：

◇ 把涡轮机匣壳体(导向器外环)安装在专用夹具上；

◇ 将叶片的内端插入内环的异型孔中；

◇ 将叶片顶端与外环焊成一体，叶片内端与内环之间应有间隙，并使之相对于外环定心。

② 安装套环、调整环：

◇ 将套环安装在内环上，并焊接在内环上，轴向阻止叶片滑出；

◇ 安装调整环、篦齿封严环，并用螺钉连接固定。

③ 调整篦齿封严环间隙。用调整环调整篦齿封严环中间隙。

④ 安装嵌入件。将嵌入件安装在壳体内，镗削到规定尺寸，保证涡轮的径向间隙。

(2) 叶片浮动安装在内、外环之间，借助内外枕垫定位(见图 7.46)

这种结构的导向器内、外环联接是靠穿过空心叶片的长螺钉，螺钉一端的螺纹拧入内环拉紧，为了使长螺钉均匀拉紧，保证内、外环之间的同心，用穿过叶片、套在长螺钉外面的承压支撑定位。在相邻枕垫间形成了一个异形缝槽。具体装配过程如下：

① 选配叶片、支撑管并做标记。按技术要求选配支撑管、配套叶片，在专用夹具上对支撑管、叶片作标记。

② 装配叶片。在选配好的支撑管上套装叶片，并装在内、外环间，用长螺钉初步固定。

③ 安装枕垫及叶片。在内、外环上装上内、外枕垫，同时安装叶片，依次安装其余内、外枕垫和叶片，拧上螺钉固紧内、外枕垫，用长螺钉固紧所有叶片。

④ 枕垫间隙检查。检查枕垫间的间隙，枕垫的凸凹度(用锉修枕垫型面方法保证间隙)。

⑤ 拧紧螺钉。按拧紧力矩要求，用限力扳手最终拧紧长螺钉。

⑦ 测量排气面积。(排气面积测量方法见本小节的“3. 涡轮导向器面积测量”部分，下同)

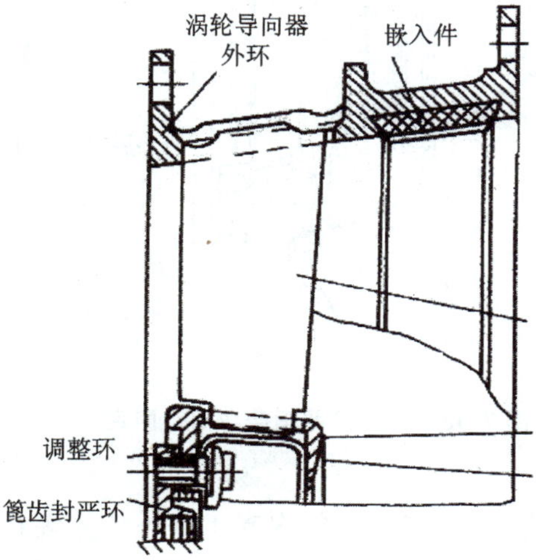

图 7.45　不可拆卸式结构的涡轮导向器

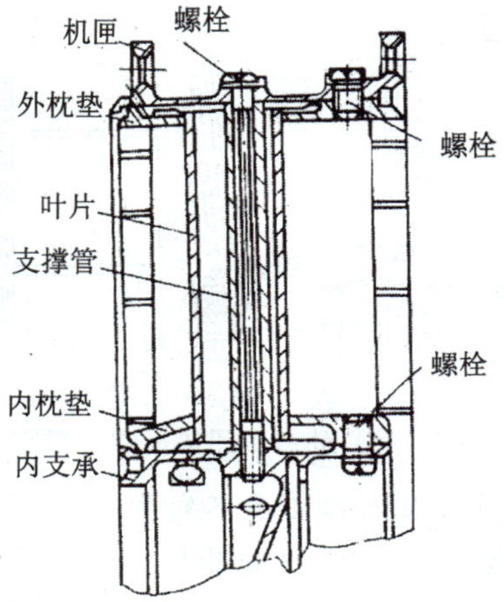

图 7.46　叶片浮动安装在内、外环之间

(3) 叶片外缘板用紧固螺钉固定在机匣外环上(见图 7.47)

这种结构靠叶片外圆板两端构成Ⅰ、Ⅱ级涡轮外环，叶片借助与机匣配合的加工表面定心，并靠精密螺钉轴向定位。装配过程如下：

① 叶片安装。配套叶片，借用专用夹具在叶片上标识顺序号；按顺序安装叶片，并用固紧螺钉将叶片固定在机匣外壁上。

② 调整内、外缘板间隙。检查、调整内、外缘板的轴向间隙。

③ 紧固螺钉。按拧紧力矩要求，用限力扳手拧紧固定螺钉，并打保险锁紧。

④ 加工某些表面。对叶片内缘板形成的内表面进行组合加工，以便保证与涡轮盘上封严篦齿装配间隙。

⑤ 测量排气面积。

(4) 叶片借助辐条和螺钉固定在外环和内支承上(见图 7.48)

该结构采用实心辐条，提高了机匣承载能力；偏心衬块可使叶片绕辐条旋转，改变叶片后缘角度，调整排气面积。主要装配过程如下：

① 配套零件并做标识。配套零件、借助夹具在叶片上标识顺序号。

② 固定辐条。以内支承为基础件，用螺钉连接各辐条与内支承，并拧紧固定。

③ 安装叶片。按顺序将各叶片套装在各自辐条上，按标记安装在机匣外壁上。

④ 固定辐条与机匣。用螺钉连接机匣外壁和各辐条并拧紧固定。

⑤ 安装偏心衬块并固定。在叶片的特型孔内安装偏心衬块并用螺钉固定。

⑥ 拧紧各螺钉。用扭力扳手按拧紧力矩要求最终拧紧各螺钉。

⑦ 安装隔热瓶并固定。在内支承上安装隔热屏并用螺钉固定。

⑧ 测量排气面积。

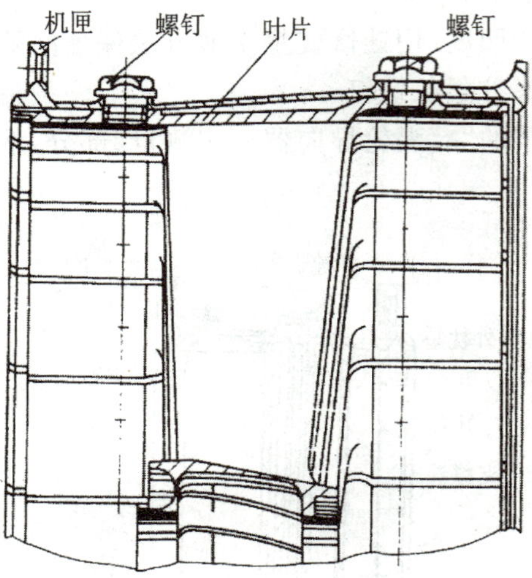

图 7.47 叶片外缘板用紧固螺钉固定

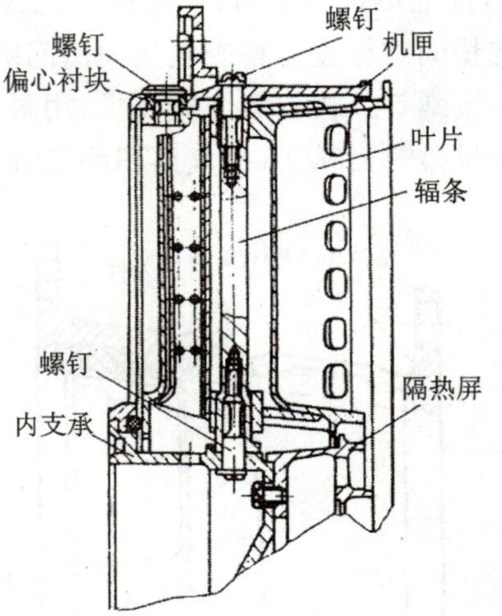

图 7.48 叶片借助辐条和螺钉固定

(5) 叶片装入内支承环的导向器(见图 7.49)

这种结构形式的导向器是将叶片装入内支撑环内,并将带叶片的内支承环整体安装在涡轮机匣内,用螺钉固定在机匣壳体上。铸造叶片内端具有轴颈,叶片借轴颈安装在内支承环孔中,这种结构提高了导向器的刚性,偏心衬块可改变叶片后缘角度,调整导向器排气面积。装配过程如下:

① 配套零件并做标识。配套零件在夹具上对叶片标识顺序号。

② 安装叶片。用内支承环作装配基础件,按顺序将叶片借助轴颈安装到内支承孔中,全套叶片安装后,将带叶片的内支承环一起安装在机匣壳体(导向器外环)内。

③ 装配定位螺钉,使叶片定位:

◇ 拧上并拧紧定位螺钉,使叶片定位;

◇ 装上偏心衬块,拧上并拧紧紧固螺钉。

④ 间隙检查。调整检查各间隙。

⑤ 拧紧各螺钉。用扭力扳手按拧紧力矩最终拧紧各螺钉。

⑥ 测量排气面积。

(6) 叶片径向定位于机匣槽内,定位销角向定位的导向器(见图 7.50)

该结构是叶片径向定位于机匣槽内,定位销角向定位。其装配过程如下:

① 配套零件并做标识。配套零件,叶片标识序号。

② 安装叶片及封严片。以级间封严环(内支承环)作为装配基础件,放置在专用支座上,叶片安装在级间封严环上,在两叶片间装上封严片。

③ 安装级间封严环并定位。机匣壳体放置在专用支座上,将带叶片的级间封严环,安装在机匣壳体内,叶片外缘板前端进入叶片定位槽内,后端按定位销定位。

④ 安装低压涡轮外环组件。以定位销为基准,安装低压涡轮外环组件。

⑤ 安装后定位环,并用螺钉固定。

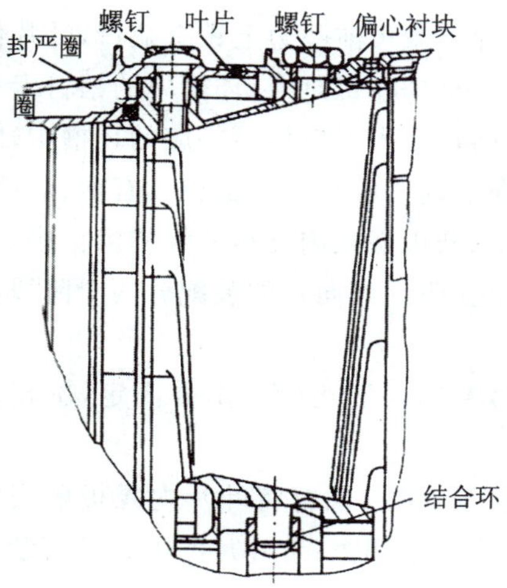

图 7.49　叶片用螺钉固定在机匣壳体上

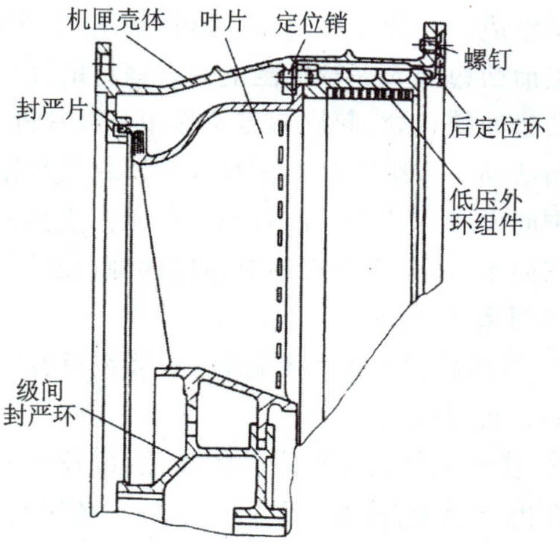

图 7.50　叶片径向定位机匣槽内,定位销角向定位

2. 多级涡轮静子装配

多级涡轮要求静子机匣与转子对应匹配,静子机匣根据转子结构通常有沿纵向结合面分半式的静子机匣和整体式锥形机匣。

(1) 与不可拆卸的Ⅲ级涡轮转子匹配的静子机匣(见图 7.51)

Ⅲ级涡轮转子是不可拆卸的,Ⅰ级导向器是整体式(图中未示出),Ⅱ、Ⅲ级静子机匣(导向器)沿纵向分半式。Ⅱ、Ⅲ级静子机匣的装配顺序如下:

① 配套零件并做标识。配套零件,用夹具在各级叶片上标识序号。

② 安装Ⅱ、Ⅲ级叶片(组)。在涡轮静子机匣半部榫槽中依次安装Ⅱ级叶片或叶片组,安装Ⅲ级叶片或叶片组。

③ 间隙检查。检查和调整内缘板和外缘板的间隙。

④ 机匣固定。借助专用夹具将带叶片的两半部机匣用螺栓螺母拧紧固定(在总装涡轮时要分开两半部涡轮静子机匣)。

⑤ 测量与调整各级导向器排气面积。

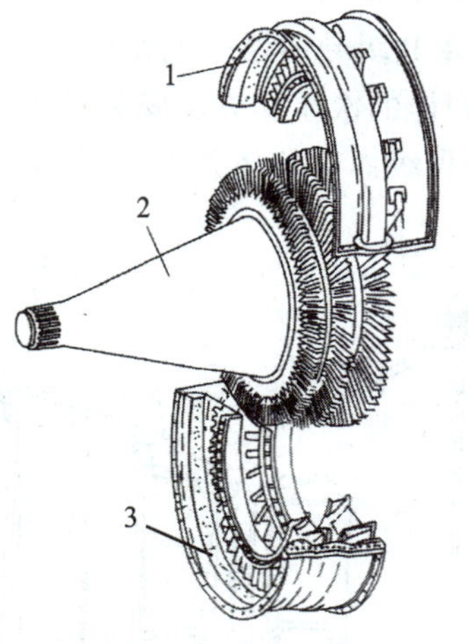

1—涡轮静子上半部;2—涡轮转子;3—涡轮静子下半部

图 7.51　Ⅲ级涡轮转子与静子机匣

(2) 多级涡轮的整体式涡轮机匣(见图 7.52)

多级涡轮的整体式涡轮机匣,通常采用锥形结构,从装配观点要求导向器与转子必须是可拆卸式的,Ⅰ级导向器由Ⅰ级叶片和内支承组成,无导向器外环。叶片具有内、外缘板结构,内

缘板的前安装边借螺钉定位在内支承上，叶片没有在相应的安装边上固定死，叶片内缘板的后安装边与后支承的后安装边之间留有轴向间隙。叶片外缘板的孔与机匣上的径向销钉配合，限制叶片外端的切向活动。Ⅱ、Ⅲ、Ⅳ级导向器，都采用“挂钩”式结构，由各级叶片与整体式的内支承组成。叶片具有内、外缘板，如图 7.53 所示。叶片外缘板前凸边上铣有缺口，叶片借助外缘板前凸边插入涡轮机匣上带有销钉的环槽中，使叶片悬钩在机匣上，环槽中的销钉卡在叶片前凸边的缺口处，起周向定位作用。叶片外缘板的后凸边嵌入涡轮机匣相应的环槽中，限制其轴向活动。Ⅳ级叶片由Ⅳ级涡轮外封气环限制其轴向活动。叶片内缘板也具有前、后凸边，并在中间又有一凸齿。前后凸边限制内支承的轴向移动，凸齿嵌入内支承外缘的齿槽中，使内支承周向定位，凸齿与齿槽有径向间隙，使叶片能够自由膨胀。导向器的装配分两个阶段：

1）Ⅰ级导向器的装配

① 以涡轮机匣作为基础件，安装在可旋转的（180°）专用装配架（车）上并固定，旋转装配架使涡轮机匣前段朝上。

② 将选配好已标识序号的叶片，按技术要求依次安装，借助螺钉将叶片内缘板前安装边定位在内支承上；检查叶片内缘板后安装边与内支承后安装边间隙；带叶片的内支承安装在涡轮机匣中，使每个叶片外缘板的孔进入机匣上的径向销钉。

③ 测量Ⅰ级导向器排气面积。

2）Ⅱ、Ⅲ 、Ⅳ级“挂钩”式导向器的装配

① 转动装配架使涡轮机匣后端朝上；叶片借助内缘板安装在内支承上，内缘板上的凸齿嵌入涡轮机匣中，使每个叶片外缘板前凸边插入涡轮机匣带有销钉的环槽中，前凸边的缺口进入销钉，缘板的后凸边嵌入机匣的相应槽中。

② 检查调整间隙。

③ 测量Ⅱ级导向器排气面积。

采用同样的次序和方法安装Ⅲ级叶片、内支座，Ⅳ级叶片、内支承，测量第Ⅲ级导向器排气面积，安装Ⅳ级涡轮外环并固定，测量Ⅳ级导向器排气面积。

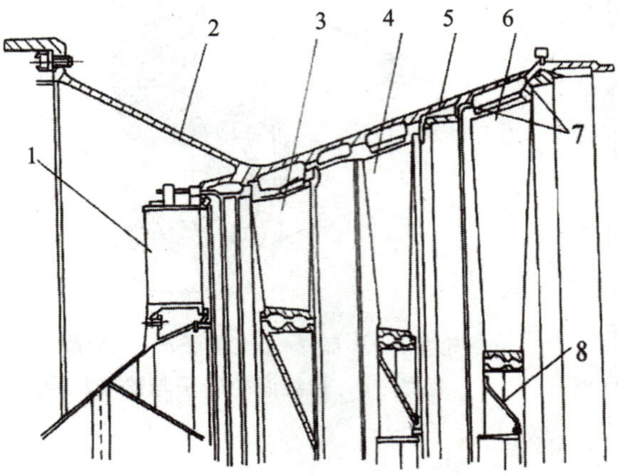

1—Ⅰ级导向器；2—涡轮机匣；3—Ⅱ级导向器；4—Ⅲ级导向器；
5—涡轮外环；6—Ⅳ级导向器；7—叶片的外缘板；8—叶片内支承

图 7.52　整体式机匣与导向器

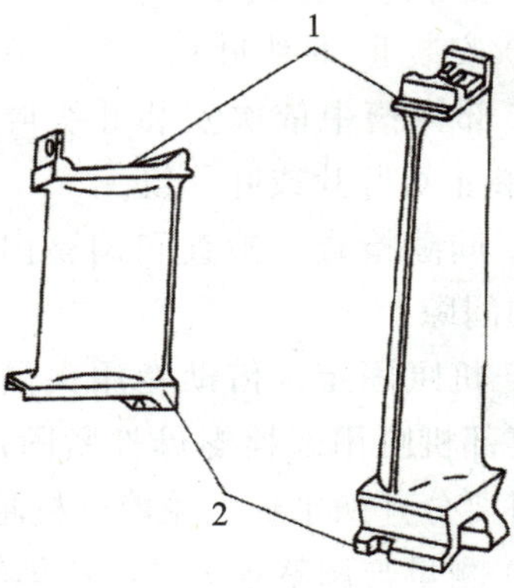

1—内缘板；2—外缘板

图 7.53　Ⅱ、Ⅲ、Ⅳ级导向器叶片

3. 涡轮导向器面积测量

导向器叶片组成环形燃气流通道截面，而通道截面面积决定着燃气的均匀性，影响发动机工作状态和性能。装配好的导向器每级都要测量排气面积，并进行调整，使其在技术规范规定的范围内，测量与计算方法主要有机械测量、三坐标测量、水流测量和气动法测量。

(1) 机械测量法

机械测量法即采用带千分表的专用测具测量排气窗口宽度，用专用卡尺测量排气窗口的高度，然后进行计算。机械测量法又分为综合测量计算法和单值测量计算法。

1) 综合测量计算法(见图 7.54(a))

测量排气窗口大端和小端的实际宽度对名义尺寸 R_1 和 R_2 的偏差 a_1 和 a_2，并标以“+”或“−”符号；沿排气窗口中心线测量窗口实际高度对名义尺寸 H 的偏差值 h，并标以“+”或“−”符号。

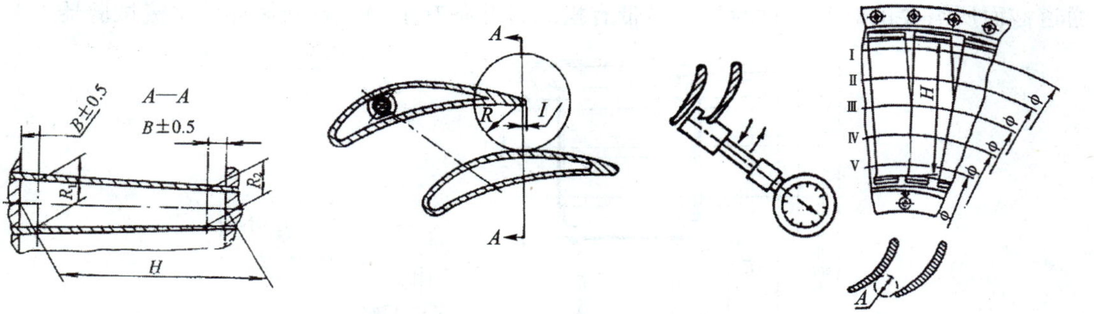

(a) 综合测量计算法　　(b) 单值测量计算法

图 7.54　导向器面积测量方法

计算各偏差值 $\sum a_1$、$\sum a_2$、$\sum h$。

R 的平均偏差为

$$a_{cp} = \frac{\sum a_1 + \sum a_2}{2Z} \tag{7.2}$$

式中：Z——排气窗口数。

H 的平均偏差为

$$h_{cp} = \frac{\sum h}{Z} \tag{7.3}$$

计算 R_{cp}、H_{cp} 值为

$$R_{cp} = \frac{R_1 + R_2}{2} \pm a_{cp} \tag{7.4}$$

$$H_{cp} = H \pm h_{cp} \tag{7.5}$$

最后，按梯形面积计算导向器排气面积

$$F = 10^{-2} R_{cp} H_{cp} Z \tag{7.6}$$

2) 单值测量计算法(见图 7.54(b))

按 5 个截面测量排气窗口的宽度 A，测量排气窗口高度 H。按下式计算每个通道截面面积的平均值：

$$F_{cp} = \sum_{i=1}^{n-1} A_{cp} \cdot H \tag{7.7}$$

式中：A_{cp}——排气窗口平均宽度，cm；

H——排气窗口高度，cm；

n——叶片数，件。

则总排气面积为

$$F = F_1 + F_2 + \cdots + F_n \tag{7.8}$$

(2) 三坐标测量机测量导向器面积

三坐标测量机借助专用测头测量排气窗口各截面或大端和小端的宽度、排气窗口的高度，然后按照以上所介绍的单值或综合测量计算方法计算出排气窗口的面积或平均面积。

(3) 水流测量法（流水试验）

水流测量法也称流水试验，如图 7.55 所示。其试验原理是测量固定容积的水通过导向器通道截面所需要的时间。试验设备是带有操纵台并备有手动式自动循环的水流试验器。

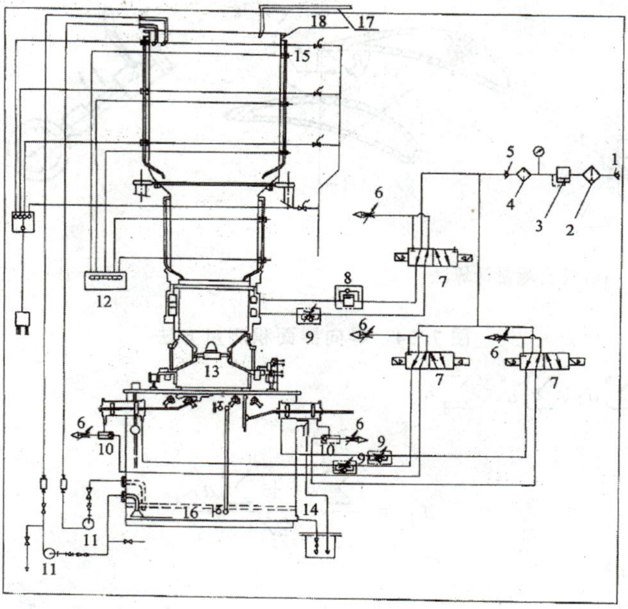

1—气源；2—分水滤气器；3—空气过滤减压器；4—雾化油雾器；5—单向阀；
6—消声节流阀；7—二位互通双电控制换向阀；8—单向压力顺序阀；
9—单向可调节流阀；10—快速排气阀；11—排水泵；12—液面显示板；
13—导向器；14—回水箱；15—正常水位；16—最低水位；
17—自来水管；18—注水箱

图 7.55 水流测量法原理图

试验过程如下：

1) 校准（在每批零件试验前进行）

通电→检查注水箱水面→放空滤网直至流出清洁的水→检查压缩空气压力。选定流水液面"G"及测量液面"E"和"D"→在小车上安装标准锥体→选定并启动自动循环系统→对标准锥体进行三次测量，记录测得的时间（可补充进行两次测量，以取得可信的平均值）→卸下标准锥体。

2）零件检验

记录水流通过的时间。检验标准：水流通过的时间应在技术要求之内。

3）校　正

如果水流通过导向器时间不在规定的技术要求范围内，可以通过校正导向器叶片的方法使之合格。校正方法如下：

借助专用扳手和量具，“关闭”或“打开”全部叶片。每片改变量应相等。校正时只允许将叶片排气边一侧的弦长增大或缩小。校正合格后，对校正的叶片要进行荧光检查。

(4) 气动测量法(吹风试验)

气动测量法或称吹风试验是通过测量单位时间流经导向器的气体流量测算导向器的排气面积。如图 7.56 所示是吹风试验器示意图，它由空气管路系统（集气器、空气测量孔板、闭锁和调节装置）、操纵台、测量仪器和专用夹具（对每种类型导向器进行试验的夹具）等组成。

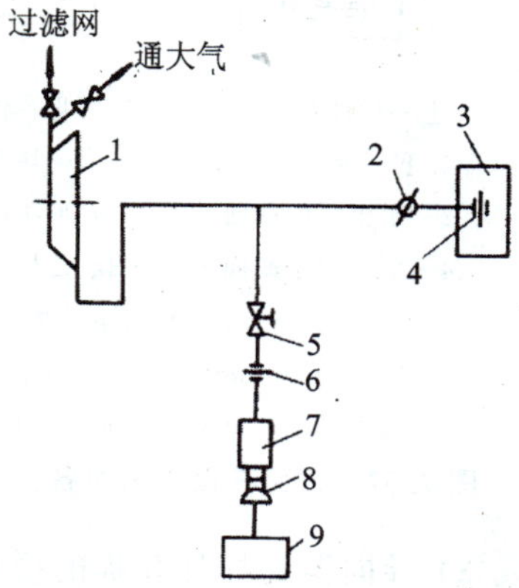

1—K－500－61－1 涡轮压气机；
2—ϕ700 mm 节风门；3—吸气竖井；
4—ϕ570 mm 端面孔板；5—同电气传动机构相连的 ϕ400 mm 阀门；
6—流量孔板；7—集气器；
8—涡轮导向器；9—吸气竖井

图 7.56　吹风试验器示意图

试验前样件孔板吹风时各压力计连接形式如图 7.57 所示。导向器吹风时各压力计连接如图 7.58 所示。

1）试验步骤

① 把夹具同导向器一起安装到集气箱安装边上并固紧；

② 把水银压力计连到夹具上；

③ 试验开始前 15 min 内，把吹风用的涡轮压气机转换通向大气排气；

④ 完全打开操纵台上同电气传动机构接在一起的阀门；

⑤ 以从操纵台上逐渐关闭节风门的方法，按规定范围，在 4～5 个状态上进行涡轮导向器的吹风试验；

⑥ 完全打开节风门；

⑦ 关闭阀门；

⑧ 把涡轮导向器连同夹具一起从集气箱安装边上卸下来。

2）试验注意事项

① 试验开始前应检查系统的密封性（利用专用堵盖仪器），还要根据工艺规程用关闭节风门的方法检查所有压力计在最大和最小状态下的工作情况。

② 样件孔板和导向器试验时，为达到最大状态，将专用堵盖安装在端面孔板上，以防节风门全关时经其吸入空气。

③ 吹风试验间的空气应不低于 0℃。

④ 集气箱上安装第二件导向器前，应检查管接头的流通性。

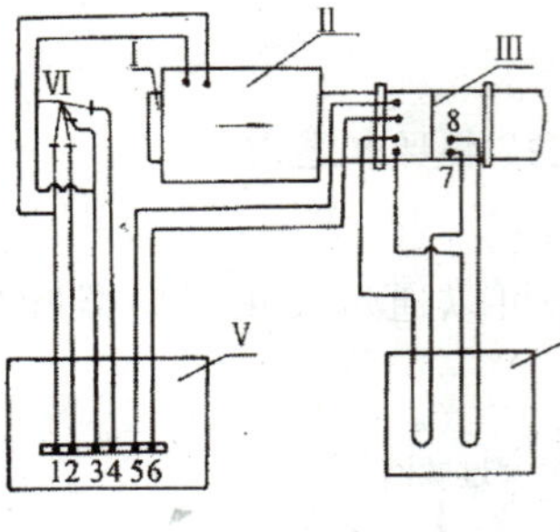

Ⅰ—样件孔板；Ⅱ—集气箱；Ⅲ—流量孔板；

Ⅳ—水屏；Ⅴ—水银屏；Ⅵ—堵盖仪器；

1、2—示出圆周截面上 mmHg 压力 p_n 的压力计；

3、4—示出根部截面上 mmHg 压力 p_k 的压力计；

5、6—示出流量孔板前 mmHg 压力 p_w 的压力计；

7、8—示出 mmH_2O 压力 p_w 的压力计

（1 mmH_2O=9.806 65 Pa）

图 7.57　样件孔板吹风时各压力计连接图

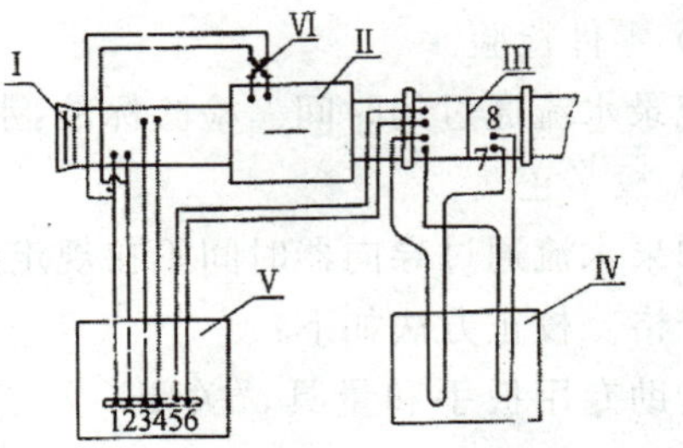

Ⅰ—导向器；Ⅱ—集气箱；Ⅲ—流量孔板；

Ⅳ—水屏；Ⅴ—水银屏；Ⅵ—堵盖仪器；

1、2—示出圆周截面上 mmHg 压力 p_n 的压力计；

3、4—示出根部截面上 mmHg 压力 p_k 的压力计；

5、6—示出流量孔板前 mmHg 压力 p_w 的压力计；

7、8—示出 mmH_2O 压力 p_w 的压力计

图 7.58　导向器吹风时各压力计连接图

3）导向器和样件孔板的换算空气流量计算

① 计算 $\overline{G}$

$$\overline{G}=K\varepsilon\sqrt{p_w\Delta p_w} \tag{7.9}$$

式中：$\overline{G}$——计算的换算空气流量；

$K=\frac{94.92}{p}\times1.0022$，其中，1.002 2 为考虑样件孔板直径差的修正系数，p 为大气压，mmHg；

ε——考虑空气比重变化的系数，与试验时的空气温度和压力有关；

p_w——流量孔板前压力，mmHg，$p_w=p-\Delta H_w$，其中 ΔH_w 为 5 和 6 号水银压力计的读数，mmHg（示出孔板前 mmHg）；

Δp_w——7 和 8 号水位压力计的读数，mmH_2O，$\{\Delta p_w\}_{mmHg}=\left\{\frac{\Delta p}{13.6}\right\}_{mmH_2O}$。

② 按有关条件及测量结果绘出 $\overline{G}=f(\pi)$数值图，并求出导向器在已知的计算点 π 上 的换算空气流量，式中 $\pi=p_{cp}/p$，其中：

$p_{cp}=\frac{p_n+p_k}{2}$——涡轮导向器后静压，mmHg；

$p_n=p-\Delta H_n$——圆周截面上的压力，mmHg，ΔH_n 为 1、2 号水银压力计读数；

$p_k=p-\Delta H_k$——根部截面上的压力，mmHg，ΔH_k 为 3、4 号水银压力计读数。

③ 绘出样件孔板吹风试验数值图 $\overline{G}=f(\pi)$，其中 $\pi=p_{cp}/p$。

④ 求出涡轮导向器的换算空气流量 $\overline{G}_n=k_n\overline{G}$，其中 k_n 为考虑导向器不同级数的修正系数。

样件孔板吹风试验的第一张数值图，应作为编写验收单的依据（按三次吹风试验的数据绘

出数值图)。必须将样件孔板以后吹风试验时测得的数值图与设计给定条件比较,在试验器操作正确的条件下,测量点应在同一曲线上,较初始位置允差的 0.40%,如果样件孔板吹风结果不在允差范围内,则应找出原因,并再次试验。

4. 导向器排气面积的调整

每台涡轮导向器的排气面积必须在技术条件允许范围内,当排气面积不合格时,要进行调整。

(1) 调整内容

① 排除发动机厂内试车过程性能(推力、单位耗油率等)不合格,局部分解发动机拆卸导向器调整排气面积。

② 双转子发动机转差不合格,要重新调整导向器排气面积。

(2) 调整方法

通常根据导向叶片的连接结构和设计技术要求进行调整。

① 改变叶片安装角的调整方法:

◇ 调整时以定位螺钉为轴,靠固定螺钉和机匣螺孔之间的间隙,改变叶片在机匣上的安装角,调整导向器排气面积(见图 7.47)。

◇ 在机匣异型孔安装偏心衬块,偏心衬块按偏心量分组,更换不同偏心量组别的偏心衬块,改变叶片在机匣上的安装角调整导向器排气面积(见图 7.48 和图 7.49)。

② 改变叶片排气边弦长的调整方法:

◇ 叶片按其排气边弦长的不同分组,更换不同组别的叶片调整导向器面积(见图 7.51)。

◇ 在导向叶片不分组的结构中,一般借助专用夹具或专用扳手及测量工具,改变叶片排气边的弦长,增大或减小导向器排气面积。此时要注意,不允许来回地扳校叶片。

7.3.3 涡轮部件的装配

在燃气涡轮发动机中,从结构上和功能上主要应用多级涡轮和双轴式涡轮。从装配工艺观点分析,它们都不是独立的工艺装配单元。因此,涡轮部件的装配是在发动机总装配的传动装配过程中,在可转动的(或不转动的)装配架(车)上,在已装配好的燃烧室与压气机工艺装配单元上安装涡轮静子(导向器)和涡轮转子。在多级涡轮中,可分成几种结构工艺方案:第一种工艺方案,转子为不可拆卸的,而涡轮机匣(导向器)具有纵向分解面(分半式机匣);第二种工艺方案,转子为可拆卸的,而机匣仅在垂直于轴线的平面有分解面;第三种工艺方案,转子为可拆卸的,机匣具有垂直于轴线的分解面(分段式整体机匣)。

1. 第一种工艺方案的装配

第一种装配工艺方案见图 7.51,安装步骤如下:

① 安装Ⅰ级导向器与燃烧室机匣壳体连接固定。

② 安装Ⅲ级涡轮转子与压气机转子连接,检查Ⅰ级涡轮与Ⅰ级导向器叶片的轴向间隙。

③ 在Ⅰ级导向器后安装边上安装涡轮静子机匣下半部。

④ 在转子各级的长叶片叶端涂蜡料混合物。

⑤ 安装静子机匣的上半部,转动转子数圈,分解下静子机匣的下半部,按涂料印痕检查叶片径向间隙。

⑥ 用专用塞尺检查轴向间隙和篦齿间隙。

2. 第二种工艺方案的装配

第二种装配工艺方案，转子装配，平衡时没有安装导向器。为能安装相应级的导向器，在发动机总装安装转子前，需要分解下Ⅱ级及以后各级叶片。

根据涡轮部件结构，第二种工艺方案应用最广，涡轮部件装配前要从已动平衡好的转子的Ⅱ级盘及以后各级盘上取下叶片。如图 7.59 所示，两级涡轮的主要装配过程如下：

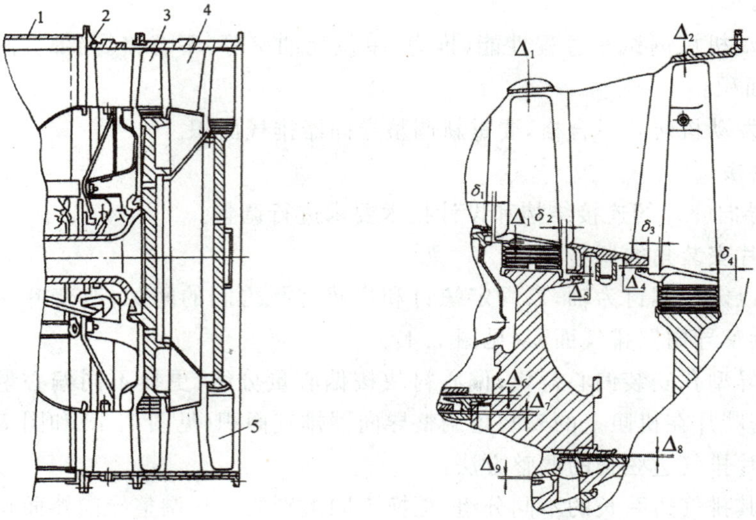

(a) 装配局部图　　(b) 径向、轴向间隙

1—燃烧室机匣；2—Ⅰ级导向器；3—涡轮转子；4—Ⅱ级导向器；5—Ⅱ级涡轮叶片

图 7.59　两级涡轮装配

① 在发动机传动装配过程中，在燃烧室机匣后安装边上安装导向器。

② 借助专用支承夹具及吊具，电动吊挂安装转子，平稳地将涡轮轴伸入后机匣内，使之与压气机转子后轴颈的套齿连接。

③ 用专用量规或塞尺检查Ⅰ级的轴向、径向间隙，封严篦齿的径向间隙(也可以用预先测量的结果计算获得)。

④ 用涂蓝色法检查涡轮后轴承滚棒的轴向位移并调整。

⑤ 安装Ⅱ级导向器，并与Ⅰ级导向器用螺栓连接。

⑥ 在Ⅱ级盘榫槽上安放锁片并按标识序号安装Ⅱ级涡轮叶片，检查Ⅱ级轴向、径向间隙，锁紧叶片。

双转子涡轮的径向、轴向间隙如图 7.59(b)所示。径向、轴向间隙，通常选用专用塞尺检验。

3. 第三种工艺方案的装配

第三种装配工艺方案，转子与导向器一起装配和平衡，在平衡过程中必须用专用夹具固定导向器，转子没有必要进行局部分解。

7.4　传动装置的装配

传动装置是将发动机转子的转动(功率、转速)传递给发动机附件、飞机附件和螺旋桨,并驱动附件以一定功率和转向工作的齿轮系及传动小轴的组合体。传动装置在结构上包括中央(中心)传动装置和发动机附件机匣、飞机附件机匣、螺桨发动机的减速器。

7.4.1　中央传动装置的装配

中央传动装置,基本上有两种结构形式:

① 由发动机转子轴通过联轴器直接传动的工艺装配单元;

② 中央传动主齿轮(直齿的、锥齿的)或传动轴装在发动机转子轴上,带动中央传动从动齿轮(直齿、锥齿),进而带动中央转动装置,这种结构不构成独立的工艺装配单元。

1. 独立装配单元的中央传动装置装配

独立装配单元的中央传动装置装配按其具体结构通常分三个主要阶段:

(1) 装配前的准备阶段

① 配套机件标成套号。

② 冲洗壳体、打通油路。

③ 在齿轮轴上或在壳体上安装轴承。在轴上安装轴承时,轴承在滑油中加热,用引导工具和施力于内钢套的专用心棒压装;在壳体上安装轴承时,壳体按技术要求加热,用施力于外钢套的专用心棒压入。

(2) 预装配阶段

以机匣壳体做基础件,固定在专用架上,安装锥齿轮传动组件,测量锥齿轮侧隙,在主动齿轮工作面上涂色,检查齿轮接触印痕,用调整垫调整侧隙和接触印痕,并做标记和调整垫的厚度,分解、清洗齿轮传动组件。

(3) 最终装配

依次安装已调整好的锥齿轮组件、其他齿轮传动组件、附件(装在中央传动装置壳体上的)及其他构件。

2. 不构成独立装配单元的中央传动装置装配

不构成独立装配单元的中央传动装置装配要与发动机支承或压气机轴构成工艺装配单元,装配是以中央传动机匣壳体做基础件,固定在专用支架上,借助专用夹具检查齿轮侧隙(含直齿、锥齿轮)、调整锥齿轮的着色印痕、中央传动机匣装到转子上最终检查与转子配合的齿轮侧隙、轴向间隙等。典型的中央传动装置结构如图 7.60 所示,它以传动机匣壳体为装配基础件,装配过程有两个阶段:

(1) 预装配阶段

① 主动锥齿轮组件的装配　在中央锥齿轮传动主动齿轮轴上安装轴承内环及直齿齿轮等构件;

② 动平衡;

③ 锥齿轮(含大、小)着色检查接触印痕,测量侧隙,选择调整垫、计算安装距。

(2) 最终装配

① 依次序往轴上或壳体上安装轴承、齿轮；

② 测量轴承的径向和轴向游隙，以及齿轮的侧隙；

③ 在壳体上依次安装其他构件，并进行最终检验。

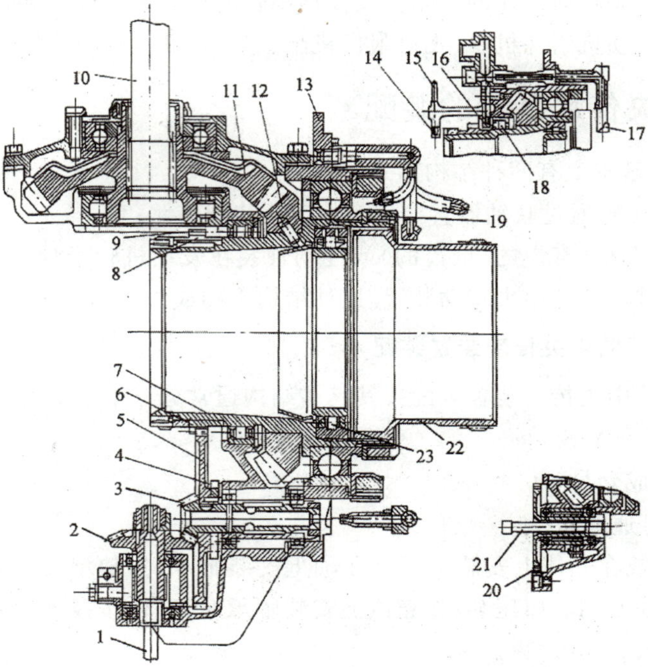

1—小轴；2、3、4、5、6—滑油回油泵传动齿轮；7—中央锥齿轮传动主动齿轮轴；
8—低压压气机轴；9—传感器减速器传动齿轮；10—小轴；11、12—锥齿轮；
13—中央锥齿轮传动机匣；14、15、16、17—滑油供油喷嘴；18—滚柱轴承；
19—滚珠轴承；20—齿轮；21、22—小轴；23—滚柱轴承

图 7.60 中央传动装置结构

7.4.2 附件传动机匣的装配

附件传动机匣通常用以安装传动发动机的附件和由发动机带动的飞机附件。根据发动机结构的不同，附件传动机匣和零件形成发动机进气道或安装发动机主安装节，传递力和力矩给飞机。

1. 附件传动机匣在发动机上的配置

附件传动机匣通常是独立构成一个单元体。机匣内有轴、齿轮、各种封严装置或个别组件，如离心通风器。附件传动机匣壳体有整体式结构或由盖和壳体构成的箱体式结构，并且都是机械传动。附件传动机匣的主要配置方式如下：

① 以发动机的中心轴线为基准，配置在发动机的前、中、后部，如单转子发动机 1 型（见图 7.61）、双转子发动机 1 型。

② 以发动机中心线为基准，配置在发动机的上下部，如涡轴 3 发动机，发动机上根据需要可以配置一个或几个发动机附件传动机匣。

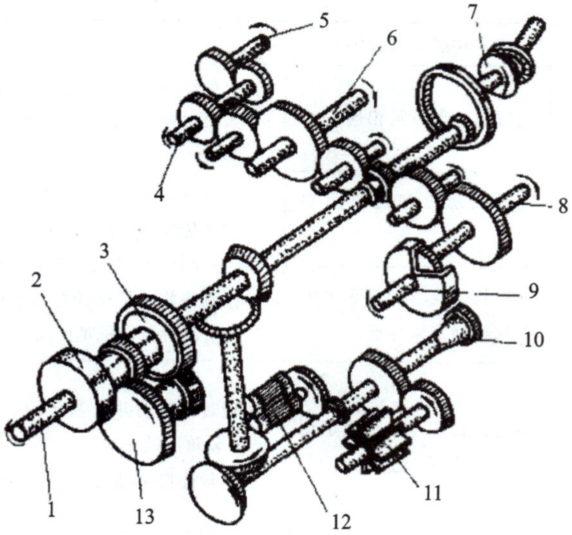

1—起动发动机传动轴；2—摩擦离合器；3—滚棒离合器；4—离心式增压泵传动轴；
5—离心活门传动轴；6—2B-10A柱塞式燃油泵传动轴；7—柱塞式液压泵传动轴；
8—ZB-11A柱塞式燃油泵传动轴；9—滑油附件及GZ-3转速表传感器传动轴；
10—连接压气机的前轴径的联轴器；11—离心通风器；12—滑油回油泵；13—棘轮离合器

图7.61　单转子发动机1型附件传动系统

附件机匣在发动机上的安装位置，除应考虑环境温度影响，即不要置于高温区外，还要考虑到发动机装到飞机上后，应使维护人员便于接近附件，即应具有较好的可达性。为此，如果飞机上的发动机距地面较近时，附件机匣最好安装在发动机的上方。又如，在大直径的大流量比涡轮风扇发动机中，最好将附件机匣置于核心机的下方，维护时只须打开发动机短舱罩，维护人员可直接接近附件。

发动机附件传动装置由于发动机的结构不同其构成也不同，一般包括中央传动机匣和附件传动机匣。有些发动机设有多个附件传动机匣，如主附件传动机匣、前、后附件传动机匣等，其中附件传动机匣设置在发动机外部，通过不同连接形式与发动机连接。

附件传动机匣在发动机上安装位置有三种，即在压气机机匣上、在压气机机匣与燃烧室机匣上及在中介机匣上，如表7.2所列。

2. 附件传动机匣的装配

发动机附件传动机匣，按转子结构有整体式和分开式，按其在发动机的位置要求，安装附件有两种形式：发动机附件在发动机总装配时安装附件传动机匣后安装；发动机附件与附件传动机匣构成工艺装配单元，在总装配时安装带附件的附件传动机匣。

(1) 不安装附件的整体式附件传动机匣装配单元的装配

装配阶段的准备工作、预装配和最终装配类似中央传动装置，在最终装配阶段中要增加安装滑油导管和喷嘴流量试验、密封试验等。

(2) 安装附件的整体式传动机匣装配单元的装配

与“不安装附件的整体式附件传动机匣装配单元的装配”基本相似，在最终装配阶段密封试验后安装附件（燃油、润滑油、起动系统）并做最终检验。

表 7.2　附件传动机匣的安装位置与方法

安装位置	与发动机的连接形式	安装方法
安装在压气机机匣前方	通过螺栓与机匣相连	1. 附件传动机匣内腔进行热滑油加压冲洗至洁净； 2. 测量附件传动机匣传动杆的中心偏移量和纵向活动量，并调至合格； 3. 检查密封圈，不应有损伤，并在表面涂润滑油； 4. 附件传动机匣应平、正安装，转动转子保证传动轴套齿上下正确啮合，并用工艺导杆引导保证连接孔对正； 5. 按顺序将连接螺栓拧紧至规定的力矩值； 6. 检查附件传动机匣传动的灵活性，应无滞止现象和杂音
安装在前机匣上方	通过长螺栓与机匣凸肩相连	
安装在压气机机匣与燃烧室机匣下方	通过长螺栓与固定于机匣上的转接支架相连	
安装在中介机匣与水平线下方呈 30°角	通过销轴或螺栓与固定在机匣上的吊耳连接	1. 通过可转动并可调节的装配架安装附件传动机匣，保证安装角度的正确； 2. 测量连接销轴与吊耳的配合，应符合要求
安装在中介机匣与水平线下方呈 45°角		
附件传动机匣分别装在中介机匣的左、右下方	分别通过销轴与固定在机匣上的吊耳连接	1. 安装应保证正确角度。 2. 测量销轴配合应符合条例要求

（3）分开式附件传动机匣的装配

装配的准备工作，预装配与“不安装附件的整体式附件传动机匣装配单元的装配”基本相似，但按不同结构形式，锥齿轮侧隙的测量和接触印痕的调整要在机匣两半壳体组合后进行。最终装配，将齿轮传动组件多的半壳体作装配基础件，由定位销或安装边止口定位将另一半机匣装在半壳体基础件上，用螺母固定，按对称原则拧紧螺母，再用限力扳手拧紧；然后密封试验检查两半壳体接合面的密封性。

有的分开式传动机匣是由主壳体作装配基础件，所有的齿轮传动组件装在主壳体上，另一半基本是壳体盖，在主壳体装配完，只安装壳体盖，进行接合面的密封检查。

3. 附件传动机匣的封严装置的装配

（1）O 形圈

O 形圈用于静密封和往复回转运动的密封，密封圈槽在轴上为外密封，密封圈槽在衬套上为内密封(见图 7.62(a))。

O 形圈装配前要进行外观检查，表面应无气泡、孔眼、杂质、允许有模型轻微磨痕或加工痕迹，表面凸起或凹陷脱落不大于 0.01 mm(具体情况根据工艺要求确定具体值)，模缝错位毛刺不大于 0.2 mm(具体情况根据工艺要求确定具体值)；装配前封严件表面要涂抹润滑剂；安装前必须防止密封件以及装密封件的槽受损伤；遇有螺纹和棱角时用专用工具安装。

（2）加强皮碗

加强皮碗密封用于圆周速度小于 10 m/s 时轴的密封(具体情况根据工艺要求确定)，如图 7.62所示。皮碗封严的具体装配要求见 3.2.4 小节中的皮碗密封。

（3）密封垫

密封垫是用耐油橡胶石棉垫或耐油胶皮制成的，用于壳体结合面压紧封严，如图 7.63 所示。密封垫的装配要求：

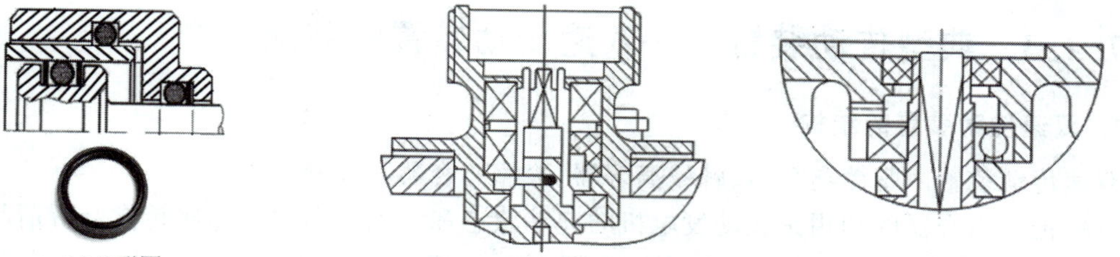
(a) O形圈　(b)双封严皮碗　(c)单封严皮碗

图 7.62　O 形圈与加强皮碗封严

附件传动机匣壳体与盖等之间的耐油橡胶石棉封严件，工厂试车装配时两面涂石墨粉或用工艺件，检验试车装配换装新垫，两面涂封口胶；橡胶石棉垫装于轴向尺寸有严格要求的部位，并用百吨压力机压实，压实后经一定时间后安装，装前再重新压实。

(4) 涨圈封严

涨圈封严是在涨圈弹力作用下，涨圈外表面压向钢套内表面的一种封严装置(见图 3.44)。涨圈在轴上，轴旋转时涨圈不动或稍动，适合较高速部位的密封。

涨圈装配要完成如下工作：

① 检查自由状态对口间隙。

② 涨圈处于与工作位置涨圈座内径尺寸相等的量规中，检查涨圈的透光度，如允许在 45°弧长上或弧长总和在 45°范围内不大于 0.02 mm。

③ 检查涨圈翘曲度，在涨圈自身重量作用下，应自由通过宽度不大于涨圈厚度的缝隙，涨圈在缝隙中所走的距离，不少于涨圈外径尺寸。

④ 在工作位置检查涨圈对口间隙、涨圈与涨圈槽中的侧间隙。

⑤ 几个涨圈装于同一部位时，其相邻涨圈的对口应错开 180°或 120°装配。

⑥ 涨圈外圆柱面呈锥形或侧面有泻油槽时，装配时应考虑涨圈方向。

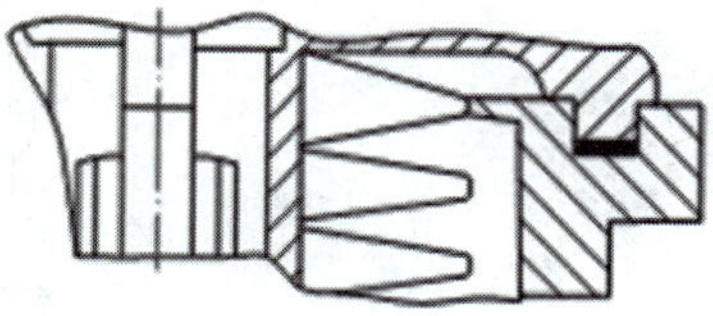

图 7.63　密封垫封严

⑦ 同一部位装数个涨圈时，装前涨圈应做标记。

⑧ 涨圈对口间隙小于规定值时，允许锉修涨圈端头，锉修后两端头端面应平行。

⑨ 装配与分解涨圈时，采用专用工装，不能挤压，必要时可用塞尺卸下涨圈。

⑩ 装配前检查涨圈，并保证装前镀层完好。

(5) 迷宫式封严

迷宫式封严适用于圆周速度以 $v<30$ m/s，如图 7.64 所示。

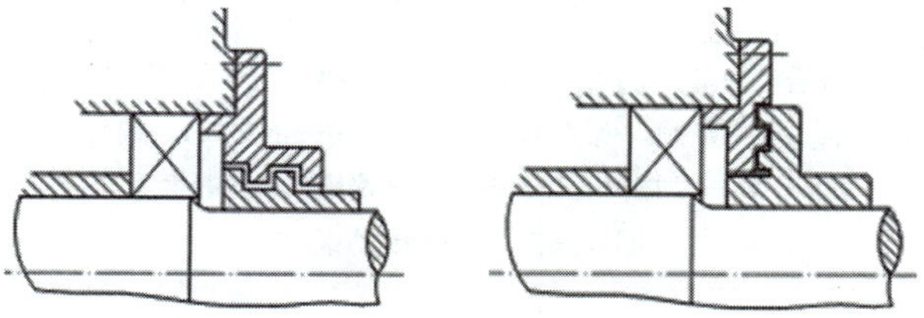
(a) 轴向式　(b) 径向式

图 7.64　迷宫式封严装置

7.4.3 典型传动装置——双速传动装置的装配

1. 双速传动装置的结构

双速传动装置由摩擦离合器、棘轮离合器、滚棒离合器三部分组成。

双速传动离合器的功用是起动发电机的起动状态和发电状态的转速比转换。所谓起动状态是指起动发电机为主动，通过摩擦离合器、棘轮离合器工作，通过棘爪带动棘轮离合器的拨轮，然后经传动齿轮带动发动机转子转动。此时，滚棒离合器脱开。起动发电机为发电状态时，发动机的压气机转子带动滚棒离合器的凸轮，通过滚棒离合器、齿轮、摩擦离合器，摩擦离合器的拨轮，传动起动发电机，此时，棘轮离合器脱开。

摩擦离合器的功用是限制起动扭矩，保护机件不受损坏。

在单转子发动机、双转子发动机、涡轴发动机上都设置双速传动装置。图 7.65 所示是双速传动装置结构图，图 7.66 所示是双速传动原理图。

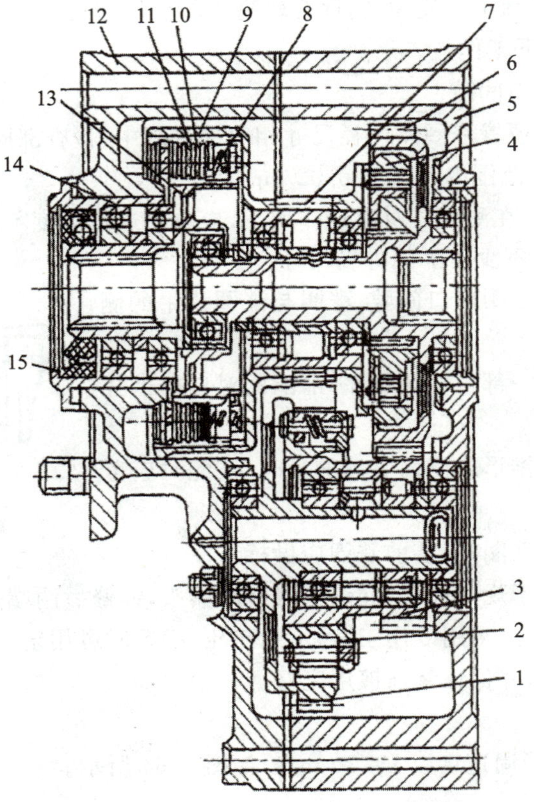

1—棘轮；2—棘轮离合器拨轮；3—齿轮；4—离合器套圈；5—双速传动机匣；6—从动齿轮；
7—主动齿轮；8—弹簧；9—摩擦离合器套圈；10—钢片；11—铜片；12—盖子；
13—摩擦离合器拨轮；14—涨圈；15—衬套

图 7.65 双速传动装置

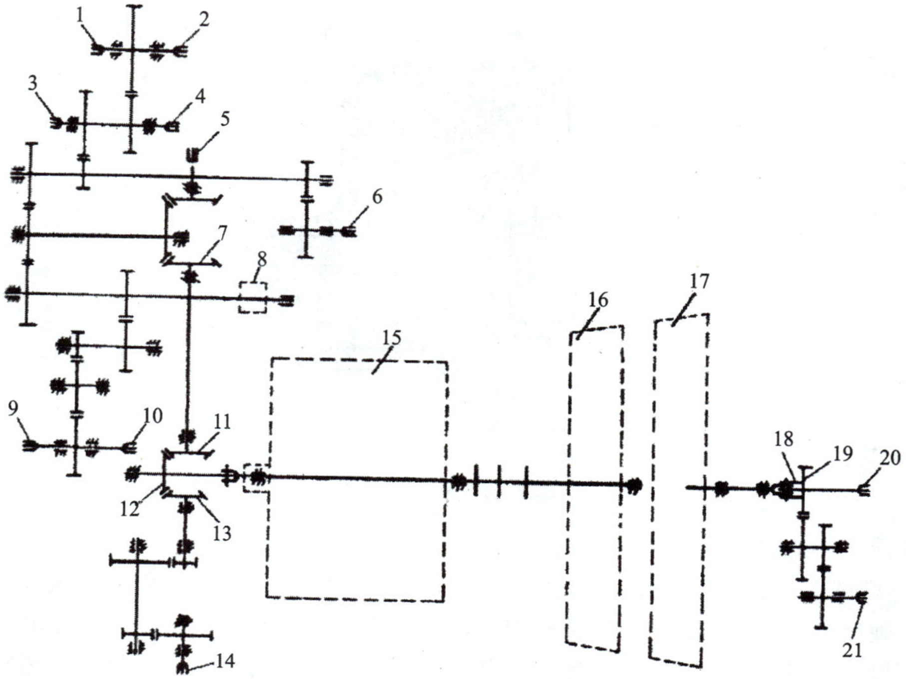

1—转速表传感器传动装置；2—备用传动装置；3—液压柱塞泵传动装置；4—上滑油附件传动装置；
5—手摇传动装置；6—起动发电机传动装置；7—传动盒主动齿轮；8—离心式油气分离器；9—操纵附件传动装置；
10—燃油调节器传动装置；11—带动附件传动盒的从动锥齿轮；12—中央传动装置主动锥齿轮；
13—带动下滑油附件的从动锥齿轮；14—下滑油附件传动装置；15—压气机；16—高压涡轮；17—自由涡轮；
18—套齿衬套；19—传动自由涡轮恒速器的主动锥齿轮；20—主传动装置；21—自由涡轮恒速器传动装置

图 7.66　双速传动原理

2. 离合器的工作原理、装配与试验

(1) 摩擦离合器

摩擦离合器由钢片、铜片、弹簧、校正盘、拨轮和套圈等组成。钢片借助内花键与摩擦离合器拨轮相连接，拨轮本身的内花键与起动发电机轴端花键连接；铜片借助外花键与摩擦离合器套圈相连接，摩擦离合器的摩擦力矩由弹力分组的弹簧和厚度分组的校正盘进行调整，如果摩擦离合器所传递的扭矩小于摩擦力矩，则铜片、钢片在摩擦力作用下一起旋转。如果传递的扭矩大于摩擦力矩，则钢片、铜片打滑，摩擦离合器停止工作，因此，摩擦离合器可以起过载保护的作用，如图 7.67 所示。

摩擦离合器的装配过程如下：

① 装配前清洗零件。粉末冶金制成的铜摩擦片，不用汽油洗涤，用干净白布块擦净，被汽油洗过的粉末冶金摩擦片，必须在滑油中重新加温浸润。

② 检查摩擦片。装配前将摩擦片置于平台上，检查翘曲度；用手指敲打摩擦片无悬空的响声，用工艺规定厚度的塞尺检查不应通过。

③ 在摩擦片上涂润滑油。装配时，在摩擦片表面涂以足够的润滑剂 HK－50 或润滑油(根据工艺要求)，钢片与铜片错开安装，润滑剂在使用之前仔细检查不应有砂粒等杂质。

④ 摩擦片分组。压紧摩擦片的弹簧，按弹力大小分组，有区别标志，在同一个摩擦离合器

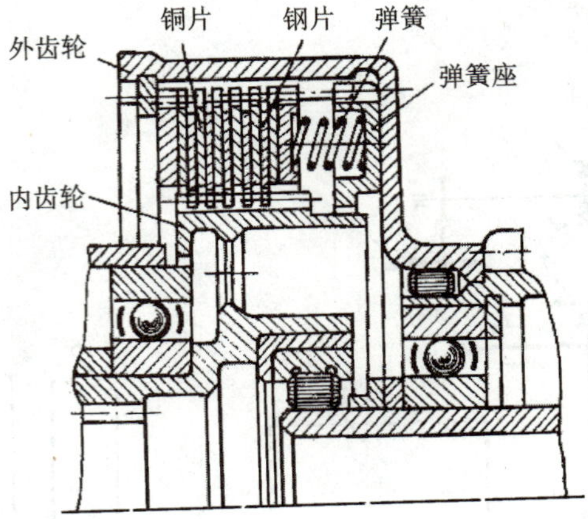

图 7.67　摩擦离合器

上只能装同一组的弹簧。

⑤ 工厂试车之后，如果发现摩擦离合器的钢摩擦片变蓝色，说明工作温度偏高，则测量钢摩擦片的硬度，应符合技术条件，通常规定不得低于原硬度值的 5%（根据工艺要求）。

摩擦离合器试验主要是检测摩擦离合器的摩擦力矩。检测时用力矩扳手或扭矩计，测量摩擦离合器的摩擦力矩。如某单转子发动机为 93～108 N·m，某双转子发动机为 196.133～215.764 N·m。

（2）滚棒离合器

滚棒离合器工作原理如图 7.68 所示。当凸轮转速大于套圈转速（$n_1 > n_2$），滚棒离合器接通，接通后 $n_1 = n_2$。当凸轮转速小于套圈转速（$n_1 < n_2$），滚棒离合器脱开，脱开后套圈自转。

滚棒离合器装配时，当滚棒离合器的滚子长度较短，受力较大时，滚棒离合器的外套圈应考虑采用反锥（外面小，里面大）。

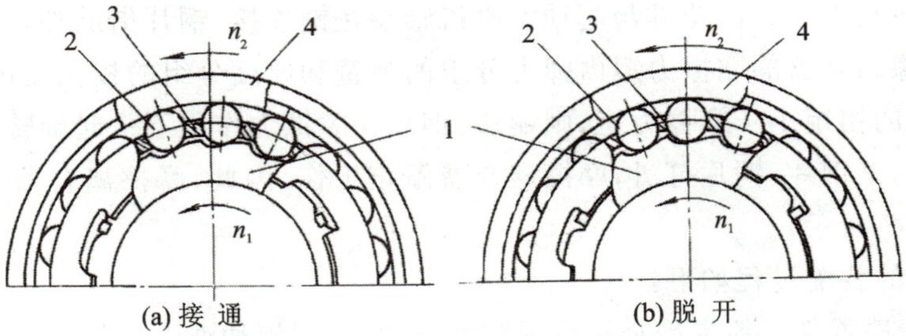

1—凸轮；2—滚棒；3—保持架；4—套圈

图 7.68　滚棒离合器工作原理

（3）棘轮离合器

棘轮离合器工作原理如图 7.69 所示。起动时，$n_2 > n_1$，棘爪在弹力作用下，处于棘轮的棘爪槽内，棘轮离合器工作。发动机工作时，$n_2 < n_1$，重心靠近尾部的棘爪，在离心力作用下，绕销子转动，开始棘爪打滑，继之棘爪退出棘轮的棘爪槽，棘轮离合器脱开。

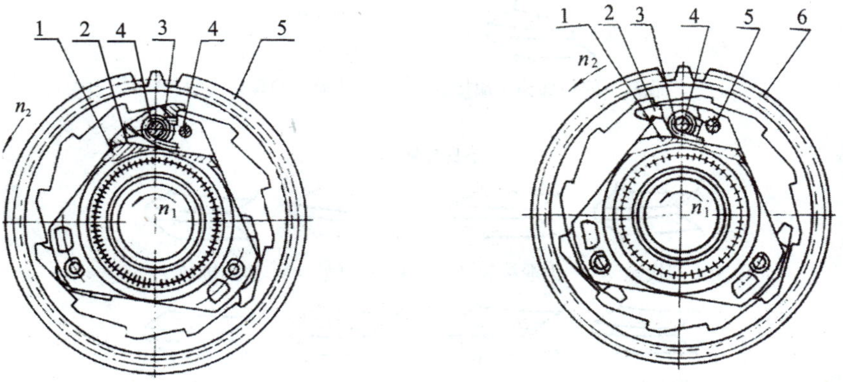

(a) 接 通　　(b) 脱 开

1—拨轮；2—棘爪；3—扭转弹簧；4—销子；5—轴；6—棘轮

图 7.69　棘轮离合器工作原理

棘轮离合器装配过程如下：

① 棘爪与棘轮接触的端面沿圆周分布应均匀，差值有要求。

② 检查与棘轮接触的棘爪端面着色面积（如某型发动机要求轴向不少于 90％，径向不少于 80％）。

③ 满足棘爪收回转速和同步差，在离合器中，三个棘爪质量、棘爪中心至两端的距离、扭曲弹簧的弹力应基本相同，允许在棘爪不与棘轮接触的一端两面均匀去除金属。

棘轮离合器的试验主要是检测棘轮离合器在要求的转速下是否能按要求脱开。如某双转子发动机，当离合器转速在 4 200～4 800 r/min 时，应完全脱开，测量 5 次，脱开的转速差不大于 1 000 r/min，5 次中所得的最小转速为脱开转速，棘爪收回的转速同步差，不得大于 200 r/min。

7.4.4　圆锥齿轮侧隙和接触印痕调整

1. 齿轮齿面典型接触印痕

如图 7.70 所示，轮齿接触印痕，在轻载荷下的理想接触印痕是图示的中部偏小端接触，即印痕长度占宽度的 1/2，印痕中心位于离小端 1/3 齿宽处，在全载荷下理想的接触印痕应沿齿型的顶部和根部及两端逐渐减轻，在齿的边缘上应无载荷集中，其他图形为不良接触印痕。

2. 齿轮侧隙和齿面接触印痕位置的调整

（1）轮齿侧隙调整规律

圆锥齿轮远离其轴心交点，则轮齿侧隙增大，相反则减小；两圆锥齿轮在远离其轴心交点（即靠向支承面时）检查轮齿侧隙和齿面接触印痕，如果在同一轴上装两个锥角不在同一方向的齿轮，则大齿轮副远离其轴心交点，小齿轮副则相反。

（2）轮齿齿面的着色方法

在齿轮副中的一齿轮齿面均匀涂以薄层颜料或两个齿轮分别涂以不同颜色的颜料，齿数较多的齿轮，可以在 180°方向的几个齿面或相隔 120°的几个点面涂以颜料，然后转动主动齿轮，同时给被动齿轮施以制动力矩，使齿面获得清晰的接触印痕。

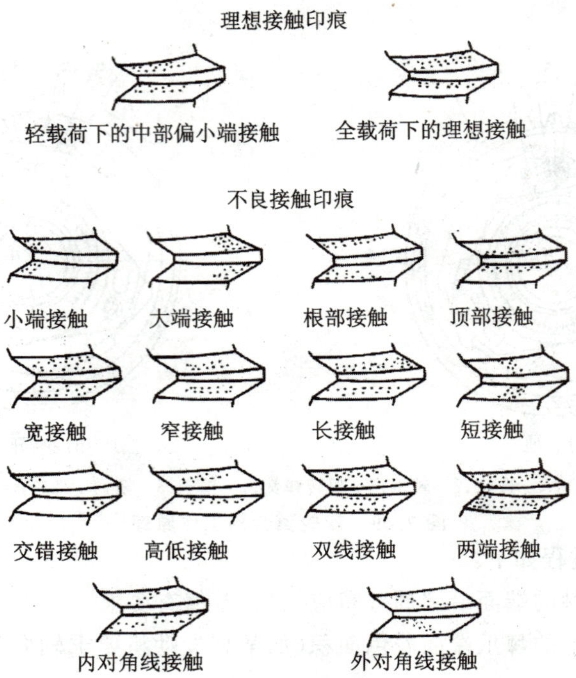

图 7.70　典型接触印痕

(3) 齿面接触印痕调整规律

齿面接触印痕调整规律如表 7.3 和表 7.4 所列。齿面接触印痕位置若不符合技术条件规定,则用选择调整垫厚度的方法进行调整。操作者凭实践经验选用一定厚度调整垫进行轮齿侧隙和齿面接触印痕位置检查,根据轮齿侧隙的大小、齿面接触印痕位置的情况按一定比例修整调整垫的厚度,直到合格为止。

表 7.3　直齿圆锥齿轮接触印痕调整

轴向移动	接触印痕位置	
	移动的齿轮齿面沿齿高	配对的齿轮齿面沿齿高
向　前	向　上	向　下
向　后	向　下	向　上

表 7.4　圆弧锥齿轮接触印痕调整

轴向移动	接触印痕位置			
	移动的齿轮齿面		配对的齿轮齿面	
	沿齿高	沿齿向	沿齿高	沿齿向
向　前	向　上	凹面向大端 凸面向小端	向　下	凸面向大端 凹面向小端
向　后	向　下	凹面向小端 凸面向大端	向　上	凸面向小端 凹面向大端

注:向前——齿轮靠近轴心交点;向后——齿轮远离轴心交点。

(4) 用专用工具测量机匣上齿轮安装孔的安装距，选配圆锥齿轮调整垫厚度

如图 7.71 所示，百分表指针示值大于零，即指针反转，则

$$E = (\mathrm{MD} + X) - (C + A + B) \tag{7.10}$$

百分表指针示值小于零，即指针正转，则

$$E = (\mathrm{MD} + X) - (C + A - B) \tag{7.11}$$

式中：E——所需调整垫的厚度；

MD——锥齿轮支承端面至节锥角顶点的距离；

X——试装调整垫的厚度；

C——安装标准件平面与另一锥齿轮理论轴线离开的距离；

A——标准件尺寸；

B——百分表读数。

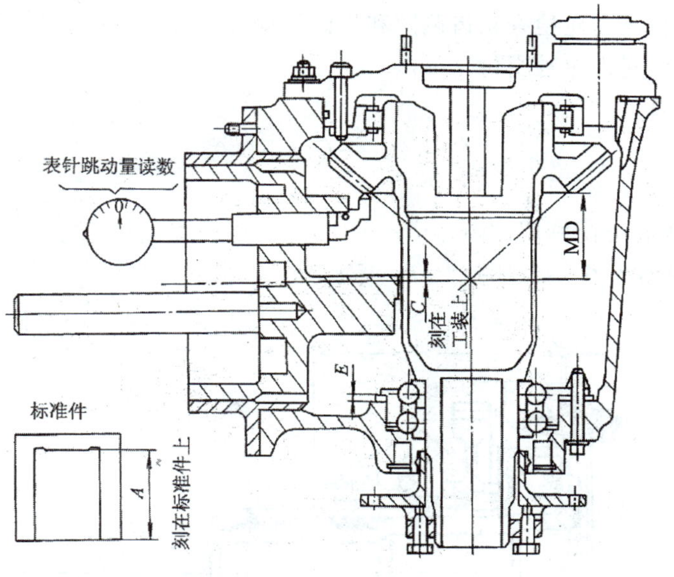

图 7.71　圆锥齿轮调整垫厚度的选配

(5) 按制造给出的齿轮安装距实际尺寸计算调整垫的厚度

见图 7.72(本例假设序号为 1 的结构部分为主动传动端，序号为 2 的结构部分为从动传动端)，主动锥齿轮调整垫厚度的计算：

$$F = \left(A_1 + C_1 + \frac{b}{2}\right) - (B_1 + D_1 + E) \tag{7.12}$$

式中：F——调整垫的厚度；

A_1——机匣安装距尺寸；

$\frac{b}{2}$——轴承轴向游隙的一半，按 0.08 mm 计算；

B_1——钢套安装边厚度；

C_1——钢套孔的深度；

D_1——轴承内环的安装；

E——锥齿轮实际安装距。

从动锥齿轮调整垫厚度的计算：

$$F=\left(A_2+B_2+C_2+\frac{b}{2}\right)-(D_2+E) \tag{7.13}$$

式中：F——调整垫的厚度；

A_2——机匣安装距；

B_2——垫子厚度；

C_2——钢套安装边的厚度；

D_2——钢套孔的深度；

E——齿轮的实际安装距，包括圆柱齿轮的厚度；

$\frac{b}{2}$——轴承轴向游隙的一半，按 0.08 mm 计算。

(6) 圆弧锥齿轮轮齿侧隙和齿面接触印痕位置的另一种检查方法

齿轮加工时用标准齿轮检查轮齿侧隙和齿面接触印痕位置，并将轮齿分配侧隙标于轮齿非工作面，然后，不配对而单独交付。

侧隙按下式计算：

$$C=(C_1+C_2)\pm 0.03 \tag{7.14}$$

式中：C——轮齿侧隙；

C_1——主动齿轮分配圆周侧隙；

C_2——从动齿轮分配圆周侧隙。

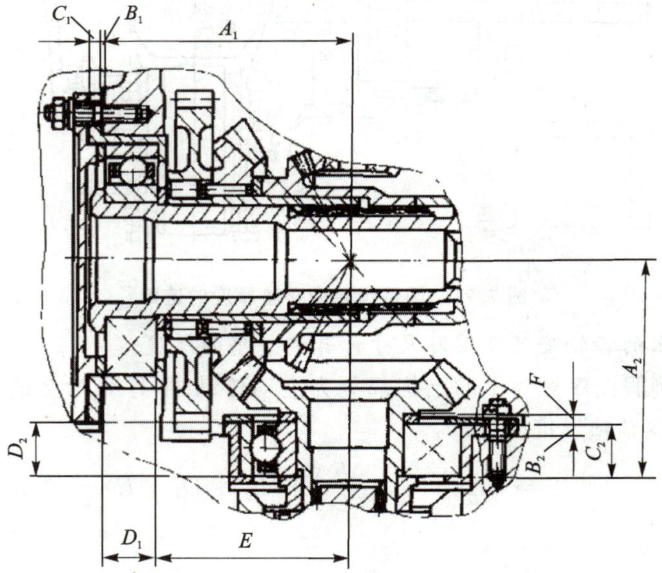

图 7.72 某涡桨发动机上部传动锥齿轮安装尺寸

7.5 滑油系统附件装配

滑油系统的功用是连续供给发动机的轴承、齿轮等传动零件的滑油，减少这些零件的磨损，还可作为各种液压调节器和操纵机构的工作介质。

发动机的滑油系统有“开式”和“闭式”两种形式，“开式”没有回油系统，滑油一次使用后不再回收，“闭式”具有回油系统，滑油可循环重复使用。“闭式”滑油系统一般由滑油供油泵、滑油回油泵、滑油滤、调压活门、滑油箱、燃油-滑油热交换器（或空气-滑油热交换器）、油气分离器、离心通风器（油雾分离器）等元件构成。

7.5.1　滑油附件、滑油泵的装配与试验

1. 滑油附件的装配

滑油附件包括油泵、油滤和活门等部件。滑油附件的结构如图 7.73 所示，滑油附件装配的主要工序如下：

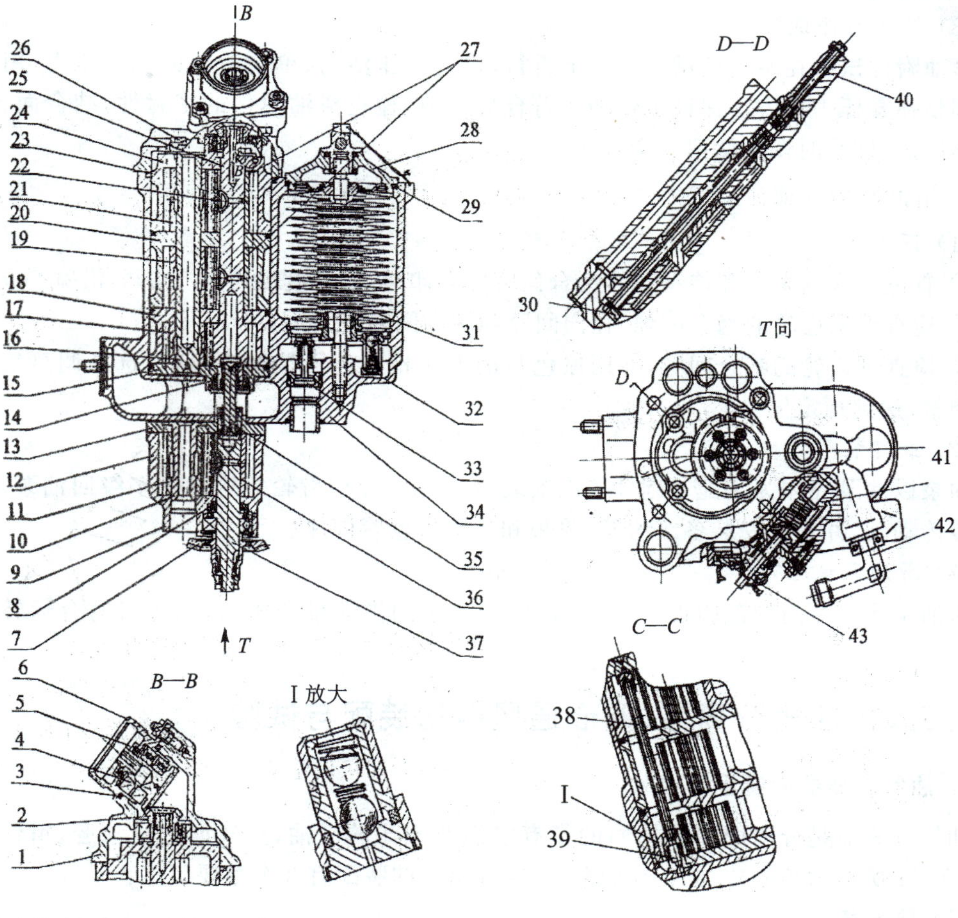

1—转速表传感器安装座壳体；2—转速表传感器传动主动齿轮；3、23、29—密封圈；4—转速表传感器传动从动齿轮；5、8、14—密封皮碗；6—高压转子转速表传感器安装座；7—滑油附件从动锥齿轮；9—增压泵；10—增压泵从动轴；11—增压泵从动齿轮；12—增压泵壳体；13—增压泵盖；15—回油泵盖；16—回油泵从动轴；17—附件机匣回油泵从动齿轮；18—附件机匣回油泵；19—中支承回油泵从动齿轮；20—中支承回油泵；21—后支承回油泵从动齿轮；22—半圆键（3 件）；24—后支承回油泵；25—回油泵主动轴；26—滑油附件紧固螺钉；27—回油泵主动齿轮；28—滑油滤盖；30—回油泵紧固螺栓；31—滑油滤；32—安全活门；33—单向活门；34—滑油附件壳体；35—传动杆；36—增压泵主动齿轮；37—增压泵主动轴；38—回油泵供油管；39—钢珠单向活门；40—增压泵紧固螺栓；41—调压活门；42—前支承供油管接头；43—滑油温度传感器接头

图 7.73　滑油附件结构

(1) 预先装配

① 装配传动齿轮组件和锥齿轮组件；检查齿轮啮合间隙和锥齿轮的侧隙，并用涂色料的方法检查齿面接触印痕，用选择调整垫的方法调整接触印痕，选择调整垫调整达到规定值，或按齿轮加工后标出的中心距与测量壳体对应的中心安装距值算出应装调整垫厚度。

② 装配油泵组件；着色检查接合面密接度，检查油泵齿轮啮合间隙、齿轮与油泵壳体径向间隙及与壳体及盖之间的轴向间隙(端面间隙)。

③ 用着色法检查油滤片之间接触面，调压活门与壳体接合面之间的密接度，密接面不小于其面积的80%(具体按工艺要求)，沿圆周不间断。

(2) 最终装配

在滑油附件机匣上依次安装齿轮组件、油泵、油滤、调压活门等构件。

(3) 滑油附件试验

滑油附件试验在专门的试验设备上进行，检查调压活门、单向活门的工作压力，用更换弹簧或调整弹簧压力的方法保证工作油压符合规定值，检查滑油附件的密封性，结合面、封严装置外不渗油，试验时调压活门完全关闭。

2. 滑油泵的装配

(1) 预先装配

① 着色检查油泵盖和传动壳体接合面的贴合印痕，贴合度沿周长100%，沿宽60%。

② 检查油泵齿轮的啮合间隙、径向间隙和端面间隙。

③ 检查锥齿轮的啮合间隙，并用涂色料的方法检查齿面接触印痕，用选择调整垫的方法进行调整，达到规定值。

(2) 最终装配

油泵以油泵壳体为装配基础件依次安装齿轮、盖、传动齿轮等构件。多级回油泵，在壳体上安装传动轴，并依次安装各级齿轮、隔板和传动齿轮等构件。

(3) 滑油泵试验

滑油泵要在专门的试验设备上试验，检查油泵的供油量和密封性；进行磨合运转和检查流量。

7.5.2 油气分离器、离心通风器的装配与试验

1. 油气分离器的装配与试验

油气分离器是分离回油泵抽回的带有空气及泡沫的滑油，空气回到滑油腔，滑油回滑油箱，图7.74所示为离心式油气分离器。油气分离器的装配有3个主要工序：

(1) 预装配

① 着色检查离心活门的密接度，用专用量具检查控制活门打开的弹簧弯曲度，并在轴内安装离心活门，在轴和盖上分别安装轴承。

② 在轴上安装转子，随后安装在壳体内，检查径向间隙和配合尺寸。

(2) 最终装配

以壳体作装配基础件，依次安装轴、转子，安装油气分离器盖。

(3) 检　查

在专用设备上，检查油气分离器离心活门打开时转子转数及活门打开前通过活门漏油量。

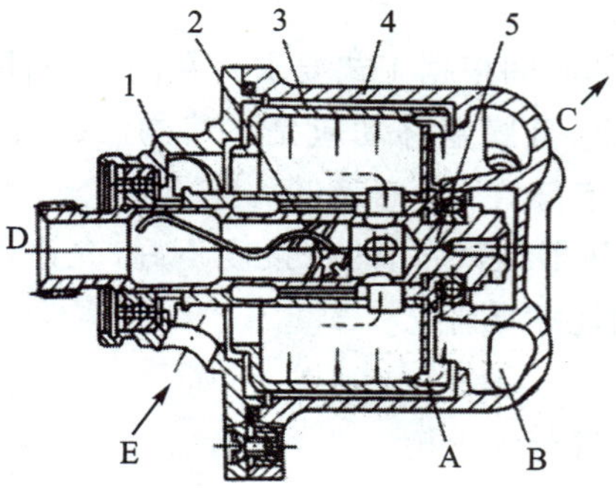

1—盖子；2—离心活门；3—转子；4—壳体；5—轴；
A—环形槽；B—回油收集腔；C—滑油出口；
D—空气出口；E—含有空气的滑油进口

图 7.74　油气分离器

油气分离器的试验在专门的设备上进行，用以检查油气分离器离心活门打开时转子的转速，以及活门打开前通过活门的漏油量，对于带检屑器的油气分离器还应检查和调整检屑器的工作情况。试验中油气分离器的转速应从低速缓缓升至规定转速，离心活门转速一般要反复测数次，以最高的一次为准。活门打开的特征是油气分离器前的压力停止升高。

2. 离心通风器的装配与试验

离心通风器的功用是使滑油系统内腔与大气相通，保证滑油内腔的压力适当和均衡。有的发动机离心通风器设有高空膜盒，以保证高空条件下滑油系统内腔必需的工作压力。离心通风器的典型结构如图 7.75 所示，它的装配分 3 个主要阶段：

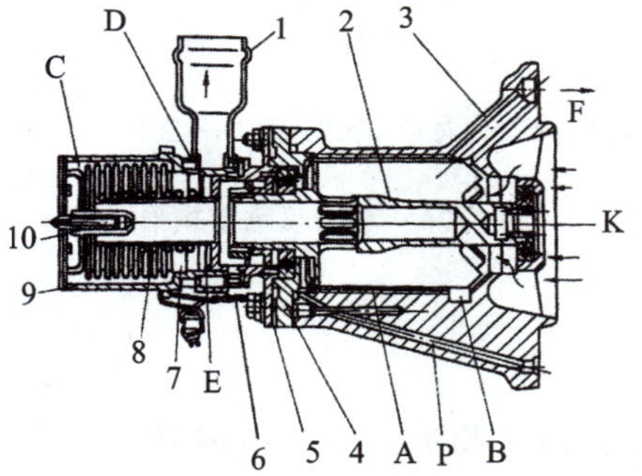

1—导管；2—转子；3—壳体；4—支座；5—盖子；
6—甩油盘；7—盘形活门；8—弹簧；9—膜盒；10—膜盒盖；
A—淌流螺纹；B—集油环槽；C—膜盒腔；D—通气孔；
E—膜盒内腔；F—分离后的滑油；K—油气混合器；P—油路

图 7.75　离心通风器

(1) 准备阶段

① 离心通风器的高空膜盒在装配前要进行行程实验，以验证其在高空工作的可靠性。

② 封焊前的膜盒应用氮气在酒精中进行密封试验，在规定的时间和压力下膜盒不应漏气。在指定的技术条件下封焊好膜盒，在试验器上和在规定的条件下进行膜盒行程检查，其实测行程与理论行程之差应在合格范围内，在试验条件不变和规定的时间间隔内重复上述试验，

两次测量结果不允许有偏差。

③ 试验 24～30 h 后(具体时间根据工艺要求),在同一条件下再次检查行程,其与第一次测量的行程变动量应符合要求,且膜盒移动应是平稳的。(注:在 24～30 h 后重测膜盒行程前,膜盒应放在试验器的气压室静置 15～25 min。)

④ 对于带活门的离心通风器,若活门的密接度不好,允许用指定磨料在专用夹具上研磨结合面,直到密接度合格,然后洗净机件。

(2) 转子装配

在转子上压装两个轴承,进行动平衡。

(3) 主体装配

① 装配前测量壳体与转子间隙、膜盒的配合尺寸。

② 以转子壳体做装配基础件,安装转子、支座、盖子、盘形活门、导管、膜盒等构件。

7.5.3 滑油喷嘴的装配与试验

滑油喷嘴是滑油系统中的基本构件,发动机轴承润滑的滑油由喷嘴注入。喷嘴壳体安装边一般与机匣壳体、安装座或有安装边的供油管连接,用螺栓、螺母固定。滑油喷嘴的几种结构形式如图 7.76 所示。

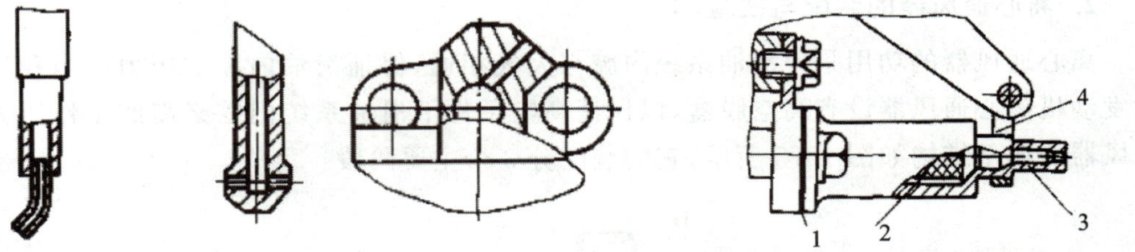

1—石棉垫;2—油滤;3—喷嘴;4—卡箍

(a) 焊接一定径孔的小管 (b) 喷嘴壳体有不同方向的一个或几个定径孔 (c) 喷嘴壳体内腔装有油滤一端有定径孔

图 7.76 滑油喷嘴结构形式

1. 滑油喷嘴的装配

(1) 滑油喷嘴的几种结构

图 7.76(a)、(b)、(c)所示为滑油喷嘴的几种结构形式。喷嘴直接与壳体和供油管连接。装配时检查喷嘴与连接供油管的位置度,以减小喷嘴装配附加应力,在允许的条件下以校正供油管保证位置度,还要保证喷嘴壳体与周围机件的间隙。

(2) 卡箍固定的喷嘴结构

图 7.76(c)所示为卡箍固定的喷嘴结构。装配前检查油滤,确定滤网无断丝,将其装入喷嘴壳体用卡环固定,检查单件喷嘴定径孔流量,合格后,与供油管连接,并用螺钉和卡箍固定,卡箍还具有调节喷嘴方向流量的作用。

2. 滑油喷嘴试验

滑油喷嘴试验包括:检查单件喷嘴全径孔流量;几个喷嘴连同供油管模拟工作状态,各喷嘴的流量;喷嘴喷射方向或方向流量。

(1) 单件喷嘴定径孔的流量试验

单件喷嘴流量试验在专用试验设备上进行。

被试喷嘴直接插在座内，在规定的介质、压力、温度等条件下试验。喷嘴流量按下式计算：

$$Q = (V/t) \times 60 \tag{7.15}$$

式中：Q——喷嘴喷油量，L/min；

V——测量滑油体积，L；

60——化为分钟喷油量系数；

t——测量时间，s。

(2) 多个喷嘴试验

多个喷嘴由一个主供油管供油，各喷嘴连同供油管一起连接在试验器上，模拟工作状态，试验各喷嘴流量。在试验器向供油管供油的同时，测量各喷嘴的流量，试验器结构系统较复杂。

(3) 喷射方向流量试验

喷嘴固定在装配位置上，用专用测量工具(带有符合设计要求的特定缝隙夹具)在规定的介质、压力和温度条件下检查喷嘴喷向，并测量夹具特定缝隙的单位时间滑油量。

方向流量不合格时采用修磨喷嘴座、校正喷嘴头部等允许的方法或更换喷嘴来达到流量值。喷嘴流量不合格时，在技术条件允许条件下可铰定径孔，修磨达到规定流量。滑油喷嘴的工作特性由加工精度、表面粗糙度保证。

思考题与习题

1. 简述压气机的装配工艺装配方案的制定原则(举例说明)。
2. 压气机转子有几种装配形式，各有什么特点？
3. 叶片安装时为什么要进行静力矩称量？叶片在盘上的排列有什么要求？
4. 不能进行独立装配的压气机装配特点是什么？
5. 燃烧室装配时应注意的事项？装配时有什么特点？
6. 简述不可拆卸的涡轮转子装配工艺特点(举例说明)。
7. 独立装配单元的中央传动装置的预装配与最终装配有什么区别？预装配的主要作用是什么？
8. 简述附件传动机匣封严装置的装配特点(以某 2～3 种封严装置为例)。
9. 简述双速传动装置的装配过程。
10. 滑油附件的预装配与装配过程都做哪些检查和试验？

第8章 整机装配与分解工艺

8.1 发动机整机装配

发动机整机装配包括发动机传动机构装配（简称传动装配或裸机装配）和发动机外部涵道、尾部组件、附件和各系统零件按一定程序安装（称发动机总装配）的工艺过程，是发动机装配的重要部分。发动机的结构差异为其装配工艺过程带来了许多特点，但整机装配都必须满足以下要求：

① 正确选择装配方案，必须考虑到重力的影响，以简化转子部件和其他装配单元的定心，并须消除发动机“下弯”和轴承轴线偏斜的危险。

② 保证轴承支承与迷宫式密封装置的同轴度。

③ 保持每级压气机和涡轮以及迷宫式密封装置中的轴向和径向间隙。

④ 核对相配零件的成对检验标记。这对于已经过平衡试验和局部分解的装配单元，具有特殊的意义。这种情况下，总装时应完全保持以前达到的平衡精度。

⑤ 主要螺纹连接均应以一定的力，并按一定的方式均匀预紧，作为定心用的精密螺栓在与普通紧固螺栓配合使用时应首先预紧。

⑥ 所有燃油导管和滑油导管以及敷设在发动机外表上的附件、堵头等的连接处要保证密封。

8.1.1 发动机的传动装配

发动机的传动装配包括压气机、燃烧室、涡轮、主传动机匣等部、组件的安装、连接，以及安装过程中的支点同心度、转子轴向活动量的测量，转子、静子机匣之间间隙的测量和调整等。

1. 装配基础部、组件的选择

（1）装配基础部、组件的选择原则

装配基础部、组件的选择一般由发动机部、组件的设计结构决定，其选择原则如下：

① 具有足够强度、刚度的整体机匣或承力框架，并靠近径向推力轴承；

② 便于其他部、组件和零件的安装、分解及其过程中的尺寸测量、调整和试验工作；

③ 无需将发动机从装配车（架）上拆下，尽可能进行多工序装配；

④ 便于组织生产，装配程序简单，工艺装备数量少、结构简单。

（2）不同结构发动机装配基础部、组件结构与装配方式的选择

发动机的结构不同，所选择的装配基础部、组件也不尽相同。如离心式涡轮喷气发动机基础件为压气机机匣，采用整体机匣，可以翻转机匣前后装配；轴流式单转子发动机以前机匣组合件为基础件，采用整体机匣，发动机垂直进行装配；轴流式双转子发动机装配基础件是压气机后机匣与轴承机匣组件，作为主要承力件，发动机可以前、后交叉翻转装配；涡轮风扇发动机以中介机匣和零级可调叶片机匣为基础件，发动机可进行翻转，装配内外涵全部组件。

2. 传动装配的主要工艺要求

传动装配的主要工艺要求如下：

(1) 装配基础部件固定方式

装配基础部件在装配车(架)上的固定方式是根据发动机结构、尺寸、外形等因素来确定的，基础部、组件固定要牢靠、稳定，必要时在基础部、组件上增设辅助工艺支架。

(2) 工艺路线的确定

根据发动机的具体结构、装配基础确定装配工艺路线，并确定采用垂直装配、水平装配或翻转式的垂直与水平装配及其装配车(架)结构形式、工艺装备项目及数量。

(3) 工夹量具及装配车的选择

工夹具应结构简单、通用性强，多采用组合式工装。轴向尺寸长的发动机，装配车设计有辅助支承安装节，其位置选在承力机匣或发动机辅助吊点的机匣上；工装设计要定位。转子、静子机匣为不可分的单元体构件，采用能够保证转子、静子机匣定心和轴向位置的组合夹具。

(4) 部、组件的安装

部、组件的安装一般采用吊具吊装，一定数量的工艺定位销穿过安装边或壳体上螺栓孔定心。安装边螺纹件拧紧顺序如图 8.1 所示。

为保证安装边之间的连接件受力均匀，当螺栓的预紧力以螺母扭紧角度计算时，则同一安装边的螺纹件应由同一工人装配拧紧并检查。若螺栓限力，则在拧紧连接时，在接触表面上涂润滑油，先将连接件以 1.5～2 倍拧紧力矩拧至接触后，松开力矩，再按限力值拧紧。若两个连接件以螺栓伸长量来限制拧紧力，则在螺栓拧紧停几分钟后再测量其伸长量。若两个连接件采用液压方式加压拧紧，则达到压紧力后，停 10～15 min 后再拧紧。若安装边为止口定位，有过盈配合，则装配时采用安装边局部加温或将螺栓逐步拧紧。

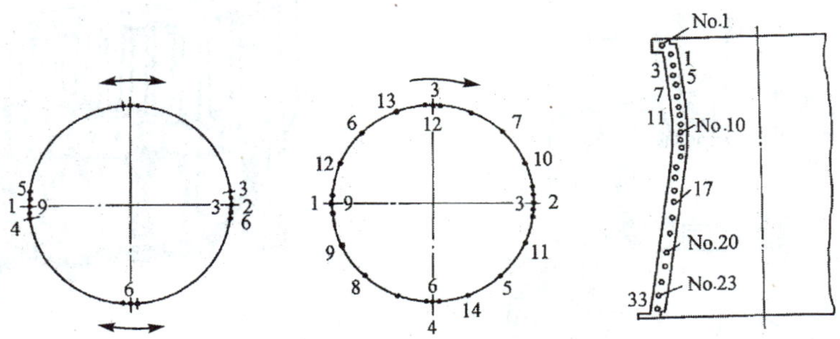

(a) 圆周拧紧顺序　　(b) 纵向拧紧顺序

图 8.1　安装边螺纹件拧紧顺序

(5) 间隙测量和调整

间隙的测量和调整在常温状态下进行。转子处在工作位置测量各项尺寸和间隙；根据叶片受力状态，消除间隙后测量叶片的径向间隙、级间的轴向间隙；保证部件之间相对位置的尺寸测量安排在部件装配时进行。

3. 传动装配中转子、静子间隙测量与调整

(1) 转子、静子间隙测量方法

转子、静子间隙是指压气机转子、涡轮转子叶片与静止机匣间的径向间隙，静子叶片与转子鼓筒或封严齿的径向间隙，转子叶片与静子叶片之间的轴向间隙，以及转子密封件与静子密封件间的径向和轴向间隙。其测量方法如下：

1）直接测量法

用尺、表或特种塞尺测量实际间隙值。

2）间接测量法

先用蜡料、软金属压出实际痕迹，再用尺测量压痕厚度值即为实际间隙值。

3）计算法

分别测出转子、静子相配件的实际尺寸再进行计算。

4）尺寸链计算法

如图 8.2(a)所示，图中 A、B、C、E、F、G 通过假装或通过机械加工质量保证单转子的尺寸，Δ_4 为实测尺寸，Δ_1、Δ_2、Δ_3 通过计算求出

$$\Delta_1 = G - C - \Delta_4$$
$$\Delta_2 = B + \Delta_4 - F$$
$$\Delta_3 = E - \Delta_4 - A$$

5）转子、静子相对位置测量法

转子、静子相对位置测量法如图 8.2(b)所示。

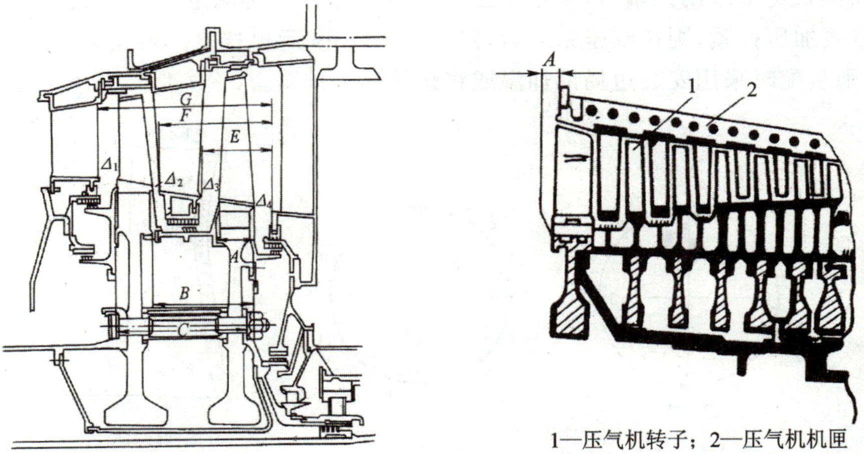

(a) 尺寸链计算法

1—压气机转子；2—压气机机匣

(b) 转子、静子相对位置测量法

图 8.2 转子、静子间隙测量

(2) 典型转子、静子间隙测量

转子、静子间隙测量举例如表 8.1 所列。

表 8.1　典型转子、静子间隙测量

结构特点	测量方法	举　例
静子机匣为等外径纵向分开式，转子为盘鼓混合不可分式；叶片采用燕尾式榫头连接	向前排除转子轴向活动量进行测量 1. 在每级找最长叶片 2～3 片，在叶尖上贴蜡条； 2. 组装机匣，按工作方向旋转 2～3 周，取下半部机匣； 3. 测量蜡条厚度，取其最小值为级间的径向间隙； 4. 级间轴向间隙在机匣对接处用专用塞尺直接测得	某型单转子发动机
静子机匣外径为收敛式；Ⅰ、Ⅲ级机匣为整体式，Ⅱ级机匣纵向分开；转子为盘鼓轴混合式；叶片与盘用销钉连接	按要求排除转子轴向活动量 1. 将叶片向外、向前拉，排除叶片与销钉间间隙，以最长叶片测量其径向间隙，若Ⅰ级为宽叶片可分别在前、后缘处测量； 2. 在Ⅱ级机匣对接处，直接测量Ⅱ级、Ⅲ级叶片的径向间隙； 3. 转子、静子轴向间隙则用钩型塞尺测量	某型涡扇发动机
部件装配时，按静子机匣内径尺寸加工转子叶片的外径，按转子鼓筒的尺寸加工静子叶片尺寸，并测量转子、静子叶片端头前、后缘的跳动，保证设计要求	1. 按设计要求排除转子的轴向活动量； 2. 测量Ⅰ级盘盘缘与静子机匣前安装边表面的距离； 3. 若不合格通过调整垫调整	某型发动机

(3) 转子、静子间隙测量考虑因素

① 按要求排除转子的轴向活动量。

② 转子要正确支承在发动机机匣支承或工艺机匣支承上。

③ 测量叶片径向间隙时，向前向外排除叶片与盘的连接间隙，以最长叶片测量最小间隙。

④ 测量转子、静子实际尺寸计算间隙时，取最小间隙的尺寸。

⑤ 假装配予测间隙，其状态与实际装配状态一致。

(4) 转子间隙的调整

① 选择不同厚度的调整垫，改变转子轴向位置达到规定值，并使径向、轴向间隙协调。

② 加工相配件的尺寸：

◇ 加工转子叶片外径尺寸；

◇ 锉修部分叶片叶尖；

◇ 加工转子与静子相配处涂层；

◇ 以转子轴定心磨削外环等。

4. 支点同心度和安装节平面度的检查方法

(1) 发动机支点同心度检查

发动机支点同心度是指一个支点或几个支点相对另一个支点、一个支点相对一个转子旋转中心位置的变化，其测量方法有心棒检查法、专用测具测量法、直接在机床和转盘上测量法、光学仪器测量法和测量工艺轴承端面跳动值法等。

1) 心棒检查法(见图 8.3)

通过专用的校准圈，以 0～0.1 mm 的过盈配合装入被测轴承座内，再用标准心棒插入校准圈孔内，如心棒能在孔中顺利通过或者自由旋转，则支点的同心度合格。

2）专用测具测量

以发动机某支点轴承座或转子旋转轴为测量基准，通过专用测具测量。

① 以轴承座为基准测量(见图 8.4)。测量校准座与轴承座间以 0.005～0.01 mm 的过盈配合，测量校准座与旋转杆为无间隙配合。

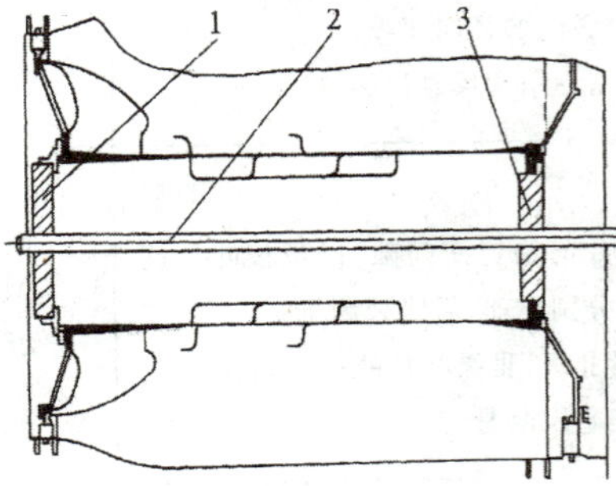

1、3—校准圈；2—心棒

图 8.3 心棒检查支点同心度

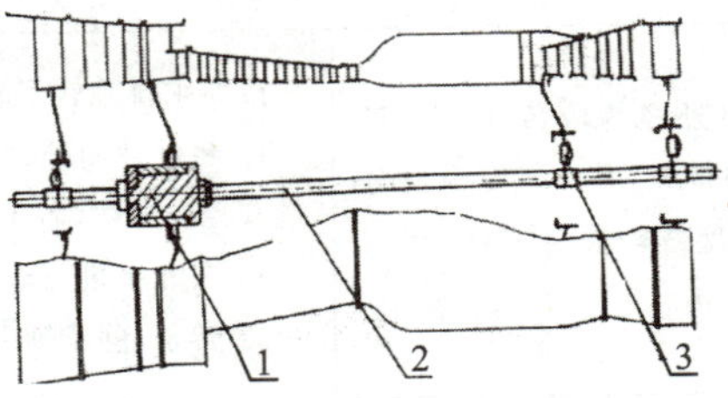

1—校准座；2—旋转杆；3—百分表

图 8.4 以轴承座为基准的支点同心度测量

② 以转子联轴器为测量支承面的测量(见图 8.5)。通过与联轴器型面相配合的专用测具，测量支点对旋转中心的跳动值。

③ 以转子轴内孔为测量支承面的测量(见图 8.6)。测具以转子轴内孔作支承面，测量支点同心度。

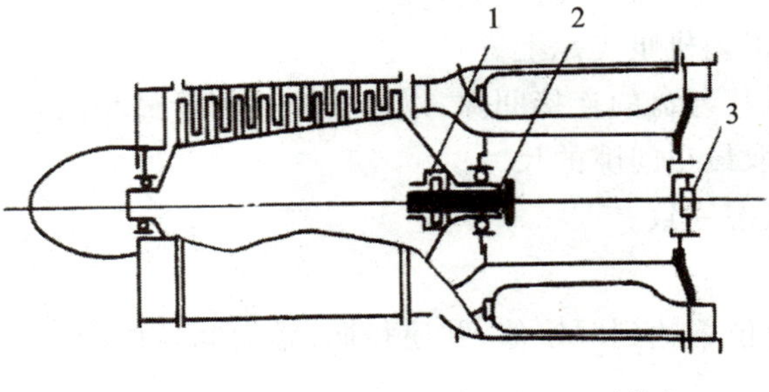

1—半球形联轴器；2—测量工具；3—百分表

图 8.5 以联轴器为支承面的支点同心度测量法

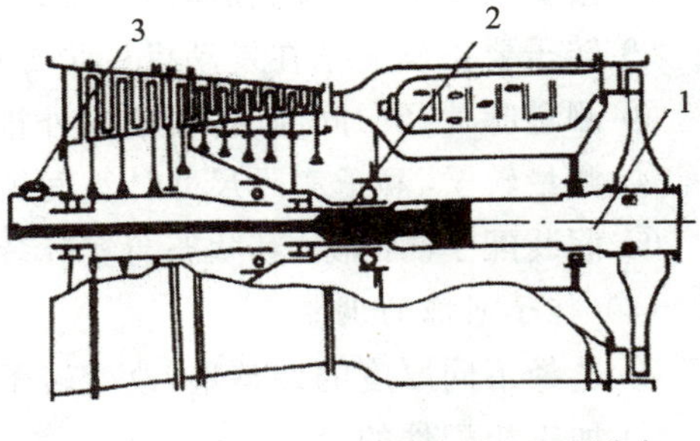

1—高压涡轮轴；2—测量夹具；3—百分表

图 8.6 以轴内孔为支承面的支点同心度测量

④ 直接在机床和转盘上测量。将组装一体的发动机机匣固定在机床或转盘上，以一个轴承座为基准找正，然后测量其他轴承座的跳动值。

⑤ 光学仪器测量(见图 8.7)。用光学准直望远镜、标尺对发动机各支点同心度进行测量。在轴承座内装上工艺轴，工艺轴内装有刻有十字线的标尺。测量时，准直望远镜中的十字线中心首先要同两个轴承座中的十字线中心对准，以确定基准。然后以此为基准测量其他几个轴承工艺轴内十字线中心的偏移。此方法测量精度高，但是要求工艺轴与轴承座、工艺轴和标尺为无间隙配合，累积、观察误差较大。

⑥ 测量工艺轴承端面跳动值(见图 8.8)。该方法是通过检查第Ⅰ和第Ⅱ轴承支点同心度，确定工艺轴承端面的跳动值。工艺轴承以过盈配合装入支座，再装测量心轴，通过百分表测量工艺轴承端面跳动。此方法是根据支点距离及对同心度的要求，通过相似原理推算到轴

承端面的跳动值。

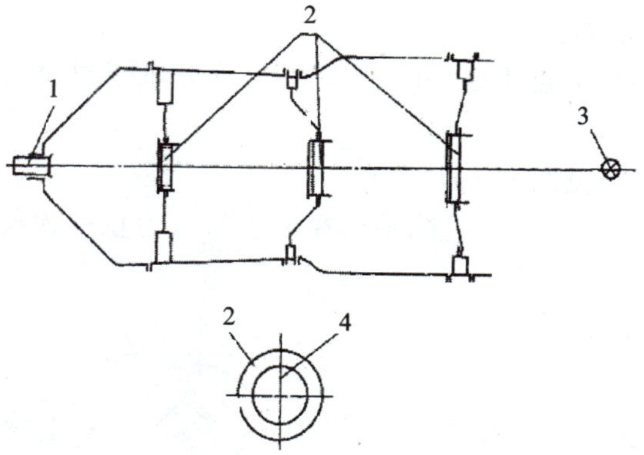

1—准直望远镜；2—工艺轴；3—光源；4—工艺轴上十字线

图 8.7　光学仪测量同心度

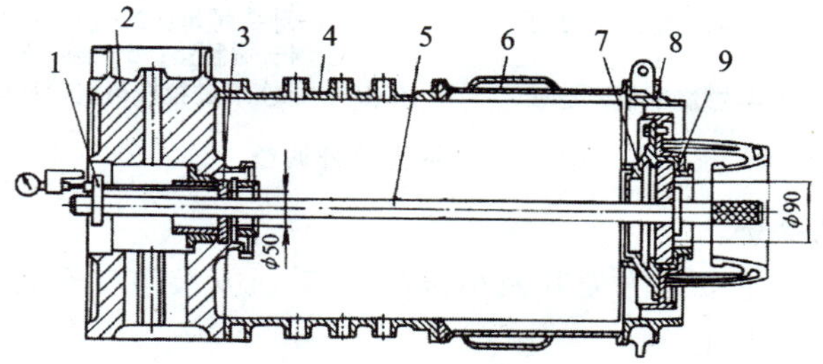

1—表架；2—Ⅰ支点机匣；3、9—工艺轴承；4—压气机前机匣；5—测量心轴；
6—压气机中机匣；7—Ⅱ支点轴承机匣；8—压气机后机匣

图 8.8　第Ⅰ、Ⅱ轴承支座同心度测量

(2) 支点同心度调整

支点同心度一般根据预先装配测量的实际值进行调整，方法如下：

1) 通过偏心补偿环调整(见图 8.9)

预先装配，先以一正环(无偏心)装入轴承座内，测出其跳动值，根据测值大小选择偏心环补偿，使支点跳动值达到要求。

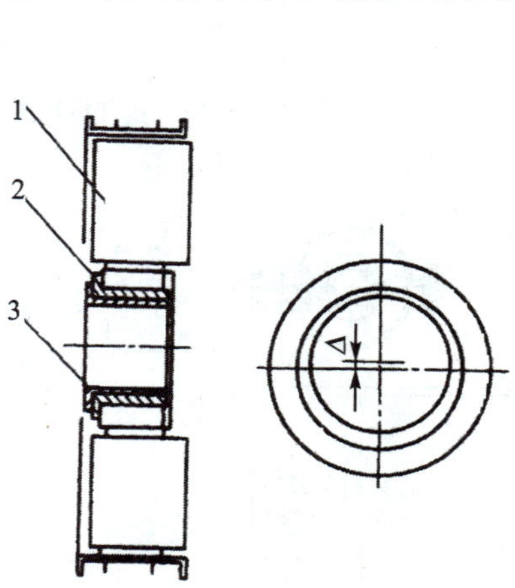

1—机匣；2—偏心环；3—轴承座

图 8.9　偏心补偿环调整

2）通过加工轴承机匣安装边调整

预先装配，测出支点的跳动值，换算为机匣安装边补偿加工量，使支点同心度达到要求值。

3）通过更换轴承机匣调整

当装配中测量其支点同心度不合格时，则采用更换其轴承机匣的方法来保证同心度达到要求值。

4）通过承力拉杆调整(见图 8.10)

轴承座通过承力拉杆与外机匣连接，采用在机匣与承力拉杆连接处加调整垫来改变拉杆位移量，达到同心度要求。

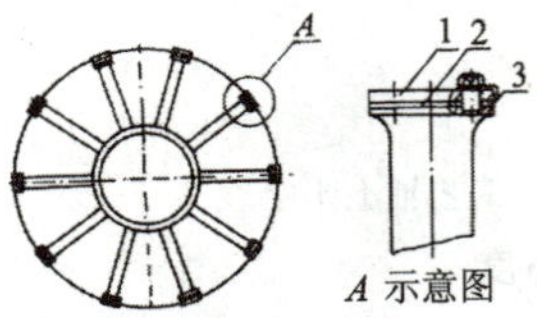

1—燃烧室机匣；2—调整垫；3—拉杆

(a) 轴承座通过拉杆与燃烧室机匣连接

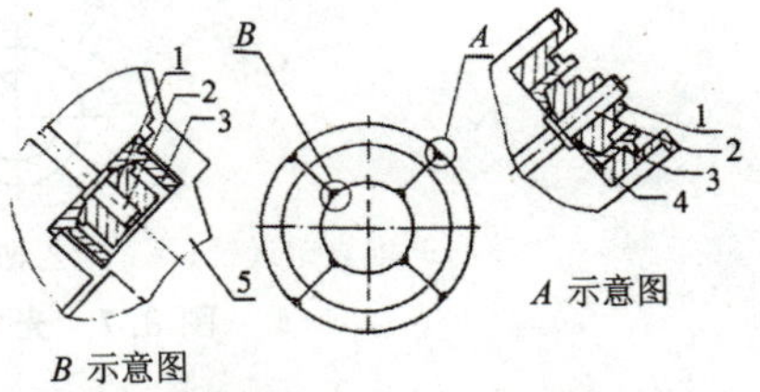

1—球头螺母；2—拉杆；3—球头座；
4—调整垫；5—涡轮后机匣组件

(b) 轴承座通过拉杆与涡轮后机匣组件连接

图 8.10 承力拉杆调整

(3) 安装节平面度检查

为保证发动机在飞机上安装方便和减小振动，发动机安装节在安装时，其轴颈中心线在同一平面内的偏差值应符合要求。

1）安装节平面度的测量方法(见图 8.11)

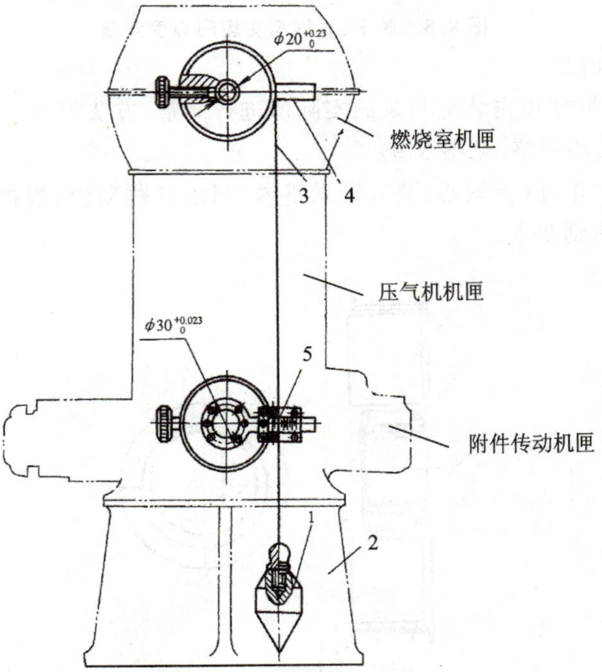

1—重锤；2—工艺安装座；3—尼龙丝；4—测量夹具支板；5—标尺

图 8.11 安装节平面度测量

① 将发动机的附件传动机匣、压气机匣和燃烧室机匣组装后，将此组件以附件传动机匣前整流罩安装边装于工艺安装座 2 上。

② 安装前工艺安装座和发动机组件接触的平面应调至水平。

③ 将测量夹具分别装于发动机的左主安装节和左辅助安装节上，并使测量夹具的支板 4 和标尺 5 朝向发动机水平状态的下方；待重锤 1 稳定后记下尼龙丝 3 和标尺 5 贴合的刻度；以同样方法将测量夹具分别装于发动机右主安装节和右辅助安装节上，记下刻度值；将左、右两边标尺所示刻度值进行比较差值不应大于规定值。

2）安装节平面度的调整方法（见图 8.12）

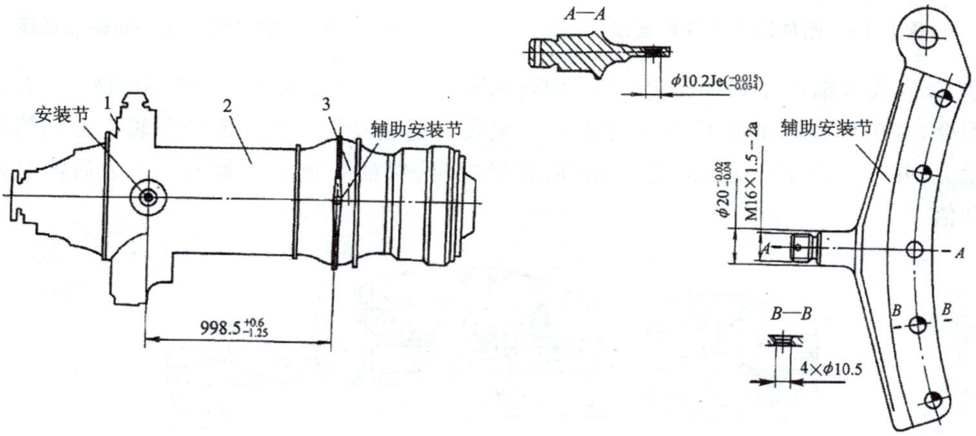

1—附件机匣；2—压气机机匣；3—燃烧室机匣

图 8.12　安装节平面度调整

安装节平面度未满足要求值时须进行调整，其调整方法如下：

松开辅助安装节固定螺栓的螺母，转动辅助安装节；松开压气机机匣与燃烧室连接螺栓的螺母，将燃烧室机匣向所需方向转动。

5．发动机转子的连接

涡轮转子和压气机转子通过联轴器连成一体。对于多转子的发动机，高压涡轮转子和高压压气机转子采用安装边及螺栓刚性连接。

联轴器的功能与转子的支承方案有关，如三支点转子支承结构的联轴器传递涡轮转子的扭矩及轴向力，涡轮转子的支承传递径向力，补偿涡轮与压气机转子两轴线的不同心值。

联轴器的构造形式和发动机转子的支承及压气机、涡轮的构造有关。

（1）刚性联轴器

① 圆柱定心短螺栓连接（见图 8.13）。这种连接方式要求两转子与加强盘的两定心圆柱面为过盈配合，螺栓的预紧力，力求相同。装配时测量两定心圆柱面的配合，检查两转子轴的周向位置，标记与两转子平衡时标记一致。螺栓应按标记顺序连接，并成对按一定次序分次拧紧。先按预紧力的 1.5～2 倍预先拧紧，至接触后，松开，再按预紧力最终拧紧。为保证装配正确性，组装后测量基准端面和圆柱面的跳动值。

② 端面圆弧齿定心短螺栓连接（见图 8.14）。

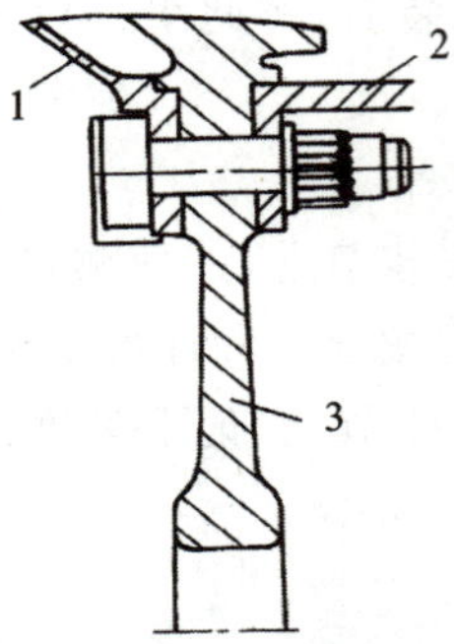

1—压气机转子；2—涡轮转子；3—加强盘

图 8.13　圆柱定心短螺栓连接

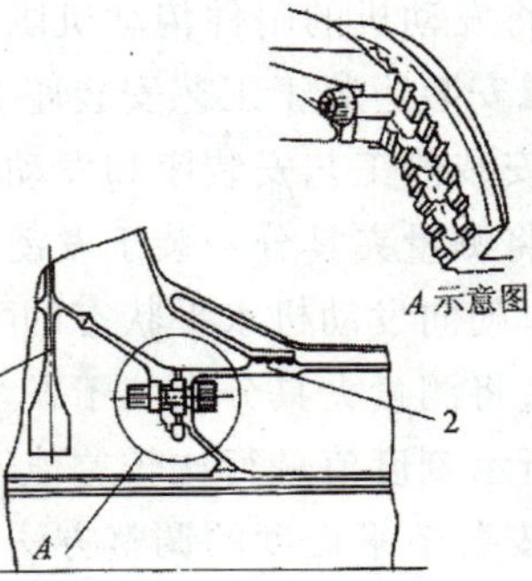

1—压气机转子；2—涡轮转子

图 8.14　端面圆弧齿定心短螺栓连接

③ 套齿式双锥面双圆柱面定位联轴器(见图 8.15)。在组装前须测量两圆柱 A、B 定位表面的配合，着色检查两锥面 C、D 的密接度。组装时通过专用夹具在两转子轴向方向施加规定的压紧力，并保持稳定压力 10～15 min 后拧紧螺母，保证要求的预紧力。组装后测量基准面的跳动值。

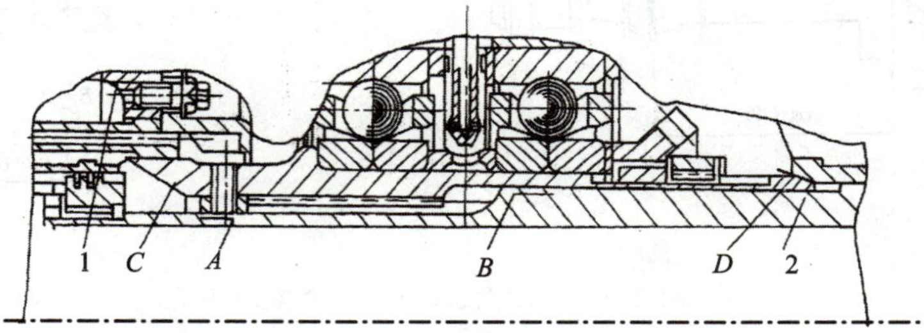

1—压气机转子轴；2—涡轮转子轴；A、B—定位面；C、D—锥面定位面

图 8.15　套齿式双锥面双柱面联轴器

(2) 柔性联轴器

1) 球形接头的套齿联轴器(见图 8.16)

球形接头联轴器装配时应保证良好的平衡性，每个零件均应有良好的定心和周向定位，并选择调整垫来获得球面间的间隙。在压气机轴上组装从动齿套，调整垫圈和小球面。在涡轮轴上装上涡轮轴尾、球头盖及主动齿套。转动止动环，使止动环的宽齿和涡轮轴的宽齿槽重合，把主动齿套沿轴向向后移动至固定螺钉完全显露，固定球头盖，推动主动齿套使之啮合，并锁紧弹簧锁。

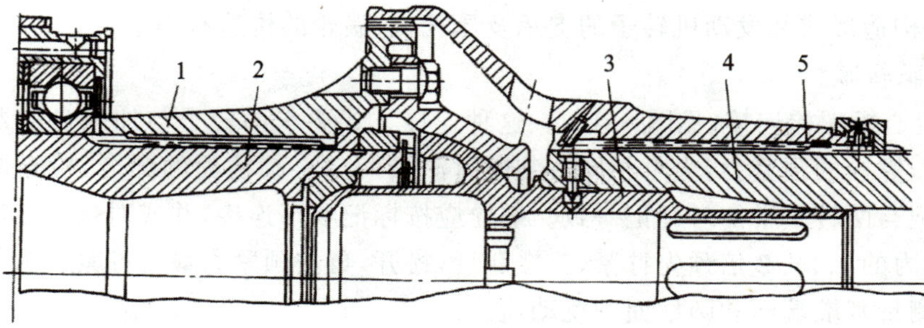

1—从动齿套；2—压气机轴；3—涡轮轴尾；4—涡轮轴；5—主动齿套

图 8.16　球形接头联轴器

对于涡轮转子的轴向力不大的发动机，可以简化球头构造，设计半个球头。扭矩靠涡轮轴上的齿槽直接传给压气机，涡轮的轴向力及径向力通过球形表面传递。

2）带有浮动球形垫圈的套齿联轴器（见图 8.17）

浮动球形垫圈联轴器装配时要通过标准工艺垫圈选择调整垫，以保证浮动球形垫圈工作间隙，并保证联轴器上锁套的套齿与涡轮轴上的套齿啮合。

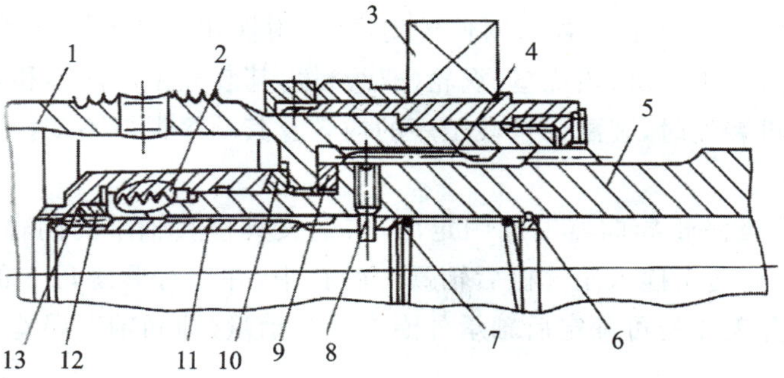

1—低压压气机轴；2— 球形螺帽；3—低压止推轴承；4—套齿；5—低压涡轮轴；6—弹簧座；7—弹簧；8—止动螺钉；9—调整垫；10—球形面垫圈；11—保险衬套；12—调整垫；13—套齿

图 8.17　浮动球形垫圈联轴器

3）简单套齿联轴器（见图 8.18）

简单套齿联轴器用在小型发动机中。联轴器是通过大螺钉拧在压气机后轴颈上，把涡轮转子和压气机转子连接起来。装配时通过吊拉涡轮转子轴向位移量来选择调整垫，以保证达到要求的间隙值。

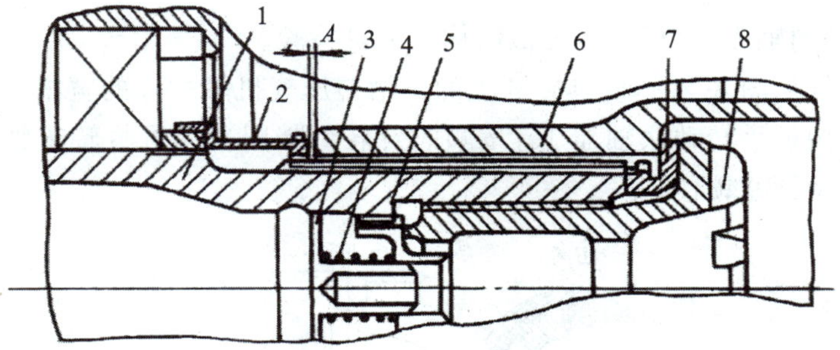

1—压气机轴；2—保险衬套；3—弹簧座；4—弹簧；5—保险齿套；6—涡轮轴；7—垫圈；8—大螺钉

图 8.18　简单套齿联轴器

6. 典型发动机整机装配

（1）单转子轴流式发动机整机装配

整机总装配的主要工序是以压气机前机匣为基准，固定在装配车（架）上，按照下列顺序垂直安装：

① 将压气机转子安装到前机匣上；

② 压气机的前机匣、中机匣（其中一半）和后机匣的预装配；

③ 检验压气机中的间隙；

④ 压气机的最终装配；

⑤ 安装燃烧室和Ⅰ级涡轮导向器；

⑥ 检验轴承的同轴度；

⑦ 安装涡轮转子；

⑧ 检验涡轮中的间隙；

⑨ 安装Ⅱ级涡轮导向器；

⑩ 将叶片安装到Ⅱ级轮盘上并检验间隙；

⑪ 安装尾喷管(或加力扩散器)、附件传动机匣、附件和各系统管路等。

发动机主要部件-压气机、燃烧室、涡轮(双级)等，其装配工序内容和安装顺序在第7章中已做了叙述，在整机装配时，装配和检验工序的内容及其顺序保持不变。只是增加了各组成部分之间的连接工序。

在燃烧室和Ⅰ级涡轮导向器安装固定后，借助夹具检验轴承的同轴度，如图8.19所示。夹具的张开式定心夹簧1插入压气机后轴颈2的孔中，并用拧紧螺母5的方法固定。转动压气机转子，利用千分表4便可确定后轴承外圈3的跳动量(即同轴度误差)。

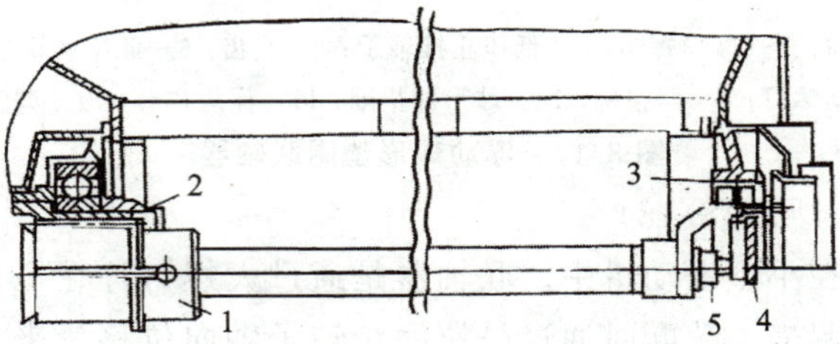

1—张开式定心夹簧；2—后轴颈；3—后轴承外圈；4—千分表；5—螺母

图8.19 检验轴承的同轴度

篦齿密封圈的同轴度，也可利用类似结构的夹具检验。

安装涡轮转子(见图8.20)，使其轴6上的宽槽与压气机轴颈3的宽槽4相吻合。转子轴放到底后，利用专用扳手转动联轴器10(按顺时针转到挡限)，便可将转子轴固定。拿开扳手后，联轴器便被弹簧锁9锁住。

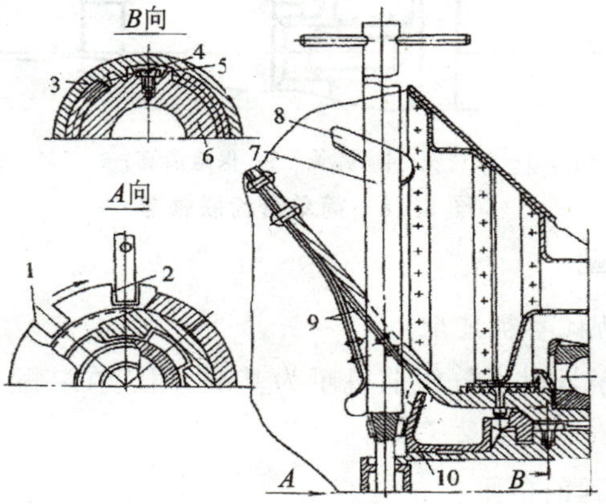

1—工作挡限；2—安装挡限；3—后端轴；4—后端轴的宽槽；5—板片；6—涡轮转子轴；

7—专用扳手；8—后机匣的孔；9—弹簧锁；10—联轴器

图8.20 涡轮轴在压气机轴颈上的定位

用专用塞尺测量Ⅰ级涡轮中的轴向间隙和径向间隙，将锁片和叶片按顺序号插入Ⅱ级轮盘的榫槽中，检查径向、轴向间隙。用手动检查传动机构转动的灵活性。

总装结束后，在几倍于工作压力的条件下将燃料和滑油注入发动机的燃料和滑油管路，检验其密封性。经过外观总检查后，发动机便可交付试车。

(2) 双转子轴流式发动机整机装配

如图 8.21 所示，双转子轴流式发动机整机总装配的主要工序是以轴承机匣为基准，固定在可旋转的装配车(架)上，按下列顺序装配：

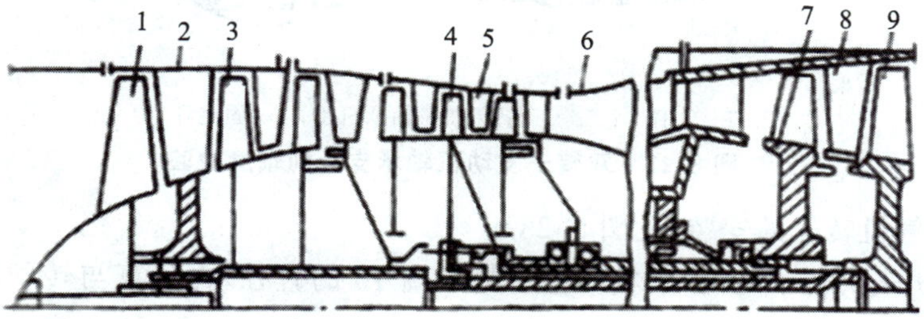

1—带叶片的Ⅰ级盘；2—前机匣；3—低压压气机的Ⅱ级和Ⅲ级转子；4—高压压气机转子；5—Ⅳ～Ⅴ级机匣；6—燃烧室；7—Ⅰ级涡轮；8—Ⅱ级导向器；9—Ⅱ级涡轮

图 8.21　双转子燃气发动机简图

① 检查轴承支承的同心度；

② 安装高压压气机转子；

③ 安装燃烧室；

④ 安装Ⅰ级涡轮导向器和转子，检验和调整Ⅰ级涡轮中的间隙；

⑤ 安装Ⅱ级涡轮导向器；

⑥ 安装压气机的Ⅳ级机匣和Ⅴ级机匣(带整流器)；

⑦ 安装中间轴承支承；

⑧ 安装压气机的Ⅲ级机匣(带整流器)；

⑨ 安装低压压气机的Ⅱ级和Ⅲ级转子；

⑩ 安装压气机的Ⅱ级机匣(带整流器)；

⑪ 将叶片安装到压气机的Ⅱ级轮盘上，并安装前机匣；

⑫ 安装Ⅱ级涡轮转子；

⑬ 安装低压压气机带叶片的Ⅰ级盘、整流罩和进气总管。

1) 轴承支承同轴度的检查(见图 8.22)

利用千分表及心棒检验，预先在后轴承及中轴承的孔内装上工艺环 2、5，工艺环是以最小的间隙(不大于 0.01 mm)选配的。在其内插入精密的心棒 1，千分表就固定在心棒上，它能指示出前轴承的同轴度误差和轴承支承端面的垂直度误差。同轴度误差可直接确定，或者用测量安装在支承座孔中的工艺环端面跳动量的方法确定。对于这种类型的发动机，如果轴承的同轴度误差超过 0.1 mm，则应更换某一个壳(例如压气机机匣)或对Ⅳ～Ⅴ级机匣安装边端面切削加工。

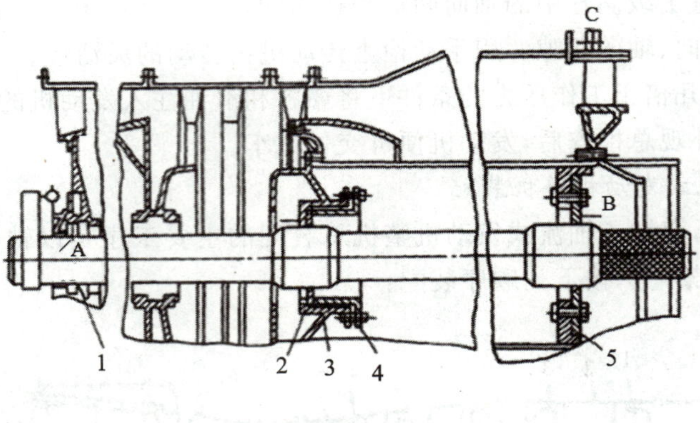

1—心棒；2、5—工艺环；3—轴承机匣；4—固定环

图 8.22　双转子发动机轴承支承同轴度检验

2）高压压气机转子的安装（见图 8.23）

安装高压压气机转子之前，须实测篦齿封严圈 10 的直径，再计算与转子的间隙。间隙值通常在 1.5±0.5 mm 范围内。

高压压气机转子 8 在基准部件（即轴承机匣 11）上的安装，可借助电动起重机及固定在其后轴颈上的夹具进行。转子要安装致使其中间支承架 4 落在轴承机匣 11 的空腔内。为了简化支承架和机匣安装边的对准，在安装边的孔中插入两个工艺定位销。支承架的固定螺栓可用能检验预紧力的一定方法预紧。然后检验Ⅵ级轮盘与整流器内环之间的后轴向间隙。

3）燃烧室的装配（见图 8.23）

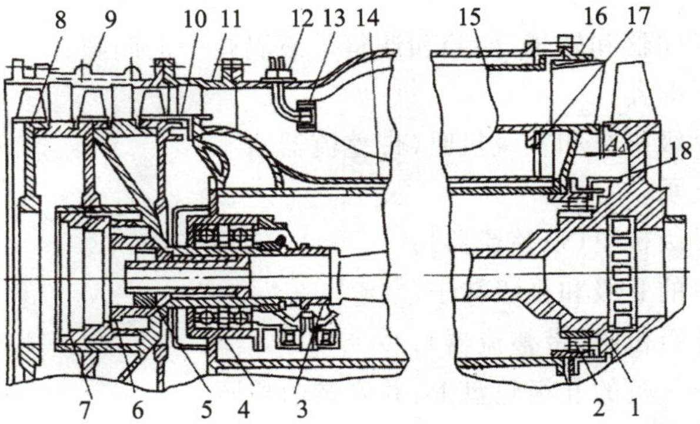

1—涡轮转子；2—后轴承滚柱；3—补偿环；4—中间支承架；5—固定螺母；6—后轴颈锥体；
7—中间支承；8—高压压气机转子；9—半个机匣；10—篦齿封严圈；11—轴承机匣；12—喷嘴；
13—火焰筒涡流器；14—安装套罩；15—燃烧室；16—Ⅰ级涡轮导向器；17—专用环；18—篦齿封严圈

图 8.23　高压压气机及Ⅰ级涡轮转子安装简图

燃烧室 15 的装配可从安装套罩 14 开始，它能将轴承机匣与燃烧室热腔隔离开。然后，将已装有喷嘴 12 的燃烧室壳体安装到轴承机匣 11 的安装边上。火焰筒要按顺序先装位于发动机上部的第一个火焰筒，接着，将火焰筒涡流器 13 的衬套套装在喷嘴上。用联燃管连接各火焰筒。全部火焰筒安装完后，用专用环 17 将它们固定住。

4）Ⅰ级涡轮导向器的安装（见图 8.23）

Ⅰ级涡轮导向器 16 安装到轴承机匣的后安装边上，再将涡轮篦齿封严圈 18 的壳体自上而下地放置其上，并将所有各层用螺栓拉紧。

5）涡轮转子的安装（见图 8.23）

在涡轮转子 1 安装之前，要将后轴承的滚柱 2 装到保持器中，并用工业凡士林油粘住。将转子顺着花键槽小心地放下，并与高压压气机的转子连接。

转动装配车约 80°支撑住转子不下落，再将高压压气机转子的后轴颈锥体 6 装到涡轮轴上，并以按转角检验预紧力的方式拧紧Ⅰ级涡轮的固定螺母 5（左旋螺纹）。转动装配车转子呈水平状态，并（用于）检查其转动情况。检验叶片与涡轮导向器端面之间的轴向间隙 A_{Δ}，以及轴承中的径向游隙和轴向游隙。

当轴承游隙选得靠前，即转子处于前边缘位置上时，须测量涡轮中的间隙。若间隙不符合规定值，则取下转子并更换补偿环 3。预先根据尺寸链的求解结果，可计算出一组补偿环的值（由其中选取该产品所需要的），并且补偿级数可达 12～15。

安装上能保证所要求间隙的环 3 之后，装配转子并最后将它预紧。预紧力可借助于液力拉伸器以压紧装配件的方法产生。已装配转子相互位置的正确性，可根据中间支承 7 轴承座孔的柱面及端面的跳动量进行检验。如果跳动量超过规定的范围，则应重新安装转子并预紧。

为了检验高压压气机的间隙，可以像前面所指出的那样，将它与半个机匣 9 预装配，然后安装另一半机匣并最后固定。

6）低压压气机的装配（见图 8.24）

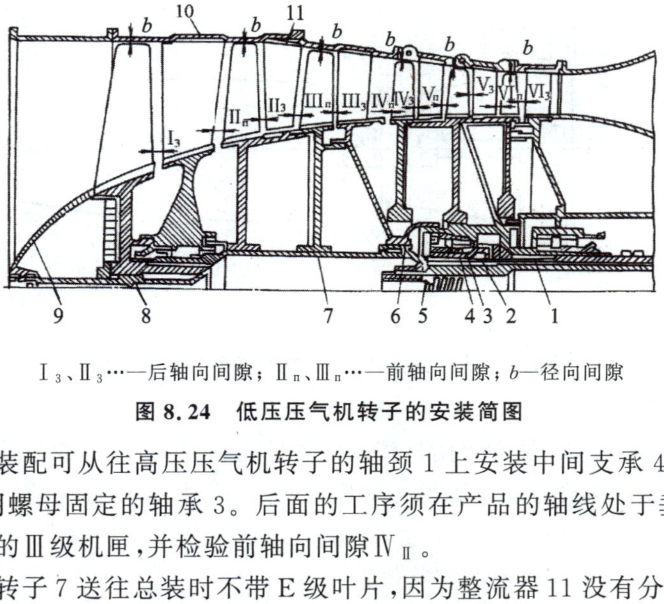

I_3、II_3…—后轴向间隙；$\text{II}_{\text{п}}$、$\text{III}_{\text{п}}$…—前轴向间隙；b—径向间隙

图 8.24　低压压气机转子的安装简图

低压压气机的装配可从往高压压气机转子的轴颈 1 上安装中间支承 4 开始，中间支承呈套筒形，其上装有用螺母固定的轴承 3。后面的工序须在产品的轴线处于垂直位置的情况下完成。装上压气机的Ⅲ级机匣，并检验前轴向间隙 IV_{II}。

低压压气机的转子 7 送往总装时不带 E 级叶片，因为整流器 11 没有分解面。放下转子时要使其轴进入中间支承 4 的套筒中。借助于专用花键扳手以螺母 2（左旋螺纹）转子固定。而后装上低压压气机的Ⅱ级整流器 11，并检验低压压气机Ⅲ级中的间隙。

7）涡轮装配

转动装配车 180°使涡轮朝上，安装Ⅱ级涡轮导向器和Ⅱ级涡轮转子 9（见图 8.21）。安装转子时，要将其轴插到低压压气机转子轴的内腔（转子的标记或第一号叶片要对齐），直到低压压气机转子轴的凸边被调整环 5 挡住，见图 8.24。在预紧涡轮转子的螺母 6 时，可按转角检验预紧力。

按照榫槽的编号将低压压气机叶片安装到Ⅱ级轮盘上。然后安装前机匣10,并沿低压压气机转子轴颈的键槽,顺序地安装上预紧轴套8及用螺母固定带叶片的Ⅰ级轮盘。最后将转子整流罩9装到轮盘上,并用螺塞固定。

在Ⅱ级涡轮及低压压气机前几级的装配过程中,要检验轴向间隙和径向间隙。

8.1.2 发动机的总装配

总装配是指发动机外部涵道、组件(附件传动机匣、扩散器、加力燃烧室喷口等)和元件,外部管路系统、电气系统、调节和操纵系统及附件的安装、连接、调整和试验,最后形成完整发动机的装配工艺过程。

1. 发动机外部附件的安装

发动机外部附件装配包括滑油系统附件、燃油系统附件、电气系统附件、操纵和调节系统附件在发动机上的安装、连接和调整。

(1) 附件在发动机上的安装位置

由于发动机的结构特点不同,各附件的安装位置亦不同,但多数附件均安装在发动机外部附件传动机匣及其他冷端机匣上,少数附件安装在发动机内部或热端机匣上。

典型的轴流式涡轮喷气发动机附件安装位置如图8.25所示。离心式涡轮喷气发动机的附件均装在压气机前方的附件传动机匣上。

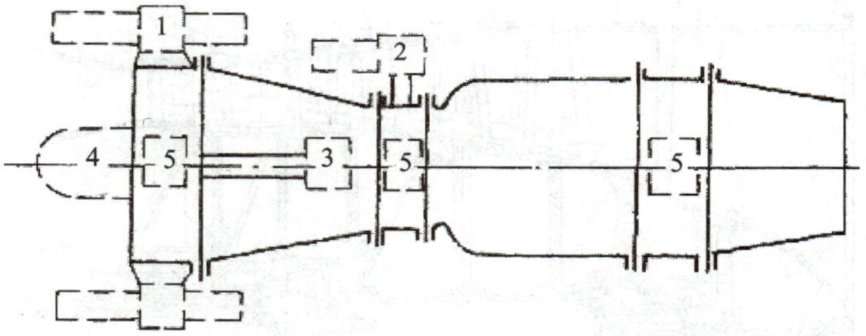

1—在进气机匣上;2—在中轴承机匣上;3—在压气机机匣上;4—在进口整流罩内;5—在轴承机匣内

图8.25 轴流式涡轮喷气发动机附件安装位置

(2) 发动机附件传动装置的安装

由于发动机的结构不同,发动机附件传动装置的构成亦不同,一般包括中央传动机匣和附件传动机匣。有些发动机设有多个附件传动机匣,如主附件传动机匣,前、后附件传动机匣等,其中附件传动机匣设在发动机外部,通过不同连接形式与发动机连接。

1) 附件传动机匣在发动机上的安装位置

附件传动机匣在发动机上的安装位置有:压气机机匣,压气机机匣与燃烧室机匣,中介机匣上。

2) 附件传动机匣的安装要求

附件传动机匣的安装应保证与发动机连接、测量、调整符合要求。

安装在压气机匣前方的附件传动机匣采用螺栓或双头螺栓与机匣连接;安装在前机匣上方的附件传动机匣通过长螺栓与机匣凸肩连接;安装在压气机机匣与燃烧室机匣下方的附件传动机匣是通过长螺栓与固定于机匣上的转接支架连接。

3）安装方法

① 附件传动机匣内腔进行热滑油加压冲洗至洁净；测量附件传动机匣传动杆的中心偏移量和纵向活动量，并调至合格；检查密封圈，不应损伤，并在表面涂润滑油；附件传动机匣应平、正安装，转动转子保证传动轴套齿正确啮合，并用工艺导杆引导保证连接孔对正；按顺序将连接螺栓拧紧至规定力矩值；检查附件传动机匣传动的灵活性，应无滞止现象和杂音。

② 附件传动机匣安装在中介机匣与水平线下方呈 30°或 45°角时，采用通过销轴或螺栓与固定在机匣上的吊耳连接的形式，其安装方法是通过可转动并可调节的专用装配架安装附件传动机匣，保证安装角度的正确。测量连接销轴与吊耳的配合，应符合要求。

③ 双附件传动机匣分别装在中介机匣的左、右下方位置，采用分别通过销轴与固定在机匣上的吊耳连接的形式。安装时应保证正确角度，测量销轴配合应符合要求。

（3）滑油系统附件的安装

滑油系统附件的安装包括滑油箱、滑油散热器、滑油泵或泵组、滑油滤、油气分离器、离心通风器及屑末信号装置等组件与机匣的连接和调整。

1）滑油箱的安装

滑油箱一般为独立装配件，通过箍带或吊耳固定在发动机前部机匣安装边上。

① 安装在压气机进气机匣和前机匣安装边上的滑油箱，采用箍带固定在与机匣安装边连接的支架上。安装方法与要求如下：

装配前支架与机匣连接位置应正确，连接螺栓应能自由通过连接孔，连接螺栓拧紧力矩应符合要求值，油箱与支架接触处及油箱与箍带接触处应有软质胶垫，箍带拧紧后不应使油箱变形，油箱与周围件应有符合要求的间隙。

② 安装在风扇机匣前部安装边上的滑油箱，采用销轴或螺栓固定在与风扇机匣安装边连接的耳环上。安装方法与要求如下：

耳环与机匣连接的位置应正确，耳环间及销轴与耳环的配合应符合要求，连接螺栓拧紧力矩应符合要求值。

2）滑油散热器的安装

滑油散热器可分为散热器与滑油箱为一体的构件和独立的散热器组件，通过支架或卡箍固定在发动机机匣上。安装在压气机机匣安装边上的散热器和安装在发动机短舱进气道处的散热器，采用卡箍或连接螺栓固定在支架上或安装座上。安装方法与要求如下：

连接支架与机匣安装边连接位置应正确，连接螺栓应能自由通过连接孔，连接螺栓拧紧力矩应符合要求，用卡箍连接散热器与支架间应加软质胶垫，不应使散热器损伤，散热器与周围件应有规定间隙。

3）滑油泵、油气分离器及离心通风器等滑油附件的安装

滑油泵包括进油泵和回油泵或滑油泵组（增压泵及多级回油泵组件）及油气分离器、离心通风器等，多数为单独构件，通过螺栓和双头螺栓安装于附件机匣安装座上，有些发动机的滑油回油泵则直接安装于发动机机匣上或内部传动盒上。安装在附件机匣或减速器安装座上的是通过螺栓或双头螺栓连接固定。安装方法与要求如下：

应保证传动轴套齿的正确啮合，安装的角向位置应正确，应保证连接密封性，连接螺栓应能自由地通过连接孔，拧紧力矩应符合要求值，装配后附件转子应转动灵活无杂音。

4）直接在发动机机匣上安装的附件

直接安装在发动机机匣上的附件是通过螺栓固定在与机匣连接的安装座上的。安装方法

与要求如下：

测量泵传动杆的纵向活动量，安装时应转动转子保证传动杆套齿正确啮合，应保证连接处的密封性，装配后传动应灵活，与其他连接件的安装、调整应符合要求。

(4) 燃油系统附件的安装

燃油系统附件包括燃油增压泵、主燃油泵-调节器、加力燃油泵-调节器、燃油滤、燃油调节和控制附件(元件)。这些附件、元件均以单独构件安装在发动机附件机匣上或安装于发动机机匣上。增压泵、主燃油泵-调节器、加力燃油泵-调节器通过快卸环固定在附件机匣安装座上，或通过螺栓或双头螺栓固定在传动壳体安装座上。安装方法与要求如下：

安装的角向位置应正确，应保证传动轴套齿的正确啮合，快卸环连接时快卸环定位槽口应对正安装座和附件连接凸边，并保证接合，两半快卸环连接其对口间隙应均匀，两间隙差不应大于规定值，应保证连接的密封性，螺栓连接应保证拧紧力矩要求。

燃油滤单独组件，一种是通过支架固定于发动机机匣安装边上，另一种是通过螺栓或螺桩固定在发动机机匣安装座或附件机匣安装座上。燃油调节和控制附件(元件)是通过转接支架固定于发动机机匣安装边、凸边或附件机匣上。安装方法与要求如下：

附件连接支架的安装位置应正确，连接螺栓应能自由地通过连接孔，油滤用卡箍固定，在与油滤接触表面应有软胶垫，不应损伤油滤，按规定力矩拧紧连接螺栓，与周围件应有间隙，调节控制附件的安装方向应符合要求。

(5) 发动机起动、电气系统附件的安装

发动机起动电气系统附件的安装，包括起动机(起动-发电机、燃气涡轮起动机、空气涡轮起动机)和电缆组件、点火线圈、点火电嘴等外部附件与发动机的连接与试验。

① 起动发电机是通过快卸环固定在附件机匣转接安装座上。安装方法与要求如下：

安装传动轴，保证套齿啮合的正确，起动发电机安装的角向位置应正确，快卸环连接时快卸环槽口与起动机安装应全面接触，其对口处间隙应均匀。

② 点火电嘴是通过螺纹连接固定在点火器安装座上或通过衬套从外涵机匣插入固定在内函机匣安装座上。安装方法与要求如下：

在专用设备上通过 24～27 V 直流电应保证打火要求，测量放电电压值，安装电嘴并通过调整垫保证电嘴插入深度，电嘴陶瓷头应无油污，并能用手自由地拧紧。

③ 点火线圈是通过支架固定在发动机机匣安装边上或通过螺栓固定在机匣凸肩上。安装方法与要求如下：

点火线圈固定位置应正确，与支架或凸肩的连接应牢靠，陶瓷接头连接时应无油污，并能用手自由地拧紧，点火线圈与相邻件应有间隙。

④ 电缆总插头及电缆导线是通过支架或卡箍固定在发动机机匣安装边上。安装方法与要求如下：

◇ 检查电缆绝缘电阻值，方法是：用欧姆电阻测量仪；测量仪应是准确状态并经校准检查；测量仪插头插入电缆组件主插头内，并通入要求电压的网路上，加热 30 s 后，检查主插头的绝缘电阻值与导线之间有无闭合和短路现象。

◇ 电缆插头安装前检查，方法是：对准插头与插座的周向定位槽齿，并使插头能沿轴线移动；用手能将外套螺母拧到止点，并用工具轻微拧紧。

◇ 安装电缆导线卡箍与支架，方法是：导线之间用夹片捆缠；卡箍与导线间应装氟塑料衬套或橡胶衬套；卡箍支架通过螺栓固定在机匣安装边或凸边上。

2. 外部管路的装配

发动机外部管路系统的装配包括燃油、滑油、调节、漏油、空气和氧气等系统中管接头、导管、密封件的连接、导管固定卡箍及支架的安装。

(1) 导管接嘴的连接形式

导管连接有刚性和柔性两种形式。

1) 导管接嘴刚性连接

导管接嘴的刚性连接有锥面接嘴连接、球面接嘴连接、带安装边球面接嘴连接、圆柱面接嘴连接、可分式圆柱面接嘴连接、带安装边圆柱面接嘴连接、带安装边平面接嘴连接等结构形式，如图 8.26 所示。

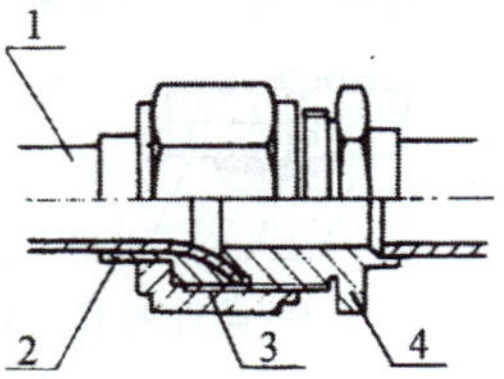

1—导管；2—导管接嘴；
3—外加螺母；4—锥面管嘴
(a) 锥面接嘴连接

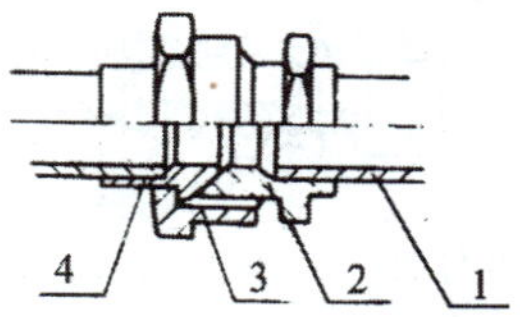

1—导管；2—导管接嘴；
3—外加螺母；4—球面管嘴
(b) 球面接嘴连接

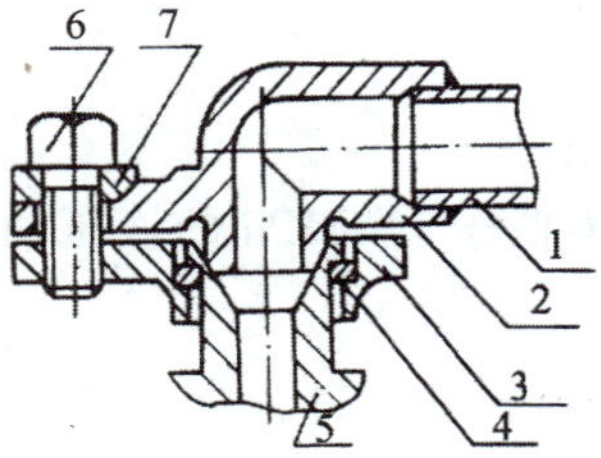

1—导管；2—球面管嘴;3—连接环；
4—半环;5—管接嘴;6—垫圈;7—螺钉
(c) 带安装边球面接嘴连接

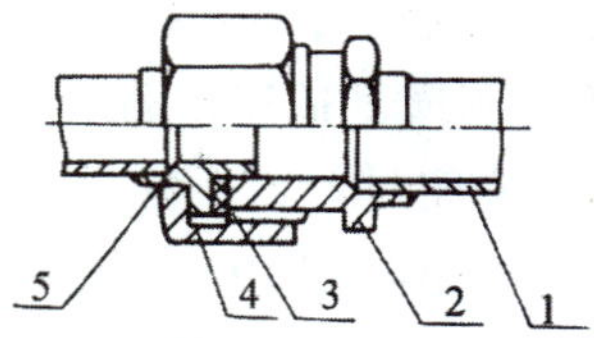

1—导管;2—导管接嘴;3—密封圈;
4—外加螺母;5—柱面管嘴
(d) 圆柱面接嘴连接

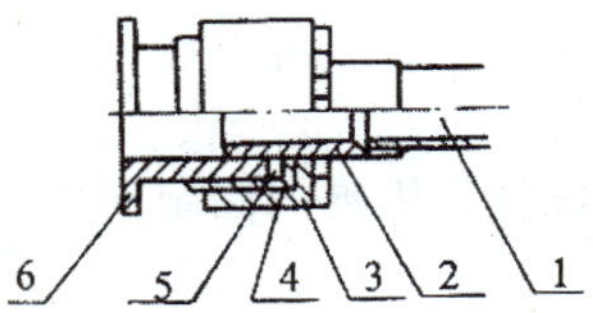

1—导管;2—柱面管嘴;3—外加螺母;
4—垫圈;5—密封圈;6—柱面管接嘴
(e) 可分式圆柱面接嘴连接

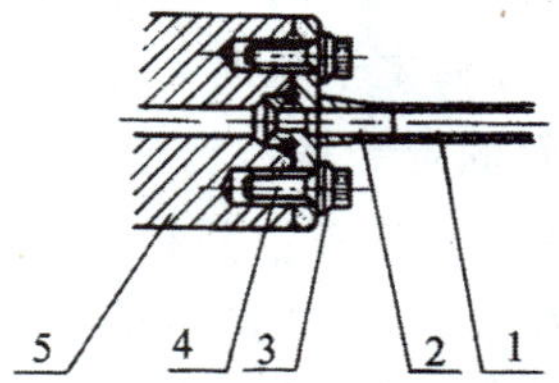

1—导管;2—柱面管嘴;3—螺钉；
4—密封圈;5—柱面管接嘴
(f) 带安装边圆柱面接嘴连接

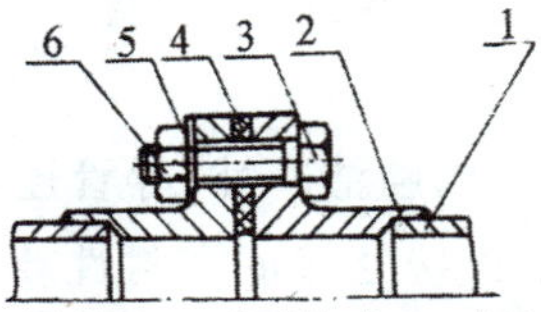

1—导管; 2—平面管嘴;3—螺钉;
4—密封圈; 5—锁片; 6—螺母
(g) 带安装边平面接嘴连接

图 8.26　导管接嘴刚性连接形式

2）导管接嘴柔性连接

导管接嘴的柔性连接有直接插入式连接、压套式插入连接、柔性导管与柔性/刚性接嘴连接、刚性导管与柔性套管连接等结构形式，如图 8.27 所示。

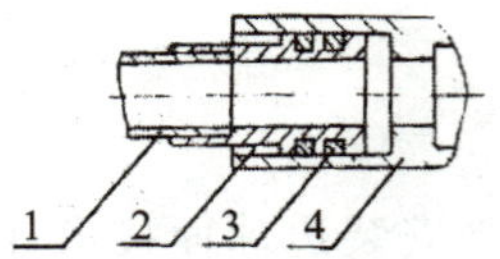

1—导管；2—柱面管接嘴；3—密封圈；4—管接嘴

(a) 直接插入式连接

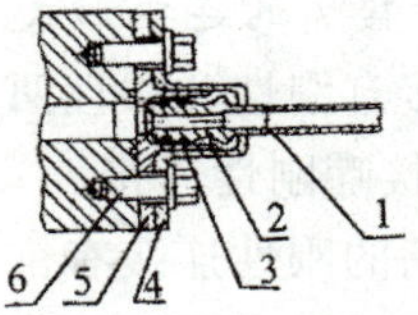

1—导管；2、5—管接嘴；3—密封圈；4—压套；6—螺钉

(b) 压套式插入连接

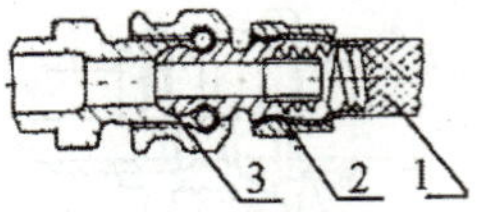

1—柔性导管；2—柔性接嘴；3—刚性接嘴

(c) 柔性导管与柔性/刚性接嘴连接

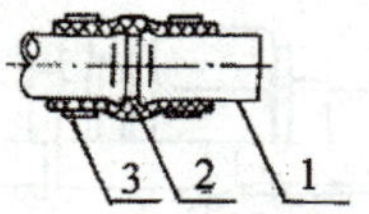

1—刚性导管；2—柔性套管；3—卡箍

(d) 刚性导管与柔性套管连接

图 8.27　导管接嘴柔性连接形式

(2) 导管连接密封件

导管接头连接密封件有弹性封严圈和金属封严圈，包括：

① O 形密封圈　适用于温度为－60～＋300 ℃，压力低于 49 MPa 的液压油、燃油、滑油和空气导管接头密封。

② 铜包密封圈　适用于温度 600 ℃以下的螺纹接头连接处密封。

③ 密封垫圈　适用于煤油、滑油及冷却系统接头连接处密封。

④ 金属 O 形密封圈　适用于高温燃气系统螺纹接头连接处密封。

⑤ 紫铜密封垫圈　多用于液压、空气、燃油系统中的螺纹接头连接处密封。

(3) 导管固定卡箍与支架

1）导管固定卡箍

导管固定卡箍有铝制和钢制两种。用于导管之间和导管与机匣的固定支承。固定卡箍有夹板形和弹性板形，见附表 8.1。

2）导管支承支架

导管支承支架有板制和铸制的，用于导管间的连接支承及导管与机匣的支承，导管支承支架的形式有板制焊接式、钎焊在导管上板片式、铸制直式、钢制弯式、插入可调式，见附表 8.2。

(4) 发动机外部管路装配要求

装配导管应保证成套性、完好性、内腔洁净性；导管连接保证足够的刚性；导管之间及导管与相邻件之间保证允许间隙值；导管连接处保证密封性要求；导管保证无应力装配；外部管路装配后，最大包容轮廓尺寸在允许的范围内；在研制或改进、改型的发动机上，外部管路装配时，各导管要进行频率测量。

(5) 外部管路装配前的检查

外部管路装配件装配前，目视或用放大镜进行检查：

导管外表面无变形、划伤、压坑、裂纹等故障;导管接头、管接嘴表面无划伤、锈蚀等缺陷,其接触表面着色检查密接度应在规定范围内;密封件无损伤、不翘曲变形,圆度应符合要求。

(6) 导管装配前的冲洗

1) 燃油、滑油、空气系统导管

采用热滑油冲洗机加压冲洗,滑油温度在 60~70 ℃,冲洗压力应保证从管端流出连续的射流,冲洗时间为 2~3 min,用细绢布接流出的油,细绢布内不应有脏物和金属屑。导管冲洗干净后,用汽油清洗,导管敞口处用堵头或堵帽堵好。

2) 氧气系统导管

采用干净的精馏酒精冲洗,再用洁净氮气吹干酒精至气味消失止。用滤纸检查导管流出的酒精,待挥发后滤纸上不应有斑痕。

(7) 管接头的安装

管接头安装应保证管接头与机匣安装孔连接正确可靠。

1) 典型管接头与安装座

如图 8.28 所示,管接头连接螺纹能自由拧入安装座内 2/3 深度,安装最终高度 Y 应保证装配用扳手所需间隙,并使安装管接嘴时不出现紧张现象。管接头接嘴的最终方向应保证与连接导管方向的一致性,管接头密封圈应正确压入封严槽内,必要时应选配胶圈直径达到规定压缩量,保证要求的拧紧力矩值,如表 8.2 所列。转弯接头或带安装边管接头连接处偏斜值 a 不超过规定值,自由状态管接头安装边偏斜值如图 8.29 所示。

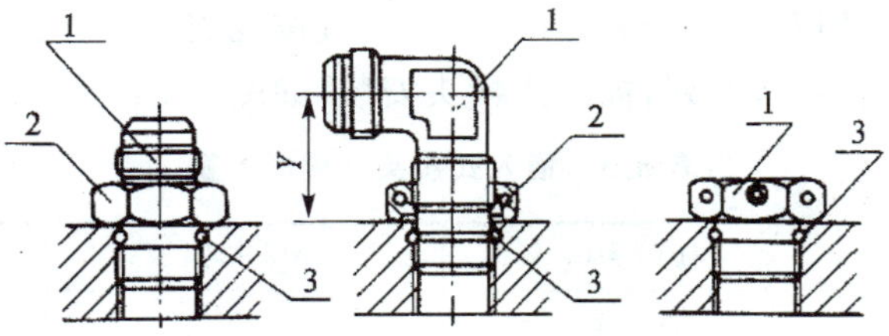

1—管接头;2—螺母;3—密封圈

图 8.28　管接头与安装座安装

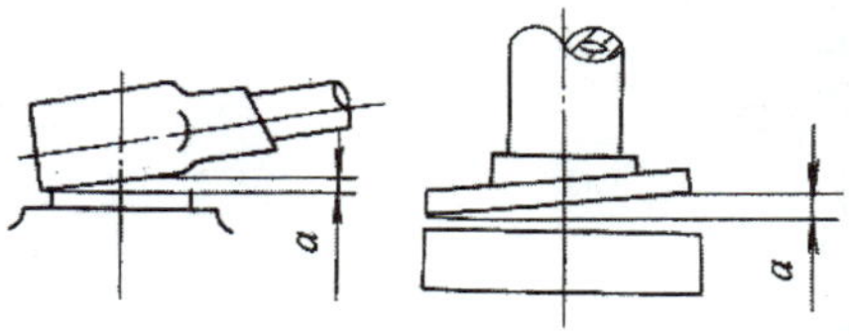

图 8.29　管接头安装边编斜值

2) 隔框连接的管接头安装

隔框连接的管接头安装如图 8.30 所示,其中管接头螺纹长度大于隔框厚度,并保证连接螺母全螺纹接触,带凸肩管接头采用隔框垫圈,其厚度应保证连接螺母全螺纹接触。

(8) 导管的安装

1) 导管安装顺序

根据发动机外部管路的结构特点,导管的安装顺序一般为:

由内至外按不相干扰层次安装;按左半部导管和右半部导管安装;按各系统导管安装。

表 8.2　管接头螺纹件拧紧力矩

连接种类 / 拧紧力矩 / 管径	一般管接头		球形管接头	
	外加螺母密封套拧紧力矩/(N·m)	管接头与壳体拧紧力矩/(N·m)	外加螺母拧紧力矩/(N·m)	管接头与壳体拧紧力矩/(N·m)
$\phi 4$	7～9	11		
$\phi 6$	13～15	18	10～15	10～15
$\phi 8$	13～15	18	10～15	15～20
$\phi 10$	19～21	25	20～25	25～30
$\phi 12$	31～33	39	25～30	30～35
$\phi 14$	39～41	47		
$\phi 16$	45～47	56	35～40	40～50
$\phi 20$	85～87	105		
$\phi 25$	106～108	120		

2）导管安装遵守的原则

管接头螺纹处涂滑油，高温部位涂高温润滑脂或白垩膏；管接头与导管应同轴连接，无应力；外套螺母连接螺纹能用于自由地拧至连接长度的 2/3；接头处密封圈应正确压入并保证足够的压紧量；连接接头应用双扳手拧紧；导管接嘴连接按规定力矩拧紧，并保证插入量要求。

接头连接插入量如表 8.3 所列，插入式接头安装，如图 8.31 所示。

表 8.3　插入式接头连接插入量　　mm

管外径	$\phi 10$～$\phi 16$	$\phi 18$～$\phi 24$	$\phi 25$～$\phi 32$
插入量	13～17	15～25	15～28

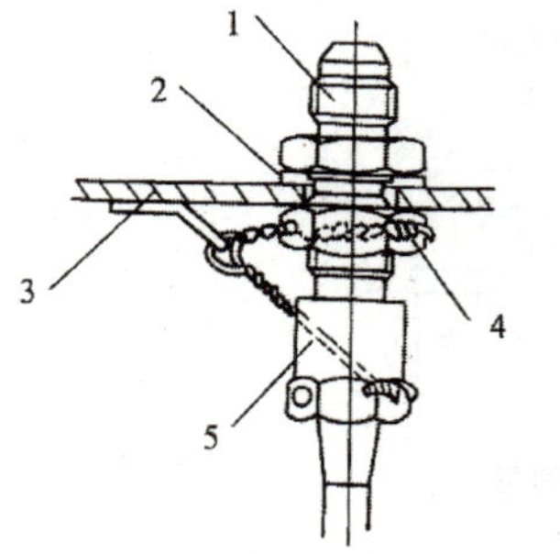

1—管接头；2—垫片；3—隔框；4—螺母；5—外加螺母

图 8.30　隔框连接的管接头安装

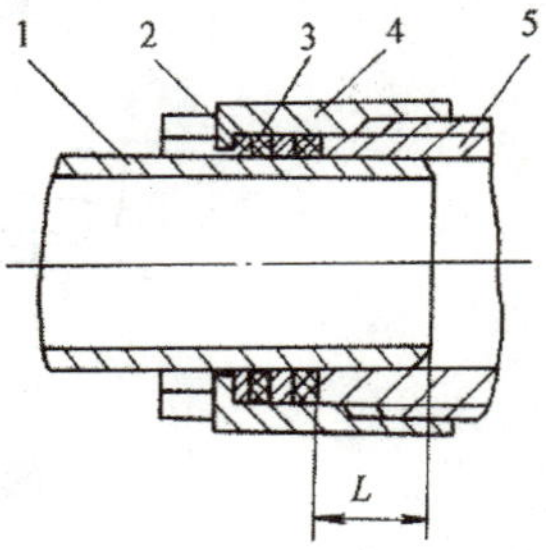

1—接管；2—垫圈；3—密封圈；4—外加螺母；5—管接嘴

图 8.31　插入式接头安装

3）导管安装时的校正

导管外径为 10 mm 或小于 10 mm，允许在发动机上校正；导管外径小于 8 mm，长度大于 200 mm，可用手弯曲校正，其弯曲处距焊缝处的距离不小于管径的 2 倍。导管外径为 10 mm 或小于 10 mm，允许用夹布胶木棒（板）或夹具校正，其校正量不应大于 2 mm，校正位置至焊缝处的距离应不小于 100 mm，用夹具校正时，夹具应装在管子无紧张处。校正后的导管应保证连接同轴度的要求。

导管校正的检查，用放大镜检查焊接处有无裂纹，在接近焊缝处校正后导管应进行打压试验。

(9) 导管连接卡箍与支架的安装

1) 导管之间连接卡箍典型安装形式

如图 8.32 所示，连接卡箍与纤焊在导管上的支承卡箍连接，其连接卡箍的导管直径必须小于支承卡箍的导管直径。夹板式卡箍安装时，卡箍孔的中心线应与导管的中心线平行并应保证足够的支承刚性，卡箍距紧固点距离及卡箍与导管配合如表 8.4 所列。

拧紧夹板连接螺栓时，不允许使夹板变形和夹板缘边将导管压伤。

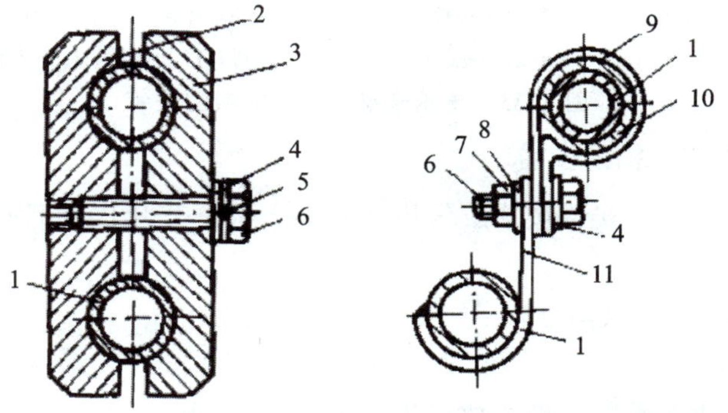

(a) 夹板卡箍安装　　(b) 与钎焊在导管上的支承卡箍安装

1—导管；2—下夹板；3—上夹板；4—垫圈；5—弹簧垫圈；
6—螺栓；7—螺母；8—锁片；9—弹簧卡圈；10—衬套；11—支架

图 8.32　连接卡箍的典型安装

表 8.4　卡箍距紧固点距离及卡箍与导管配合

导管外径/mm	卡箍距刚性紧固点距离/mm	卡箍与导管配合
≤ϕ10	100	间隙 1～过盈 1
	100～200	间隙 1.5～过盈 1.5
	200 以上	间隙 2～过盈 2
>ϕ10	200	间隙 1～过盈 1
	200～400	间隙 1.5～过盈 1.5
	400 以上	间隙 2～过盈 2

2) 导管支承卡箍与支架的典型安装

如图 8.33 所示，支承卡箍与机匣安装边或凸肩连接时，其连接螺栓应能自由地插入卡箍孔和支架中，并应保证连接螺栓全螺纹接触。支架连接后，不应使连接导管受力变形，插入式支架应保证卡箍与支架间的最小间隙值。

(10) 发动机外部管路系统锁紧

外部管路系统装配后，一般采用锁紧丝、锁紧垫圈和弹簧垫圈锁紧。低温区采用黄铜锁丝，高温区采用不锈钢锁丝。一次装配外部管路系统允许不锁紧，二次装配外部管路系统全部锁紧。

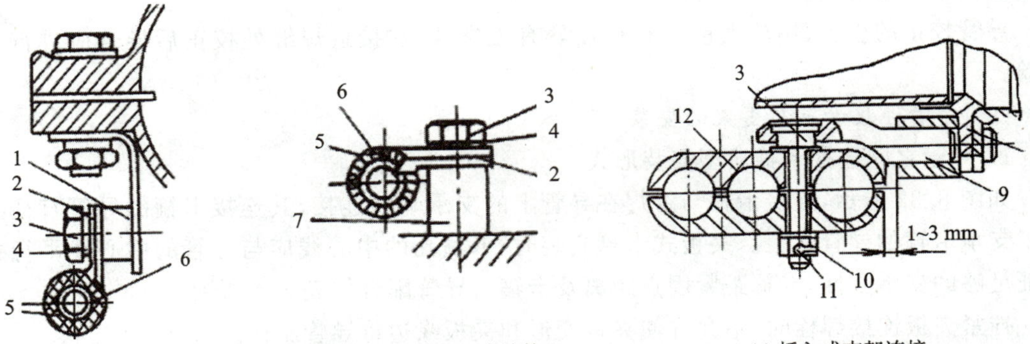

(a) 支承卡箍与机匣安装边连接　(b) 支承卡箍与凸肩连接　(c) 插入式支架连接

1—支架；2—卡箍；3—螺栓；4—弹簧垫圈；5—衬套 4321；6—导管；
7—凸肩；8—机匣安装边；9—支架；10—螺母；11—锁销；12—卡箍

图 8.33　支承卡箍与支架的典型安装

3. 发动机防喘调节机构的安装

发动机防喘调节机构的安装包括放气机构和静子可调节叶片外部操纵机构的连接、调整、试验，并应符合设计要求。

(1) 放气机构的结构形式与装配

1) 链带式放气机构

单活塞式液压作动筒操纵链带式放气机构如图 8.34 所示，双活塞式液压作动筒操纵链带式放气机构如图 8.35 所示。链带式放气机构是通过自动调节器控制燃油进入活塞前腔，使活塞移动，带动扇形齿轮，驱动链带关闭或打开。

安装放气链带、连杆和扇形齿轮，保证齿轮正确啮合；安装作动筒并与连杆连接；通过试验检查链带的开、关，应符合要求；检查作动筒及连接导管的密封性。

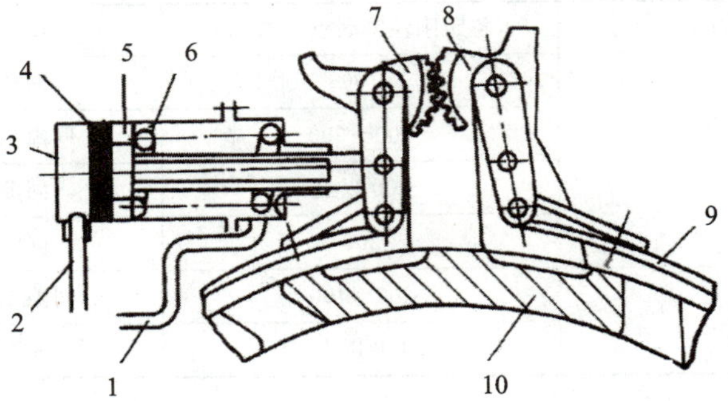

1—放油管；2—供油管；3—液压作动筒；4—皮碗；5—活塞；
6—弹簧；7、8—扇形齿轮；9—链带；10—压气机中机匣

图 8.34　单活塞式液压作动筒操纵链带式放气机构

2) 活塞式放气活门

活塞式放气活门结构形式如图 8.36 所示。活塞式放气活门是通过自动调节器控制滑油来推动活塞，带动活门开、关。

通过滑油打压试验检查放气活门通、闭的压力应符合要求，并通过调整弹簧力保证；放气活门应正确地安装在压气机机匣集气室的安装座上，连接螺栓的拧紧力应符合要求。

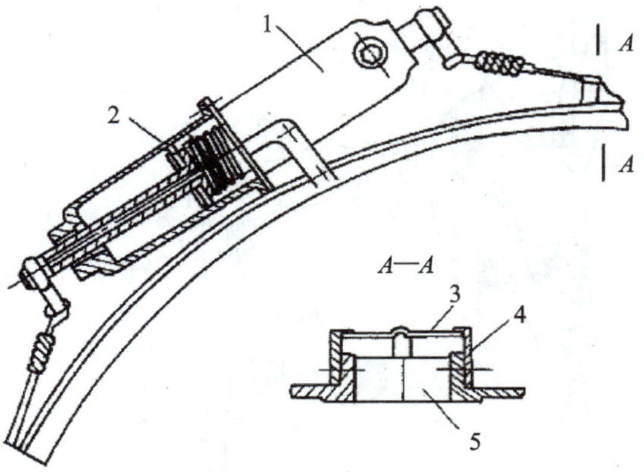

1—液压作动筒；2—活塞；3—链带；4—定位块；5—放气窗口

图 8.35　双活塞式液压作动筒操纵链带式放气机构

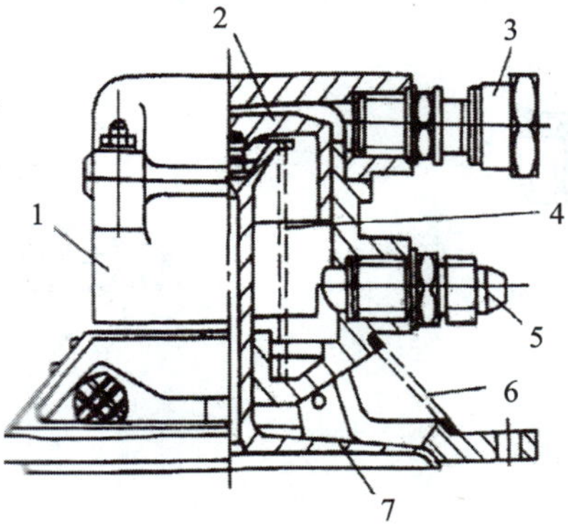

1—壳体；2—活塞；3—进油管；4—弹簧；5—回油管；6—防护网；7—活门

图 8.36　活塞式放气活门

3）环带式放气机构

典型的环带式放气机构如图 8.37 所示。放气机构是由自动调节器控制燃油进入作动筒活塞前腔或后腔，使活塞移动，带动中间臂和摇臂致放气环带关闭或打开。风扇发动机采用的环带式放气机构一般由内操纵部分和外操纵部分组成。环带式放气机构内操纵部分如图 8.38 所示。放气机构是由自动调节器控制燃油进入作动筒活塞前腔或后腔，使活塞移动带动摇臂，再通过操纵杆、主动支撑摇臂带动放气环关闭或打开。环带式放气机构外传动如图 8.39 所示。

安装两半放气环，应保证圆度值；按选配的位置号装主、从动摇臂，并应保证连接销轴的配合；在机匣座中安装主、从动摇臂；在机匣上安装作动筒，并与摇臂连接，保证连接销轴的配合。

打压试验与检查：检查作动筒及导管连接的密封性；检查并调整摇臂的同步性；检查并调整作动筒的行程；检查放气环关闭和打开间隙。

(2) 可调节导流叶片外传动调节机构的装配

可调导流叶片调节机构包括可转动进口导流叶片和可转动静子叶片的外调节机构。

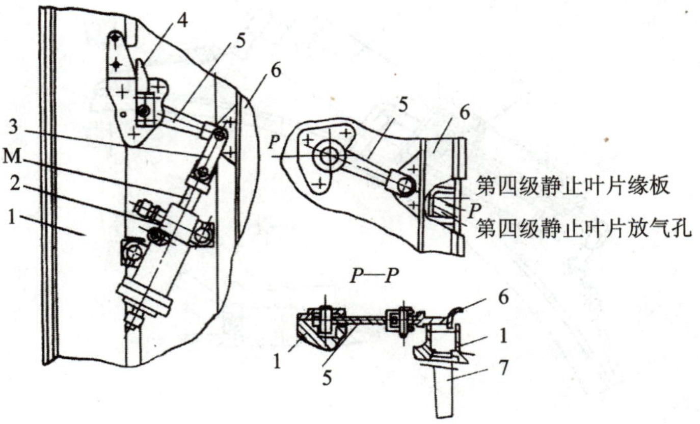

1—高压机匣；2—作动筒；3—中间臂；4—摆动臂；5—摇臂；
6—放气环；7—第四级静子叶片；M—作动筒活塞

图 8.37　环带式放气机构

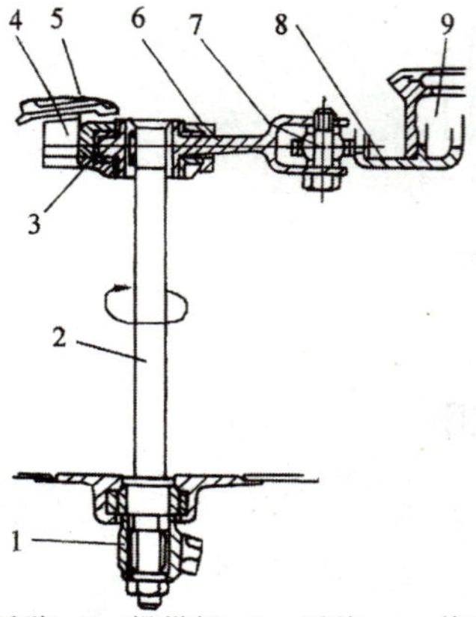

1—摇臂；2—操纵杆；3—压盖；4—传动盒；
5—叶片；6—杠杆；7—销轴；8—放气带；9—放气孔

图 8.38　环带式放气机构内操纵部分

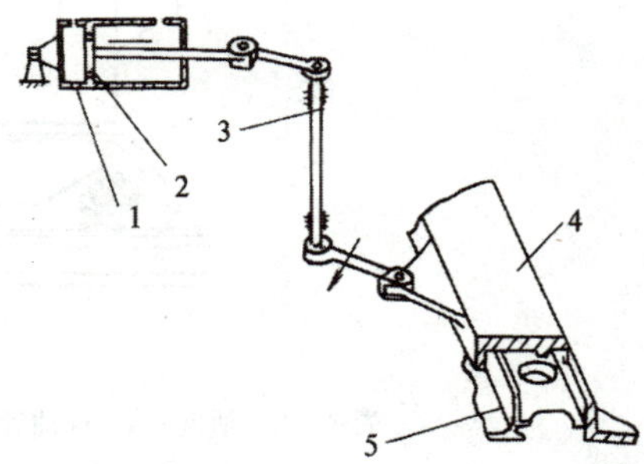

1—作动筒；2—活塞；3—操纵杆；4—放气带；5—机匣

图 8.39　环带式放气机构外传动

1）可转动进口导流叶片外操纵机构

如图 8.40 所示，操纵机构是由作动筒带动摇臂，再通过操纵杆带杠杆，使作动环转动而带动叶片转动。装配过程如下：

安装摇臂于操纵杆套齿端，保证连接角度；在机匣壳体上安装作动筒，并与摇臂连接；打压试验，调整作动筒活塞尾杆长度和调节器钢索长度，保证外刻度与内角度的一致性，并符合设计要求；调整作动筒活塞杆长度，保证作动筒的行程；检查密封性，符合要求。

外传动环传动的进口导流叶片调节机构，外操纵机构如图 8.41 所示。操纵机构是由作动筒带动拨叉，使拉杆转动带动外传动环致主动叶片转动，再通过小摇臂带动随动支撑环使所有叶片转动。装配过程如下：

安装外传动环与主动叶片的连接；在机匣座上安装作动筒，并将拨叉机构与连杆、传动环连接；检查连接件的配合及间隙应符合要求；打压试验，通过调整保证要求角度，调整左、右作动筒的同步性，检查密封性。

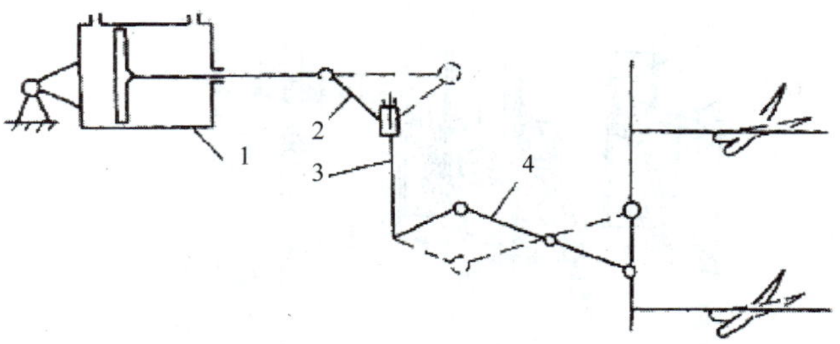

1—作动筒；2—摇臂；3—操纵杆；4—杠杆

图 8.40　作动环传动进口导流叶片外操纵机构

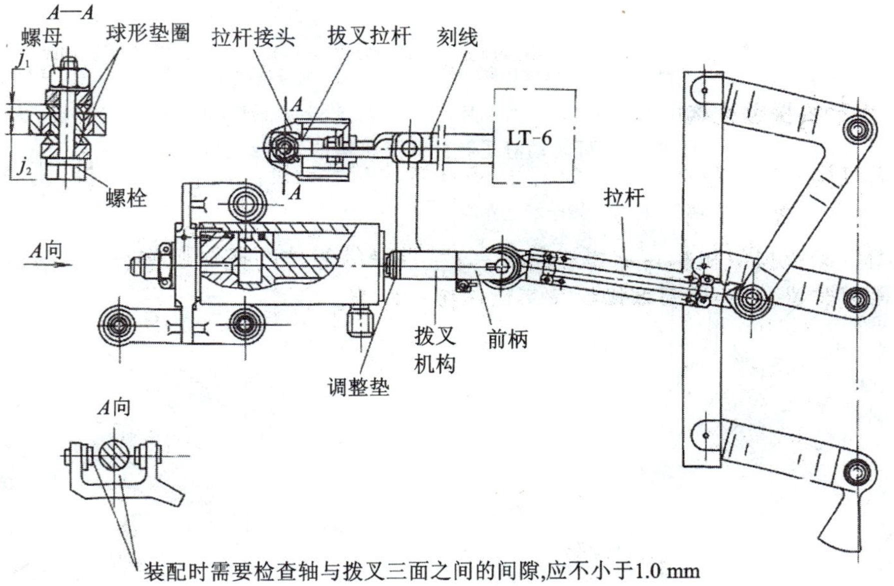

图 8.41　外传动环传动的进口导流叶片调节的外操纵机构

2）可转动静子叶片调节机构的外部操纵机构

如图 8.42 所示，调节机构是由作动筒带动摇臂，通过小摇臂、拉杆带动与叶片连接的作动环使叶片转动。装配过程如下：

作动环与各级叶片小连杆连接并检查同步；在机匣安装座上安装左、右作动筒；各级作动环与摇臂连杆及作动筒摇臂相连接，并检查同步；作动筒及导管打压试验，检查作动筒及连接导管的密封性；检查调整作动筒的同步性，通过调整作动筒活塞杆尾杆长度和调节器连接钢索长度；保证调节器刻盘角度与叶片内角度一致，并在要求范围。

防喘调节机构在安装、调整中一般通过专用的打压试验设备进行打压试验。

4. 发动机操纵机构的安装

操纵机构的安装包括操纵机构组件、各连接件与发动机和调节件的连接、调整。

（1）操纵机构的形式

涡喷发动机操纵机构带有操纵组件，典型带操纵组件的操纵机构如图 8.43 所示，主要包括状态操纵装置、燃油调节器操纵拉杆和连接拉杆等。

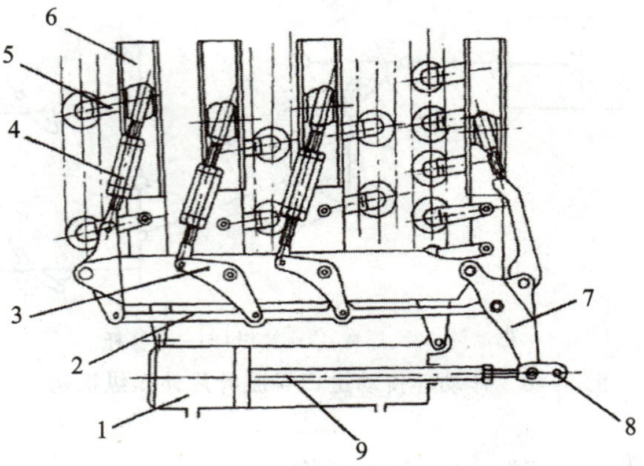

1—作动筒；2—摇臂拉杆；3—小摇臂；4—摇臂连接拉杆；
5—转动叶片小连杆；6—作动环；7—摇臂；8—连接钢索；9—活塞

图 8.42　可转动静子叶片调节机构的外操纵机构

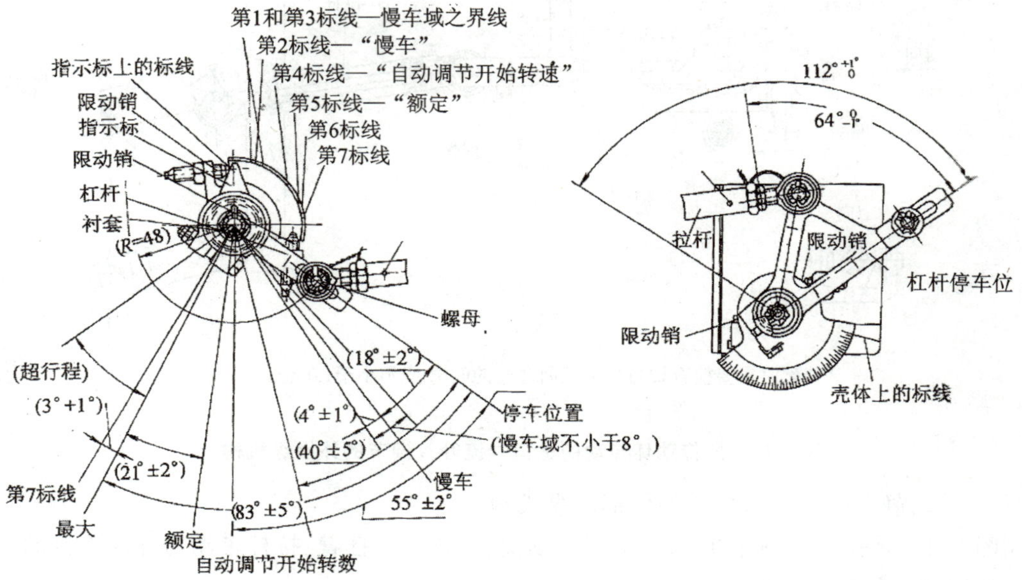

图 8.43　带操纵组件的操纵机构

(2) 操纵机构的安装方法

带操纵组件的操纵机构的安装如下：

在发动机机匣安装边的支架上安装操纵组件，与周围件应保持间隙要求；再连接轴端安装状态操纵器摇臂杆，保证角向位置要求和套齿的正确啮合；安装连接拉杆；通过调整连接拉杆的长度或改变燃油调节器摇臂杆和连接拉杆连接螺栓中心距，保证燃油调节器操纵拉杆与操纵摇臂杆在停车、中间状态和最大状态角度一致，并能调至到要求的范围。

5. 整机检查

(1) 整机滑油冲洗

整机滑油冲洗的目的是保证发动机装配后滑油系统内腔的洁净。冲洗方法如下例：

冲洗设备与发动机滑油系统安装连接；预热滑油，按容积比 HP－8 占 75％、HH－20 占 25％配制，温度为 70～80 ℃循环注入设备油路 5 min；不转动发动机，用冲洗设备油泵将滑油压力增至 392～431 kPa，冲洗发动机 10 min；转动发动机 600～1 000 r/min，冲洗发动机 40 min，从发动机滑油滤进油，各支点回油经绢质检验油滤（或绢布）回油箱，停车后检查检验油滤是否有金属沫或其他杂质，直到冲洗干净为止。

(2) 发动机密封性检查

检查的目的是保证发动机最终装配后，管路系统导管接头连接处及燃油、滑油附件与机匣安装处不应有渗漏现象。

1）密封检查方法如下：

① 燃油密封检查　通过设备向燃油系统导管内打入一定压力的燃油，确定导管接头及附件与安装座连接的密封性。其检查方法如下例：

开动设备由油泵向燃油路注入很低压力的燃油，将管路内的空气赶至放气开关放气，冒出燃油；调整压力为 0.1～0.2 MPa，持续 3～5 min 检查低压油路接头处的密封性，不允许渗油、漏油；调整压力为 6.0～8.0 MPa，持续 3～5 min 检查高压油路接头处的密封性，不允许渗油、漏油。

② 冲氮气检查　向燃油总管导管内充一定压力的氮气，在导管接头处涂肥皂水，持续 3～5 min，检查不允许有气泡出现。

③ 通过空气检查　用工艺堵头堵住导管系统敞口处；向附件机匣通气管通入一定压力的压缩空气；在接合面处及接头连接处涂肥皂水；持续 3～5 min，不允许有气泡出现；拆下堵头排除发动机内空气压力；吹干擦净表面上的肥皂水。

(3) 搭铁、通电检查

搭铁检查的目的是防止静电荷集聚放电而发生着火和伤害人的危险，消除对无线电的干扰。

搭铁检查的机件范围是所有的燃油导管、含有易燃气、易燃蒸气的管子、内有高速流动的空气（马赫数在 0.4 以上）的导管、导管接头连接处及借助夹布胶木皮套与导管连接的连接处、电缆管与有搭接线的卡箍的连接处、外部附件与发动机壳的连接处、发动机壳体与有搭接线件的连接处、壳体结合面、形成飞机外壁的零件。

发动机不需要搭铁检查的零件是发动机运转时充满滑油的导管、灭火导管、热电偶（铠装电偶）电缆束、由设计部门确定的小零件和附件。

搭铁的方法是搭接件通过两端钎焊有接线柱的柔性导线进行搭接。搭铁导线的长度应根据最小或最大规定分组。导线应适应工作温度的要求，凸耳应钎焊在导管上。导管搭铁一个接线柱连接到钎焊管子的凸耳上，另一个接线柱固定在发动机上方便的地方。导管长度为 76～1 000 mm 装一根搭铁线，导管长度大于 1 000 mm 时，在其两端搭铁。除导管外的搭接零件，用螺母或螺钉将接线柱固定在要搭铁的零件上，搭铁导线的连接如图 8.44 所示。

搭铁检查的仪表与检查方法如下：

搭铁检查通常用微欧姆计，测量零件接头处的电阻，搭铁检查的连接方法如图 8.45 所示。

测量仪表经检定处于准确状态，仪表测量导线与测量件的连接具有良好的接触。

搭铁检查不合格排除方法是除去搭铁连接处的油污和灰尘，打光搭铁连接处之零件表面；用工具拧紧连接件的连接螺母或螺栓；检查仪表测量导线与连接件的接触应确认完好；涂搭铁凡士林油膏。

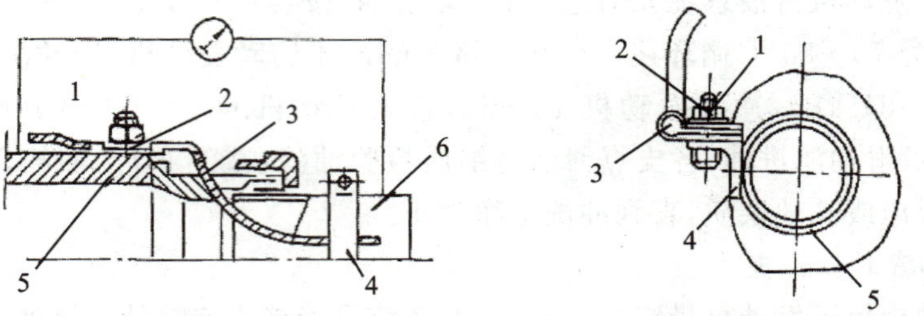

(a) 两个搭接件形式　　(b) 一个搭接件形式

1—螺栓；2—螺母；3—搭铁导线；4—搭铁凸耳；5、6—搭铁件

图 8.44　搭铁导线的连接

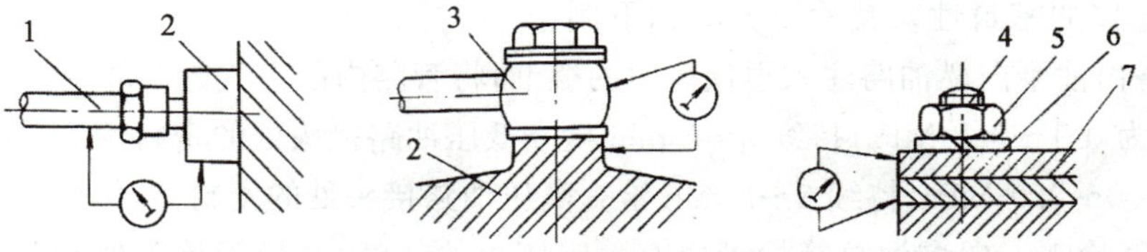

(a) 检查套管嘴的连接　　(b) 检查空心螺栓的连接　　(c) 检查安装边的连接

1—套管嘴；2—壳体；3—带空心螺栓的接头；4—螺栓；5—螺母；6—弹簧垫圈；7—安装边

图 8.45　搭铁检查的连接

发动机在发检验试车前，每台都进行搭铁检查，检查部位占规定总数的 20%，如不合格，发动机进行 100%数量的搭铁检查。

(4) 外廓尺寸检查

外廓尺寸检查的目的是保证发动机最终装配后的外廓尺寸满足与飞机相配轮廓尺寸的要求。定型前生产的每台发动机，在发往检验试车前均须进行外廓尺寸检查。批生产的发动机可以定量抽检。

发动机最终装配后的外廓尺寸是用符合飞机给定的轮廓尺寸工艺样板进行检查，典型结构形式如图 8.46 所示。

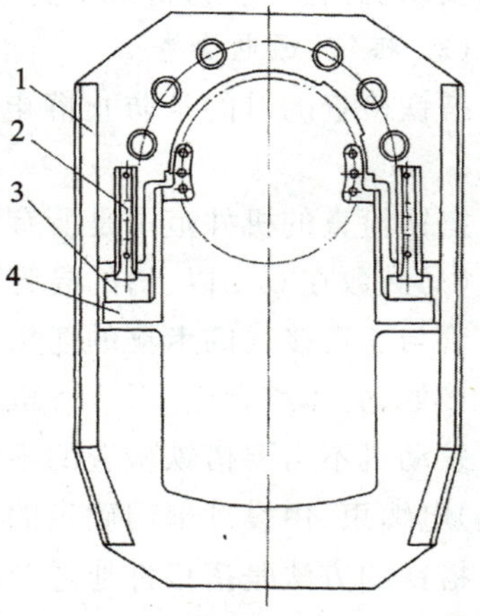

1—样板；2—滑块；3—导轨；4—导轨支架

图 8.46　发动机外廓尺寸检查样板

检查方法如下：

安装导轨支架于发动机前、后机匣安装边上；安装工艺样板导轨；安装工艺样板组件，使其可在导轨槽内滑动；工艺样板沿发动机轴向方向，由前向后沿导轨槽移动，样板在分段长度上应能包容发动机的最大轮廓尺寸。

8.2　发动机分解

发动机分解，是将整台发动机分解成部件、组合件或零件的过程。发动机在工厂试车、长期试车、在飞行前准备试车、定型试车和特种试车后或试车中出现需要分解检查和排除故障时，以及发动机大修时都要进行分解和故障检验。如果发动机制造、装配质量稳定，全寿命使用过程无故障，可以一次装配，一次试车合格出厂，可不进行分解。

8.2.1　发动机分解工艺

根据发动机的结构特点、分解的目的不同，发动机分解范围和深度也不尽相同，一般的分解程序主要包括接收待分解发动机、分解发动机（外部机件、传动机构、部件、组件等，根据分解深度确定）、洗涤、故障检验和技术状态鉴定，如图 8.47 所示。

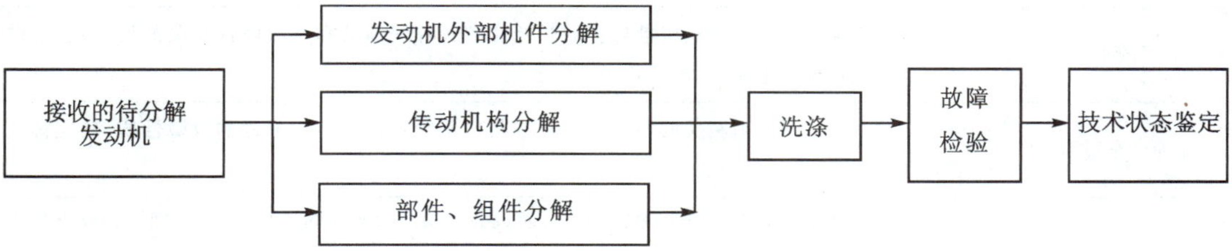

图 8.47　发动机分解工艺

1. 接收待分解的发动机

接收待分解的发动机后要进行以下工作：

① 检查外部质量，内容包括：

◇ 检视发动机外部机件，开口、孔处和测试接头的堵盖（帽）应齐全；

◇ 检视各附件（元件），铅封应完好；

◇ 外部机件无损伤故障。

② 接收发动机随带卷宗、附件履历本及试车记录单。

③ 履行交接签字手续。

2. 发动机试车后分解特点

发动机分解可在垂直或水平位置上进行分解。当在垂直位置上进行分解时，发动机一般是前端向下安装在地面托架或升降夹具上；当水平分解时，发动机被放置于具有翻转功能的水平装配车上，如图 8.48 所示。

(a) 垂直分解　　(b) 水平分解

图 8.48　发动机分解的两种方式

试车性质不同，发动机的分解特点也有所不同，表 8.5、表 8.6 分别列出了批生产发动机分解特点和研制发动机试车后分解特点。

表 8.5 批生产试车后分解特点

分解特点 试车种类	特 点
工厂试车后	按工厂试车后要求分解、检查、测量与装配时相应的各种间隙值和与故障件相关的尺寸；鉴定试车后零、部、组件的技术状态，确定是否继续装机
检验试车过程	分解至与试车中出现故障相关的零、部件，检查其技术状态，鉴定零、部件的故障性质，确定排故方法，排除故障
长期试车后	按发动机长期试车后要求的分解深度进行分解，测量、检查零件的配合尺寸、几何形状，检查零件磨损、变形； 按规定进行无损检验； 对零、部、组件技术状态作出结论及改进措施

表 8.6 研制发动机试车后分解特点

分解特点 试车种类	特 点
磨合试车后	发动机分解至工厂试车装配时的零、部、组件状态，检查零、部、组件磨合后技术状态，按要求测量有关相配零件尺寸
试验性试车	根据设计要求、被试验零、部、组件的要求，试车出现故障的发动机进行部分分解，或按工厂试车后、长期试车后分解，检查分解下的机件技术状态，按设计部门要求测量有关项目
PFRT 及 150 h 鉴定试车后	按发动机 PFRT 试车后要求的分解深度进行分解，检查零、部、组件的磨损、变形，测量配合尺寸，与设计图纸和试车前测量值比较； 有关零、部、组件按规定进行特殊检查及无损探伤，燃油、滑油、电器系统附件进行试验； 对零、部、组件进行技术状态评价

8.2.2 发动机分解的主要要求

1. 一般要求

对发动机分解的一般要求如下：

① 各连接螺栓、螺母分解前必须先松开保险丝或锁片、锁销；

② 导管接头连接螺母必须用双扳手拧松分解；

③ 分解中应防止滑油、燃油滴入电气元件、电缆插头和点火电嘴处，防止滑油、燃油滴入滑石涂层、石墨涂层处；

④ 铁合金叶片、盘、轴件禁止用铅、铜和含镉的手锤及心棒敲击；

⑤ 钛合金及高温部件在分解时应用标签做临时标记，严禁用含铅或其他易形成积碳物的笔具做标记；

⑥ 分解后的小零件，应按部、组件存放在专用的盒内或塑料袋内，并有明显的零件号码和数量标志；

⑦ 分解后的电气插头及燃、滑油附件敞口处均须安装工艺堵头(帽)；

⑧ 双排轴承分解后应成套存放，不得混串。

2. 特殊要求

对发动机分解的特殊要求如下：

① 分解中的调整件、测量件应保持原状态。

② 结合面紧度大的转、静子相关件分解时应采用限位工装。

③ 故障件的分解应按特殊程序进行，并注意保护故障状态和相关件。

④ 螺纹连接件紧度大时，采用燃油渗透或其他特殊渗透液后方可分解。

⑤ 结合面涂密封胶(膏)的机件，分解后的清理选用相应可溶解的洗涤液除净，不应损坏机件表面。用加温清除时，加温温度应在要求范围内。

8.2.3 发动机分解中的测量与分解故障检验

1. 分解中的测量

发动机在分解中根据要求一般包括以下测量：

① 按要求必须的，而且在分解后无法直接获得的间隙值或尺寸值；

② 规定的发动机转子与静子的径向间隙与轴向间隙；

③ 规定的转子盘或轴端面和柱面跳动值，测量点要与装配时的测量点相对应；

④ 转子的轴向活动量；

⑤ 特殊要求的测量值。

2. 分解后的故障检测

(1) 发动机分解后，零、部、组件清洗

① 分解后零、部件的清洗和除积碳。零、部件洗涤可选用不同介质和方法进行清洗，如汽油、煤油清洗方法和水剂介质清洗法。表 8.7 是采用汽油、煤油清洗方法，水剂介质清洗法有酸性溶液清洗法、洗涤剂去油污法、洗涤剂除积碳法、水剂流水线洗涤法、钛合金水剂清洗法等。

② 无损检验后的零、部件清洗。无损检验后残留在零、部件表面的磁粉或荧光粉等必须清洗，清洗程序如表 8.8 所列。

表 8.7　汽油、煤油介质清洗法

程　序	除　油	粗　洗	精　洗	干燥处理	临时油封
洗涤方法	刷洗、冲洗	刷洗、冲洗	刷洗、冲洗	吹干	
采用溶剂	洗涤汽油或煤油(可用粗洗用过的汽油)	洗涤汽油(或用精洗用过的汽油)	洗涤汽油	热压缩空气	含 5%55 号防锈油的洗涤汽油

表 8.8　无损检验后的清洗程序

洗涤程序	初　洗	二次洗	干　燥	油　封
采用介质	汽油或煤油	洗涤汽油	热压缩空气	含 5%55 号防锈油的洗涤汽油

③ 二次装配前零、部件的清洗。

(2) 故障检查

① 目视(或 10 倍放大镜)检验零、部、组件。

② 按要求进行无损探伤及特殊检查或试验,以鉴定零、部、组件试车后的技术状态,确定继续装机或排除故障装机使用等结论。故障检验方法见 4.3 节,工厂试车及持久试车后常见的故障将在 9.1.3 小节中讲述。

8.2.4 大修发动机的分解

发动机分解,是整个发动机修理的第一道工序,在整个大修工艺中占有十分重要的地位。使用后进厂翻修的发动机,由于油垢、腐蚀和高温等原因,造成连接件之间紧密结合,很难分开,因此,操作方法上有一定的要求。

1. 分解的依据与要求

(1) 分解的依据

大修发动机需要根据具体情况确定分解工艺,一般属于下列情况之一的发动机,均须分解。

① 到期返厂机　上次出厂时规定的工作寿命已用完。

② 提前返修机　使用寿命期未完,但出现无法排除的故障。

③ 返修机　发动机经修理装配后,试车不合格,必须返回生产线排故。

④ 二次分解　采用某些新工艺、新技术、新材料,在试修期间,施工单明确规定,试车合格后,必须对以上零、组件进行检查。

(2) 分解要求

① 按工艺规程要求正确使用工具设备。

② 分解下来的零件、组合件和附件,必须放在专用盒、专用架、专用车或工作台上。

③ 钛合金零、组件不得与聚氯乙烯板(即塑料板)接触放置,要单独存放,且台面上要垫橡胶垫。

④ 须敲打才能分解下的机件,允许使用橡胶或夹布胶木榔头敲打,当使用心棒时,允许使用铜、铝或夹布胶木材料的心棒。

⑤ 采用保险片、保险丝和开口销保险的螺纹件分解时,要先去除保险,不得带保险强行分解,以免损伤零件保险孔、螺纹和棱角。

⑥ 配合件(如轴承和轴),在压出前,应先检查和去除毛刺,防止压出时划伤或磨损配合表面。

⑦ 有一定紧度配合的机件,分解时用力要柔和均匀,注意阻力是否正常,并排除不正常的阻力和故障,已防损坏机件。

⑧ 轴承装在涡轮上停放时,为了防止后轴承碰坏,应戴上保护罩。

⑨ 为防止轴承、联轴器等组件生锈,检查完故障后要及时油封。

⑩ 发动机组合件或局部分解时,各导管接头应用堵盖堵好,其他孔口应及时用胶布粘贴,以防脏物进入。

2. 特殊分解方法

(1) 难分解连接的分解方法

对于使用周期较长的发动机，会造成连接件难于分解的现象，如果出现这些特殊问题，可采用以下方法解决：

① 松动法　将连接件进行左右松动或轴向冲击振动，将腐蚀层及尘埃振松散后再进行分解。

② 加温法　对于分解阻力较大的连接件，可以采用加温法，使连接件产生热膨胀（包容件的外围周长尺寸大于被包容件的周长尺寸，其膨胀后尺寸大于被包容件尺寸），使连接件产生间隙，便于分解。

③ 渗透法　采用渗透分解性强的汽油、煤油或清洁剂浸泡难分解的连接件，油液渗入后，污物被溶解、腐蚀层变松弛、结合面被润滑，使分解可以比较顺利的进行。

(2) 破坏分解法

发动机长期工作后，有些连接出现变形、烧结、卡死、损坏等现象，很难保证连接件不受损伤地分解下来，为了保证修理需要，必须分解的连接件，就要采用破坏法进行强行分解。在采取这种分解方法时，要遵守尽量减小损失、修理方便、经济性好的原则进行分解，即

① 破坏已损机件，保护其他零件。

② 破坏标准件，保护非标准件。

③ 破坏价值低的零件，保护价值高的零件。

④ 破坏可修复零件，保护损坏后不能修复的零件。

3. 分解前的准备与检查

(1) 分解前的准备

1) 文件的准备

分解前，需要查阅翻修机的履历本和有关施工文件，弄清楚分解目的和分解深度，有些发动机，为了查找故障，在分解过程中要做一些特殊的检查和测量。因此，大修前需要将翻修机的所有文件准备齐全。

2) 工作场地、工具及设备的准备

分解前，将分解工作区域清理必须扫干净，分解工作区域不得有任何其他零件和脏物；分解后要清点工具和机件，以免工具或小机件掉入夹层或发动机内腔，酿成事故；摆放机体的工作台、车、架、箱等要预先准备完好，以免工作开始后造成混乱。

3) 发动机的准备

对进入大修的发动机，首先进行开箱及内、外启封；分解前，进行外观检查，检查外观是否有变形，机件是否完整无缺，实物与文件是否相符（当发现有缺件、表面故障、附件或组合件已不是原台等问题时，要作详细记录，重要问题报告相关部门，弄清原因，作出处理）；打开放油开关，彻底放出滑油箱内的滑油、机体内的油封油，去除全部保险和铅封。

(2) 分解中的检查

在分解发动机的过程中，既要完成分解工作的过程，同时也是对分解后的零、组件进行观察、检查、发现故障的过程，特别是二次分解后的零、组件，记录有无故障。通常根据分解目的不同，检查分为配合关系检查、重点检查和特殊检查三种类型。

1）配合关系检查

为了防止发动机分解后或在故检中发现特殊故障，而其故障原因又不是直观可见的，需要通过间接分析研究才能判断出来的，所以在分解过程中须做一些必要的检查及记录，以备查核。如涡轮、压气机有关间隙的测量，煤油、滑油滤的检查，以及分解过程中发现的异常现象或损伤等，都需要在分解过程中进行检查。

2）重点检查

对于进入翻修期的发动机并不是所有零、组、部件都有故障，大部分零、组、部件并无故障，不需修理，所以，通过必要的外观检查，寻找需要修理的零、组、部件及发动机。

3）特殊检查

为了查明返修发动机和高返修率故障原因，往往要根据故障性质，分解检查有关部位，或逐项实行返工工序检查，这种检查的规定，一般由技术部门，发出有关临时文件，指定一些内容、项目或零件的检查，也有采用编入工艺规程加以经常性的检查。

4. 典型发动机分解

根据发动机分解工艺，将发动机分解成几部分，以便更直观、方便的查看发动机内部情况。由于发动机类型不同，其分解情况也不尽相同。

（1）发动机主体分解

分解过程如下：

从外向里，先两头再中间；先拆导管、电缆、附件，再拆涡轮、导向器、附件传动机匣、进气机匣、压气机转子，最后拆前机匣。

由于组合件比较大，所以分解时采用吊具，起吊机件时，吊挂上升速度要均匀、缓慢，同时要采取必要的措施防止机件扭转、碰撞或挂坏。

例如，某涡喷发动机分解的各部分如下：

进气机匣、前机匣、中机匣（第三级机匣）、中介机匣（第四、五级机匣）、后机匣、第二级整流器、外套、内套、火焰筒、一级导向器、二级导向器、扩散器、加力燃烧室、可调喷口、低压压气机转子、高压压气机转子、高压涡轮、低压涡轮、附件传动机匣、主燃料油泵、加力燃油泵、中介泵、滑动附件、起动发电机、点火线圈起动线圈及控制盒等。

（2）组合件分解

组合件分解成零件的工艺过程，是根据各组合件结构确定的，有些分解过程需要采用专用工艺装备与设备。

1）几种典型组件的分解

① 压出轴承和齿轮时，为了不在机件上造成压印，应将组件放在铝垫或夹布胶木板上，加以保护。

② 分解叶片时，应按顺序号将分解下来的叶片放入专用箱内；带紧度的叶片分解时，要用软金属心棒（铜棒、铝棒）或不会损伤叶片的非金属棒（胶木棒），冲击叶根卸下叶片。

③ 当遇到有烧结现象或变形、损坏的连接件时，按照破坏性分解原则进行分解。对于无法分清的情况，价值又很高的连接件，采取全局性保护，局部破坏然后修复的方法进行分解。

2）分解后的工作

零件分解后，应有序摆放，按规定标刻机号、任务号、寿命的组合件，应及时标刻或挂标签，对于要求不高的螺钉螺母，应按材料性质分类装箱，便于洗涤、保管和故检。

8.2.5　预研发动机的分解

预研发动机的分解极为特殊，有时没有分解工艺规程，没有详细资料，给分解带来一定困难，分解工作更要小心细致。其主要要求如下：

① 在分解过程中，要边分解边记录，详细记录分解的步骤，零、部、组件的名称、代号、数量及各种间隙、活动量。拧松螺纹连接时，要注意记录扭矩值和松紧角度，主转动部件主连接处还要检查紧松时轴向变形量（拉伸）的不同，观察记录组装零件相互关系，如沿周向配合间隙是否均匀等；大件卸下前后（如涡轮盘）主轴的下沉量变化、主转动部件的端面跳动、支承面（轴承座）的径向跳动量等。大部件脱开时应立即检查是否有装配位置要求的记号，并细致记录。

② 在分解过程中，当固定螺母旋转方向不明又分解不开时，不可盲目加大分解力度，以免损坏机件。应详细分析固定锁紧结构，弄清锁紧是否打开，有无粘连，经过处理后，根据分析的旋转方向，逐渐加力将螺母慢慢松开。另外，在分解过程中为了避免损坏零、部、组件，必要时应根据被分解件的结构尺寸，并充分利用机件上的工艺孔、槽、凸台、螺纹等条件，设计结构简单合理的工装夹具，保证分解工作的顺利进行。分解过程中采用的装配车、吊具极为重要，在设计制造时要考虑到质心、翻转、分解方便等多方面的要求。

③ 在排故部分分解时，要注意首先明确故障部位，尽量缩小分解范围，找出最佳分解路线，确定分解步骤。分解后严格按目录清点，拆下的保险丝头也要清点，防止小零件及保险丝掉入发动机进气道。在分解过程中还应注意避免碰伤其他零、部、组件，必要时应加防护措施。

思考题与习题

1. 发动机整机装配须满足什么要求？
2. 简述传动装配中转子、静子间隙测量与调整方法？
3. 简述发动机分解工艺。
4. 简述大修发动机的特殊分解方法。

第9章 发动机试车

发动机试车是在发动机装配完成后，为了对发动机进行功能和可靠性的质量验证，以调整和鉴定该发动机规定的与运转有关的要求是否得到满足。不同发动机的试车要求有所不同。通常自行研制的航空涡轮发动机在发动机的型号规范中规定了这些要求；对于申请领取中国民航适航证的发动机，除执行该机型号规范的规定外，还需要执行民航发动机适航标准规范的要求；对于从国外引进和出口外销的发动机，除按发动机原产国型号规范规定要求执行外，还需要执行双方合同补充的要求。

9.1 概 述

9.1.1 试车类型与分类

1. 试车类型

根据试车目的不同，航空发动机试车一般包括以下几种类型：

(1) 工厂试车

发动机第一次装配后，为了磨合发动机零、部件，检查各附件工作情况、装配质量，以及按技术条件调整性能参数而进行的试车，也称磨合试车、初步运转试车和提交试车。

(2) 科研试车

发动机在研制改型中或为排除故障而进行的试车，称为科研性试车。科研性试车的目的是测量发动机某些工作状态下的性能、气动热力参数和机件的强度数据，以满足分析研究和鉴定的需要(科研性试车需要根据具体科研任务确定发动机的试车状态和要求)。

(3) 检验试车

发动机出厂前为了检查最后装配质量和调整性能参数及向订货方提交所进行的试车，也称验收试车、最终运转试车。

(4) 附加试车

工厂试车后，由于更换了重要零、部件，为考核其工作可靠性所进行的试车称为附加试车。一般情况下，附加试车的运转程序少于工厂试车。

(5) 长期试车

长期试车是为定期抽查发动机的质量或考核零、部件改进改型后的性能稳定性和结构可靠性而进行的较长时间的试车，一般为循环运转，总时间超过 60 h，也称为持久试车、耐久试车。

(6) 寿命试车

寿命试车是为检验发动机在一次翻修寿命期内工作可靠性而进行的与发动机一次翻修寿命期相同的试车，一般为循环试车，也称为 1∶1 寿命期持久试车。

(7) 150 h 长期试车

150 h 长期试车是长期试车的一种，但又不同于一般的长期试车，它是国家主管部门验收新机和改型机定型试车的一种，是世界公认的工作准则，试车程序和负荷应由国家主管部门批准。

(8) 等效试车

等效试车是用加大发动机负荷的办法，在短期内达到长期试车同等考核效果的试车，多用于长寿命发动机，也称加速任务试车。

(9) 破坏试车

破坏试车是为确定发动机的使用期限、第一次翻修和以后各次翻修的间隔期以及确定修理方法，规定各种零件的使用期限和备件数量所进行的试车。

(10) 工艺试车

工艺试车是为考核新工艺而进行的试车。有时为结构改进、材料变更而进行的考核试车也称为工艺试车，属试验研究性质的试车。可用长期试车程序，也可根据需要确定运转时间和负荷。

(11) 空中试车

空中试车是在空中进行的试车。

(12) 模拟试车

模拟试车是模拟装机后飞行的实际工作条件和使用情况的试车。

(13) 油封试车

油封试车是为油封发动机内部而进行的试车，由起动机带动转子，使发动机的滑油系统、燃油系统及液压系统的所有内腔注入新鲜的油封油，也称为冷、热油封。

2. 试车种类

根据试验时间、试车目的、发动机的工作属性等不同，发动机的试车种类也不同，因此试车大纲的内容和要求及技术处理的原则也不相同。

(1) 按试验机的完整性分类

按试验机的完整性可分为部件试验试车、整机试验试车。

1) 部件试验试车

部件试验试车是指对发动机的主要部件在部件试验器上进行的专题试验。试验条件是根据匹配要求制定的，单独考核某部件的特性或工作可靠性。这种试验是整机试验的基础。与整机上考核比较，试验经费较低，但是往往不能获得相关部件偏离设计状态时其特性的变化量；试验条件往往不能全面反应装机后的各种情况差异，所以部件试验后应在整机上进行联合试验。但从经济性和易行性考虑，有些部件试验，如单管燃烧室试验、燃油流量分配试验、压气机特性试验，可用部件试验结果作依据，不在整机上重复试验。

部件试验在单元体设计中尤为重要，在新机设计任务下达之前，进行部件设计与试验，可为新机研制作技术储备。

2) 整机试验试车

整机试验是用完整的发动机进行的，旨在考核整机性能水平及匹配性、完整性、协调性、耐久性或在真实条件下重点针对某部件、某系统的试验研究，如整机性能试验、发动机稳定工作裕度试验等。

(2) 按试验时间分类

按试验时间可分为持久试车和短时试车。

1）持久试车

持久试车包括1∶1寿命低循环疲劳试车、定型试验中的150 h试车、飞行前试验中的60 h试车、循环各异的加速任务试车。持久试车主要考核结构完整性、耐久性及性能稳定性。

1∶1寿命低循环疲劳试车基本上反应了使用中真实的动力负荷和热负荷的疲劳考核。150 h试车仅是设计定型中，发动机确定技术状态的依据之一。60 h试车是依据故障率的“盆形理论”，将故障较高的早期故障期在地面试车中消耗掉，以增加试飞的安全性。

2）短时试车任务

短时试车包括初步运转试车、最终运转试车、排故试车和其他科研性试车。主要考核、调整或探索性能可达性、参数协调性、结构匹配性和其他特定目的。

(3) 按进排气条件分类

按发动机进气、排气截面大气条件可分为常温常压试车、高温常压试车、高空模拟试车。通常情况下，在试车台上都是在自然条件下进行的常温常压试车。对于大功率发动机在持久试车的最后几个阶段，提高进气温度进行试车只能在具有热气源的台架上进行。高空模拟试车在高空台上进行，发动机进口和出口截面的温度和压力完全模拟飞行高度和速度下的实际大气条件。

(4) 按试车目的分类

按试车目的分为初步运转试车、最终运转试车、交付持久试车、排故试车、科研试车、设计预定型试车、国家设计定型试车等。除排故试车、科研试车按制造厂的目的自定试车大纲外，其他试车都是按照国家有关部门或订货部门批准认可的试车大纲的要求进行的，以向订货部门交付为目的。设计预定型试车是制造厂参照国家设计定型试车的要求，自行处理的摸底试车。科研试车的项目是根据国家通用规范或型号规范制定的。

(5) 按发动机工作属性分类

按发动机的工作属性不同，试车可分为点火起动试验、超温试验、超速试验、加速性试验、耐久性试验、环境适应性试验、性能功能试验、控制污染试验和降低噪声等试验。

(6) 按试验件属性分类

按发动机部件分压气机试验、燃烧室试验、涡轮试验、加力燃烧室试验及发动机各系统试验。

9.1.2 试车台

试车台是用做航空发动机（包括地面使用的涡轮机械）生产试车和科研试验的场所。按试车台的进排气条件可分为高空试车台和一般常规试车台。高空试车台进、排气大气条件模拟高空、高速飞行条件，进气经过加温或强制冷却，设备复杂，造价昂贵，能源要求极大，一般由专门试验研究单位建制。常规试车台进气温度是常温，有的具有一定的加热设施，用于热试车。

试车台分室内、室外两种。发动机制造厂多建成室内试车台，室外试车台多为试验研究部门所拥有，且常常建成标准试车台，可用于校准生产试车台。

1. 试车台类型

(1) 按发动机机种分类

① 涡喷发动机试车台　可试各种推力的涡喷发动机，有的也可试小流量涡扇发动机。

② 涡扇发动机试车台　可试空气流量较大的涡扇发动机。

③ 涡桨发动机试车台　专试涡桨发动机。

④ 涡轴发动机试车台　专试涡轴发动机。

(2) 按试车台用途分类

① 生产试车台　发动机制造厂和修理厂建造的进行生产试车的试车台,可试机种单一,台架数量较多。

② 科研试车台　发动机试验研究及培训单位建造的试车台,一般安装架的动架可以安装转接架。排气引射筒可移动、可改变截面积,因此可适应多个机种、多样试验,测试系统、数采处理系统齐全、先进。

(3) 按试车台进排气形式分类

① 一字形试车台　进排气道、试车间及排气流道都是水平的,进排气阻力小,进气流场均匀,但占地较多。多用于大功率涡桨发动机。

② U 形及 Ш 形试车台　试车间进气流道和排气流道都垂直于发动机轴线。Ш 形试车台有两个进气道,增加中间进气道,可使气动力更为合理,降低试车间流速,减少阻力损失,降低排气温度,占地较少。

③ L 形试车台　垂直进气,水平排气或水平进气,垂直排气。

2. 试车台的结构、主要设备与系统

(1) 试车台结构

试车台通常由八个基本部分构成:进气道、试车间、排气道、操纵间、测试间、油类系统设备间、电气系统设备间及试车准备整理工作间。

试车台主要设备是试车台架和各种系统。台架可分悬挂式、支撑式两种。附件置于发动机下方的多用悬挂式;附件置于发动机上方的宜用支撑式。科研试车台多为悬挂式,由于一台多用,动架下方可装不同机种的专用安装架。

可进行热试车的台架,气流前方配置气源机,高温燃气加上引射的新鲜空气渗混后,进入被试发动机。

多功能的科研试车台,需设置可拆式的平台,备以装用试验机、试验部件、测功器、电负荷、气动负荷或液压负荷。这种试车台往往设置可控的气体分流系统、可转换的测试、控制、采集等系统。

一般生产试车台工作系统是按所试机种固定设置的,包括燃油、滑油、尾喷口操纵、电气控制测量系统及其他辅助设备。

现代化试车台,采用了操纵、监视、测量、数据处理计算机化,为此增加了有关的电子系统和工作间。

(2) 试车台主要设备

试车台主要设备包括台架、进气加温装置和试车用发动机进气道。

1) 试车台架

试车台架应能承受各种条件下试车载荷,包括严冬的最大推力或功率载荷和短时间破坏型载荷;应能可靠测量发动机推力或功率。试车台架固有频率不应高于慢车转速的 80%;主体结构对发动机进气流场无影响。

2) 进气加温装置

为进行热试车准备的热气源装置,有的采用整体发动机,有的采用单管燃烧室,从位置角度考虑，多用前者。一部分燃气分流直接排出试车车间外，另一部分燃气与引进的新鲜空气掺混，稳压后进入试车的发动机，气源经调整可达到指定进气温度、流量和合格温度场品质。当被试发动机空气流量较小（一般小于 5 kg/s）、进气温度要求低（一般小于 80 ℃）时，如涡轴发动机，多采用电热加温器。

3）试车用进气道

进气道由防尘网、转接段、中间环、橡胶密封圈及固定支架等组成，它的功用是把足够数量的空气，以较小的流阻导入发动机。

现多用双扭线形进气道，如图 9.1 所示，这种结构的进气道流畅均匀、无畸变、流阻小。平直段设有进气参数测量装置，宜采用双层式，以便加温防结冰。

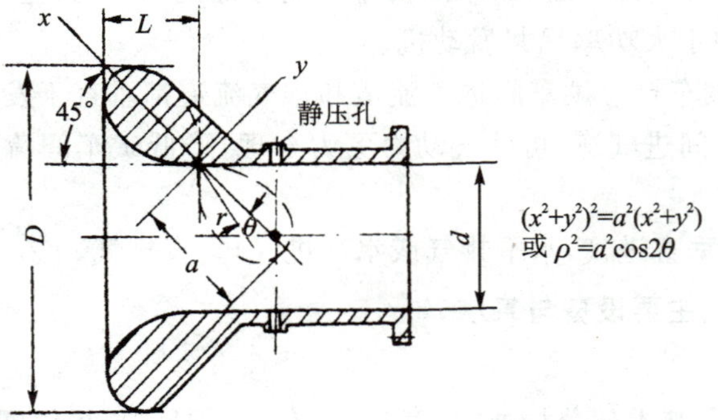

图 9.1　双扭线形进口流量管

（3）试车台常用系统

试车台常用系统包括空气起动系统、汽油供应系统、燃油供应系统、滑油供应系统、发动机内部油封系统、发动机喷口操纵系统、液压泵负载系统、交直流发电机负载系统、发动机油门操纵系统、发动机引气系统、抽真空系统、螺桨机台架的顺回桨系统、冷却吹风系统、发动机清洗系统、设备用液压操纵系统、发动机试车工作过程控制系统、试车台设备控制系统、测试系统、防雷系统、照明系统、防爆防火系统、台架内部通信系统、试车台工业闭路电视系统等。这些系统有的是模拟飞机上使用条件，有的与发动机工作有直接关系，有的因为台架设备、试验项目需要而设置。下面简单介绍其中几个系统。

1）空气起动系统

空气起动系统为压缩空气起动的发动机专用。系统以储气罐为气源，用空压机充压。该系统应能连续三次提供发动机起动所需要的压力、流量、温度，一次连续供气时间的空气，将转子带到一定转速。发动机转子惯性和压气机功率的大小决定着起动空气的压力和流量的数值。

2）汽油供应采统

汽油供应系统为汽油起动的发动机专用。系统由汽油箱、电磁阀、齿轮泵、汽油滤组成。介质为航空汽油，代号为 RH－75，压力为 0.2 MPa，常温。汽油箱容积按连续起动 10～20 次考虑。

3）燃油供应系统

燃油供应系统提供发动机各种工作状态所需要的燃料。系统包括：油库（置于试车间以外)、加压油泵(或压缩空气加压)、流量测量设备、油滤、油气分离器、密度测量计、加温器、电动阀、电磁阀、手动阀门、防火阀门、指示仪表及管道等,如图 9.2 所示。

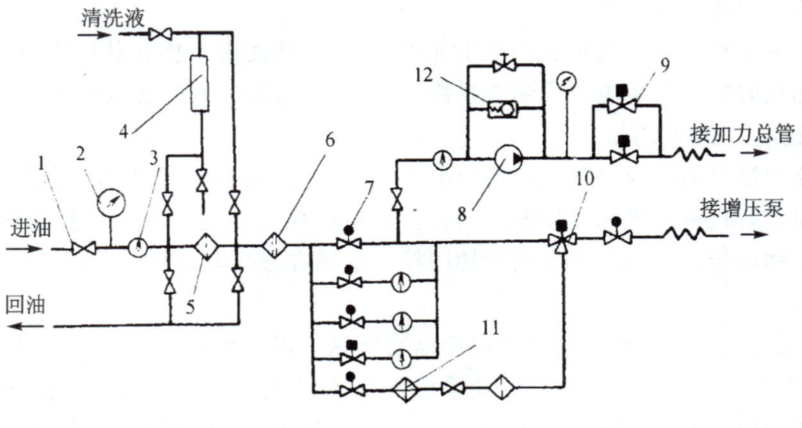

1—阀门;2—压力表;3—流量计;4—密度计;5—粗油滤;6—细油滤;7—电动阀;
8—油泵;9—电磁阀;10—电动分配阀;11—加温器;12—定压阀

图 9.2　典型燃油供应系统原理图

燃油供应台架系统与发动机自身的燃油系统一起组成发动机燃料系统,基本上相当于装机后完整的燃料系统。该系统技术要求是:压力满足发动机增压泵进口要求,流量满足发动机各状态需要(包括加力补油),过滤精度为 5～10 μm,温度为常温或热试车时需要的较高的燃油温度,流量测量精度为 0.2%～0.5%。系统工作可控制、可显示、可计量。

4) 滑油供应系统

滑油供应系统为涡桨及涡轴发动机、地面透平机械专用。系统通常由油箱、油泵、油滤、流量计、散热器、阀门及管道等组成。滑油供应系统的功能是提供润滑支撑的滑油、冷却轴承温度和发动机内部油封。

涡喷、涡扇发动机上自成独立的滑油系统,当进行热试车时,燃油需要加温,此时独立的滑油系统没有燃滑油换热功能,滑油需要引至机外强制冷却,热试车台架应备置相应的散热装置。

5) 发动机内部油封系统

涡喷、涡扇发动机试车台的内部油封系统多装在油封间;涡桨、涡轴发动机试车台的内部油封系统一般与滑油系统共用。

油封系统由油箱、油滤及阀门组成,常通过调整液压组件的溢流阀来调定油封压力。油封时将油封管道与发动机燃油、汽油及机上滑油系统相连接,用新滑油充满上述系统。

6) 发动机喷口操纵系统

发动机喷口操纵系统通常由液压油油箱、油泵、油滤、蓄能器、阀门及管道组成。该系统与发动机尾喷口电磁阀操纵开关相连,即形成一个闭式液压循环系统,相当于飞机的相应系统。它的功能是按发动机的调节规律调整发动机的喷口直径。台架上停车时可利用该系统测定喷口移动时间、喷口最大和最小尺寸。该系统常与液压加载系统合并,用以进行液压负载试验。

7) 液压泵负载系统

把飞机液压泵安装在发动机上,模拟飞机的液压泵工作载荷。该系统由液压油箱、油泵、油滤、蓄能器、电动节流阀、流量计、散热器、阀门及管道组成。散热器、流量计是在喷口操纵系统基础上增加的，油泵是飞机上的液压泵。该系统基本同于喷口操纵系统，但该系统液压泵出口采用两个比例调节阀，以满足加载液压泵出口达到两个不同压力值的要求。

8）交直流发电机负载系统

直流负载采用低电阻温度系数的电阻元件，交流负载使用无感电阻元件，通过转换开关改变负载量。加载时需要对发电机强制吹风冷却，系统中电流加载与通风机工作连锁设计。

9）发动机油门操纵系统

发动机油门操纵系统与电气控制系统配合，实现对发动机从起动到停车的各个状态的操纵。该系统通常有机械操纵和电动操纵两种。机械操纵是通过一系列的杠杆作用，把操纵台上的手动角位移量传递到试车间发动机油门杆。这种方法简单可靠，但安装需占空间，拉杆穿墙使噪声外传。

现代试车的自动化、程序控制化宜使用电动操纵。电动操纵利用了电能转变为机械能的原理，由带操纵手柄的发送器、控制箱、功率放大器、带摇臂的接收器、驱动主电机及备用电流、电缆组成。电动操纵的先进之处在于，可以用信号发生器、电子计算机等代替操纵手柄，将信号输入控制箱，最终达到操纵发动机的目的。

10）发动机引气系统

发动机引气系统模拟飞机从发动机引气加温飞机某些部位，一般引出压缩空气。引气可使流场变差，可能使排气温度提高，所以引气是有限制的，系统的引气流量可测量、可控制，如图 9.3 所示。

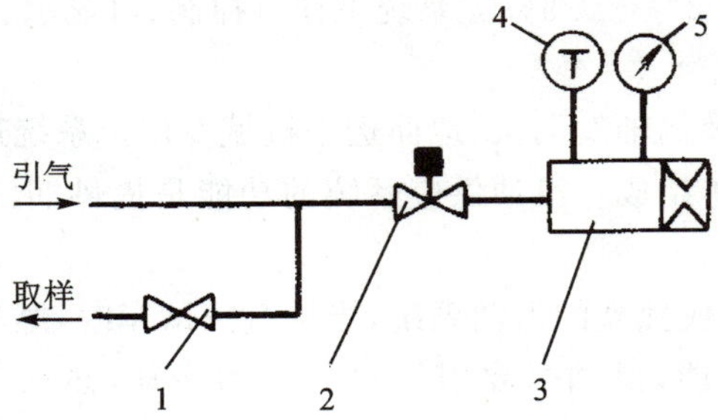

1—阀门；2—电磁阀；3—引气测量器；4—温度计；5—压力计

图 9.3　发动机引气系统原理图

11）抽真空系统

抽真空系统模拟高空低压条件，抽取气压调节器内腔空气，使内腔压力同于高空压力。

12）冷却吹风系统

与装机飞行比较，发动机在台架上工作，某些部件、附件环境中引气流较弱，散热条件较差，须配置强制冷却吹风系统。发动机须制冷的部件包括加力燃烧室、起动机、发电机、空气压缩机、涡桨机涡轮外环等。

冷却吹风系统尽量单独设置，便于操纵控制，吹风机工作一般与被制冷单元工作连锁设计。冷却空气温度一般取常温，吹风量和风压按被吹风件表面温度要求，试验测定。

13）发动机清洗系统

发动机长期运转后，叶片表面易产生污垢，影响发动机效率，现代试车台都备置了发动机清洗系统。该系统采用独立移动式，一般做成清洗小车，使用时以软管连接，用于清洗的喷嘴装在进气道上和压气机匣有孔处。清洗液为软化水或化学溶解液，使用后者时，最终应以清水冲洗。0 ℃以下清洗时，清洗液中应加 25%的酒精，降低清洗液的冰点温度，防止结冰。清洗液流量视压气机通道截面积和级数而定，一般为 20～100 L/min，压力为 0.15～0.25 MPa。

发动机在停车 30 min 后进行清洗，清洗前应拆除测量传感器和其他禁水件，堵死不应进水的通道；清洗中发动机以冷运转状态工作，一般采用间歇式，可达清洗目的。

国际上，民用发电透平机组常用核桃皮粉粒作为清洗介质，介质从发动机进口喷入，污垢在粉粒的冲击作用下与叶片分离，而粉粒在燃烧室烧掉后排出机外。铝质叶片不宜采用此方法。

14）试车台其他系统的特点

电气系统中的电源宜由两个独立的电源供电，互为备用。试车间电动门、燃油防火开关和灭火系统应来自两台变压器，或来自低压配电箱的两个独立回路。辅助电源应在需要时，自动投入工作。

测量、数据采集及处理系统、电调装置的电源应无其他负载，防止其他负载的工作干扰和故障干扰。

试车台设备控制系统应尤为注意试车技术要求中的各项连锁设计，提高客观保障措施，降低主观失误造成的过失发生率。

由于试车台在工作时具有振动大、噪声大、气流速度大的特点，导线应选用铜芯导线和电缆。传输毫伏级信号应采用屏蔽线，防止干扰信号输入。除一般控制电缆、电子线路电缆、计算机电缆等弱电流电缆外，导线截面积在满足要求的基础上应提高 1～2 级。

线路敷设应贯彻“高上低下”原则，即高压电力电缆排在最高处，一般控制电缆居中，计算机电缆在最下层。电缆载体尽量避免与其他用途的管线交叉。

试车台属第三类工业防雷建筑物，进气塔和排气塔采用建筑物构件防雷；设备间宜设置自动灭火系统。

9.2　典型试验与试车

9.2.1　发动机常规试车

在发动机制造中，发动机试车的主要任务是对发动机进行功能和可靠性的质量验证，以调整和鉴定对该发动机规定的与运转有关的要求是否得到满足。

1. 发动机试车技术的准备与试车工艺文件

航空发动机试车技术准备必须贯彻中华人民共和国国家标准、国家军用标准、航空专业标准、涉及的其他专业标准。随着我国航空事业的发展，有关航空发动机试车的指导性、指令性技术标准也在逐步完善中，在现行的航空工程工艺文件中也贯彻了航空专业世界公认的一些工作准则。在新机和改进、改型机种的试车工作中，同时包括了订货部门认可的型号规范，其他设计、冶金、工艺文件要求体现。这些标准主要包括：

试车的纲领性标准，如 GJB 241—87（航空涡喷涡扇发动机通用规范）、GJB 242—87（航空涡桨涡轴发动机通用规范）、CCAR—33（中国民用航空规章第 33 部航空发动机适航标准）；发动机性能调试有关标准，如 GJB 359—87（涡喷涡扇发动机性能的温度修正规范）、GJB 378—87（涡喷涡扇发动机性能的温度修正规范）、HB 6213—89（涡喷涡扇发动机高空模拟试验性能修正规范)等;试车用油料有关标准,如 GB 438—87(RP-1,1 号喷气燃料)、GB 1788—79(RP-2.2 号喷气燃料)、SY 1158—82(8 号喷气机润滑油)、SY 4002—81(4104 合成航空润滑油)、SY 4021—83(7023 低温航空润滑脂)、SY 1181—76(10 号航空液压油) 、GB 1789—79(航空洗涤汽油)等;仪器仪表及附件有关标准,如 HB 6—76(航空仪表通用技术条件)、GB 1226—86(一般压力表)、GB 4989—85(热电偶用补偿导线)等;其他通用技术标准,如 GJB 181—86(飞机供电特性及对用电设备的要求)、HB 5662—81 飞机设备电磁兼容性要求及测试方法)、HB 6116—87(航空燃气涡轮发动机排气冒烟测量规范)等;发动机储存封包有关标准,如 GJB 145—86(封存包装通则)、HB 5129—79(航空发动机干燥空气封存)等;其他有关基础标准,如 HB 0—85—75(航空产品技术名词术语)、GB 1920—80(标准大气)等。

发动机在试车车间进行的全部工作(接收、运输、安装拆卸、各种试车、排故、油封和包装等)所依据的试车工艺规程、试车工艺说明书、变更指令性文件、发动机档案资料、性能表、提交单、记录和计算机软件等统称为试车工艺文件。试车工艺文件编制的依据是该型号的发动机专用技术条件,包括发动机型号规范;发动机设计文件和设计图纸;发动机冶金理化技术文件;发动机附件、仪表和有关飞机附件、仪表的专用技术条件和说明书;发动机技术说明书和使用维修说明书。

试车工艺规程包括:接收、移交和运输工艺规范;试车前准备及安装拆卸工艺规程;工厂试车工艺规程;检验试车工艺规程;附加试车工艺规程;验收试车工艺规程;150h 持久试车工艺规程;翻修寿命持久试车工艺规程;发动机校准工艺规程;发动机各部件在整机上试车规程;发动机正常翻修、抢修后验收试车规程;发动机称质心工艺规程;发动机内部油封和启封工艺规程;发动机油封包装工艺规程等。

试车工艺说明书包括:持久试车准备及定期工作说明书;热试车说明书;试车故障排除说明书;发动机性能参数整理说明书;试车设备使用与维护说明书;喘振边界检查说明书;振动测量说明书;发动机参数稳定性及过渡态参数示波检查说明书;测试仪器仪表使用和校验说明书;发动机附件油封和启封说明书;油封包装器材及油料工艺技术说明书。

变更指令性文件包括:工艺更改单;技术通知单(含职能部门以文件形式下发的工作指令或其他指令);整机试验试车任务书。

发动机档案资料包括:试车记录单;安装拆卸单;试车实录;发动机性能综合表;提交单;发动机装配试车履历表;发动机卷宗。

目录包括:试车排故必换件目录;工艺规程(说明书)目录;工艺装备目录;工艺设备目录。

2. 试车工艺流程与主要试车单元程序

发动机试车工艺流程如图 9.4 所示。

试车的单元程序是指所有验收试车和持久试车中可以独立,并具有特定要求的检查、调整和考核环节,下面介绍其中的几个主要单元程序。

(1) 发动机在台架上的安装与拆卸

1) 接收发动机

交付试车台进行试车的发动机必须按装配工艺技术要求并检验合格,具备完整的卷宗及质量证明单;接收规程中应列出试车台接收发动机全部检查项目、检查要求、检查方法、检查合格标准、检查结果记录及会签等规定,并满足如下要求:

① 发动机外观检查　发动机应清洁、无伤痕、无涂层脱落;各导管之间、导管与机匣和附

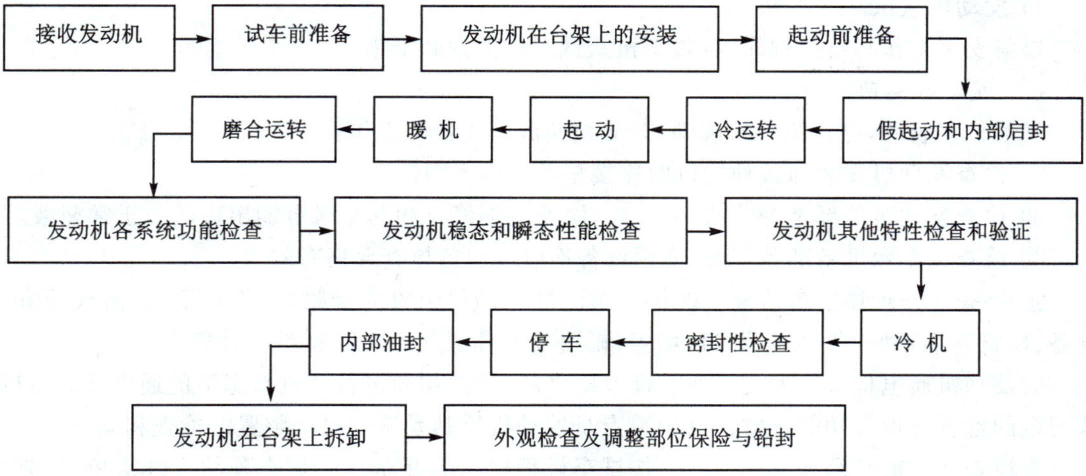

图 9.4　发动机试车工艺流程

件之间、发动机附件与附件之间的间隙应符合规定；发动机所装附件齐全，各管接头及孔口应有堵头或堵盖和帽罩；所有电缆应无伤痕、无破损，并固定牢靠。

② 发动机和附件各调整部位的保险、铅封齐全完好。

③ 压气机、涡轮转子转动灵活、无阻滞和摩擦声。

④ 核对发动机卷宗(包括质量证明单)、履历本、附件履历本是否齐全，并与实物相符；核对试车种类或试验项目是否正确。

2) 发动机台架上安装前的准备工作

① 工作场地应清扫整理达到试车台要求的整洁标准；所有工具齐全并摆放有序；吊车、吊具应符合安装拆卸发动要求并处于良好状态。

② 测试用的各种仪器、仪表检查校验合格；各工艺安装件、紧固件、各连接导管与接头应齐全、完好、清洁。

③ 配备试车所用的消耗件和辅助材料。

④ 把发动机固定到预装车或工艺吊架上。

3) 发动机在试车台上的安装

发动机在试车台上的安装应按该发动机的安装技术规范进行。

① 安装试车用工艺安装件。发动机安装在飞机上的支点与试车台架的支点不同时，发动机在往台架安装之前，须安装于台架支点相适应的工艺固定支点和吊点。

② 发动机吊装到试车台架上并固定好发动机支点(主支点和辅助支点)。当采用预装车时，将发动机和动架、转接架在台下连接好，然后将转接架和发动机一起安装在台架上，并接好所有接口。

③ 连接台架设备或装置。安装工艺进气道和工艺喷口；安装加力燃烧室强制冷却吹风装置；连接飞机引气和功率分出装置与发动机接口；连接试车台操纵杆；连接所有试车需要的管路、电缆插头、测试和监控导线和传感器(当采用动架、转接架和快速连接工艺时，上述工作在台下完成，并检查快速接头的完好和正确性；当进行试验试车时，还应连接试验任务需要的专用测试设备和专用装置)；连接轴功率吸收装置。

4）发动机从试车台拆卸

以与安装工作相反的顺序，将发动机从试车台上拆卸下来。

（2）发动机起动前的准备

发动机安装后，进行第一次起动前，必须完成下述各项工作：

① 检查发动机安装和各种接口的连接是否正确牢固。

② 检查发动机外部是否清洁、无油迹，以便鉴别停车和开车时可能出现的非正常漏液。

③ 检查试车台设备准备情况，所用设备均应按规定检查合格有效。

④ 检查工作现场准备情况。确认试车间和发动机上没有杂物，工作地清洁，防火等安全设备、器材均准备好；各接口、孔口、堵盖、帽罩及工具清点无误后放入专用箱内。

⑤发动机通电检查。发动机所有涉及电气的系统，均须进行停机状态下的通电检查，以确认规定的检查部位和功能正常。其中重点是发动机控制系统的自动装置的检查和调整。

⑥检查开车前必须齐备的文件。按试车规程规定的开车前必须齐备的文件清单，检查文件是否齐全，内容是否完整，手续是否齐全，有效性是否确定无疑。其中包括：发动机履历本、卷宗、随件单、安装与检查卡片、工作记录、仪器与仪表及设备校验合格证明、油料化验单等。

以上各项的检查均应填写检查项目单，并有工作者、检验和当班负责人的签字，方可进入下一步的工序。

（3）发动机内部启封和注油

发动机内部启封是用燃油冲洗发动机燃油系统以清除油封后留下的滑油，同时，以规定的工作油取代滑油系统内油封滑油；吹净氧气系统并检查氧气系统密封性；排除液压油系统中的空气。

1）燃油系统注油

在规定的进口燃油压力下，对发动机燃油系统冲注燃油，打开燃油系统的放气活门，将放气工具装于放气活门上，使达到规定压力的燃油从燃油系统进口流入发动机，冲注燃油附件（泵、油滤、燃滑油散热器等），直至所有的放气活门接头上流出的燃油流中没有气泡，再继续放出规定数量的燃油后，停止冲注。

2）滑油系统注油

从发动机附件机匣和滑油箱放出油封后留下的滑油；用规定的工作滑油冲注滑油箱至规定的滑油位。

3）液压系统注油

按规定的压力向液压系统注油，在规定的放油口放出液压油，直至排除系统内的空气，无泡沫和脉冲并均匀地流出液压油为止。（完成以上工作时，需使液压驱动作动筒活塞在全行程范围内往返移动规定的次数，以便将系统内全部空气有效地集赶到放油口处，同时检查液压系统的密封性，不允许液压油泄漏。）

4）氧气系统检查

将发动机供氮接头与氮气瓶减压器出口连接，减压器保证氧气系统具有规定的压力；按试车规程规定的方法完成氧气系统密封性的检查准备工作。

5）假开车和发动机内部启封

假开车又称为假起动，是指在规定的时间内，将发动机从静止状态带转到规定转速，仅供燃油而不点火的运转。假开车的目的是：排除发动机燃油系统内的空气；检查系统密封性；冲洗系统内的油封油；观察起动调节器控制的起动供油情况；根据滑油压力表有否显示，判断滑油压力是否建立等情况；检查参数(主要包括以下参数：由起动机带转达到的实际转速；电压、电流(电起动机)或空气压力(空气起动机)等；发动机燃烧室工作喷嘴供油压力值；燃烧室漏油活门及发动机其他部位漏油量；停车操作(接通停车电磁阀或收操作杆至停车位置)对切断发动机供油的可靠性)。

内部启封时，为充分吹除内部油封存油，必须时可将启封用油从发动机具有合适压力和流量的规定部位引出，接到需要冲洗燃油以吹除油封滑油的油路和附件接头上。启封运转后，须进行冷运转以吹除余油。

(4) 冷运转

冷运转是指由起动机驱动，在规定的时间内，将发动机从静止状态带转到规定转速，不供燃油也不点火的运转。冷运转的目的是：吹除发动机内积油和余火；当滑油箱或滑油系统排空时，通过冷运转使滑油注入发动机滑油系统；顺桨后抽回机匣内滑油；检查转子杂音；测定起动机实际带转转速。

冷运转也用于低循环寿命试车中的发动机停车后的加速冷却。

(5) 起　动

发动机转子从静止状态加速到规定的慢车状态称为起动。发动机起动又分为冷起动、热起动、单电嘴点火起动、补氧起动、自动起动、非自动起动和等效电源起动。

① 冷起动。发动机停车至少 1.5～2 h 后的起动，也称冷态起动、地面冷起动。

② 热起动。发动机熄火或停车后规定时间内的再起动或排气温度指示不低于规定值得再起动。

③ 单电嘴点火起动。分别单独用发动机两个电嘴中的一个进行点火的起动。

④ 补氧起动。模拟空中起动过程中向点火器补充供给氧气的起动。

⑤ 自动起动。除按压起动按钮和把油门摆在“慢车”位置两个操作由人工给出外，其他由自动装置完成的起动。

⑥ 非自动起动。人工操作多于自动起动的起动统称。

⑦ 等效电源起动。对于电机起动的发动机，必须具备以机上电瓶为电源成功起动发动机的功能。试车台要备有模拟外场电源输出特性的等效电源，以进行模拟外场电源起动验证和调整。

(6) 磨合运转

装配后的发动机在台架上初次试车时，应首先按规定的程序，使其机械和热力负荷由低逐步到高，然后由高逐步到低；按不同型号设计特征规定的运转状态对发动机的传动齿轮啮合面、转静子封严篦齿和涂层之间以及滑油和空气系统的接触式转动封严件和轴承经过一定时间的磨合，这种运转称为磨合运转。

(7) 试车发动机加温和冷却运转

除特殊要求外，一般试车发动机在起动到慢车运转后，须在一个规定的中等转速下(最大转速的 0.7～0.9 倍)进行一定时间运转，使发动机较为和缓地从冷态过渡到热态，为进一步达到高负荷运转，提供一个预热步骤，以减小发动机的循环应力峰值，提高热部件寿命。

发动机连续在大状态工作时间接近或达到极限值后，必须在规定的中等转速运转一定时间，以冷却发动机，这个过程称为冷却运转。规定的冷却转速通常是热负荷较低的转速且连续工作时间不受限制，一般在0.7～0.9倍最大连续转速（功率）范围内确定。

发动机加温运转和冷却运转又称为"暖机"和"冷机"，规定的暖机和冷机转速可以相同也可以不同。一般冷机转速低于暖机转速（功率）。加温和冷却发动机都是从有利于发动机使用寿命方面考虑的。

(8) 发动机控制系统工作检查和调整

① 发动机控制系统取决于发动机的功能要求和调节规律，一般有下述功能：

起动控制；油门和发动机状态控制；风扇和压气机进口导流叶片控制；压气机放气控制；可调喷口截面积控制；加力接通与切断控制；燃气温度控制；流程压力或压力比控制；转速控制；反推力或反桨控制；功率轴扭矩控制；防喘、退喘和自动再点火控制；安全、保护（限制功能）；其他对发动机进行的专门或全部自动与手动控制装置。

② 控制系统的性能检查和验证。在开车过程中，检查和调整控制系统的下述性能符合型号规范的要求：

◇ 控制发动机达到规范规定的稳定工作状态、过渡态和状态变化时发动机个参数值及其变化过程符合规定。

◇ 发动机具有自动防止超过规定的参数极限值的能力。在限制功能区域符合型号规范的规定范围。

◇ 在电源断电时可产生满足要求的推力和功率。

◇ 对各控制装置进行功能检查、调整时，不仅要保证其控制功能合格，且调整部位的调整量应在允许范围内，对于在外场使用中允许调整的部位在验收试车中调整时，还要给外场留有规定的调整余量。

◇ 各种自动控制装置协动和连锁条件按规定方式检查符合要求。

◇ 在规定的条件下发动机推力或功率可以在规定的范围内进行操纵，并有符合要求的跟随性。

◇ 对按不同飞行条件和环境条件进行控制的装置，有些还要按规范规定进行模拟空中条件的检查和调整。

【例1】 某型涡喷发动机部分控制功能，表9.1所列为控制系统部分功能和协动条件。

表9.1 某型涡喷发动机部分控制功能

序号	控制名称	协动条件	功能	检查
1	主燃油控制	$n_1<85\%$	转速随油门角 α 变化	转速表
2	主燃油控制	$85\%\leqslant n_1\leqslant n_{1\max}$	n_1 与 α 一一对应	转速表
3	收喷口控制	$n_2\geqslant66\%$	喷口收至最小直径	信号灯、目视喷口收
4	放喷口控制	$n_2\geqslant60\%$	喷口放至最大直径	信号灯、目视喷口放
5	加力燃油控制	$\alpha\geqslant73°$ $n_2\geqslant91\%$	加力供油按给定的压气机后压力减压器的减压比控制涡轮膨胀比	n_1、n_2、T_4 加力推力
6	加力喷口控制	$\alpha\geqslant73°$ $n_2\geqslant91\%$	喷口直径随 α 改变，加力推力改变	信号灯、目视直径随油门移动改变
7	限转控制	$n_2=104.5\%$	限制 n_2 不再增加（$n_2=n_{2\max}$）	n_1 转速下降

1）开车检查

油门杆角度 α 和高低压转子转速 n_1、n_2；

可以借助发动机操纵台上仪表、信号灯指示，检查对应控制功能和协动条件的关系及其是否符合规定范围。

2）停车检查

表中 1、2、5、6 项均须在开车前停机状态预先检查，调整控制器油门刻度和喷口直径与操纵台油门杆角度的对应关系。第 6 项需要台架液压泵提供喷口作动筒的驱动压力，以使喷口放大或收小，还需要模拟开车时高压转子转速 n_2 达到 91% 的条件。

（9）发动机性能验证

型号规范给定的发动机规定状态性能为标准大气海平面静止条件下规定性能，是发动机交付验收的最低性能。发动机试车时的实测性能数据应换算为标准大气性能再与规定的验收标准比较。

① 涡喷、涡扇发动机性能状态如下：

◇ 最大推力状态（军用全加力状态）。

◇ 最小加力推力状态。

◇ 中间推力状态（发动机工作时间不限的最大推力状态）。

◇ 最大反推力状态。

◇ 巡航状态（发动机常用的经济状态）。

◇ 最大连续推力状态（发动机工作时间不限的最大推力状态）。

◇ 慢车状态。

② 涡桨、涡轴发动机性能状态如下：

◇ 最大功率状态。

◇ 中间功率状态。

◇ 最大连续状态。

◇ 最大反桨功率状态。

◇ 慢车状态。

◇ 空载状态。

◇ 最大试车功率。

◇ 中间试车功率。

◇ 最大连续试车功率。

◇ 2.5 min 应急功率。

③ 性能验证的最主要的调整参数如下：

推力或功率；耗油率；排气温度；发动机转速；喷口截面积。

（10）加力接通、切断检查

加力接通、切断检查调整的目的是通过正确调整，加力燃烧室应能够在不影响主机稳定工作的情况下，可靠地点火燃烧或切断加力。一般检查调整以下有关参数：

加力点火时间及点火器有关参数；喷口转换时间及转换转速；加力供油时间和供油规律；加力接通、切断过程中发动机转速、涡轮后压力、温度和风扇后压力的突变。

(11) 推力瞬变和功率变换检查

① 涡喷、涡扇发动机推力瞬变检查。在任何状态,以任何顺序和速率移动油门杆时,应不出现瞬时超温、超转现象,也不出现熄火、喘振现象。推力瞬变状态通常也称为过渡状态或发动机加速性、减速性工作状态。

② 涡桨、涡轴发动机功率瞬变检查。在选择功率杆位置或任何状态以任何顺序向输出轴加载或卸载时,发动机应不出现超温、超转现象,也不出现熄火、喘振现象。

(12) 滑油系统的工作检查

① 在规定的状态下检查发动机滑油部位进口、回油泵出口压力、燃滑油换热器前后的温度、滑油流量、润滑部位腔体的压力。其值应在规定范围内。

② 检查滑油系统是否有金属屑,当发动机金属屑报警器报警时,应停车排除金属屑并更换滑油;对于没有报警装置的发动机,应适时人工检查。

③ 滑油系统的压力、温度、流量必须符合规定。如果压力低、流量小,不能达到对润滑部位的润滑、降温效果,可能导致超温烧损,甚至发生抱轴故障;滑油换热前温度过高,说明滑油冷却失效,必须找出故障原因并排除。停车和开车过程中应检查最小滑油压力信号器的报警瞬间压力值是否符合规定。

④ 润滑部位腔体的压力必须在一定的范围内,如果压力过高,则滑油从系统中外流,造成滑油的超量消耗,容易发生严重事故;如果压力过低,则封严空气大量流入,容易降低润滑降温效果。

⑤ 停车后,在规定的时间内检查滑油消耗量,如果检查消耗量为零,则取样分析是否有燃油渗入滑油系统。

测试时,运转时间不宜太短,两次测量油位时的滑油温度差值应不大于规定值。

【例 2】 滑油消耗量测量

不同型号的发动机滑油消耗量的测量方法可能不同,但计算方法相同,即

$$G_{hy} = \frac{60V}{\tau} \tag{9.1}$$

式中:G_{hy}——滑油每小时消耗量,L/h;

V——滑油消耗值,等于两次测量滑油箱油位差,L;

τ——两次测量滑油位之间发动机工作时间,min。

根据规定要求,两次测量滑油位时的滑油温度差不大于规定,因此要求测量滑油位必须按规定运转,停车后,按规定的停车后的间隔时间检查。

测量滑油消耗的规定运转为:

① 短时运转。在规定的中等转速和慢车转速运转规定时间后停车。

② 长时运转。当按短时运转测量的滑油消耗量大于规定的极限值或不仅不消耗反而滑油箱油位增高时,采用长时间运转。长时间运转应是中、高、低转速均有,各规定一定时间,停车后间隔规定时间后测量初始油位值。然后第二遍车,按规定的更长时间运转,停车后间隔规定时间后,测量终态滑油位。按两次测得的滑油箱油位差,算出滑油消耗量。

③ 附件机匣和滑油箱油量计算。当按长时间运转后测得值大于消耗量极限值时,为更准确地测定滑油消耗量,采用放出附件机匣内的滑油,并与滑油箱内油量一起计算的方法确定滑油消耗量,为此,首先放出滑油箱和附件机匣内全部滑油,然后向滑油箱注入新滑油至规定油

位。按上述第一遍车规定运转，再按第二遍车规定运转，每次均将附件机匣的滑油箱的滑油全部放出测量，用两次滑油总量的差算出消耗量。

④ 如果滑油消耗量等于零，应检查是否有燃油渗入滑油系统，将滑油取样分析，确定闪点，合格时方可继续试车。

(13) 发动机密封性检查

在规定的开车和停车状态进行如下检查：

① 检查发动机附件、管路、安装边及接头等可见部位是否存在不允许气体和液体泄漏或超出规定泄漏量。

② 检查发动机密封性的状态。根据泄漏部位、泄漏情况、故障的易辨性以及检查手段的分辨能力，观察部位可达性等条件，确定试车中检查密封性状态。室内试车台上，密封性检查多在慢车或中间转速下进行，此时试车车间噪声和振动都较小，高的工作状态或加力状态进入试车间检查较困难，须借助其他手段。

(14) 飞机引气和功率分出

按飞机要求条件(温度、压力、流量、化学成分等)，从发动机适当截面引出空气或燃气称为飞机引气。

功率分出是指按飞机要求条件，从发动机传动轴提取部分功率供飞机及附件使用。

试车中的引气和功率分出检验主要是检验规定的运转中，引气和功率对于发动机特性和持久性的影响，因此，试车台不仅需要模拟飞机引气功能的装置，以验证在飞机的引气条件是否满足要求，而且还要设置交、直流电机加载、液压泵加载设备，以便在试车的规定运转中按程序要求，进行功率分出。

(15) 停　车

发动机试车过程中的停车主要有以下几种：

① 正常停车。当发动机完成一次试车任务后，经冷却发动机、慢车运转，将油门杆以规定的移动时间拉至停车位。

此时，检查转子行程容易性，判断降转过程中有无杂音。

② 紧急停车。因试车中出现较严重的故障现象，不经冷却发动机，不经慢车运转，直接收回油门杆的停车称为紧急停车。试车中如出现以下现象应紧急停车：

◇ 润滑部位进口滑油压力小于规定值；

◇ 出现喘振现象；

◇ 大量泄漏燃油或滑油，可能引起火灾或已经起火；

◇ 起动超温；

◇ 尾喷管喷出不正常火舌；

◇ 试车间出现其他危险情况，立即停车有助缓解。

紧急停车是程序中不可能规定的，一般说来，停车指令也来不及下达，但油门操纵人员有权及时执行。

③ 次紧急停车。发动机不经冷却运转，但经过慢车运转 1～3 min 后的停车。次紧急停车与紧急停车相比，提供了降转观察、检查异常情况的机会。试车中出现下述情况之一者，应迅速将操纵杆拉倒“慢车”状态。如“慢车”状态停留时故障依然存在，则应立即将发动机拉停。

◇ 燃油压力降低到极限以下时；

◇ 涡轮后温度增大，超过极限时；
◇ 振动值超过极限时；
◇ 转速或推力超出极限时；
◇ 转速或推力（或功率）突然变化时；
◇ 滑油温度超出极限时；
◇ 信号灯闪亮不正常时；
◇ 出现不正常噪声和撞击声时；
◇ 主要状态监视仪表不指示或指示异常时；
◇ 发动机失速、喘振监控值超过极限时。

9.2.2 排故试验、工艺改进试验与延寿试验

1. 排故试验试车

排故试车通常遵循以下几个原则：

(1) 探索性原则

发动机在外场使用中出现故障，现场未能排除，需返厂处理。一般情况下，不采取任何措施，直接上台试车检查。若故障现象再现，经分析研究，假定故障原因。有针对性地采取措施，再开车检查，故障消失后即可断定假设原因正确，措施有效。

(2) 可比性原则

如果故障机试车中不能使故障再现，或故障时有时无，应考虑台架状态与外场使用状态的条件差别，并设法模拟外场条件，使故障再现，这样可找出确切原因使排故措施有效。

(3) 理论分析原则

当台架条件与外场使用条件存在较大差别，无法模拟时，对于时有时无故障的返厂机，必须经过充分的理论分析。理论分析取样应是与故障有关的完整系统、完整部件以及部件之间的共同工作关系。理论分析的同时必须辅以必要的测量工作。

排故试车时要根据故障特性的具体情况来制定试车程序。排故试车的种类很多，滑油流失、发动机掉转速、发动机有关参数摆动、振动大等。对于不同的故障现象选择不同的试验工作状态、工作时间和工作顺序。

2. 工艺改进试验试车

发动机在批量生产中，应加强加工技术的改造，提高工艺技术水平，这种工艺改进可以提高结构可靠性、延长零件寿命。试验件在短期试验考核后，应进行持久试车试验，通常称作工艺持久试车。为了节省科研费用，往往集合几个改进项目在同一工艺试车中进行考核，其中也可包括一些结构改进项目。

持久试车的程序、工作内容和时间，一般情况下，可与1∶1寿命期持久试车相同。工艺试车后，经分解检查，对工艺改进项目分别给出结论。

3. 延寿试车

常用的关于寿命术语包括发动机总寿命、翻修寿命（简称发动机寿命）、技术寿命、保证期和索赔期、封存期等。翻修寿命和总寿命对发动机的使用和价格影响较大。技术寿命是指按照规定的使用维护说明，保证发动机可靠工作的使用期限。保证期和索赔期是指发动机开始

使用到发生外场不可排除故障的平均工作时间。延寿试车遵循以下试验原则：

① 延寿试车属于持久试车，寿命不太长的发动机延寿试车多采用 1∶1 寿命期持久试车的程序，只按等比例增加阶段循环次数。

② 试车中各状态的气动负荷和热负荷累计值都是等比例增加的，但连续工作时间不变。

③ 在延寿试车时不应伴有改变性能的试验内容，发动机各状态的参数限制也应同于延寿前的标准。

④ 参加延寿试车试验的发动机附件可同时获得延寿验证，但一般情况下，附件在装机前应由其制造厂进行单机持久试车。

延寿试车结果只是延长寿命后小批生产使用的依据。以后应根据小批量发动机实际使用情况，经统计处理最终给定新寿命。在寿命期内允许有少量发动机（10%以内）返厂修理，并逐步降低故障率，直至供需双方均可以接受时，延寿工作才真正结束。

9.2.3　科研试车

在发动机研制改型中或因排除故障需要进行科研试车，目的在于测量发动机某些工作状态下的性能、气动热力参数和机件的强度数据，以满足分析研究和鉴定的需要。

整机台架试验试车在新机研制中占有很重要的地位。与部件在试验器上试验比较，整机台架试车工作条件真实，体现部件的相互影响，节省附加气源和动力。但是，一旦某个部件距离设计目标太远，相关部件的性能不能获得真实评价。我国发动机制造厂采用整机台架试验试车的比例较大，这样不但节省了部件试验器基建投资，也简化了生产科研管理。但是压气机、燃烧室的先期试验研究还是采用部件试验器。目前，设计研究所和制造厂已充分认识到技术储备和单元体设计的重要性，并开始加大部件试验器的基建投资，这样可以解决整机台架试验只能匹配进行的局限性。

1. 稳态性能调试试车

新机研制和改进改型工作中，发动机稳态性能无疑是最重要的设计目标。部件的单元体模拟试验无法把部件性能的偏差影响考虑进去，发动机理想的性能是良好的部件性能和它们最佳匹配的综合结果。整机性能调试试车结果才是最终评定的真实可信的性能。

① 发动机稳态性能调试试验选择的发动机工作状态是最大功率状态、中间功率状态、最大连续工作状态、最经济的巡航状态。主要的性能参数是推力（或功率）、燃油消耗率、排气温度和空气流量；试车中所有的其他参数应调整在发动机零部件和附件的结构强度和功能允许的范围内，试验中，采用参数的极限值状态测得性能；由调节规律决定的调节参数主要是发动机转速、涡轮前温度、喷口面积等，试车中常测量涡轮后温度，计算出涡轮前温度。

② 性能调试应在性能试验机上进行。选择不同的大气条件，反复上台、多次试验，以验证换算性能的稳定性。性能样机应禁止装用对性能有影响的超差件。

2. 节流特性试车

节流特性是发动机推力、耗油率随换算转速变化的关系。设计点常选择台架标准大气条件，相对换算转速 $n_{rel}=1$，而发动机实际使用中，在给定的飞行条件下（飞行高度、速度、大气条件）一般不在设计点上工作。随着需用推力的变化，它的决定参数，诸如流量、涡轮前温度、压气机增压比和部件效率是如何随转速变化的，能否可靠工作等都是节流特性研究的内容。

除推力(功率)、耗油率、涡轮前温度以外的参数应先在部件试验器上进行先期试验测量,其结果可与台架整机试验相比较,经分析研究予以修正。

3. 全流程参数测量

发动机全流程参数测量是典型的整机台架试验试车,为获得发动机特征截面的参数用其他方法是无法取代的。

【例3】 某涡喷发动机改装试验。改装项目有:发动机进口整流帽罩后平直段加长100 mm;在8片一级空心涡轮导向器前缘各开7个小孔,安置总压受感部;在涡轮后拆除加力扩散器机匣上的燃油喷嘴和预燃室;在整流支板和扩散器机匣间的空腔设置齿轮传动机构,改装成旋转测量装置。测量内容有:测量发动机设计状态和除加力状态以外的主要状态的各特征截面的流场、气功参数和部件的损失系数;测定大气条件对发动机基本参数的影响;测定引气和功率分出或可调节截面改变对发动机基本参数的影响;测定除加力状态以外的节流特性并与独立的节流特性试验试车相比较,探索提高性能的措施。

图9.5所示为某涡喷发动机全流程参数测点布局,表9.2所列为测点部位、数量和显示。

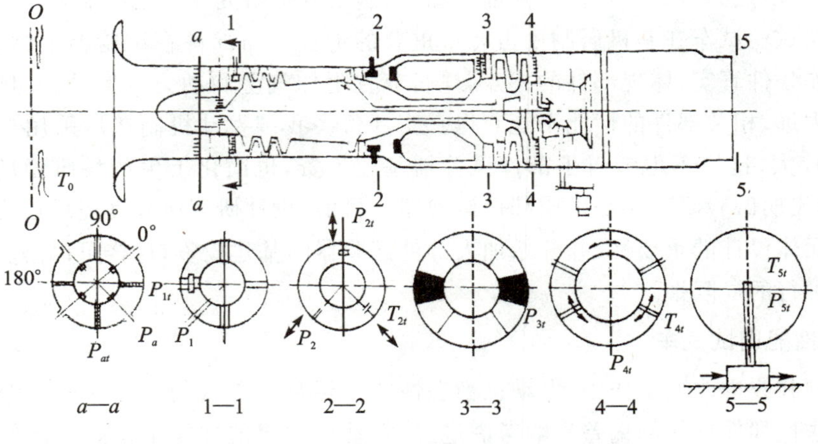

图9.5 某涡喷发动机全流程参数测点布局

表9.2 某型涡喷发动机测点部位、数量和显示

表格属性	测取参数	受感部位				显示记录方式
		名 称	数 量	方 式	测点总数	
0	T_0	电阻温度计	4	定点	4	自动平衡仪 XQC300BA$_2$-90-50℃
	$T_{0'}$	热电偶	4	定点	4	
	P_0	大气压力计	1	定点	1	
a	P_{at}	15点流状总压管	4	每22.5°间隔测一次	210	
	P_{aou}	外壁静压孔	4		16	水柱U形管
	P_{ain}	内壁静压孔	4		16	

续表 9.2

表格属性	测取参数	受感部位				显示记录方式
		名　称	数　量	方　式	测点总数	
1	P_{1t}	15 点总压耙	1		15	
		15 点梳状总压管	1	定点	15	水柱 U 形管
2	T_{2t}	9 点总压耙	1	径向移动 4 个位	40	自动平衡仪 XWC104E 0～20 mV12 点
	P_{2t}	15 点总压耙	1	径向移动 4 个位	40	SYD－Ⅰ压力传感器 XJ－100 巡回检测仪
	P_2	三孔针	1	径向移动 4 个位	4	
	P_{2ou}	外壁静压孔	4	定点	4	
	P_{2in}	内壁静压孔	8×4	定点	32	
3	P_{3t}	第一级导向器前缘 7 点总压管	8	定点	56	XJ－100 巡回检测仪
4	T_{4t}	5 点梳状热电偶	3	每转 65°测一次	300	自动平衡仪 XWC200/A XWC300EU－2 400～900 ℃
	P_{4t}	7 点梳状总压管	3	定点	21	XJ－100 巡回检测仪
5	T_{5t}	总温热电偶	1	直径方向横扫		
	P_{5t}	6 点梳状总压管		定点	66	XJ－100 巡回检测仪
		边界热电偶	2	定向	2	
		边界总压测针	2	定向	2	

4. 压气机、涡轮共同工作线测量试车

首先，压气机和涡轮之间的联接为刚性联接(采用联轴器，有同轴度要求)，转速相等，即 $n_c/\sqrt{T_{1t}}=n_t/\sqrt{T_{3t}}\cdot\sqrt{T_{3t}/T_{1t}}$；其次，通过涡轮的燃气流量和流过压气机的空气流量之间有一定的关系；第三，压气机所需功率 N 与涡轮产生的功率 N_t 有一定的关系；第四，涡轮进口总压和压气机出口总压有一定关系。以上四点即四个参数关系构成了涡轮与压气机的共同工作，即燃气发生器的共同工作，它把压气机和涡轮的特性研究联系在一起。按一定规律把共同工作点连成的曲线称为共同工作线。台架试验试车针对给定的调节规律，用改变 $n/\sqrt{T_{1t}}$ 的方法验证共同工作线。以计算为主要手段，辅助试车验证，这种方法比采用全部整机试验试车可以节省研制费用。

5. 稳定工作裕度检查试车

在压气机特性线上，稳定工作边界或是喘振边界线下方的近临线，是在等转速线上稍增总压比、减少流量，就会发生喘振的边缘曲线。新机研制和改进改型机种，应测定喘振边界线。

喘振边界测量是用逼喘试车实现的。逼喘试车分为稳态逼喘和动态逼喘。急增供油或急收喷口属于动态逼喘，参数测量不准。制造厂一般选择改装工作较大的稳态逼喘方法，参数测量较准。

6. 涡轮后温度场测量试车

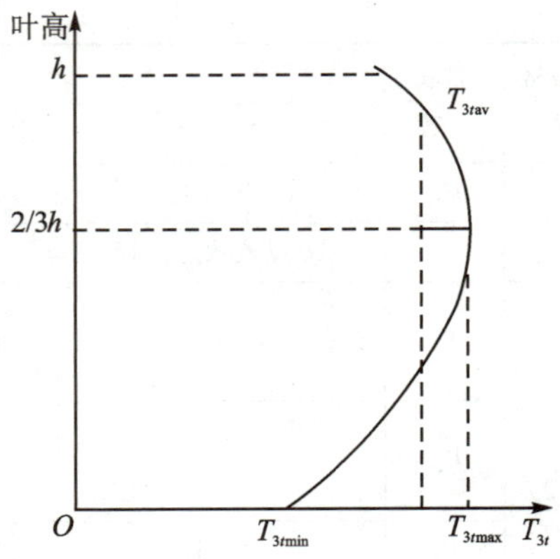

图 9.6 叶片理论温度分布

涡轮后 T_{4t} 温度场的品质并不重要，重要的是涡轮前或者说是燃烧室出口 T_{3t} 温度场。但是因为测量燃烧室出口温度场比较困准，因此以涡轮后温度场代替。T_{4t} 温度场品质除了由于涡轮导向器的作用转过一定角度外，与 T_{3t} 温度场品质基本相同。燃烧室出口温度均匀度是对燃烧室的基本要求之一。对于涡轮工作叶片，由于叶片产生的离心力通过叶根传到轮盘上，叶片根部受的力最大，所以要求燃气温度低些，避免大的热负荷和大的气动负荷叠加。叶尖很薄，强度、刚度较差，也要求温度低些，理想的温度沿叶片径向分布，如图 9.6 所示。温度的周向分市也很重要，可用调整喷嘴流量的方法使温度场中的各扇形区平均温度大致相同。

涡轮后温度场测量试车调试标准包括以下三个方面：

① 高 T_{3t} 可获得高推力，但又不会因局部过热而烧坏涡轮导向器，或使涡轮转子叶片承受交变热负荷。

② 涡轮后温度场不均匀，会使出口流速不均匀，并导致推力损失。

③ 涡轮后监视温度与平均温度基本相等。

要想实现上述目的，必须合理地组织燃烧，调整好掺和区。整机台架上进行的涡轮后温度场调试试车就是验证技术措施的有效性。

台架上涡轮后温度场的整机试车不但在新机研制中和改进改型中十分必要，在批量生产中也常常需要。当性能调试困难时，试验检查温度场分布可以发现燃烧组织是否出现了问题，监视温度是否与平均温度存在较大差别。

7. 发动机操纵性试验试车

操纵性试验主要研究当油门和发动机进口条件变化时发动机的响应特性。发动机在各种飞行状态下，进口条件变化是非常复杂的，由于台架条件限制，只能对解析后的单元要素变化进行检查，如用进气道模拟器和扰流网格产生畸变，检验压气机在过渡状态下的工作稳定性；只能假设有限要素和有限量的影响。所以，这方面的主要研究方法还依赖于飞行试验。台架上常研究对油门的响应特性，即研究起动过程和加、减速过程的试车检查。

(1) 加速试验试车

发动机转子的加速是动态过程，它表现了发动机转速和过程参数、性能参数随时间的变化关系。在这个过程中，涡轮产生的功率大于压气机需求功率，剩余功率越大、转子的惯性矩越小，则转子的加速越快，战术性能越好。但是，随着 T_{3t} 的提高，共同工作线向喘振边界移动，如图 9.7 所示。加速越快，移动幅度越大。受喘振边界和高转速 T_{3t} 的制约，要遵循一个原则，即加速快而不喘振、不熄火(此时为富油灭火)，T_{3t} 高而不超越限制的原则。

(2) 减速试验试车

发动机减速工作与加速相反，收油门降转速，共同工作线向远离喘振边界线方向移动。这种工作状态可考验燃烧室在贫油状态的燃烧稳定性。在台架条件下，一般不会出现问题。但

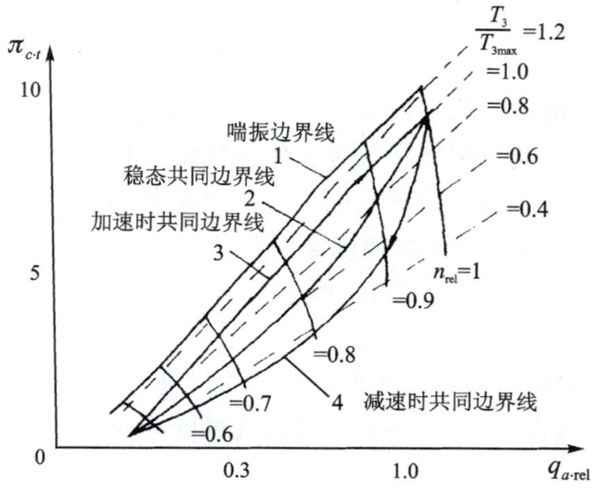

图 9.7　压气机特性图上的加、减速过程

在高空小表速飞行时矛盾突出，空气流量低且贫油，容易发生熄火停车现象。所以，此项台架试验试车只在加速性试验试车中进行一般性考核，完整的减速试验应在部件试验器上和高空台上进行。

8. 进气加温试验试车

进气加温试验是在台架上将发动机进口空气加温，同时将燃油泵前燃油加温的试车，属于对发动机和附件的可靠性检查，不评定发动机性能。进口加温试验主要是指进口空气温度、燃油温度和滑油温度。

在地面试车台上，仅模拟低空高速飞行时发动机进口空气和燃油温度，加温幅值取决于飞行包线。如发动机以加力状态平飞时，飞行包线中 5 km，*Ma* 为 1.8 时最高进气温度应选定为 150 ℃。试验中同时选择一个较低的进气温度作为逐步加温的起点值。一般起点值可选为 60 ℃，相当于 5 km 以 *Ma* 为 1.22 的速度平飞的进气温度。从起点值用 1.5 min 逐步过渡到 150 ℃。试验中也可以考核发动机最大连续工作状态的进气温度状态。

主燃油泵前燃油温度可选择同于进气加温的起点值，在进气连续增温情况下，保持不变。如某涡喷发动机 200 h 持久试车第 37～40 阶段的加温试车时，燃油温度为 60_{-10} ℃。此时发动机是以加力状态工作的，当转入低功率状态进气不加温时，燃油温度最高应为 120_{-10} ℃，此时最多考核 5 min，累计 20 min。

发动机进口滑油温度在 $n_1=40\%\sim50\%$ 状态时不超过 100 ℃；出口滑油温度不大于 140 ℃，因此，对燃滑油附件后的滑油允许进行补充散热。

9. 发动机引气和功率分出

从压气机后引出空气或从燃烧室后引出燃气，供飞机和附件使用称为发动机引气。从发动机传动轴提取功率带动液压泵和发电机为飞机提供液压源和电源称为功率分出。

发动机引气和功率分出，会降低发动机的性能，诸如推力下降、耗油率提高、涡轮前温度提高。发动机引气使流场不均匀，降低部件效率等。所以，在发动机与飞机技术协调中，应明确引气量、功率分出量。

对于引气和功率分出应进行专题试验，检查对发动机特性和持久性的影响。在持久试车、低循环疲劳试车及验收试车的一些运转中，规定引气和功率分出的加载量。

10. 进气畸变模拟试车

飞机在飞行时，发动机的进气状态会发生很大变化，在大偏航角和爬升时，会使风扇和压气机进口流场不均匀，发射武器或编队飞行时会使进气的温度场不均匀。而总压或速度不均匀、总温不均匀、进气方向不均匀，会使压气机性能严重恶化，致使发动机总体性能下降，从而限制了发动机的有效工作范围。这种物理现象被称为压气机进口流场畸变。为减小这种影响，一方面要提高飞机进气道的设计水平，合理布置发动机在飞机上的安装位置；另一方面要提高压气机稳定工作裕度，提高抗畸变能力。

台架上进行进气畸变模拟试验研究主要针对不均匀进气随时间变化比较缓慢的稳态畸变和进口总压畸变。受台架条件限制，动态畸变或进气温度畸变试验应在飞行中考核。

11. 台架起动检查试车

台架起动试验检查是对发动机从零转速加速到慢车转速过程的研究。起动过程和加速性同属于过渡状态。过程中驱动功率恒大于压气机的压缩功率。起动过程可分三个阶段，如图9.8所示。

第一阶段仅由起动机带动转子加速，发动机从零转速开始增加转速。压气机也从零开始逐渐增加，这时的驱动功率仅由起动机提供，恒大于压气机。

第二阶段起动机和涡轮共同带动转子加速，发动机转速连续增加。在这个阶段，燃烧室已点火燃烧，随着转速的增加，空气流量逐步增加、燃油流量增加，涡轮功从零开始逐渐增加，在这个阶段初期，涡轮功小于压缩功，阶段后期涡轮功开始大于压缩功，此时，还有起动机发生的功率，所以转子加速较快。

第三阶段仅由涡轮带动转子加速，加速到慢车转速，发动机进入稳定工作状态，完成了起动过程。此阶段初期，涡轮功已经足够大，减去压缩功后的剩余功率使发动机连续增转，达到慢车转速时，涡轮功与压缩功平衡，发动机在稳态工作。

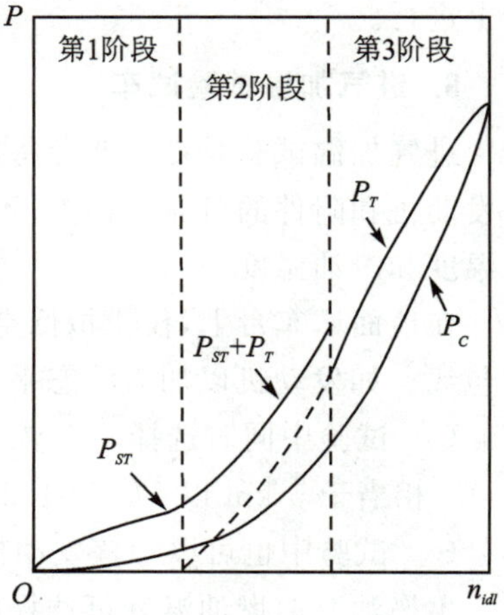

图 9.8 起动过程

上述三个阶段，均由起动调节装置自动完成。起动调节装置的设计关键是提供合理的供油特性和起动机功率特性，而供油特性是依据转子特性建立的，包括空气流量特性、转子惯性。

起动试验不仅在新机研制、改进改型工作中进行，在批生产验收试车和持久试车中都应逐台进行检查，在持久试车中除在停车后正常起动检查外，还应在发动机完全冷却后检查冷起动性能。

台架起动试验一般还包括假开车和冷运转试验试车。冷运转主要检查点火可靠性。假开车主要检查供油系统、燃油喷嘴工作情况。冷运转和假开车往往在正式起动试验前进行，在批生产中只做定性检查、记录过程、终点参数就可以了。

12. 防冰系统检查试车

发动机在地面潮湿而寒冷的天气里开车以及在穿云飞行时，前整流锥体、风扇静子和低压压气机静子容易结冰。结冰会在不同程度上影响发动机性能和工作安全性。在新机研制和改进改型工作中，应设计可靠的防冰系统。如从高压压气机后抽气加温易结冰部位，在静子上采用憎水涂层处理等。防冰系统检查试车试验的目的首先是考查不同大气条件下防冰系统的有效性。或者说当防冰系统正常工作时，抵制形成结冰条件。其次是考查在防冰系统失效，或未接通时，结冰对发动机造成的影响程度。

构成结冰的条件很多，包括单位容积空气悬浮态水滴的多少、空气温度、水滴的大小和水滴在结冰条件下的停留时间。采用飞行试验比较危险，而且，当不结冰时，不容易说明是防冰系统的作用还是结冰条件不充分。所以，尽管地面模拟试验比较麻烦，甚至需要建造专门的防冰系统试验台或试验风洞，但仍为必择之路。

地面台架试验的关键是人工模拟结冰的充分条件，一般在冬季露天台、温压舱、飞行试验室进行。

13. 包容试验试车

包容试验是检查发动机机匣在转子叶片折断或整个叶片飞出时的包容能力。当发动机转子叶片断裂，被机匣包容时，飞机未造成损害。如果发动机能继续运转几秒钟，飞行员往往能反应到故障的发生而采取及时的处理措施，使故障等级降低。包容试验对民航飞机尤为重要。

发动机由于气动负荷和热负荷的原因或机件自身原因发生失效现象，常常与转子叶片有关，所以，对叶片的包容试验可以认为是对最严重故障发生后的保全机会研究。叶片折断瞬间，排气温度和转速的变化现象以及推力与时间的变化关系，飞行员和设计员都很需要。

14. 吞咽试验试车

吞咽试验是考核发动机适应各种自然环境的能力。吞咽物包括鸟、金属小工具和小零件、冰块、砂石、水等。

(1) 吞鸟试验

在部件试验器上进行静态单独叶片撞击试验、旋转单独叶片撞击试验、旋转全叶撞击试验以后，发动机进行吸鸟试验试车。这种试验属于新机设计定型考核标准之一，目的在于验证是否产生喘振现象、破坏的危害性和引起的性能下降程度。

试验时按我国吞鸟试验规范要求确定的鸟的大、中、小及进气道的长度投放，投鸟速度模拟起飞飞行速度或下降飞行速度或巡航飞行速度。试验合格的标准是：中、小鸟试验时某些零件允许损坏，但不发生使发动机停车故障；大鸟试验时不发生危及飞机的故障。

(2) 冰块、砂石等吸入试验

冰块、砂石等吸入试验情况比较复杂，可根据型号规范要求具体实施。一般情况下，发动机应能在空气含砂浓度为0.53 g/m^3的地面环境、在最大连续推力状态下工作10 h以上，其推力下降小于5%、耗油率提高不大于5%，操纵性无大的改变。

9.2.4　模拟高空试验

航空发动机模拟高空试验对航空发动机的使用、生产、研究和发展非常重要，不仅航空发动机新概念的研究和新方案的探索要通过模拟高空试验，而且以“通用规范”的形式规定，航空发动机模拟高空试验是新型航空发动机研制定型必须通过且不可逾越的重要试验阶段，并把航空发动机模拟高空试验看成是航空产品质量与使用可靠性的重要保证，是航空发动机进一步发展不可缺少的强有力的手段。

航空发动机模拟高空试验按试验目的来分可分为研究性试验、调试试验、鉴定试验。研究性试验是指对新的航空发动机的方案探索和研究分析，由研究单位根据发展计划和发动机研究情况而提出的；调试试验是对新研制的某型号航空发动机所进行的试验，由研制单位根据发展计划和发动机研制情况而提出的，是为新研制的航空发动机顺利通过高空稳态性能鉴定试验所进行的预备性摸底试验，试验项目和方法比较灵活，可以反复修改、反复试验，不断排除故障直至达到规定的要求；鉴定试验也是对研制的某型号航空发动机而进行的试验，由研制单位根据发展计划和研制情况而提出，但是要按照国家或使用部门根据合同和型号规范定型鉴定要求所规定的方法和程序进行试验。根据试验方法不同，模拟高空试验主要包括直接连接式模拟高空试验、自由射流模拟高空试验和推进风洞试验。

1. 直接连接式模拟高空试验

直接连接式模拟高空试验只模拟整个飞行工作范围内发动机从风扇或低压压气机进口到尾喷管出口的内部气流流动，一般不模拟飞行时的发动机外部气流流动。进行模拟高空试验的发动机不带飞机进气道，因此，这种试验只在发动机进口建立所要模拟的飞行高度和飞行速度所应的进气道出口的总温、总压和发动机空气质量流量，并在高空室内发动机周围建立相应飞行高度的大气环境压力状态或使发动机尾喷管处于临界或超临界工作状态。这样，不同高空飞行状态下整个发动机内部流动状态都能得到充分的模拟。

这种模拟高空试验可用于分析研究标准大气和非标准大气各种飞行条件下发动机进口截面到尾喷管出口整个发动机内部气动、热力过程，鉴定发动机及其附件和系统在不同飞行环境条件下的工作可靠性，研究和考核各种飞行条件下的发动机结构完整性。

新研制的航空涡轮喷气、涡轮风扇、涡轮螺桨、涡轮轴发动机通过飞行前规定试验的直接连接式模拟高空试验后，可开始装到原型机上试飞；完成定型试验的直接连接式模拟高空试验后，即可定型交付；借助于进气流动畸变模拟技术，利用直接连接式模拟高空试验，也能部分解决研制先进的超声速推进系统的问题，特别是飞机进气道与发动机匹配的问题。

直接连接式模拟高空试验是航空发动机模拟高空试验中最基本的试验，也是功能/价格比最高的一类模拟高空试验。因而在世界上这种模拟高空试验得到了最广泛的应用。当然，直接连接式模拟高空试验也不是万能的，它不能精确地模拟发动机在飞机上的安装条件，特别是外部散热条件，不能模拟由于飞机机动飞行而带来的过载和瞬变条件，这类问题只能依靠原型飞机试飞解决。

按照我国GJB 241—87《航空涡轮喷气和涡轮风扇发动机通用规范》以及GJB 242—87《航空涡轮螺桨和涡轮轴发动机通用规范》的规定，直接连接试验模拟高空试验应完成以下鉴定试验任务：①高空性能试验；②功能试验；③推力和流量瞬变试验；④起动和再起动试验；⑤高空风车旋转试验；⑥进气加温和进气加温加压持久试车；⑦进气畸变试验；⑧发动机整个飞行工作包线中的整机振动测量。除此之外，上述通用规范中还有以下鉴定试验项目可以通过直接连接试验模拟高空试验来完成：①振动与压力测量试验；②高低温起动和加速试验；③环境结冰试验；④吞入大气中液态水试验；⑤修正系数的验证；⑥发动机进口压力和温度瞬变试验；⑦高原起动试验。近年来还发展了在直接连接式高空试验舱中进行发动机反推力试验和矢量推力试验。

2. 自由射流模拟高空试验

自由射流模拟高空试验用于研究飞行条件下进气道与发动机内部气动热力过程，评定全尺寸飞机进气道和发动机联合工作性能和稳定性，鉴定局部飞机机体对进气道-发动机共同工作的影响。主要包括包括以下实验项目：

①在飞行包线(有时超出飞机的飞行包线)的超声速区域内不同攻角、侧滑角、马赫数的全尺寸进气道-发动机相容性(包括进气道亚临界和超临界工作和喘振边界、发动机操纵和加力燃烧室的工作对进气道工作的影响等)试验。

② 全尺寸进气道-发动机变攻角、侧滑角、马赫数的瞬变试验和模拟典型飞行路线(轨迹)试验。

③ 进气道调节系统的调整与鉴定及与发动机调节系统共同工作试验。

④ 进气道-发动机结构完整性试验。

⑤ 全尺寸进气道性能试验。

⑥ 装有全尺寸飞机进气道的发动机操纵特性试验等。

试验时，进气道进口应在自由射流高空台喷管出口超声速气流形成的菱形区内，并模拟真实的飞行马赫数、攻角和侧滑角；进气道周围环境尽可能模拟试验所要求高度的大气压；发动机出口周围环境可摸拟试验所要求的高度大气压，也可以只保持尾喷管处于“堵塞”工作状态，发动机及其附件与大气相通的孔口以及进气道放气口均要模拟真实的飞行高度；试验时可以不测量发动机的推力。

3. 推进风洞试验

推进风洞试验用于鉴定飞行器与航空涡轮发动机在飞行中的匹配性能持性、研究飞行条件下全尺寸发动机外部流动特性和内部气动热力过程。推进风洞试验主要包括以下内容：

① 鉴定小型发动机(进气道、发动机、尾喷管)与飞行器(如导弹等小型飞行器)的匹配安装性能和确定动力装置有效推力的试验。

② 飞机载体模型与进气道-发动机全尺寸联合试验。

③ 飞机部件(如后机身)与尾喷管全尺寸联合试验。

④ 全尺寸进气道-发动机联合试验。

⑤ 全尺寸(或模型)进气道和尾喷管试验。

⑥ 外部干扰(如压力和温度的变化、阵风和紊流、吞咽武器排气的影响等)对发动机的影响试验。

⑦ 发动机适航性试验，主要包括发动机结构完整性、短舱温度及压力的测量、附件的冷却、风车和刹车时的运转防火控制程序等。

⑧ 涡轮螺桨与发动机匹配性能(亚声速风洞)。

从发动机安装性能鉴定角度来看，推进风洞功能最强，模拟最充分，凡自由射流高空舱能进行的试验项目，推进风洞都能进行，反之则不能。但是，推进风洞试验时，要求试验件(全尺寸发动机或短舱)处于风洞喷管出口的超声速射流的“菱形区”内，即从风洞壁反射的冲波落在试验件之外。这样就要求超声速喷管尺寸(射流面积)很大，因此推进风洞规模十分庞大，运转费用昂贵，这种设备的供气量一般为发动机空气质量流量的 8～15 倍。

思考题与习题

1. 简述试车类型、分类方法。
2. 工厂试车后常见故障都包括哪些？
3. 简述发动机主要试车单元程序。
4. 试举 2～3 例典型试车，指出这几种几种试车的应用情况，试车特点及要求。

第 10 章　航空发动机装配制造技术发展概述

装配是产品生命周期的重要组成部分，是实现产品功能的主要制造过程。相关研究表明，产品生产过程中大约三分之一的人力在从事与产品装配有关的活动，装配成本占到整个产品制造成本的 40%～50%。在产品设计方案和既定的产品零件机械加工水平条件下，装配方案设计的优劣和装配操作执行的质量对产品质量有着重大影响。

由于航空发动机零部件及型号众多，致使发动机结构迥异、复杂，在航空发动机装配制造中，装配成本占总成本的 40%，装配工作占全机生产工作的 50%以上，因此，提高航空发动机装配制造的质量和效率是航空发动机先进制造技术的重要发展方向之一，也是目前的研究热点。

10.1　航空发动机装配制造技术现状

由于航空发动机复杂的结构及类型、型号不一所带来的装配工艺复杂、迥异，致使航空发动机装配制造工艺很久以来一直沿用着传统的装配工艺，如图 10.1 所示。从装配设计到装配工艺的输出均是以"纸质"文件形式表现的二维图及其他技术文档；现场的装配制造全部由人工完成，如装配、检验等工作均由人工操作，使产品一致性差，品质不稳定；装配工装全部采用刚性结构，生产过程中工装、设备来回移动存在安全隐患，且不具备互换性；检测手段和方法原始、落后。这种传统的装配制造工艺造成了专用工装数量众多，装配质量、装配精度受人为因素的诸多影响和限制，装配效率低，从而使航空发动机装配成为航空发动机制造的瓶颈。

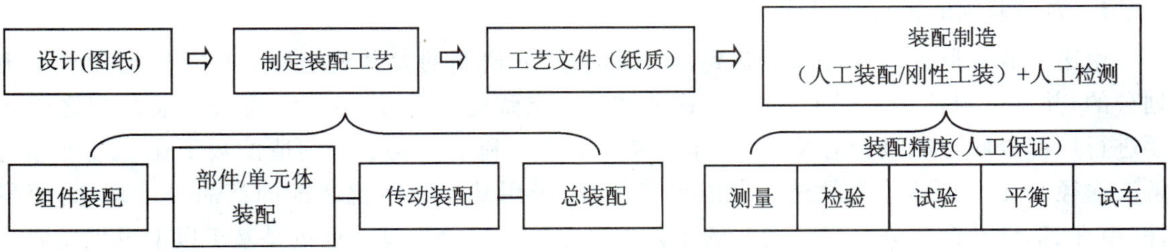

图 10.1　传统航空发动机装配过程

随着航空制造业的发展，航空发动机装配制造技术也得到了长足的改善发展，装配制造技术逐渐在摆脱和打破传统装配制造技术的壁垒。在设计、制造、试验等工艺过程中，大规模地推进 CAD、CAE、CAM、PDM、CAPP 技术的应用，开展了发动机数字化设计、数字化制造技术研究，使航空发动机装配设计、装配工艺的制定逐渐由数字化设计代替了传统的手工绘图和纸质文件，使设计和工艺的更改更加方便；在装配制造现场，也部分地配备了先进的检测、检验仪器和设备，半自动检测、自动检测逐渐成为航空发动机装配制造的主旋律，如三坐标测量仪、全自动平衡机以及各种专用测量设备和仪器在航空发动机装配工艺装备中已占有重要的位置；无损检测技术、航空发动机叶尖间隙测量技术等各种检测技术不断充实到航空发动机装配工艺中（见第 4 章），使装配工艺过程中的尺寸、形状、位置误差及性能检测技术发生了质的变化，检测精度和效率也在不断提高。特别是许多发动机制造厂从不同的角度和方向开展了航空发动机数字化装配技术的研究，并逐渐开始实施。

但是，尽管航空发动机装配制造技术已逐步摆脱传统装配工艺的束缚，并取得了可喜的进步，但与飞机及汽车发动机等数字化装配相比，差距还很大，特别是在数字化、信息化、自动化技术突飞猛进发展的今天，航空发动机目前的装配制造技术已严重阻碍了发动机的发展进程，亟待重视与解决，因此，航空发动机数字化装配制造技术已成为航空发动机制造技术跨越式发展的必然选择。

10.2 航空发动机数字化装配技术

数字化装配包含两个层面的意思，即装配设计的数字化和装配制造执行的数字化，以下简称数字化装配设计和装配制造数字化，图 10.2 所示为数字化装配过程。

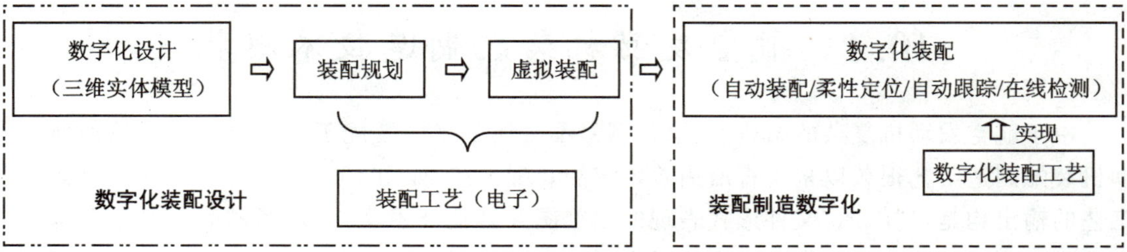

图 10.2 数字化装配过程

10.2.1 数字化装配设计

1. 面向装配的模块化设计

由第 7、8 章所述内容可以了解到，现代批生产和研制的发动机结构部件是按功能和作用划分的，并不一定都是装配工艺部件，这种结构特点致使部分发动机组、部件在总装配之前还要进行局部分解才能进行总装配，这样的装配工艺不利于实现装配制造的数字化。最可靠的解决途径是在产品设计阶段充分考虑可装配性，采用基于数字化装配的产品设计理念，使零件、组件、部件及产品满足自动装配的工艺性要求。而模块化设计也正是基于以上思想发展产生的，它的设计原则是从基本模块中生成多种功能、用标准化的模块满足公共的功能需求、避免使用不稳定技术、使用最少的零件构成产品、最大限度地满足互换性。

模块是指机械结构中结构独立、模块之间存在标准接口，且具有一些功能的零件、组件或部件（或单元体），即模块是一组同时具有相同功能和相同结合要素，却具有不同性能或用途甚至不同结构特征，但能互换的单元。模块分为基本模块、辅助模块和可选模块，基本模块是指产品中实现必不可少功能的模块，如航空发动机中的核心机、风扇、低涡等模块，辅助模块是在基本模块之间起连接组合等辅助功能的模块，如核心机与风扇、低涡对接装配时的重要螺帽、精定位螺栓等，可选模块是为满足一些可选功能而特别增加的模块，其中各个模块包含能够行使相同功能不同性能的若干模块。

产品设计时将产品分解成具有某些功能的若干模块化的基本结构，通过选择和组合这些模块化基本结构，组建成不同的产品。这些基本结构可以是零件、部件，甚至是一个系统。一般产品设计都具有一个明确的使用功能，机械产品的总体使用功能是通过各个结构功能模块来实现的。由于机械产品的结构与功能之间并非是一一对应的关系，一个结构实体通常可以实现若干种功能，一个功能往往又可通过若干种结构实体予以实现。如果视机械产品中的实体结构为结构模块，将机械产品的总体功能分解为若干个子功能，通过结构模块将功能模块转化成实体模块，从而实现总体功能。

模块化设计是使用完善的模块化设计过程，采用自上而下、任务驱动的设计方法(传统设计方法是自下而上的基于规则和元知识的整体设计过程)。模块化设计是实现机械产品标准化、通用化和实现产品装配数字化的基础，这种设计方法易于保证产品装配的互换性，便于产品更新换代，特别是对于提高产品质量、可靠性、装配效率和固定资产的利用率具有重要的作用。

基于模块化的设计思想，易于航空发动机的自动装配、自动检测等手段的实施，特别是有利于实现航空发动机对接装配工序时(见 10.2.2 小节)的连续自动装配，使自动化、柔性化装配顺利执行。因此，模块化的设计思想是航空发动机实现装配制造数字化的基础，是新机研制的最好选择。

2. 数字化装配设计

数字化装配设计即三维数字化装配工艺设计，是指通过对产品进行分析，根据企业的制造能力及生产类型，利用计算机辅助工具，通过分析、经验模型、可视化和数据呈现来完成数字化装配工艺的过程。在这个过程中，包含有物理装配模型设计和物理模型模拟装配验证(虚拟仿真)，如图 10.3 所示。

在从“产品物理模型”设计到“物理模型”模拟装配的过程中涉及了数字化装配建模、装配结构工艺性分析、工差分析、装配工艺分析、装配序列规划、装配过程的静动态干涉检验、可装配性分析及装配性能评价等技术。在这些所涉及的数字化装配技术中，其分析方法和所采取的手段有别于传统的装配工艺设计。如数字化装配建模技术是利用计算机软件作为建模工具，构建装配模型的过程；装配序列规划是指在给定设计方案的前提下，既要满足所有几何约束，又要尽可能缩短装配时间和减少装配复杂度，从而寻找出合理可行的装配序列，以此降低装配成本和优化产品性能，对装配体进行装配顺序规划时，可以依据层次树结构，采用自下而上的顺序进行分层规划；装配过程的静动态干涉检验是确定不同的物体在空间是否占有相同区域，或在相同时间里是否有两个以上物体占有相同空间，其中静态干涉检验是指物体在空间中的位置是可移动的，但不随时间变化，位置的变化是由其他参数定义的，如空间布局和装配干涉检验；动态干涉检验与时间相关，即被检验物体在空间中的位置是随时间变化的，如碰撞检验。

数字化装配设计是实现航空发动机装配制造数字化的基础，基于模块化设计理念的航空发动机数字化装配设计是实现航空发动机装配制造数字化的必然选择。

随着数字化设计与制造技术在航空制造业的发展，基于 MBD(Mmodel－Based Definition 基于模型的设计)技术的设计理念正逐渐得到青睐。MBD 技术是指采用集成的三维实体模型来完整表达产品定义信息，详细规定了三维实体模型中产品定义、公差的标注规则和工艺信息的表达方法，三维实体模型成为生产制造过程中的唯一依据，改变了传统以工程图纸为主，而三维实体模型为辅的制造方法，未来基于 MBD 的模块化设计也必将成为航空发动机装配设计的主要手段，图 10.4 所示为基于 MBD 设计的零件三维实体模型。

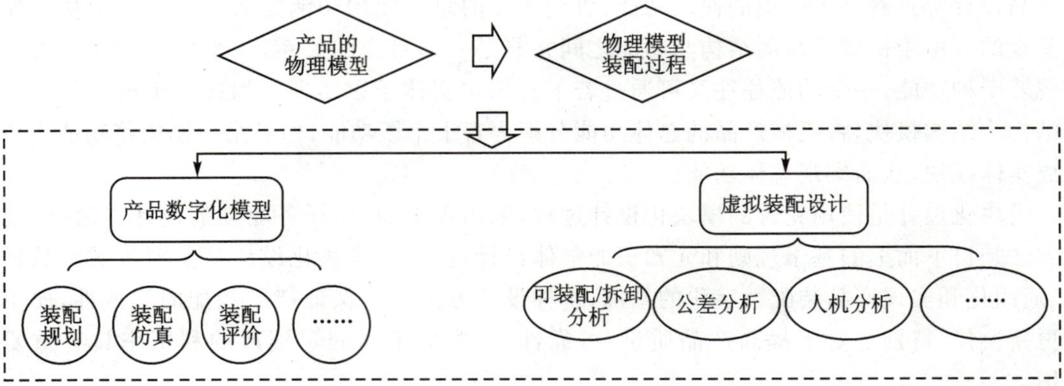

(a) 物理模型模拟装配过程中涉及的技术

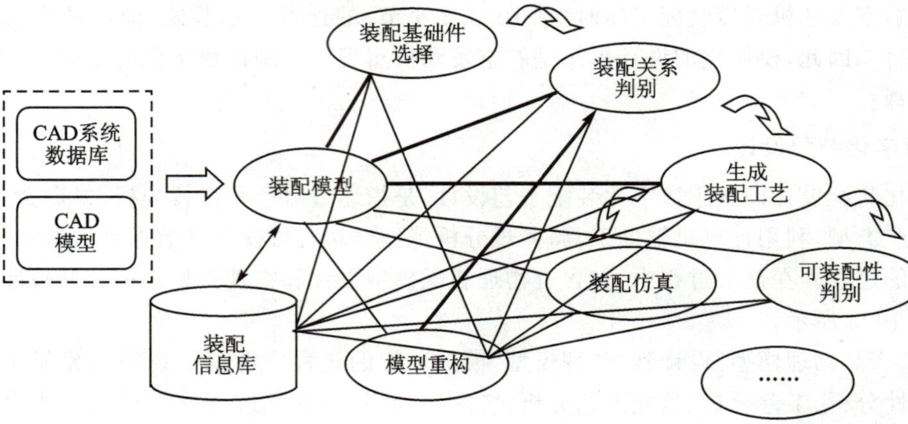

(b) 数字化建模技术

图 10.3　数字化装配设计

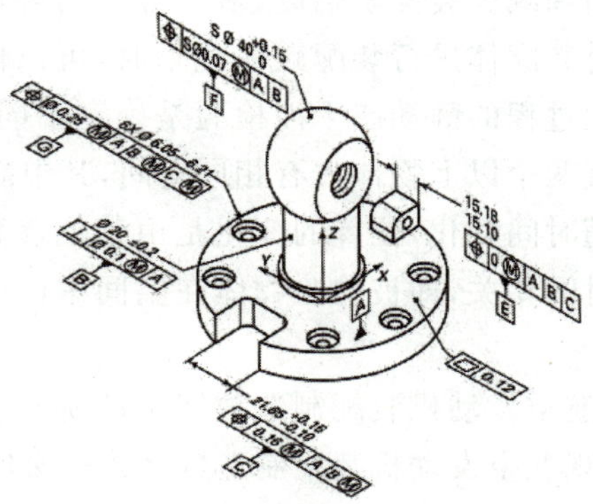

图 10.4　基于 MBD 的三维实体模型

10.2.2　装配制造数字化

装配制造数字化是指装配现场执行的数字化，也是数字化装配设计的思想在装配现场的再现和实施的过程，而航空发动机装配制造数字化是在模块化设计和模块化装配工艺的基础上实现的。

1. 数字化装配工艺过程

依据第 7、8 章所述，传统航空发动机装配工艺过程是组、部件（或单元体）装配，组、部件（或单元体）连接（传动装配）和其他组、部件、元件及各系统与主机的连接（总装配）等三个阶段。本书所述数字化装配工艺系统是一个在传统装配工艺基础上，将模块化设计思想融入其中，并基于独立装配单元的柔性装配系统，在此前提下，将传统航空发动机装配工艺过程的三个阶段重新定义为独立装配单元的装配（单元体装配）、单元体对接（传动装配）及附件与主机连接（总装配），如图 10.5 所示。

该装配系统由分散式装配和集中式装配两部分组成，其中各单元体装配属分散装配，各单元体分散在不同的固定地点（单站装配），装配所需要的零、组件都汇集在各固定地点附近，装配基准件置于柔性装配车（或架）上，装配的全部工作均在各自的固定装配地完成。分散装配的工艺特点是产品的装配周期短，装配工作专业化程度较高。如核心机、风扇、低涡及各种泵等的装配均在不同的装配地完成各自的单元体装配。传动装配与总装配属集中装配，参与装配的各单元体集中到指定装配地点，装配基准部件固定在柔性装配车、架上，通过部分单元体的间歇或连续移动完成整个装配工作，且采用直线式装配线（垂直或水平），如图 10.6 所示。

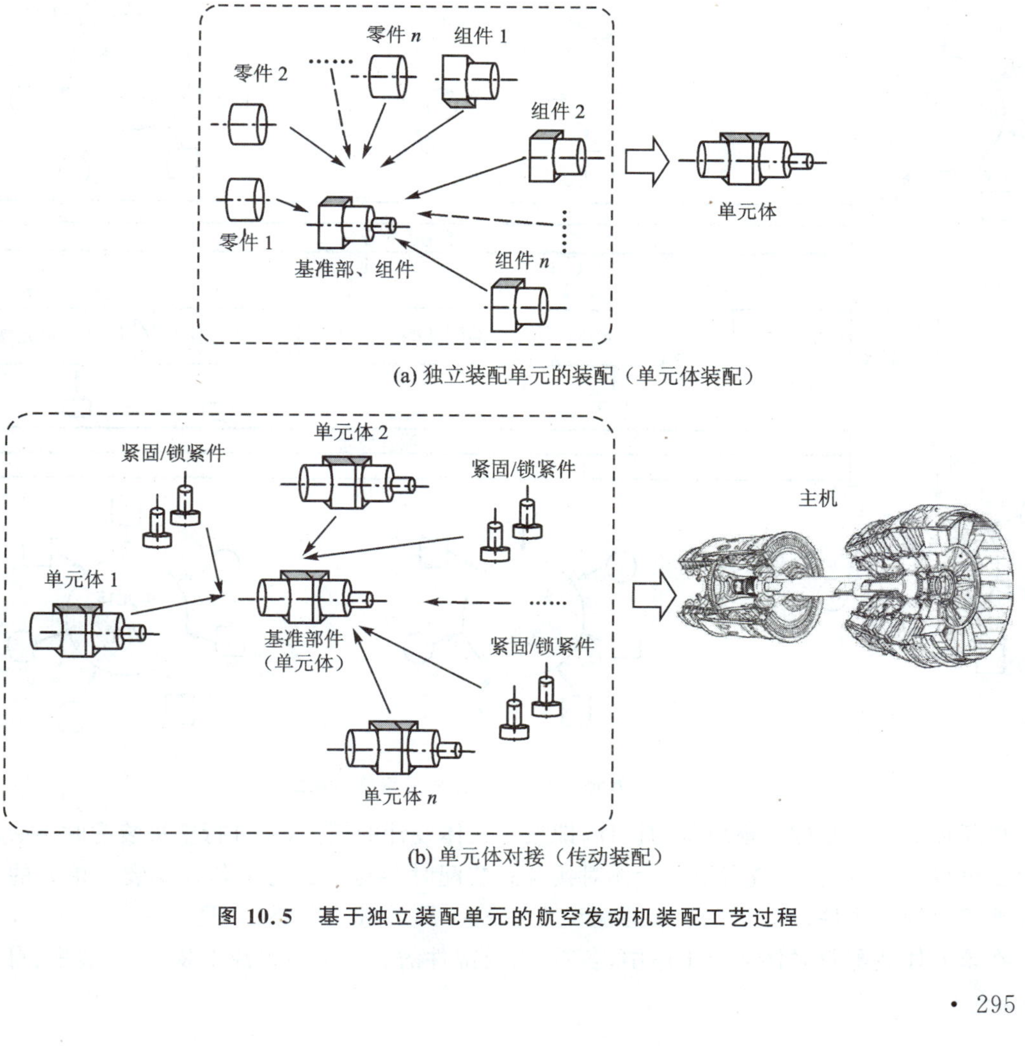

图 10.5　基于独立装配单元的航空发动机装配工艺过程

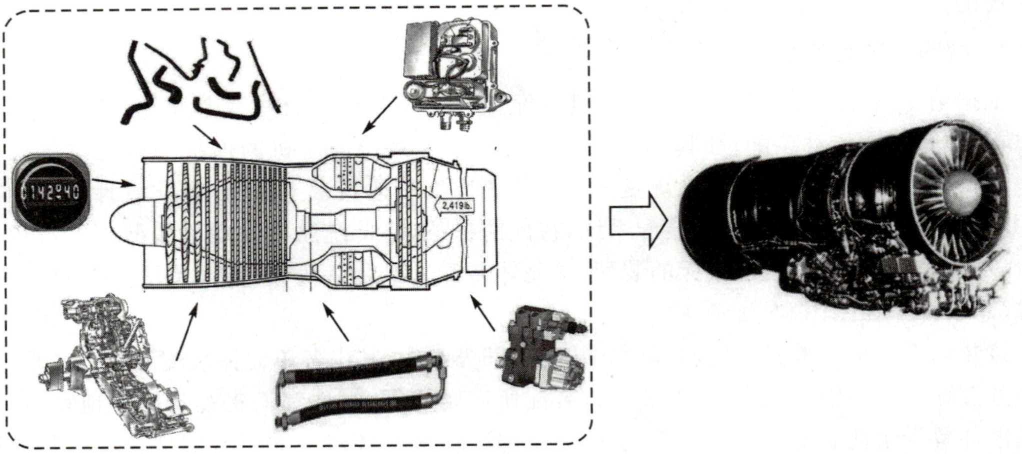

(c) 附件与主机连接（总装配）

图 10.5　基于独立装配单元的航空发动机装配工艺过程(续)

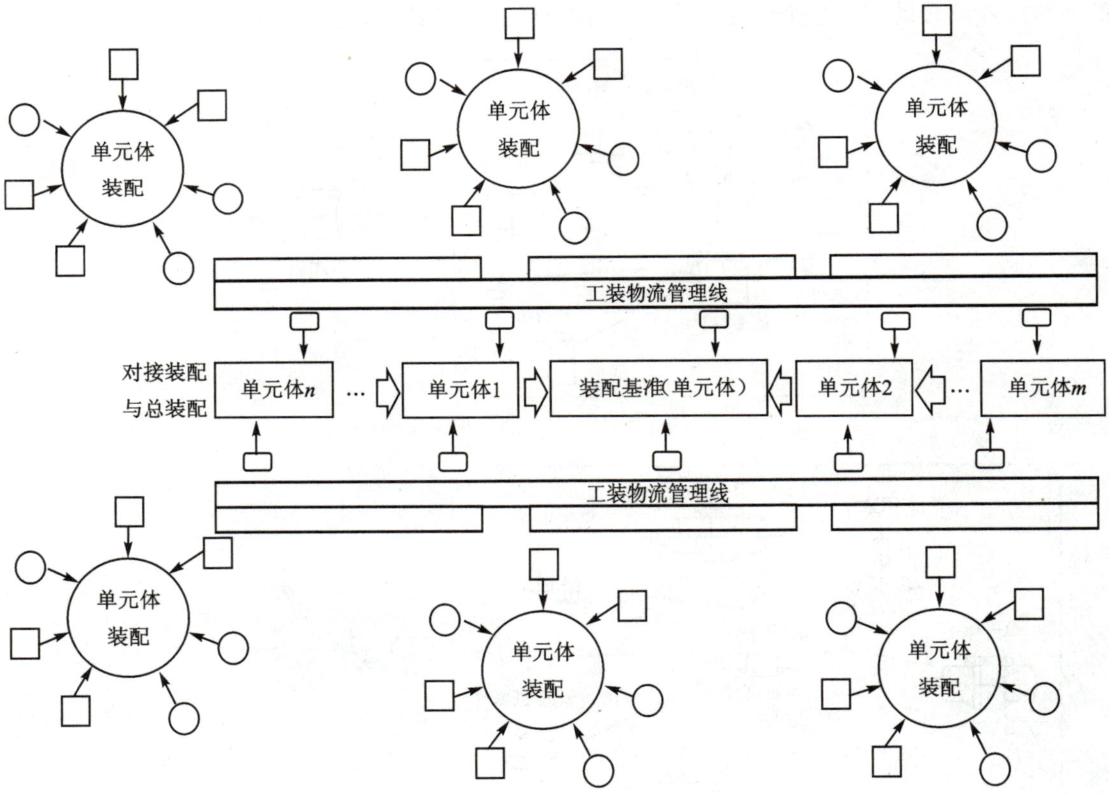

图 10.6　单元体装配、对接装配与总装配线

单元体的划分基础是模块化的设计，即按单元体设计的模块，在进行整机装配时不必局部分解就可以完成总装配，或者说单元体对接及总装配时参与装配的是各独立装配单元的单元体和连接及锁紧零件。

在单元体装配及对接装配工序中，各零、组及部件的装配采用柔性工装、自动装配、自动检验(主要检验尺寸、形状和位置精度,零件的配套检验、平衡及性能检验等不能或不必在装配线上进行的检验项目按工艺要求在装配线外检验)。

2. 装配工艺过程自动控制与自动检验

数字化装配是装配过程的机械化、自动化与装配过程管理信息化的综合体现,它囊括了数字化装配工艺技术、自动控制技术、计算机信息管理技术,包含了柔性定位、自动装配、自动跟踪及自动检测等新的装配理念。

航空发动机数字化装配系统的自动装配系统应具有如下功能:控制装配基准件的准确定位;控制装配件的传送和准确对接;控制和完成零件、组件、部件及单元体的装配;能保证自动装配系统的传送与装配作业协调、同步与连锁;控制各种检测信号及安全保护、连锁与自动报警等,为了保证装配线的稳定运行,控制系统应具有自动装配、半自动装配及手工装配的转换功能。同时,控制系统的设计要考虑单元体装配、对接装配及总装配的节奏控制和装配工作循环时间的分配、装配件的传送方式、装配基准件的定位精度、装配线上检验工序的安排及检验内容和检验方法、关键装配工序与重要装配工序装配精度的控制、检验结果不满足装配工艺要求的处理方式及装配线的平衡等。

自动装配系统应由输送系统、装配机械手(或装配机器人)、检测系统和控制系统组成。装配机械手(或机器人)应充分考虑抓取装配件的质量、该质量所产生的最大力矩及抓取零件至装配工位所需要的工作空间;考虑精度(机械手最小移动距离、可重复性和准确性);考虑速度(装配完成的周期);考虑工作范围(工作空间与干涉)等。通常自动装配系统的件与件之间的自动装入有三种方式,即重力装入、机械装配和机动夹入,航空发动机的自动装配系统应采用后两种形式,即先将装配基准件安置在柔性装配工装上,再夹持被装配件对准装配基准件,缓慢移动或旋转移动至准确位置。

在航空发动机整个装配工艺过程中,涉及了众多项目的装配检验,如跳动检验、预紧力检验、密接度检验、各种间隙检验、静力矩测量及平衡等,这些检验工序或工步穿插在各装配工序或工步之间,且是装配工序或工步组成中重要的一部分,是航空发动机装配质量保证的重要一环。但是在装配线上的检验工艺、方法和设备或仪器的配置需要按数字化装配工艺的要求进行设计和配备,即这些检验装置要按装配的节奏及工艺要求备置,并在装配线上实现主动检验、自动反馈检验结果。

3. 柔性装配

柔性装配是采用柔性定位技术进行装配的一种数字化装配方法,它通过采用柔性工装来满足不同产品的定位需要,是一种能适应快速研制、低成本制造及工装可重组模块化的先进装配技术,它涵盖了柔性工装、精确定位与检测、数据采集/处理系统等技术。柔性装配技术是一门综合多学科知识的技术,其柔性工装系统应建立在高强度的工装结构之上,其执行机构的运动方式与效果应充分考虑装配对象固有的特点,在实际工作过程中应具有高精度、可调整等特性,其控制系统应与三维 CAD 系统、测量系统集成以完成对装配定位的控制过程。柔性装配工装具有模块化、可重组、自动化的特点,可以免除设计和制造各种产品装配专用的传统装配工装,从而降低工装的制造成本,缩短工装准备周期,大幅度提高装配生产率。

柔性装配工装区别于传统工装的关键特征是具有一定的柔性,即定位和夹紧的柔性化。因此,基于柔性化的装配工装可以实现对某一特定航空发动机的改进型号的部件、单元体或具有相似结构的其他型号发动机的部件、单元体进行随机装配，也可根据需要增加或减少某些装配环节，在功能、功率和几何形状允许的范围内，最大限度地满足发动机部件、单元体的装配工艺要求。柔性装配工装可以根据装配基础件的结构变化，自动调整工装定位点的位姿(位置和姿态)和布局，通过改变定位和夹紧位置，以适应某一特定发动机的改进型号的部件、单元体或具有相似结构的其他型号发动机的部件、单元体的定位要求；可以通过传感器、控制系统等控制柔性装配工装实现自动定位、控制工装主体位姿变化、完成柔性对接平台自动对接等功能。

柔性装配工装是航空发动机数字化装配的重要组成部分，通过柔性装配工装与自动化装配技术的结合，可以解决多年来一直困扰航空发动机装配制造而又价格十分昂贵的刚性装配工装问题。

根据航空发动机的结构特点与自动装配的工艺要求，航空发动机装配用柔性工装主要分为两大类，即单元体装配柔性工装和整机装配(对接与总装)柔性工装。由于各单元体结构的差异，柔性工装所实现的功能不同，使柔性工装组成也各不相同，因此，在柔性装配工装设计时必须考虑各装配基准件的结构特点、装配方式、装配件的输送方式等；其次基于柔性装配的装配夹具应能根据装配基准件的变型(或相似结构)，在尺寸和位姿上达到相应的变化；自动对接装配系统应采用高精度的对接控制系统，以适应发动机的不同装配方式(立式或卧式)以及不同尺寸发动机的装配。

航空发动机柔性装配工装技术的发展要充分考虑以下问题：柔性装配工装设计和制造要着眼未来的发展，即要向标准化方向发展，形成行业标准、企业标准等，降低研发成本；柔性装配工装技术应与先进技术并行，如采用机械手或机器人、光电测量技术、先进定位技术等；柔性装配工装设计应兼顾工程设计和柔性工装设计，即在发动机方案设计阶段，将柔性工装融于工程设计之中，为全面采用柔性工装奠定基础。

附　　表

附表 1.1　图文共表述的装配工艺图卡

规程号	版次	装配工艺图卡	特性符号	第 1 页
	1			共 1 页

工序名称:研磨　　　　工序号:20

装配工艺图

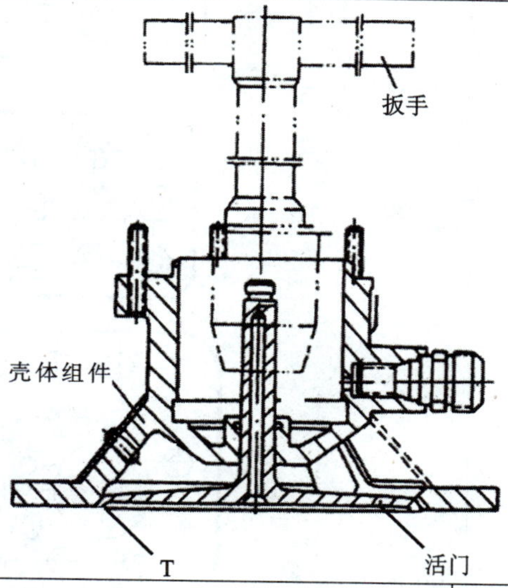

序号	工　艺　内　容	工艺装备	
		名　称	号　码
1	将壳体组件和活门清洗干净		
2	在活门的斜面上涂普鲁士蓝	普鲁士蓝	
3J	检查“T”面着色情况,宽度不少于 1.4 范围内着色面积应 100%	着色工具	$2B=\frac{6351}{0386}$
	注:着色不合格时,进行以下工作		
4	将壳体组件放在研磨座上,用活门对研“T”面	研磨座	$2B=\frac{6350}{2084}$
		扳手	$2B=\frac{6351}{0329}$
		磨料	
5	洗涤		
	按 2～3 工步着色检查“T”面的贴合情况		

索引	更改单号	日期	签名	索引	更改单号	日期	签名	索引	更改单号	日期	签名

附表 3.1　螺纹件各种排列的拧紧次序

螺纹件排列形式	拧紧次序简图
一字排列	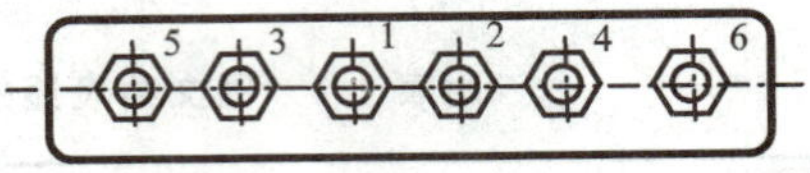
双排排列	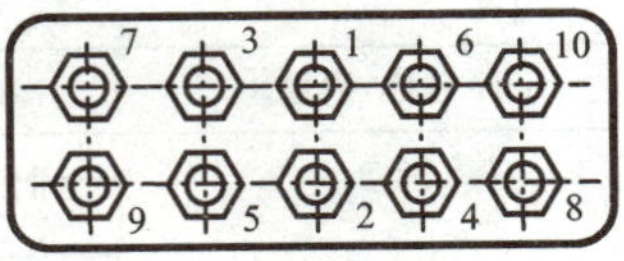
三排排列	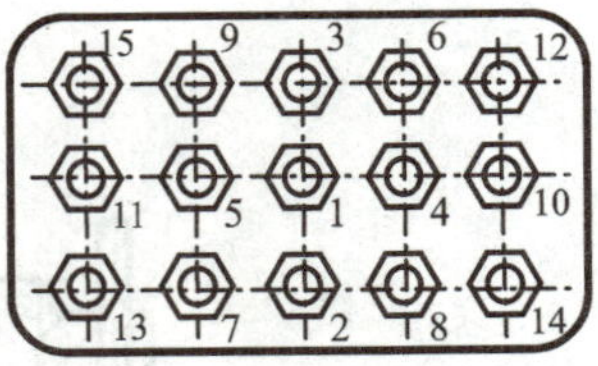
多排排列	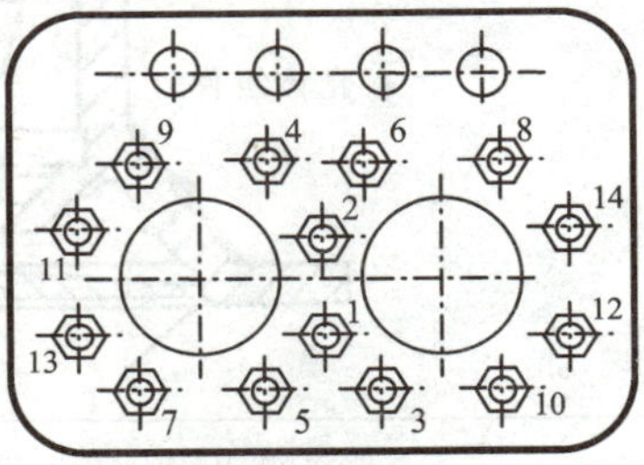
正方形排列	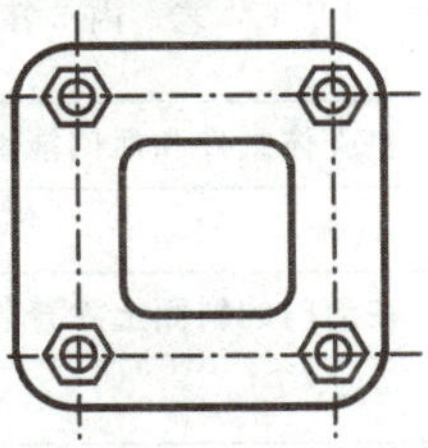
圆周分布	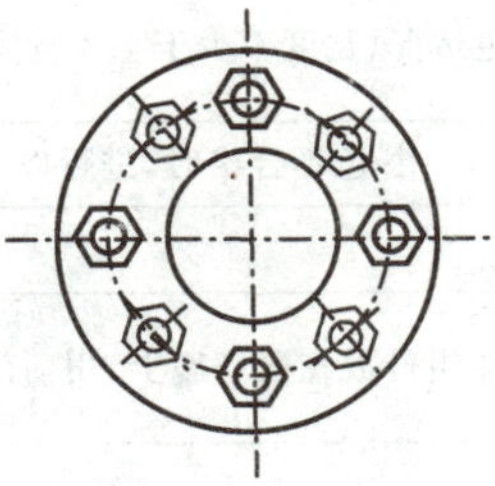
半圆周分布	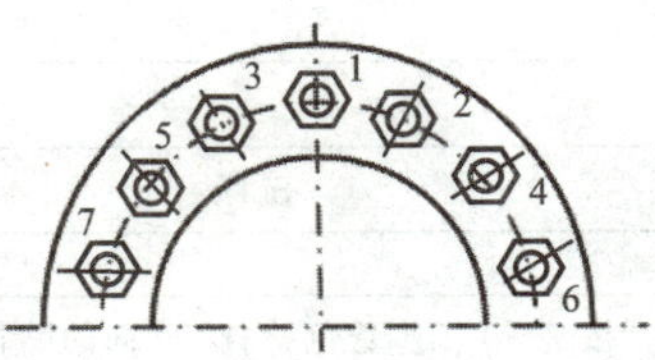

附表 3.2　螺纹连接常用的防松方法

防松方法		结构形式	特点和应用
摩擦防松	对顶螺母	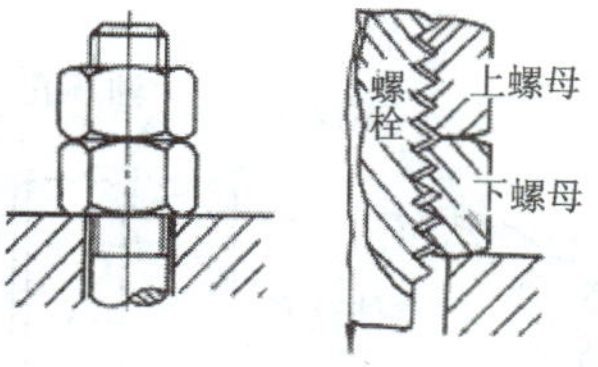	两螺母对顶拧紧后，使旋合螺纹间始终受到附加的压力的作用。工作载荷有变动时，该摩擦力仍然存在。下螺母螺纹牙受力较小，其高度可小些，但为了防止装错，两螺母的高度取成相等为宜。 结构简单，适用于平稳、低速和重载的固定装置上的连接
	弹簧垫圈	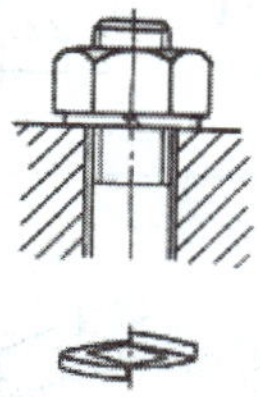	螺母拧紧后，靠垫圈压平而产生的弹性反力使旋合螺纹间压紧。同时，垫圈斜口的尖端抵住螺母与被连接件的支承面也有防松作用。 结构简单，使用方便。但由于垫圈的弹力不匀，在冲击、振动的工作条件下，其防松效果较差，一般用于不太重要的连接
	自锁螺母	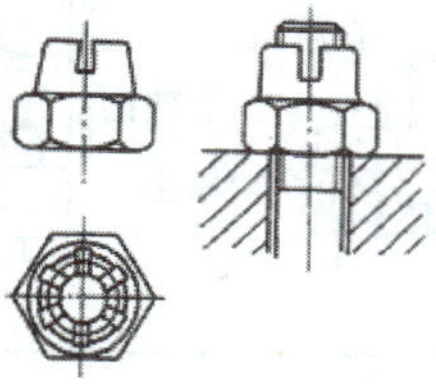	螺母一端制成非圆形收口或开缝后径向收口。当螺母拧紧后，收口胀开，利用收口的弹力使旋合螺纹间压紧。 结构简单，防松可靠，可多次装拆而不降低防松性能
机械防松	开口销与 六角开槽螺母	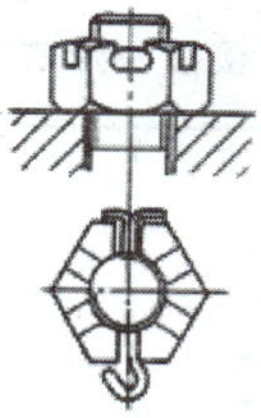	六角开槽螺母拧紧后将开口销穿入螺栓尾部小孔和螺母的槽内，并将开口销尾部掰开与螺母侧面贴紧。也可用普通螺母代替六角开槽螺母，但须拧紧螺母后再配钻销孔。 适用于较大冲击、振动的高速机械中运动部件的连接
	止动垫圈	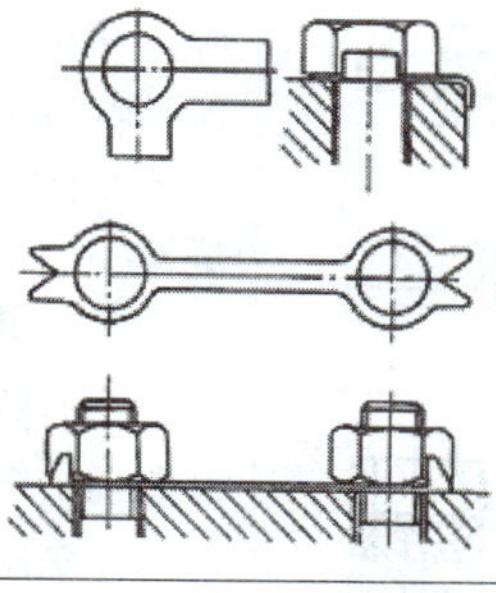	螺母拧紧后，将单耳或双耳止动垫圈分别向螺母和被连接件的侧面折弯贴紧，即可将螺母锁住。若两个螺栓需要双联锁紧时，可采用双联止动垫圈，使两个螺母相互制动。 结构简单，使用方便，防松可靠
	串联钢丝	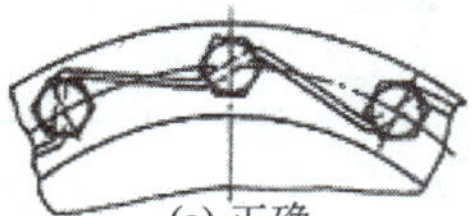 (a) 正确 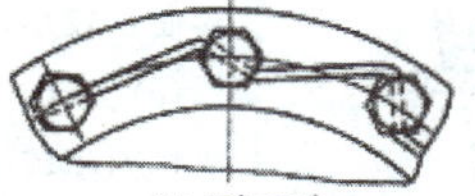 (b) 不正确	用低碳钢丝穿入螺钉头部的孔内，将各螺钉串联起来，使其相互制动。使用时必须注意钢丝的穿入方向。 适用于螺钉组连接，防松可靠，但装拆不方便

附表 3.3　滑动轴承种类、特点和装配

种　类	结构特点与简图		装　配
整体式轴瓦	轴套与壳体为整体式，单个轴套压入壳体做轴承，结构简单，工艺方便，卸装困难，磨损间隙大无法调整	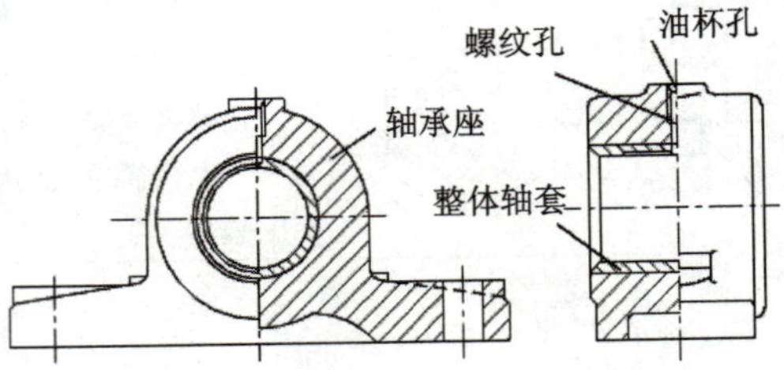	装配前：测量配合尺寸，配合面涂润滑剂，带凸肩的轴承以过盈方式压入壳体，不带凸肩的齐平端头用止动销止动，镗孔至规定值；轴装入轴套，用固紧件固定成一整体
剖分式轴承	轴套和壳体同时分为两部分，轴套和壳体分别做成两半式，轴套分别装到壳体及盖中，盖与座靠销钉、凸缘或榫头定位保证同心，用螺栓固定成一整体，轴颈装入其中，装卸方便，维护简单	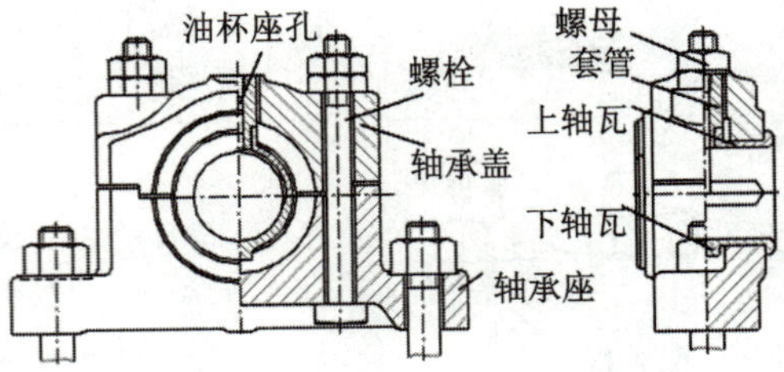	预装配：测量轴承尺寸符合规定配合间隙，检查轴承或轴套上润滑油孔通畅；孔无尖边毛刺，轴颈与轴承内孔涂润滑剂，轴装入轴套内通过紧固件固定成一整体

附表 3.4　不同工件形状的搭接接头形式

工件形状	搭接接头形式	特　点
平板钎焊接头	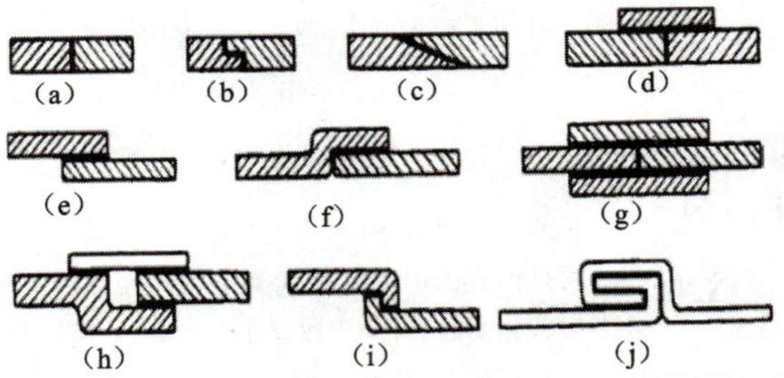	(a)～(c)：对接接头。当要求两个零件连接后表面平齐，而又要承受一定载荷时，可采用(b)、(c)形式。这时对零件的加工要求较高。 (d)～(i)：搭接接头或搭接与对接混合接头。 (j)：锁边接头，适用于薄件
管件钎焊接头	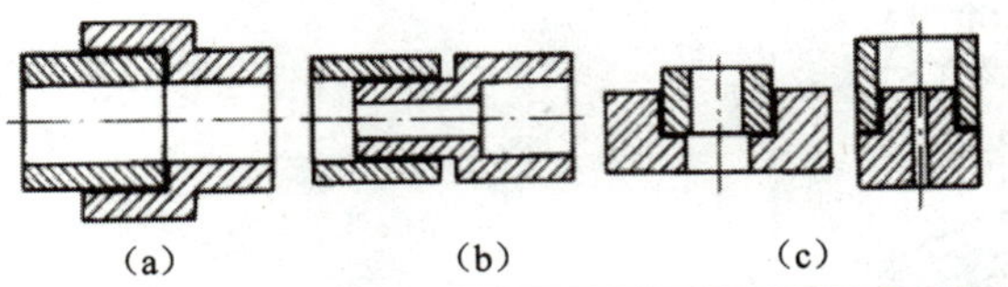	(a)：零件连接后的内孔孔径要求相同时采用； (b)：零件连接后的外径要求相同时采用； (c)：接头的内外径允许有差别时采用
T形和斜角钎焊接头	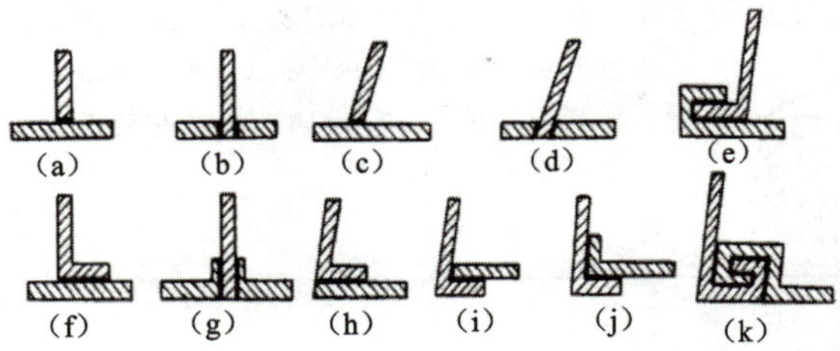	(a)、(b)、(f)、(g)：T形接头，(a)、(b)搭接面积较小，(f)、(g)搭接面积较大； (c)、(d)、(h)、(i)：斜角接头，(c)、(d)搭接面积较小，(h)、(i)搭接面积较大； (e)、(j)：搭接面积更大； (k)：主要用于薄件的钎焊

续表 3.4

工件形状	搭接接头形式	特　点
端面钎焊接头	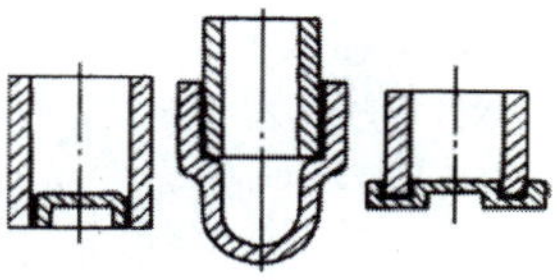	主要用于端面接头，特别是承压密封接头，其特点是具有较大的钎焊面积，发生泄漏的可能性减小
管或棒与板钎焊接头	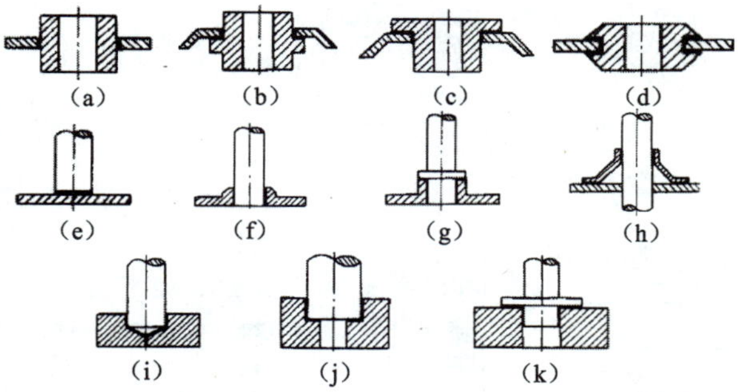	(a)：比较少用的一种管板接头形式； (b)、(c)、(d)：替代(a)形的结构形式； (f)、(g)、(h)：替代(e)形的结构形式； (i)、(j)、(k)：当板材较厚时采用
线接触钎焊接头	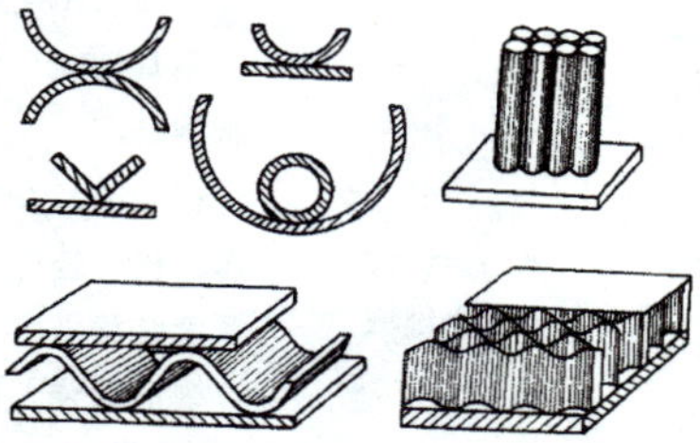	这种接头的间隙是可变的。毛细力只在有限的范围内起作用，接头强度不太高，主要用于钎缝受压或受力不大的结构
受动载荷或大载荷钎焊接头	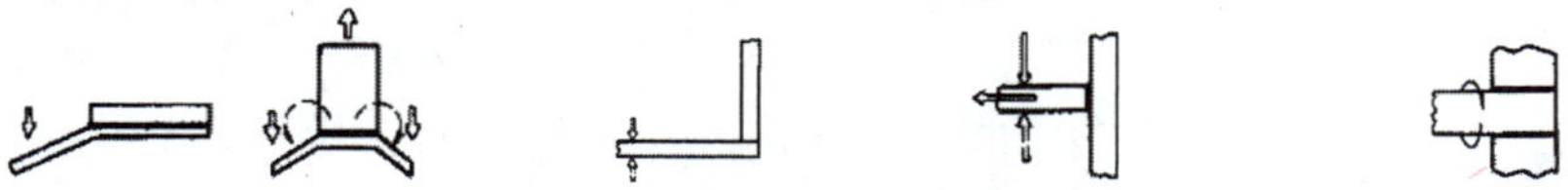（不合理） 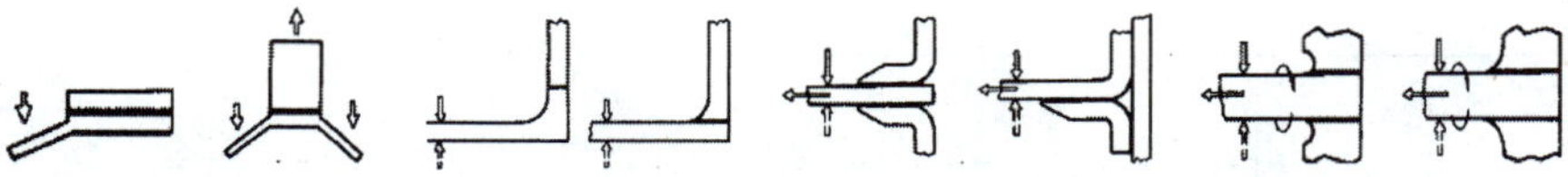（合理）	

附表 3.5　各种键的结构简图与装配方法

连接类型				结构简图与说明	装配方法
松键	平键	普通	方头	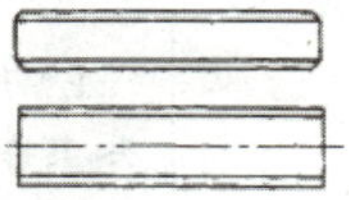 横断面为矩形，端头为平头的棱柱体	**松键：** 包容件与被包容件为间隙配合 **紧键：** 包容件与被包容件为过盈配合 **装配前准备：** 键上涂润滑剂（油、脂类），将键粘附键槽内，检查键与键槽配合不过紧或过松； 键凸出高度符合规定； 半月键能自由移动 **松键装配：** 键与键槽稍有过盈，键放正后，用压力机轻轻压入槽内，套入轮毂 **紧键装配：** 楔形键装入键槽中，包容件从一端装到被包容件上或被包容件装到包容件中，沿轴线敲紧键，使被包容件、键、包容件紧密配合
			圆头	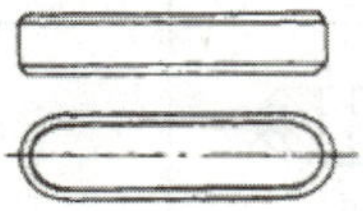 横断面为矩形，端头为圆头的棱柱体	
		导向键		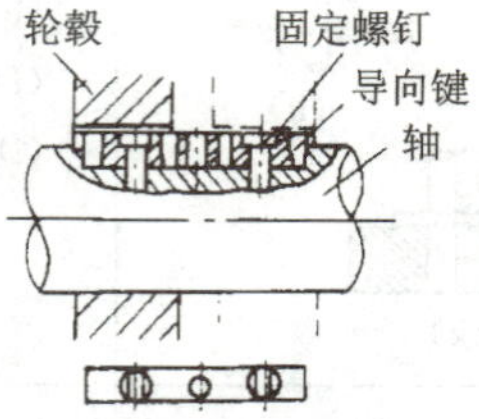 键固定在轴上，轮毂沿轴向移动	
		滑键		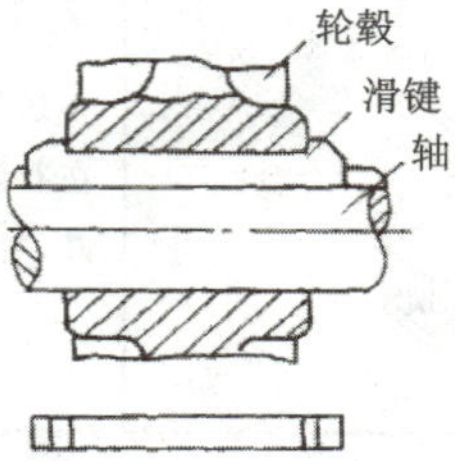 键与轮毂制成一体沿键槽轴向移动	
	半月键			 半圆形、考量侧面受挤压工作	
紧键	楔键			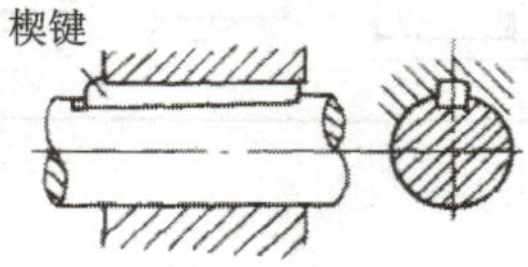	

附表 3.6　不同种类花键结构与装配方法

种类	连接简图与结构特点		装配方法
渐开线花健		节径渐开线型面定心，传扭受力均匀，强度高，工艺性好	**装配前：** 在内外花键配合处涂润滑油 **装配：** 内、外花键间隙配合的配合件直接装上，锁紧端头压紧螺母； 内、外花键过盈配合的配合件要加温（铝合金包容件加热到 80～100 ℃；钢制包容件加热至 220～250 ℃）； 用静压法（压力机及工装）将其装到包容件上，拧紧螺母并保险
三角形花健	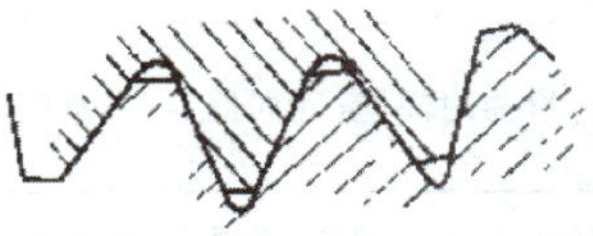	牙细而多，以牙节径侧面定心，用于轻载荷薄壁零件	
矩形花健	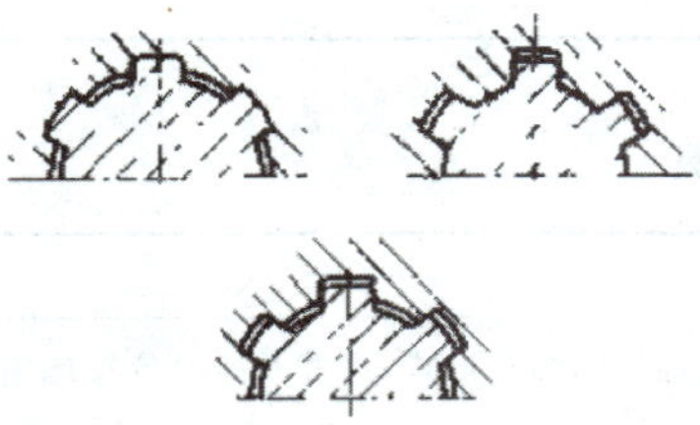	横断面为矩形，侧面定心，定心不精确，转角处应力集中	
花键优点	花键为多键，轴上分布均匀，键槽浅，轴的强度好，应力集中小，接触面积大，承载能力高，零件沿轴移动导向性好		

附表 3.7　圆锥体连接形式

连接形式	连接简图	连接特点
锥面定心	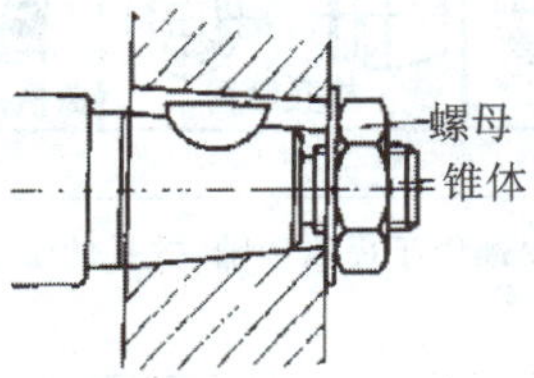	锥面过盈不大，通过辅助机构传扭和固定（如通过键传扭，螺母压紧固定，锥面定心）
锥面压紧固定	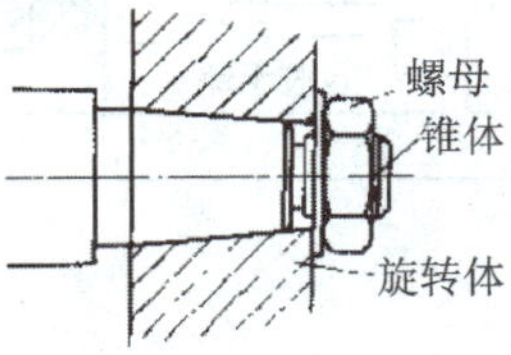	端面螺母压紧，通过锥面过盈达到固定连接
多个零件固定	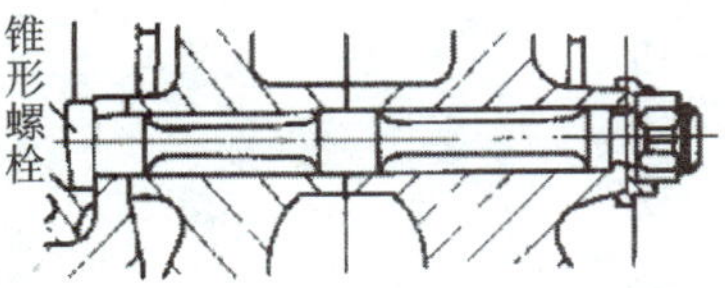	多个包容体（如涡轮盘、轴等）通过一个或多个被包容件（锥形螺栓）定心或固定连接

附表 4.1　标准样件分类

类　别	定义与实例
设计标准样件	设计图样、技术条件规定的用于验收零、部件、组件或整机的一个或数个技术特性最终质量的标准。例如：零件掉漆、叶片打磨、锁紧垫圈锁紧等
工艺标准样件	工艺文件中规定的、用于工序间验收零件或组件的一个或数个技术特性的标准实样。例如：装配过程产生的尖边、毛刺等
冶金标准样件	鉴定零、部、组件冶金技术特性，并作出验收结论的标准实样。例如：表面处理的花脸、焊接过程的烧伤、锻、铸缺陷等
校验标准样件	校验计量器具、试验设备等工作状态的 Z 标准实样。例如：滑油附件、空气涡流器、标准喷嘴等
验收标准样件	不属于设计、工艺标准样件，而作为验收产品质量特性的标准实样。例如：轴承压伤、烧伤、麻坑、标准样机等

附表 6.1　通用工装夹具

名　称	应用与图例
扳手	用于装配、分解螺母、螺栓、螺钉等螺纹连接件，依据螺母、螺栓的结构形式，尺寸及所处位置选用，扳口与螺母的间隙通常在 0.1～0.3 mm 范围 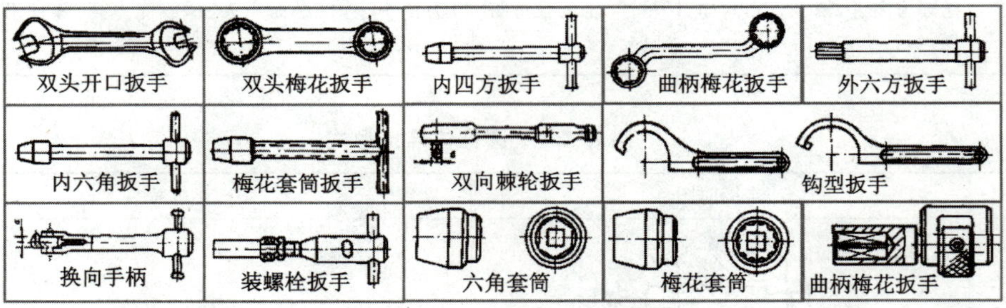
手锤	用于安装和拆卸零件，200 g 以下的锤头用于小零件；提锤用于提取销轴，按孔的螺纹尺寸选用；钢锤不允许直接敲击零件，应与冲子合用 

续附表 6.1

<table>
<tr><th>名　称</th><th>应用与图例</th></tr>
<tr><td>手钳</td><td>手钳的结构有不同的形式，分别用于安装、拆卸 小零件；切断开口销、锁紧丝；夹持小零件；装卸挡圈；装卸电缆接头螺母；锁紧锁片和保险丝
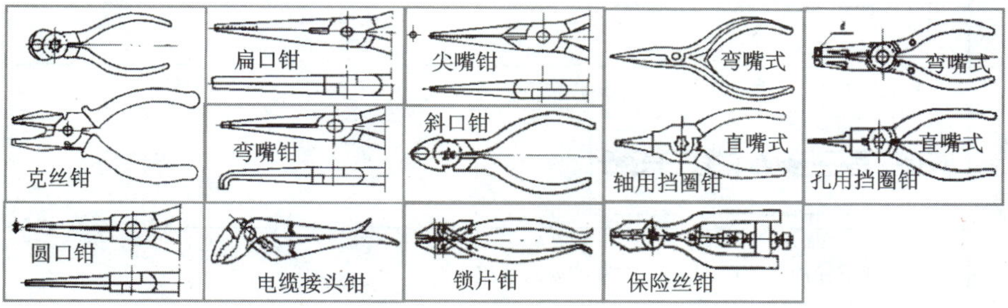
</td></tr>
<tr><td>解锥</td><td>用于装卸螺钉，按螺钉头槽尺寸型式和工作条件选用，刃口与槽间有 0.1～0.2 mm 间隙，十字槽解锥需与螺钉槽型号一致
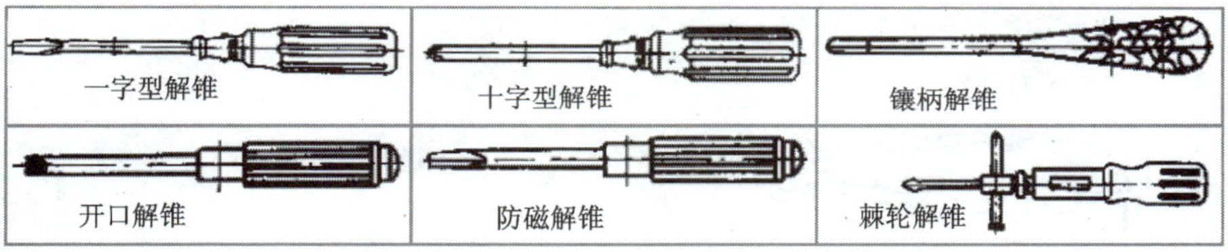
</td></tr>
<tr><td>冲子</td><td>用于锁紧保险，与手锤配合装、卸零件，按工装对象选用
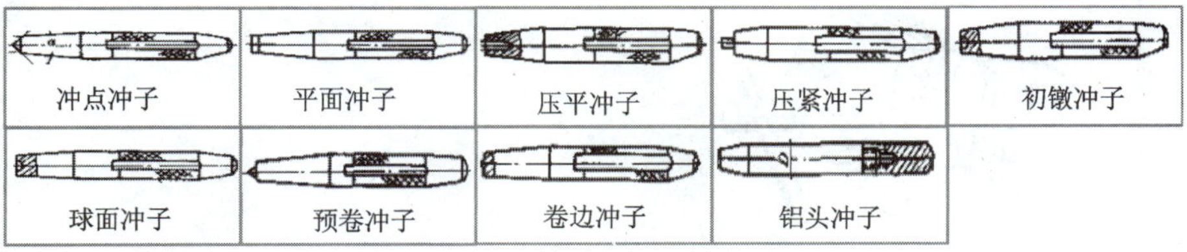
</td></tr>
<tr><td>镊子</td><td>用于夹持小零件，按工作对象选择
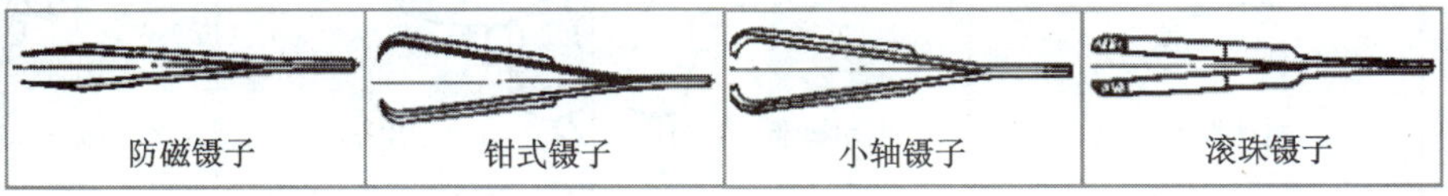
</td></tr>
<tr><td>夹子</td><td>用于夹持小零件，按工作对象选择
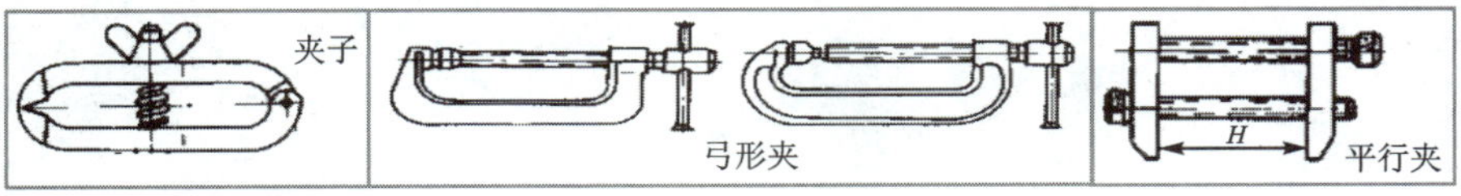
</td></tr>
</table>

续附表 6.1

名　称	应用与图例
抓物器	抓取内腔多余物 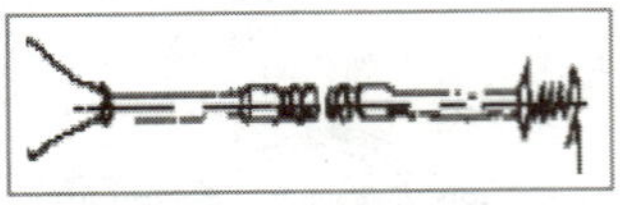
磁铁棒	吸零件内腔多余物 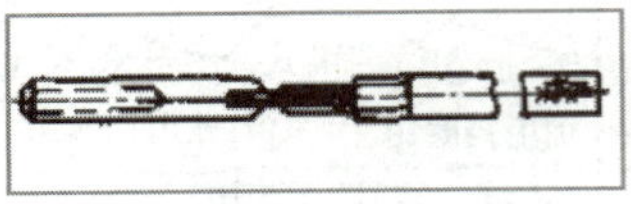
钢印	在零件上标冲击印记，字型与字高按要求选用 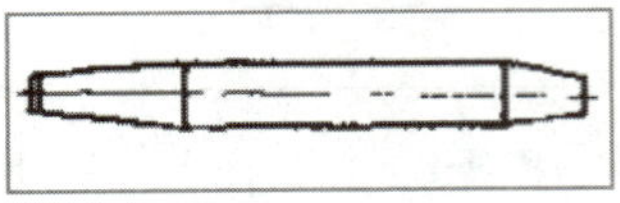
虎钳	夹持小零件，按零件结构形式、工作内容选用 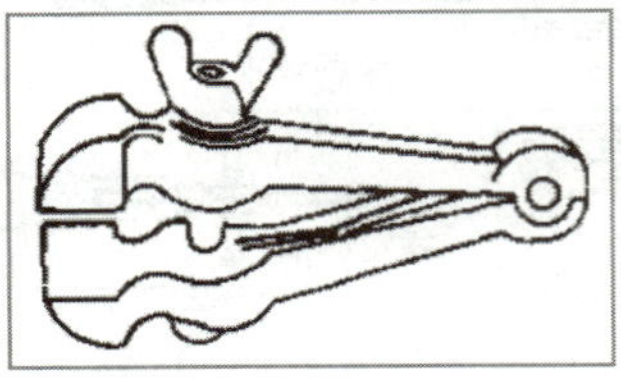
台式虎钳	夹持小零件，按装配对象结构选用 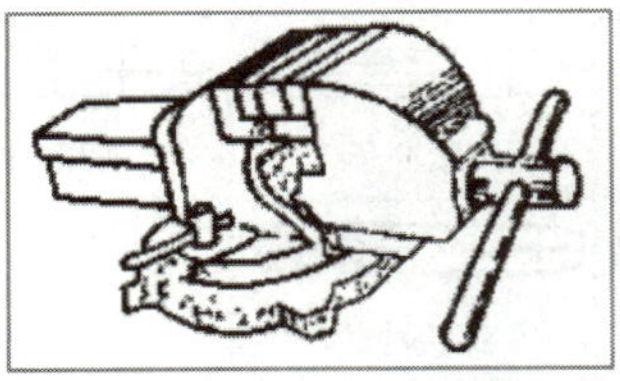
电动气动液动工夹具	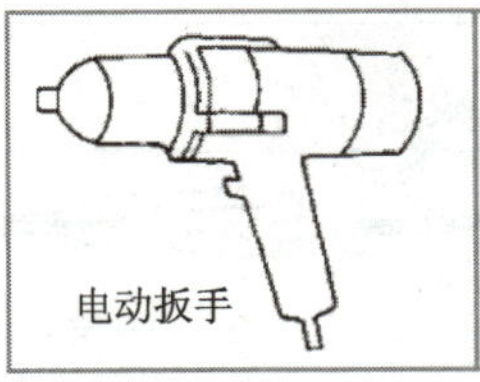 电动扳手 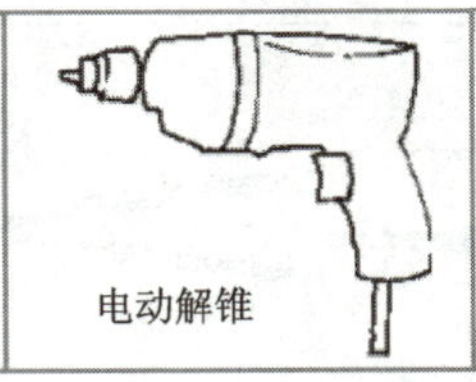 电动解锥 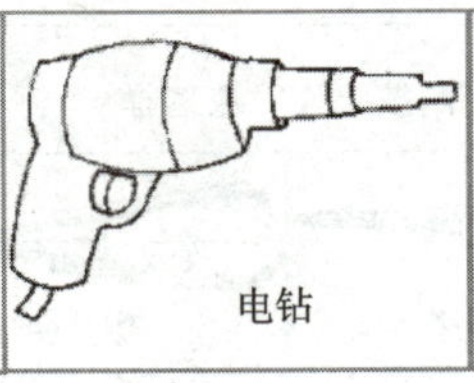 电钻 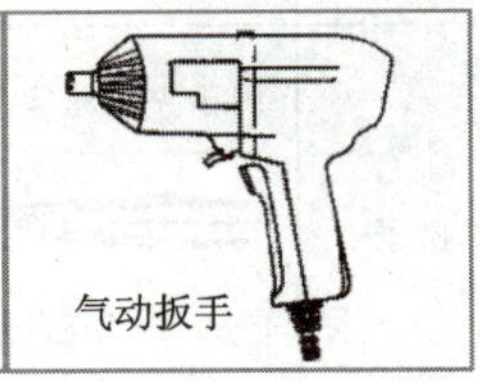 气动扳手

附表 7.1　某高压压气机转子装配工艺规程

工序号	工序名称	装配内容	备　注
5	集　件		
10	装配双头螺柱	1）把Ⅰ～Ⅲ，Ⅳ～Ⅵ级盘鼓筒组件10安装到装配车上； 2）把24个双头螺拴2安装到Ⅳ～Ⅵ级盘鼓筒组件孔上； 3）用夹具、专用钳、保持器拧紧螺母，并把螺母挤压到两个极径相对的槽中，夹紧力逐渐递增	要防止螺母出现裂纹，用安装镜检查
15	装配Ⅶ级盘及承力环	1）将Ⅶ盘防盗高温炉中加热至200 ℃以内，保持10～15 min，在高温下用橡胶棒、钳工锤、铜棒把Ⅶ盘压到鼓筒的止动位置，使Ⅵ和Ⅶ级盘缘上的“＋”标记重合，使鼓筒上24个螺栓与Ⅶ级盘上相应孔对齐。 2）把Ⅶ级承力环8压到Ⅶ级盘9上，使盘缘和承力环外径上的标记对齐；使24个螺栓和通过Ⅶ级承力环上的相应孔。第Ⅶ级承力环外表面上的箭头方向向上，在转子装配位置时，出口朝上。 3）把工艺环的1、2、3号工艺环安装到双头螺栓2上。 4）用限力扳手、保持器、转接器在6.86～8.83 N·m力矩下按顺序预紧螺栓。 5）按与预紧螺母相同顺序，用限力扳手、保持器、转接器在××力矩下拧紧螺母。拧紧时不允许双头螺栓转动，用双头螺栓的四面体防止螺栓转动，保持拧紧状态45 min，测Ⅶ级盘压后，测量对接R（对接面）处间隙不大于0.03 mm，记录R处间隙值作为参考值	螺栓顺序：1，13，19，7，10，22，4，16，17，5，11，23，24，12，18，6，8，20，2，14，15，3，9，21
20	装配Ⅷ级盘及承力环		
25	装配Ⅸ级盘及承力环		
30	装配篦齿盘及高压压气机轴	1）按装配Ⅸ盘及承力环拧紧螺母的顺序依次把双头螺栓上的每个螺母拧松，并立即用限力扳手、保持器、转接座（器）在××力矩下拧紧螺母； 2）用深度卡尺、平尺测量Ⅸ级盘输出端面和Ⅸ级承力环端面之间尺寸 L_3，在4个直径相对的位置检查； ⋮ 9）加热篦齿盘至200 ℃以内，保持10～15 min； 10）用钳工锤、铜棒、铝棒把压气机轴12压装到转子上，使篦齿盘外缘上和轴左安装边上的“＋”对齐，并使24个双头螺栓进入高压压气机轴孔中	
35	检查 T_2、H 表面跳动量	1）用杠杆千分表测 T_2 相对 E 面的跳动量（不超过0.015） 2）用杠杆千分表测 T_2 和 T_4 表面的平行度（误差不超过0.01） 注意：当 T_2 和 T_4 表面的平行度误差超过0.01时，用加工表面 T_2 和 T_4 以及用去除材料不超过0.1 mm的方法进行修正，确保表面 T_2 和 T_4 平行度误差不大于0.01	

续附表 7.1

工序号	工序名称	装配内容	备　注
40	装配Ⅰ级叶片		注:在单盘上安装叶片时要满足: ① 按静力矩递减的次序安装各级叶片(叶片安质量递减的次序在盘上分布); ② 一个盘上叶片质量差不大于5 g;沿盘直径相对的榫槽中,叶片质量差要小于0.5 g按静力矩递减的顺序安装各级叶片
45	装配Ⅱ级叶片		
⋮	⋮		
80	装配Ⅸ级叶片		
85	Ⅰ～Ⅸ级定位销锉修,扩口		
90	测　量	1) 测量Ⅰ～Ⅸ级叶片外径 2) 测量篦齿盘篦齿尺寸	
95	平　衡	装配后的高压压气机转子组件按平衡工艺规程进行平衡	注:没有安装叶片前先做转子动平衡,叶片安装后还要做动平衡
100	锁紧螺母		
105	最终检验		

附表 8.1　导管固定卡箍形式

类　型	卡箍形式	图　例	应　用
夹板形卡箍	单孔式	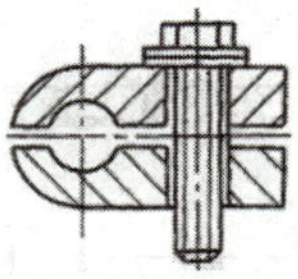	导管与机匣支承
	双孔式	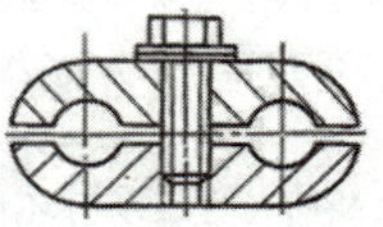	导管与导管并与机匣支承
		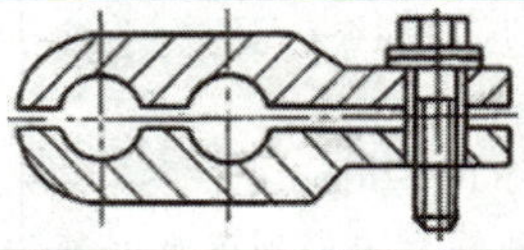	导管与导管间支承
	多孔	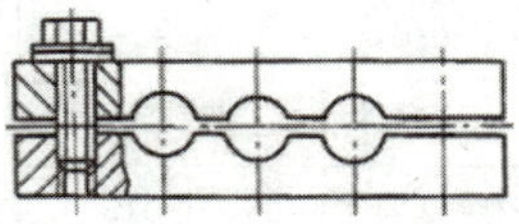	导管与导管间支承

续附表 8.1

类　型	卡箍形式	图　例	应　用
弹性板形卡箍	分开式	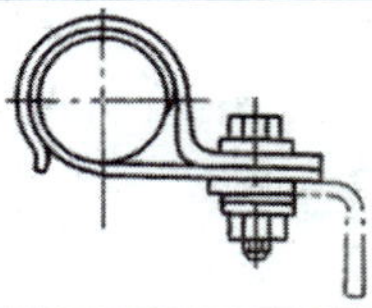	导管与机匣支承
	整体式	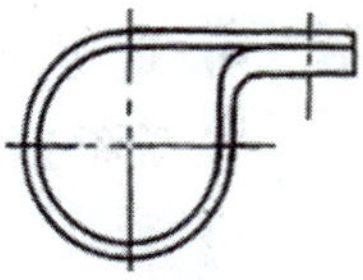	导管与机匣支承
	箍带式	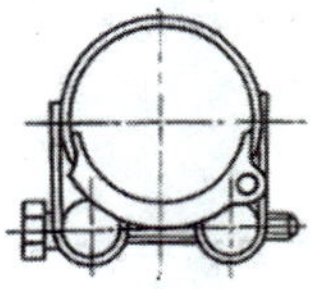	刚性导管与柔性导管的固定

附表 8.2　导管支承支架形式

支架形式	图　例	应　用
版式焊接式	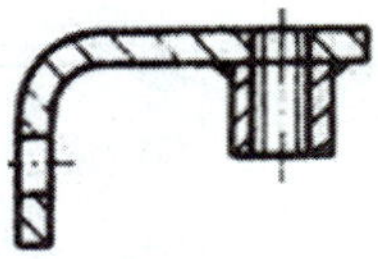	导管与机匣转接支承
钎焊在导管上板片式	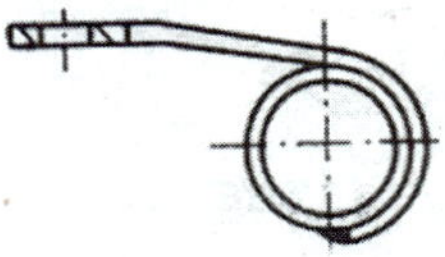	导管与机匣支承连接支承
铸制 直式	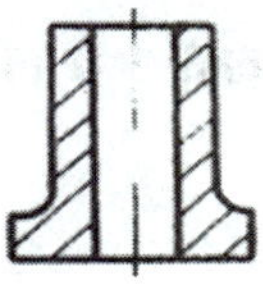	导管与机匣转接支承
	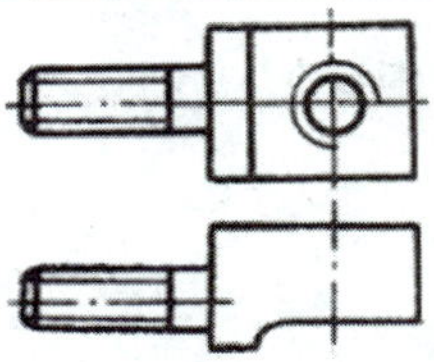	

续附表 8.2

支架形式	图　例	应　用
钢制 弯式	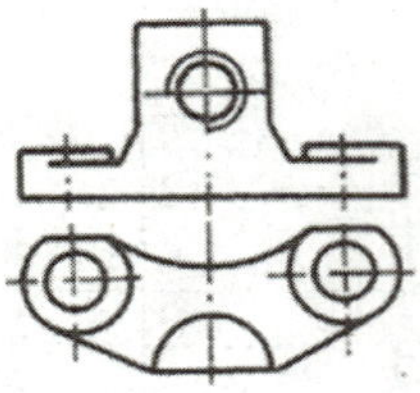	导管与机匣转接支承
	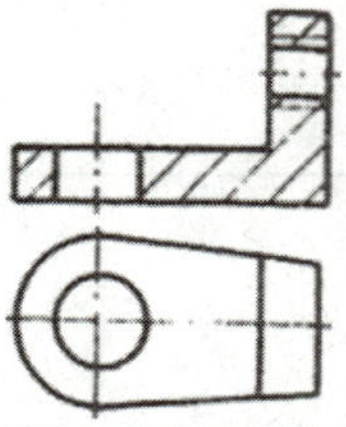	
插入可调式	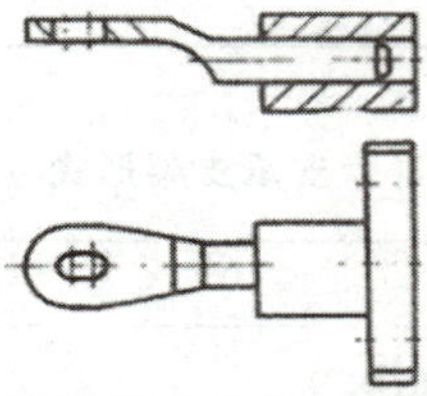	高温处导管与机匣的支承

参考文献

[1] 透平机械现代制造技术丛书编委会.装配试车技术.北京:科学出版社,2002.

[2] 安胜利,杨黎明.转子现场动平衡技术.北京:国防工业出版社,2007.

[3] [苏]尼克金 A H.飞行器发动机装配工艺学.北京:宇航出版社,1987.

[4] 沈阳黎明航空发动机(集团)有限责任公司.燃气轮机原理、结构与应用.北京:科学出版社,2002.

[5] 现代机械制造工艺装备标准应用手册编委会.现代机械制造工艺装备标准应用手册.北京:机械工业出版社,1996.

[6] 王绍俊.机械制造工艺设计手册.哈尔滨:哈尔滨工业大学出版社,1984.

[7] 柯明扬.机械制造工艺学.北京:北京航空航天大学出版社,1996.

[8] 吴孝俭,闫荣鑫.泄露检测.北京:机械工业出版社,2004.

[9] 别里阔夫 B H,尼基金 A H.航空发动机装配.北京:国防工业出版社,1963.

[10] 航空制造工程手册总编委会.航空制造工程手册:发动机装配与试车.北京:航空工业出版社,1996.

[11] 蔡光起,等.机械制造工艺技术.沈阳:东北大学出版社,2002.

[12] 黄春峰,侯敏杰.航空发动机叶尖间隙测量技术研究.测控技术,2008,27[增刊]:27-32.

[13] Rolls Royce. The Jet engine. Aerospace group. 1986.

[14] Lars Tingelstada, Olav Egelanda. Robotic assembly of aircraft engine components using a closed-loop alignment process. ScienceDirect,Procedia CIRP,2014(23): 110-115.

[15] RAO J S, SHAH C B,GANESH CH L. Vibration Characteristics of Aircraft Engine-Bladed-Disk Assembly. Def Sci J,January 1986,36(1): 9-26.

[16] Fritz Klocke, Dražen Veselovac, Thomas Auerbach, Robert Seidner. Intelligent Assembly for Aero Engine Components. ICIRA 2008, Part II, LNAI 5315:927-935.

[17] Wang Shewei,Yang Haicheng,Mo Rong. Research and Design of Assembly Manufacturing Execution System for Aero-engine. 2011 Second International Conference on Digital Manufacturing & Automation.